从良知日用到经世致用

陆月宏 著

江苏文脉整理与研究工程

江苏文库

研究编

江苏文化史专题

江苏人民出版社

图书在版编目(CIP)数据

从良知日用到经世致用 / 陆月宏著. -- 南京 : 江苏人民出版社,2023.1

(江苏文库. 研究编)

ISBN 978-7-214-27534-9

Ⅰ. ①从… Ⅱ. ①陆… Ⅲ. ①心学—研究—中国—明代 Ⅳ. ①B248.25

中国版本图书馆 CIP 数据核字(2022)第 176623 号

书　　名	从良知日用到经世致用
著　　者	陆月宏
出版统筹	张　凉
责任编辑	张　凉
责任监制	王　娟
装帧设计	姜　嵩
出版发行	江苏人民出版社
地　　址	南京市湖南路 1 号 A 楼,邮编:210009
照　　排	江苏凤凰制版有限公司
印　　刷	苏州市越洋印刷有限公司
开　　本	718 毫米×1 000 毫米　1/16
印　　张	30.25　插页 4
字　　数	436 千字
版　　次	2023 年 1 月第 1 版
印　　次	2023 年 1 月第 1 次印刷
标准书号	ISBN 978-7-214-27534-9
定　　价	100.00 元

江苏文脉整理与研究工程

编纂出版委员会

主　　编　张爱军　马　欣

副 主 编　梁　勇　赵金松　孙真福　樊和平　莫砺锋

编　　委　（按姓氏笔画排序）

马　欣　王　江　王卫星　王月清　王华宝
王建朗　王燕文　双传学　左健伟　田汉云
朱玉麒　朱庆葆　全　勤　刘　东　刘西忠
江庆柏　许益军　孙　逊　孙　敏　孙真福
李　扬　李贞强　李昌集　佘江涛　沈卫荣
张乃格　张伯伟　张爱军　张新科　武秀成
范金民　尚庆飞　罗时进　周　琪　周　斌
周建忠　周新国　赵生群　赵金松　胡发贵
胡阿祥　钟振振　姜　建　姜小青　贺云翱
莫砺锋　徐　俊　徐　海　徐之顺　徐小跃
徐兴无　陶思炎　曹玉梅　梁　勇　彭　林
蒋　寅　程章灿　傅康生　焦建俊　赖永海
熊月之　樊和平

分卷主编　徐小跃　姜小青（书目编）
周勋初　程章灿（文献编）
莫砺锋　徐兴无（精华编）
茅家琦　江庆柏（史料编）
左健伟　张乃格（方志编）
王月清　张新科（研究编）

出版说明

江苏文化源远流长、历久弥新，文化经典与历史文献层出不穷，典藏丰富；文化巨匠代有人出、彪炳史册，在中华民族乃至整个人类文明的发展史上有着相当重要的地位。为科学把握江苏文化的内涵与特征，在新时代彰显江苏文化对中华文化的贡献，江苏省委、省政府决定组织实施“江苏文脉整理与研究工程”，以梳理江苏文脉资源，总结江苏文化发展的历史规律，再现江苏历史上的文化高地，为当代江苏构筑新的文化高地把准脉动、探明趋势、勾画蓝图。

组织编纂大型江苏历史文献总集《江苏文库》，是“江苏文脉整理与研究工程”的重要工作。《文库》以“编纂整理古今文献，梳理再现名人名作，探究追溯文化脉络，打造江苏文化名片”为宗旨，分六编集中呈现：

（一）书目编。完整著录历史上江苏籍学人的著述及其历史记录，全面反映江苏图书馆的图书典藏情况。

（二）文献编。收录历代江苏籍学人的代表性著作，集中呈现自历史开端至一九一一年的江苏文化文本，呈现江苏文化的整体景观。

（三）精华编。选取历代江苏籍学人著述中对中外文化产生重要影响、在文化学术史上具有经典性代表性的作品进行整理，并从中选取十余种，组织海外汉学家翻译成各国文字，作为江苏对外文化交流的标志性文化成果。

（四）方志编。从江苏现存各级各类旧志中选择价值较高、保存较好的志书，以充分发挥地方志资治、存史、教化等作用，保存江苏的地方文献与历史文化记忆。

（五）史料编。收录有关江苏地方史料类文献，反映江苏各地历史地理、政治经济、文化教育、宗教艺术、社会生活、风土民情等。

（六）研究编。组织、编纂当代学者研究、撰写的江苏文化研究著作。

文献、史料、方志三编属于基础文献，以影印方式出版，旨在提供原始文献，以满足学术研究需要；书目、精华、研究三编，以排印方式出版，既能满足学术研究的基本需求，又能满足全民阅读的基本需求。

“江苏文脉整理与研究工程”工作委员会

江苏文库·研究编编纂人员

主　编

王月清　张新科

副主编

徐之顺　姜　建　王卫星　胡发贵　胡传胜　刘西忠

一脉千古成江河
——江苏文库·研究编序言

樊和平

“江苏文脉整理与研究工程”是江苏文化史上继往开来的一个浩大工程。与当下方兴未艾的全国性“文库热”相比，江苏文脉工程有三个基本特点：一是全面系统的整理；二是“整理”与“研究”同步；三是以“文脉”为主题。在“书目编—文献编—精华编—史料编—方志编—研究编”的体系结构中，“研究编”是十分独特的板块，因为它是试图超越“修典”而推进文化传承创新的一种学术努力。

“盛世修典”之说不知起源于何时，不过语词结构已经表明“盛世”与“修典”之间的某种互释甚至共谋，以及由此而衍生的复杂文化心态。历史已经表明，“修典”在建构巨大历史功勋的同时，也包含内在的巨大文化风险，最基本的是“入典”的选择风险。《四库全书》的文化贡献不言自明，但最终其收书的数量竟与禁书、毁书、改书的数量大致相当，还有高出近一倍的书目被宣判为无价值。“入典”可能将一个时代的局限甚至选择者个人的局限放大为历史的文化局限，也可能由此扼杀文化多样性而产生文化专断。另一个更为潜在和深刻的风险，是对待传统的文化态度。文献整理，尤其是地域典籍的整理，在理念和战略上面临的最大考验，是以何种心态对待文化传统。当今之世，无论对个体还是社会，传统已经不仅是文化根源，而且是文化和经济发展的资源甚至资本。然而一旦传统成为资源和资本，邂逅市场逻辑的推波助澜，就面临沦为消费和运作对象的风险，从而以一种消费主义和工具主义的文化态度对待文化传统和文献整理。当传统成为消费和运作的对象，其文化价值不仅可能被误读误用，而且也可能在对传统的消费中使文化坐吃山空，造就出文化上的纨绔子弟，更可能在市场运作中使文化不断被糟蹋。“江苏文脉整理与研究工程”的“整理工程”以全面系统的整理的战略应对可能存在的第一种风险，即入典选择的风险；以“研究工程”应对第二种可能的风险，即消费主义与工具主义的风险。我们不仅是既往传统的继承者，更应当是未来传统的创造者；现代人的使命，不仅是继承优秀传统，更应当创造新的优秀传统，这便是传统的创造性转化与创新性发展的真义。诚然，创造传统任重道远，需要经过坚忍不拔的卓越努力和大浪淘沙般的历史积淀，但对“江苏文脉整理与研究工程”而言，无论如何必须在“整理”的同时开启“研究”的千里之行，在研究中继承和发展传统。这便是“研究编”的价值和使命所在，也是“江苏文脉整理与研究工程”在“文库热”中于顶层设计层面的拔群之处。

一　倾听来自历史深处的文化脉动

20 世纪是文化大发现的世纪，20 世纪以来西方世界最重要的战略，就是文化战略。20 世纪 20 年代，德国社会学家马克斯·韦伯的《新教伦理与资本主义精神》，揭示了西方资本主义文明的文化密码，这就是“新教伦理”及其所造就的“资本主义精神”，由此建构“新教伦理＋资本主义”的所谓“理想类型”，为西方资本主义进行了文化论证尤其是伦理论证，奠定了 20 世纪以后西方中心论的文化基础。20 世纪 70 年代，哈佛大学教授丹尼尔·贝尔的《资本主义文化矛盾》，揭示了当代资本主义最深刻的矛盾不是经济矛盾，也不是政治矛盾，而是“文化矛盾”，其集中表现是宗教释放的伦理冲动与市场释放的经济冲动分离与背离，进而对现代西方文明发出文化预警。20 世纪 70 年代之后，亨廷顿的《文明的冲突与世界秩序的重建》将当今世界的一切冲突归结为文明冲突、文化冲突，将文化上升为西方世界尤其是美国国家战略的高度。以上三部曲构成西方世界尤其是美国文化帝国主义的国家文化战略，正如一些西方学者所发现的那样，时至今日，文化帝国主义被另一个概念代替——“全球化”，显而易见，全球化不仅是一种浪潮，更是一种思潮，是西方世界的国家文化战略。文化虽然受经济发展制约甚至被经济发展水平所决定，但回顾从传统到现代的中国文明史，文化问题不仅逻辑地而且历史地成为文明发展的最高最难的问题，正因为如此，文化自信才成为比理论自信、道路自信、制度自信更具基础意义的最重要的自信。

在全球化背景下，文脉整理与研究具有重大的国家文化战略意义，不仅必要，而且急迫。文化遵循与经济社会不同的规律，全球化在造就广泛的全球市场并使全球成为一个“地球村”的同时，内在的最大文明风险和文化风险便是同质性。全球化催生的是一个文化上的独生子女，其可能的镜像是：一种文化风险将是整个世界的风险，一次文化失败将是整个人类的文化失败。文化的本质是什么？梁漱溟先生说，文化就是人的生活的根本样法，文化就是“人化”。丹尼尔·贝尔指出，文化是为人的生命过程提供解释系统，以对付生存困境的一种努力。据此，文化的同质化，最终导致的将是人的同质化，将是民族文化或西方学者所说地方性知识的消解和消失；同时，由于文化是人类应对生存困境的大智慧，或治疗生活世界痼疾的抗体，它所建构的是与自然世界相对应的精神世界和意义世界，文化的同质性将导致人类在面临重大生存困境时智慧资源的贫乏和生命力的苍白，从而将整个人类文明推向空前的高风险。应对全球化的挑战和西方文化帝国主义的国家战略，“江苏文脉整理与研究工程”是整个中华民族浩大文化工程的一部分和具体落实，其战略意义决不止于保存文化记忆的自持和自赏，在这个全球化的高风险正日益逼近的时代，完整地保存地方文化物种，认同文化血脉，畅通文化命脉，不仅可以让我们在遭遇全球化的滔滔洪水之时可以于故乡文化的山脉之巅“一览众山小”地建设自己的精神家园和文化根据地，而且可以在患上全球化的文化感冒甚至某种文化瘟疫之后，不致乞求“西方药”来治“中国病”，而是根据自己的文化基因和文化命理，寻找强化自身的文化抗体和文化免疫力之道，其深远意义，犹如在今天这个独生子女时代穿越时光隧道，回首当年我们的“兄弟姐妹那么多”

和父辈们儿孙满堂的那种天伦风光，不只是因为寂寞，而且是为了中华民族大家庭的文化安全和对未来文化风险的抗击能力。

“江苏文脉整理与研究工程”是以江苏这一特殊地域文化为对象的一次集体文化自觉和文化自信，与其他同类文化工程相比，其最具标识意义的是“文脉”理念。“文脉”是什么？它与“文献”和文化传统的关系到底如何？这是“文脉工程”必须解决的基本问题。

庞朴先生曾对“文化传统”与“传统文化”两个概念进行了审慎而严格的区分，认为“传统文化”可能是历史上曾经存在过的一切文化现象，而“文化传统”则是一以贯之的文化道统。在逻辑和历史两个维度，文化成为传统都必须同时具备三个条件：历史上发生的，一以贯之的，在现实生活中依然发挥作用的。传统当然发生于历史，但历史上发生的一切，从《道德经》《论语》到女人裹小脚，并不都成为传统，即便当今被考古或历史研究所不断发现的现象，也只能说是“文化遗存”，文化成为传统必须在历史长河中一以贯之而成为道统或法统，孔子提供的儒家学说，老子提供的道家智慧，之所以成为传统，就是因为它们始终与中国人的生活世界和精神世界相伴随，并成为人的生命和生活的文化指引。然而，文化并不只存在于文献典籍之中，否则它只是精英们的特权，作为“人的生活的根本样法”和“对付生存困境”的解释系统，它必定存在于芸芸众生的生命和生活之中，由此才可能，也才真正成为传统。《论语》与《道德经》之所以成为传统，不只是因为它们作为经典至今还为人们所学习和研究，而且因为在中国人精神的深层结构中，即便在未读过它们的田夫村妇身上，也存在同样的文化基因。中国人在得意时是儒家，“明知不可为而偏为之”；在失意时是道家，“后退一步天地宽”；在绝望时是佛家，“四大皆空”，从而建立了与自给自足的自然经济结构相匹合的自给自足的文化精神结构，在任何境遇下都不会丧失安身立命的精神基地，这就是传统。文化传统必须也必定是“活”的，是在现实中依然发挥作用的，是构成现代人的文化基因的生命因子。这种与人的生活和生命同在的文化传统就是“脉”，就是“文脉”。

文脉以文献、典籍为载体，但又不止于文献和典籍，而是与负载它的生命及其现实生活息息相关。“文脉”是什么？“文脉”对历史而言是

"血脉",对未来而言是"命脉",对当下而言是"山脉"。"江苏文脉"就是江苏人的文化血脉、文化命脉、文化山脉,是历史、现在、未来江苏人特殊的文化生命、文化标识、文化家园,以及生生不息的文化记忆和文化动力。虽然它们可能以诸种文化典籍和文化传统的方式呈现和延续,但"文脉工程"致力探寻和发现的则是跃动于这些典籍和传统,也跃动于江苏人生命之中的那种文化脉动。"江苏文脉整理与研究工程"的最大特点就在于它是"文脉工程"而不是一般的"文化工程",更不是"文库工程"。"文化工程""文库工程"可能只是一般的文化挖掘与整理,而"文脉工程"则是与地域的文化生命深切相通,贯穿地域的历史、现在与未来的生命工程。

"江苏文脉整理与研究工程"是"整理"与"研究"的璧合,在"研究工程"中能否、如何倾听到来自历史深处的文化脉动,关键是处理好"文献"与"文脉"的关系。"整理工程"是对文脉的客观呈现,而"研究工程"则是对文脉的自觉揭示,若想取得成功,必须学会在"文献"中倾听和发现"文脉"。"文献"如何呈现"文脉"? 文献是人类文明尤其是人类文化记忆的特殊形态,也是人类信息交换和信息传播的特殊方式。回首人类文明史,到目前为止,大致经历了三种信息方式。最基本也是最原初的是口口交流的信息方式,在这种信息方式中,信息发布者和信息传播者都同时在场,它是人的生命直接和整体在场并对话的信息传播方式,是从语言到身体、情感的全息参与,是生命与生命之间的直接沟通,但具有很大的时空局限。印刷术的产生大大扩展了人类信息交换的广度和深度,不仅可以以文字的方式与不在场的对象交换信息,而且可以以文献的方式与不同时代、不同时空的人们交换信息,这便是第二种信息方式,即以印刷为媒介的信息方式或印刷信息方式。第三种信息方式便是现代社会以电子网络技术为媒介的信息方式,即电子信息方式。文献与典籍是印刷信息方式的特殊形态,它将人类文化史和文明史上具有特殊价值的信息以印刷媒介的方式保存下来,供后人学习和研究,从而积淀为传统。文字本质上是人的生命的表达符号,所谓"诗言志"便是指向生命本身。然而由于它以文字为中介,一旦成为文献,便离开原有的时空背景,并与创作它的生命个体相分离,于是便需要解读,在解读中便可能发生误读，但无论如何，解读的对象并不只是文字本身，而是文字背后的生命现象。

文献尤其是典籍是不同时代人们对于文化精华的集体记忆，它们不仅经受过不同时代人们的共同选择，而且经受过大浪淘沙的历史洗礼，因而其中不仅有创造它的那个个体或文化英雄如老子、孔子的生命表达，而且有传播和接受它的那个民族的文化脉动，是负载它的那个民族的文化生命，这种文化生命一言以蔽之便是文化传统。正因为如此，作为集体记忆的精华，文献和典籍是个体和集体的文化脉动的客观形态，关键在于，必须学会倾听和揭示来自远方的生命旋律。由于它们巨大的时空跨度，往往不能直接把脉，而需要具有一种“悬丝诊脉”的卓越倾听能力。同时，为了把握真实的文化脉动，不仅需要对文献和典籍即“文本”进行研究，而且需要对创造它们的主体包括创作的个体和传播接受的集体的生命即“人物”进行研究。正如席勒所说，每个人都是时代的产儿，那些卓越的哲学家和有抱负的文学家却可能成为一切时代的同代人。文字一旦成为文献或典籍，便意味着创作它的个体成为一切时代的同代人，但无论如何，文献和它们的创造者首先是某个时代的产儿，因而要在浩如烟海的文献和典籍中倾听到来自传统深处的文化脉动，还需要将它们还原到民族的文化生命之中，形成文化发展的“精神的历史”。由此，文本研究、人物研究、学派流派研究、历史研究，便成为“文脉研究工程”的学术构造和逻辑结构。

二　中国文化传统中的江苏文脉

江苏文脉是中国文化传统的一部分，二者之间的关系并不只是部分与整体的关系，借助宋明理学的话语，是“理一”与“分殊”的关系。文脉与文化传统是民族生命的文化表达和自觉体现，如果只将它们理解为部分与整体的关系，那么江苏文脉只是中国文化传统或整个中华文化脉统中的一个构造，只是中华文化生命体中的一个器官。朱熹曾以佛家的“月映万川”诠释“理一分殊”。朗月高照，江河湖泊中水月熠熠，此番景象的哲学本真便是“一月普现一切水，一切水月一月摄”。天空中的“一月”与江河中的“一切水月”之间的关系是“分享”关系，不是分享了“一月”的某一部分，而是全部。江苏文脉与中国文化传统之间的关系便是“理一分殊”，中国文化传统是“理一”，江苏文脉是“分殊”，正因为如此，关于江苏文脉的研究必须在与整个中国文化传统的关系中整体性地把握和展开。其中，文化与地域的关系、江苏文化在中华文化发展中的贡献和地位，是两个基本课题。

到目前为止的一切人类文明的大格局基本上都是由以山河为标志的地理环境造就的，从轴心文明时代的四大文明古国，到“五大洲四大洋”的地理区隔，再到中国山东—山西、广东—广西、河南—河北，江苏的苏南—苏北的文化与经济差异，山河在其中具有基础性意义。在这个意义上，可以将在此以前的一切文明称为“山河文明”。如今，科技经济发展迎来一个“高”时代：高铁、高速公路、电子高速公路……正在并将继续推倒由山河造就的一切文明界碑，即将造就甚至正在造就一个“后山河时代”。“后山河时代”的最后一道屏障，“山河时代”遗赠给“后山河时代”的最宝贵的文明资源，便是地域文化。在这个意义上，江苏文脉的整理与研究，不仅可以为经过全球化席卷之后的同质化世界留下弥足珍贵的“文化大熊猫”，而且可以在未来的芸芸众生饱尝“独上高楼，望尽天涯路”的孤独之后，缔造一个“蓦然回首”的文化故乡，从中可以鸟瞰文化与世界关系的真谛。江苏独特的地域环境与江苏文化、江苏文脉之间的关系，已经不是所谓“一方水土一方人”所能表达，可以说，地脉、水脉、山脉与江苏文脉之间的关系，已经是一脉相承。

我们通过考察和反思发现，水系，地势，山势，大海，是对江苏文脉尤其是文化性格产生重大影响的地理因素。露水不显山，大江大河入大海，低平而辽阔，黄河改道，这一切的一切与其说是自然画卷和自然事件，不如说是江苏文脉的大地摇篮和文化宿命的历史必然，它们孕生和哺育了江苏文明，延绵了江苏文脉。历史学家发现，江苏是中国唯一同时拥有大海、大江、大湖、大平原的省份，有全国第一大河长江，第二大河黄河(故道)，第三大河淮河，世界第一大人工河大运河，全国第三大淡水湖太湖，全国第四大淡水湖洪泽湖。江苏也是全国地势最低平的一个省区，绝大部分地区在海拔 50 米以下，少量低山丘陵大多分布于省际边缘，最高峰即连云港云台山的玉女峰也只有 625 米。丰沛而开放的水系和低平而辽阔的地势馈赠给江苏的不只是得天独厚的宜居，更沉潜、更深刻的是独特的文化性格和文脉传统，它们是对江苏地域文化产生重大影响的两个基本自然元素。

不少学者指证江苏文化具有水文化特性，而在众多水系中又具长江文化的特性。"水"的文化特性是什么？"老聃贵柔"，老子尚水，以水演绎世界真谛和人生大智慧。"天下莫柔弱于水，而攻坚强者莫之能胜。"柔弱胜刚强，是水的品质和力量。西方文明史上第一个哲学家和科学家泰勒斯向全世界宣告的第一个大智慧便是：水是万物的始基。辽阔的平原在中国也许还有很多，却没有像江苏这样"处下"。老子也曾以大海揭示"处下"的智慧："江海所以能为百谷王者，以其善下之，故能为百谷王。"历史上江苏的文化作品、江苏人的文化性格，相当程度上演绎了这种"水性"与"处下"的气质与智慧。历史上相当时期黄河曾经从江苏入海，然而黄河改道、黄河夺淮，几番自然力量或人力所为，最终黄河在江苏留下的只是一个"故道"的背影。黄河在江苏的改道当然是一个自然事件或历史事件，但我们也可能甚至毋宁将它当作一个文化事件，数次改道，偶然之中有必然，从中可以发现和佐证江苏文脉的"长江"守望和江南气质。不仅江苏的地脉"露水不显山"，而且江苏的文化作品，江苏人的文化性格，一句话，江苏文脉，也是"露水不显山"，虽不是"壁立千仞"，却是"有容乃大"。一般说来，充沛的水系，广阔的平原，往往造就自给自足的自我封闭，然而，江苏东临大海，无论长江、淮河，还是历史上的黄河，都从这里入大海，归大海，不只昭示江苏的开放，而且演绎江苏文化、江苏文脉、江苏人海纳百川的博大和静水深流的仁厚。

黄河与长江好似中华文脉的动脉与静脉，也好似人的身体中的任督二脉，以长江文化为基色的江苏文化在中华文脉的缔造和绵延中作出了杰出贡献。有学者指出，在中国文明史上，长江文化每每在黄河文化衰弱之后承担起"救亡图存"的重任。人们常说南京古都不少为小朝廷，其实这正是"救亡图存"的反证，"天下兴亡，匹夫有责"的口号首先由江苏人顾炎武喊出，偶然之中有必然。学界关于江苏文化有三次高峰或三次大贡献，与两次大贡献之说。第一次高峰是开启于秦汉之际的汉文化，第二次高峰是六朝文化，第三次高峰是明清文化。人们已对六朝文化与明清文化两大高峰对中国文化的贡献基本达成共识，但江苏的汉文化高峰及其贡献也应当得到承认，而且三次文化高峰都发生于中国社会的大转折时期，对中国文化的承续作出了重大贡献。在秦汉之际的大变革和大一统国家的建构中，不仅在江苏大地上曾经演绎了波澜壮阔的对后来中国文明产生深远影响的历史史诗，而且演绎这些历史史诗的主角刘邦、项羽、韩信等都是江苏人，他们虽然自身不是文化人，但无疑对中国文化产生了深远影响。董仲舒提出“罢黜百家，独尊儒术”的主张，奠定了大一统的思想和文化基础，他本人虽不是江苏人，却在江苏留下印迹十多年。江苏的汉文化高峰对中国文化的最大贡献，一言概之即“大一统”，包括政治上的大一统和思想文化上的大一统。六朝被公认为中国文化发展的高峰，不少学者将它与古罗马文明相提并论，而六朝文化的中心在江苏、在南京。以南京为核心的六朝文化发生于三国之后的大动乱，它接纳大量流入南方的北方士族，使南北方文化合流，为保存和发展中国文化作出了杰出贡献。明朝是中国历史上第一次在南京，也是第一次在江苏建立统一的帝国都城，江苏的经济文化在全国处于举足轻重的地位，扬州学派、泰州学派、常州学派，形成明清时代中国文化的江苏气象，形成江苏文化对中国文化的第三次重大贡献。三大高峰是江苏的文化贡献，在重大历史转折关头或者民族国家危难之际挺身而出，海纳百川，则是江苏文化的精神和品质，这就是江苏文脉。也正因为如此，江苏文化和江苏文脉在“匹夫有责”的担当精神中总是透逸出某种深沉的忧患意识。

江苏文脉对中国文化的独特贡献及其特殊精神气质在文化经典中得到充分体现。中国四大文学名著，其中三大名著的作者都来自江苏，这就是《西游记》《红楼梦》《水浒》，其实《三国演义》也与江苏深切相关，虽然罗贯中不是江苏人，但却以江苏为重要的时空背景之一。四大名著中不仅有明显的江苏文化的元素，甚至有深刻的江苏地域文化的基因。《西游记》到底是悲剧还是喜剧？仔细反思便会发现，《西游记》就是文学版的《清明上河图》。《清明上河图》表面呈现一幅盛世生活画卷，实际却是一幅"盛世危情图"，空虚的城防，懈怠的守城士兵……被繁华遗忘的是正在悄悄到来的深刻危机。《西游记》以唐僧西天取经渲染大唐的繁盛和开放，然而在经济的极盛之巅，中国人的精神世界却空前贫乏，贫乏得需要派一个和尚不远万里，请来印度的佛教，坐上中国意识形态的宝座，入主中国人的精神世界。口袋富了，脑袋空了，这是不折不扣的悲剧。然而，《西游记》的智慧，江苏文化的智慧，是将悲剧当作喜剧写，在喜剧的形式中潜隐悲剧的主题，就像《清明上河图》将空虚的城防和懈怠的士兵淹没于繁华的海洋一样。《西游记》喜剧与悲剧的二重性，隐喻了江苏文脉的忧患意识，而在对大唐盛世，对唐僧取经的一片颂歌中，深藏悲剧的潜主题，正是江苏文脉"匹夫有责"的担当精神和文化智慧的体现。鲁迅说，悲剧将人生的有价值的东西毁灭给人看。《西游记》是在喜剧形式的背后撕碎了大唐时代人的精神世界的深刻悲剧。把悲剧当作喜剧写，喜剧当作悲剧读，正是江苏文化、江苏文脉的大智慧和特殊气质所在，也是当今江苏文脉转化发展的重要创新点所在。正因为如此，"江苏文脉研究"必须以深刻的哲学洞察力和深厚的文化功力，倾听来自历史深处的江苏文化的脉动，读懂江苏，触摸江苏文脉。

三　通血脉，知命脉，仰望山脉

江苏文化的巨大魅力和强大生命力，是在数千年发展中已经形成一种传统、一种脉动，不仅是一种客观呈现的文化，而且是一种深植个体生命和集体记忆的生生不息的文脉。这种文化和文脉不仅成为共同的价值认同，而且已经成为一种地域文化胎记。在精神领域，在文化领域，江苏不仅有灿若星河的文学家，而且有彪炳史册的思想家、学问家，更有数不尽的才子骚客。长江在这片土地上流连，黄河在这片土地上改道，淮河在这片土地上滋润，太湖在这片土地上一展胸怀。一代代中国人，一代代江苏人，在这里缔造了文化长江、文化黄河、文化淮河、文化太湖，演绎了波澜壮阔的历史诗篇，这便是江苏文脉。

为了在全球化时代完整地保存江苏文脉这一独特地域文化的集体记忆，以在“后山河时代”为人类缔造精神家园提供根源与资源，为了继承弘扬并创造性转化、创新性发展中国优秀传统文化，2016 年江苏启动了“江苏文脉整理与研究工程”。根据“文脉”的理念，我们将研究工程或“研究编”的顶层设计以一句话表达：“通血脉，知命脉，仰望山脉。”由此将整个工程分为五个结构：江苏文化通史，江苏历代文化名人传，江苏文化专门史，江苏地方文化史，江苏文化史专题。

“江苏文化通史”的要义是“通血脉”，关键词是“通”。“通”的要义，首先是江苏文化与中国文明的息息相通，与人类文明的息息相通，由此才能有民族感或“中国感”，也才有世界眼光，因而必须进行关于“中国文化传统中的江苏文脉”的整体性研究；其次是江苏文脉中诸文化结构之间的“通”，由此才是“江苏”，才有“江苏味”；再次是历史上各个重要历史时期文化发展之间的“通”，由此才能构成“史”，才有历史感；最后是与江苏人的生命与生活的“通”，由此“江苏文脉”才能真正成为江苏人的文化血脉、文化命脉和文化山脉。达到以上“四通”，“江苏文化通史”才是真正的“通”史。

“江苏文化专门史”和“江苏文化史专题”的要义是“知命脉”，关键词是“专”，即“专门”与“专题”。“江苏文化专门史”在框架上分为物质文化史、精神文化史、制度文化史、特色文化史等，深入研究各类专门史，总体思路是系统研究和特色研究相结合，系统研究整体性地呈现江苏历史上的重要文化史，如哲学史、文学史、艺术史等，为了保证基本的完整性，我们根据国务院学科分类目录进行选择；特色研究着力研究历史上具有江苏特色的历史，如民间工艺史、昆曲史等。“江苏文化史专题”着力研究江苏历史上具有全国性影响的各种学派、流派，如扬州学派、泰州学派、常州学派等。

“江苏地方文化史”的要义是“血脉延伸和勾连”，关键词是“地方”。“江苏地方文化史”以现省辖市区域划分为界，13 市各市一卷。每卷上编为地方文化通史，讲述地方整体历史脉络中的文化历史分期演化和内在结构流变，注重把握文化运动规律和发展脉络，定位于地方文化总体性研究;下编为地方文化专题史,按照科学技术、教育科举、文学语言、宗教文化等专题划分,以一定逻辑结构聚焦对地方文化板块加以具体呈现,定位于凸显文化专题特色。每卷都是对一个地方文化的总结和梳理,这是江苏文化血脉的伸展和渗入,是江苏文化多样性、丰富性的生动呈现和重要载体。

"江苏历代文化名人传"的要义是"仰望山脉",关键词是"文化"。它不是一般性地为江苏历朝历代的"名人"作传,而只是为文化意义上的名人作传。为此,传主或者自身就是文化人并为中国文化的发展、为江苏文脉的积累积淀作出了重要贡献;或者虽然自身主要不是文化人而是政治家、社会活动家等,但对中国文化发展具有重大影响。如何对历史人物进行文化倾听、文化诠释、文化理解,是"文化名人传"的最大难点,也是其最有意义的方面。江苏历史上的文化名人汗牛充栋,"文化名人传"计划为100位江苏文化名人作传,为呈现江苏文化名人的整体画卷,同时编辑出版一部"江苏文化名人辞典",集中介绍历史上的江苏文化名人1000位左右。

一脉千古成江河,"茫茫九派流中国"。江苏文脉研究的千里之行已经迈出第一步,历史馈赠我们一次千载难逢的宝贵机遇,让我们巡天遥看,一览江苏数千年文化银河的无限风光,对创造江苏文化、缔造江苏文脉的先行者们献上心灵的鞠躬。面对奔涌如黄河、悠远如长江的江苏文脉,我们惟有以跋涉探索之心,怵惕敬畏之情,且行且进,循着爱因斯坦的"引力波",不断走近并播放来自江苏文脉深处的或澎湃,或激越,或温婉静穆的天籁之音。

我们一直在努力;

我们将一直努力!

目　录

绪 论

对先秦儒学来说，内圣与外王、义理与经世并重是无须明言的共识。理学由于回应佛教挑战，必须建构与发展心性之学，因而日益有意无意地轻忽外王经世之学。王阳明及其后学将心性之学发展至登峰造极之境，以心体为性，乐观地展开心、性与天之间的关系。阳明通过内向挖掘心性，将心体纵横开阔地打开为本体存在，从而主张心即理。

如果说宋明理学在天人关系中首先将目光投注于超越性的崇高庄严的天理，那么王阳明在天人关系中则首先将热烈的目光凝注于人的当下生存，关切如何使人觉悟以便达到本真存在状态。天人共在的本真状态即阳明及其后学热衷阐述的万物一体境界，具有强烈的伦理意味。这无非是因为，在儒者看来，惟有仁者才能达到万物一体境界。与此同时，天人共在的本真状态也具有超越具体善恶的本源性格。这无疑表现于阳明"四句教"的首句"无善无恶心之体"。阳明将精神超越的热情从天理转向人的自得自足之境，与明代士人在政治高压下从得君行道转向觉民行道有关。

一 纵横操纵由良知，后学门户纷纷开

在龙场大悟中，王阳明克服了人生中第一次重大危机，确立心即理原则。他告别朱熹笨拙而艰难的格物穷理，使格物工夫由向外在对象的探求转化为对内在意识的规正。与此相应，工夫着力点也由"物"内收于"意"。

在阳明心学的建构中，平定宁藩及其后的阶段，具有异乎寻常的重

要性。在此一阶段中，王阳明建立不世功勋，三不朽的圣人形象逐渐丰富完满起来。但是，由于明武宗的荒唐昏聩，由于武宗身边奸佞的屡进谗言与构陷，王阳明遭遇有生以来最深重的危机。在如此危机中，王阳明整个身心都处于警醒与觉察之中：一切都在崩溃，一切也都在新生，思想如虎添翼般席卷着呼啸前进。心灵犹如旋涡般飞速旋转，一切杂质被离心力甩出，一切单纯之物被留下，遭遇反复淬炼与提纯。最终，心学得以彻底、纯粹地建构起来，致良知宗旨宛如凤凰涅槃般从人生无比可怕的危机中振翅翱翔于思想的仙境。正由于致良知宗旨的诞生烙下了浓烈的苦难与荣耀的印记，因此王阳明性格中豪放而洒脱的狂者气象也愈益鲜明。在王阳明的圣人形象塑造中，狂者色彩不可磨灭，展现出阳明对良知发自肺腑的自信。良知由此顺理成章地成为个体当下身心强健存在的依据，并通向在天泉证道中提揭出来的“无善无恶心之体”，通向王畿“无是无非”的圆熟之境。

在王阳明看来，诚意工夫之所以可能，是由于良知心体的先在性。换言之，站在心学立场上，良知心体乃是工夫的最终决定机制。在王阳明诚意与致知工夫之间所蕴涵的问题，无疑是王畿提出先天正心之学与一念工夫的内在原因。在王阳明思考的基础上，王畿将工夫着力点再由“意”内收于“心”，显然是阳明工夫论进一步的展开。就工夫论而言，从朱子到王阳明再到王畿，呈现出由外向内不断深化的过程。也就是说，工夫着力点从最外部的客观对象，回归于最内在的良知心体，以便落实于道德实践的终极根据。意味深长的是，在晚明士人阶层中，追求究竟工夫的趋向，蔚然而成普遍的现象。

总的来说，王阳明自己在为学和教学上屡有变化，而且“四句教”又予人以不同解释的空间，使弟子们在继承思想时往往无一定之规可循，只能依各自悟性而各取所需，从而为王门后学不同流派之间的争论埋下了伏笔。王阳明逝世之后，阳明后学之间的门户之争也就随之徐徐拉开了大幕。

王畿堪称王阳明门下的惠能。在王畿学说中，阳明心学向彻底心性化方向发生了微妙而意味深长的转折。如果说在王阳明那里，良知心体犹抱琵琶半遮面，尚未完全开显，从而彰显出“致良知”之“致”的必要性，那么在王畿这里，良知本体日益获得见在化肯定，而本体上做工夫的冥心相契，则在某种程度上体现了对“致良知”之“致”的工夫系统的弱化乃至消解。王畿对阳明心学风靡天下，具有无与伦比的推动作用。在阳明心学尤其阳明“四句教”的基础上，王畿以独特的顿悟风格，提出了三个对阳明后学具有深远影响的心学观念，即“四无说”“见在良知”与“先天正心之学”。其中，当下现成的“见在良知”可谓心学本体论；“先天正心之学”可谓独特的工夫论，强调以顿悟体证心体，强调直接在心体上做工夫。对阳明后学影响至大的“四无说”，则浓墨重彩地体现了王畿心学的鲜明品格。

在王阳明的众多弟子中，守成派大多为嫡传弟子，得以长期亲炙阳明的言传身教。正由于此，他们在王门中拥有崇高的地位及号召力。钱德洪堪称守成派杰出代表。王阳明在世时，钱德洪与王畿就并列为王门教授师。王阳明病逝后，钱德洪每每与王畿共同主持王门后学的讲学活动。他忠实地遵循师门宗旨，一丝不苟地整理阳明著述。早在著名的“天泉证道”中，钱德洪就指出王畿工夫实践中的轻慢倾向。在阳明逝世后，钱德洪为了维护师门宗旨，更是屡次三番批评王畿轻忽工夫操持的弊病。在阳明后学中，最注重工夫操持、最强调道德实践的，正是江右王门。邹守益被赞颂为“王门宗子”，一再义不容辞地批判现成良知与即本体即工夫倾向。他既批评王畿激进的先天正心之学，又批评聂豹保守的归寂之学。邹守益的为学表现出谨慎和朴实的中道风格，注重道德实践。就儒家传统的三不朽标准而言，聂豹最接近乃师阳明。聂豹谨小慎微地区分知觉和良知、已发和未发，强调本体之发用并不等同于本体自身。他因此要求在良知心体发用之前，先做归寂、见体工夫，以切实保障良知本体的纯粹性。聂豹的为学，表现出对易庸精神的传承发扬，强调归寂对通感的优先性。

二　献身于觉民行道的泰州学派

即使在龙象成群的王门弟子中，王艮亦堪称特殊之辈，闪烁着独特的生命光彩。29 岁时，王艮梦见“天坠压身”。在梦中，他奋力以臂擎住苍天，规整星宿。《年谱》称他因此开悟。如果说龙场悟道侧重于解决个人心性危机，那么王艮之梦则洋溢着救世激情而着重于解决社会秩序。正是在王艮强而有力的影响之下，泰州学派自始至终涌动着整顿社会秩序，涌动着觉民行道的滚烫激情。

王艮为学虽然属于中道出家，但极其自信。他治学与讲学追求自然简易风格，并以"百姓日用即道"接纳致良知思想。对百姓日用即道的强调，无疑表明良知说日益向人伦世界的遍在性开拓，表明良知说的生活化和现实化。以乐观的良知现成说为基调，王艮良知论逐渐展现出明觉自然的特质，并有意无意地以现成感应知觉之心取代了良知本心。出于对人性的乐观信念与期待，王艮及泰州学派也展示出乐道乐学的色彩。

作为王艮次子，王襞曾追随钱德洪和王畿学习。在此意义上，王襞堪称浙中王门与泰州学派的会通者。王襞在为学中，同时表现出乃师王畿见在良知与乃父王艮现成良知的影响。如果说见在良知使良知论变得玄妙圆融，那么现成良知则使良知论通过人伦日用而更切近于下层百姓的日常生活。在王襞这里，注重向上超越的见在良知与强调遍在人伦的现成良知得以贯通起来。

就良知的心与性二重性而言，存在着将良知本体贯注于主体的心性知觉并随其发用的内在意义结构。只要良知本体的至善性能够得到保障，只要良知始终置身于至善根基之中，那么良知就可以展开为良知见在说。这无非是因为，良知的能动性和创造性本身就要求落实于人生现实层面。正由于此，王艮将良知全面而彻底地落实于日用人伦世界。在这种落实中，由于良知强烈的现成化倾向，在儒学中原本要求艰难工夫操持的良知与知觉之辨、天理人欲之辨，王艮却都以当下即是的简易方式进行了承接。坦率地说，在实际践履中，这种承接有弱化甚至取消工夫操持的倾向。良知学说向见在良知和现成良知发展，既体现出致良知向超越和遍在进行极致发展的内在逻辑，又同时表现出良知见成派和良知现成派对良知思想底线的挑战。其中，见在良知主要体现为良知向上超越，现成良知主要表现为良知向下遍在。如果说王畿是良知见在派的主要代表，那么泰州学派则表现为良知现成化逻辑的展开。由于始终面向民间、面向底层实际生活、面向人伦世界，因此在学派发展中，泰州学派自然就会不厌其烦地强调百姓日用，强调人伦生活的真实。但是在根本上，泰州学派本身毕竟还属于致良知心学，致良知在逻辑上要求指向良知本体之善。也就是说，在人伦生活的真实与良知本体的善之间，在人伦实践与良知本体之间，始终存在着巨大张力。一旦张力被冲破，那么就会导致两种结果：要么根据良知本体之善，将人伦生活之真批判为猖狂之异端；要么根据人伦生活之真实，将良知本体之善批判为道学之伪善。

三　奇异诡谲的狂者图景

在泰州学派中，最典型代表后学学派走向的思想家有何心隐、罗汝芳、耿定向和李贽等。其中，罗汝芳和耿定向代表泰州学派现成良知的得，何心隐和李贽则代表泰州学派现成良知的失。作为泰州学派现成良知激进化产物的何心隐和李贽，在思想激进化道路上犹如脱缰野马，与晚明严酷的政治专制力量迎面相撞，最终头破血流，落得悲惨下场。他们过分追求个人身心的自由，由于逸出了士大夫阶层的主流价值观，从而与以首辅张居正为代表的士大夫阶层之间产生难以调和的激进冲突，最终为当时严峻的官场冲突所席卷而沦为牺牲品。概而言之，泰州学派中的激进派屡屡挑战现成良知遍在性的底线，在晚明思想界描绘出了奇异诡谲的思想图景。颜钧、何心隐和李贽等人并不真正尊重传统，也没有将自己的身心安顿于传统。他们总是过分自信，以致只根据当下现实的需要选择传统，而未能完整地理解传统。

如果说阳明心学与狂者精神之间存在着不解之缘，那么在泰州学派与狂者精神之间更是存在着内在的亲和关系。王阳明已经颇具狂者精神，到了王艮这里，狂者精神愈益发扬光大。王阳明曾因王艮意气狂放而行事过于奇特，有意加以裁抑。泰州学派后学颜钧和何心隐，与其说是正统儒者，还不如说是将狂者精神彻底实践出来的狂侠，是将士大夫精神与侠义精神奇妙结合在一起的思想行动者。具有狂者精神的泰州学派，在与禅学的激进会通中，衍生出众多被称之为狂禅的奇特人物。泰州学派门人的言行大都具有狂的色彩，表现出强烈的圣人情结和救世激情。泰州学派中出身布衣的学者，狂者精神主要表现于惊世骇俗的言行和为学中的张皇自大。他们的言行，显然逾越了主流士大夫阶层的伦理范式。其中，颜钧和何心隐师徒表现得尤其特立独行。由于这些布衣学者通常读书不多，对圣贤之学的理解未免简单偏颇，仅依靠一己雄心壮志和天启灵感，所以对社会和历史缺乏深刻理解，致使他们的主张难以成功。他们往往游离于传统社会之外，脱离宗族，游走四方，聚徒讲学，在传统士大夫眼中极易成为社会的不安定因素。因此，他们遭到当权者的打击，确乎难以避免。

泰州学派有意追求的自然具有二重性，即同时关注现实与超越现实。自然既是当下存在中与人伦世界有关的一切，又是超越性的运转不息的天道。泰州学派的自然处身于超越性的良知本体与当下即是的日用常行世界之间，并与传统士大夫阶层双重性的生存追求相互呼应。士大夫阶层双重性的生存追求意味着，他们一方面要孜孜于人生义务的完成，兢兢于社会责任的担当；另一方面，却又要奋力追求心性自由放达的境界。前者与外王责任相呼应，在泰州学派中的表现形态为狂侠；后者与内圣相呼应，在泰州学派中的表现形态为狂禅。狂侠勇于担当，豪放不拘常格，具有改天换地的行动魅力。单就心性层面的建树而言，狂禅达到了极高造诣，展现出极致的心性自由，以自然简易方式直入空灵玄虚、庄严高妙的终极境界。虽然由于种种原因，狂禅很快就淹没于历史烟云之中，但它对性命之道和生命自由的极致追求，必将永远在思想史上放射出瑰丽奇异的光芒。狂禅之所以为狂禅，正在于它过度张扬人性，过度关注和信任人性，放大人性中与佛性相通的一面，过于追求自由放达而轻忽敬畏之心的重要性，从而在心性修行实践中，不可避免地忽视人性中情欲放纵的危险倾向，从而逾越出宗教信仰必须具有的张力结构，落得儒不像儒、禅不像禅的尴尬境地。狂禅的精神超越之狂，使得现成良知本体吞没程朱理学的天本体，混淆了意志主体的审美满足、感性欲求的自然顺适与修齐治平的道德承担之间的界限。

四　泰州学派的集大成者:罗汝芳

对于邓豁渠这样沉溺于心性空谈的受害者，罗汝芳自然了解，对其中况味也有过痛切领会。因此，他才会在修正现成良知时，着重强调人伦世界中的孝弟慈实践，努力将致良知从一味向上超越的路径转渡于日用常行的道德实践。众所周知，在泰州学派现成良知的传承和发展中，逐渐出现了“荡”与“肆”的弊病。内在原因在于，在现成良知中，我们很容易不知不觉地将情识掺杂于良知本体，很容易有意无意地以感应知觉替换良知本体。在作为泰州学派殿军的罗汝芳这里，现成良知的自然追求表现为论学的“浑沦顺适”。在罗汝芳为学的富有戏剧性的一生中，两次拜师和三次生病的传奇经历，在某种程度上，都是为了克服为学上不自然的弊病。在不断克服为学不自然的艰难历程中，罗汝芳的学问最终也如其所愿地走向了“浑化自然”。罗汝芳良知说的理论旨趣，在于追求良知本体中的万物一体境界，追求敬畏与洒落、良知本体与主体、自然与道德之间自然圆融的玄妙自在的境界。在某种意义上，宋明理学万物一体的乐章，在罗汝芳这里弹奏出了最庄严华美却又自然洒脱的旋律。

如果说以何心隐受难为标志，泰州学派亢而肆的狂侠之路早早走向了终点，那么圆而通的狂禅在士大夫阶层中的影响却越来越大。在其中，最具有人格感召力的思想人物，当属罗汝芳。就思想的博大精深而言，罗汝芳堪称泰州学派集大成者。他的自然与道德相合的圆融思想特色，他的随处都能顺适自然的人格境界，在晚明严酷的政治生态中，散发出令人难以抵挡的魅力，由此在士大夫阶层中吸引了一大批追随者，引无数心学信徒竞折腰。

罗汝芳把赤子之心看作为良知本体，把庶人之心看作为日用常行世界中可直观的感性显现。赤子之心即现象而又超现象，是本源性的现象，是不在场的在场，是非实在的实在。惟有通过开悟和体悟，我们才可以开显赤子之心及通过赤子之心而映现出来的光明世界。简言之，在赤子之心中映现出来的世界，是生机勃勃的绝对生命世界，是映现于时空而又超越时空的世界，是洋溢着意义的通透世界，是浑然天机的世界。在罗汝芳学说中，泰州学派的现成良知体现为赤子之心，其学说旨趣在于激发世人本具的成圣成贤的内在根源。如果把赤子之心看作罗汝芳的现成良知本体，那么孝弟慈就是它在人伦生活中的表现。从人人本具良知本体而言，成就圣贤似乎轻而易举；但从人伦世界的具体落实来说，罗汝芳却认为成圣成贤相当艰难。在罗汝芳看来，成就圣贤，必须一方面葆有赤子之心，另一方面又要时刻在人伦生活的道德实践中做逆觉体证工夫，以自见其心和自践其心。也就是说，在成就圣贤的过程中，觉悟是必不可少的前提条件。

在罗汝芳看来，赤子之心可以绾合超越的良知本体与感性的人伦世界，可以贯通超越世界和经验世界，可以结合良知的超越与遍在。在罗汝芳极高明而道中庸的赤子之心和孝弟慈思想中，人们通过当下即是的人伦实践可以直入良知本体，而超越的良知生化之理也可以同时保障日用常行中实践的人伦化。在一定程度上，罗汝芳学说的确有化腐朽为神奇的效应，能够将道德之庄严与自然之洒脱完美融合在一起。在赤子之心这里，罗汝芳将超越的良知本体与人世遍在的道德实践绾合起来，贯通了良知的超越与遍在，使得良知生化为上下周流的回互场域。作为利根之人的学说，罗汝芳实际是面对悟性较高的弟子和追随者而言说的。他热衷于当下指点弟子，随时启发弟子，而不拘是向上超越，还是向下遍在。他的整个学说呈现出极度简易而清新俊逸的葱茏风貌。

现成良知强调良知本体具有经验圆成性，具有当下即是地体现出来的可能性，由此将良知在生活世界中的展开推向了登峰造极的地步。但是，在良知本体遍在化达到极致时，也同时存在弱化良知本体以致消解良知本体的可能。罗汝芳痛切注意到了阳明后学尤其是泰州学派后学中误以情识为良知而猖狂无忌的弊病。作为泰州学派中的一员，既要继承现成良知学说，又要同时修正其中衍生出来的诸种弊病，是罗汝芳所面临的思想困境。正因为赤子之心学说是在他刻骨铭心的痛切反省中提出和阐发出来的，因此在时人眼中，赤子之心学说也成为他思想大厦中最富有特色和令人印象最为深刻的学说。赤子之心优越于现成良知，或者说罗汝芳不用现成良知而运用赤子之心的原因在于，赤子之心即经验而超经验，即当下而又超越，即自然而又道德，由赤子之心入手可以水到渠成地走上成就圣贤的道路。要而言之，在泰州学派中，罗汝芳是杰出的修正者。他将现成良知的激进高亢转换为赤子之心的即超越即人伦的圆融。他因此贯通了良知的超越与遍在，堪称极其高明的调适上遂者。

五　真机不容已

以罗汝芳学说为坐标，耿定向将汝芳学说中精微玄妙的一面加以平实化、实践化修正，在所谓“真机不容已”中贯通本体与工夫。在泰州学派内部，耿定向表现为对良知现成化所导致的玄虚和猖狂弊病的自觉修正。他注重为学次第，注重工夫操持，自觉提防玄虚思辨难以避免的轻慢弊端，是泰州学派晚期相当重要的修正人物。

耿定向极为赏识与敬佩罗汝芳的良知学说。他在修正泰州学派现成良知的情识之弊时，提出的一个重要学说是“真机不容已”。他认为所谓“真机不容已”，就是形而上的性体在人心中的沛然莫之能御的显现。孟子强调尽心知天。耿定向承接了这一说法，并进而指出，尽心即真机不容已，真机之所以为真机，正因为它不出于世俗情缘，而直接缘于天命。耿定向强调儒者的生活和学问应当与日用常行中的人伦实践紧密结合在一起，将极高明与道中庸结合在一起。他强调大道就在日用人伦之中。在耿定向看来，世间俗人束缚于贪嗔痴等负面情感的纠缠之中，情绪每每处于天人交战之中，处于从地狱到天堂的来回震荡之中。正是基于对人性阴暗面的痛切了解，耿定向虽然也承认“无善无恶心之体”的说法，但更强调的是，人如果要回归到无善无恶的心体，那么就必须兢兢业业地做为善去恶的工夫操持。他也因此严厉批评阳明后学中误认现成良知为情识或玄虚的形形色色的弊端。耿定向要求在向人传授致良知时，必须按照学人根性或者悟性的深浅，而以不同方式传授。这是因为，利根之人一闻良知，当下就可以悟入，而对绝大多数的中下根之人来说，却必须努力做为善去恶的工夫，否则良药就会摇身一变而沦为毒药。

耿定向与倡导见在良知的王畿，进行过长期论学与辩论。两位心学健将之间的论学与辩论，始于嘉靖四十三年，终于王畿过世10年之后的万历二十一年。大致而言，两者的论学与辩论可以分为两个阶段。第一个阶段是嘉靖四十三年至嘉靖四十四年，在此阶段中，耿定向正在南京督学任上，与热衷于讲学的王畿有过两次晤面。第二个阶段始于万历五年,两人通过书信展开辩论。总的来说,两人之间长达几十年的辩论,主要关注"四句教"和教学方式这两个内在相关的问题。耿定向通过辩论,同时阐发了"学有三关"学说。在耿定向即事即心、真机不容已和学有三关学说与王畿先天正心之学之间,存在根本性矛盾。总的来说,在王阳明"四句教"所指示的正心之学与诚意之学这两种工夫中,王畿与耿定向各取其一而坚执不让。耿定向认为先天正心之学只适合上上根之人,甚至为"颜子伯淳所不可承当者",王畿则批评诚意之学并非究竟之学。应该说,从修正心学流弊的角度来看,耿定向的批评颇有道理。"真机不容已"中的"真机",源自"天命之性",源自良知心体。通过道德的冲创性,真机直接表现为知善知恶的良知,并直接在生活世界中表现为名教。相较而言,李贽的真机源自"童心",不能直接贯通于先验的道德意识或者名教。在耿定向与李贽有关真机的观点对峙中,核心问题在于是否应当承认道德性为人的本质属性。相对于"二溪"(即王畿王龙溪与罗汝芳罗近溪)超尘出世的玄妙高远,相较于他们对性命之道的专注,耿定向更强调在人伦实践中踏实修行,更富于救世之心,更关注世道人心。对于罗汝芳良知当下本体的观点,耿定向有所批评,认为有可能引发"当下即是"的流弊。对罗汝芳指点诸生"当下本体"的灵活的教学之方,耿定向一方面有所赞赏,另一方面却又有所警惕。

耿定向与李贽的漫长争论,始于万历十二年(1584 年),直至万历二十三年(1595 年)和解,共历时 12 年,对彼此为学都产生了重大影响。某种意义上,这一场旷日持久的争论成就了李贽的学问和声名。在争论中,李贽的生命体悟日益激进,思想阐述日益个性化,而人格中的所谓"异端"和"狂狷"色彩也日益鲜明地展示了出来。与此相对,面对越来越剑走偏锋的为追求性命之道而无所顾忌的李贽,耿定向的卫道情怀和社会责任感也越发强烈,在为学上更加有意识地强调人伦实践。正如周柳塘所评价的:"天台重名教,卓吾识真机。"对性命之道如饥似渴的上穷碧落下黄泉的竭力追求,使李贽的追求逾越出主流儒学,而旁涉于释道。他为学的目的在于真正受用于身心,在于解决生死问题。与此形成鲜明对照的是,耿定向具有强烈的卫道意识和社会责任感,他因此坚定站在主流儒学的立场之上,维护孔孟之道,而力辟释道二教。

落发隐居龙湖之后，李贽为人和为文中的异端色彩愈加浓烈。他在《三教归儒说》中淋漓尽致地猛烈抨击假道学，其中或明或暗地影射耿定向，由此也埋下了与耿定向决裂的伏笔。耿定向在读到《焚书》之后，义愤填膺。为了反击和自我辩护，耿定向遂作《求儆书》以示友人。耿定向的反击产生了立竿见影的效果，导致麻城很快出现驱逐李贽事件，从而深刻影响了李贽此后的命运。就李贽本意来说，撰写和刊刻《焚书》，一是为追求性命之道，二是为倾吐心中多年的郁闷。但是对于和耿定向关系的急剧恶化，李贽却有点始料未及。从根本上来说，耿定理是李贽知心并且敬服不已的道友，而耿定向本就有恩于他，是交往多年的朋友。因此驱逐事件发生之后，李贽很快就后悔不迭。对耿定向来说，李贽在《焚书》中倾泻出来的激烈攻击，使得他伤痛不已，也悲愤不已，但与此同时，也不妨说是使他冷静下来并求解性命之道的助缘。在经历了十余年争论之后，万历二十一年（1593 年），李贽到黄安与耿定向晤面，重叙友情。万历二十三年（1595 年）底，李贽再赴黄安与耿定向会面，方才最终重归于好，相逢一笑泯恩仇。在《耿楚倥先生传》中，李贽表达了对知心道友耿定理的深切而绵长的思念之情，记述了与耿定向在为学宗旨上争论的前因后果。

总的来说，在耿定向与李贽长达十余年的争论中，核心问题在于入世与出世、人伦与宗教、道德之学与性命之学的关系。在耿定向看来，所谓道德之学即孔孟心性之学，尊崇的典籍为四书五经，宗旨在于维护世道人心，在于个人道德修养的完善与天下秩序的和谐。面对阳明后学等导致的学术流弊，耿定向忧虑不已，因此以维护名教为当仁不让的使命。自古以来，儒家士大夫的理想就是追求内圣外王，就是既追求个人心性的自由，又同时追求社会秩序的和谐。本来，在两者之间并不存在决然对立的矛盾，但在追求社会和谐秩序的耿定向与倾心个人心性自由的李贽之间，却产生长期争论，其中的意味确乎发人深思。应当说，这里面既涉及思想史问题，也涉及政治处境问题。

六　从心性之学走向经世之学的津梁：气学

魏晋南北朝至五代，是儒学的暗淡时期，史称“儒门淡泊，收拾不住”，以致最优秀的读书种子都转向了佛学。在儒门门庭冷落的时期，也正是佛门龙象辈出的辉煌时期。毫不夸张地说，在这个时期，道统从儒门悄悄地转向了佛门。如此说法，甚至朱熹在早年也是承认的。由于面临如此巨大的思想困境，本质上追求经世的宋代儒学，不得不专注于建构儒学心性论，以抵御佛老在心性学说上咄咄逼人的挑战。随着程朱在漫长摸索中逐渐建构起理学开阔而深邃的心性学说，随着儒门形上本体的挺立，儒学在佛老面前终于确立了主体地位。在宋明理学逐渐主宰读书人心灵的同时，佛学在有宋以降却慢慢衰落了。在有效占据士子心灵之后，儒学重新将热情与目光转向经世向度，就是水到渠成之事。这是因为，儒学本质上是经世之学，是自治治人之学，是内圣与外王并重之学。

儒学历来强调宇宙根源与价值根源、存在与价值的同一，其中无疑洋溢着古代中国人对宇宙与生命的热爱，表现了古代中国人与生俱来的乐观的入世精神。从生命根源意识与入世意识，我们就能更深刻地理解宋明理学确立人极的无与伦比的重要性。周敦颐在《太极图说》中建构理学本体论、心性论与工夫论，奠基理学之功，无出其右。与此同时，张载有力地论证了宇宙实在性。对古代中国人来说，宇宙生生不息而大化流行，是连续性的有机存有。在这种有机的宇宙根源性模式中，气学至关重要，展现出宇宙的实在性，也展现出古代中国人自觉的历史意识。面对佛学的世界空寂观与道家的世界虚无观，张载深刻地意识到，要一劳永逸地彻底奠定儒学，就必须证明存在实在性，必须“先识造化”。

朱熹的理气观存在内在矛盾，理气未能彻底而完全地交融为一。他将理与气之间的关系解释为人与马之间的关系，认为太极为理而动静为气，太极犹如人而动静犹如马，如人骑马，太极随着气动而动，随着气静而静。如此解释，难逃理气二元之嫌。正由于此，在理气关系上，朱熹之后理学家的任务就在于努力克服理气二元倾向，转向一元论。从后续发展来看，这样的一元论当为气一元论。在理气关系向一元论转化的同时，理的超越性和本体性意味不断淡化，而作为天地万物条理或法则的意味则相应地逐渐强化。在如此转化过程中，理学的道问学与客观认识色彩得到了加强。由此可见，在心性之学转向经世之学的过程中，气学当仁不让地起到了桥梁作用。

明代中期气学的双子星座为王廷相与罗钦顺。王廷相继承张载气一元论，反对朱熹的理在气先说。他认为天地万物的根源在于气，而气又可分为元气与生气。元气是能够产生天地万物的本然之气，生气则是源自元气而产生的有形有象之物。罗钦顺是典型的困而知之、困而后悟的学者。他在得思想三昧前艰难备尝，但觉悟之后则坚定不移而用心甚苦。年近六十，罗钦顺方才自信有得于性命之真。罗钦顺与王阳明是长期论学的好友，虽然观点不一，但交往颇密。正如耿定向与李贽的长期论战促使两人学说走向彻底化，罗钦顺与王阳明之间的长期论战也使得罗钦顺的气学学说走向彻底化。意味深长的是，罗钦顺虽然被赞誉为朱学"紫阳功臣"，对朱熹的理气观却颇为不满，而继承张载与程颢的理气观，建构了太极阴阳神化性命学说。令人遗憾的是，罗钦顺在理气观上对朱熹的批判并不彻底。诚然，他在理气论上强调就气认理，但在心性论上却又主张朱熹的理一分殊，有意无意地承认分殊之前有理一。如此一来，在他的理气论与心性论之间就产生了矛盾，表现为既有合气之理，又有离气之理；既有离心之性，又似乎有合心之性。之所以产生如此矛盾，缘由在于罗钦顺试图把大程和小程、朱熹和陆象山这两种性质和趋向根本不同的学说统合起来。

就思想史的内在逻辑来说，明代心学与气学都可谓朱子学说继承者。心学通过对朱熹格物致知说的批判继承，回溯于心性本体；气学则通过理气关系上的宇宙根源意识，向下贯注于格物致知说。由于气学把超越的本体意识转变为实然的宇宙根源意识，因此也就将尊德性转变为道问学。从这个角度来说，气学对朱学来说可谓一场革命。

与强调强烈主体意志的心学不同，气学展现出了根源性与客观性。在就《朱子晚年定论》展开的激烈辩论中，王阳明最终无奈地直承《朱子晚年定论》在客观文献求证上的欠缺，而罗钦顺则在文献考证上展示出了扎实工夫。在明代中期后理学、心学与气学的三角关系中，气学在对心学进行批判的同时，也对理学进行了相当彻底的改造。气学将天命之性转换为气质之性，将超越性的德性之知转换为践履性的见闻之知，将本体性的超越意识转换为宇宙根源意识。具体地说，朱熹在理气关系上所持的二元论倾向，隐秘地预设了本体世界与实然宇宙的双重性，预设了世界本体意识与宇宙根源意识的双重性。气学在继承朱子学时，拒绝世界本体意识，而热情拥抱了主张理气不离而理在气中的宇宙根源意识。

早在王廷相这里，明代气学在展现出气一元论的同时，也为宇宙根源意识所主宰。与之相伴随的，则是义理之性为气质之性所取代，气机生化的历史意识的崛起。气学持续不断弱化本体超越意识而强调根源意识和客观求知的特点，使得它在本质上与清代汉学保持了一贯性，从而成为明清学术转型的最大内在动力与桥梁。

七　走向经世的格物学说与笃实学风的逐渐形成

在从泰州学派向经世之学的演变中，一个重要的思想推动力乃是格物观的变迁。龙场大悟之后，王阳明从重新解释“格物”和“致知”入手，开始了建构阳明心学的进程。某种意义上，从王阳明“良知”说到刘宗周“慎独”说的整个阳明心学演变过程，也是对《大学》格物和致知不断重新解释的结果。在心学建构过程中，王阳明提出了“心外无理”“心外无物”与“心外无事”命题。王阳明由于注意到“物”总是紧密关联于意识活动，因而提出“意之所在即是物”。在泰州学派格物学说的发展上，从王艮淮南格物直至李贽童心说，乃是一个不断消化先天性“良知”的过程，也是一个不断把“良知”从先天预设向后天实践不断演进的过程。淮南格物特别强调身的地位，使得物更倾向于吾身，从而为现成良知当下即是的实践奠定了基础。格物之辩不仅表现对《大学》主旨的不同解释，而且也反映不同的工夫观，从而构成了明代中晚期工夫之辩的重要内容。明代中晚期工夫论的重要特征，在于不断向主体意识内部做深度挖掘，直至与本体实在贯通起来。在做这种内部挖掘的同时，还得避免将工夫操持封闭于主体内部，这不仅是儒佛之辨的需要，也是儒家万物一体观的必然要求。

即使逐渐倾向于朱子学立场的东林学派，其中的两位精神领袖顾宪成与高攀龙，在格物观上也受到王阳明影响，从而注重心物之间的相互融通。高攀龙认为，致良知工夫只有落实到格物之上，才能使良知获得现实性，否则良知就还只是虚灵知觉之用，就会导致知不得其良。东林学者将晚明玄谈妄作泛滥的思想根源归因于“无善无恶心之体”，并进而提出用以匡扶道德人心的性善论。当然，力辨“无善无恶”之非，仅仅是确立了为善去恶的基础，基础确立后，还必须进一步继之以切实的工夫实践。在顾宪成看来，可以用“小心”二字概括这种切实的工夫实践。针对当时良知现成论者径任本体而取消为善去恶工夫的现实，顾宪成倡导援朱入王，试图以朱学工夫彰显阳明学本体，从而使学风重新变得笃实。顾宪成强调，“小心”二字可以涵盖儒家的所有修养工夫，不仅是医治当时放胆的世儒的对症之药，而且还是儒者平时进行道德修养所不可或缺的工夫。

顾宪成及东林学派以工夫实践救正良知本体流于虚空的思路，后经刘宗周以及黄宗羲、顾炎武等人的继承和发扬，终于使得学术风气由虚转实，开启了明清之际的经世之学思潮。在顾宪成的本体工夫之辨中，已经透显出后天工夫的积极意义。在他看来，只有借助后天工夫，本体才具有实现的可能，因此从某种意义上来说，工夫对于本体就具有创生意义。这种思想进路后经东林学派的进一步传承，到黄宗羲那里最终演变成为“心无本体，工夫所至，即其本体”的思想，彻底扬弃了心性本体的先验特征，赋予后天工夫以创造性意义，把人生修养历程和人生生命本体的呈现过程合二为一，并进而将人性实现落实到现实社会生活之中。

从根本上来说，顾宪成、高攀龙等人以朱学工夫对治良知现成论者径任本体而不着工夫的流弊，还只是头痛医头脚痛医脚的治标之方，并未从心性本体的根源处开出治本之方。从思想史实情来看，建构统合程朱陆王心性新体系的任务，是由晚明大儒刘宗周完成的。刘宗周对王学的终结，不仅表现为在心性本体上穷尽了心性发展的可能，而且还表现为在本体—工夫关系上的看法促进了以工夫消解本体的思想史进程。在王学传统中，无论哪个流派，都没有放弃对本体的先天预设，这是王学乃至整个心学的基本理论前提。本体的先天性意味着本体具有超越时间和历史的思想性格，工夫的后天性则表明过程性，表明它是一个在个体时间当中展开的过程，也就是说具有历史性。以工夫消解本体的思想演变，在陈确和黄宗羲那里最终突破了王学思维框架，从而意味着本体与工夫之争的结束，并宣告了王学的终结。黄宗羲晚年逐渐转向重视万殊之事物而非一本之理，重视工夫的运用流行而非本体的探究，由性理之学转而致力于经史之学，无疑是这一时代思想发展趋势的最好说明。

在从泰州学派向经世之学的演变中，另一个重要的思想推动力，乃是鉴于晚明心学的严重弊端，而从玄虚清谈的学风向笃实客观学风的转变。在这其中，不可忽视的是，晚明以及明清之际学者对晚明讲学浪潮中形形色色的弊端所做出的严厉批判。

晚明讲学浪潮与阳明心学传播存在内在的千丝万缕的关系。相应的，晚明讲学中逐渐出现的众多弊端，心学负有不可推卸的责任。根据《明儒学案》的记载，在南京讲学的阳明心学门徒，除南直隶本地的南中王门之外，江右王门和浙中王门的门徒也大量而频繁地来南京讲学。当然，泰州学派学者在南直隶地区讲学中的重要作用，那就更无须多说，因为他们一直是讲学中活跃的主力军。南京讲学的主讲人，主要是在任官员或者游历于此的学者，因此使南京讲学活动呈现出不定期的特点，同时也使南京讲学表现出活跃的多元化倾向。

王阳明倡导有教无类，因此难免导致在弟子成分构成中出现鱼龙混杂的复杂局面。坦率地说，并非阳明门下的所有弟子都热忱地追求道学。有的人参与讲学，是为了虚名；有的人参与讲学，是为了借此交结权贵；甚至有的人参与讲学，仅仅是为了借讲学而进行名利交易等。阳明后学中有不少学者洞察到讲学中的空谈之弊，并因此进行了严厉批评。邹守益明确批评不肯做戒慎恐惧工夫的轻浮倾向，欧阳德认为学问徘徊不进的原因在于重清谈而轻实践，徐阶则认为讲学中真正的弊端在于未能做戒慎恐惧工夫。阳明后学讲学中屡屡出现禅学掺入心学的情形，如罗汝芳高足杨起元与王畿高足周汝登曾共同讲学于南京，他们两人的学说都志在会同儒佛。对这种轻轻放过儒佛之辨的情形，有很多学者进行了批评。袁衷甚至惊呼当时讲学之弊“惨乎杨墨”“深乎佛老”。何良俊深刻认识到阳明后学清谈怠政的弊端。隆庆年间，进士冯时可洞察到阳明后学“长游谈而废实学”的弊端。

在万历初年遭受张居正禁讲学、毁书院的打击之后，参与讲学的学者逐渐分化为两派。一派学者借此契机冷静反思，开始有意识地修正王学；另一派学者则继续追求超越性的心性之学，从而致力于会通三教。在晚明，由湛甘泉开创的江门心学逐渐转向朱子学。

儒学的真正归宿和最高目标，毫无疑问，在于经世济民而治国平天下。孔子确乎无疑地重视事功，否则他就不会高度评价齐桓公和管仲，也不会栖栖惶惶地奔走于列国。两汉以后，伴随着心性之学的日益兴盛，事功之学逐渐遭到内圣的心性之学的遮蔽。但即使在心性之学臻于登峰造极之境的宋明，事功之学仍然或明或暗地顽强存在着，其中的两位杰出代表就是，南宋以陈亮和叶适为首的浙东学派与明清之际以顾炎武为杰出代表的经世之学。有宋以降，儒家学者主要把修身理解为道德修养和心性修炼，而忽视对经世济民才能的学习，从而不可避免地丧失了在外王事功上的进取和开拓。与程朱理学中的理相比，王阳明心即理中的“理”具有更为活泼、创生、贯通与遍在的性格。因此，在促使儒学向民间社会下移和普及的过程中，在把作为生活世界的主宰之天的天理转化为作为主体能动性的良知的过程中，阳明心学起到了关键性作用。在阳明心学中，天理人欲之间界线的松动与模糊，为泰州学派扩展天理外延以涵摄人欲提供了可能性。在百姓日用即道命题中，天理人欲之间的界线变得完全模糊，甚至可以说相互融为了一体。明代中晚期理欲关系的基调性转变，表现为从灭绝人欲的天理到宽容人欲的天理的演进。在这个演变过程中，出现了一些新命题，如“欲在理中”“达情遂欲即是理”与“合私以为公”等。在晚明与清初主张适当承认人性之私的思潮中，有些激进思想家是在正面批判理学中确立人性有私论的，如李贽。大多数思想家，则委婉而温和地通过重新解读儒家经典，而承认人性有私论，如顾炎武。

如果说程朱理学开启了内向的内圣致思方向，那么陆王心学则公开批评读书和训诂的渐修功夫，而倡导发明本心以致良知的顿悟方法，从而在内圣致思方向上走向了极致之境。心学在晚明所造成的严重弊端，就是“束书不观，游谈无根”的恶劣学风。明遗民普遍谴责清谈误国。明代中期后，理学本身出现了分裂，以致陷入内在的危机。越到明代晚期，阳明心学越是禅学化，遂导致士大夫将国家实务束之高阁，而沉湎于清谈心性。

万历年间，面对激荡不已的重重社会危机与弊病百出的王学末流，顾宪成、高攀龙等东林学者高举道德理想主义大旗，在儒学道德修养领域坚决与释老二教划清界限，坚决批判“无善无恶”说，在学风上坚定追求经世致用。在批判王学末流清谈心性的基础之上，东林学者倡导尊孔和读经。为了尊孔，士子就必须读经，而读经就必须读汉唐注疏。士子读经必须识字，而识字就应当从小学入手。这样的致思路径，事实上已经类似于顾炎武发其先声的清代汉学工夫。

八　顾炎武对理学性命之学的解构

在椎心泣血的亡国之痛中，明遗民对明末士风的浇漓轻薄和学风的玄虚浅薄进行了无情批判。顾炎武认为泰州学派与龙溪之学罪恶深重，甚至把阳明心学的危害与魏晋清谈相提并论。顾炎武对李贽进行了严厉批判。他抨击当世儒者只会束书束手高谈心性，而真正的心性其实就表现在日用常行的出处、去就、辞受、取与之间。顾炎武解构了“天理”，从经世立场出发，重新解释致知格物。他要求士子杜绝清谈心性的蹈空习性，遵从孔子教诲以“博学于文”。后世学者大多认为，在批判阳明心学的大儒中，言论最激烈，态度最严厉，产生影响最深远的，当属顾炎武。

顾炎武对神化为孔门传授心法的“十六字诀”和“天理”进行了解构。在顾炎武看来，古人并不高谈阔论命与仁、性与天道，为学平易可循，只是特别指出“行已有耻”与“好古敏求”。今天的学者却一味追求高远玄虚的东西，动辄言心言性以求一贯之方，终日讲论危微精一之说。这种德性之知似乎颇为高明，究其实却往往是无用的空言。顾炎武批评宋明理学背离圣学，并非原初的孔孟之道，从而消解了作为理学家支柱的道心和人心说，为士子回归经典和走向实际生活提供了坚实的理论依据。顾炎武批判性地继承了宋儒的道德理想主义，但同时也清醒地认识到，仅仅运用道德理想主义，难以治国平天下。在社会的普遍教化层面上，他没有满足于单纯的道德理想主义，而是提出了“行己有耻”的道德底线。

在顾炎武看来，导致读书人脱离实际的，是宋明理学的先验本体论。宋明理学先验本体论的两大理论支柱，一是被神化为“孔门传授心法”的“虞廷十六字诀”，即“尧舜相传所谓危微精一之言”；二是道教的《太极图》。顾炎武强调，要消解宋明理学的先验本体论，就必须首先推倒这两大理论支柱。针对理学割裂体用、空谈心性的弊端，顾炎武反复申说天道就在四时行、百物生之中，性与天道就体现于具体社会现象与士人出入进退的道理。顾炎武的本体论重建，就是要建构现实生活世界中的“性与天道”。他以务实态度解释《大学》致知格物，把致知理解为知止，止理解为止于五伦，物理解为具体的伦理之物，并强调格物致知不离日常人伦日用。顾炎武主张恢复儒学本来面目，对佛、道、庄、列学说一概予以排斥，对心学以所谓“六经注我”的方法改造儒学的举动极为不满。

对于程朱理学高扬的理本体，顾炎武指出理本质上为宋儒自造，并非孔孟儒家的真传。顾炎武直截了当地提出：“理学”之名宋代才开始出现，在此以前的“古之所谓理学”即是“经学”。顾炎武从文字训诂与思想史分析入手，对此进行了系统回答。通过扎实的文献梳理，顾炎武令人信服地证实了程朱理学“无极之真”的“真”字，竟然是不折不扣的道家学说。心学的所谓“性”“命”“天”等哲学范畴，是孔子并不多谈的内容，而恰恰是佛教话语系统当中的观念。顾炎武认为，孔孟儒家的真实关怀是为了治国平天下，后来儒者揭橥的正心、诚意的目的也意在于此，并非专门用心于内。

顾炎武认为，宇宙本体是气。在对心的解释上，顾炎武祛除神秘主义色彩，而强调心乃气之心。心并非先验本体，而是气化流行的产物。天地之气流行不息，而人得之以为心，心自然也因此不可能虚寂不动，而是要具理于万事万物之中并不断行动。在顾炎武看来，天地自然莫不在昭示实际教化，从而将天道性命与实际世界贯通了起来。顾炎武认为言行文章和“性与天道”之间，并非现象本体关系，亦并非器道关系。根据“非器则道无所寓”命题，言行文章即“性与天道”。顾炎武甚至认为，日常生活中的种种纲常人伦，都是待格之“物”，从而将宋明理学热衷探讨的格物之“物”的范围进行了影响深远的扩展。

在人性论阐发上，顾炎武首先批判和解构宋明理学的先验人性论，进而转向了经验的自然人性论。在《日知录》卷七“性相近也”中，顾炎武深入考证“恒性”观念，大力表彰孔子“性相近也，习相远也”的人性命题。正是基于自然人性论，顾炎武拒绝宋明理学对人心与道心所做的区分。对人性中的合理欲望，顾炎武持明确肯定的态度。通过重新诠释古代典章制度，顾炎武在礼制中为人欲安排了妥当位置。针对程朱理学和阳明心学在道德修养领域陈意过高而引发工夫操持上的荒疏无着落，顾炎武通过考证与重新诠释理学的核心概念，积极倡导平实可行的行己有耻主张。

九　反对束书不观，主张博学于文

顾炎武的经世致用主张之所以往往为后世学者忽视或遗忘，与他寓经世主张于考据之中的治学风格密不可分。后世学者每每沉浸于博学缜密的考据之中而难以自拔，于是在关注顾炎武的考据工夫时，往往就有意无意地埋没了其中隐藏颇深的经世意向。在顾炎武看来，万物运行的秩序来源于天道，而“诚”就是万物运行之所以合乎秩序的根源。明乎于此，就能理解天下陷入混乱的原因就在于人们违背天道而妄行。如果要在乱世中恢复秩序，那就得顺从天道而行，就得正人心淳风俗，就得倡导经世致用的实学。

明代空疏学风的形成，一方面诚然与心学好谈性命而束书不观的为学风格有关，另一方面也与僵化的科举制度和粗鄙的教育制度有关。在科举考试的指挥棒之下，士子只要熟读四书五经及朱子注疏就可以进士及第，甚至只要熟读前人所作的八股文就可以轻易中举。如此一来，士子自然无须皓首穷经，而科举考试也就逐渐丧失了选拔人才的作用。在关于读书问题的探讨上，朱熹重格物致知而在治学上重视读书。在治学风格上，朱熹则重小学、训诂，重视儒学经典中名物典制的考证。与此相对，王阳明在治学与修身关系上主张“先立其大”，读书因此沦为达乎明心的辅助手段。由于沉溺心性之学的清谈，阳明后学不可避免地弱化了对外王事功的关注，从而偏离了正统儒学关注资治的传统轨道。

顾炎武为心学定下“束书不观，空言心性”的批判基调之后，影响及于今而不坠。顾炎武等经世学者站在正统儒学的资治立场之上，站在人伦日用立场之上，顺理成章地就会批评心性清谈之无用，批评心性清谈之无补于世，以至于指责心性清谈要为明朝亡国负起主要责任。在这种逻辑之下，悠悠万事，惟保国保天下为重，心性之学当然就要束之高阁。因此到了清代，学者为学就纷纷弃思辨而追求经世务实。

顾炎武在《日知录》中指出：“流行天地间，贯彻古今而无不同者，理也。理具于吾心而验于事物。……圣贤之学，由一心而达之天下国家之用，无非至理之流行。明白洞达，人人所同，历千载而无间者。”[①]也就是说，理是客观的，核心在于“达天下国家之用”。顾炎武极其重视“下学”，即实地考察，收集第一手资料。他把做学问比喻为“采铜于山”。潘耒曾感慨地赞颂顾炎武及其《日知录》说：“先生非一世之人，此书非一世之书也。……异日有整顿民物之责者，读是书而憬然觉悟，采用其说，见诸施行，于世道人心实非小补。”[②]清初经世学者不约而同地把经世济民、国计民生作为经世之学的具体内容。经世学者都推崇敢于担当和任事的精神，无不充满对时代的责任感，充满担当天下的“不容已”精神。明代中晚期，一些敏感的思想家已开始由形而上的义理之学转向形而下的考据之学，其中开风气之先的当属杨慎、陈第和焦竑等。顾炎武认为，古代所谓理学，实质上就是经学。顾炎武主张平易说经，考究五经，洞悉古今通变之由，最终目的在于正人心、明治要和兴太平。顾炎武以经学为理据，批判和解构了宋明理学的思想根基，而以经世实学代之，为清代学术带来了解放性的深远影响。他的思想路径是，通过音韵研究和文字训诂而解读儒家原始经典，从而通晓圣道，以便经世济民。理学以高明玄虚为进路，以莫测高深的性命之理为孜孜不倦的追求对象，结果往往流于空索无实。鉴于这种令人头疼的流弊，杨慎转而

① 黄汝成集释：《日知录集释》卷十八《心学》，上海古籍出版社 1985 年版，第 1397—1398 页。

② 潘耒：《遂初堂集・文集》卷六，《日知录序》。

要求士子从训诂入手，以便把握儒家经典经义，而训诂则必须知晓古人之法。福建人陈第进而提出“读经不读传注”[①]的主张。其中隐含的意思无非就是，超越对经典的随意诠释，返回到原始经典本身。在经典研究方面，陈第首先将音韵考证提高到了相当重要的地位。焦竑认为经学应当以小学工夫作为根基，因为“小学，谓文字之学也”。[②] 从解释学的效果历史来看，明中叶以来的这些先驱者的观点，虽然为后来的经学复兴提供了历史前导，然而在当时，他们的声音却是寂寞的，是处于边缘地带的曲高和寡之声。只是到了明末清初，在时代的风云际会之下，他们的观点才得到了越来越多的响应。

十　从形而上的理学回归经学

到了清代初年，顾炎武以沉痛的历史反省为前提，倡导从理学返归经学的呼声，终于获得了普遍认同。从理学到经学的转变，无疑是一次范型转变，其中包含着重要问题域和方法域的转换。理学以心性之学作为主题，表现出显而易见的思辨趋向。在其后复兴的经学，则以字义训释和文献考证等作为入手工夫，从而由形而上的理学，返归原始的经学。顾炎武认为，理学之名从宋代才开始出现。古代所谓理学，实质上就是经学，需要学者倾注几十年心血才能融会贯通，而宋明理学却与经学下学上达的宗旨背道而驰。他的经学会通今古，兼采汉宋，毫无后来清学壁垒森严的门户之见。对于历代经说，顾炎武都很重视，并进行了深入研究。正由于此，顾炎武的经学研究，惟以通经为目的，既不讲究师法和家法之异，也不突出今文和古文之别。

顾炎武批评宋明儒者标新立异、放言高论以博取名利的不良学风，而主张平易说经。他研究经学的目的，是为了明道救世。在他看来，经是礼乐德刑之本，是文治教化之源。因此，通经可以明道，经术可以经世。正因为如此，顾炎武考究五经，无不从究名物、辨史事、明经义入手，以便寻求先民制作之原，体察往圣开成之道，洞悉古今通变之由，最

① 陈第：《尚书疏衍·自序》。

② 焦竑：《笔乘》。

终的目的在于正人心、明治要和兴太平。顾炎武的经学，力矫宋明理学流弊，下开清人汉学先声，以至乾嘉学派多以顾炎武为清代经学之祖。《四库提要》对他推崇备至，声称："国初称学有根柢者，以炎武为最。"①

程朱要求通过格物以达到穷理，彰显出浓郁的形而上色彩，顾炎武则由于天崩地解的时代原因而更加关注经世致用。顾炎武诚然推崇朱熹，但时代与旨趣的不同，却使得他们在形而上领域中产生了相当大的分歧。例如在"忠恕"与"一贯"关系的讨论上，顾炎武认为忠恕即一贯，忠恕之外别无"一贯"；而朱熹则认为"忠恕"与"一贯"关系属于"理一分殊"问题，"一贯"即"一本"即道之体，"忠恕"即分殊。"一贯"体现在忠恕中，而"忠恕"外另有"一贯"。

在顾炎武看来，"亡天下"是晚明士子抛弃儒家经典的结果。因此，为了保国家，就必须懂得首先保天下的道理。保国家乃君臣之事，而保天下却"匹夫之贱，与有责焉耳矣"。也就是说，每个人都当仁不让地有维护圣人之教的义务。由于圣人之教，"其文在《诗》《书》《礼》《易》《春秋》"，因此，经学就直接关系到保天下之事。顾炎武强调，惟有经学才能正人心。顾炎武屡次提到的"务本之学"，一是与宋儒之学相对而言，二是与科举八股相对而言。顾炎武所谓的"本"，指经书中孔孟之学的本旨，是先秦典籍中的孔孟儒学，是活生生历史情境中的孔孟儒学。由于清初大儒们无不身怀国破家亡之痛，所以对科举时文的排斥尤其严厉，对程朱理学的痛恨尤其深重，并因而导致对先秦儒学的追寻和返归更加自觉。在明末清初儒释道并存的多元文化局势下，顾炎武的务本之学表现出了异常保守的学术色彩。他外排佛老，内摒陆王，惟独尊崇程朱理学，希望维持"道德一、风俗同"的治世状态。他的这种保守态度，在与李颙争论"体用"范畴的来源时表现得最为鲜明。他曾多次致信李颙，不厌其烦地强调"体用"二字并非源于佛经，而出自中国古代典籍。

经世之学必定重视礼，这是因为，礼既可以为治国安邦提供必不可少的知识，又可以为教化百姓提供思想资源。通过礼学，可以打通政治

① 《左传杜解补正》，见《四库全书·经部五》。

与教化,而政治与教化之间的贯通正是儒家政治的特点。因此,明清易代之际,礼学受到当时大儒的普遍重视,就显得顺理成章。对礼学的重视,是为了稳固儒家社会秩序,为了恢复纲常伦理。明亡之后,由于异族入主中夏,礼学又承担了存道统的重要作用。顾炎武以匡时救世作为著书立说的目的,因此自然重视礼制。礼制包括礼乐、刑政和典章制度等,而礼本身又是五经之一。顾炎武虽然没有撰写专门的礼学著作,但是对礼学也有精深研究。顾炎武的礼学研究和思想,主要见于《日知录》卷十四和卷十五,同时散见于其他著作之中。顾炎武的礼学研究,特别重视风俗教化。这是因为:"有人伦,然后有风俗;有风俗,然后有政事;有政事,然后有国家。"①

在《日知录》"博学于文"条中,顾炎武考证"文"之古义,证明了"文"与"礼"之间的密切关系。孔子主张:"君子博学于文。"②其中的"文"指礼,而非文辞。顾炎武同样主张:"自身而至于家国天下,制之为度数,发之为音容,莫非文也。"显然,礼与文成教化之间存在着极其密切的关系。顾炎武捍卫《仪礼》的经典地位,率先确认了清代礼制建设的纲领。在《仪礼》考释方面,顾炎武归宗郑学,指明了以朴学为主的经学发展方向。在礼学应用方面,顾炎武弘扬朱学,开辟了融会古今的礼制建设通途。顾炎武以富有独创性的礼学思想,成为清代《仪礼》学的主要奠基者。在顾炎武看来,"值此人心陷溺之秋,苟不以礼,其何以拨乱而返之正乎?"③显然,他把振兴《仪礼》学看成维系民族文化命脉的千秋大业。顾炎武"以礼存心"的思想,是在目睹晚明清初世风人心之浇漓而为力矫其弊提出来的。以礼存心思想的关节点,在于"博学于文"与"行己有耻"合而为一,从而使人们皈依于"圣人之道",去虚浮而反之六经,使社会风气达乎淳厚之境,从而使天下大治。

十一　经史并重与道问学意识的崛起

古人治学,往往经史并重。这种经史并重的治学风格,在经世学者

---

① 顾炎武:《亭林文集》卷五《华阴王氏宗祠记》。

②《论语·雍也》。

③ 顾炎武:《顾亭林诗文集》,中华书局 1983 年版,第 195 页。

那里尤为鲜明。时至晚明,学者在研治史学时,不仅追求立言以求不朽,而且更看重史学所具有的经世作用,由此蔚然形成了经世史学思潮。在这股经世史学思潮中,道与事并重,形上与实践兼及。经世史学在晚明逐渐崛起的同时,史学经世关怀的重心,也渐渐从君子小人之辨的道德价值裁断,而转向可资鉴戒的典章制度与政治兴衰成败的探讨上来。在这个过程中,同时兴起了编纂以经世致用为目的的经世文集的浪潮。这些经世文集强调围绕现实问题而总结历史教训,具有强烈的实用色彩。除了此类经世文集之外,晚明还涌现了大量专题类的文编著述。这些具有实用性和时策性的史学编纂著作的不断面世,表明以往遭到儒学学者忽视的丛脞琐细的赋税、田制、治河、屯田、兵事等等具体的经世事务,逐渐从模糊的边缘地带,而堂皇地步入史学家关注的中心舞台。

顾炎武主张为六经正本清源,还六经以史籍的本来面目。在他看来,六经原本不过是圣人所作的史籍,并无玄远高邈之处。因此,他进一步倡导平易说经,反对历代经解的种种怪异之论。顾炎武坚持经史同源、经史同归,自觉地以经史互训。他考订历史以阐明经文,同时又以经文考证历史,在《日知录》中可谓俯拾皆是。就顾炎武治学的实质而言,他极为擅长寓经世致用于典礼制度的考证。在不厌其烦地、缜密地考证中,隐秘而明确地洋溢着顾炎武担当天下的救世情怀与贯通古今的闳通深识,表现出为学的宏大气象与开阔格局。顾炎武考论《春秋》经传的著述,除了《左传杜解补正》之外,主要见于《日知录》卷四。无论对于三传,还是对于历代注疏,顾炎武都能秉持较为客观公正的实事求是态度。他没有今文或古文的门户偏见,而是既肯定三家所长,又辨析和批评三家所失。对于孔子纂修《春秋》之事,顾炎武极为推崇,指出:“夫子之文章,莫大乎《春秋》,《春秋》之义,尊天王,攘夷狄,诛乱臣贼子,皆性也,皆天道也。”①晋代经学大家杜预的《春秋左传集解》对后世影响颇为深远,他也因此被后人尊称为《左氏》功臣。在《左传杜解补正》中,顾炎武以严密的考证方法,从各个方面补正了杜注的阙失。清代汉学家对杜预《左传集解》的商榷考证,无论是内容还是方法,都源自

① 顾炎武:《日知录集释》卷七之“夫子之言性与天道”条,上海古籍出版社 2006 年版,第 400 页。

顾炎武的《左传杜解补正》。阮元编纂《皇清经解》,将《左传杜解补正》堂皇地列于卷首,明确以顾炎武为开创清代经学的先河。总的来说,顾炎武对《春秋》经传的严密考证,不仅注重历代经说,而且更加注重精研儒家经典本身,关注它们之间的内在联系与相互证明。与热衷性与天道的理学末流或王学末流中人不同,顾炎武更关注经史典籍中的事实性问题。他认为只有恢复古代语言文字的原本音韵,才能进入原初的经典文本世界。为此,他极其重视音韵学研究。顾炎武的《音学五书》和《日知录》,对乾嘉考据学产生了深远影响。

有明一代,诚然是心性之学达乎登峰造极地步的时代,是极其重视尊德性的时代,但是与此同时,道问学传统依然默默而坚韧地存在着。即使秉持尊德性立场的学者,为了阐明“古圣相传只此心”,或在论学中为了寻求权威依据,也纷纷求助于原始儒学经典。在这种求助经典的过程中,就必定需要道问学。在晚明思想界儒学学派的相互辩难中,由于争论谁才是儒学的真正传承者,学者们不约而同地产生回归儒学经典文献而求取权威支援的意识。在某种意义上,这就意味着相对于四书而言,五经地位逐渐上升,以致恢复其在原初儒学中的主导地位。在儒学权威经典由四书向五经回归的过程中,同时伴随着考据之学的兴起。在晚明,归有光和钱谦益开始区分讲经与讲道,顾炎武、方以智、黄宗羲和费密等又区分经学与道学,并进而倡导把理学看作经学的一部分,或者干脆以经学取代理学,并逐渐与考据学合流。明清之际,儒者们纷纷意识到王学末流及理学末流在追求内圣过程中越来越沉溺于“尊德性”,不仅未能通达内圣的圆融之境,而且愈加轻易地流于空疏的清谈。为此,顾炎武提出“行己有耻”与“博学于文”,声称要“尊德性”与“道问学”并重。在当时学风空疏的时代背景下,顾炎武尤其强调“道问学”,以志在“明道”和“救世”。某种意义上,在清初特殊的情境之下,传统儒学的“内圣外王”就表现为“明道救世”。

明代中期以降,在道问学逐渐兴起的大背景之下,考证日益兴盛。归有光倡导辨别讲经与讲道,学问渊源自归有光的钱谦益,则提出返回儒家经典以正经学的主张。在经学史上,从汉唐的训诂注疏,经宋明的心性义理,到清代的朴学考据,正好合乎逻辑地构成了一个正反合过程。在这个过程中，明末清初正是心性义理之学向考据之学演变的关键阶段，而钱谦益则是其中承上启下的人物，由此在思想史上产生了重大影响。在清代考据学中，经过日积月累的艰苦缜密的考证，儒学经典文本的历史—时间性源起的面目，逐渐显现出来。与此同时，语言与经义之间相互依存的活泼关系，也得到不断深入挖掘，从而使儒家经典文本的诠释得以逐渐摆脱道统说和心性之学等束缚，呈现为在历史中不断得到传承的活生生的文化生命有机体，使经典获得开放的，能够持续打开新的可能性空间的生命。

就清儒所处的学术研究形势而言，由于宋明理学经过漫长演进，在心性之学建构上已达到极其精微细致的境界，再往前很难再做有意义的开拓。在理学传统如此巨大的阴影和历史包袱之下，清儒们转而追求道问学，在提倡回归儒学经典文本的旗帜下进行考据学研究，而相应弱化义理解释，甚至将义理解释束之高阁，也就成了顺理成章之事，并不令人感到奇怪。

学界一般认为，吴派汉学渊源于清初顾炎武、黄宗羲等经世学者，渊源于他们所倡导和身体力行的实事求是研究古经注疏的踏实学风。惠周惕是吴派汉学研究的直接导源者。从根本上来说，考据学属于经学，围绕治经展开。在治考据学的清儒们看来，儒学经典中存在圣人之道。惟有通过考证返回原初经典文本，方能达乎圣人之道，以最终展开修身与治世的儒学大业。由此可见，通过小学以通经明道，乃是考据学与宋明理学相区别的鲜明标志之一。清代考据学者，无论是清初顾炎武，还是晚清俞樾，无不把小学看作通向圣人之道的桥梁，都以小学作为通经明道的必由之路。同时，对理学批判来说，考据学由小学而通经明道的宗旨，也显然具有重要作用。

第一章　纵横操纵由良知

儒学区别于一般思辨哲学的地方，正在于对现实人伦世界的关注，在于关乎人文以化成天下的担当。从国家与社会角度来看，需要通过礼制礼仪等敦民化俗，从而实现道德教化。从形而上角度来看，教化是依据天理人性，通过不断的工夫操持使人复性而赢获安身立命终极意义的。如此，小我方能升华为大我，并通达于天道性命流行的崇高和乐境界。

南宋以后，理学演变的主要趋势是和会朱陆，是在主流朱学中接纳心学影响。在明初朱学学者这里，“恪守朱子学的立场，以至于朱子学的二元论倾向，或追求细密分析和博大知识的朱子学特色，已愈益减弱，而出现了重视一元论和心之存养的倾向，这在思想方法上可以说是一股接近陆学的风潮”。[①] 这样的变化微妙而意味深长。

薛瑄、陈献章与王阳明是明代学术发展的三位标志性大儒。“国初固多才，然而挺然任圣道者寡矣。自河津薛公起而引圣道为己任，卮言细行，必准古遗训而绳之。盖自是天下学道者四起，争自濯磨以承圣范。岂谓尽出河津哉？要之，默自河津启之也。”薛瑄的作用在于以人格典范引导天下士子学圣。但是稍有遗憾的是，严格的道德践履与心性之间未能完全贯通。于是陈献章起，倡导静坐观心之学。天下士子受其启迪，纷纷背弃支离的格物工夫而返求于心体。“然而士知惇质行已矣，于心犹未有解也。自新会陈公谓‘学必有源，静而反观乎此心之

① [日]冈田武彦：《王阳明与明末儒学》，上海古籍出版社 2000 年版，第 9 页。

体，得其自然而不假人力。'以为至乐具是矣，其于世之荣名若遗也。盖自是天下学道者，浸知厌支离而反求诸心。岂谓尽出新会哉？要之，默自新会启之也。"然而静坐中返观的心体，毕竟与日用应感之间未能完全凑泊，于是有王阳明出，但致良知之显微无间、体用一源之学。"然以其初知反本真也，则犹隐然与应感二之也。自会稽王公于百难万变中，豁然有悟于学之妙机，以为天下之道原自吾本心而足也。于是揭人心本然之明以为标，使人不离日用而造先天之秘，不出自治而握经世之枢，及其随所施而屡建大勋，则亦由学之约而达也。盖自是天下学道者，浸知显微之无间，体用之一源，蔮然有中乎道之窾郤。岂谓尽出会稽哉？要之，默自会稽启之也。"[①]

由此，明代儒学的特点，就在于逐步接受心学影响，以至直探心性，入于玄妙隐微之奥区。明初理学大儒既尊崇朱学，又自觉不自觉地接纳心学影响的二重性，在吴与弼的思想与工夫操持中微妙地表现了出来。在拜读朱熹《伊洛渊源录》之后，吴与弼开始有志于道。因此，他的为学显然发端于朱子学。但与此同时，他主张"欲异于物者，亦曰反求吾心之固有之仁义礼智而已，欲实四者于吾身，舍圣贤之书则无所致力焉"。[②] 其中，展现出了明确的心学色彩。朱熹认为心当于外物中格得道理，而吴与弼却强调心本来就拥有仁义礼智，读圣贤书无非为发明吾心，是为了身心有个安顿处。这种求身心安顿的为学方向，意味深长地预示了此后明代儒学的主要发展趋向。在某种意义上，明代儒学就是围绕身心安顿而不断演变的。作为吴与弼弟子，陈献章的为学三要旨是心本论、以自然为宗与静坐中养出端倪的工夫论。以自然为宗接续儒家的洒落传统，开创了明代儒学的浪漫主义道路。陈献章高足湛若水，是王阳明为学上的挚友，对阳明心学的产生与形成有过深刻影响。吴与弼的另一位弟子娄谅，与王阳明有过直接交集。他点拨青年阳明的格物之学，大约也是染上较浓心学色彩的理学。在崇仁之学中，对外在见闻之知的兴趣大为下降，为学集中于追求身心安顿，因此心的地位

① 李庭机：《从祀文庙疏议》，《陈献章集》附录四，中华书局 1987 年版，第 927—928 页。

② 吴与弼：《劝学赠杨德全》，《康斋集》卷八，文渊阁《四库全书》本。

明确展现了出来。因此完全可以说，阳明心学并非横空出世，吴与弼的崇仁之学为它的兴起铺垫了深厚的思想背景。

第一节　吾性自足

阳明心学的兴起，与简易真切的工夫有内在关系。在朱子学由于成为官方意识形态，尤其是成为科举考试的敲门砖僵化之后，并很大程度上丧失教化功能之后，在士子心灵为此彷徨无依之后，在朱子学知行相违而支离弊端丛生之后，阳明心学以简易工夫直契良知道德本体的为学风格，迅速俘获了那些最真诚、最敏感的士子心灵，从而得以大行其教。

揆诸思想史，程朱理学由于从天理出发对道德进行了缜密的本体性论证，在佛老咄咄逼人的心性之学围攻之下确立人极，从而明确挺立了儒家道德合理性。理学中本体与工夫内在一贯的严密体系，激发了儒家道德实践的说服力，有助于社会秩序稳定。有宋以降，由于道统论日益兴盛，孟子在思想史上的地位随之水涨船高。与推崇孟子相关，理学核心问题在于追问性善根据。如果说二程提出性即理，道说了人性天理之间天然混融的情形，那么可以说，朱熹对这个命题进行了本体论推进。朱熹以《易》“一阴一阳之谓道，继之者善，成之者性”作为根据，将终极实在赋命于人。所谓“继之者善也，元亨，是气之方行而未着于物也，是上一截事。成之者性也，利贞，是气之结成一物也，是下一截事”。[①] “继之者善”即天理，是上一截事。“成之者性”是下一截事，可谓天理对人的赠予。如果说天理是原初的最终本体，那么对人而言，由于性源出天理，同样可称之为本体。这无非是因为，“元亨利贞，性也。生长收藏，情也。以元生、以亨长、以利收、以贞藏者，心也。仁义礼智，性也。恻隐、羞恶、辞让、是非，情也。以仁爱、以义恶、以礼让、以智知者，

① 朱熹：《朱子语类》卷七十四。

心也。性者，心之理也。情者，心之用也。心者，性情之主也。”[①]在宋明理学的心性结构中，性为心之本体，情为心之发用，而性与情统属于心。同时，以心作为中介，以性为体，以情为用，性与情之间形成体用关系。心作为中介，在落实于人的现实意识过程中呈现天命之性，表现为“以元生、以亨长、以利收、以贞藏”。在朱熹思想架构中，真正重要的是性与天理，而非心。

随着岁月的流逝，儒学不得不随之变化。至明代，尤其到了明代中晚期，由于商业和手工业勃兴，城镇逐渐富庶，具有独立意识的市民阶层逐渐形成和扩大。这些历史演变中的新因素，不可避免地对传统宗法伦理秩序产生了日甚一日的冲击，从而不断侵蚀宗法伦理秩序及其附丽于其上的意识。从中晚明士人的相关文献中，如沈德符的《万历野获编》、谢肇淛的《五杂俎》与袁宏道的《袁中郎随笔》等，我们就能随处发现，当时的士大夫阶层是如何追求世俗感性趣味，如何频频出入青楼等风月场所之中，如何卷入形形色色的世俗嗜欲之中的。由此不难看出，程朱理学由于与科举考试、官方意识形态过分紧密地捆绑在一起，业已难以约束士子们那一颗颗沉溺于滚滚红尘之中的躁动不安的心灵。也就是说，面对中晚明那昂扬的世俗感性意识，面对卷入于市民社会各种新因素中的士子对自由而多元精神的追求，传统程朱理学具有外在而客观色彩的天理一伦理教条，已经再也难以安抚人心，当然也难以安顿士子灵魂了。换言之，面对变化了的时代条件，程朱理学的神圣性和合理性已经变得不那么牢靠，创造性也日益沦丧。

宽厚的孝宗之后，顽童皇帝武宗继位。他在位时间虽然不太长，但那荒腔走板而任性放纵的为政，极大破坏了政治稳定，动摇了伦理秩序维系人心的力量，深刻影响了士人人格。明代初期，士人的理想人格曾经是温柔敦厚而循规蹈矩。武宗在位的正德年间，面对动荡压抑的政治环境，士人转而推崇慷慨刚直的耿介人格。如果说正德年间，士人心灵中回响的是愤激的变徵之音，尚能持守有关忠奸善恶等的道德操守，那么到了嘉靖年间，情形则为之一变。这是由于，嘉靖是一个极其聪明

① 朱熹：《元亨利贞说》，《晦庵集》卷六十七。

却也是极端自私的皇帝。他那唯我独尊的荒淫独裁，深深压制了文官集团，扭曲了士人人格。经由大礼议等事件，文官集团逐渐形成相互倾轧的恶习。

阳明心学就在这样动荡压抑的时代中应运而生。说心学产生于九死一生中，并非言过其实。阳明无所依傍的自我做主，对个性的强调，对狂狷的倾心，转向觉民行道，都与此不无关系。沧海横流方显英雄本色，阳明赞扬狂狷说："圣人教人，不是个束缚他通做一般：只如狂者便从狂处成就他，狷者便从狷处成就他。人之才气如何同得？"[①]对个性的强调与尊重，在此展露无遗。这成就了阳明心学蓬勃的生命力，也昭示了之后阳明后学的分化与激进派的崛起。

在阳明看来，朱子学的格物工夫容易驱使人追逐外物游荡于外而难以安顿于身心，使人沉溺于经验类的见闻之知而难以归返身心体证的道德涵养，使身心道德涵养成为虚设而无意中使格外物的经验见闻之知成为目的，使人终生忙于磨刀却忘却了磨刀是为了砍柴。阳明为此痛切地指出："纵格得草木来，如何反来诚得自家意？"[②]格物丧失头脑要不得，会使人终身浪游而无法身心安顿。为此，阳明竭尽全力要求将格物工夫完全转向身心道德涵养，强调："其格物之功，只在身心上做。"[③]要通过诚意，把格物工夫转到身心体证上来，转到人伦践履上来。

正由于朱子学工夫操持惨痛失败的经历，阳明格外关注心的运用，因此学问以心为重心而非以性或理为中心。阳明的心彰显性理与明觉的合一，明觉表明的正是心的运用态。心即理，心、性与理一体，作为具体生活中显现出来的如孝与忠这样的道德条理，本质上是心中本有之理的发用，是良知的发用流行。阳明将心喻为根，将礼仪节目喻为枝叶，认为心或者说良知在待人接物中自然会创发出合乎时宜的礼仪。由此也可以说，礼仪并非脱离身心的要拘押人的外在规范，而实为心或者说良知在日用常行中的发用或者说创造。

朱子格物穷理的原初目的，在于仁智并进、内外相通，在于个人身

① 王阳明：《传习录》下，《王阳明全集》卷三，第104页。

② 王阳明：《传习录》下，《王阳明全集》卷三，第119页。

③ 王阳明：《传习录》下，《王阳明全集》卷三，第120页。

心安顿的同时亦能在知识上经济世间，在于贯通人心天理。但是，格外在之物以求天理，与身心明己之善并不内在直接相通。阳明一针见血地指出："先去穷格事物之理，即茫茫荡荡，都无着落处；须用添个敬字方才牵扯得向身心上来。然终是没根源。"[①]这是阳明的沉痛之言。痛定思痛，痛何如哉！阳明有过刻骨铭心的教训。原来，格事物之理是没根源的落空之格。格事物之知与主敬之行中间是脱节的。朱子说要格得豁然贯通，自然能通天理，进而也能通于人心。可惜，格物之格这格那，又何时是个头。谁能保证有豁然贯通那一天。如若没有豁然贯通那一天，那就势必终生茫茫荡荡而空无着落，终究是个精神上的流浪汉，而不是个扎根的堂堂正正、顶天立地的汉子。这是因为，格事物之知解并不必然通于日用常行中的道德践履，见闻之知不同于德性之知，求知不同于为善，博学多闻不同于身心体证。如此一来，朱子的工夫操持往往落空。这也是明初儒学往往在实践中自觉不自觉地接受心学影响的内在原因之一。

当然，朱子之所以提出格物空理与主敬并进的工夫操持轨范，也自有其原因在。要之，先秦儒学心目中的圣人形象是"仁且智"，道德与事功并备，不仅是人伦典范，也有兼济天下、经邦济世的才能。朱子的时代任务在于，既要面对佛老深沉博大的心性之学，让儒学在心性体系上超越它们，又要继承儒学道统。如此，内圣与外王某种意义上就以逻辑体系的方式接榫起来，而尚未来得及在身心体证上将它们彻底贯通起来。朱子所谓"豁然贯通"也是一种无奈的权宜说法，隐含着待更聪慧的后人来解决的意思。这位更聪慧、更彻底的后人，当然就是五百年才一出的伟大哲人王阳明。

在阳明看来，如朱子学那般循规蹈矩地日日格物，从知性方向求圣人之志，不仅在身心上无法安顿，甚而至于还会刺激士子功利之心，暗中助长人欲。如此一来，身心可得到安顿的身心之心就越发不可行，本来之心性就越发不可复，人欲遮盖天理而天理越发不可明矣。如此一

① 王阳明：《传习录》上，《王阳明全集》卷一，第 38 页。

来，天下汹汹，“士夫以虚文相诳，略不知有诚心实意”，[①]又有什么可奇怪的！鉴于此种每况愈下的情形，阳明直截了当地要求士子全力以赴追求心性之学，将工夫收拢于纯粹的仁的内圣方向，收拢于德性涵养，追求堂堂正正做个人的方向。阳明强调，求为圣人，不在于才能，而在于纯粹地从事于天理。他说：“圣功之本，惟在于此心纯乎天理，而不在于才能。从事于天理，有自然之才能。若但从事于才能，则非希圣之学矣。后人不知此意，专以圣人博学多知而奇之，如商羊、萍实之类，以为圣人不可及者在此，尽力追之，而不知圣人初不贵也。”[②]

朱子即物穷理的工夫论，隐含圣学无法安顿于身心的危险，甚至容易导致虚文相饰而实际背离先圣宗旨的情形。阳明心学产生于那漫长的充满失败困顿的朱子工夫论实践中。正是在对朱子支离工夫的超克中，才诞生了辉耀千古的致良知学。鉴于朱子工夫论的支离、知与行的相违，阳明将工夫操持完全贯注于心性涵养，以求身心安顿，极致而圆满地展现了儒家内圣的道德之学宗旨。阳明的简易真切工夫，适宜于当下随机点拨学人，适宜于因材施教，适宜于活泼泼地启迪人心，其中也隐然回响着陆九渊“堂堂正正做个人”的宗旨。无怪乎焦循为此指出：“余谓紫阳之学，所以教天下之君子；阳明之学，所以教天下之小人。……至若行其所当然，复穷其所以然，诵习乎经史之文，讲求乎性命之本，此惟一二读书之士能之，未可执颛愚顽梗者而强之也。良知者，良心之谓也。虽愚不肖、不能读书之人，有以感发之，无不动者。”[③]

与宋代儒学追求道学与政术合一不同，明代儒学推崇自得，推崇个体的身心受用。崇仁之学与白沙之学无不追求自得之乐，而不以功名为意。青年阳明早早就立志成圣，同时也热衷于经营四方的外王之志，这从他对骑射和兵法等的热爱中可以看得出来。因此，青年阳明心目中的圣人，显然是既能安顿自我身心又能经济天下的圣人，是仁且智的圣人。他曾经按照朱子格物工夫去践行，希图成就圣人之志，却深感物理吾心终判为二，学问无法安顿于身心。为了安顿身心，他屡次出入佛

---

① 王阳明：《寄邹谦之》(三)，《王阳明全集》卷六，第201页。

② 王阳明著，黄直纂辑：《遗言录》。

③ 焦循：《良知论》，《雕菰集》卷八。

老，甚至深怀出世之志。由于对爱亲本性的觉悟，使阳明最终回到儒学，为圣人之学安顿于身心寻觅到了一个基点。在出世与入世、解脱与担当的张力中，阳明深切觉悟到，实实在在地担当起人伦是圣人之学的出发点，也是圣人之学的归宿。

由于这样的觉悟，阳明放下朱子格物之学，转向周（敦颐）程（颢）之学。阳明与湛若水定交共倡圣学，当时倾心的就是周程之学。这种觉悟深切而彻底，从整个身心深处涌现出来，因为这是阳明泛滥诸家后以生命体证出来的。在某种意义上，阳明接续了周程传统，都强调心地上用功，都同时追求身心自得与人伦理念。

阳明的意思显然在于，所谓圣人，在于纯粹合乎天理的德性涵养与流行境界，而不在于博学多能。才能因各人天赋禀性不同，必定各不相同，必定有智有愚有达有钝有高有低。但是在涵养德性的心性之学上，人人平等，都有机会求为圣人。如此一来，圣人形象无形中就从“仁且智”的仁智并进转为单纯以仁为中心。当然，阳明并不是不要智，而是认为当以仁统率智，认为有了仁必定会有智。因此，阳明的格物学说全力转向德性涵养方向，转向以诚意为头脑，转向致良知，内在缘由就在这里。智慧如阳明，诚然不会不理解，世间很多知识的产生，起先并不纯然由于道德觉悟而产生，而是因现实生存需要而产生。阳明的意思是，就其时代所要解决的问题来说，从道德上安顿人心进而整顿天下秩序更为重要。阳明龙场大悟前，心目中的圣人形象尚且还存有智的方向，因此颇为热衷于骑射与兵法，以备经邦济世之用。等到悟道之后，虽然由于青年时期醉心骑射与兵法打下的基础，使他得以在事功上屡创辉煌战绩，但他的全幅身心却转向了讲学以传播致良知之学，转向以道德之学教化民众。

由此可见，从阳明为学历程来看，他心目中的圣人形象有所变化，也就是从早期自觉不自觉接受的仁且智转向纯粹以仁之内圣为中心。但是，他以成圣为人生第一等事的志向，却始终没有改变。也就是说，他从未忘却初心，人生的一切作为与困顿都围绕这一成圣志向而展开。在宋明理学中，成圣主题的合理展开就是本体与工夫之辨。因此，本体与工夫之辨实贯穿于阳明一生。

在漫长的操持朱子学工夫屡遭创痛之后，阳明苦苦追求出路，甚至出入佛老而依违于出世和入世之间。有一次他游九华山，机缘巧合，得以拜访异人，在谈论何为上乘学问时，异人微言大义地点拨："周濂溪、程明道是儒家两个好秀才。"①异人的话事实上并无特别新奇神妙之处，只是对于心中异常崇敬的人，我们总愿意将心灵最深处的问题、困惑、希冀等等投射于其中，如此就会产生意料之外的贯通性理解。阳明接受了这样的点拨。他知道，这样的话从高人心灵深处流淌出来，切不可等闲视之，而应当以全幅身心深深体会。不服高人有罪。服就要服得心服口服，而且还应当融会贯通，举一反三。阳明天性原就洒脱豪爽，如此一来，就更加转向理学中追求洒落的浪漫传统，也就是以周（敦颐）程（颢）为代表的传统。阳明为此感慨地说："赖天之灵，因有所觉，始乃沿周、程之说求之，而若有得焉。"②弘治十八年（1505 年），他在北京开始倡导身心之学，随即与湛若水共同发愿倡明圣学，就是"一宗程氏'仁者浑然与天地万物同体'之指"。③

在龙场大悟时，阳明欣喜若狂地觉悟道："始知圣人之道，吾性自足，向之求理于事物者误也。"④真是灵光爆破，得来全不费工夫。所谓"吾性自足"就表明吾人心性直接贯通于天理，吾性无穷无尽而大可自足自立自我享用不尽，因此求理不必求于外在事物，求之于自身心性即可。这是喜悦，是浪子漂流四方终于回归家园的喜悦，是浪游多年终于与亲人相遇的喜悦，是柳暗花明又一村的喜悦。

终其一生，阳明心学正是从朱子学导致的问题和困惑中苦苦挣扎出来的，身上携带着浓重的朱子学胎记。正因为阳明心学是从朱子学的重围中杀奔出来的，因此它转化人心的力量特别大，特别能俘获同样困惑于朱子学的士子心灵。某种意义上，阳明心学是从朱子学内部爆破中诞生的，它一诞生很快就大行海内，与此不无关系。由此可见，明代儒学以阳明心学为中心，是合乎思想史实情的。

---

① 王阳明：《年谱一》，《王阳明全集》卷三十三，第 1225 页。
② 王阳明：《别湛甘泉序》，《王阳明全集》卷七，第 231 页。
③ 湛若水：《阳明先生墓志铭》，《王阳明全集》卷三十八，第 1401 页。
④ 王阳明：《传习录》。

第二节　心学南都缘

王阳明主要活动于明代中期。在当时，读书人主要的读书内容，毫无疑问是程朱理学。由于八股文形式日益僵化，由于科举出仕的强烈功利目的，在有志成圣成贤的士子心目中，程朱理学的圣学色彩几乎剥蚀殆尽，精深博大的经学义理也几乎沦落无遗。在程朱理学对虔诚读书人吸引力日益丧失的同时，由于科举取士名额有限，随着人口日益增长，被阻挡于科举门外的生员群体却愈益庞大。无论对于宗法伦理秩序，还是对于儒家观念来说，庞大的生员群体都是越来越不可忽视的力量。对明代中晚期士子来说，科举出仕的艰难诚然大大增加读书备考时间，但同时也使他们得以长期游学，得以组织和参与形形色色的诗社或文社之类的读书会活动。正由于此，包括生员在内的士子，在中晚明社会成为日趋活跃的群体。"而阳明学之所以可能在各地以定期讲会的方式蓬勃发展，也与当时结集在地方社会中的众多生员群体息息相关。换言之，阳明学在挑战程朱理学、纠正科举士习、恢复圣学精神的旗帜下，主要争取的听众就是这批具政治潜力的生员，而实际在各地参与阳明讲会的人士，也以当地的生员为主。"①与此同时，阳明学之所以焕发出不可抵挡的魅力，之所以对明代士子具有如此强烈的吸引力，是因为"明朝以八股取士，一般士子，除了永乐皇帝钦定的《性理大全》外，几乎一书不读。学术界本身，本来就像贫血症的人，衰弱得可怜。王阳明是一位豪杰之士，他的学术像打药针一般，令人兴奋，所以能做五百年道学结束，吐很大光芒。"②

正是在这样的背景之下，阳明心学应运而生。与程朱理学绝对性和客观性的性即理相对，阳明心学倡导更加侧重于主体性的心即理，从而将高高在上的天理内化而转渡于人心，确立了真正以心为本的心性

① 吕妙芬：《阳明学士人社群》，新星出版社2006年版，第35页。

② 梁启超：《中国近三百年学术史》，上海三联书店2006年版，第2页。

论。面对程朱理学导致心与理、知与行分裂的传统格物论与知先行后的知行学说，王阳明以致良知学说统合心与理，以知行合一学说统合知与行，进而高扬了良知主体的意志自由原则。在阳明心学中，普遍的人伦原则与个体的德性内在结合了起来。也就是说，在心学中，呼应个体良知德性就是在遵循普遍人伦原则。如此一来，就能更出色地化解明代中晚期愈益严重的诸多矛盾，就能更好地教化人心，能够更加有效地解决天理与人欲、公与私、道心与人心等之间的矛盾，能够更加漂亮地化解普遍伦理与个体德性之间的内在紧张。

总的来说，陆王心学关注如何把天理涵泳于虚明澄澈的主体之心。王阳明直截了当地以心体作为性，重新创造性地解释了心、性与天之间的关系："夫心之体，性也。性之原，天也。能尽其心，是能尽其性矣。"①在王阳明看来，人与天之间并不存在不可跨越的重重关山。相反，他通过对心性的内向挖掘，将心体纵横开阔地打开为本体存在，从而认为心体就是天理。"与朱子把学之要归于性不同，阳明把学之要归于心，这是因为心在阳明那里要比性更为本源。因此，阳明即使说性，也是把它作为即于心而说的。就是说，阳明不像朱子那样把作为人心之奥秘的性当作本源，而是求本源于心之感应发端，即已发之心。"②在天人关系中，王阳明首先热切关注人的生存，关注如何使人觉悟以便达到本真存在状态。所谓本真存在状态，就个人来说，是人生觉悟及觉悟状态渐次深入地展开；就天、地与人的共在来说，就是王阳明及其后学所热衷阐扬的万物一体境界，可谓人与天地万物共在的原发性生存结构。毫无疑问，所谓本真存在状态，不管就个人，还是就共在来说，都具有伦理意味。但在伦理意味后面，本真存在状态同时也具有超越善恶的本源性格。从某种意义上来说，王门"四句教"与本真存在的双重特质有关。

王阳明的个性及其命运可谓奇中之奇。"他不甘于寻常架构中的优秀，比如考科举、中进士，做官做到大官，做学问做到让大家都赞赏等等，在现有框架中的最优秀，他是不满足的。他要自己从头打开新局

① 王阳明：《语录二》，《王文成公全书》卷二。
② ［日］冈田武彦：《王阳明与明末儒学》，重庆出版社2016年版，第50页。

面，以原发的方式出奇制胜，进入微妙高明的极致境界。”[①]“他奇到了极点后自反于中道，在家庭亲情和儒家的正脉里头达到‘奇之中’。”阳明早年曾出入于五溺，但无论哪一溺都不曾长久地困住他，“反而会滋养他，最后还是让他夹风带雨地归家取正。归的这个‘家’是儒家，也是他的家族，或者说是以家庭为本的儒家学说，达到至诚。”[②]

王阳明之所以将思想热情更多地倾心于人，一方面与思想内在逻辑有关，即随着程朱之学成为官学和科举考试的敲门砖，精神超越价值日益消减，于是，有识之士逐渐将精神超越目光从外在庄严崇高的天理转向自得之境；另一方面与政治—伦理逻辑有关，即由于明代君主的高度独裁，士人逐渐绝望于“得君行道”，转向“觉民行道”。作为心学殿军刘宗周之高足的黄宗羲，在皇皇巨著《明儒学案》中热情推崇阳明心学：“有明学术，从前习熟先儒之成说，未尝反身理会，推见至隐，所谓‘此亦一述朱，彼亦一述朱’耳。高忠宪云：‘薛敬轩、吕泾野《语录》中，皆无甚透悟。’亦为是也。自姚江指点出‘良知人人现在，一反观而自得’，便人人有个作圣之路。故无姚江，则古来之学脉绝矣。”当然，也有美中不足之处，即致良知“发自晚年，未及与学者深究其旨，后来门下各以意见掺和，说玄说妙，几同射覆，非复立言之本意”。[③] 明代学术原本笼罩于朱子学，未尝反省至隐微处，未尝彻底悟透。直至王阳明横空出世，指点出良知之学，学术方才大兴。正因为阳明心学呼应于明代中晚期的内在要求而兴起，因此一旦为士子们理解和接受，就会产生久旱逢甘雨般振奋人心的效果。当时的诸多杰出人物，无不以全幅身心感受到了阳明心学那内在性的解放身心的作用。“自东越揭良知，以开天下学者，若披云见日矣。”[④]阳明揭破良知之旨后，天下学者犹如拨开云雾见白日而得悟学术宗旨，亦如暗室中燃起了熊熊火炬。“阳明先生创良知之说，为暗室一炬。”[⑤]“先生承绝学于词章训诂之后，一反求诸心，而得其

① 张祥龙：《儒家心学及其意识依据》，商务印书馆 2019 年版，第 312 页。
② 张祥龙：《儒家心学及其意识依据》，商务印书馆 2019 年版，第 313 页。
③ 黄宗羲：《明儒学案》卷十，《姚江学案・前言》。
④ 袁中道：《珂雪斋集》卷九。
⑤ 张岱：《石匮书・王守仁列传》。

所性之觉，曰'良知'。因示人以求端用力之要，曰'致良知'。……以救学者支离眩骛、务华而绝根之病。可谓震霆启寐，烈耀破迷。自孔孟以来，未有若此之深切著明者也。"①黄宗羲热情地赞颂王阳明致良知救拔学者脱离支离烦琐的浮华无根之弊病，认为是孔孟以来所绝无仅有的。

在建构心学与传播心学过程中，王阳明与南京结下了不解之缘。正德九年(1514年)四月，阳明升任南京鸿胪寺卿。五月，门人学子相继会聚南京，日夜讲学不辍。是时，"陆(澄)与潮人薛侃皆来南都从学，二子并佳士……向在南都相与者，曰仁之外，尚有太常博士马明衡、兵部主事黄宗明、见素之子林达，有御史陈杰、举人蔡宗兖、饶文璧之属，蔡今亦举进士，其时凡二三十人，日觉有相长之益。"②钱德洪在《阳明先生年谱》中做了类似记述："自徐爱来南都，同志日亲，黄宗明、薛侃、马明衡、陆澄、季本、许相卿、王激、诸偁、林达、张寰、唐愈贤、饶文璧、刘观时、郑骝、周积、郭庆、栾惠、刘晓、何鳌、陈杰、杨杓、白说、彭一之、朱篪辈，同聚师门，日夕渍砺不懈。"对后世学子影响最为深沉的《传习录》，其中的卷上后半部分，来源于陆澄和薛侃对王阳明南京讲学的忠实记录，展示出阳明心学在南京的建构与进展情形。

王阳明任职南京期间，白圻重修应天府儒学。阳明应邀为之作记，在《应天府重修儒学记》中指出：

> 圣贤之学，心学也。道德以为之地，忠信以为之基，仁以为宅，义以为路，礼以为门，廉耻以为垣墙，六经以为户牖，四子以为阶梯。求之于心，而无假于雕饰也，其功不亦简乎？措之于行，而无所不该也，其用不亦大乎？……应天为首善之地，豪杰俊伟，先后相望。其文采之炳蔚，科甲之盛多，乃其所素余，有不屑于言者。故吾因新学之举，嘉多师多士忻然有维新之志，而将进之圣贤之学也，于是乎言。③

在文中，王阳明将南京推崇为东南文教渊薮，盛赞重修应天府儒学

① 黄宗羲：《明儒学案·师说》。

② 王守仁：《王阳明全集》卷二十七《与顾惟贤》。

③ 王守仁：《王阳明全集》卷二十三《应天府重修儒学记》。

之功绩。在他看来，圣贤之学就是心学，以道德为地，以忠信为基础，以仁为屋宅，以义为道路，以礼为门，以廉耻为护墙，以六经为窗户，以四子为阶梯。为学若求之于心，则无须支离雕饰，而简洁易成。

在王阳明任职南京期间，罗钦顺也为官于南京，为南京太常少卿。在后来的一封致阳明的信中，罗钦顺曾为此指出："某无似，往在南都，尝蒙诲益。第苦多病，怯于话言，未克倾吐所怀，以求归于一是，恒用为歉。"[①]由此可见，在共处南京期间，王阳明与罗钦顺论学颇多，只是少有默契。多年以后，罗钦顺还觉得当时未能畅所欲言，心中耿耿于怀。

正德十年（1515 年）二月，湛若水因母亲病逝北京，沿京杭大运河扶柩南还，途经南京。作为湛若水挚友，王阳明在龙江关凭吊湛母。在湛若水逗留南京期间，两人就格物问题进行了深入探讨。"二月，丁母忧。先生扶柩南还，阳明先生逆吊于南京龙江关，两人辩论格物。"[②]

王阳明将大学古本、格物诸说及论尽心一章赠予湛若水。当时陈九川也来南京问学王阳明，因此得以见证明代两位伟大思想家之间的格物论学。王阳明在《答甘泉》中述及此事，指出："向在龙江舟次，亦尝进其大学旧本及格物诸说，兄时未以为然，而仆亦遂不复强聒者，知兄之不久自当释然于此也。乃今果获所愿。"[③]可见，阳明与湛若水在龙江论大学古本与格物，未能完全相合。湛若水对此次论学也有所记录："昨承面谕大学格物之义，以物为心意之所著，荷教多矣。但不肖平日所以受益于兄者，尚多不在此也。兄意只恐人舍心求之于外，故有是说。不肖则以为人心与天地万物为一体，心体物而不遗，认得心体广大，则物不能外矣。故格物非在外也，格之致之之心又非在外也，于物若以为心意之着见，恐不免有外物之病。幸更思之。"[④]在论大学古本与格物时，阳明以物为心之意向所在，原因在于忧虑学子舍心而求之于外。湛若水则认为人心本与天地万物一体，意识到心体广大无涯，格物之物当不在外。因此在若水看来，阳明格物倒有外物之嫌。湛王论格

---

① 罗钦顺：《困知记·附录·与王阳明书》。

② 黎业明：《湛若水年谱》，上海古籍出版社 2009 年版，第 51 页。

③ 王守仁：《王阳明全集》卷四《答甘泉》。

④ 湛若水：《泉翁大全集》卷八《先次与阳明鸿胪》。

物未能默契，与他们不同的性格和经历不无关系："阳明一生颠沛坎坷，备受艰难，故思想多变，悟性超群，介入与超然同在；而甘泉则仕路顺达，宦海半生，故思想一贯，经验丰厚，守旧与改良共存。"①

作为见证人，陈九川记载了此次格物论学。"正德乙亥，九川初见先生于龙江，先生与甘泉先生论格物之说，甘泉持旧说。先生曰：'是求之于外了。'甘泉曰：'若以格物理为外，是自小其心也。'九川甚喜旧说之是。先生又论尽心一章，九川一闻却遂无疑。后家居，复以格物遗质先生。答云：'但能实地用功，久当自释。'山间乃自录大学旧本读之，觉朱子格物之说非是，然亦疑先生以意之所在为物，'物'字未明。"②在陈九川的见证中，阳明确乎批评若水格物旧说是求之于外，而若水则认为阳明以格物理为外是自小其心。

王阳明在任职南京期间，就心学形成与建构而言发生的一件影响深远的大事，是与王纯甫的论辩及其导致的《朱子晚年定论》的出台。据束景南在《王阳明年谱长编》中的记载："王道改升吏部验封入京，自是在京与魏校、邵锐辈讲论朱学，同阳明弟子展开朱陆论战。阳明致书论辩批评，终不合，卒乃作朱子晚年定论以终结论战。"③

王纯甫原与王阳明论学颇洽，对阳明相当恭敬。不料入北京后与魏校、邵锐辈厮混讨论朱学，却对阳明反戈一击，着实令阳明伤心不已。阳明去信苦劝，王纯甫终究没有回心转意。于是阳明痛定思痛，遂决意作《朱子晚年定论》。在与黄绾的书信往来中，王阳明讲述了与王纯甫之间有关朱学的论辩：

> 世衰俗降，友朋中虽平日最所爱敬者，亦多改头换面，持两端之说，以希俗取容，意思殊为衰飒可悯……仆在留都，与纯甫住密迩，或一月一见，或间月不一见，辄有所规切，皆发于诚爱恳恻，中心未尝怀纤毫较计。纯甫或有所疏外，此心直可质诸鬼神。……仆窃疑有浮薄之徒，幸吾党间隙，鼓弄交构，增饰其间，未必尽出于

① 钱明：《阳明学的形成与发展》，江苏古籍出版社 2002 年版，第 100 页。

② 王阳明：《传习录》卷下。

③ 束景南：《王阳明年谱长编》，"一五一五 正德 十年 乙亥 四十四岁"，上海古籍出版社 2017 年版。

纯甫之口。仆非矫为此说，实是故人情厚，不忍以此相疑耳。……往往见世俗朋友易生嫌隙，以为彼盖苟合于外，而非有性分之契，是以如此，私窃叹悯。自谓吾党数人纵使散处敌国雠家，当亦断不至是。不谓今日亦有此等议论，此亦惟宜自反自责而已。①

在致黄绾的此封书信中，王阳明倾吐了心中苦衷。他对朋友辈中一些在朱学与心学之间首鼠两端的学子颇为痛心疾首。阳明觉得自己往昔在南京时与王纯甫过从甚密，一旦纯甫弃心学而投入朱学怀抱，心中甚至有遭到背叛之感。一时之间，五味杂陈，感慨万千。一开始，阳明并不忍心相信确有其事，以为是有浅薄无赖之徒从中挑唆。

有关王纯甫、魏校和邵锐等人与王阳明之间关于朱陆异同的论战，湛甘泉在致王纯甫的信中也有所涉及："昔者辛、壬之岁在都下，所与贤契语，并殊非悬空杜撰，以相罔也……哀中不欲多言……过南都，阳明亦有论述。形而上下之说，信有近似者，但为传者又别告。自今且取其疑者致思，取其同者自辅，方是虚己求益，毋徒纷纷异同之辩，于道无益，而反有害也。"②在此信中，若水劝告王纯甫不要陷入朱陆异同论战的旋涡之中，以免有害于体道。

王纯甫曾屡次问学王阳明，而阳明也曾颇为看重王纯甫。因此，一旦从多个渠道证实王纯甫在北京与魏校、邵锐等辈一而再再而三地抨击其朱陆异同说，王阳明的失望与伤痛之情可想而知。为此，他写了最后一封致王纯甫的书信，此后就再无书信往来。他在最后的信中指出："屡得汪叔宪书，又两得纯甫书，备悉相念之厚，感愧多矣！近又与曰仁书，贬损益至，三复赧然！夫趋向同而论学或异，不害其为同也；论学同而趋向或异，不害其为异也。不能积诚反躬，而徒腾口说，此仆往年之罪，纯甫何尤乎？因便布此区区，临楮倾念无已。"③

在作此信之后，王阳明随即于十一月初一日撰成《朱子晚年定论》，并作序。在序中，王阳明指出：

① 王守仁：《王阳明全集》卷四《与黄宗贤》书五。
② 湛若水：《泉翁大全集》卷八《寄王纯甫验封》。
③ 王守仁：《王阳明全集》，《与王纯甫》书四。

洙、泗之传，至孟氏而息。千五百余年，濂溪、明道始复追寻其绪。自后辨析日详，然亦日就支离决裂，旋复湮晦。吾尝深求其故，大抵皆世儒之多言有以乱之。守仁早岁业举，溺志词章之习。既乃稍知从事正学，而苦于众说之纷扰疲薾，茫无可入，因求诸老、释，欣然有会于心，以为圣人之学在此矣。然于孔子之教间相出入，而措之日用，往往缺漏无归，依违往返，且信且疑。其后谪官龙场，居夷处困，动心忍性之余，恍若有悟，体验探求，再更寒暑，证诸五经、四子，沛然若决江河而放诸海也。……独于朱子之说有相抵牾，恒疚于心，切疑朱子之贤，而岂其于此尚有未察？及官留都，复取朱子之书而检求之，然后知其晚岁固已大悟旧说之非，痛悔极艾，至以为自诳诳人之罪，不可胜赎。世之所传《集传》《或问》之类，乃其中年未定之说，自咎以为旧本之误，思改正而未及，而其诸语类之属，又其门人挟胜心以附己见，固于朱子平日之说犹有大相谬戾者，而世之学者局于见闻，不过持循讲习于此。其于悟后之论，概乎其未有闻，则亦何怪乎予言之不信，而朱子之心无以自暴于后世也乎？予既自幸其说之不谬于朱子，又喜朱子之先得我心之同然，且慨夫世之学者徒守朱子中年未定之说，而不复知求其晚岁既悟之论，竞相呶呶，以乱正学，不自知其已入于异端，辄采录而裒集之，私以示夫同志，庶几无疑于吾说，而圣学之明可冀矣。①

由此可见，王阳明继承宋儒道统说，亦认为孔子之传至孟子而息。千余年后，周敦颐与程颐出而恢复道统。但遗憾的是，儒学此后逐渐陷入支离烦琐，而道又复湮没。阳明自述为学过程，曾苦于诸说纷纭而求诸释老二教，并默契于心，只是于儒教有违，以之措之于人伦日用却依违两间。后经龙场大悟，方信吾性自足，证之五经而无疑。以此洞察世之儒者，纷纷诸说，反出于释老之下。阳明在龙场悟得吾性自足之后，却与朱子之学有所不合，因此心中颇为内疚。居官南京时，阳明取朱子之书翻阅，然后方知朱子晚年已领悟旧说之非。

王阳明在与友人书信中曾涉及在南京作《朱子晚年定论》之事，表

① 王守仁：《王阳明全集》卷三《朱子晚年定论序》。

明作定论的原因是，困于朱陆异同之争，招致众多批评。为证明心学与朱子学并无鸿沟之别，因此作定论。他说："留都时偶因饶舌，遂致多口，攻之者环四面。取朱子晚年悔悟之说，集为定论，聊藉以解纷耳。门人辈近刻之雩都，初闻甚不喜；然士夫见之，乃往往遂有开发者，无意中得此一助，亦颇省颊舌之劳。近年篁墩诸公尝有道一等编，见者先怀党同伐异之念，故卒不能有入，反激而怒。今但取朱子所自言者表章之，不加一辞，虽有褊心，将无所施其怒矣。尊者以为何如耶？聊往数册，有志向者一出指示之。"[①]王阳明指出，南京时偶然由于多嘴多舌，遂致朱陆纷纷之论，批评自四面八方而来。因不胜辩驳，故择取朱子晚年悔悟早年学说之议论，集为《朱子晚年定论》，权且解决朱陆异同之辩论。袁庆麟在《朱子晚年定论跋》中指出王阳明在南京撰定论之事："朱子晚年定论，我阳明先生在留都时所采集者也。揭阳薛君尚谦旧录一本，同志见之，至有不及抄写，袖之而去者。"[②]总的来说，《朱子晚年定论》是用于探讨朱陆异同的论战文字，本质上不具有独立的思想价值。定论中之论据不足、考证之不周全，罗钦顺在与王阳明论战中早已指出。在致罗钦顺的书信中，王阳明曾为此坦率地自承："其为朱子晚年定论，盖亦不得已而然。中间年岁早晚诚有所未考，虽不必尽出于晚年，固多出于晚年者矣。然大意在委曲调停，以明此学为重。平生于朱子之说如神明蓍龟，一旦与之背驰，心诚有所未忍，故不得已而为此……盖不忍牴牾朱子者，其本心也；不得已而与之牴牾者，道固如是……"[③]由此表明，阳明在南京时作定论，有不得已之处。他说自己平生尊敬朱子如神明，一旦与之有所抵牾，心中颇为不忍。作定论的目的在于调停朱陆之争。

王阳明之所以作定论，盖因心学甫诞生时，力量尚不足，受攻击之威胁颇大，因此需要扯朱子大旗以掩饰之。在王阳明于江西揭出良知说，心学足够强大之后，阳明就再也不提定论之事。

正德十一年（1516 年）五月，孟源问学王阳明后返回滁州，阳明作

① 王守仁：《王阳明全集》卷四《与安之》。
② 王阳明：《朱子晚年定论·后附》。
③ 王阳明：《传习录》卷中《答罗整庵少宰书》。

赠言。在《书孟源卷》中，王阳明提出了谆谆告诫：

> 圣贤之学，坦如大路，但知所从入，苟循循而进，各随分量，皆有所至。后学厌常喜异，往往时入断蹊曲径，用力愈劳，去道愈远。向在滁阳论学，亦惩末俗卑污，未免专就高明一路开导引接。盖矫枉救偏，以拯时弊，不得不然，若终迷陋习者，已无所责。其间亦多兴起感发之士，一时趋向，皆有可喜。近来又复渐流空虚，为脱落新奇之论，使人闻之，甚为足忧。虽其人品高下，若与终迷陋习者亦微有间，然究其归极，相去能几何哉！……务相勉于平实简易之道，庶几无负相期云耳。[①]

在此赠言中，阳明批评喜新厌旧的支离之学，认为圣学入门大道坦坦，循之而入，必有所得。对在滁州时以静坐为主的教学方式，阳明亦有反省，觉当时偏重于从高明处接引弟子，未免有使人凌空蹈虚之嫌。由此阳明告诫滁州诸生，为学要循平实简易之道。

从《与滁阳诸生书并问答语》中可见，王阳明对在滁州时以静坐为接引弟子入门所产生的流弊，业已颇为忧虑：

> “或患思虑纷杂，不能强禁绝。”阳明子曰：“纷杂思虑，亦强禁绝不得，只就思虑萌动处省察克治，到天理精明后，有个物各付物的意思，自然静专，无纷杂之念。大学所谓‘知止而后定’也。”
>
> 德洪曰：滁阳为师讲学首地，四方弟子，从游日众。嘉靖癸丑秋，太仆少卿吕子怀复聚徒于师祠。洪往游焉，见同门高年有能道师遗事者。当时师惩末俗卑污，引接学者多就高明一路，以救时弊。既后渐有流入空虚，为脱落新奇之论。在金陵时，已心切忧焉。故居赣则教学者存天理，去人欲，致省察克治实功。而征宁藩之后，专发致良知宗旨，则益明切简易矣。兹见滁中子弟尚多能道静坐中光景。[②]

由此文中可见，阳明在滁州时接引子弟确乎多就静坐高明处接引

---

① 王守仁：《王阳明全集》卷八《书孟源卷》。

② 王守仁：《王阳明全集》卷二十六《与滁阳诸生书并问答语》。

人，在南京时业已颇为忧虑。因此，到了赣州，有意识地多教子弟以存天理去人欲，教以省察克治之功。在平定宁藩之乱后，则提揭出致良知，为学更加简易而明彻。

正德十三年（1518年）六月，阳明门人刊刻《朱子晚年定论》于江西雩都，袁庆麟为之作跋。袁庆麟在跋中指出：

> 惟朱子一生勤苦，以惠来学，凡一言一字，皆所当守，而独表章是、尊崇乎此者，盖以为朱子之定见也。今学者不求诸此，而犹踵其所悔，是蹈舛也，岂善学朱子者哉？……戊寅夏，持所著论若干卷来见先生。闻其言，如日中天，睹之即见；象五谷之艺地，种之即生；不假外求，而真切简易，恍然有悟。……然后知向之所学，乃朱子中年未定之论，是故三十年而无获。今赖天之灵，始克从事于其所谓定见者，故能三月而若将有闻也。非吾先生，几乎已矣！敢以告夫同志，使无若麟之晚而后悔也。①

在此文中，袁庆麟自述为学，曾从于朱子学三十年，却未达居安资深之地。直至问学于阳明，闻心学之言，方才心性有所开悟。至此亦知为学无须外求，真切简易，恍然有所悟。虽然如此，心中尚有小小疑惑。及读《朱子晚年定论》之后，袁庆麟心中方大释然。以之反省过去所学，实乃朱子中年未定之论。

关于《朱子晚年定论》的刊刻日期，束景南在《王阳明年谱长编》中进行了详尽考证。他指出："今朱子晚年定论前序署'正德乙亥冬十一月朔，后学余姚王守仁序'，乃是其序定朱子晚年定论之日，非刊刻之日。王阳明全集卷七有朱子晚年定论序，注'戊寅'作，乃误。钱德洪《阳明先生年谱》谓'七月，刻朱子晚年定论'，并谓'定论首刻于南、赣'，皆误。今据袁庆麟跋，可确知朱子晚年定论乃六月十五日刊刻于雩都。"②通过详尽考证，可见《朱子晚年定论》刊刻于正德十三年（1518年）六月十五日。

① 王守仁：《王阳明全集》，袁庆麟：《朱子晚年定论跋》。

② 束景南：《王阳明年谱长编》，"一五一八 正德 十三年 戊寅 四十七岁"。

第三节　于危疑之境致良知

在王阳明的心学发展中，江右尤其是平宁藩及其后的阶段具有特殊重要性。在这个特殊阶段中，王阳明既建立盖世功勋，为三不朽中的立功奠定坚实基础，同时又由于武宗的荒唐及其身边小人的奸佞而遭遇人生最大危机。

据明史记载，正当王阳明平定宁藩的时候，好大喜功而又沉溺于嬉游的武宗，居然假号威武大将军，携太监张永、张忠和边将许泰等，率六师南巡。就此备受煎熬的危困遭遇，《王阳明年谱》如是记述："忠、泰在南都谗先生必反，惟张永持正保全之。""有诏面见，先生即行。忠等恐语相违，复拒之芜湖半月。不得已，入九华山，每日宴坐草庵中。""先生赴召至上新河，为诸幸谗阻不得见。中夜默坐，见水波拍岸，汩汩有声。思曰：'以一身蒙谤，死即死耳，如老亲何？'谓门人曰：'此时若有一孔可以窃父而逃，吾亦终身长往不悔矣。'""江彬欲不利于先生，先生私计彬有他，即计执彬武宗前，数其图危宗社罪，以死相抵，亦稍偿天下之愤。"[①]张忠与许泰在南京屡进谗言，诬指王阳明必定谋反，只有张永保全阳明。有诏命令阳明入南京面圣，却又为张忠辈拒阻于芜湖，阳明不得已遁入九华山。

由此可见，在此特殊阶段，王阳明在政治上陷入遭受群小猜疑和蓄意构陷的危困处境。与此同时，正因为生命处于极大危机中，阳明心学才得到深入激发并日益成熟。诸种艰难遭遇与奇事汇聚到一起，"在他的心灵开悟中闪发出夺目的光辉，让他的人生充满了强烈深沉的命运感和灵感回声"。[②]《年谱》"（正德）十有六年辛巳"条如是记载："是年先生始揭致良知之教。先生闻前月十日武宗驾入宫，始舒忧念。自经宸濠、忠、泰之变，益信良知真足以忘患难，出生死，所谓考三王，建天地，质鬼神，俟后圣，无弗同者。"'[③]在生死存亡之际，阳明点破致良知之旨，

① 王守仁：《阳明年谱》，《王阳明全集》下，上海古籍出版社 1992 年版，第 1270 页。

② 张祥龙：《儒家心学及其意识依据》，商务印书馆 2019 年版，第 312 页。

③ 王守仁：《阳明年谱》，《王阳明全集》下，上海古籍出版社 1992 年版，第 1278 页。

发自内心地相信良知足以令人在艰难困苦中挺立起来，可以出生入死，可以古今一如，可以贯通天地而不疑。正是“良知”宗旨的阐明，标志着阳明心学的正式建构与成熟。致良知，不但是内在主体觉醒的过程，同时也是外部环境逼迫的结果。良知不仅是普遍的道德原则，而且是个体的生存选择。良知理论在提出初期便已含有个体化的情感特征，尽管王阳明在早期倡导心即理、“心外无理”，后期也一再声称“良知即天理”，但普遍之理与个体存在的裂痕终难掩饰，但是在致良知形式下，二者又似乎得到某种程度的统一，从而得到当时学者的广泛认同。这一理论内涵的深化，则有待于王阳明晚年的居越时期。

《明史·王守仁传》记载：“（世宗）甫即位，趣召入朝受封。而大学士杨廷和与王琼不相能。守仁前后平贼，率归功琼，廷和不喜，大臣亦多忌其功，因拜守仁南京兵部尚书。守仁不赴，请归省。”由于大学士杨廷和与兵部尚书王琼素来不和，而王阳明平宁藩之功又自谦地归于王琼，故为杨廷和所忌。因此，王阳明虽然立下不世之功，却仅仅封为南京兵部尚书。宁藩之变后的特殊遭遇与随之而来的官场倾轧，使王阳明萌生强烈的归隐之意。他由此急流勇退，离开官场，回到绍兴故里，开始晚年居越的心学教学生涯。王阳明为此禁不住流露出由衷的喜悦之情，欣然吟唱：“百战归来白发新，青山从此作闲人。”①

王阳明淡出官场并居越教学以后，政治事功上的攻击虽然得以消停，但学术上遭到的批判却日益升温。如嘉靖二年（1523 年）礼部会试“策问”的内容：“嘉靖二年会试，发策谓：朱陆之论，终以不合，而今之学者，顾欲强而同之，岂乐彼之轻便，而欲阴低吾朱子之学欤？究其用心，其与何澹、陈贾辈亦岂大相远欤？至笔之简册，公肆低訾，以求售其私见。礼官举祖宗朝政事，燔其书而禁之，得无不可乎？”②在这里，遭到批判的正是在当时士大夫阶层中日益受到欢迎的阳明心学。为了压制心学，批判者甚至提出严酷的文化专制手段，即“燔其书”并“禁之”。

正是在如此险恶的政治和学术形势之下，王阳明性格中豪放洒脱

① 王守仁：《居越诗·归兴二首》，《王阳明全集》上，上海古籍出版社 1992 年出版，第 784 页。

② 顾炎武：《日知录集释》卷十八之“朱子晚年定论”条，上海古籍出版社 2006 年版，第 1068 页。

的狂者气象日益阔大。他以狂者之姿，内向挖掘生命之道，提出对良知的高度自信，由此也触发了他与弟子之间有关狂者与乡愿的对话。据《年谱》记载：

"吾自南京已前，尚有乡愿意思。在今只信良知真是真非处，更无掩藏回护，才做得狂者。使天下尽说我行不掩言，吾亦只依良知行。"请问乡愿狂者之辨。曰："乡愿以忠信廉洁见取于君子，以同流合污无忤于小人，故非之无举，刺之无刺。然究其心，乃知忠信廉洁所以媚君子也，同流合污所以媚小人也，其心已破坏矣，故不可与入尧舜之道。狂者志存古人，一切纷嚣俗染，举不足以累其心，真有凤凰翔于千仞之意，一克念即圣人矣。"[①]

由此可见，在南京之前，王阳明尚有些乡愿意思，如今则惟信良知知是知非，无须掩饰回护。即使天下皆谤之，亦要依据良知而知，依据良知而行。阳明衷心向往狂者超越世俗是非观念的高远精神境界，向往狂者身上展示出来的精神自由与洒脱放达的胸怀。正所谓"铿然舍瑟春风里，点也虽狂得我情"[②]。王阳明公开表示向往"狂者胸次"和"曾点气象"，并以良知作为内在依据。良知不是或不仅是普遍化的天理和规范，而且是个体身心存在的依据，并进而成为精神自由的象征。如此一来，在天泉证道中论述的"无善无恶心之体"，王畿描述的"无是无非"的圆熟之境，就呼之欲出了。理解王阳明对于狂者的向往之情，对深入剖析阳明晚年思想，了解其形成过程具有极其重要的意义。

根据钱德洪编纂的《年谱》记载，自龙场开悟之后，王阳明一直致力于对良知的理解与道说。对王阳明来说，良知一方面是可与天理相等同的本体，另一方面又是主体。"此心若无人欲，纯是天理，是个诚于孝亲的心，冬时自然思量父母的寒，便自要去求个温的道理；夏时自然思量父母的热，便自要去求个清的道理。这都是那诚孝的心发出来的条件。却是须有这诚孝的心，然后有这条件发出来。"[③]在日常生活中，良

---

① 王守仁：《阳明年谱》，《王阳明全集》下，上海古籍出版社 1992 年版，第 1288 页。

② 王守仁：《居越诗·月夜二首》，《王阳明全集》上，上海古籍出版社 1992 年版，第 787 页。

③ 王守仁：《语录》一，《王阳明全集》上，上海古籍出版社 1992 年版，第 3 页。

知发用流行为“是非之心”。“尔那一点良知，是尔自家底准则。尔意念着处，他是便知是，非便知非，更瞒他一些不得。尔只不要欺他，实实落落依着他做去，善便存，恶便去。‘是非之心’，不虑而知，不学而能，所谓良知也。良知之在人心，无间于圣愚，天下古今之所同也。”①

“吾‘良知’二字，自龙场已后，便已不出此意，只是点此二字不出，于学者言，费却多少辞说。今幸见出此意，一语之下，洞见全体，真是痛快，不觉手舞足蹈。学者闻之，亦省却多少寻讨功夫。”“学问头脑，至此已是说得十分下落，但恐学者不肯直下承当耳。”②“往年尚疑未尽，今自多事以来，只此良知无不具足。譬之操舟得舵，平澜浅濑，无不如意。虽遇颠风逆浪，舵柄在手，可免没溺之患矣。”③由上述两条记载来看，龙场大悟之后，良知已经呼之欲出，只是未能点破。良知一经揭破，顿时洞见全体，可作学问头脑，亦即为学舵柄。王阳明对自己九死一生中领悟到的致良知极为自信。但与此同时，阳明内心深处也存在若隐若现的忧虑。他意味深长地告诫弟子：“某于此良知之说，从百死千难中得来，不得已与人一口说尽。只恐学者得之容易，把作一种光景玩弄，不实落用功，负此知耳。”④

众所周知，阳明对良知的体悟是从九死一生的挣扎与困顿中获得的，是从不愤不启的诚意和格物的原发体验中获得的，“其中有多少潜显意识的出入、痛苦恐惧的剖剥、思虑算计的摒弃和先行决断的刮垢开光！经过几十年的反复淬炼淘洗，最后不得已，只能以‘致良知’来一口说尽。但这又让他疑虑、恐惧，因为致良知只是一个线头，其所牵动的是极大极深的思想和实践，而且又极不现成，不仅一口说不尽，而且千口万口也说不尽。”⑤在阳明心学中存在说良知悖论。就阳明本愿而言，并不想一口说尽良知，但却不得不说尽良知，同时内心也清醒意识到一口说尽良知会不可避免地导致多数学者将良知仅仅当作光景玩弄的后

① 王守仁：《答聂文蔚》，《王阳明全集》上，上海古籍出版社 1992 年版，第 90 页。
② 钱德洪：《刻文录叙说》，王守仁：《王阳明全集》下，上海古籍出版社 1992 年版，第 1747 页。
③ 钱德洪：《年谱》二，王守仁：《王阳明全集》下，上海古籍出版社 1992 年版，第 1411—1412 页。
④ 钱德洪：《年谱》二，王守仁：《王阳明全集》下，上海古籍出版社 1992 年版，第 1412 页。
⑤ 张祥龙：《儒家心学及其意识依据》，商务印书馆 2019 年版，第 395 页。

果。“他居越的那段时间，讲学很多，很多弊端还没有显露出来，弟子们受到的启发、教益很多，那时候正是王门这个学术团体蓬勃发展、欣欣向荣的时期。所以那时候王阳明正意气风发，可能‘一口说尽’就比较多了。”①

阳明心学的浑融特质，与王阳明在关注人伦纲常问题的同时而始终注目个体安身立命问题密切相关。他曾就良知指出：“使人洞然知得是自己生身立命之原，如草木之有根，畅茂条达，自有所不容已。”②对于理解良知学说而言，亲身的逆觉体证与事上磨炼必不可少，否则就会沦于玩弄光景。

众所周知，王阳明为学多变。据《明儒学案》记载，有学之三变以及教之三变。最为后世学者聚讼纷纭的，可谓王阳明晚年居越之后晚年化境是否确有其事的问题。化境问题之所以如此重要，是因为涉及整个阳明心学的定位问题，即将致良知说还是“四句教”作为阳明心学晚年定论的问题。由于此问题导致的分歧，衍化出阳明后学的分化以及明末思想史上关于“四句教”的激烈论辩。

钱德洪在《答论年谱书》中，如是阐述先师阳明的为学变化：“先师始学，求之宋儒，不得入。因学养生，而沉酣于二氏，恍若得所入焉。至龙场，再经忧患，而始豁然大悟‘良知’之旨。自是出与学者言，皆发‘诚意’‘格物’之教。病学者未易得所入也，每谈二氏，犹若津津有味。盖将假前日之所入，以为学者入门路径。辛巳以后，经宁藩之变，则独信‘良知’，单头直入。虽百家异术，无不具足。自是指发道要，不必假途傍引，无不曲畅旁通。”③钱德洪将阳明心学的形成和发展过程总结为三个阶段，即“始学宋儒”“龙场悟道”和辛巳“良知”。在对阳明心学发展的归纳和总结中，钱德洪认为阳明心学的最终表现形态是良知说。也就是说，在“辛巳之年”即正德十六年（1521 年）之后，阳明心学臻于化境，表现出了最为成熟圆融的形态。

关于王阳明的为学变化，黄宗羲根据王畿总结是这样描述的：

---

① 张祥龙：《儒家心学及其意识依据》，商务印书馆 2019 年版，第 454—455 页。

② 王守仁：《寄邹谦之》三，《王阳明全集》上，上海古籍出版社 1992 年版，第 204 页。

③ 钱德洪：《答论年谱书》，《王阳明全集》下，上海古籍出版社 1992 年出版，第 1378 页。

> 先生之学始泛滥辞章，继而遍读考亭之书，循序格物，顾物理吾心终判为二，无所得入；于是出入佛老者久之。及至居夷处困，动心忍性，因念圣人处此，更有何道？忽悟格物致知之旨，圣人之道，吾性自足，不假外求。其学凡三变而始得其门。自此以后，尽去枝叶，一意本原，以默坐澄心为学的。有未发之中，始能有已发之和，视听言动大率以收敛为主，发散是不得已。江右以后，专提致良知三字，默不假坐，心不待澄，不习不虑，出之自有天则。盖良知即是未发之中，此知之前更无未发；良知即是中节之和，此知之后更无已发。此知自能收敛，不须更主于收敛；此知自能发散，不须更期于发散。收敛者感之体，静而动也；发散者寂之用，动而静也。知之真切笃实处即是行，行之明觉精察处即是知，无有二也。居越以后，所操益熟，所得益化，时时知是知非，时时无是无非，开口即得本心，更无假借凑泊，如赤日当空而万象毕照。是学成之后，又有此三变也。①

由此可见，王阳明龙场之前的治学存在“学之三变”，龙场大悟之后存在“教之三变”。所谓“学之三变”，即“泛滥词章”阶段、遍读朱熹之书的“循序格物”阶段与“龙场悟道”阶段；所谓“教之三变”，即“默坐澄心”阶段、江右“致良知”阶段与居越晚年的“化境”阶段。在王畿的总结中，阳明心学最重要和最成熟的发展阶段，始于嘉靖元年回归绍兴故里，终于病殁南征思田归途。这一个阶段也被称为阳明心学的“晚年化境”阶段。在这个阶段，王阳明通过言传身教培养出众多弟子，奠定了心学兴盛的坚实基础。王阳明的教化成就，与善于点拨弟子有关：“阳明是适应人的资质，善于使之开悟的妙手，为了启发门人，他甚至会摆弄禅机。他对欲得学之头脑者，以提倡良知之现成而激励之；对即使得了头脑也害怕其‘逐光景’的人，则强调工夫的重要性，从而使之百尺竿头更进一步。”②作为王阳明最亲近的两大弟子之一，钱德洪同样注意到阳明晚年

① 沈善洪主编：《黄宗羲全集》第七册《明儒学案》(一)“姚江学案”，原本自王畿《王龙溪先生全集 · 滁阳会语》，浙江古籍出版社 1992 年版，第 201 页。

② [日]冈田武彦：《王阳明与明末儒学》，重庆出版社 2016 年版，第 57 页。

教学的变化，注意到阳明在教学时有"时出一险语"以促使弟子开悟之举，不过他认为这只是权宜的教学之法。不过阳明在教学时，更多的是点拨学问大端宗旨，以使弟子自证自悟。钱德洪指出："师在越时，同门有用功恳切，而泥于旧见，郁而不化，师时出一险语以激之，如投水石于烈焰之中，一时解化，纤滓不留，此亦千古之大快也。听者于此处等，多好传诵，而不究其发言之端。故圣人立教，只指揭学问大端，使人自证自悟，不欲以峻言隐韵立偏胜之剂，以快一时听闻，防其后之足以杀人也。"[①]

一般认为，钱德洪就悟性来说不如王畿，就德操而言则胜于王畿，俨然呈现出大儒气象。钱德洪认为自王阳明去世后，"哲人其萎"，王门弟子"仪范隔而真意薄，微言隐而口说腾。且喜为新奇谲秘之说，凌猎超顿之见，而不知日远于伦物。甚者认知见为本体，乐疏简为超脱，隐几智于权宜，蔑礼教于任性。未及一传而淆言乱众，甚为吾党忧"。[②] 在其中，显然隐含着对王畿和王艮等人的批评，而编纂《年谱》正是为了统一认识，将王学理论定于"一尊"，"迩年以来，亟图合并，以宣明师训，渐有合异统同之端，谓非良知昭晰，师言之尚足征乎？谱之作，所以征师言耳。"'[③]

第四节　良知现成化及论战

一　良知见在化

从陆王心学尤其是阳明心学发展的内在逻辑来看，良知现成派的产生与兴盛顺理成章。与二王相比，王阳明诚然已经涉及良知现成论，但确实没有以良知现成作为究竟之语。只是到了王畿与王艮那里，良知现成论才堂而皇之地被看作心学基本宗旨。就"四句教"而言，依据

① 钱德洪：《答论年谱书》，《王阳明全集》下，上海古籍出版社 1992 年版，第 1378 页。
② 钱德洪：《阳明先生年谱序》，《王阳明全集》下，上海古籍出版社 1992 年版，第 1357 页。
③ 钱德洪：《阳明先生年谱序》，《王阳明全集》下，上海古籍出版社 1992 年版，第 1357 页。

王阳明历经九死一生方才得悟良知来看，稳妥中正的四有论当可作为阳明心学主旨或者主旨之一；但是，就阳明心学的内在指向来说，不妨把王畿揭破的四无论看作心学长久以来的内在渴望与根本宗旨。在王畿提揭的良知心体之无中，跃动着天地万物生化流行之几。这种微妙的几，贯通有无寂感，不断使良知心体显现于有形万物，展现出天地万物的勃勃生机与流转变化。

在某种意义上，我们可以把王畿称作王阳明门下的惠能。在他那里，阳明学说向彻底心性化方向发生了微妙转折。如果说在王阳明那里，良知心体犹抱琵琶半遮面，尚未完全开显，从而强调致良知之“致”的必要性。那么显然，由于对阳明心学的过度诠释，在王畿这里，良知本体日益获得见在化肯定，本体上做工夫的冥心相契，则在某种程度上体现了对致良知之“致”的工夫系统的弱化甚至消解。

在心学中，主要存在两种工夫路径，一是所谓的先天正心，也就是即本体而工夫，首要的在于让良知心体自由流行；二是所谓的后天诚意，也就是在心中意念万起万灭时，良知随之予以省察克治。王阳明早年艰难备尝，九死一生，因此所操持的工夫可看作后天诚意工夫。晚年居越后，王阳明学问渐入化境，强调致良知，所操持的工夫可称之为先天正心工夫。王畿从学于阳明，正在阳明居越思想入于圆融化境之期，因此他所亲炙的主要是先天正心之学。王畿心性有近于阳明的一面，比如悟性明敏，性格豪放洒脱，加上他未曾遭受九死一生的历练，故为学自然倾向高明超脱。与此相关，王畿为良知心体赋予了极其灵妙的特质。良知心体的灵妙表现为，体用、显微一源，既可向上达乎无善无恶之性体，又可主宰具体的日常经验。

王畿的豪杰气概，性格中的英气色彩，颇似亚圣孟子。他厌恶做死板的庸儒，颇为讨厌乡愿，既追求儒者庄严的浩然精神，又不愿放弃自然超脱的放达境界。他声称：“若要做个千古真豪杰，会须掀翻箩笼，扫空窠臼，彻内彻外，彻骨彻髓，洁洁净净，无些复藏，无些陪奉，方有个宇泰收功之期。”[①]“做个出世间大豪杰。眼面前勘得破，不为逆顺称讥所

① 王龙溪：《王龙溪先生全集》卷九，《答李克斋》；《王畿集》卷九。

摇，脚跟下劄得定，不为得丧利害所动，时时从一念入微，酝酿主张，讨个超脱受用。才有所向便是欲，才有所著便是妄，既无所向，又无所著，便是绝学无为本色道人。”[①]他要求自己和道友们做“出世大豪杰”，要具有不顾世俗毁誉的独立精神。

王畿赞美人格中的豪杰气概，主张为人不能虚伪，不能矫揉造作，而要顺乎生命的自然天性。在他看来，做人与其迫于世俗压力虚与委蛇，与其迎合世俗戴上虚伪面具变得乡愿，还不如做个狂者。王畿认为，在从古至今形形色色的人品中，最使人厌恶鄙夷的就是乡愿。乡愿出于个人利益，出于自我的存活和虚荣心，事事讨好和谄媚，从而丧失了独立人格和独立思考。与此相反，狂者具有“虽千万人，吾往矣”的豪杰气概。狂者的伟大志向是作圣人。狂者之所以尚未成圣，是因为身上还掺杂着习气，行为与志向还有不尽相符的地方。但是，狂者之所以具有成圣可能性，是因为心地光明，因为他们不会为了屈就于虚荣心而隐藏缺点。因此，王畿认为，狂者只要能够时时作自我反省的“克念”工夫，时时趋向于中道而行，日积月累，自然就能达到圣人境界。

王畿良知观的一个重要特点就是，作为道德实践先天根据以及宇宙万物本体的良知，已经被视为终极实在，从而成了信仰对象。王畿的良知信仰论，不但在中晚明的阳明学者中产生重大回响，而且代表阳明学宗教化的一个基本形态和主要取向。虽然对朱子而言天理亦在人心，对阳明来说良知即是天理，但毕竟前者偏向于外在的客体性，而后者倾向于内在的主体性。

《传习录下》基本为王阳明晚年语录，其中有强调对良知要“信”的话，所谓“良知本无知，今却要知；本无不知，今却疑有不知。只是信不及耳”。在归越之后所作的《月夜二首》诗的第一首中，王阳明自信地指出：“肯信良知原不昧，从他外物岂能撄！”[②]从这些话语可知，王阳明晚年思想中已经流露出良知信仰意味。不过值得注意的是，“阳明提倡良知现成，无非是为了直下知体，从而得学之头脑，并以此救正工夫的支

① 王龙溪：《王龙溪先生全集》卷十一，《与李见亭》；《王畿集》卷十一。

② 王守仁：《王阳明全集》，上海古籍出版社 1992 年版，第 789 页。

离外求之弊。不过阳明讲良知现成，也是力戒其陷于悬空的，故而他也强调了在日用常行上体悟即实悟的重要性。”①如果说以良知为信仰对象在阳明处还只是初露端倪的话，那么到王畿处，则已经成为其思想的重要组成部分。

王畿自觉地把良知作为信仰对象，并在著述及书信中反复提及。他一再要求道友们对良知“信得及”“信得过”，可谓已达苦口婆心的程度。在嘉靖四十四年（1565 年）留都即南京大会上，他如此强调对良知的信仰：“良知便是做人柁柄，境界虽未免有顺有逆、有得有失，若信得良知过时，纵横操纵，无不由我。如舟之有柁，一提便醒，纵至极忙迫纷错时，意思自然安闲，不至手忙脚乱，此便是吾人定命安身所在。古人造次颠沛必于是，亦只是信得此件事过，非意气所能及也。”②在王畿看来，良知是吾辈做人柁柄。如果能够确信良知，那么无论处境顺逆得失如何，都能从容自若，胜似闲庭迈步。即使在遗言中，王畿也认为良知信仰使他的工夫操持颇有得力处：“师门致良知三字，人孰不闻？惟我信得及。致良知功夫，彻首彻尾，更无假借，更无包藏掩护，本诸身、根于心也；征诸庶民，不待安排也。真是千圣相传秘藏，舍此皆曲学小说矣。明道云：‘吾学虽有所受，天理二字是吾体贴出来。’吾于良知亦然。”③致良知乃千圣正法眼藏，是需要通过自身生命体贴出来的。

二、主宰与自然

王阳明去世不久，就在诸弟子中爆发了各种各样的争论。其中较为重要的争论有王畿与季本之间的争论。季本字明德，号彭山，是王阳明及门弟子，与王畿同属浙中王门。季本最重要的学说“龙惕说”，就是在与王畿的往复争论中逐渐发展起来的。季本对王畿论本体“自然无欲”的批判，波及王门诸多弟子，包括江右王门的邹守益亦卷入其中。

季本《龙惕书》原文，大部可见于王畿的《答季彭山龙镜书》。王畿在此中指出：“来教亹亹数百言，及与月山所论龙镜一书，深惩近时学者

① [日]冈田武彦：《王阳明与明末儒学》，重庆出版社 2016 年版，第 56 页。

② 王畿：《王龙溪先生全集》卷四《留都会纪》；《王畿集》卷四。

③ 王畿：《王龙溪先生全集》卷十五《遗言付应斌应吉儿》；《王畿集》卷十五。

过用慈湖之弊。足知任道勤恳、悯时忧众之怀。某不佞敢忘佩服?”究其实,季本龙惕说表面上批评杨慈湖,实际上批评的却是今日慈湖即王畿。邹守益曾就季本与王畿的争论指出,季本认为:“彼(即王畿)以自然为宗旨,譬诸水与镜然,自妍自丑,自去自来,而无所经纶裁制;则习懒偷安,皆缘此起。”①

王畿对阳明“四句教”中的“无善无恶心之体”做了彻底推进,主张良知本体为“自然无欲”。季本对这样的本体理解不以为然,批评王畿如此理解本体有弱化甚至丧失道德实践中警惕意味的倾向。为了彰显道德实践中的警惕意味,季本以“龙惕”谈论本体。王畿借用佛学传统,以镜喻心,取自然无欲之义。季本为了强调心的警惕与奋发面相,则以龙喻心,从而强调心的道德实践意味。

从根本上来说,季本亦承认王畿所谓圣人自然化境的存在,承认道德实践可臻于自然流行化境。但是,与王畿不同,季本坚持认为在自然化境中,当以龙惕为主,如此方能提撕得住,方能惺惺作其主宰而得奋发有为之意。如果一味以自然无欲为主,那么就难以与佛老区分,也难以始终惺惺着而关注道德实践。

就季本反对镜喻而提倡龙喻,唐君毅指出,季本追求的是以警惕工夫达乎本体。因为警惕出自于内,故当以龙喻之。以龙喻示警惕之义,显然源自《易传·乾卦传》,镜喻最初则源于道家。以龙喻心,而以警惕说工夫本体,确实有正当道理。因为,“此警惕者,非必俟善恶念已起,而知善知恶,更为善去恶之事。乃可在善恶念未起之先,心之自乾乾不息中,即有一自警自惕。”②

三、良知是否自然见在

关于良知是否自然见在,关于工夫操持是否应当得到特别重视,刘邦采与王畿发生过辩论。刘邦采主张性命兼修,指出:“夫人之生,有性有命。性妙于无为,命杂于有质,故必兼修而后可以为学。盖吾心主宰

---

① 邹守益:《心龙说赠彭山季侯》,《邹守益集》卷八,第457页。

② 唐君毅:《中国哲学原论·原教篇》,中国社会科学出版社2006年版,第238页。

谓之性，性无为者也，故须首出庶物以立其体；吾心流行谓之命，命有质者也，故须随时运化以致其用。常知不落念，是吾立体之功；常过不成念，是吾致用之功。二者不可相杂，常知常止，而念常微也。”①从性命兼修主张出发，刘邦采要求对良知做一番修证工夫。他因此在致王畿的信中劝诫说：“人之生，有性有命。吾心主宰谓之性，性，无为者也，故须出头；吾心流行谓之命，命，有质者也，故须运化。常知不落念，所以立体也；常运不成念，所以致用也。二者不可相离，必兼修，而后可为学。见在良知似与圣人良知不可得而同也。”心之主宰为性，心之流行为命。性命不可相离，惟有兼修，才可为学。

针对刘邦采的劝诫，王畿回复：

> 先师提出良知二字，正指见在而言。见在良知与圣人未尝不同，所不同者，能致与不能致耳。且如昭昭之天与广大之天，原无差别，但限于所见，固有小大之殊。若谓见在良知与圣人不同，便有污染，便须修正，方能入圣。良知即是主宰，即是流行，良知原是性命合一之宗。故致知工夫，只有一处用。若说要出头运化，要不落念、不成念，如此分疏，即是二用，二即是支离，只成意象纷纷，到底不能归一，到底未有脱手之期。②

在其中，王畿在阐发良知时，提到所谓“昭昭之天”与“广大之天”的比喻，主张两者之间并无本质差别，从而强调见在良知与圣人全幅良知之间并不存在本质差别。这无非是因为，王畿见在良知说的要点在于，“良知可以当下呈现，此见在良知与良知本体没有质的差别，所以是致良知工夫的不二指引乃至源头；在这里，流即是源，源必呈现为流。”③从这样的逻辑出发，王畿反过来批评刘邦采理解良知时体用相分的做法，而主张性命合一。当下直见良知，是良知见在的应有之义，可谓本体工夫。如此情形并非绝无仅有，但确实相当罕见。“但它的不可操作性又表明它的绝对非现成性、不可指称性。所以想沿着这条道路致良知的

① 黄宗羲：《明儒学案》卷十九《江右王门学案四》。

② 王畿：《王畿集》卷四《与狮泉刘子问答》。

③ 张祥龙：《儒家心学及其意识依据》，商务印书馆 2019 年版，第 472 页。

人，就面临极大风险，即扑空或只得到赝品。”①

从根本上来说，王畿所谓见在良知无须刻意修证的观点，是站在理想境界层面上阐发出来的。但是，面对实际的生活经验世界，王畿有时也会意识到良知毕竟有待于修证。我们因此可以说，王畿与江右学派学者们之间的争论，往往表现为理想层面良知阐释与经验层面良知阐释之间的争论。王畿从理想层面的良知阐释出发，批评江右学者在良知阐释上的保守立场；而江右学者则从经验层面的良知阐释出发，批评王畿在良知阐释上的玄妙而疏略的激进立场。

从思想史来说，有关工夫的争论永远不会结束。工夫本来就是一个悖论，因为操持工夫的目的就是为了在与本体合一之后让工夫消失。工夫的成功，同时意味着工夫的功成身退，意味着分别心转化于智慧的圆融之中。这样的成功，我们不妨看作为永远不可企及的理想状态。如果轻率地认为业已达到这样的理想状态，那么就会在现实生活中遗忘工夫操持，从而表现出玄虚而荡与情识而肆的流弊。

程朱理学面对佛老在心性之学上的重重围攻，重新确立人极，志在奠定天人秩序，格外重视和遵从天理，故而其性命之学特别重视道德义理。与此相对，阳明心学秉持万物一体之仁，将天地万物之性理统合于身心，因此首重于心，格外看重身心安立及其超脱。正由于在阳明心学中，个体身心的超脱意识越来越鲜明，因此也就水到渠成地承接了佛学所倡导的生死事大的解脱命题，而孜孜不倦地追求对死亡问题的化解。如此这般对生死问题的奋力化解，我们可以在罗汝芳、李贽等人的人生与学问中强烈感受到。

阳明心学主张心即理，而现成良知学说更进一步申言良知人人具有而圆满。这样的良知学说，无疑与博大深邃的佛性说具有相通之处。在佛教中国化的禅宗经典《坛经》中，五祖为六祖演说《金刚经》，至“应无所住而生其心”，六祖大悟，遂在深沉而神妙的法喜中欢呼表白：“何期自性，本自清净；何期自性，本不生灭；何期自性，本自具足；何期自

---

① 张祥龙：《儒家心学及其意识依据》，商务印书馆 2019 年版，第 423 页。

性，本无动摇；何期自性，能生万法。”此处“自性”，即佛家常说的“妙法真心”，即自心。毫无疑问，在禅佛心性与阳明心学心性之间，存在内在的相通之处。王畿曾坦率地指出，佛学以见性为宗，而心学同样以见性为宗。在他看来，良知见在现成，自始至终发挥着明察现实的道德实践作用。

当然，心学毕竟属于儒学，毕竟入世，毕竟志在治国平天下。在此，佛教与心学判然有别。面对世界，佛教可以了无挂碍地空诸所有，可以从缘起性空角度将世界万象视为虚幻不实。《坛经》就此指出：“善知识，内外不住，去来自由，能除执心，通达无碍，能修此行，与《般若经》本无差别。见性之人，立亦得，不立亦得。去来自由，无滞无碍。应用随作，应语随答。普见化身，不离自性，即得自在神通，游戏三昧，是名见性。”①也就是说，佛家可以穿越世界万象，追求心性的无滞无碍。与此相对，心学却必须在担当天下的道德责任中，追求良知发用的无执无滞。

虽然与阳明心学相比，程朱理学似乎具有较为强烈的政治关怀倾向。但是在实质上，程朱理学的焦点业已从外王的礼乐和制度转向内圣的心性与作圣工夫。由于明代政治的高压与残酷，到了中叶，士大夫们纷纷从得君行道迷梦中惊醒过来，转向较为现实可行的觉民行道。在这种转换过程中，阳明心学积极倡导具有教化功能的讲学结社，从而使安顿个体的身心之学和超脱意识得到进一步发扬光大。在如此这般对追求超脱的身心之学的热烈发扬之中，具体的历史、制度和社会等知识，就不可避免地遭到冷落。如此一来，就埋下了阳明心学在明清之际遭到空疏而迂阔的清谈之指责的伏笔。

阳明心学名动天下之际，即其流弊蔓延之际。这并不决然是王阳明的过错，也不必然是王阳明弟子们的过错。唐君毅说得好：“大率天下之学术，既成风气，则不免于人之伪袭而无不弊，不只王学为然。昔人言‘教学者如扶醉人，扶得东来西又倒’。而兴学立教，以匡扶世运，亦恒是扶得东来西又倒；故皆不能无弊；则王学自不能例外。”阳明心学造成的流弊的严重性在于：“然伪袭王门之学者，亦自有其最易导致之弊；此则如阳明之

①《坛经·般若品》。

致良知之学，原重人之自反诸心，则人即可只求自反诸心以为学，而置天下事于不问。”比如江右王门的聂豹和罗念庵倡导归寂主静说，“更可自逸于山林枯槁”；如果因追慕王畿和罗汝芳的现成良知之高义，也有可能“同乎流俗、合乎污世，而自谓皆不离圣贤之域”。[1]

致良知可能导致的特殊流弊在于，由于致良知教人要信得及自家良知本体，在知行合一当下知是知非，知善知恶。对于悟得良知的利根之人来说，如此入圣宗旨再合适不过。但是对于绝大多数的中下根之人来说，如此鼓励信得及自家良知而自是自非并以此是非天下人的工夫，却可能导致始料未及的弊病。也就是说，“可形成一如佛家所谓大我慢，既拒天下人之对我之是非，而更无忌惮；又可以我之是非，是非天下人，以自居于至尊之位，即又成一大狂肆。此则其机甚微，而其害至大，为言良知之学者，最易陷入之大魔障。晚明王学之大弊，盖由于此。”[2]从根本上来说，为学尚未入于圣域，难免虚伪矫饰。致良知未入于圣域，更难免狂肆。

① 唐君毅：《中国哲学原论：原教篇》，中国社会科学出版社 2006 年版，第 287 页。

② 唐君毅：《中国哲学原论：原教篇》，中国社会科学出版社 2006 年版，第 287 页。

第二章　良知日用

王艮关怀人伦日用，怀有只手拯救天下的狂者精神和道德担当。他的这种精神与担当，对整个泰州学派都产生了强烈而深远的影响，主要体现为两个方面：一是泰州学派学者大都出身于非士人阶层，即世俗生活而讲学，关心人伦日用；二是他们大都具有狂者精神、豪杰气概，充满担当精神。

王艮原本出身盐户，沉沦于社会下层。倘若没有弘治、正德以后经商风气渐开，他恐怕只能像世世代代的祖先一样，以煮盐为生。正是通过经商，王艮得以早早解决生存问题，并且有余力读圣贤书以希圣贤之志。经商使他摆脱了世代相袭的卑微命运，得以进入精神生活的新天地。而立之年，王艮筑室屋后，“读书考古，鸣琴雅歌”。[①] 读书悟道若干年后，他“毅然以先觉为己任，而不忍斯人之无知也”。[②] 极富传道热情的他，随即在家乡开始讲学活动。

由于自学自悟出道，王艮身上少有传统包袱，也没有经学笺注之学的束缚。少了功名负担，王艮得以潜心为学悟道。他无心科举入仕，却怀抱圣人兼济天下之志，具有强烈的觉民行道抱负，使他尤其注重移风易俗的百姓日用之学。因此，比起传统中规中矩的士子，他往往能创造性地自由解读经典。这样的解读少不了错解。但错解又有何妨，只要是创造性的，只要是发自自己内心的，只要是真诚有所悟的，那么也就

---

① 王艮：《遗集》卷三《年谱》。

② 王艮：《遗集》卷四，徐樾：《王艮别传》。

必定有其价值在。这种对经典的解读方式，无疑展现了他自信自立而狂放不羁的风范。

王艮不是为读书而读书，也无心像传统士子那样为科举而读书。他读书是为了学以致用，为的是当下印证于日用常行的道德践履之中。他倡导"百姓日用"，当与此大有关系。来自社会下层而学能通达的人，往往能自觉地将所学与所行结合起来，能够产生相当大的感召力与教化能量。王艮绝非书呆子，亦非冬烘先生。他通达人情世故，具有很强的经济能力，无论在王门中，还是在家乡，都享有相当高的威望。在家乡，他凭着苦学、悟道与淑世热情，早早就成为乡贤。"族长某知先生有志天下，每以难事试之，立为辨析。及各场官民遇难处事，皆就质于先生，先生为之经划，不爽毫发。"①

在王艮的为学中，有一件事不得不提，就是他 29 岁时所做的一个奇特的梦。他当时梦见"天坠压身"，奋力以臂托住苍天，并以手规整星宿。《年谱》称他因此开悟。"六年辛未，先生二十九岁。先生一夕梦天坠压身，万人奔号求救。先生独奋臂托天而起，见日月列宿失序，又手自整布如故，万人欢舞拜谢。醒则汗溢如雨，顿觉心体洞彻，万物一体、宇宙在我之念，益真切不容已。自此行住语默，皆在觉中。题记壁间，先生梦后书，正德六年间，居仁三月半于座右。时三月望夕，即先生悟入之始。"②与王阳明龙场悟道不同，王艮的开悟，主要不在于解决个人生存危机及追求解脱，而在于拯救世人与整顿自然和社会秩序。因此毫不奇怪，在泰州学派的观念中，始终存在整顿社会秩序和热心地方治理的强烈激情。

第一节　百姓日用即道

王艮与王畿主张良知现成，对人性与良知心体之贯通颇为乐观。

---

① 王艮：《遗集》卷三《年谱》。

② 王艮：《年谱》，《王心斋全集》，第 68 页。

相对而言，王畿的良知现成学说更多地面向作为精英的士大夫阶层。作为怀抱出为帝者师、天下师的王艮，在讲学与施教过程中，追求有教无类，但他的现成良知显然更多地染上了平民色彩，具有浓厚的觉民行道意味。正因为如此，在王艮看来，为学平易自然，当下即是。毫无精英道学的高头讲章与繁复论证，毫无天理人欲刻刻搏战的艰苦操持，展现于世人面前的是和气充实的乐学与乐道。

王艮“百姓日用即道”的思想，直接源头在于王阳明的相关言论之中。如阳明的如下言论：“一日，王汝止出游归，先生问曰：‘游何见？’对曰：‘见满街人都是圣人。’先生曰：‘你看满街人是圣人，满街人倒看你是圣人在。’又一日，董萝石出游而归，见先生曰：‘今日见一异事。’先生曰：‘何异？’对曰：‘见满街人都是圣人。’先生曰：‘此亦常事耳，何足为异！’盖汝止圭角未融，萝石恍见有悟，故问同答异，皆反其言而进之。”[①]在其中，阳明点出“满街人是圣人”命题，主张圣凡一体，圣人可学而至。要为百姓讲圣学，就不能老是一幅愁眉苦脸的道学先生模样，而应当与愚夫愚妇同乐同心，以简易风格去讲，如此方能在其乐融融中将良知心体传播于人。“洪与黄正之、张叔谦、汝中丙戌会试归，为先生道途中讲学，有信有不信。先生曰：‘你们拿一个圣人去与人讲学，人见圣人来，都怕走了，如何讲得行。须做得个愚夫、愚妇，方可与人讲学。’洪又言：‘今日要见人品高下最易。’先生曰：‘何以见之？’对曰：‘先生譬如泰山在前，有不知仰者，须是无目人。’先生曰：‘泰山不如平地大，平地有何可见！’先生一言翦裁，剖破终年为外好高之病，在座者莫不悚惧。”[②]

究其实质，王阳明之所以发表这些言论，是为了根除弟子们“为外好高之病”，从而引导他们将良知落实于日用常行。但是对于这些言论，王艮却做了独特的创造性解释。据年谱记载：“本年戊子，先生四十六岁。在会稽，集同门讲于书院，先生言百姓日用是道。初闻多不信，先生指童仆之往来，视听持行，泛应动作处，不暇安排，俱自顺帝之则，至无而有，至近而神，惟其不悟，愈求愈远，愈作愈难。谓之有志于学则

① 王守仁《语录》三，《王阳明全集》，第 132 页。
② 王守仁：《语录》三，《王阳明全集》，第 132 页。

可，谓之闻道则未也。贤智之过与告智之见俱是妄。一时学者有省。”①在谈及“百姓日用是道”时，王艮指出应当从“童仆之往来，视听持行，泛应动作处，不暇安排”出发，当下即是地理解“至无而有，至近而神”的玄妙学问。王艮当下即是的从日用人伦处的承接，创造性地把王阳明“须做得个愚夫、愚妇，方可与人讲学”和“泰山不如平地大”的指点，解释为泰州学派的“百姓日用是道”。

在求学和为学过程中，王艮一直追求自然简洁风格。在初次前往越中拜见王阳明的时候，在听到阳明致知格物论时，他当即就领悟道：“吾人之学，饰情抗节，矫诸外；先生之学，精深极微，得之心者也。”②东崖评论乃父王艮此时的为学时，指出：“见阳明翁而学犹纯粹，觉往持循之过力也，契良知之传，工夫易简，不犯做手，而乐夫天然率性之妙，当处受用，通古今于一息。”③当时王艮竭力追求“简易直截”的为学方法，因而深深敬服阳明良知学说。如此这般对简易直截治学方式的追求，显然构成王艮以“百姓日用即道”思想承接阳明良知学的背景。

王艮热衷于强调“百姓日用之道”。他的相关言论如：“惟百姓日用而不知，故曰：以先知觉后知。是圣愚之分，知与不知而已矣。”④“圣人之道无异于百姓日用，凡有异者皆谓之异端。”“圣人经世只是家常事。”⑤王艮的这些言论，表现出消除圣凡之间鸿沟的努力，也体现出民间性和平等性色彩，体现出将圣人之道落实于百姓日用的意向。泰州后学邓豁渠，亦有类似言论。如：“学到日用不知，不论有过无过，自然有个好消息出来。”“学得一个真百姓，才是一个真学者。”⑥

众所周知，在先秦儒学中，“夫妇之愚，可以与知”业已表明百姓日用的内涵，体现对庸常世间生活的关注。到了宋明理学，由于建构精深博大的心性体系的需要，形而上的超越性心性得到了集中关注。所谓下学而上达，下学往往沦为辅助性的助跑工夫，而指向超越性的天理流

① 王艮：《王心斋年谱》，《王心斋全集》，第72页。

② 钱德洪：《年谱》二，《王阳明全集》，第1410页。

③ 王士纬：《心斋先生学谱》，《王心斋全集》，第86页。

④ 王艮：《尺牍论议补遗·与薛中离》，《明儒王心斋先生遗集》卷二。

⑤ 王艮：《明儒王心斋先生遗集》卷一《语录》。

⑥ 邓豁渠：《南询录》，第82、84节。

行境界才是工夫指向的重心。一切都围绕内圣之上达，一切是为纯化人心以接榫于天理。因此，在理学中，百姓日用的维度遭到了弱化。王艮呼应于明代中叶后社会世俗化转向与民间社会抬升的动向，而着重强调儒学中的百姓日用维度。

阳明主要面对和矢志解决的问题是，士子在科举化的朱子学影响下，奔竞于科举功名之路，满身功利人欲之念，而天理却遭到重重遮蔽。阳明给出的药方是简易直率的致良知，是将工夫全力转向主体德性的涵养。因此在阳明那里，百姓日用尚未成为关注中心。到了王艮这里，由于出身社会下层，又无科举经传等的负担，得以倾力开拓儒学中的百姓日用维度，以此挥洒觉民行道的滚烫热情。通过百姓日用，王艮强调良知现成的自然无执，强调对人伦世界现实人生的关注。

王艮从百姓日用视域出发发展良知学说，在突出良知简易现成品格的同时，为百姓日用常行的生活赋予了本源性意义。换言之，王艮着重为百姓日用生活创造意义世界，为百姓日用生活赋予丰厚的本体意味，为百姓日用的工夫操持染上圣学色彩，颇有平常心即道的意思在。他直接将百姓日用与圣人之道联系起来，强调："圣人之道无异于百姓日用，凡有异者，皆谓之异端。"①也就是圣学不当超出百姓日用而挂空，若超出的话，那就无异于离弃人伦的佛老之学。他强调百姓日用的道理与圣人之道的道理相通："百姓日用条理处，即是圣人之条理处。"②于此，日用即高明，百姓即圣人，生活即道，现象即本质，人心即天理，一切皆能在道的场域中贯通。百姓日用的良知之学人人能知能行，圣人之道之所以为圣人之道，是由于圣人自觉而觉他，在于自身达道的同时希望人人俱能达道。"此学是愚夫愚妇能知能行者，圣人之道不过欲人皆知皆行，即是位天地育万物把柄。"③

王艮推崇百姓日用，也有切盼百姓俱能自信自立而自觉希圣希贤的意思在。他热心地鼓励人们说："人之天分有不同，论学则不必论天

① 王艮：《明儒王心斋先生遗集》卷一《语录》。
② 王艮：《明儒王心斋先生遗集》卷一《语录》。
③ 王艮：《明儒王心斋先生遗集》卷三《年谱》。

分。”[①]使人人俱成为圣人，使满大街都是圣人，正是王艮的志向所在。由此，百姓与圣人之间不再遥不可及，百姓亦不必对圣人望而生畏从而产生敬而远之的态度。圣人与百姓之间的差别主要剩下了知与不知。圣人因为知道而不失道，百姓由于不知道故而失道。后者的情形就是“百姓日用而不知”。并非是仁，亦非是智，造成了圣人与百姓之间的差异，而是知与不知。王艮强调，百姓日用之中原本就有道，百姓日用常行就是道的体现。遗憾的是，百姓日用常行往往只是自发，却缺乏对其中的道的觉悟。这就是不知。王艮为此指出：“良知者，圣也。安焉者，学也。故曰性焉、安焉之谓圣。知其不安而安之者，复其性也，故曰复焉、执焉便是贤。惟百姓日用而不知，故曰以先知觉后知。是圣愚之分，知与不知而已矣。此简易之道也。”[②]又说：“夫良知即性，性焉、安焉之谓圣。知不善之动而复焉、执焉之谓贤。惟百姓日用而不知，故曰以先知觉后知，一知一觉无余蕴矣。”[③]

为何圣人能知道，而百姓不知道呢？王艮认为是由于百姓沉溺于功利而遮蔽良知心体的缘故。他说：“日用间毫厘不察，便入于功利而不自知，盖功利陷溺人心久矣。须见得自家一个真乐，直与天地万物为一体，然后能宰万物而主经纶，所谓‘乐则天，天则神’。”[④]又说：“人之所以不能者，为气察、物欲之偏，气察、物欲之偏，所以与圣人异也。”[⑤]因此，虽然从理论上说，百姓日用与圣人之学可通而为一，生活世界与天理流行境界可交融为一，但在实际生活中还需要百姓个体的自觉。自觉什么？觉道，觉那个生活世界本有的道，觉那个自己暂时不知而圣人已知的道。王艮的讲学热情与此有关。因为圣人需要教化百姓，以使他们从不知到知，从不觉到觉，从失道到得道。圣人之先觉当觉百姓之后觉，圣人当孜孜不倦地讲学以促使百姓来学来觉。王艮为此明确强调，通过学可以变化气质，可以使人心这碗水由浊变清。他说：“程子云

① 王艮：《明儒王心斋先生遗集》卷一《语录》。
② 王艮：《明儒王心斋先生遗集》卷二《与薛中离》。
③ 王艮：《明儒王心斋先生遗集》卷二《答徐子直》。
④ 王艮：《明儒王心斋先生遗集》卷一《语录》。
⑤ 王艮：《明儒王心斋先生遗集》卷一《明哲保身论》。

'善固性也，恶亦不可不谓之性。清固水也，浊亦不可不谓之水。'此语未莹，恐误后学。孟子只说性善。盖善固性也，恶非性也，气质也。变其气质，则性善矣。清固水也，浊非水也，泥沙也。去其泥沙则水清矣。故言学不言气质，以学能变化气质也。故曰'明得尽渣滓，便浑化'。"①

良知、天理虽然天然自有，但在日用常行中毕竟要通过鲜活而感性的个体彰显出来。"良知者，性也，即是非之心也。一念动或是或非，无不知也。如一念之动，自以为是而人又以为非者，将从人乎，将从己乎？"那么如此一来，良知是非就会出现问题，也就是自己自以为得良知之是而别人却以你为非。如此情形下，是独断地自信自得之良知之是非，还是顺从别人之判断。王艮对此的回答是："良知者，真实无妄之谓也，自能辨是与非。此处亦好商量，不得放过。夫良知固无不知，然亦有蔽处。如子贡欲去告朔之饩羊，而孔子曰'尔爱其羊，我爱其礼。'齐王欲毁明堂，而孟子曰'王欲行王政，则勿毁之矣。'若非圣贤救正，不几于毁先王之道乎？故正诸先觉，考诸古训，多识前言往行而求以明之，此致良知之道也。观诸孔子曰'不学诗，无以言。不学礼，无以立。''五十以学易，可无大过。'则可见矣。"②这表明，王艮虽然极其自信自立，却也认识到这一隐蔽问题，因而主张通过对先觉、古训与前言往行的求助，建构良知的相对普遍性，以期臻于时中之道，合乎时措之宜。这与李贽是非无定论的论调，形成了相当鲜明的对照。

在致良知逻辑中，王阳明指出"道在百姓日用中"，主要是强调道内在于百姓日用而又超越于百姓日用的特点，旨趣在于对道的追求。与此相对，在王艮及泰州学派这里，则主要将思想目光倾注于百姓日用，以致不假思索地道出"百姓日用"就是"天理良知"，显然有走出心学轨度之嫌，在思想逻辑上也无法真正成立。究其实质，王艮之所以如此强调，表明了良知说日益向人伦世界的遍在性开拓，表明了良知说的生活化和现实化。

早在王阳明这里，就已经有良知本体要"见在"，要发用于百姓日用

① 王艮：《明儒王心斋先生遗集》卷一《答问补遗》。
② 王艮：《明儒王心斋先生遗集》卷二《奉绪山先生书》。

之中的观念。王畿把先师的这一观念进一步发展为“见在良知”，淋漓尽致地阐述了这一思想。作为泰州学派开创者的王艮，以“百姓日用即道”方式承接阳明良知本体，并进一步“现成化”。王艮强调“不用安排思索”，并以此会通良知“见在化”与“现成化”。“有学者问‘放心难于求’，先生呼之即起而应。先生曰：‘尔心现在，更何求心乎！’”[①]“只心有所向便是欲，有所见便是妄；既无所向又无所见，便是无极而太极。良知一点分分明明，亭亭当当，不用安排思索，圣人之所以经纶变化而位育参赞者，皆本诸此也。”[②]心有所偏向即是欲，有所见即是妄念。心惟中中正正，无所偏向又无所见，方才是无极而太极。良知原本不思不虑。

王畿的良知论以良知当下见在为基调，他提出的明觉自然尚未离开良知本体的见在发用。王艮的良知论，则以“良知现成说”为基调，逐渐走向“明觉自然”，并在为学与教学中进一步走向“自然与乐学”方向。通过“不用安排思索”，王艮实质上以现成感应知觉之心悄悄取代了作为良知本体的“本心”。

就良知的心与性二重性而言，存在将良知本体贯注于主体的心性知觉并随其发用的内在意义结构。从心性上来说，只要良知本体的至善性能够得到保障，只要良知始终植根于至善根基之中，良知在内在逻辑上就可以展开为“良知见在说”。这无非是因为，良知的能动性和创造性本身就要求落实于人生现实层面。正是根据如此这般的思想逻辑，王艮才将良知全面落实于日用人伦世界之中。在这种落实中，由于良知强烈的现成化倾向，在儒学中原本要求艰难工夫操持的良知与知觉之辨、天理人欲之辨，王艮却都以当下即是的简易方式进行了承接。这种承接事实上有弱化甚至取消工夫操持的倾向。

良知现成化隐含轻忽形上本源和道德至善性的弊端，在内在逻辑上隐含脱落至善本体而流于自然明觉的倾向。到了泰州学派殿军罗汝芳这里，良知本体果然表现出强烈的自然明觉化特质。良知的自然明

---

① 王艮：《语录》，《王心斋全集》，第17—18页。

② 王艮：《与俞纯夫》，《王心斋全集》，第43页。

觉化特质，早在王艮这里，就有过比较明确的表现。如："往年有一友问心斋先生：'如何是无思而无不通？'先生呼其仆，即应；命之取茶，即捧茶至。其友复问。先生曰：'才此仆未尝先有期，我呼他的心，我一呼之便应，这便是无思无不通。'是友曰：'如此则满天下都是圣人了？'先生曰：'却是日用而不知，有时懒困着了，或作诈不应，便不是此时的心。'"①在这里，王艮将根于良知本体的"无思而无不通"，直接承接为仆人的呼之而应，无疑表现了良知本体的现成化发展。这与王艮将良知本体简易地承接为"百姓日用"的逻辑，遥相呼应。

第二节　安身之道

就宋明理学工夫—本体逻辑而言，呼之而应的知觉可视之为作为工夫的用，而良知自然即本体。两者其实层面不同，但泰州学派往往将它们等同视之。之所以如此处理，当然与泰州学派独特的"淮南格物说"有关。从根本上来说，现成良知与淮南格物说之间存在互为表里的关系。

与王阳明、王畿等出生于士大夫家庭不同，王艮出生于沉沦社会底层的盐丁家庭。因此，王艮首先追求的，并不是传统主流儒者追求的内圣外王，而是如何在艰难的底层生活中自立自尊和安身立命的问题。很自然的，王艮往往有意无意地从自己独特的生活经验出发，创造性地解释儒家先贤理论。正因为如此，王艮对身与道进行了别具一格的解释。他说：

> 身与道原是一件，至尊者此道，至尊者此身。尊身不尊道，不谓之尊身，尊道不尊身，不谓之尊道。须道尊、身尊，才是至善。故曰：天下有道，以道殉身；天下无道，以身殉道；必不以道殉乎人。有王者作，必来取法焉，而后臣之，然后不劳而王。如或不可，则去。仕止久速，精义入神，见机而作，避世避地，避言避色，如神龙

① 王士纬：《心斋先生学谱》，《王心斋全集》，第 91 页。

变化，莫之能测。若以道从人，妾妇之道也。己不能尊信，又岂能使人尊信哉！[①]

在这里，王艮对身与道等同视之。道诚然要落实于身，但将尊身直接等同于尊道，实际上在其中存在逻辑跳跃，就思想的内在脉络而言颇成问题。根据良知现成化立场，王艮的淮南格物说和童子往来即道，都是通过“尊身”而“尊道”。对于如此激进的良知现成化思路，恐怕比较主流的阳明心学信徒们都不会点头赞同，更遑论程朱理学信徒。

王艮及其传人，在论学为道上，确与其他阳明后学颇为不同，具有独立风格。王艮继承了王阳明与王畿良知见在学说。他的独创性在于，“在核心处加入了‘身’或‘安身’这一新维度，为整个心学带入一股新鲜空气，开创了泰州学派。”[②]因此，《明儒学案》将王艮及其传人单独列出而标为泰州学派，并非毫无道理。“由王艮开创的泰州学派，后来出现了很多很有影响的人。我个人认为，泰州学派是阳明后学中最富有创造性的一派，虽然遭受了很多批评。”[③]泰州学派的最大特点在于，重身而追求安身，直面实际生活，由此出发而重新解释儒学传统，并热衷于推行觉民行道。唐君毅强调，泰州学派的精神在于，“在直面对吾人一身之生活生命之事中讲学。此非谓其他王门之学，不关生命生活之事。但在其他王门之学者，大皆先重此心之为身与生命生活之主宰，而重在于心之意念上求警惕、戒惧、归寂，或见良知本体，究一念灵明，以为工夫。泰州之心斋，则直以安身标宗。安身自亦须以心安身。然言以心安身，则重在心之向在此身上事，而非重在心之向于其自己。此即与其他直重在心上用工夫之学，有毫厘之差。”[④]

王艮为学，首立此身为本而后达于家国天下，继而使此身与家国天下互为根据，从而使致良知即明明德于天下，以使天下人无不致其良知。顺此逻辑，人之重身安身即致良知而乐道，即明明德于天下。因此，“人心之循此道而行，亦即同时超于其原来之自私一身之私欲之外，

---

① 王士纬：《心斋先生学谱》，《王心斋全集》，第 97 页。

② 张祥龙：《儒家心学及其意识依据》，商务印书馆，2019 年版，第 481 页。

③ 张祥龙：《儒家心学及其意识依据》，商务印书馆，2019 年版，第 483 页。

④ 唐君毅：《中国哲学原论·原教篇》，中国社会科学出版社 2006 年版，第 247 页。

以成其安乐。……心斋之教，即先正面的悟此良知之本体之乐，以成其工夫之教。”①

在《西铭解》中，朱熹对《西铭》进行了孝道化解释。明代儒者承接这一解释路线，对《孝经》与《西铭》予以合观。王艮在《孝箴》中继承了这一解释路线，阐发了孝中所包含的顺天、事天并修身以俟之的意义。“从心斋到近溪，重视‘孝弟’实是泰州学派的一大特色。到了近溪那里，‘孝弟慈’更是成了其思想的一个主要标志。”②王艮孝道思想的独特之处在于，特别强调“敬身为大”。《礼记》“哀公问”中较为详尽地阐释了“敬身”之义。王艮自认为继承了这一敬身传统。在他看来，保全身体就是行孝，“而保身就是全生，所以保身便是行孝。可见，心斋所欲阐发的一个中心思想却是：行孝的方式在于保身！”③

在《传习录》中，不乏有关敬身的阐述。例如在《答顾东桥书》有关拔本塞源的论述中，王阳明就明确指出：“夫圣人之心，以天地万物为一体，其视天下之人，无外内远近，凡有血气，皆其昆弟赤子之亲，莫不欲安全而教养之，以遂其万物一体之念。”④在阳明的论述语境中，圣人之所以要安全而教养天下万民，目的是为了实现万物一体理想。但是在《明哲保身论》中，王艮却悄悄扭转了这一逻辑，将重心放在“天下凡有血气者莫不尊亲”。他说：“能爱天下，则天下凡有血气者莫不尊亲，莫不尊亲，则吾身保矣。吾身保，然后能保天下矣。此仁也，所谓至诚不息也，一贯之道也。人之所以不能者，为气禀物欲之偏。气禀物欲之偏，所以与圣人异也。与圣人异，然后有学。学之如何？明哲保身而已矣。”⑤凡人与圣人的区别在于，凡人为气禀物欲遮蔽，因此凡人当为学，学的内容即明哲保身。

在《明哲保身论》中，王艮将明哲保身视之为凡圣皆具的良知良能，保身则被看作从爱身到爱人又从爱人返回到人爱我的过程。如此持续

① 唐君毅：《中国哲学原论·原教篇》，中国社会科学出版社 2006 年版，第 248 页。
② 吴震：《泰州学派研究》，中国人民大学出版社 2009 年版，第 178 页。
③ 吴震：《泰州学派研究》，中国人民大学出版社 2009 年版，第 808 页。
④ 王阳明：《语录二》，《王阳明全集》上册，上海古籍出版社 1992 年，第 55 页。
⑤ 王艮：《明哲保身论》，《王心斋先生全集》卷四，第 4b 页。

不断的互爱之道，生动体现了万物一体的生生不已的仁道。他说："明哲者，良知也；明哲保身者，良知良能也，所谓不虑而知、不学而能者也，人皆有之，圣人与我同也。知保身者，则必爱身如宝。能爱身，则不敢不爱人。能爱人，则人必爱我。人爱我，则吾身保矣。能爱人，则不敢恶人。不恶人，则人不恶我；人不恶我，则吾身保矣。能爱身，则必敬身如宝。能敬身，则不敢不敬人。能敬人，则人必敬我。人敬我，则吾身保矣。能敬身，则不敢慢人；不慢人，则人不慢我。人不慢我，则吾身保矣。此仁也，万物一体之道也。"[①]由此亦可见，真正的吾身并不为世间情识染污，而展现为至善之体。

在答复诸生"止至善"之问时，王艮指出明德为心之本体，亲民为达用，体用本一致。"尧舜'执中'之传，以至孔子，无非明明德、亲民之学，独未知'安身'一义，乃未有能'止至善'者。故孔子悟透此道理，却于'明明德''亲民'中立起一个极来，故又说个在'止于至善'。'止至善'者，'安身'也；'安身'者，'立天下之大本'也。本治而末治，正己而物正也，大人之学也。是故身也者，天地万物之本也；天地万物，末也。"[②]"止至善"即"安身"，即立天下之大本。因此之故，王艮甚至将身称之为本，由此认为保身具有端本含义，并进一步与致良知联系起来。他说："治天下有本，身之谓也，本必端。端本，诚其心而已矣。诚心，复其不善之动而已矣。……知不善之动者，良知也；知不善之动而复之，乃所谓致良知，以复其初也。"[③]甚至可以说，保身即端本，即致良知。

从《明哲保身论》内容来看，王艮以《礼记》中的敬身为出发点，继承王阳明万物一体教诲，着重于论述敬身与保身。王阳明的原本说法是圣人思安全教养天下之人以遂其万物一体之念，王艮扭转了逻辑前提，原本是"圣人以天地万物为一体，莫不欲安全而教养之"，却转而强调"天下凡有血气者莫不尊亲"，并以此为根据上溯圣人之学，就这点去发挥和展开明哲保身论。他在文中指出：

---

① 王艮：《王心斋全集・明哲保身论》，第 29 页。

② 王艮：《王心斋全集・答问补遗》，第 33 页。

③ 王艮：《王心斋全集・复初说》，第 28 页。

明哲者，良知也，明哲保身者，良知良能也。所谓不虑而知，不学而能者也。人皆有之，圣人与我同也。……以之齐家，则能爱一家矣；能爱一家，则一家者必爱我矣。一家者爱我，则吾身保矣，吾身保然后能保一家矣。以之治国，则能爱一国矣；能爱一国，则一国者必爱我矣。一国者爱我，则吾身保矣，吾身保然后能保一国矣。以之平天下，则能爱天下矣；能爱天下，则天下凡有血气者莫不尊亲，莫不尊亲，则吾身保矣，吾身保然后能保天下矣。①

在王艮看来，明哲即良知，明哲保身即良知良能。如此良知良能，为圣凡同具。以之齐家，家人爱人，则可保吾身；以之治国，国人爱人，则可保吾身。以之平天下，则天下人人相亲相爱，亦可保吾身。

在早期的《孝箴》中，王艮以"杀身成天"诠释伯夷叔齐的杀身成仁。其中闪现着理学的影响，即在神圣天理的要求之下，自我通常情形之下都要予以保存，但却也存在不得已杀身成仁的例外。在接受王阳明心学教诲之后，王艮重新解释了伯夷叔齐的案例。他说："有疑先生安身之说者，问焉曰：夷齐虽不安其身而安其心矣。先生曰：安其身而安其心者上也，不安其身而安其心者次之，不安其身又不安其心，斯为下矣。"②在其中，相对于心，身获得了最优先地位。因此，不再是杀身成天的说法，而是"不安其身而安其心"。作为海纳百川而吞吐万象的意义涌现场域，在身之中交融了良知与心体，并叠映于百姓日用之中。由此意义来说，身与百姓日用是一而二二而一的关系。"在这样一个身心不分、延展回旋的新视野中，百姓为安身立命而一心从事的日常生活，就获得了一种更高的地位，甚至可以说获得了本体含义。这的确又是一大创新。"③

在阐释明哲保身时，王艮对身的地位予以极大推崇。他说："安身以安家，而家齐；安身以安国，而国治：安身以安天下，而天下平。……不知安身，身不能保，又何以保天下国家哉？……其身正，而天下归之，

① 王艮：《明哲保身论》，《王心斋全集》卷四，第45页。

② 王艮：《语录下》，《王心斋全集》卷三，第3a—4a页。

③ 张祥龙：《儒家心学及其意识依据》，商务印书馆2019年版，第483页。

此正己而物正也，然后身安也。知明明德而不知亲民，遗末也，非万物一体之德也；知明明德亲民，而不知安身，失本也。”[①]由文中可见，以安身之道安家，则家齐；以安身之道安国，则国治；以安身之道安天下，则天下可平。惟有懂得安身之道，才能保天下国家。惟身正，天下才能物各得其正。只知明明德亲民，而不懂得安身之道，可谓失本之举。由此可见，王阳明的万物一体学说，在王艮这里得到了别具一格的阐释。立足于如此理解的万物一体中的格物观，自然转向了尊身、敬身与保身。在王艮看来，在万物一体语境中，凡人与圣人都莫不希望安全而教养之，因此就会把安身保身作为根本，相应地视天下国家为末。

由此可见，在正德与嘉靖动荡压抑的政治与社会处境中，在君主日益独裁而士子日益丧失得君行道热情的处境中，王艮明确主张保身尊身，肯定个体独立的生命价值，无疑是在向士子们大声宣称，君主并不垄断道，行道也并非一定要通过君主。治国平天下固然重要，但自我的生命也同样尊贵，同样重要。生命不存，道将焉负？惟生命存，方能行道。

在阐述士子出处进退保身之道时，王艮有时也求助于《周易》权威的义理支援。这是因为，《周易》原本是卜筮之书，充满了有关趋利避害的教诲，与王艮安身保身的学说原就相通。因此他曾明确指出：“窃思易道洁净精微，虽不能尽述其详，然圣神之出处上下，已具于《乾》《坤》两卦之六爻也。以此印证吾良知，无毫厘之差，自能知进退保身之道矣。”[②]

第三节　推崇师道，热衷讲学

根据《年谱》记载，王艮初次拜见王阳明，即谈及天下之事。为此，阳明告诫说：“君子思不出其位。”王艮认为，自己虽然只是草野匹夫，未

① 王艮：《语录下》，《王心斋全集》卷三，第 2b—3a 页。

② 王艮：《明儒王心斋先生遗集》卷二《再与徐子直》。

尝一日敢忘天下之事。对此，王阳明意味深长地指出："舜居深山与鹿豕木石游居，终身忻然，乐而忘天下。"王艮则强调，当时只是因为有圣王尧在位，所以舜才可以无忧无虑地悠游于天地之间。① 在王艮看来，自己纵然仅仅是一白身小民，天下之事却未敢一日遗忘，从而表现出勇于担当的精神。但在明代政治高压之下，这种担当精神没有走上传统的得君行道，而是转向了觉民行道，转向了师友之道。他为此指出："观夫尧舜文王孔子之学同，可知其位虽有上下之殊，然其为天地立心，为生民立命则一也。颜渊曰：舜何人也，予何人也，有为者亦若是。吾侪其勉之乎！吾侪其勉之乎！然则予之用功，其当以尧舜文王孔子自望，而望于诸友乎？抑不当以尧舜文王孔子自望，而望于诸友乎？"②在其中，王艮虽然认识到尧舜文王与孔子在地位上的差别，却认为他们在担当天下的抱负上，在"为天地立心，为生民立命"上彼此一致。

出于推崇师道的考虑，王艮有意进一步抬高孔子地位，甚至认为孔子贤于尧舜。他认为孔子继承圣王允执厥中之道，进一步发扬光大，从而超越了圣王。因此宰我声称："以予观于夫子，贤于尧舜远矣。"子贡盛赞："自生民以来未有夫子也。"有若赞美："自生民以来，未有盛于孔子也。"孟子也感叹不已："自有生民以来，未有孔子也。"其中的原因在于："盖尧舜之治天下，以德感人者也，故民曰帝力何有于我哉。故有此位乃有此治。孔子曰：'吾无行而不与二三子者'是某也，只是学不厌教不倦，便是致中和位天地育万物，便做了尧舜事业。此至简至易之道，视天下如家常事，随时随处无歇手地。故孔子为独盛也。先师尝有精金之喻，予以为孔子是灵丹，可以点瓦石成金无尽藏者。"③三代圣王以允执厥中相授受，孔子亦祖述于此。然而宰我、子贡、有若与孟子等却认为孔子之圣高于三代圣王，为有史以来所未有。王艮甚至认为孔子是灵丹，孔子讲学可以神奇地点石成金。这种点石成金的讲学效应，比起圣王以德感人，对天下的作用似乎更加积极有效。在王艮看来，"师道必定是存在于民间社会的，存在于每一个立志修身讲学以见于世的

① 王艮：《年谱》，《王心斋先生全集》卷一，第 5a 页。

② 王艮：《勉仁方》，《王心斋先生全集》卷四，第 8b 页。

③ 王艮：《语录上》，《王心斋全集》卷二，第 8b 页。

人身上。”①

王艮明确认为，孔子虽然“无位”，却没有干脆弃绝人伦世界，走隐士之路，而是以民间贤士身份周游列国，教化天下。正嘉年间，在君主日益独裁的高压处境中，士人屡遭摧残，不如归去的归隐之路成为诸多士子的选择。对儒学信徒来说，仅仅独善其身的归隐，终究是无奈之举。在此种情形之下，儒学的用世热情又向哪方面倾注呢？王艮的选择是，追随孔子以讲学天下，教化百姓。

王艮为此不赞成潜龙，而表彰见龙。他强调士子不管处于何种情境，都不应当丧失万物一体之仁的情怀。他说，圣王与孔子虽然存在有位与无位的区别，但立心立命的淑世之心却别无二致。“观其孔子汲汲皇皇，周流天下，其仁可知矣。文王小心翼翼，视民如伤，望道而未之见，其仁可知矣。尧、舜兢兢业业、允执厥中，以四海困穷为己责，其仁可知矣，观夫尧舜、文王、孔子之学，其同可知矣。其位分虽有上下之殊，然其为天地立心，为生民立命，则一也。”②如此一来，士子要实现兼济天下之志，“位”不再是必要条件。不管有位无位，士子都有责任担当淑世的责任，都应当寻求治世之道，起码应当讲学以觉民行道。“飞龙在天，上治也，圣人治于上也。见龙在田，天下文明，圣人治于下也。惟此二爻，皆谓之大人，故在下必治，在上必治。”③讲学当以孔子为榜样，讲学行道也可以成为士子终身为之的入世事业：“不论有位无位，孔子学不厌，而教不倦，便是位育之功。”④

为了坚定自己讲学传道的使命感，为了鼓励士子们讲学的热情，王艮把讲学鼻祖孔子的地位抬升于尧舜之上，甚至认为讲学在经世事业中处于优位。他说：“六阳从地起，故经世之业，莫先于讲学以兴起人才。古人位天地，育万物，不袭时位者也。”⑤乾来自坤，经世事业源于讲学作兴人才。在王艮的影响下，王栋认为士子经世应当摆脱“位”的羁

① 吴震：《泰州学派研究》，中国人民大学出版社2009年版，第184页。

② 王艮：《明儒王心斋先生遗集》卷一《勉仁方》。

③ 王艮：《明儒王心斋先生遗集》卷一《语录》。

④ 王艮：《明儒王心斋先生遗集》卷一《语录》。

⑤ 王艮：《明儒王心斋先生遗集》卷一《语录》。

绊，即使民间一匹夫也当致力于移风易俗。他说："圣人经世之功，不以时位为轻重。今虽匹夫之贱，不得行道济时，但各随地位为之，亦自随分而成功业。苟得移风易俗，划及一邑一乡，虽成功不多，却原是圣贤经世家法，原是天地生物之心。"①对汲汲于独善其身，表面为儒实则为隐的假孔孟士子，王栋提出了毫不客气的批评："后世学术不明，岂独异端害正混真。其最难辨者，隐以为高，尘芥禄爵，彼固自谓孔孟之徒，而世之诵法孔孟者，亦莫不仰视高风，散羡爱慕，竟无辨其已为孔孟所不与者。盖天生圣贤，为民物也。故圣贤尽性必尽民物之性，必赞化育而后与天地参。此辈虽高旷不群，凤翔千仞，然谓得圣人之清岸，然欲自称为孔孟之徒，则其洁身乱伦，同群鸟兽，是未免于不同道也，可不辨哉？"②

在阐释乾卦九二爻时，孔颖达指出："龙见在田之时，犹似圣人久潜稍出，虽非君位而有君德，故天下众庶利见九二之大人。故先儒云若夫子教于洙泗，利益天下，有人君之德，故称大人。"③在其中，孔颖达将九二见龙与孔子讲学洙泗联系起来，表明士子即使无位，也当兼济天下。王艮对九二爻的阐释继承了孔颖达的说法。

在王艮看来，孔子虽然没有出仕，却终身没有归隐，而是栖栖惶惶，积极讲学于世，以图恢复天下有道的理想局面。他说："孔子在当时虽不仕，而无行不与二三子，是修身讲学以见于世，未尝一日隐也。……乾，初九，不易乎世，故曰龙德而隐。九二善世不伐，故曰见龙在田。观桀溺曰：滔滔者，天下皆是也，而谁以易之？非隐而何？孔子曰：天下有道，某不与易也，非见而何？"④

相对于对讲学的积极态度，王艮对出仕却抱持相当微妙的消极态度。在他看来，出仕倘若为了求禄，那么只要尽职就行："若为禄仕，则乘田委吏，牛羊茁壮，会计当，尽其职而已矣。道在其中，而非所以行道

① 王艮：《明儒王一庵先生遗集》卷一《会语续集》。

② 王艮：《明儒王一庵先生遗集》卷一《会语续集》。

③ 孔颖达：《周易正义》卷一"九二，见龙在田，利见大人"疏，北京中国书店 1987 年版。

④ 王艮：《语录上》，《王心斋全集》卷二，第 10b—11a 页。

也。不为禄仕，则莫之为矣。”①与此同时，他又告诫门人提防仕途中的危险：“仕以为禄也，或至于害身，仕而害身，于禄也何有？仕以行道也，或至于害身，仕以害身，于道也何有？君子不以养人者害人，不以养身者害身，不以养心者害心。”②倘若出仕是为行道，那么就应当秉持敬重之心：“有为行道而仕者，行道而仕，敬焉、信焉、尊焉可也。”③但是，从王艮对门人宗尚恩出仕行道的告诫来看，他对出仕行道所持的乃是消极悲观态度。他说：“来书之意已悉，但某欲吾丸斋为第一等人物，惜乎今日小用之，非我所望也。所谓欲自试云者，古人谓：‘学而后入政，未闻以政为学。’此至当之论，吾丸斋且于师友处试之，若于人民社稷处试，恐不及救也。进修苟未精彻，便欲履此九三危地，某所未许。有疑，尚当过我讲破。”④王艮又举孔子出为乘田吏故事，予以苦口婆心的告诫：“孔子为禄而仕，为乘田，必曰牛羊茁壮长而已；为委吏，必曰会计当而已矣。牛羊不茁壮，会计不当，是不能尽职，是为不及；牛羊茁壮，会计当而不已者，是为出位之思，是为过之。过与不及，皆自取其罪过，在丸斋当了然此道，自不至如彼喜而不寐。区区本心，但休戚相关，不能不为之虑耳。为禄为道，无入而不自得者，有命存焉。”⑤王艮的这一番煞费苦心的劝说，对热衷于仕途的宗尚恩，不啻为一盆冷水。由此可见，明代中晚期的政治环境，对士子传统的得君行道理想的打击有多么严重。

嘉靖初年，阳明心学刚刚勃兴，就遭遇肃杀的政治气氛。杨廷和对王阳明的打压自不用说。到了嘉靖八年，阳明的新建伯封号甚至遭到褫夺，心学被宣布为伪学。但吊诡的是，官方愈是无情打击，王门弟子与追随心学的士子却以愈加高昂的热情投入于民间讲学。由此时代氛围来看，王艮一方面对出仕行道持消极态度，另一方面却对讲学抱持激情，就是可以理解的了。

---

① 王艮：《语录下》，《王心斋全集》卷三，第7a—7b页。

② 王艮：《王心斋语录》，《王心斋先生全集》卷二，第8页。

③ 王艮：《王心斋语录》，《王心斋先生全集》卷二，第8页。

④ 王艮：《答宗尚恩其一》，《王心斋先生全集》卷五，第2a页。

⑤ 王艮：《答宗尚恩其二》，《王心斋先生全集》卷五，第2b页。

在致门人徐樾的信中，王艮表露出对讲学的深沉激情，及将学问托付于徐樾的苦心。他说："屡年得书，必欲吾慈悯教诲，于此可见子直不自满足，非特谦辞已也。殊不知我心久欲授吾子直大成之学，更切切也。但此学将绝二千年，不得吾子直面会、口传、心授，未可以笔舌谆谆也。幸得旧冬一会，子直闻我至尊者道、至尊者身，然后与道合一，随时欲解官善道，于此可见吾子直果能信道之笃，乃天下古今有志之士，非凡近所能及也。"[①]信中提到的大成之学，可谓王艮一生之学的总结与对后学的交代。王襞就此指出："其晚也，明大圣人出处之义，本良知一体之怀，而妙运世之则。学师法乎帝也，而出为帝者师；学师法乎天下万世也，而处为天下万世师。此龙德正中而修身见世之矩，与点乐偕童冠之义，非遗世独乐者，侔委身屈辱者伦也，皆大学格物修身立本之言，不袭时位而握主宰化育之柄，出然也，处然也，是之为大成之圣，着《大成学歌》。"[②]大成之学当明了圣人出处之义，依据良知万物一体之情怀，而觉民行道。为学当志在为帝者师，为天下万世师。如此才是内圣外王之道，并含有乐学乐道之义。

王艮之所以将自己的学术总结称之为大成之学，追根溯源，当与嘉靖初年孔庙改制事件有关。孔庙改制内容为：孔子不得称王，以木主易塑像，把大成殿改称为孔子殿。如此改制，显然有以治统压制道统、以皇权压制士子之嫌。由此可见，王艮提出大成之学的举动，其中颇富微妙的抗争意味。面对皇权与治统的高压，王艮针锋相对地高举师道尊严与觉民行道旗帜，豪迈地主张："或曰：出必为帝者师，处必为天下万世师，毋乃好为人师欤？先生曰：学不足以为人师，皆苟道也。故必修身为本，然后师道立而善人多……身在天下，必修身立本以为天下之法，是为天下之师矣。故出必为帝者师，言必尊信。……处必为天下万世师，言必与吾人讲明修身立本之学，始可法于天下，可传于后世。"[③]王艮在此喊出了"出必为帝者师，处必为天下万世师"的口号。在他看来，学者出当为帝王师。如若学不足以为人师表，则未必堪称合道之学。

① 王艮：《与徐子直其二》，《王心斋先生全集》卷五，第15b页。

② 王襞：《上昭阳太师李石翁书》，《王心斋全集》，江苏教育出版社2001年版，第217—218页。

③ 王艮：《语录下》，《王心斋先生全集》卷三，第11a—11b页。

为学当以修身为本，然后师道方立。在家，可为一家之师；在一国，可为一国之师；在天下，可为天下之师。不特于此，学者还当为天下万世师。讲明修身立本之学，自可传之天下以至后世，以至不绝如缕。面对现实生活中皇权为代表的治统的高压，王艮对治统与道统之间关系进行了微妙阐释，要求回归到以孔子为代表的讲学的道统根源那里去。

在王艮心目中，孔子形象是“仁且智”，“仁且智，所以为孔子矣”。①王艮认为，仁为行道，智可安身。安身为行道，智毕竟为仁所统率。智意味着士子行道时当注意具体境遇，注意如何时中。即使圣人，倘若不懂得智，那么也就无法得时中之义。“‘智譬则巧，圣譬则力’。宋之周、程、邵，学已皆到圣人，然而未智也，故不能巧中。孔子致知、格物而止至善，安身而动，便智巧。”②

王艮的良知学以百姓日用为境域，因而不如乃师王阳明那样具有超越性的洒落自得风貌。他倡导的乐其实主要在于淑世之乐，在于助人为乐，而非个人自得之乐。王艮的乐，源于万物一体之仁之乐，是独乐乐不如众乐乐，是天地同乐之乐。

王艮讲学传道的对象不拘三教九流，只要愿意学，他都愿意讲。作为一位伟大的讲学者，他惟一的担忧是，你不来学，而非我不肯讲。他明确声称，为了“愚夫愚妇皆知所以为学”，③他愿意不辞辛苦，“不以老幼贵贱贤愚，有志愿学者，传之”。④ 因此，王艮虽然在王门中享有崇高威望，能够轻易出入公侯之门，但他讲学的主要弟子却大都是平民子弟。“上自师保公卿，中及疆吏司道牧令，下逮士庶樵陶农吏，几无辈无之”。⑤ 泰州门下不乏公卿显贵，如徐樾、赵贞吉、李春芳与耿定向等，但更多的还是出身贫寒，终身活动于社会下层的平民，如陶匠韩贞、樵夫朱恕、农夫夏廷美等。

王艮开创的泰州学派有教无类的讲学传统，为后学发扬光大，以致

---

① 王艮：《明儒王一庵先生遗集》卷一《语录》。

② 王艮：《明儒王一庵先生遗集》卷一《语录》。

③ 王艮：《王道论》，《明儒王心斋先生遗集》卷二。

④ 徐樾：《王艮别传》，《明儒王心斋先生遗集》卷四。

⑤ 王艮：《明儒王心斋先生师承弟子表》序，《明儒王心斋先生遗集》附录。

泰州弟子们纷纷热衷于民间讲学，以化民成俗。早年颇为愚钝而不甚知学的颜钧，为徐樾收为弟子。李春芳多次召见韩贞，嘉奖其讲学。韩贞与朱恕自己出身平民，更是终生奉献于民间讲学，“以化俗为任，随机指点农工商贾，从之游者千余。秋成农隙，则聚徒谈学，一村既毕，又之一村”。①

泰州学派讲学有教无类之广，甚而至于为囚徒讲学。早年愚钝而最终大悟入学的颜钧，更是终身孜孜不倦讲学，最后得享高寿。他曾经入狱三年。在狱中依然讲学不倦，随机指点教化囚徒。出狱时，100多名囚徒大哭不止，可见其人格与讲学感召力之强。“凡系狱三岁，日与诸囚论学不倦，诸囚有启悟者。……即出狱，诸囚百余人伏地哭，哀甚。司寇诃曰：‘若囚旦暮死不哭，哭颜先生何为?’囚曰：‘不然，颜先生在狱，吾身如在天宫，今先生去矣，吾无所闻，即不死犹死耳。’”②泰州学派的集大成者罗汝芳，是颜钧弟子，感恩颜钧点拨启悟，终身对颜钧毕恭毕敬。颜钧系狱三年，最终得以出狱，就是得罗汝芳营救之力。罗汝芳为官时，也曾经对囚徒讲学。他在担任宁国知府时，希图以讲学唤醒人们赤子良心，以收感化之功。“集诸生，会文讲学，令讼者跏趺公庭，敛目观心，用库藏充馈遗，归者如市。”③

第四节　易简工夫与得良知之乐

王阳明鉴于程朱理学的支离烦琐，提倡直入枢纽而当下即是的易简之道。“易简”源于《易传·系辞》中的“乾以易知，坤以简能。易则易知，简则易从”。如果说在阳明那里，易简之道意味着对良知心体的确认，意味着工夫的由内而外，那么在王艮这里，易简之道就表现为根据见在良知而来的百姓日用之道。

对王艮《乐学歌》，唐君毅予以相当正面的评价。他说：“心斋之致

① 黄宗羲：《泰州学案一》，《明儒学案》卷三十二，第720页。
② 贺贻孙：《颜山农先生传》，《颜钧集》卷九，第83页。
③ 黄宗羲：《泰州学案三》，《明儒学案》卷三十四，第763页。

良知之学，乃要在先知此良知本体之原以安身、而安家国天下为乐；即依此乐以成其学，而更学有此乐；以使学与乐，互相依据，以成其增进。由是言之，则心斋之教，即先正面的悟此良知之本体之乐，以成其工夫之教。而与龙溪之重正面的悟良知本体之一点灵明，以成其工夫，正有相类之处者也。”[①]在阳明心学中，涌动着狂者豪迈的洒脱之乐。“在王阳明的著述中，‘乐’字是一个出现频率非常高的词。‘洒然而乐’‘讲习之乐’‘天伦之乐’‘太平之乐’‘至乐’‘真乐’‘随地乐’等等。”[②]在王艮这里，致良知之乐更是得到无以复加的强调。在王艮看来，致良知中有真乐，万物一体中有真乐。有乐，才能真懂圣人之道，才能经纶天下。“今人只为自幼便将功利诱坏心术，所以夹带病根终身，无出头处。”“日用间毫厘不察，便入于功利而不自知，盖功利陷溺人心久矣。须见得自家一个真乐，直与天地万物为一体，然后能宰万物而主经纶，所谓‘乐则天，天则神’。”今世学者往往自幼就受到功利蛊惑，所以头出头没无有出头处。要超脱功利的笼罩，惟有悟得自家心体之真乐，直至感通万物一体之乐，然后才能经纶天下，才能自我作主。“学者不见真乐，则安能超脱而闻圣人之道?”学者惟有悟得真乐，才能超脱于功利之习而觉悟圣人之道。“仁者安处于仁而不为物所动；智者顺乎仁而不为物所陷。仁且智——君子所以随约乐而善道矣。”[③]能做到仁且智，君子才能乐道。

在王艮的乐中，体现出担当天下的豪迈乐观情怀。如此情怀充分体现于《鳅鳝赋》。在这篇奇文中，王艮将真乐与万物一体之仁完美结合在一起。他说：

> 道人闲行于市，偶见肆前育鳝一缸，覆压缠绕，奄奄然若死之状。忽见一鳅从中而出，或上或下，或左或右，或前或后，周流不息，变动不居，若神龙然。其鳝因鳅得以转身通气，而有生意，是转鳝之身、通鳝之气、存鳝之生者，皆鳅之功也。虽然亦鳅之乐也，非

① 唐君毅：《中国哲学原论·原教篇》，中国社会科学出版社2006年版，第383页。

② 陈立胜：《王阳明“万物一体”论——从“身—体”的立场看》，华东师范大学出版社2008年版，第149页。

③ 王艮：《王心斋全集·语录》，第18—19页。

专为悯此鳝而然，亦非为望此鳝之报而然，自率其性而已耳。……少顷，忽见风云雷雨交作，其鳅乘势跃入天河，投于大海，悠然而逝，纵横自在，快乐无边。回视樊笼之鳝，思将有以救之。奋身化龙，复作雷雨，倾满鳝缸，于是缠绕覆压者，皆欣欣然有生意。俟其苏醒精神，同归于长江大海矣。[①]

在此文中，王艮化身为“道人”，将圣贤与百姓分别比喻为“鳅”与“鳝”。不管是道人，还是“鳅”与“鳝”，无不在生命根源处充溢着真乐，乐的最高潮正是明代士子所津津乐道的万物一体之乐。万物一体之道蕴含万物之间的彼此感应。这样的彼此感应，在此文中得到淋漓尽致的描述：“其鳝因鳅得以转身通气，而有生意，是转鳝之身、通鳝之气、存鳝之生者，皆鳅之功也”。“鳅之周游乃自率其性，乃‘乐’，不是专为悯鳝而为”。“于是缠绕覆压者，皆欣欣然而有生意，俟其眚醒，精神同归于长江大海矣。”[②]在其中，跃动着万物一体精神，自率其性的真乐与成人之仁完美结合在了一起。

相对王畿着重心性本体的先天正心之学，王艮及其泰州学派更重视将良知贯彻落实于日用常行，也就是见在良知之学。王栋就易简工夫指出：

学求易简，古今名言，世多不识易简宗源，只作草率疏略看。夫乾确然健动，故易；坤聩然顺静，故简。吾人日用间只据见在良知，爽快应答，不作滞泥，不生迟疑，方是健动而谓之易。中间又只因物付物，不加一点安排意见，不费一毫劳攘工夫，方是顺静而谓之简。如此却与天地相似，易简而天地之理得矣。今以易简为名，而只草草便宜行事，何谬如之？先师一诗云：“莫因易简成疏略。”盖为斯人发也。[③]

在他看来，所谓“易”，就是要在日常生活中，依据见在良知，做到“爽快应答，不作滞泥，不生迟疑”。在此，显然隐含对良知的肯认甚至

① 王艮：《王心斋全集·鳅鳝赋》，第 55 页。

② 王艮：《鳅鳝赋》，《王心斋全集》卷四，第 2b 页。

③ 王艮：《王心斋全集》附《明儒王一庵先生遗集·会语续集》，第 179 页。

信仰。所谓“简”，就是要“因物付物，不加一点安排意见，不费一毫劳攘工夫”，就是要顺良知发用之自然，不掺杂意见。只有做到易简之道，才能达致天地之理。当然，在行易简之道时，也要提防其沦落为疏略工夫。

王栋曾从学王畿，因此深受王畿影响。由此可见，他所倡导的易简之学，其实奠基于王畿对先天良知心体的肯认和领悟之上。大概在王栋看来，先天本体立根的工夫业已由老师王畿完成，那么他所要做的就是将这种先天本体进一步落实于日用常行，也就是要更重视百姓日用之道。他说：

> 良知即乾之体，刚健中正，纯粹至精，本无声臭，掺搭些子不上，更万古无有或变者也，不容人分毫作见加意其间。自有本分天然之用，神触神应原无壅滞。与鸢飞鱼跃同一活泼泼地，盖天命之性，原自具足故也。此《中庸》之旨，至易至简。虽愚夫愚妇可以与知与能，而天地圣人有不能尽者，所谓先天无为之学也。才有纤毫作见与些子力于其间，便非天道，便有窒碍处。故愈平常则愈本色，省力处便是着力处也。①

良知刚健纯粹，万古一如，本分天然，神感神应而活泼生动。良知以极为易简的方式阐发《中庸》密旨，是谓先天无为之学。良知之学又可谓平常日用之学。平常心即道，而不可以私意私虑加于其上。

良知原本见在，原本圆满自足，因此自可自然流行于日用常行之中。所谓“乐”，就是士子对良知自然流行于当下日常生活中的充实而畅快的感受。因此，真正的“乐”不止于感性感受中的饱满、丰富与动态，而更在于良知顺畅流行中的自然无滞。王栋为此指出：“先儒发变化气质之论，于学者极有益，但若直从气质偏处矫之，则用功无本，终难责效。故只反身格物，以自认良知，寻乐养心，而充满和气，则自然刚暴者温，柔懦者立，骄矜者巽，简傲者谦，鄙吝者宽，惰慢者敬，诸所偏重，成近于中矣。以是知学必涵养性源为主本，而以气质变化为征验。”倘

---

① 王艮：《王心斋全集》附《明儒王一庵先生遗集・寄庐山胡侍御书》，第 224 页。

若变化气质只从气质偏驳处矫正之，那么就是无本之工夫，终究难以见效。惟有反身格物，自认良知心体，乐以养心，和气充盈，气质自然就能近乎于中正平和。“变化气质，本是后来效验，今人皆作工夫用。悦乐心体，本是见在工夫，今人反作效验看。二者辨之弗明，是耽搁了。”[①]士子倘若要变化气质，那么最有效的莫过于“反身格物以自认良知，寻乐养心而充满和气”。“悦乐”，不仅是充实而丰富的状态，而且更是“见在工夫”。

在答复刘鹿泉的信中，王栋认为，良知一刻不能分离，应当时刻见在。只要吾辈遵从并积极发用良知，那么就能在真乐中达到万物一体。他说：

> 来云三千岁花实者，久则征也。顷刻花者，喜怒哀乐未发之中也。无根无实者，即无声无臭；即根即实者，即天命之性也；《通书》云“无极而太极”者，即无根而根，无实而实也；“太极本无极”者，即此根本无根，实本无实也。不然，则无根无实者，沦于虚无；即根即实者，滞于有象，而非所谓道矣。故道也者，性也，天德良知也，不可须臾离也。率此良知，乐与人同，便是充拓得开。天地变化草木蕃，所谓易简而天下之理得，而成位乎其中矣！[②]

花之无根无实即天之无声无臭，花之即根即实即天命之性。无极而太极即无根而有根，无实而有实，此谓从无入有；太极本无极，即根而无根，实而无实，是谓从有入无。执着于无根无实者，易流入于虚无；执着于有根有实者，易执着于有形有象。此皆非道。道即性，即良知。只要率良知而行，就能得万物一体之乐，得活泼生机。

为了提防士子在致良知中出现轻率的以率意任性代替率性的倾向，王栋特意区分率性与率意。他指出：“今之谈率性者，多是率意，非率性也。须是先识‘性’字，性是心之生理，于中自具五常之德，自知宽裕温柔，发强刚毅，齐庄中正，文理密察。故率循此性，谓之知道。岂以

① 王艮：《王心斋全集》附《明儒王一庵先生遗集·会语续集》，第175页。
② 王艮：《王心斋全集·答刘鹿泉》，第49页。

是任气作用者为性道耶！”[1]由此可见，王栋对率良知中可能出现任性流荡的弊端有所警惕。但是，在泰州后学中，确实出现了诸多玩弄良知光景而溺于情识流荡的弊端。为此，黄宗羲痛心地指出：“盖自夫子川上一叹，已将天理流行之体，一日迸出。曾点见之而为暮春，康节见之而为元会运世。故言学不至于乐，不可谓之乐。至明而为白沙之藤蓑，心斋父子之提倡，是皆有味乎其言之。然而此处最难理会，稍差便入狂荡一路。所以朱子言曾点不可学，明道说康节豪杰之士，根本不贴地，白沙亦有说梦之戒。细详先生之学，未免犹在光景作活计也。”[2]自从孔夫子在川上一叹：逝者如斯夫！就已将天理流行之体点拨出来。为学不至于乐，不可谓谓之乐。王艮父子倡言乐道乐学，确乎有鉴于此。但是，乐处最难真切体会，亦最难把持，稍有差池就容易流于狂荡。王襞之学也难免有玩弄光景之嫌。

作为王艮族人，王栋创造性继承了王艮学说，在对致良知学说的传承中，别出心裁地去掉“致”，而修正为良知。去掉“致”字，显然是为杜绝“致”字所包含的推致良知于天下万事万物的意思，是为防止主观理解对先天良知的歪曲，为防止知行合一宗旨的丧失。王栋就此指出：“所谓致良知者，谓致极吾心之知，俾不欠其本初纯粹之体，非于良知上复加致也。后因学者中往往不识致字之义，谓是依着良知推致于事，误分良知为知，致知为行，而失知行合一之旨，故后只说良知，更不复言致字。今明翁去久，一时亲承面命诸大名贤皆相继逝，海内论学者靡所稽凭，故有虚空冒认良知，以为简易超脱，直指知觉凡情为性，混入告子、释氏而不自知，则又不言致字误之也。二者之间，学者须善识取。”[3]但是，不提“致”字，又可能会导致冒认良知、情识而肆之弊。在良知上加与不加“致”，学者当善加权衡。

王栋对意的特意提揭，具有独特的思想创造性，开刘宗周诚意说先河。思想的先行者与创造者总是孤独的。王栋的诚意说在当时几乎无人理解。他曾致信王襞探讨诚意：“去岁与令弟言之，恐未全信。有刻

---

① 王艮：《王心斋全集・附・明儒王一庵先生遗集・会语续集》，第179页。

② 黄宗羲：《明儒学案・处士王东厓先生襞》。

③《会语续集》，《王心斋全集》，第172页。

《诚意解》数条，寄家乡诸友。虽唐一桥亦无一字见寄，恐亦未之全信。后附数纸清正，得手教，且辱许可。但良工独苦之处，未蒙一一批答，鄙意真以立意为嫌，然有甚不得已者。知我者其惟此刻乎？罪我者其惟此刻乎？”[①]王襞虽然回信，但仅仅做了抽象肯定，字里行间流露出敷衍之意，“未对其中的旨意‘一一批答’，一庵对此表示了深深的无奈。从中可以强烈地感受到，在有关意的问题上，一庵当时的处境是非常孤立的，同时也恰恰说明，一庵对于自己独创的诚意说，有着相当程度的自觉意识”。[②]

王栋提揭的意，并非平常所谓心中忽起忽灭的念头，而是决定念头方向的本有意向。因此在王栋看来，意乃心的主宰，扬善而抑恶。与刘宗周提出诚意说动机相似，王栋之所以着重提揭意，是认为在忽起忽灭的念头发动之后再予以道德审察，为时已晚，起码也会令审察活动疲于奔命，而效果不彰。因此，不若以意主宰念头来得爽快有效。这无非是因为，在王栋看来，意本身寂然不动，却能主宰念头发动的善恶方向。倘若念头在意的规范之下发动，那么念头自然就会一一俱为善念。

在解释《中庸》所说“喜怒哀乐之未发”时，王栋将意视作未发之中而成为已发的主宰。他说：“未发之中，亦即不睹不闻的物事。《中庸》本言‘喜怒哀乐之未发’，非曰‘未发喜怒哀乐之时’。盖谓心之生机，无时不发，当其发喜、发怒、发哀、发乐之际，皆必有未尝发者以宰乎其发，故能发而皆中节也。不然，只是乱发，岂复有中节之和哉！故养其未发之中，亦即慎独功夫也。”[③]未发之中即《中庸》所谓不睹不闻。良知心体无时不显发，当其显发喜怒哀乐之际，必有意主宰于其中，因此能发而皆中节。慎独就是充养其未发之中。未发之中寂然不动，超越具体喜怒哀乐等经验，为日常念头主宰。意同时也是慎独之独体。因此，使意时时保持为本体的未发之明，就是《中庸》所谓诚意，就是慎独。他为此强调：

① 转引自钱明《阳明学的形成与发展》，江苏古籍出版社2002年版，第232页。

② 吴震：《泰州学派研究》，中国人民大学出版社2009年版，第222页。

③《会语正集》，《王心斋全集》，第150页。

> 诚意功夫在慎独，独即意之别名。慎则诚之用力者耳。意是心之主宰，以其寂然不动之处，单单有个不虑而知的灵体，自做主张，自裁生化，故举而名之曰独。少间掺以见闻才识之能，情感利害之便，则是有所商量倚靠，不得谓之独矣。世云独知，此中固是离知不得。然谓此个独处自然有知，则可谓独。我自知而人不及知，则独字虚而知字实，恐非圣贤立言之精义也。知诚意之为慎独，则知用力于动念之后者，悉无及矣。故独在《中庸》谓之不睹不闻，慎在《中庸》谓之戒慎恐惧，故慎本严敬而不懈怠之谓，非察私而防欲者也。①

诚意即慎独，独即意，慎即诚。意为心之主宰，寂然不动有不虑而知之灵体，自主自生化，因此可称之为独。《中庸》之不睹不闻即独，戒慎恐惧即慎。通过孤明先发的创造性诠释，王栋就把“良知问题变成了格物问题，格物问题变成了诚意问题，诚意问题又与慎独问题构成了有机的联系”。②

由此可见，诚意与慎独相通。依据这种创造性的令人耳目一新的诚意说，王栋对克己进行了别出心裁的阐释。他说：“察私防欲，圣门从来无此教法。而先儒莫不从此进修，只缘解克己为克去己私，遂漫衍分疏而有去人欲、遏邪念、绝私意、审恶几以及省防察检纷纷之说，而学者用功始不胜其繁且难矣。然而夫子所谓‘克己’，本即‘为仁由己’之己，即谓身也。而非身之私欲也。克者力胜之辞，谓自胜也，有敬慎修治而不懈怠之义。《易》所谓‘自强不息’是也。”③由此可见，先儒往往倡导察私防欲，是因为把克己解释为克去己私，以此导致过于严酷的修身方式，致使学者的道德修养不胜繁难。与此相对，王栋将克己解释为“为仁由己”之己，就是身。因此，克己即自胜，即自强不息。如此解释，的确非常活泼，跃动着生生不息的大易精神，表现出刚健昂扬的奋发有为的勃勃朝气。

---

①《会语正集》，《王心斋全集》，第149页。

② 吴震：《泰州学派研究》，中国人民大学出版社2009年版，第263页。

③ 王艮：《会语正集》，《王心斋全集》，第150页。

在《率性修道说》中，王襞进一步阐释“率良知”之说。他指出：“吾人至灵之性，乃天之明命于穆不已之体也。故曰：天命之谓性。是性也刚健中正，纯粹至精者也。率由是性而自然流行之妙，万感万应，适当夫中节之神。故曰：率性之谓道。此圣人与百姓日用同然之体，而圣人者永不违其真焉者耳。”①所谓率性，即顺应良知无执无滞之性自然流行。不管圣人还是凡人，都具有天命之性。区别仅仅在于，圣人可以率性而动，百姓则首先需要修道以恢复天命之性。

倡导率良知的王襞是王艮次子，是泰州学派重要代表，对泰州后学产生了深远影响。王襞，字宗顺，号东崖，诞生于正德六年。正是在正德六年，王艮做了颇具神秘意味的“天坠压身”之梦，东崖因此颇得王艮钟爱。当初王艮入越中拜见王阳明，就携王襞同往。王艮返回泰州，将王襞留在越中，跟从钱德洪和王畿学习。在此意义上，我们可以把东崖看作浙中王门与泰州学派的会通者。《年谱纪略》记载王襞师承和为学说：“方九龄，从先公游学江浙。至二十始归娶，不半载又过阳明夫子宅八年。独得先公之学，师事绪山钱公、王畿王公。迨先公殁，开口受徒，倡大家学，海内响应者恍若先公，当道屡聘主教，交荐于朝。暮年别号天南逸叟，寿七十七岁。”②王襞9岁随王艮游学绍兴，至20岁才归乡完婚。不过半年又至绍兴，受学长达8年，以钱德洪与王畿为师。

王艮去世后，王襞开口讲学，海内响应，影响直追乃父。王襞一生的主要热情就在于讲学，“他一面积极投身于士人阶层的讲学运动，另一面也积极活动于乡村山林之间推广讲学，展现出一个布衣儒者参与社会的生动形象”。③ 由于继承王艮与王畿学问，王襞为学和讲学具有独特的风格：“心斋没，东崖望日隆，四方聘以主教者沓至。罗近溪守宛则迎之，蔡春台守苏则迎之，李文定迎之真州，董郡丞迎之建宁，殆难悉数。归则随村落大小扁舟往来，歌声与林樾相激发，闻者以为舞雩之风复出。严取予，敦孝弟，联宗族，行宜毛发必谨。中丞凌海楼疏荐于朝，

① 王艮：《王心斋全集·附·明儒王东厓先生遗集·率性修道说》，第216页。

② 王艮：《年谱纪略》，《王心斋全集》，第206页。

③ 吴震：《泰州学派研究》，中国人民大学出版社2009年版，第201页。

部拟擢用，东崖坚卧自如。”①王襞顺适自然的讲学风格，既来自天性，又源自泰州学派对现成良知的强调。这种自然与人伦浑融一体的讲学，从此在晚明士人心中久久回荡。在“鸟啼花落，山峙川流，饥食渴饮，夏葛冬裘，至道无余蕴矣”中，体现出王襞学问的自然和乐风范。在王襞学问中，同时表现出乃师王畿“见在良知”与乃父王艮“现成良知”的影响，生动表现出“见在良知”是如何发展成为“现成良知”的。如果说王畿的“见在良知”使良知论变得更加玄妙圆融，那么王艮的现成良知则使良知论通过人伦日用而更贴近于下层百姓日常生活。在王襞这里，二王心学得以会通。具体地说，就是将注重向上超越的王畿见在良知与强调遍在人伦的现成良知贯通起来，从而达乎极高明而道中庸。

在王襞看来，学者所学之事，如仁义礼智，俱为学者性分内之事。这是因为，从根本上来说，万物皆备于我，率性而行就能尽知天下之事：“学者自学而已，吾性分之外，无容学者也。万物皆备于我，而仁义礼智之性，果有外乎？率性而自知自能，天下之能事毕矣。”②与王畿相较，王襞良知少了一些心的色彩，多了一些性的色彩。王襞认为，良知即性之灵明，能够自我认识。学子如果强索力求，实为知上加知，是为不智：“性之灵明曰良知，良知自能应感，自能约心思而酬酢万变。知之为知之，不知为不知，一毫不劳勉强扭捏，而用智者自多事也。”③

王襞认为，士子为学，应当明白良知原来现成，学即顺明觉自然之感应而行：“才提起一个学字，却似便要起几层意思，不知原无一物，原自现成，顺明觉自然之应而已。自朝至暮，动作施为，何者非道？更要如何，便是与蛇画足。”④良知之学当懂得养心，懂得道本无言的道理。有此领悟，方能洒脱而爽快；无此领悟，则容易坠入迷念之阵而自以为在分明求道：“意思悠远，襟怀洒落，兴趣深长，非有得于养心之学，未或能然。道本无言，因言而生解，执解以为道，转转分明，翻成迷念。”⑤良

① 王襞：《东崖学述》，《王心斋全集》，第130页。

② 黄宗羲：《明儒学案・处士王东崖先生襞・东崖语录》。

③ 黄宗羲：《明儒学案・处士王东崖先生襞・东崖语录》。

④ 黄宗羲：《明儒学案・处士王东崖先生襞・东崖语录》。

⑤ 黄宗羲：《明儒学案・处士王东崖先生襞・东崖语录》。

知自然天成，纯粹坦白，因此士子为学不当强行起意、立意，而应顺良知而为："良知之灵，本然之体也。纯粹至精，杂纤毫意见不得。若立意要在天地间出头，做件好事，亦是为此心之障。王介甫岂不是要做好事，只立意坚持，愈执愈坏了。"①如若不然，好心只能办成坏事，良药恐怕反成毒药。天地流行之间惟有天聪明，士子为学不可自作聪明而自以为是。如若自作聪明，就会违背天命昧于良知心体："人之性，天命是已。视听言动，初无一毫计度，而自无不知不能者，是曰天聪明。于兹不能自得，自昧其日用流行之真，是谓不智而不巧，则其学不过出于念虑亿度，展转相寻之私而已矣，岂天命之谓乎！"

为学有乐。有乐方是真为学，方是真达乎良知心体。乐乃良知道体，良知即乐。因此，为学中自有真乐，有乐，方能为学乐此不疲。因此，为学就是"所以求此乐也。乐者，乐此学；学者，学此乐"。真正的乐是无待的乐，而非有所依赖的乐。无待的乐方是天然自成的乐，是源自道体的真乐。所谓"无所倚而自乐者，乐以天者也"。君子本无忧，君子如若表现出忧，其实质也是为求真乐而忧。因此，君子根本上无忧而真有乐。"是故君子终身忧之也，是其忧也，乃所以为乐其乐也，则自无庸于忧耳。"

> 东崖子之始至而论学焉，有问"学何以乎？"曰："乐。"再问之，则曰："乐者，心之本体也。有不乐焉，非心之初也。吾求以复其初而已矣。"……曰："莫非学也，而皆所以求此乐也。乐者，乐此学；学者，学此乐。吾先子盖常言之也。""如是则乐亦有辨乎？"曰："有。有所倚而后乐者，乐以人者也。一失其所倚，则慊然若不足也。无所倚而自乐者，乐以天者也。舒惨欣戚，荣悴得丧，无适而不可也。"……"然则何以曰'忧道'？何以曰'君子有终身之忧'乎？"曰："所谓忧者，非如是之胶胶役役然，以外物为戚戚者也。所忧者道也，其忧道者，忧其不得乎学也。舜自耕稼陶渔，以至为帝，无往不乐。而吾独否也。是故君子终身忧之也，是其忧也，乃所以

① 黄宗羲：《明儒学案·处士王东崖先生襞·东崖语录》。

为乐其乐也，则自无庸于忧耳。”①

为学最乐。乐为心之本体，为心之本来面目。为学即学此乐。无所待而乐，为天成之乐。乐即道，乐即心。有孔颜之乐，曾点之乐。乐为心之体，忧为心之障。君子之忧在于忧不得学，在于求何以乐道。此所以忧乐可以圆融也。

在王襞看来，若能领悟到良知心体本就现成，那么为学工夫当求易简，为道当以默识。“人人本有，不假外求，故曰‘易简’。非言语之能述，非思虑之能及，故曰‘默识’。本自见成，何须担荷？本无远不至，何须充拓？会此，言下便了了。”良知眼前现成，不必焦心苦思，当下即是。“斯道流布，何物非真？眼前即是，何必等待？略着些意，便是障碍。诸公今日之学，不在世界一切上，不在书册道理上，不在言语思量上，直从这？转机。向自己没缘没故，如何能施为作用？穿衣吃饭，接人待物，分青理白，项项不昧的，参来参去，自有个入处。此非异学语，盖是尔本有具足的良知也。”②

王艮临终时遗命王襞传承己学而教化天下，王襞也果然终生孜孜不倦地从事讲学。从讲学影响来说，王襞影响甚至超过乃父。他的施教对象，从官僚士大夫至社会底层的工匠渔夫樵夫等，三教九流，可谓无所不包，真正做到了有教无类。焦竑为此盛赞王襞：“国朝理学开于阳明先生，从游者几遍天下，至以学世其家者，独有两人：心斋、萝石是已。心斋子五人，东厓为其仲，学尤邃。萝石子两湖，其见地具《汉阳集》中，学者盛传之。余观两湖自得之味深，东厓弘道之力大。今东南人传王氏之书，家有安丰之学，非东厓羽翼而充拓之，何以至此？故两氏之家法相为竞爽，而泰州为尤著，非偶然也。”③

王襞讲学富有人格魅力，常在语言文字外以人格感召听众，平民教育色彩有过于乃父王艮。“心斋特起鱼盐之中，超悟独诣，尽扫语言文字之习。诸子继其后，亹亹勿替，新新无已，可谓盛矣。尝忆东厓南游，

---

①《东崖遗集》卷上《诗引》，第 674—675 页，转引自吴震《泰州学派研究》，中国人民大学出版社 2009 年版，第 206 页。

② 黄宗羲：《明儒学案·处士王东崖先生襞·东崖语录》。

③《明儒王东厓先生遗集》序，《王心斋全集》，第 205 页。

都人士陶铸兴起者不可缕数，皆从精神丰采得之，未尝曰某从某语入，某从某语进也。”①

王襞讲学，以《大学》与《中庸》为主。讲《大学》，是继承乃父王艮的淮南格物学说。阐释《中庸》，则更多的是体现自己的讲学特色，即在率性修道中融会贯通阳明与王畿的良知学说。“将议论讲说之间，规矩戒严之际，工焉而心日劳，勤焉而动日拙，忍欲饰名而夸好善，持念藏机而谓改过，正是颜子之所谓‘己’而必克之者。而学者据此为学，何其漫汗也哉！必率性而后心安，心安而后气顺。否则百虑交锢，杂念叠兴，心神惊动，血气靡宁，有不并其形而俱灭者，几希矣。”②为学拘泥于规矩戒律，工夫过于辛苦，心思日日疲于奔命，言行日益笨拙，惟浮名好善是求，牵强改过。学者倘若依此为学，则劳而无功。为学当率性，率性方能心地安宁，心地安宁方能和气充养。

第五节　狂者淑世

王阳明的良知不仅是高妙的心性学说，而且在其中洋溢着热血的淑世精神。“他早已超越了那个‘不见是而无闷’的‘君子’，而他热心地寻求所谓豪杰同志之士，也同样是值得注目的事实。于是阳明学有了独特的传道热情。到后来，阳明学进而标榜‘狂’，乃至于其门下所谓‘侠’者辈出，都可以从此找到理由。”③

在儒学史上，最早阐述狂的，大概要算孔子。总的来说，孔子对狂的阐述有褒有贬，以褒为主。《论语・子路》：“不得中行而与之，必也狂狷乎！狂者进取，狷者有所不为也。”《朱注》：“行，道也。狂者，志极高而行不掩。狷者，知未及而守有余。”《孟子・尽心下》云：“孔子岂不欲中道哉？不可必得，故思其次也。”在《论语・阳货》中，孔子对狂的阐述带有贬义。“好刚不学，其蔽也狂。”这里的狂意味着刚性难驯。“古之狂也肆，今之狂也荡。”其中的“狂”意味着无所顾忌和不拘小节。

① 《王心斋全集》，第 205 页。

② 《语录遗略》，《王心斋全集》，第 215 页。

③ ［日］岛田虔次：《中国思想史研究》，邓红译，上海古籍出版社 2009 年版，第 29 页。

孔子对狂有褒有贬但以褒为主的态度，为在特定历史时期狂进入历史舞台中心埋下了伏笔。的确，与圣者、贤者和君子不同，狂毕竟从诞生之日起就携带着难以抹去的贬义色彩，难登主流士大夫的大雅之堂。但一旦主流意识形态由于某种原因变得日益松动，一旦它内部逐渐出现星星点点的裂隙，那么狂者精神和对狂的审美态度就会登上历史舞台，就会响亮地发出声音和展示姿态。就人性而言，对滚滚红尘中饱受礼教束缚的男男女女来说，狂者精神中携带的蔑视礼教而傲然自立的心灵自由的解脱快感，本身就具有难以抗拒的吸引力。在狂的审美态度中具有的反正统和反中庸的审美品格，使得它轻易就能贯通宣扬心性自由的禅宗和道家思想，从而放射出愈加夺目的璀璨光彩。

就传统文化史视野来看，狂主要表现为三种形态。在儒学中，孟子虽然为后世称颂为亚圣，但在某种意义上也可看作狂者或大丈夫精神的典型代表。道家追求自由和浪漫，本身就带有狂的气质，可称之为狂放。在文学史上，屈原开创的屈骚传统带有浪漫的狂放色彩。魏晋时期，竹林七贤尤其是阮籍和嵇康，浓墨重彩地集中体现了狂者精神的内涵。正是在他们的引领和感召之下，狂者精神由星星落落的狂者人格而涟漪般荡漾为一整个时代士人阶层的审美风尚。时人纷纷以佯狂为美，并放浪于浪漫的情感世界之中。

魏晋之后，狂者精神再一次潮涌般苏醒和蔓延，要默默地等到千年之后的中晚明。明中叶以后，通过白银体系，明王朝经济日益与海外各国经济联系在一起，商品经济日渐繁荣，市民阶层逐渐崛起。就政治而言，明王朝上层政治虽然高度专制，但中下层政治控制却相对宽松，从而引致士绅言行的相对自由。在如此环境之下，阳明心学日益流行，在士绅阶层中吸引了大批追随者和传播者。正是在阳明心学激励和鼓动之下，狂者精神越来越散发出奇特的魅力。

就心学开创者王阳明本人而言，他从小就具有敢于担当的狂者精神，拥有豪放不羁的大丈夫气概。王阳明以豪杰人格自许："非夫豪杰之士，无所待而兴起者，吾谁与望乎？"[①]他认为豪杰之士可以仅仅凭借

---

① 王阳明：《传习录中》。

良知，在无所依傍的情形之下崛起于世间。“明代心学的根本问题在于拒绝所有外来的东西，从纯粹的内在去追求本质的人。为了这种本质追求，为了保卫通过如此探求确信到的人至上的本质，他们抛弃了所有的格套成见，拥有了勇往直前的热情和勇气。”①

豪杰之士又可称之为狂者。阳明称道狂者说：“狂者志存古人，一切纷嚣俗染，举不足以累其心。真有凤凰翔于千仞之意，一克念即圣人矣。”②狂者可以说是具有洒落气质的君子。“夫君子所谓洒落者，非旷荡放逸纵情肆意之谓也。乃其心体不累于欲，无入而不自得之谓耳。”③所谓洒落，是良知超越于世间各种欲望而能时时自得自在的境界，并非任性妄为和放纵情欲。王畿对乃师王阳明所说“狂者”的解释是：“狂者之意，只是要做圣人，其行有不掩，虽是受病处，然其心事光明超脱，不作些子盖藏回护，亦便是得力处。”④

嘉靖二年(1523 年)正月，王艮来绍兴问学于王阳明。阳明与之论“狂者胸次”。“嘉靖二年癸未，春初，往会稽侍阳明公朝夕。”⑤王臣在《祭王心斋文》中记载了此次问学。他说：“癸未之春，予试春官。君时乘兴，亦北其辕。琅琅高论，起懦廉顽。偕寓连床，忘寐以欢。君既南归，予官贵土。师曰乐哉，义聚仁辅。”⑥

嘉靖二年(1523 年)中秋，王阳明于绍兴天泉桥与门人会宴，再次讲论狂者气象。阳明为此作诗《与诸生歌于天泉桥》：“万里中秋月正晴，四山云霭忽然生。须臾浊雾随风散，依旧青天此月明。肯信良知原不昧，从他万物岂能撄？老夫今夜狂歌发，化作钧天满太清。处处中秋此月明，不知何处亦群英？须怜绝学经千载，莫负男儿过一生。影响尚疑朱仲晦，支离休作郑康成。铿然舍瑟春风里，点也虽狂得我情。”⑦钱德洪在年谱中记载了此次论狂者气象的讲学：“八月，宴门人于天泉桥。

① [日]岛田虔次：《中国思想史研究》，邓红译，上海古籍出版社 2009 年版，第 98 页。
② 王守仁：《王阳明全集》卷三十五《年谱》。
③ 王守仁：《王阳明全集》，《答舒国用》，第 190 页。
④ 王畿：《王龙溪先生全集》卷一《与梅纯甫问答》，清光绪七年重刊本。
⑤ 董燧：《王心斋先生年谱》。
⑥《王心斋先生年谱·附录》。
⑦ 王守仁：《王阳明全集》卷二十《月夜二首·与诸生歌于天泉桥》。

中秋月白如昼，先生命侍者设席于碧霞池上，门人在侍者百余人。酒半酣，歌声渐动。久之，或投壶聚算，或击鼓，或泛舟。先生见诸生兴剧，退而作诗，有'铿然舍瑟春风里，点也虽狂得我情'之句。明日，诸生入谢。先生曰：'昔者孔子在陈，思鲁之狂士。世之学者，没溺于富贵声利之场，如拘如囚，而莫之省脱。及闻孔子之教，始知一切俗缘，皆非性体，乃豁然脱落。但得此意，不加实践以入于精微，则渐有轻灭世故、阔略伦物之病。虽比世之庸庸琐琐者不同，其为未得于道一也。故孔子在陈思归以裁之，使入于道耳。诸君讲学，但患未得此意。今幸见此，正好精诣力造，以求至于道，无以一见自足而终止于狂也。'"①讨论狂者气象时，中秋明月高挂，恍如白昼，门人聆听者有百余人。酒饮至半酣，歌声渐渐响起。阳明也兴致勃勃，退而赋诗。阳明强调，世上学者往往沉溺于富贵功利，直到听说孔子之教，方才脱落俗缘。但如果有此觉悟却不加以工夫操持，就会有脱略人伦之弊病。狂者虽比世上庸俗辈高得多，但毕竟尚未入道，因此裁之修之，精进修持，以进于道，而不可终止于狂。

在《刻文录叙说》中，钱德洪也记载了此次会宴与论学："甲申年，先生居越。中秋月白如洗，乃燕集群弟子于天泉桥上，时在侍者百十人。酒半行，先生命歌诗。诸弟子比音而作，翕然如协金石。少间，能琴者理丝，善箫者吹竹，或投壶聚算，或鼓棹而歌，远近相答。先生顾而乐之，遂即席赋诗，有曰'铿然舍瑟春风里，点也虽狂得我情'之句。既而曰：'昔孔门求中行之士不可得，苟求其次，其惟狂者乎！狂者志存古人，一切声利纷华之染，无所累其衷，真有凤凰翔于千仞气象。得是人而裁之，使之克念，日就平易切实，则去道不远矣。予自鸿胪以前，学者用功尚多拘局；自吾揭示良知头脑，渐觉见得此意者多，可与裁矣。'"②

王阳明已经颇具狂者精神，到了王艮这里，狂者精神愈益发扬光大。王阳明曾因王艮意气狂放而行事过于奇特，有意加以裁抑。至于泰州学派后学颜钧和何心隐，与其说是正统儒者，还不如说是将狂者精

---

① 钱德洪：《阳明先生年谱》。

② 钱德洪：《刻文录叙说》。

神彻底实践出来的狂侠。

在王艮及其泰州学派中，狂者精神表现得尤其淋漓尽致。钱穆在《略论王学流变》中就此指出："……泰州学派由此遂如狂澜之决，徐波石、赵大洲、颜山农、罗近溪、何心隐、李卓吾辈打通儒释，掀翻天下。与其说是泰州派，其实不如说是泰州与龙溪之合流，更为近情。"[①]由此可见，泰州学派同时继承了王艮与王畿的现成良知精神。在牟宗三看来，王门后学中，泰州学派与浙中派、江右派鼎足而三，都具有重要影响。他说："当时王学遍天下，然重要者不过三支：一曰浙中派，二曰泰州派，三曰江右派。此所谓分派不是以义理系统有何不同而分，乃是以地区而分。……泰州派始自王艮，流传甚久，人物多驳杂，亦多倜傥不羁，三传而有罗近溪为精纯，故以罗近溪为主。"[②]显然，在泰州学派中，牟宗三最推崇罗汝芳。

王艮在对乾卦的解释中以九二见龙为正位，并以九二见龙释讲学宗旨，对泰州后学的影响很深。赵贞吉指出："盖先生之学以悟性为宗，以格物为要，以孝弟为实，以太虚为宅，以古今为旦暮，以明学启后为重任，以九二见龙为正位，以孔氏为家法，可谓契圣归真，生知之亚者也。"[③]顾宪成对王门后学流弊不遗余力地批判，对王艮注重道德践履的百姓日用之学颇为赞赏。他说："往闻阳明弟子，称有超悟者，莫如王龙溪翁。称有超悟而又有笃行者，莫如王心斋翁。"[④]无位却又终生矢志于为圣，难免有狂者气概。对王艮以道自任的狂者气概，刘师培予以激赏。他说："惟人人自信，其所学斯不复溺陷于陈言，不复自构于流品，故能以身任道，特立于流俗之中。今观心斋先生，以盐贩而昌心学，见闻不与，独任真诚，而讲坛所在，渐摩濡染，几及万人，下至于樵夫收竖。其始也，特基于先生一念自信之心耳，而觉世之功乃若此。则世之逡巡畏缩而自甘暴弃者，夫亦可以憬然矣。昔《孟子》以伊尹为圣之任，吾于

① 钱穆：《中国学术思想史论丛》卷七，安徽教育出版社2005年版，第157页。

② 牟宗三：《从陆象山到刘蕺山》，上海古籍出版社2001年版，第188页。

③ 王艮：《明儒王一庵先生遗集》卷四，赵贞吉：《王艮墓铭》。

④ 顾宪成：《顾端文公遗书·证性编·质疑下》，清光绪三年刻本，《四库全书存目从书》本。

先生亦云。”①

具有狂者精神的泰州学派，在与禅学的激进会通中，衍生出被称之为狂禅的奇特人物，如王襞、赵贞吉、邓豁渠、管志道、罗汝芳和杨复所等。与此相关，还有李贽带有异端性质的狂肆，袁宏道沉溺于性灵的狂放。

“这种对传道讲学的异常热情，是泰州派特别是颜山农、何心隐他们的共通特征，其学说内容具有一种精神运动的风貌，最终遭到了激烈的非难和弹压，王心斋的积极性实践意欲和这个学说互为表里。”②泰州学派门人言行大都具有狂的色彩，表现出强烈的圣人情结和救世激情。颜钧早年创建萃和会，因其母去世而告终。在此之后，颜钧出外四处游学。他先师从徐樾，继而又因徐樾而直接追随王艮学习。当初王艮拜见王阳明时，曾因狂妄而遭到阳明有意裁抑。但面对与自己一样天性狂放的颜钧，王艮不仅没有抑制，而且还给予启发和激励。颜钧《自传》是如此记载这段经历的：“铎历历呈叩，心师申申振铎曰：‘孔子学止从心所欲不逾矩也，矩范《大学》《中庸》作心印，时运六龙变化，为覆载持帱以遁世。子既有志有为，急宜钻研此个心印，为时运遁世之造，会通夫子大成之道，善自生长收藏，不次宜家风乡邦及国而天下也。亦视掌复如子之初筵萃和会三月矣。’”③

泰州学派中出身布衣的学者，狂者精神主要表现于惊世骇俗的言行和为学中的张皇自大。他们的言行，显然逾越出了主流士大夫阶层的伦理范式。在其中，颜钧和何心隐师徒表现得更为特异。据《颜山农先生传》记载：“先生机辨响疾，双目炯炯，问难四起，出片语立解。往往于眉睫间得人，玄悟稍迟钝即诟詈，众相顾错愕，先生自若也。尝与诸大儒论天命之性，众方聚讼，先生但舞蹈而出。”④由此可以想见颜钧辩才无碍之风采，如禅宗公案棒喝般之机锋，傲视天下人之自高自大。关于自己遭到当局逮捕入狱的原因，颜钧自我反思后，认为与自己言行被

---

① 章太炎、刘师培撰，徐亮工编：《中国近三百年学术史论》，上海古籍出版社 2006 年版，第 257 页。

② [日]岛田虔次：《中国思想史研究》，邓红译，上海古籍出版社 2009 年版，第 89 页。

③ 颜钧：《自传》，黄宣民点校，《颜钧集》，第 25 页。

④ 贺贻孙：《颜山农先生传》，《颜钧集》，第 83 页。

时人看作“危言危行”不无关系：“流讲南北东西，启迪智愚，皇皇如饥渴，昼叠恣翊扬天下，信与大半鼓跃。岂期睽类蜂生疑憎，或忌妨己，潜滋妒害男子，罔罔危言危行，过满天下，杯蛇成窝，合并及门。”①

作为何心隐的弟子，罗汝芳证实过如此说法。他指出：“间有闻其名而未亲见者，或骇以为狂悖不经，遂致罹居枉狱。”②在当时，颜钧和何心隐就已经被有些人看作侠士。对他们的所谓侠行，李贽大表赞赏。袁宗道曾记录与李贽的相关对话：“余客岁见宏甫，问曰：‘王心斋之学何如？’先生曰：‘此公是一侠客，所以相传一派，为波石、山农、心隐，负万死不回之气。波石为左辖时，事不甚相干，挺然而出，为象蹴死，骨肉糜烂。山农缘坐船事，为人痛恨，非罗近溪救之，危矣。心隐直言忤人，竟捶死武昌。盖由心斋骨刚气雄，奋不顾身，故其儿孙如此。”③在李贽心目中，王艮本就怀有侠客气派，因此后之传人也同样有豪杰做派，如徐樾、颜钧与何心隐辈。徐樾在边疆战事中慷慨牺牲，颜钧与何心隐都因直言得罪当道或入狱或遇难。

著名文学家兼史学家王世贞，在《弇州史料·后集》卷三十五“嘉、隆江湖大侠”条记载了颜山农、何心隐、吕光与邵樗朽四个人的事迹。文章记叙了关于颜钧、何心隐的种种侠行与奇谈：“颜山农者，其别号也，楚人，读经书不能句读，亦不多识字，而好意见，穿凿文义，为奇邪之谈。……每言：‘人之好贪财色，皆自性生，其一时之所为实天机之发，不可壅阏之。第过而不留，勿成固我而已。’与故相赵为患难交，以计取其财不遂，而弃去之。……最后至南京，挟诈人财，事发，捕之官。笞臀五十，不哀祈，亦不转侧。坐罪至戍，困囹圄且死。汝芳闻而辄救之。”关于这些匪夷所思言行的记载，后世学者多持怀疑态度，如黄宗羲说：“今之言诸公者，大概本弇州（王世贞）之《国朝丛记》，弇州盖因当时爰书节略之，岂可为信？”④

颜钧对何心隐启发很大，可以说对他的思想与人生都产生了决定

① 颜钧：《明羑八卦引》，《颜钧集》，第 12 页。

② 颜钧：《著回何敢死事》所附罗汝芳《揭词》，《颜钧集》，第 44 页。

③ 袁宗道：《白苏斋类集》卷二十二《杂说》，上海古籍出版社 1989 年版，第 308 页。

④ 黄宗羲：《明儒学案》卷三十二《泰州学案序》。

性影响。然而，今存《何心隐集》只字未提颜钧，而颜钧却把何心隐称为“旧徒”，可见二人后来关系的确破裂了。关于二人反目的原因，耿定向、黄宗羲等人未曾明言，只有王世贞透露一二消息：“（何心隐）少尝师事山农，山农有例，师事之者，必先殴三拳而后受拜。心隐既事山农，察其所行，意甚悔。一日，值山农之淫于村妇也，匿隐处，俟其出而扼之，亦殴三拳，使拜，出弟子籍。因纵游江湖。”[①]据此，何心隐发现颜钧奸淫村妇的恶行之后，不再承认其为老师。大概二人行为难登大雅，所以正统学者皆不予记录。其实，颜钧虽然胸怀救世之志，也有急人之难的品格，但个人行为却多任性、缺乏检点。黄宗羲说：“平时只是率性所行，纯任自然，便谓之道。及时有放逸，然后戒慎恐惧以修之。凡儒先见闻，道理格式，皆足以障道。此大旨也。”耿定向也指出：“（泰州）立本之说，厥亦微也。侠人啜其糟，猖狂而悖乱矣。”[②]

狂侠派的产生和阳明心学的发展，与明代士人主体意识的觉醒有关。尤其是泰州“立本”说，为不甘平淡的布衣豪杰指出了与精英学者不同的成圣之路，提供了一条在科举之外实现个人价值的途径。由于这些布衣学者往往读书不多，对于圣贤之学的理解未免简单偏颇，仅靠一己雄心壮志和天启灵感，对社会和历史却缺乏深刻理解，致使主张难以成功实现。例如颜钧提出的“急救溺世方”，只是一个浪漫的理想方案，缺乏现实操作性。这些狂侠派学者，游离于传统社会之外，脱离宗族，游走四方，聚徒讲学，极易成为社会的不安定因素。正因为如此，他们遭到当权者打击，就是难以避免的结果。

在颜钧和何心隐等人那里，狂者精神具体体现为狂侠，具有狂放气魄和大无畏气概，敢于将理想付诸实践，具有强烈的行动性。《明儒学案·泰州学案》评价颜钧：“其学以人心妙万物而不测者也。性如明珠，原无尘染，有何睹闻？着何戒惧？”为此，主流的心学信徒也大都批评他，说“古之狂简，恐不类子”。[③] 可见，颜钧为学主张率性而为，一任自然，认为先儒的道理说教都有障道之嫌。

---

① 王世贞：《嘉隆江湖大侠》，见《何心隐集》附录，第 144 页。
② 耿定向：《策问（第三问）》，《耿天台先生文集》卷十七。
③ 颜钧：《颜钧集·明羑八卦引》。

根据儒家主流观点，没有走上仕途的士人就是布衣，理当隐居民间而取潜龙卦位。在布衣弟子居多的泰州学派中，王艮、王襞、王栋、颜钧和何心隐虽然从未厕身仕途，却不约而同地反对无所作为地隐居遁世。关于此，王艮曾指出："孔子谓'二三子以我为隐乎'，此'隐'字对'见'字说。孔子在当时虽不仕，而'无行不与二三子'，是修身讲学以'见'于世，未尝一日'隐'也。'隐'则如丈人、沮、溺之徒，绝人避世，而与鸟兽同群者是已。'乾，初九，不易乎世'，故曰'龙德而隐'。'九二，善世不伐'，故曰'见龙在田'。观桀溺曰'滔滔者天下皆是也，而谁以易之'，非'隐'而何？孔子曰'天下有道，丘不与易也'。非'见'而何？"[①]王艮在阐释"二三子以我为隐乎"时，极力强调，孔子当时虽然没有出仕，却也没有就此隐居逍遥自乐，而是通过修身讲学积极地觉民行道。

颜钧热衷于以龙作比喻阐述自己的学说。他在八卦潜见惕跃飞亢的六龙意象与心性滋长发育的过程之间进行对比，用龙的六种变化来形象表达心性化育的过程。颜钧说："绪扬其中为时庸，易乎其六龙也，则曰潜见，曰惕跃，曰飞亢，如此而为时乘，即变适大中之易，以神乎其学庸精神者也。合而规之，多见夫子出世有为，居肆止至，脱化造化，专业神仁，宪生天下万世人心皆知好仁无尚，同入'从心所欲不逾矩'，以为乐在其中，正道也，皆晓易知易能，不虑不学，不失乎胎生三月赤子之丹蒸也。"[②]也就是说，只要人欲的舒展和宣泄合乎体仁结构，那么其中化育出来的心性就会合乎仁道，人欲就会获得仁道净化。

就狂放的胆魄而言，何心隐较颜钧更胜一筹，堪称泰州学派中最具侠士气派和豪杰气概的狂者，可谓泰州学派中最具亢龙气息的狂士。他从独特的积极有为角度阐发了龙的潜意象："人之言潜，言成功也。我之言潜，言用功也。成功之潜，如伊尹之告归，周公之明农，潜易易也。用功则不然矣。孔子之象潜龙，则曰'阳在下也。'……龙而潜，阳在下之象也。象以此者，象用功也。阳必用功而后能在下也。确乎其不可拔，是用功也。必如是用功而后可以言下。必如是之下而后可以

① 王艮：《明儒王心斋先生遗集》卷一，《语录》，第 7 页。

② 颜钧：《颜钧集》卷二，《论大学中庸大易》。

言潜。潜如是潜而后见下不见阳，故继之曰‘潜龙勿用，下也。’言下不言阳，用功以文乎阳，而不见其为阳之在下也。此惟孔子下学可以当之也。”[①]何心隐探讨的似乎仅仅是屈居于青萍之末的潜龙，但阐述重点却是可以改天换命的“用功”，其中强调了在陶铸心性中刚健进取的重要性。与其说何心隐在这里探讨的是潜龙，倒不如说他探讨的其实是亢龙。因此毫不奇怪的是，在何心隐遭到朝廷迫害之后，李贽在纪念文章中直言他是亢龙：“吾谓公以见龙自居者也，终日见而不知潜，则其势必至于亢矣，其及也，宜也。然亢亦龙也，非他物比也，龙而不亢，则上九为虚位。位不可虚，则龙不容于不亢。公宜独当此一爻者，则谓公为上九之大人可也，是又余之所以论心隐也。”[②]李贽认为何心隐是一条一往无前而不知退缩为何物的亢龙。在亢龙身上，充满了拯救世界的万丈雄心，散发出积极进取的高亢凌厉的美。

如果以八卦中的六龙意象喻示泰州学派激进发展的话，那么可以说它以开创者王艮的见龙气派打开了局面，经王襞见龙之体的沉潜，到何心隐亢龙有悔的悲壮结局，狂者精神愈来愈浓烈，行动力愈来愈强劲，并时时逸出儒家主流的内圣外王修齐治平构架，最终导致与当局正面相撞而落难的悲剧后果。

以何心隐受难为标志，泰州学派亢而肆的狂侠之路早早走向了终点。与此同时，圆而通的狂禅在士大夫阶层中的影响却越来越大。在其中，最具有人格感召力的思想人物，当属罗汝芳。罗汝芳如是描绘狂禅的圆融境界：“工夫难到凑泊，以不屑凑泊为工夫，胸次茫无畔岸，便以不依畔岸为胸次，解缆放船，顺风张棹，则巨浸汪洋，纵横任我，岂不一大快事也哉！”[③]

与着重人伦生活的百姓日用不同，泰州学派有意追求的自然具有二重性，即同时关注现实与超越现实。自然既是当下存在中与人伦世界有关的一切，又是超越性的运转不息的天道。泰州学派的自然处身于超越性的良知本体与当下即是的日用常行世界的显现之间，并与传

① 何心隐：《何心隐集》卷二《论潜》。

② 李贽：《焚书》卷三《何心隐论》。

③ 黄守羲：《明儒学案》卷三十四《泰州学案三》。

统士大夫阶层双重性的生存追求相呼应。士大夫阶层双重性的生存追求意味着，他们一方面要孜孜于人生义务的完成，兢兢于社会责任的担当；另一方面又热衷于心性的自由和放达境界。前者与外王责任相呼应，在泰州学派中的表现形态为狂侠；后者与内圣相呼应，在泰州学派中的表现形态为狂禅。狂侠勇于担当，豪放而不拘常格，富于改天换地的行动魅力。狂禅单就心性层面建树而言，达到了极高造诣，展现了极致的心性自由，以自然简易方式直入空灵玄虚、庄严高妙的终极境界。虽然由于种种原因，狂禅很快湮没于历史烟云之中，但它对性命之道和生命自由的极致追求，却永远在思想史上放射出瑰丽奇异的光芒。

李泽厚就禅的了悟方式和境界指出："禅之所以多半在大自然的观赏中来获得对所谓宇宙目的性从而似乎是对神的了悟，也正在于自然界事物本身是无目的性的。花开水流，鸟飞叶落，它们本身都是无意识、无目的、无思虑、无计划的。也就是说，是'无心'的。但就在这'无心'中，在这无目的性中，却似乎可以窥见那个使这一切所以然的'大心'、大目的性——而这就是'神'。"[①]诚然，泰州学派这棵学派大树上结出的狂禅这颗奇异的果实，与传统禅学不同的地方，或者说狂禅之"狂"的意味，就在于主体能动性和行动性，在于它更追求在肯定绝对生命基础上的自我造就。在泰州学派中，狂侠和狂禅之间具有相通性。在两者之间，李泽厚所谓自然具有的无目的的合目的性就担当了转渡作用，必要时，它可以从关注人伦现实世界的狂侠精神过渡为关注心灵自由超越境界的狂禅精神。

狂禅之所以为狂禅，在于它过度张扬人性，过度关注和信任人性，放大人性中与佛性相通的一面，过于追求自由放达而轻忽敬畏之心的重要性，从而在心性修行实践中，不可避免地忽视人性中情欲放纵的危险倾向，从而逾越出宗教信仰必须具有的张力结构，落得儒不像儒、禅不像禅的尴尬境地。泰州学派中的狂禅主要流行于士大夫阶层，是一种相当精英化、文人化的禅。葛兆光就文人化的禅指出："禅门有一种逐渐向上层社会渗透与向文化阶层靠拢的趋势，这种文人化的禅思想

① 李泽厚：《中国古代思想史论》上，安徽文艺出版社 1999 年版，第 216 页。

常常对具体的宗教仪式与世俗生活如神话、礼仪、戒律、忏悔甚至于教义采取鄙夷的态度，把它们看成是形而下的、琐碎的、着相的东西而加以贬斥；而对于抽象的、玄虚的、空灵的终极境界却有一种特别的爱好，他们不断地追问一切的最终本原，并把这种本原视为拯救人生的唯一实在。"①

简而言之，王畿与王艮，作为阳明门下悟性超群的两大高足，为学有相通之处，即都走超悟之路。诚如赵贞吉所说："越中良知，淮南格物，如车两轮，实贯一毂。"②两人都继承阳明教学中对良知现成意思的点拨，区别在于，王畿更强调良知的自然流行，富玄妙超越特点；王艮则从现成良知推拓开去，发展了百姓日用之学。王艮的良知自然贯通于百姓日用的人伦践履，注重以生活世界的自然情感打通心性之学。

罗汝芳继承王艮的百姓日用之学，发展现成良知，同时也吸收王畿良知的虚无玄妙，将良知虚无玄妙的品格贯注于百姓日用的道德践履之中。在他看来，心体确乎虚明湛然，同时也平平实实地体现于百姓日用之中："盖此理在日用间，原非深远。"③罗汝芳于赤子良知之外复提孝悌慈，为的就是要求士子体认平常心，要求将士子好高骛远的向外无限超越的求索拉回到生活世界中来，当下即是地体认平常心是道。他说："天地生人，原是一团灵物，万感万应而莫究根原，浑浑沦沦而初无名色，只一心字，亦是强立。后人不省，缘此起个念头，就会生个识见，露个光景，便谓吾心实有如是本体，本体实有如是朗照，实有如是澄湛，实有如是自在宽舒。不知此段光景，原从妄起，必随妄灭。及来应事接物，还是用着天生灵妙浑沦的心。"④此为当机立断、釜底抽薪之举，为的是截断士子对心的妄想。由此可见，离开了对生活世界中平常心的体认，而一味静坐把捉对心的念想是谓"光景"。光景并非本然之心体，实为有关心体的妄想，是对良知心体的对象化，是良知之影子，实为伪良知。对如此光景的留恋、把捉与依赖，反倒遮蔽了真正的赤子良知，有

---

① 葛兆光：《中国禅思想史：从6世纪到9世纪》，北京大学出版社1995年版，第165页。
②《心斋墓铭》，《明儒王心斋先生遗集》卷四。
③《泰州学案三》，《明儒学案》卷三十四，第772页。
④《泰州学案三》，《明儒学案》卷三十四，第768页。

碍于平常心之自然。罗汝芳因此要求破除光景，要求“以不屑凑泊为工夫”，要求当下即是无工夫地呈现良知。其实就是以平常心为道。

值得注意的是，就思想史实情而言，罗汝芳确乎继承平常心是道传统，其中不无禅学意味。也因此，罗汝芳常被人诃斥为近禅。强调如童子捧茶之类当下即是的自然知觉，事实上已然逸出人伦，而将生命中一切不假思索的直觉肯定为良知。但有意思的是，罗汝芳自己也许深切意识到这一逸出人伦的隐蔽的威胁，遂明确以孝悌慈为讲学宗旨，有力地维护了儒家人伦立场。

但是到了何心隐与李贽那里，名教轨范终于遭到突破。何心隐的讲学热情几乎可说无与伦比，到了沉迷难以自拔的地步，甚至希冀以朋友之伦为基础，而建构一个乌托邦似的理想社会。他早年在家乡组织聚和堂，成年后到处讲学，直至交结江湖豪杰以布衣干政，最终囚死于狱而了结一生狂热之情。

总的来说，现成良知之学进一步消解了理学权威，“生命理想的终极表达和重建社会秩序的现世理想，被落归于主体性的生命意义的价值追寻之中。”①在此，内圣之学显然吞没了外王之学，儒学变得极度内向，与禅学几无本质差别。心学末流的自得于心之狂，呈现为憎厌乡愿之俗而急切渴慕自由洒脱意志的精神超越之狂。这种精神超越之狂，使现成良知本体吞没程朱理学的天本体，混淆了意志主体的审美满足、感性欲求的自然顺适与修齐治平的道德担当之间的界限。

良知学说向见在良知和现成良知发展，既体现了致良知向超越和遍在进行极致发展的内在逻辑，又同时表现了良知见成派和良知现成派对良知理论底线的挑战。其中，见在良知主要体现为良知的向上超越，现成良知主要表现为良知的向下遍在。王畿是良知见在派的主要代表，泰州学派则表现为良知现成化逻辑的展开。在泰州学派中，最集中、最典型代表后学学派走向的思想家，有何心隐、罗汝芳、耿定向和李贽等。其中，罗汝芳和耿定向代表了泰州学派现成良知的得，何心隐和李贽代表了泰州学派现成良知的失。就师承而言，颜钧是王艮再传弟

① 陈永革：《阳明学派与晚明佛教》，中国人民大学出版社 2009 年版，第 251 页。

子，罗汝芳和何心隐是颜钧弟子，耿定向则体现为罗汝芳学说的修正式发展，进而体现为泰州学派思想逻辑的自我修正。大致而言，罗汝芳和耿定向代表泰州学派中的修正倾向，何心隐和李贽代表泰州学派中的激进倾向，同时也表现了泰州学派激进化发展在晚明高压政治处境中的悲惨遭遇。

就思想的博大精深而言，罗汝芳堪称泰州学派的集大成者。他的自然与道德相融的圆融特色，他的随处都能顺适自然的人格境界，在晚明严酷的政治生态中，无不散发出令人难以抵挡的魅力，由此在士大夫阶层中吸引了一大批追随者，引无数心学信徒竞折腰。在现在的晚明思想史论述中，一般都在讲到李贽时才带出耿定向。就思想史的内在逻辑而言，这其实并不公平。耿定向的思想意义应该重要得多。以罗汝芳学说为坐标，耿定向将汝芳学说中精微玄妙的一面加以平实化、实践化修正，在所谓"真机不容已"主张中强调本体与工夫的贯通。在泰州学派内部，他事实上表现为对良知现成化所导致的玄虚和猖狂弊病的自觉修正，注重为学次第，注重工夫操持，自觉提防玄虚思辨难以避免的轻慢弊端，是泰州学派晚期相当重要的修正人物。

作为泰州学派现成良知激进化产物的何心隐和李贽，在思想激进化道路上犹如脱缰野马，与晚明严酷的政治专制力量迎面相撞，最终碰得头破血流而落得悲惨下场。他们过分追求个人身心自由，由于逸出士大夫阶层的主流价值观，从而与以首辅张居正为代表的士大夫阶层产生难以调和的剧烈冲突，终于为当时严峻的官场冲突所席卷而沦落为牺牲品。

与受到士大夫阶层普遍欢迎的罗汝芳和耿定向相反，颜钧、何心隐和李贽遭到了主流士大夫阶层的批判和排斥。抛开具体个人因素，就思想性格而言，这无疑与他们激烈反传统的和张皇自大的学术性格有着密切关系。何心隐厌恶科举，热衷于王艮和颜钧风格的讲学活动。邹元标在为何心隐所作的传记中，表现出其傲然自大的学术性格："及闻王心斋先生良知之学，竟芥视子衿，乃慨然曰'道在兹矣！'"[1]对于掌

---

① 邹元标：《梁夫山传》，《何心隐集》，第120页。

握话语权的士大夫精英，何心隐充满了反权威激情，颇有轻慢之心。黄宗羲在《明儒学案》中如此评价何心隐："少补诸生，从学于山农，与闻心斋立本之旨，时吉州三四大老，方以学显，心隐侍其知见，辄狎侮之。"①

基于面向民间、面向底层实际生活与面向人伦世界的特点，泰州学派在发展中不厌其烦地强调"百姓日用"，强调人伦生活的真实。同时，泰州学派本身毕竟属于心学致良知教，良知的内在逻辑要求指向良知本体之善。在人伦生活的真实与良知本体的善之间，在人伦实践与良知理论之间，始终存在张力。一旦理论与实践的张力被冲破，就会导致两种结果：要么根据良知本体之善，将人伦生活之真批判为猖狂之异端；要么根据人伦生活之真，将良知本体之善批判为道学之伪善。就李贽而言，他正是从生活真实出发，坚持所谓童心之真的立场，不断严厉批判道学之伪善的。

概而言之，泰州学派中的激进派屡屡挑战现成良知遍在性的底线，在晚明思想界描绘出奇异诡谲的思想图景。颜钧、何心隐和李贽等人并不真正尊重传统，也没有将自己的身心安顿于传统。他们总是过分自信地根据当下现实需要，而去选择传统。他们缺乏传统文化全面而彻底的熏陶，不重视传统，只关注当下。他们学说的特色在于强烈的现实关怀和当下指向，关心日用常行世界的生活需要，关注人伦世界中的当下感受。与此形成对照，他们缺乏对理论超越性和理论根源性的追求，最终不可避免地丧失了历史和逻辑中的思想根基。晚明高度的君主专制制度和严酷的政治环境，既使得他们在为学上走向民间，重视日用人伦世界，重视觉民行道，从而倾向在良知本体中掺杂日用人伦中的情识。同时，这种严酷的政治环境又限制甚至压制了他们激进化学说的进一步发展，并最终造成他们个人的悲惨命运。

唐君毅认为：

> 由此心斋、东崖之安身之教，以实至于安家、安国、安天下之事，自亦非易事。心斋、东崖之讲得此意，亦未必能实行。而欲实行之者，则为泰州门下由徐波石，以至何心隐、颜山农之儒而侠者。

① 黄宗羲：《泰州学案》一，《明儒学案》，中华书局 1985 年版，第 704 页。

至于缘此心斋之言格物、安身、安家国天下之义，更知此心之有“意”，以主乎此身之心，以向于家国天下，而由心斋之格物之学，阳明之良知之学，以首言诚意之学者，则有王一庵。若更能循此身之本、与家国天下之末之“本末一贯”之意，而于此识得仁体之贯于此本末之一“生”之中，而畅发阳明大学问一文之旨，以言大人之身之另一形态之悟本体即工夫之学者，则罗近溪也。[①]

可见，王艮父子提倡安身以至修齐治平之学，自身却未必做得彻底。真正身体力行此安身之教的，却是泰州后学如徐樾、颜钧与何心隐辈。缘安身之教而更知此心有意之主宰而倡诚意之学的，则是王栋。将泰州学派乃至阳明学问宗旨发扬光大的，则是罗汝芳。

① 唐君毅:《中国哲学原论·原教篇》，中国社会科学出版社 2006 年版，第 249 页。

第三章　赤子之心

对于沉溺心性清谈的受害者，罗汝芳心有戚戚焉，对其中况味也有痛切领会。正由于此，在修正现成良知时，罗汝芳才会着重强调孝弟慈的人伦实践，才会将致良知从向上超越的路径转渡于日用常行的道德实践。在泰州学派的现成良知中，情识往往会在不知不觉中掺杂于良知本体，以致士子往往有意无意地以感应知觉替换良知本体。在罗汝芳这里，现成良知的自然追求表现为论学的浑沦顺适。在罗汝芳传奇的为学生涯中，两次拜师与三次生病都可以说是为了克服为学上不自然的弊病。在不断克服为学不自然的历程中，罗汝芳的为学最终达乎浑化自然之境。罗汝芳的良知学说追求良知本体的万物一体境界，追求敬畏与洒落、良知本体与主体、自然与道德之间自然圆融的玄妙境界。宋明理学万物一体的乐章，正是在罗汝芳这里弹奏出了庄严华美而自然洒脱的旋律。

第一节　浑化自然

在对泰州学派进行评价时，刘宗周指出："按王门惟心斋氏盛传其说，从不学不虑之旨，转而标之曰'自然'，曰'乐学'，末流衍蔓，浸为小人之无忌惮。"[①]宗周明确强调，"自然"与"乐学"乃泰州学派标志性特

---

① 刘宗周：《明儒学案师说》，《刘宗周全集》第五册，第528页。

点。早在王畿那里,“自然”就是“无善无恶的心体”,发用而为“无善无恶的意”的保障。更重要的是,王畿见在良知说本来就隐含追求即本体而工夫的自然特征。到了王艮和王襞父子这里,泰州学派已经有意识地追求“自然”风格,并常常将自然风格表现为“不用思虑安排”。比如:“良知一点分分明明,亭亭当当,不用安排思索,圣人之所以以经纶变化而位育参赞者,皆本诸此也。”①“良知之体,与鸢飞鱼跃同一活泼泼地。当思则思,思通则已。如‘周公思兼三王’,‘夜以继日,幸而得之,坐以待旦’,何尝缠绕,要之自然天则,不着人为安排。”②良知心体与鸢飞鱼跃一般生动活泼,自然流行而无须人为安排。“才提起一个学字,却是便要起几层意思,不知原无一物,原自见成,顺明觉自然之应而已。自朝至暮,动作施为,何者非道？更要如何,便是与蛇画足。”③良知原来现成,为学只要顺乎明觉自然就可。如此则视听言动皆道。

泰州学派的现成良知在传承和发展中,逐渐出现“荡”与“肆”的弊病。之所以如此,内在原因就在于,在现成良知中,我们很容易在良知本体中掺杂以情识,有意无意地以感应知觉替换良知本体。泰州学派现成良知说的最大问题,在于很容易通过所谓“不假安排思索”,从良知本体滑转向自然的感应知觉。

在作为泰州学派殿军的罗汝芳这里,现成良知的自然追求表现为论学的浑沦顺适。在罗汝芳为学富有戏剧性的一生中,两次拜师和三次生病的传奇经历,在某种程度上,都是为了克服为学上不自然的弊病。在漫长的克服不自然的艰难历程中,罗汝芳的学问最终如其所愿地走向了浑化自然风格。《明儒学案》因此如是评价罗汝芳的为学风格:“先生之学,以赤子良心、不学不虑为的,以天地万物同体、彻形骸、忘物我为大。此理生生不息,不须把持,不须接续,当下浑沦顺适。工夫难得凑泊,即以不屑凑泊为工夫,胸次茫无畔岸,便以不依畔岸为胸次,解缆放船,顺风张棹,无之非是。”④可见,罗汝芳为学,以赤子良心为

① 王艮:《与俞纯夫》,《王心斋全集》,第 43 页。
② 王艮:《语录》,《王心斋全集》,第 11 页。
③ 王艮:《语录遗略》,《王心斋全集》,第 215 页。
④ 黄宗羲:《明儒学案》卷三十四《泰州学案三》。

宗旨，追求万物一体之仁，贯注以大易生生之旨。洒脱明快，当下承当而当下即是。罗汝芳就此自承："是为习熟自然，却不知自然之妙，岂是习熟之所能到。而工夫不识性体，性体若昧，自然总是无头学问。细细推来，则自然却是工夫之最先处，而工夫却是自然之已后处。"①学问以自然流行为妙。倘若未能洞察性体，工夫没有入手处，那么学问亦是无头脑之学问。

罗汝芳在早年的一场大病中，深深体会到"制欲非体仁"，因此走上追求良知本体之自然的为学道路，最终得到"此理生生不息，不须把持，不须接续，当下浑沦顺适"的结论。在罗汝芳自然明觉化的良知说中，既表现出与王畿类似的尊重顿悟和尊重良知信仰的特质，因此与王畿一道被时人称颂为二溪；同时又表现出泰州学派良知知觉化倾向。毫无疑问，罗汝芳良知说的旨趣，在于追求良知乐体中的万物一体境界，追求敬畏与洒落、良知本体与主体、自然与道德之间圆融自在的玄妙境界。宋明理学万物一体的乐章，在罗汝芳这里奏出了最华美的旋律。

早在王襞学说中，就已经强调心性无待而自由的境界。所谓"鸟啼花落，山峙川流，饥食渴饮，夏葛冬裘，至道无余蕴矣"②，正表明天地万物一体、人与自然相交相融的大自由大自在境界。就此自由的仁体境界，罗汝芳指出："生意活泼，了无滞碍，是圣贤之所谓乐，却是圣贤之所谓仁。盖此仁字，其本源根柢于天地之大德，其脉络分明于品之心元，故赤子初生，孩而弄之，则欣笑不休，乳而育之，则欢爱无尽。"③在罗汝芳看来，尽宇宙是一大生机勃勃的生命体。在此得到肯定的绝对生命中，人通过仁心，与整个宇宙生命相互契合在一起，同呼吸共命运。在这种生命共同体中，人自然就会流露出民胞物与之神秘感通。

早在泰州学派开创者王艮那里，生命的率性就得到了有意识追求。王艮指出："至善即性善。"④"率由是性而自然流行之妙，万感万应，适当

① 罗汝芳：《罗近溪明道录》卷三"坤'直方大，不习无不利'解"。

②《明儒王东崖先生遗集》卷一，《语录遗略》。

③ 黄宗羲：《明儒学案》卷三十四《泰州学案三》。

④《明儒王心斋先生遗集》卷一，《答问补遗》。

夫中节之神。故曰：率性之谓道。”[①]“率性而自知自能，天下之能事毕矣。”[②]罗汝芳继承王艮率性观，强调：“盖天之春见于草木之间，而人之性见于视听之际。今试抱赤子而弄之，人从左呼，则目即盼左，人从右呼，则目即盼右。其耳盖无时无处而不听，其目盖无时无处而不盼，其听其盼盖无时无处而不转展，则岂非无时无处而无所不知能也哉？”[③]在这里，罗汝芳认为性直接展现于视听言动，认为婴儿对外界声音颜色刺激所作的反应就直接表现了性。

正是在颜钧“制欲非体仁”观点的启迪之下，罗汝芳才得以开悟。因此，他很自然地就肯定欲望。他为此指出：“万物皆是吾身，则嗜欲岂出天机外耶？……而天机莫非嗜欲矣。”[④]罗汝芳继承泰州学派的乐学乐道传统。在乐学乐道传统的浸润之下，他的为学与修养展现为承纳良知心体的其乐融融的自然感应与发用。重要的不再是理欲之间的艰苦搏斗，不再是日复一日艰难备尝的克己复礼，不再是兢兢于慎独的刀锯鼎镬般的学问。在罗汝芳看来，重要的是在生命生生大化流行中感应真乐，以期在勃勃生机中俯仰皆是。

对于泰州学派“百姓日用是道”，罗汝芳通过赤子之心观念予以更为深入和细致的阐发。他就圣贤之学、赤子之心和庶人之心的关系指出：“圣贤之学，本之赤子之心以为根源，又征诸庶人之心，以为日用。”[⑤]“既子之手也是道，足也是道，耳目又也是道，如何却谓身不及乎鸢鱼，而难以同乎天地也哉？”[⑥]“而圣人之所以异于吾人者，盖以所开眼目不同，故随遇随处，皆是此体流动充塞。一切百姓，则曰‘莫不日用’，鸢飞鱼跃，则曰‘活泼泼地’，庭前草色，则曰‘生意一般’，更不见有一毫分别。所以谓人皆可以为尧、舜。”[⑦]在这些言论中，罗汝芳把赤子之心看作良知本体，把庶人之心看作日用常行世界中可直观的感性显现。赤

---

①《明儒王东厓先生遗集》卷一《率性修道说》。
②《明儒王东厓先生遗集》卷一《语录遗略》。
③ 黄宗羲：《明儒学案》卷三十四《泰州学案三》。
④ 黄宗羲：《明儒学案》卷三十四《泰州学案三》。
⑤ 黄宗羲：《明儒学案》卷三十四《泰州学案三》。
⑥ 黄宗羲：《明儒学案》卷三十四《泰州学案三》。
⑦ 黄宗羲：《明儒学案》卷三十四《泰州学案三》。

子之心即现象而又超现象，可以说，它是本源性的现象，是不在场的在场，是非实在的实在。惟有通过开悟和体悟，我们才可以开显赤子之心及通过赤子之心映现出来的光明世界。简言之，在赤子之心中映现出来的世界，是生机勃勃的绝对生命世界，是现象于时空而又超越于时空的世界，是洋溢着意义的通透世界，是浑然天机的世界。

泰州学派觉民行道的作风、平民儒学的色彩，在罗汝芳心学中更一变而为平实淳朴风格。罗汝芳一生热衷讲学，讲学内容多为四书，尤其突出《大学》。在他看来，儒学精华尽在《大学》，而《大学》实乃求仁之书。《大学》分而言之有三纲八目，有明德亲民，合而言之则求仁而达于至善。

罗汝芳对《大学》以及明太祖《圣谕》的重视，与他教化百姓以使风俗再淳美的志向有关。例如，他在《乡约训语》中指出："守令之设，职在亲民，保障之功，机存易俗。惟上之礼教未崇，斯下之向方无定。今府属各县讼狱日烦，寇盗时警，家殊其俗，肆争竞以相高；人各其心，逞奸刁以胥虐。是宜各院勤拳多方督切。……事先体要，敦德礼以洁治源，而章程则在所略；行务融通，萃人心以端趋向，而讥察则居其次。"[①]由此可见，罗汝芳主张治理地方当以敦德礼与萃人心为优先事项。

在罗汝芳看来，《大学》甚至为孔子毕生精神所在，意在教化百姓而淳化风俗。他就此指出："呜呼！孔子一生求仁，而曰中心安仁者，天下一人者也。其心将以仁其身者，仁万世人人之身。而恐无凭据，故既竭心思，而继以先王之道。于是取夫六经之中至善之旨，集为《大学》一章，以为修齐治平规矩，所谓'格'也。"[②]罗汝芳终生倾注精神于民间讲学，因此在讲学中追求深入浅出、当下即是。在他看来，朱熹为学以六经为本，尚未突出孝弟慈；王阳明提揭良知学说，尚未以《大学》孝弟慈为中心。惟有自己方才洞察到《大学》为求仁而达至善之书，又进而洞察到《大学》精神与明太祖《圣谕》精神相合，由此将儒学教化视作民间讲学的主要内容，不遗余力地推动儒学民间化与普及化。

① 罗汝芳：《宁国府乡约训语》序言，《罗汝芳集》，第750页。

② 罗汝芳：《罗汝芳集》，第5页。

在阐释《大学》和《中庸》时，罗汝芳往往与《易传》生生之道联系起来，将天命的生生不息贯注于孝弟慈。与此同时，通过《易传》，罗汝芳将形而上的高明之境与形而下的具体生活世界贯通起来。罗汝芳对生生之境的重视，显然与对学庸和易的融会贯通有关。他如此自述："予自三十登第，六十归山，中间侍养二条，敦睦九族，入朝而遍友贤良，远仕而躬御魑魅，以至年载多深，经历久远，乃叹孔门《学》《庸》，全从《周易》'生生'一语化将出来。盖天命不已，方是生而又生；生而又生，方是父母而己身，己身而子，子而又孙，以至曾而且玄也。故父母兄弟子孙，是替天命生生不已显现个肤皮；天命生生不已，是替孝父母、弟兄长、慈子孙通透个骨髓。直竖起来，便成上下今古；横亘将去，便作家国天下。"①孝弟慈的本体根据即生生，生生又必须通过孝弟慈显现出来。如此一来，上下古今，平铺横放，俱能打通。

孝弟慈之学深为时人与后学推崇。曾凤仪就此强调："阳明先生从万死一生中悟出良知，力辨宋儒格物之非，不啻象山复起矣。一再传为良知之学者殆至数十家，独近溪先生直指孩提知爱知敬，本之不学不虑以为良，卒之不思不勉以成圣，非二物也。此继善成性，天命自尔，非由造作。应同现前，上及清宁，下及肖翘，并此生机，流溢满目，而孩提一念，发露最真。"②王阳明从艰难困苦中悟得致良知宗旨，功德可相比于陆九渊。阳明后学中，惟独罗汝芳赤子之心之学、孝弟慈之学，表露良知最真。陶望龄对罗汝芳讲学与思想的魅力深切向往。他说："盱江明德罗先生，闻道于泰州之徒，尽超物伪，独游乎天。与人偕，顾盼呿欠，微谈剧论，所触若春行雷动，因而兴起者甚众。"③

在罗汝芳看来，孝弟慈是当下呈现的生机勃勃的良知心体，不思不虑，合于本体之后水到渠成地流淌而出。如此光明自然的心体，罗汝芳称之为"天明"。与此相对，他把苦思冥想、强索硬取而窥见的心中景况称之为"光景"。"光景"相当于禅宗修行中不可执境之"境"。倘若因为光景是苦苦修行所得而留恋执持，那就必定妨碍真正修行的深入，妨碍

---

① 罗汝芳:《罗汝芳集》，第 233 页。
② 罗汝芳:《近溪先生集序》，《罗汝芳集》附录，第 948 页。
③ 罗汝芳:《明德先生诗集序》，《罗汝芳集》附录，第 985 页。

进入自然明觉的“天明”境界。

第二节　一生为学奇中奇

罗汝芳被牟宗三赞赏为“泰州学派中唯一特出者”[①]。他与师承辈分比他高得多的王畿，为世人尊敬地合称为“二溪”。在与王畿共同活动的时代里，他们两人堪称阳明心学门中的精神领袖，拥有崇高的思想威望。在他们思想魅力的吸引之下，心学传播愈加迅速和广泛。

罗汝芳一生为学历程颇具传奇色彩。其孙罗怀智的《罗明德公本传》对此是这样描述的：“盖公十有五而定志于洵水，二十有六而征学于山农，三十有四而悟《易》于胡生，四十有六而授道于泰山丈人，七十而问心于武夷先生。其他顺风而拜者不计其数，接引朋友、随机开发者，亦不知其数。”[②]罗汝芳一生至少有四次拜师或问学，包括 26 岁因聆听颜山农讲“制欲非体仁”而开悟，34 岁学易于胡生，46 岁具有神秘意味的奇遇泰山丈人和七十问学武夷先生等。

据《罗近溪师行实》记载，罗汝芳天资聪慧，开蒙较早，“五岁，安人授《孝经》，群仆故乱其诵，怒甚。忽自笑告安人曰：‘儿才发怒，颇觉难转。人言腹中诸脏会横，果然。’安人异之。”[③]由此可以看出，尚在童蒙之年，罗汝芳就已经表现出异乎寻常的自我反思能力。众所周知，反思能力是哲学天赋的标志。不特如此，罗汝芳还早早就接受了有关孝的教化，并萌发了孝意识。入学前，其母就授汝芳以《孝经》，乡学时常教以《孝经》，而启蒙老师张询水正是大孝之人，“为人豪爽高迈，且事母克孝，每谓人须力追古先。”[④]因此，在学问圆熟之后，罗汝芳常常强调孝弟慈宗旨，显得顺理成章。

罗汝芳尚在知识甫开的少年时期，就产生了对生死的刻骨铭心的

---

① 牟宗三：《从陆象山到刘蕺山》，上海古籍出版社 2001 年版，第 204 页。

② 罗怀智：《罗明德公本传》，《罗汝芳集》，第 832 页。

③ 曹胤儒：《罗近溪师行实》，《罗汝芳集》，第 833 页。

④ 罗汝芳：《近溪子续集》，《罗汝芳集》。

沉思冥想。第一次是汝芳与几个弟弟晚间聊天，他以提问方式流露了人生即使富贵至极也无法安心面对，终有一死结局的沉重心情。第二次是探视一位行将临终的长辈后的生死反思。他说："某幼时与族兄访一亲长，此亲长颇饶富，凡事如意，时疾已亟，数向某兄弟叹气。归途谓族兄曰：'此翁无不如意者，而数叹气，何也？'族兄曰：'诚恐不免。'某曰：'如此，我等须寻不叹气事为之。'某于时便已定志，吾子勉之。"①这两次早年的对人终有一死的思考，无疑对以后罗汝芳的为学产生了深远影响。诚然，所谓对人终有一死的思考，实质还是对生命终极意义的思考。在少年汝芳的视野中，高官显贵、锦衣玉食显然不是人生的最终寄托，无法承载人生终极意义。因为高官富翁，到生命临终时刻，还是难免叹气。因此，罗汝芳从此之后走上了寻求让人不叹气学问的艰难备尝的道路，寻求可以安顿生死的道路。他自我坦白说："予初学道时，每清昼长夜，挥泪自苦。此等境界，予固难与人言，人亦莫之能知也。"②

17 岁时，罗汝芳读到明初理学家薛瑄《读书录》中有关"存天理，灭人欲"的一段言论，深有感触。"辛卯，学宪东沙张公刻《三子粹言》，师悦玩之，内得薛文清公一条云'万起万灭之私，乱吾心久矣，今当一切决去，以全吾澄然湛然之体。'若获拱璧，焚香叩首，矢心必为圣贤。立薄日记功过，寸阴必惜。屏私息念，如是数月，而澄湛之体未复。壬辰，乃闭户临田寺中，独居密室。几上置水一盂、镜一面，对坐逾时，俟此中与水镜无异，方展书读之，顷或念虑不专，即掩卷复坐，习以为常，遂成重病。"③但是，罗汝芳在如法炮制的连续用功之下，不仅"湛然之体"未复，反而"遂成重病"。在此，罗汝芳成圣成贤的人生志向初次遭遇重挫，也预示了一生为学绝非坦途。罗汝芳由此陷入不得圣门而入的犹豫彷徨，身心俱处于病痛之中。罗汝芳父亲罗前峰，是心学门中人，面对汝芳因求道而引发的身心痛苦，做出了明确判断："儿病由内，非由外也。

① 罗汝芳：《盱江罗近溪先生全集·语录》，《罗汝芳集》。

② 罗汝芳：《明德夫子临行别言》，《罗汝芳集》。

③ 曹胤儒：《罗近溪师行实》，《罗汝芳集》。

惟得方寸快畅，与道不逆，则不药可愈。”[①]为此，前峰公授汝芳以《传习录》，亲自授以致良知宗旨。罗汝芳读《传习录》后果然大喜，时常玩索回味，病痛逐渐减轻。在回顾这段经历时，罗汝芳说：“却看见《传习录》说诸儒功夫未是，始去寻求象山、慈湖等书。然于三先生所为工夫，每有窒碍。病虽小愈，终沉滞不安。时年已弱冠，先君极为忧苦。”[②]通过《传习录》，罗汝芳开始接触和阅读陆九渊和杨简等心学大家书籍，对于王阳明、陆象山和杨简的工夫还无法做到通贯性理解，因此，他的心理疾病虽然大大减轻，却毕竟没有痊愈。他的父亲对此极为忧虑。

在归学10年期间，罗汝芳到处参与讲会，四处问道师友，并拜师胡宗正得以领悟《易经》大旨，并进而领悟格物宗旨。在嘉靖三十二年(1553年)北上廷试途中，罗汝芳又有一次充满神秘意味的奇遇“泰山丈人”经历。在《圣学宗传》里，周汝登津津乐道地记载了此次奇遇：

> 癸丑，北上过临清，忽遘重病。一日，倚榻而坐，恍若一翁来言曰：“君身病稍康矣，心病则复何如？”近溪默然不应，翁曰：“君自有生以来，触而气每不动，倦而目辄不瞑，扰攘而意自不分，梦寐而境悉不忘。此皆君心痼疾，今仍昔也，可不亟图疗耶？”近溪愕然，曰：“是则予之心得，曷言病？”翁曰：“人之身心，体出天常，随物感通，原无定执。君以宿生操持，强力太甚，一念耿光，遂成积习。日中固无纷扰，梦里亦自昭然。君今谩喜无病，不悟天体渐失，岂惟心病，而身亦不能久延矣。盖人之志意，长在目前，荡荡平平，与天日相交，此则阳光宣朗，是为神境，令人血气精炎、内外条畅。如或志气沉滞，胸臆隐隐约约如水鉴相涵，此则阴灵存想，是为鬼界。令人脉络纠缠、内外胶泥。君今阴阳莫辩，境界妄磨，是尚德为善学者乎？”罗子惊起，“叩谢伏地，汗下如雨。从是，执念潜消，血脉循轨。”[③]

周汝登记载中的“恍若”，不仅让我们联想起王阳明龙场大悟时的

---

① 曹胤儒：《罗近溪师行实》，《罗汝芳集》。

② 罗汝芳：《近溪子集·卷乐》，《罗汝芳集》。

③ 周汝登：《圣学宗传·罗汝芳》，《罗近溪集》附录(一)，第860—861页。

"梦寐中若有人语"。在泰山丈人与罗汝芳的对话中,泰山丈人要求罗汝芳去除执念,要懂得随物感通,要学会自然顺适。

罗汝芳对《大学》《中庸》异乎寻常的领会,对赤子之心和孝弟慈的强调,与其家庭中其乐融融的天伦之乐的美好体验密不可分。后来罗汝芳曾充满感慨地回忆:"幸自幼蒙父母怜爱过甚,而自心于父母及弟妹,亦互相怜爱,真比世人十分切至。因此每读论孟孝弟之言,则必感动或长要流泪。以先只把当做寻常人情不为紧要,不想后来,诸家之书做得着累吃苦。……从此回头将论语再来细读,真觉字字句句重于至宝,又看孟子工夫,又看大学,又看中庸,更无一字一句不相照映。"①可见,罗汝芳自幼得父母怜爱,家庭生活其乐融融,温馨动人以致终生不忘。因此,他捧读孔孟孝弟之言,每每感动流泪。年轻时尚且将此当作寻常不过的人情,历经人生阅历后,方知孝弟慈才是为学与做人的路径。以此重读《论语》《孟子》《大学》与《中庸》诸书,真是字字入心而感奋至深,最终确立孝弟慈宗旨。

归学10年,尤其是奇遇泰山丈人之后,罗汝芳对自己的心性之悟有一番比较详尽的总结。他说:

> 予初年也将自己本心,勉力探讨;于生来气性,亦强力调摄。及弱冠乃觉心地颇得光明,性质渐次和顺,日用欣欣,也想圣贤或可有分。久之,乃与高人相见,痛加呵斥,谓:贤辈为学,尽在辛勤,但此所认者,不是心体,所用者不是真功,乃妄意欲希圣贤。此何异吹嘘萤火以燃灯烛,满蓄汞银以供灌溉?徒竭心神而后悔莫免也。予时闻言,亦为称谢,然以其来自外道,甚不甘心。因思,圣贤去我虽远,而所作经书,则于今见在。于是搜索简编,继日以夜,见我孔子之言心,则曰:心之精神之谓圣;孟子之言性,则曰:知其性则知天。……警惕惭惶,汗流浃背,从是迷闷,鬼神冥漠,若无可出活然者。专切久久,始幸天不我弃,忽而一时脱透,遂觉六合之中,上也不见有天,下也不见有地,中也不见有人物,而荡然成一大海,其海亦不见有滴水纤波,而茫然只是一团大气,其气虽广阔无涯,

① 罗汝芳:《近溪子集·卷乐》,《罗汝芳集》,第52—53页。

而活泼洋溢。……其时身家境界，果然换过一番，稍稍轻安自在，不负平生此心。既而憬然，又觉圣人立教，原有自来，乃是即此一个神化，实体诸心，而名做一个学术。①

在此为学总结中，罗汝芳指出，他早年为学用力甚苦。弱冠之年自觉心地逐渐光明，作圣成贤期之有分。之后得遇高人，施以棒喝，谓其所认并非心体，所用并非真功，如此何能成圣。罗汝芳因此夜以继日地研读经书，戒慎恐惧，日日于心。用功既久，忽然得悟，遂觉天地万物打混成一片，而蔚然成一大海，成一团无穷无际而生机洋溢的大气。个体得悟之后，又参得圣人立教之心，乃是要自悟悟他，当使天下人个个得悟成圣，以成万物一体之仁。

刘宗周批评阳明后学弊端，尤其是二溪王畿和罗汝芳的心学弊端。为此，唐君毅做过中肯剖析。他指出："王畿之论，是超此善恶通塞之相对，而只在一无善无恶之灵明上参究。罗近溪之论，是教人于不学不虑之赤子，与日用常行之生活中，随处见此天德良知之流行。"唐君毅又进一步从刘宗周立场批评二溪之学的美中不足之处："然以蕺山之旨，以评二溪之学，则更可谓此王畿之学，教人参究一无善无恶之灵明，即教人欣慕一虚空玄漠之境，而使人不脱欣厌之心，此亦即致良知而'荡之玄虚'也。至于近溪之教人于日用常行，恒是真妄混揉，良知与情识，夹杂俱流。则此所见之天德良知，即成'参之以情识'之天德良知矣。总而言之，则二溪之学在蕺山观之，皆'启瞿昙之秘，而归之儒，不免近禅'。近禅与否，可不论。然要可言王畿近溪之学，原有其未足之处，而后又其流弊也。"②在这里，刘宗周批评的"玄虚"弊病属于王畿，"情识"弊病属于罗汝芳。在罗汝芳看来，赤子之心体现为良知本体在个体身心上的落实，意味着要人从日用常行中直接洞察良知本体。通过此种方式，体用绾合为一，良知得到活泼生机，可以做到即体即用。但是，对于修行不到之人，难免会把日常人伦世界中的情识误认为良知本体。公平地说，刘宗周在这里对罗汝芳的批评，有点过甚其词。因此就实际

① 罗汝芳：《近溪罗先生一贯编》，《罗汝芳集》，第354—355页。

② 唐君毅：《中国哲学原论·原教篇》，中国社会科学出版社2006年版，第306页。

而言，罗汝芳乃泰州学派修正者，其学说有助于对治激进派的情识狂荡之弊。

与王畿相较，罗汝芳为学更加平易朴实，将现成良知与赤子之心有机地交融在一起。王艮之学经由颜山农而传承于罗汝芳。由于受到泰州自然简易风格的影响，罗汝芳的良知现成论显现出当下即是的自然风貌，表现于赤子之心与良知现成学说之中。“他以本体之生机，特别是万物一体之生机为要，到了晚年，又求本体于日用平实、人情世故，并以孝、悌、慈及其展开为浑然实落处，认为无论心性之精微，还是六经、《语》《孟》之道，都可归并于此孝、悌、慈。他甚至认为，朱子、阳明之学也尚未及于此。”①

罗汝芳强调，人处身万物一体之中，乃一团灵物。此个灵物生气勃勃，神感神应，原本天人、体用、内外无二。倘若人苦思焦虑，而将私欲意向加诸先天心体之上，那么无疑会遮蔽赤子之心。因此，修行应当是复性，是减担，是放下，是不思不虑。

罗汝芳与王畿都主张于先天心体立根，都对后天诚意工夫有所批评。在罗汝芳看来，后天诚意工夫难免拖泥带水，甚至头上戴头，即在有所领悟时执恋于光景。如果说王畿主张截断众流而径入源泉，那么罗汝芳则主张随处舀取而随处可见原泉混混之水。王畿注重以先天统后天，以本体统工夫，工夫形态表现为纵向的、截断众流的。罗汝芳强调随处平满的浑沦顺适的自然工夫，强调当下即是的工夫。

第三节　良知的人伦化：赤子之心

众所周知，二元论思维模式贯穿于整个朱子学体系之中。在朱子的思维视野中，天理是高高在上的至善的道德理性，是形而上的，是庄严的；而心则是“气之灵”，是形而下的，属于当下现实世界。在理与心之间存在难以跨越的鸿沟，存在难以消解的张力。为了克服这种二元

---

①［日］冈田武彦：《王阳明与明末儒学》，重庆出版社2016年版，第156页。

化思维模式所导致的分裂和张力，王阳明依据一元论思维模式提出致良知学说。在阳明看来，良知就是天理。良知同时具有形而上和形而下两种品质，同时具有向上超越和现实遍在两个层面。在形而上和形而下、超越和遍在相互回环的互融结构中，致良知的心学就能做到“体用一元，显微无间”，就能完美地贯通自然与道德。

阳明心学产生和建构的直接动力，源于与程朱理学不断而深入的争辩。在早年，立志成圣的王阳明，面对崇高庄严的天理，面临巨细无遗的格物工夫，在七日格竹失败后，禁不住气馁地悲叹：“圣贤是做不得的，无他大力量去格物。”[①]王阳明对“天理即是良知”[②]宗旨的强调，如荒漠中喜逢绿洲，为中晚明立志成就圣贤的士子们予以心智和道德上的巨大启迪，为他们指点了优入圣域的路径。到了泰州学派这里，良知的现成化，使良知本体被更加形而下地落实于人伦生活实践，使工夫操持得以进一步落实于日用常行。

一、以赤子之心绾合良知与人伦

泰州学派的问题在于，在良知日益现成化和明觉化的过程中，良知难免遭到消解，工夫操持难免遭到轻忽，由此应运而生“情识而肆”之弊。在这种情形中，良知本体被过分轻易地通过开悟、率性等方式转换到人伦世界，良知的超越性和至善性不可避免地遭到弱化。与此相应，泰州学派一贯追求的自然境界就容易流于遍在性的平面展开。某种意义上，罗汝芳正是为了解决如此弊病，才提出赤子之心学说。在罗汝芳看来，赤子之心可以绾合超越的良知本体与感性的人伦世界，可以贯通超越世界和经验世界，可以结合良知的超越与遍在。

罗汝芳指出：“夫赤子孩提，其真体去天不远，世上一切智巧心力，都来著不得分毫。然其爱亲敬长之意，自然而生，自然而切，浓浓蔼蔼，子母浑是一个。其四海九州，谁无子女？谁无父母？四海九州之子母，谁不浓浓蔼蔼浑是一个也哉！”[③]圣人与常人本具赤子之心。常人之所

① 王守仁：《王阳明全集》卷三《传习录・下》，上海古籍出版社1992年版，第120页。
② 王守仁：《王阳明全集》卷三《传习录・下》，上海古籍出版社1992年版，第120页。
③ 罗汝芳：《近溪子集・卷数》，《罗汝芳集》，第205页。

以为常人，是因为他长大后丧失了赤子之心。圣人之所以为圣人，只是因为他始终葆有赤子之心。

赤子之心是良知与孝弟慈的统一。罗汝芳为此举例说明："你试看：人家初生的儿女，曾未几日，父亲母亲，哥哥姐姐，以指轻轻孩之，便开颜而笑。儿方孩笑，父母哥姐其开颜而笑，又加百倍。故曰：有父子，便有慈孝之心。然则有兄弟，亦便有和顺之心，慈有物而必有则也。父母喜欢儿女，儿女喜欢父母，哥姐喜欢弟妹，弟妹喜欢哥姐，此即民之秉彝，故好是彝德也。这是生来自知，而叫做良知，生来自能，而叫做良能，且无不知之，无不能之。"[①]在这里，孩提与父母哥姐之间表现出来的日用伦常之乐即是孝弟慈，也是生来自知、生来自能的良知良能。由此可见，赤子之心就是连接先天良知与后天自然伦常的关节点。

罗汝芳用赤子之心置换现成良知，贯通超验本体和经验工夫，缓解形上与形下之间的紧张，同时也确保了形上本体的超越性。不特如此，罗汝芳的经验工夫从孝弟慈等道德实践入手，又以赤子纯然至善的本心作为担保。

罗汝芳之学在晚明影响颇大。门人万煜评价说："我师之学，直接孔氏，以求仁为宗，以天地万物为体，以孝弟慈为实功，以古先圣神为矩则。"[②]周汝登认为罗汝芳学说"以孔孟为宗，以赤子良心不学不虑为的，以孝弟慈为实，以天地万物同体，撤形骸，忘物我，明明德于天下为大"。[③] 由此可见，罗汝芳之学确以孝弟慈为显著特质。罗汝芳对孝弟慈的强调，意味着对良知道德实践的重视。他委婉地批评阳明在良知理解上对道德实践的轻忽："阳明先生，乘宋儒穷致事物之后，直指心体，说个良知，极是有功不小。但其时止要解释《大学》，而于孟子所言良知，却未暇照管，故只单说个良知，而此说良知，则即人之爱亲敬长处言之。其理便自实落，而其工夫便好下手，且与孔子：仁者人也，亲亲为

---

① 罗汝芳：《近溪子集・卷御》，《罗汝芳集》，凤凰出版社 2007 年版。

② 万煜：《罗近溪师事状》，方祖猷等编校整理：《罗汝芳集》下，凤凰出版社 2007 年版，第 852 页。

③ 周汝登：《圣学宗传・罗汝芳》，方祖猷等编校整理：《罗汝芳集》下，凤凰出版社 2007 年版，第862 页。

大的宗旨，毫发不差，始是传心真脉也。”[①]对心学前辈阳明，罗汝芳自然极为崇敬，因此明确强调阳明“直指心体，说个良知，极是有功不小”。但他随即话锋一转，认为阳明有鉴于朱熹向外格物穷理而着重在《大学》解读上抉发致良知之义，却未暇将良知确确实实落实于人伦纲常。因此，罗汝芳特别强调爱亲敬长，强调仁者的亲亲之道，强调从平平常常的生活中体会良知之道。

罗汝芳为此指出：“夫子以世之学者不晓得如此求道，往往慕于高远而失之，故将大舜来做个榜样，说道：天下皆称赞舜帝是大知，而不知舜之所好问而察者，每在浅近之言，而其所循执而用者，又只是下民之中。盖言有浅近，而理无浅近，浅近之言即理也。”[②]在此，罗汝芳以大舜为例，认为大舜的大知来源于身边平常的生活。因此，圣贤立教不应过分突出超脱的玄妙之理，应着重于庸言庸行，着重于日用人伦，并由此逐渐深入领悟圣人之道。

在罗汝芳学说中，泰州学派的现成良知体现为赤子之心，理论旨趣在于激发世人肯认人人都本具成圣成贤的内在根源。如果把赤子之心看作罗汝芳的现成良知本体，那么孝弟慈就是它在人伦生活中的表现。诚然，仅仅有赤子之心并不能水到渠成地使人成圣成贤，仅仅在人伦实践中做到孝弟慈也不必然会使人成为圣贤。从人人本具良知本体而言，成就圣贤似乎轻而易举；从人伦世界的具体落实来说，罗汝芳却认为成圣作贤相当艰难。在罗汝芳看来，要成就圣贤，必须一方面葆有赤子之心，另一方面又要时刻在人伦生活的道德实践中逆觉体证，以自见其心和自践其心。在成就圣贤的过程中，觉悟必不可少。

二、大人不失赤子之心

对于孟子“大人不失赤子之心”，罗汝芳有独特的体会和解释。吴良凤问如何学孔子，罗汝芳回答：“夫赤子之不虑不学，与孔子之不思不勉，浑是一个，吾人由赤子而生长，则其时已久在孔子地位过来，今日偶

① 罗汝芳：《罗近溪先生语录汇集》第 94 条，第 190 页。
② 罗汝芳：《罗近溪先生语录汇集》第 176 条，第 253 页。

自忘之。岂惟赤子然哉？孔子宗旨，只是求仁，其言则曰‘仁者人也’。”[①]在这段师生问答中，罗汝芳向吴良凤指出，圣人与常人同具良知本体。我们在求道道路上不必向外寻求成就圣贤门径，而应该在逆觉中体证与圣人共同具有的良知本体。就此意思，罗汝芳特意强调：“大要，自古以来，人皆晓得去做圣人，而不晓得圣人即是自己，故凡说著圣人，便去寻作圣一个门路，殊不知门路一寻，即去圣万里。”[②]

对孟子“大人者，不失其赤子之心”，罗汝芳指点学生，要注意体会孟子口气，要注意从孟子说话的语境和情境深刻领会其中意思。学生问如何理解孟子所说的大人不失赤子之心，罗汝芳指点说：“孟夫子非是称述大人之能，乃是赞叹人性之善也。盖今世学者，往往信不过孟子性善之说，皆由识见之不精，其识见之不精，又皆由思致之不妙。”学生又问，世人有把大人看作无所不知、无所不能的，赤子却一无所知、一无所能，那么该当如何理解赤子之心。罗汝芳回答：

> 心性是一个神理，虽不可打混，然实不容分开。……人之心性，但愁其不善知，不愁其不知某善某善也；但愁其不善能，不愁其不能某事某事也。类观夫赤子之目，止是明而能看，然未必其看之能辨也；赤子之耳，止是聪而能听，然未必其听之能别也。今解者，只落在能辨能别处说耳目，而不从聪明上说起，所以赤子、大人，不惟说将两开，而且将两无归着也。呜呼！人之学问，止能到得心上，方才有个入头。据我看，孟子此条，不是说大人方能不失赤子之心，却是说赤子之心，自能做得大人。……今人言心，不晓从头说心，却说后来心之所知所能，是不认得原日之耳目，而徒指后来耳之所听、目之所视者也。[③]

罗汝芳指出，读圣贤书，重要的在于领会圣贤说话口气，领悟圣贤为何如此说话。孟子声称“大人者，不失其赤子之心”时，重点不在强调大人能够常保赤子之心，而在强调圣人与常人同具赤子之心，意在肯定

---

① 罗汝芳：《近溪罗先生一贯编》，《罗汝芳集》，凤凰出版社2007年版，第375页。

② 罗汝芳：《近溪子续集·卷乾》，《罗汝芳集》，凤凰出版社2007年版，第228页。

③ 罗汝芳：《近溪子集·卷数》，《罗汝芳集》，凤凰出版社2007年版，第196—197页。

人性之善。他因此指出，从知能发用上来言说心并不能得其要领。此间至关重要的是，圣人与常人都生而善知，生而就善能。这种不学不虑的知和能，就是良知良能，就是圣凡同具的赤子之心。

在罗汝芳极高明而道中庸的赤子之心和孝弟慈思想中，人们通过当下即是的人伦实践可以直入良知本体，而超越的良知生化之理能够保障日用常行中实践的人伦化。在一定程度上，罗汝芳学说的确有化腐朽为神奇的效果，能够将道德之庄严与自然之洒脱完美融合在一起。因此，在泰州学派中，甚至在整个阳明后学中，罗汝芳学说都拥有崇高地位。罗汝芳以孝弟慈显示良知，简易风格即使在心学中也达到登峰造极的地步。“若如汝芳说，则只需孝弟慈，便直竖起来成为上下古今，横亘将去便作家国天下，而并与天命之生生不已，如皮肤骨髓相互通透，成为一体。这真是陆王简易之学，到达了最简易的阶层了。”①但也正由于此，罗汝芳学说有近乎禅学之嫌。对心学到罗汝芳为止已登峰造极或者说心学之路已达终点的说法，杨祖汉并不赞同。他指出：“依近溪，以赤子之心之知孝知弟证本心良知，亦以此体会天道生生，亦可谓是登峰造极，至平易切近处，便是至高明伟大处；但即在此知孝知弟处，便自然给出由内而外，由我而人的实践规矩、道路，这可说是在最简易处开出的实践道路，这道路是道德主体、本心良知的必然落实处。这是一条逐步实现人我一体的道路，此路遥遥无止境，圣人亦不能了，怎可说是前面无路呢？”②

三、学说宗旨在于赤子之心

作为利根之人的学说，罗汝芳实际是面对悟性较高的弟子和追随者而言说。他热衷于当下指点弟子，随时启发弟子，而不拘是向上超越，还是向下遍在。他的整个学说呈现出极度简易而清新俊逸的葱茏风貌，他本人对自己学说宗旨的阐发也显示出独特风姿。有学生问如何学孔子，孔子宗旨为何。罗汝芳结合自己的为学经历予以答复。

① 钱穆：《宋明理学概述》，九州出版社2010年版，第275页。

② 杨祖汉：《罗近溪思想的当代诠释》，收录于《鹅湖学志》第三十七期，第170页。

他说：

> ……但某元日亦未便晓得去宗那个圣人，亦未便晓得去理会圣人身上宗旨工夫。起初只是日夜想做个好人，而科名宦业，皆不足了平生。想得无奈，却把《近思录》《性理大全》所说工夫，信受奉行，也到忘食寝、忘死生地位。又病得无奈，却看见《传习录》说：诸儒工夫未是，始去寻求象山、慈湖等书……其时孔孟一段精神，似觉浑融在中，一切宗旨、一切工夫，横穿直贯，处处自相凑合。但有《易经》一书，却贯串不来，时又天幸……反而求之，又不外前时孝弟之良，究极本源而已。从此，一切经书皆必归会孔孟，孔孟之言皆必归会孝弟，以之而学，学果不厌；以之而教，教果不倦；以之而仁，仁果万物一体、万世一心也已。①

针对弟子有关孔门宗旨的提问，罗汝芳通过自己为学和求道的艰难历程，阐发了心目中的学问宗旨。简言之，罗汝芳的学问宗旨是生命学问的宗旨，而非知识性对象化的宗旨。惟有从真实生命中，才能体悟生命的学问。正是从生命的沉痛领悟出发，罗汝芳在彻底反思中，回过头去研读孔孟之书，发现它们阐述的核心道理，就是孝弟。即使高深莫测的《易经》，也无非是从本源上阐释孝弟。罗汝芳因此批评热衷于谈论心性的“今时同志”，批评他们不肯多读书，而即使读书却不愿读《论语》和《孟子》的行为。也就是说，如果与切己的身心没有关系，那么学问纵使广博、心性纵然玄妙，那也只会越发偏离生命学问的宗旨。

关于学问宗旨，罗汝芳还有如下一段与弟子的问答：

> 问：“今时谈学，皆说有个宗旨，而先生独无。自我细细看来，则似无而有，似有而无也。”
>
> 罗子曰：“如何是似无而有？”
>
> 曰：“先生虽随言对答，然多归之赤子之心，便是似无而有。”
>
> 罗子曰：“如何是似有而无？”
>
> 曰：“才说赤子之心，便说不虑不学，却不是似有而无，茫然莫

---

① 罗汝芳：《近溪子集·卷乐》，《罗汝芳集》，凤凰出版社2007年版，第52—53页。

可措手也耶?”

……

罗子曰:“此个问答,要虑学否?”

曰:“不要虑,不要学也。”

罗子曰:“如此是为宗旨,尽是的确为有矣,安得犹言似有而无耶?”

曰:“今言学贵宗旨者,是欲使吾侪有所凭据,好去执持用工也。若只如前说:我问你答,随声应口,则个个皆然,时时如是。虽至白首,终同凡夫,又安望其有道可得,有圣可成也耶?”

罗子曰:“吾子此疑,果是千古不决之公案,然却是千圣同归之要辙也。其端只在能自信从,而其机则始于善自觉悟,如其觉悟不妙,难望信从而同归矣。”①

在这里的问答中,罗汝芳没有明确指点学问宗旨,只是要求弟子从人生的当下体验中予以活生生地把握,从赤子之心的不学不虑处寻求当下领悟。真正的学问宗旨不在于某句言说或某段文字,而在于当下觉悟中对良知本体的信从,对绝对生命真机的中得心源。

如果从绝对生命的肯认和领悟角度阐发学问宗旨,那么可以说,学问宗旨乃是对无言的上天之道的默默赞叹和冥悟,是对圣人之道的会心。如果一定要对学问宗旨有明确指点,那么可以说就是赤子之心。有学生问圣贤学问的宗旨,罗汝芳回答:

今日吾人之学,则希圣而希天者也。既欲求以希圣而直至希天,乃而不寻思自己有甚东西,可与他打得对同,不差毫发,却如何去希得他而与之同归一致也耶?反思原日天初生我,只是个赤子,而赤子之心却说浑然天理。细看其知不必虑能,不必学,果然与莫之为而为、莫之致而至的体段,浑然打得对同过也。然则圣人之为圣人,只是把自己不虑不学的现在,对同莫为莫致的源头。……若做人的常是亲亲,则爱深而其气自和,气和而其容自婉,一些不忍

① 罗汝芳:《近溪子集·卷乐》,《罗汝芳集》,凤凰出版社2007年版,第35—36页。

恶人，一些不敢慢人，所以时时中庸而位天育物，其气象出之自然，其功化成之浑然也。[①]

吾人为学是为成就圣贤，为了成就圣贤，就得从自己身上寻求与圣贤一致的地方。在罗汝芳看来，圣凡一致的地方就在赤子之心。这个赤子之心，可以说就是罗汝芳即体即用、融自然与道德为一体的肯认绝对生命的学问宗旨。在这里，赤子之心不虑不学，自然从容地表现于人伦日用。显然，在有关学问宗旨的言论中，罗汝芳继承伊川“体用一源，显微无间”的精髓，将它淋漓尽致地发挥了出来。早在阳明心学祖师王阳明那里，就详尽阐发过有关“体用一源，显微无间”的道理：“盖体用一源，有是体既有是用，有未发之中既有发而中节之和。”[②]“未发之中即良知也，无前后内外而浑然一体者也。有事无事可以言动静，而良知无分于有事无事，寂然感通可以言动静，而良知无分于寂然感通也。动静者所遇之时，心之本体固无分于动静也。”[③]

第四节 破光景以救治现成良知

我们知道，现成良知，尤其是泰州学派的现成良知，曾经遭到聂豹和罗洪先批评。作为泰州学派后学，罗汝芳自然对本学派极力彰显的现成良知有深刻领悟，对其导致的弊病也有痛切领会。因此，他有意通过赤子之心和孝弟慈学说修正现成良知。

从根本上来说，见在良知和现成良知是王阳明良知学说合乎逻辑的承接和发展。见在良知意味着良知本体具有先验完满性，具有当下呈现出来的可能。现成良知强调良知本体具有经验的圆成性，具有当下即是的体现出来的可能性，由此将良知在生活世界上的展开推向登峰造极的地步。但是，在良知本体遍在化达到极致时，也同时存在弱化

① 罗汝芳：《近溪子集·卷射》，《罗汝芳集》，凤凰出版社2007年版，第74—75页。
② 王守仁：《王阳明全集》卷一《传习录》上，上海古籍出版社1992年版，第17页。
③ 王守仁：《王阳明全集》卷二《传习录》中，上海古籍出版社1992年版，第64页。

良知本体,甚至消解良知本体的可能。罗汝芳痛心疾首地注意到阳明后学尤其是泰州学派后学中误以情识为良知而猖狂无忌的弊病。有学生颇为自得地说近来听教于罗先生而大有领悟,觉得此身处处洋溢天命之性而畅快顺适,罗汝芳听后警告学生,这不是得,而是失,后果相当严重,可能产生狂荡之弊。他说:“汝既晓得,无时无处不是天命,则天命之所在,即生死祸福之所在也。不知悚然生些惧怕,却便侈然谓可顺适,则天命一言,反作汝之狂药矣。”①罗汝芳因此要求学生常作戒慎恐惧工夫,如此才可走上君子之路。在这里,罗汝芳借批评弟子,实际上批评了阳明后学中动不动就以“见得我此身随时随处皆是天矣”的现成良知泛化的可悲现象。这种缺乏深刻生命领悟和踏实工夫操持的对现成良知的体认,少有对天命之性的敬畏,往往流于肤浅,而多了几分其实源出于人欲的肆无忌惮,从而流于猖狂情识。罗汝芳为此感慨地指出:“(后世诸儒)先初起志,爱好便宜,于日用寻常中妄作情识。既作情识,强生见解,视灯影而忽多红黄,瞰渊日而遂增光耀。遂指浮游之念,谓是心源,且说计较之端,名为灵窍。视诸尘寰逐欲之徒、仕路希宠之辈,便为学好。无奈觅真不着,乃就假而不疑;入室无从,乃傍门而遮止。去圣愈远,离道愈深。间一二明眼者,痛心相呼,期图恭济,反诋为狂妄而疾之。”②世儒往往贪图安逸,于日常中情识而肆,强生见解,冒认浮游往来之心念为心源,以计较之端为灵窍。以此为圣学,以此求道,只会南辕北辙,离道越来越远。

士子为学之中往往出现猖狂情识,是因为人情好逸恶劳,又好自高自大且自以为是,不愿长久操持切实的道德践履工夫,在实际上未有深刻良知体悟的同时,却又自欺欺人地以为自己业已体认良知。如此情形,天长日久,自然弱化敬畏之心,而多几分纵情任性之心,驱使现成良知脱落良知宗旨,而唯独剩下现成情识,以致红尘情欲。罗汝芳在为学历程中,深切体会到现成良知可能导致的情识之猖獗,因此特别注意救赎现成良知之弊。在为学宗旨上,他强调赤子之心与孝弟慈,强调士子

① 罗汝芳:《近溪子集·卷射》,《罗汝芳全集》,凤凰出版社2007年版,第107页。

② 罗汝芳:《近溪罗先生一贯编·孟子上》,明长松馆刻本,《四库全书存日丛书》集部第86册,齐鲁书社1997年版。

在当下即是的道德践履中逆觉生生之仁体，贯通仁体与生活世界。既然赤子之心即良知，即生生仁体，那么致良知就在于逆觉体证赤子之心，而非对象化地超越性追寻一个光炯炯的良知，以致溺于光景。赤子之心的展开，应当是人伦世界中的孝弟慈，是切实的当下即是生活世界中的工夫操持。

对于罗汝芳，新儒学大家牟宗三极为推崇，认为他是泰州学派惟一特出者，是王门后学中的出类拔萃者。牟宗三认为罗汝芳的使命在于修正现成良知，在于破除光景。那么，光景是如何产生的呢？“顺王学下来者，问题只剩一光景之问题。如何破除光景而使知体天明亦即天常能具体而真实地流行于日用之间耶？此盖是历史发展之必然，而近溪即承当了此必然，故其学问之风格即专以此为胜场。此亦如禅宗之出现乃承当了佛教发展史之必然，盖义理分解，纲维张施，前人已言之备矣，到禅宗时已实无可再言者。近溪绝不就每一个概念之分解以立新说，他的一切话头与讲说皆是就‘道体之顺适平常与浑然一体而现’而说，并无新说可立。”[①]也就是说，在王学演变中，光景问题必然出现，破除光景的问题也必定随之产生。罗汝芳的思想使命就是破除光景。阳明在教导弟子时，曾担忧他人无九死一生中觉悟良知的心路历程，担忧弟子过于轻易地对待良知学说，所谓“恐学者得之容易，只把作一种光景玩弄，辜负此知耳”。[②]

顾名思义，光景即光影，是谓光的影子。光与影子俱非真实的良知本体，却又是士子努力寻求体悟良知本体的过程中极难避免的妄想产物。真实地觉悟良知难，产生妄想却轻而易举。士子往往执于光景，镜花水月，恍惚中似有若无。在妄想中，士子丢失切实的体验工夫，而沉溺于对良知本体的对象化把捉。阳明曾经教弟子静坐，以此作为入圣之工夫，但是时间一长，他就敏锐地觉察到静坐难免于玄虚之弊。若无对良知本体的真切体悟，一切工夫都很难避免沦为外在光景。这是因为，“从良知义理的展开以及阳明身后学者从本体、工夫两方面对‘良知

---

① 牟宗三：《从陆象山到刘蕺山》，上海古籍出版社 2001 年版，第 206 页。

② 王阳明：《传习录拾遗》。

学说'的理解来看，光景的产生实乃随着良知学展开，义理分解到了尽头后不可避免要呈现的问题。究其根本，良知学乃是生命体悟的学问，非义理分解能把捉，吾人一切与身心无关的外在功夫皆为助缘，若以助缘为根本，那么，光景的出现也是必然。"欠缺真切工夫的空谈心性，难免将现成良知与现成情识混为一谈。"良知自须在日用间流行，但若无真切工夫以支持之，则此流行只是一种光景，此是光景之广义。而若不能使良知真实地具体地流行于日用之间，而只悬空地去描画它如何如何，则良知本身亦成了光景，此是光景之狭义。我们既须拆穿流行地光景即空描画流行，亦须拆穿良知本身底光景空描画良知本身。这里便有真实工夫可言。"[①]光景之产生，乃在于"良知心体圆而神，譬如一露水珠，真难把握。然如不悟此良知，还讲什么顺适平常，眼前即是？眼前即是者，焉知其非情识之放纵恣肆耶？故必须先对于良知本身有所悟解。但一经悟解，良知即凸起而被投置于彼，成了一个对象或意念，而不复是天明，这便是良知本身所起的光景。光景者影子之谓也。认此影子为良知则大误也。"[②]

牟宗三将光景分为广义与狭义两种。良知必须发用流行于日用常行之间，否则就会落空。但是，倘若这种发用流行没有真切工夫的支持，那么就只能沦为广义的光景。也就是说，这不是真切的良知之发用流行，而只是良知影子的弥散横流。倘若良知没有真切地发用流行于日用常行，士子只是悬空地追摹，那么良知就会对象化以致沦为影子，此为狭义的光景。没有得到真切领悟的所谓当下即是的良知，可能会与情识之放纵沦为一谈。但如果强力地、有意识地悟解良知，那么良知就可能因对象化而轻易落空为光景。简言之，悬空地描摹良知，良知因未能发用流行而沦为光景；没有切实工夫支持的发用流行之良知，也会导致日用流行沦为光景。后者正是泰州学派所面临的严重问题。关键在于，良知既要有真切工夫的操持，又要真实地发用流行于百姓日用之中，如此，良知才不至于沦为光景，而是真实的光景。工夫要切实，又切

① 牟宗三：《从陆象山到刘蕺山》，上海古籍出版社 2001 年版，第 204 页。
② 牟宗三：《从陆象山到刘蕺山》，上海古籍出版社 2001 年版，第 207 页。

忌执着。真实的工夫是无工夫的工夫，是自然的工夫。罗汝芳在晚年还为此告诫孙儿怀智："学有所执，悉属阴幽。汝只恋着当下光景，受用不舍，终难入道。戒之哉！"①

就罗汝芳而言，作为泰州学派中一员，他面临的理论困境，是既要继承现成良知学说，又要修正其中衍生出来的诸种弊病。在阳明后学中，大多数学者已经洞察到良知流于情识而导致的弊端。即使倡导见在良知的王畿，也批评现成良知："世间熏天塞地，无非欲海；学者举心动念，无非欲根，而往往假托现成良知，腾播无动无静之说，以成其放逸无忌惮之私。所谓行尽如驰，莫之能止。"②世间遮天蔽地，俱为欲海；学者起心动念，俱为欲根。更为糟糕的是，他们往往以现成良知为幌子，而行肆无忌惮之私。为了克服这种困境，罗汝芳颇下了一番苦功，在切己的领悟和反省之后，提出赤子之心学说。因为赤子之心学说是在他刻骨铭心的痛切反省中提出和阐发出来的，因此在时人眼中，赤子之心学说就成了他思想大厦中最富有特色和令人印象最为深刻的学说。例如，王时槐对罗汝芳为学的评价："先生平生，学以孔孟为宗，以赤子良心不学不虑为的，以天地万物同体、撤形骸、忘物我、明明德于天下为大。"③周汝登的评价："先生学以孔孟为宗，以赤子良心、不学不虑为的，以孝弟慈为实，以天地万物同体，撤形骸、忘物我，明明德于天下为大。"④孟化鲤的评价："《罗近溪集》大要以孔门求仁为宗旨，以联属天地万物为体段，以不学不虑、赤子之心为根源，以孝悌慈为日用。"⑤换言之，在罗汝芳学说中，泰州学派的现成良知被悄悄地，然而合乎情理地转换为赤子之心。

我们看罗汝芳对赤子之心的阐发："赤子之心浑然天理，细看其知不必虑，能不必学，果然与莫之为而为，莫之致而至的体段，浑然打得对同过。"在这段阐发中，赤子之心被直接贯通于天理，实际上也被直接贯

---

① 罗汝芳：《近溪罗先生庭训记言行遗录》，《罗汝芳集》，第 426 页。

② 王畿著，吴震编校整理：《王畿集》卷二，《滁阳会语》，凤凰出版社 2007 年版，第 43 页。

③ 王时槐：《近溪罗先生传》，《罗汝芳集》，凤凰出版社 2007 年版，第 856 页。

④ 周汝登：《圣学宗传・罗汝芳》，《罗汝芳集》，凤凰出版社 2007 年版，第 862 页。

⑤ 孟化鲤：《孟云浦集》卷二《与孟我疆》第六书，转引自吴震著《罗汝芳评传》，第 177 页。

通于良知本体。赤子之心优越于现成良知，或者说罗汝芳不用现成良知而使用赤子之心说法的原因在于，赤子之心即经验而超经验，即当下而又超越，即自然而又道德，由赤子之心入手就可以走上成就圣贤的道路。

作为既超越而又生活的赤子之心，在人伦生活中自然而直接地表现为孝敬父母和尊敬兄长等人伦实践，也就是表现为孝弟慈。孝弟慈表现为赤子之心在人伦世界中的自然展开，它的实践意味着格物致知工夫的落实。就传统儒学极为重视的格物致知，罗汝芳强调应当从孝弟慈的人伦实践入手去进行。他指出："盖学人工夫不过是诚意、正心、修身、齐家、治国、平天下。而四书、五经是诚、正、修、齐、治、平之善之至者，圣人删述以为万事之格。《大学》则撮其尤简要者而约言之，所以谓之曰：'在格物，也。今观其书，通贯只是孝弟慈；便人人亲亲长长，而天下平。孟子谓：其道至迩，其事至易，予亦敢谓其格至善也。"[1]充分而彻底地实践孝弟慈，就可以将《大学》倡导的修齐治平实现出来。他说："由一身之孝弟慈而观之一家，一家之中未尝有一人而不孝弟慈者；由一家之孝弟慈而观之一国，一国之中未尝有一人而不孝弟慈者；由一国之孝弟慈而观之天下，天下之大亦未尝有一人而不孝弟慈者；又由缙绅士夫，以推至群黎百姓，缙绅士夫，固是要立身行道，以显亲扬名，光大门户，而尽此孝弟慈矣，而群黎百姓，虽职业之高下不同，而供养父母，抚育子孙，其求尽此孝弟慈，亦未尝有不同者也。"[2]

与外在道德规范不同，孝弟慈表现为天然的人伦情感，表现为自然的生命流露，而且可以毫不勉强地贯通于日用常行。就小处而言，奉行孝弟慈可以"报答天地父母生育之恩"；就大处而言，实践孝弟慈可以"救活万物万民万世之命"。因此罗汝芳特地指出："今只为民上者，实见得此孝、弟、慈三事，是古今第一件大道、第一件善缘、第一件大功德。在吾身可以报答天地父母生育之恩，在天下可以救活万物万民万世之命。现现成成，而不劳分毫做作，顺顺快快，而不费些子勉强，心心念

① 罗汝芳：《近溪子集・卷礼》，《罗汝芳集》，凤凰出版社 2007 年版，第 22 页。

② 罗汝芳：《近溪子续集》，《罗汝芳集》，凤凰出版社 2007 年版，第 232—233 页。

念，言著也是这个，行著也只是这个，久久守住也只是这个。”①

良知存在的独特性在于，它既内在于个体的人心，又是超越个体的本体。从本源和生命根据来说，圣凡皆有赤子之心。从生命的实然体现来看，常人的赤子之心时常轻而易举地为习气和人欲纠缠，有意无意地打着现成良知旗号而行放纵情欲之事。罗汝芳因此要求学者敬畏天命，并要时时自我警醒。

在泰州学派中，为了克服现成良知的情识之弊，罗汝芳特地强调主敬工夫。他要求同学道友敬畏天命，老老实实做主敬工夫：“故前此诸大儒先，其论主敬工夫，极其严密，而性体平常处，未先提掇，似中而欠庸，故学之往往至于构迫。近时同志先达，其论良知学脉，果为的确，而敬畏天命处，未加紧切，似庸而未中，故学之往往无所持循。”②在这段言论中，所谓“近时同志先达”，指的应该就是王畿及泰州学派的门人们。罗汝芳批评他们诚然悟入良知本体，“其论良知学脉，果为的确”，但“敬畏天命处，未加紧切”。

为了修正现成良知的弊端，罗汝芳不仅主敬，还要求具体做戒慎恐惧和慎独工夫。有学生困惑于戒谨恐惧是否为心体宁静之累，罗汝芳举童子歌诗与吏胥进茶为例，说明日用常行与戒谨恐惧相通之意。他说：“诸生可言适才童冠歌诗之时，与吏胥进茶之时，全无戒惧耶？其戒惧又全不用工耶？盖说做工夫，是指道体之精详处；说做道体，是指工夫之贯彻处。道体既人人具足，则岂有全无工夫之人？道体既时时不离，则岂有全无工夫之时？……所以终身在于道体、功夫之中，尽是宁静，而不自知其为宁静；尽是戒惧，而不自知其为戒惧。”③在这里，罗汝芳强调戒慎恐惧直接以心为主宰，并直接贯通于良知本体。关于慎独，罗汝芳指出，慎独的要点不在于除却纷纷扰扰的念头，而在于体认本心，认信本心。能够认信良知心体，领悟到我心直接贯通于心体，那么慎独工夫就会表现为心体的自然呈现。为此，他强调：“独是灵明之知，而此心本体也。此心彻首彻尾、彻内彻外，更无他，只一灵知，故谓之独

---

① 罗汝芳：《近溪子集·卷书》，《罗汝芳集》，凤凰出版社2007年版，第152页。

② 罗汝芳：《近溪罗先生一贯编》，明长松馆刻本，《四库全书存目丛书》集部第86册。

③ 罗汝芳：《近溪子集·卷书》，《罗汝芳集》，凤凰出版社2007年版，第170—171页。

也。慎则敬畏周旋而常自在之。如此用功，则独便是慎的头脑，慎亦便以独为主张。”[①]可见，在“慎独”中，至关重要的是“独”。因为“独”是“灵明之知，而此心本体”。

关于阳明心学鼻祖王阳明与泰州学派开创者王艮，罗汝芳指出两人都是圣贤，都倡导良知，但为学走向却颇有区别。他说：“若论为学，则有从觉悟者，有从实践者。阳明先生与心斋先生，虽嫡亲师徒，然阳明多得之觉悟，心斋多得之践履。要之，觉悟透，则所行自纯；践履熟，则所知自妙，故二先生俱称贤圣。”[②]从觉悟和践履来看，罗汝芳更为推崇王阳明。他说：“但以孔子之言仁，必先以智；孟子之言力，必先以巧，则觉悟、践履，功固不缺而序实不容紊。如此诗谓：‘念头动处当谨’，然念头动处何来？则未谨之先，不可不探求也。……若能依得孔孟之仁而先智，力而先巧，则源头既浚，流出自清，而念之谨也，何等顺快！指南定向，适国坦途，而足之举也，何等安稳！故某尝谓：我明幸生阳明，真是电掣雷轰，星辉日耀。不惟及门高弟，藉以入圣超凡，而闻风兴起者，亦自可以化顽铁而作精金也已。”[③]就体仁与明觉工夫相比较而言，王阳明对前者强调较少，在明觉上下工夫较多。因此，阳明虽然反对空中楼阁般地想象良知本体，反对玩弄光景而虚度时日，但他在工夫上对明觉的侧重，难免导致后学轻忽在生命深层支撑明觉的仁体，从而轻忽在日用常行中操持人伦实践工夫的重要性。

阳明心学认为良知本如太虚。罗汝芳认为在悟入良知的工夫入手上，学人不能执着于“虚”。如何领悟良知之“虚”？应当将一切放下，心中坦荡荡，敞亮亮，就自然能悟入良知之“虚”。且看罗汝芳有关如何悟入良知之“虚”的问答：“当有学生问及领悟良知该从何处下手时，近溪答曰：朱子云：明明德，虚灵不昧。虚灵，虽是一言，却有二义。今若说良知是个虚灵的，便苦苦地去求他精明，殊不知要他精，则愈不精；要他明，则愈不明。岂惟不得精明，且反致坐下昏睡沉沉，更支持不过了。若肯反转头来，将一切都且放下，到得坦然荡荡，更无戚戚之怀，也无昏

① 黄宗羲：《明儒学案》，《泰州学案三》。
② 罗汝芳：《近溪子集·卷数》，《罗汝芳集》，凤凰出版社2007年版，第219页。
③ 罗汝芳：《近溪子集·卷数》，《罗汝芳集》，凤凰出版社2007年版，第219页。

隆之扰。此却是能从虚上用功了，世间岂有其体既虚而其用不灵者哉？但此段道理，最要力量大，亦要见识高，稍稍不如，难以骤语。”①

第五节　即超越即人伦

宋明理学演变至明代，朱子的二元论思维模式逐渐转换为一元论思维模式。罗汝芳的赤子之心体现了体用一源的一元论思维模式。换言之，赤子之心体现为体用当下统一。赤子之心表现孝弟慈等人伦亲情，在不学不虑中自然呈现出来。有学生问体用问题，罗汝芳回答：“分体用，析显微，以求道语道。此是孔孟过后，宇宙中二千年来一个大梦酣睡，至今而呼唤未醒者也。盖统天御地，尽人尽物，总是一个大道，此个大道就叫做中庸。中庸者，平平常常，遍满乎寰穹，接连乎今古。良知以为知而不假思虑，良能以为能而绝些勉强，无昼无夜，其灵妙从虚空涌将出来，乃为天命之性；无昼无夜，其条理就事务铺将出去，乃为率性之道。此则三才万化，实实地有这个道体，安得谓无？”②将体与用、显与微析分开来，以求道方式阐发道，是孔孟之后两千年来一个沉沉未醒的大梦。道体并非孤寂的存在，而是“统天御地，尽人尽物”的存在，在时间和空间上都是无穷无尽的平平常常的存在。良知之灵妙从虚空中涌现出来，即天命之性；良知之条理就事务铺陈开来，即率性之道。罗汝芳的这些阐述，无疑明确表明良知即体即用、有无双遣的特点，显示自然与人伦、高明与中庸、深邃与简易互即互融的特点。

罗汝芳有关天道性命的阐发，表现了这种特点：“盖‘维天之命，于穆不已’，命不已则性不已，性不已则率之为道亦不已，而无须臾之或离也。此个性道体段，原长是浑浑沦沦而中，亦长是顺顺畅畅而和。……所谓人性皆善，而愚妇愚夫可与知与能者也。……此只是人情才到极

① 罗汝芳：《近溪子集·卷御》，《罗汝芳集》，凤凰出版社2007年版。

② 罗汝芳：《近溪子续集》，《罗汝芳集》，凤凰出版社2007年版，第229—230页。

平易处，而不觉工夫却到极神圣处也。"[①]在罗汝芳看来，读《中庸》时，不可将天道性命专门从高明神奇一面来看，不可臆想过奇。若能体会得平常心即道，将其从平常妥帖处体会，则能率性就道，则自然即天机。人情若到极平易处，工夫自然也能达乎极神圣处。在赤子之心这里，罗汝芳绾合超越的良知本体与人世遍在的道德实践，贯通良知的超越与遍在，使得良知生化为上下周流的回互场域。

关于心身关系，罗汝芳认为心身不可分离，即心显发于身之行为，身在心之主宰下运作。当然，心在价值判断上要高于身。罗汝芳就此指出："人无贵贱贤愚，皆以形色天性而为日用，但百姓则不知，而吾辈则能知之也。……识其心以宰身，则气质不皆化而为天命耶？昧其心以从身，则天命不皆化而为气质耶？心以宰身，则万善皆从心生，虽谓天命皆善，无不可也；心以从身，则众恶皆从身造，虽谓气质乃有不善，亦无不可也。"[②]以心统身，或者说以心主宰身，是罗汝芳论述心身关系的出发点。他认为，心若统身，那么气质就能化为天命；心若从身，那么即使天命也会沦为气质。

何谓统身之心？孟子讲过"尽心、知性、知天""存心、养性、事天"。那么，罗汝芳对其中的心是如何理解的呢？有学生请教如何知心，罗汝芳说：

> 知人，即知心矣。子观《洪范》，说人有视、听、言、动、思，盖大体、小体兼备，方是全人；视听、言动思兼举，方是全心。但人初生，则视、听、言、动、思，浑而为一；人而既长，则视、听、言、动、思，分而为二。故要存今日既长时的心，须先知原日初生时的心。子观人之初生，目虽能视，而所视只在爹娘哥哥；耳虽能听，而所听只在爹娘哥哥；口虽能啼，手足虽能摸索，而所啼所摸，也只在爹娘哥哥。据他认得爹娘哥哥，虽是有个心思，而心思显露，只在耳、目、视、听、身、口、动、叫也。于此看心，方见浑然无二之真体，方识纯然至

① 罗汝芳：《近溪罗先生一贯编·中庸》，明长松馆刻本，《四库全书存目丛书》子部第86册，齐鲁出版社，1997年版。

② 罗汝芳：《近溪子集·卷射》，《罗汝芳集》，凤凰出版社，2007年版，第88页。

> 善之天机。……渐渐凑泊将来,可见,知得人真,便知得心真,知得心真,便存得心真。①

在罗汝芳看来,为人就是存心,知人就是知心,真心就是赤子之心。只有先知晓赤子之心,才好做下手工夫。在罗汝芳看来,“知心”即“见心”。何意?意思既是要在对良知之心的认信中“见”得此心,又要让良知之心在生活实践中落实下来、呈现出来。就后者而言,“见心”意味着“践心”,真正的“见”必然引发“践”行此心。

关于道与人的关系,罗汝芳认为在根本上道人本为一体,而人即身心一体之人,是有仁之人。道不落实于人、呈现于人,则不为真实圆满的道;人不承接和体现道,则人不为真实的仁者之人。罗汝芳为此特意阐发说:

> 今人只知虞舜论心重在于道,却不知重在于人;今人只知虞舜论工夫重在于精,却不知重在于一。何也?天地之性,人为贵;人者,天地之心也。故非人,何处安此“心”字?非心,何处安此“道”字?故道虚而心实,心虚而人实也。道心惟微,即如金宝;人心惟危,即如矿石,未经锻炼,则粗劣其所不免。惟精以锻之,则其心初止是人,渐次人而化作道矣;其人初虽是危,渐次危而化入微矣。精之为功,始于志气,持志不易,乃见精专;入手则在觉悟,妙悟能辙,乃见精通。……则灵明透露,人非是人而道矣;生化活泼,道不自道而人矣。人即道,道即人,则最初所谓人受天地之中以生,到此全盘捧出。②

在这段阐发中,道、心与人根本上贯通为一体。就实质来说,儒家圣贤追求的“天人合一”,在罗汝芳这里被落实和体现为“身心合一”。其中,人承载并体现道与心。从呈现角度而言,“道虚而心实,心虚而人实”;从修行贯通角度而言,心初锻为常人,再锻化作道而为圣人。从根源和修行终极处来看,人即道,道即人。按照这个逻辑进一步推衍,罗

---

① 罗汝芳:《近溪子集·卷乐》,《罗汝芳集》,凤凰出版社2007年版,第42—43页。

② 罗汝芳:《近溪子集·卷礼》,《罗汝芳集》,凤凰出版社2007年版,第33—34页。

汝芳甚至认为身即道。他指点说："既子之手也是道，足也是道，耳目又也是道，如何却谓身不及乎莺鱼……难说不活泼于莺鱼，不昭察于天地也！"①

毫无疑问，身心道诚然合一，中间却必须做艰苦的工夫操持。所谓"梅花香自苦寒来"，不经一番九死一生的苦练，又哪来"扑鼻梅花香"？为了达到身心合一，就得做戒慎恐惧工夫。在罗汝芳看来，戒慎恐惧工夫分为两种，一种是有意警醒地时刻去做戒慎恐惧工夫，工夫要凝注一心，心要惺惺着有所执着；另一种是到修行较高阶段的自然而然的戒慎恐惧，是身心合一后的表现。前者身心尚分而为二，即使时刻自我警醒，还是难以做到时时到位的工夫，容易沦落为光景活计。只有后者到了身心合一，才能在举手投足之间从心所欲而不逾矩。因此相较而言，后者才是真正的戒慎恐惧工夫，是身心合一后自然而然的庄重肃穆的从容中道。

为此，罗汝芳尤其喜欢以童子捧茶来启发学生何谓戒慎恐惧。在他看来，童子之心并非有意地有个戒慎，也并非有意地有个恐惧，而是在内外将迎之间自然而然地流露出戒慎恐惧。因此，童子捧茶的行为可谓水到渠成地合乎于道。罗汝芳指点此刻的心中工夫说："我的心中，也无个外；所用工夫，不在心中，也不在心外。只说童子献茶来时，随众起而受之，已而从容吸毕，童子来接时，又随众付而与之。君必以心相求，则此无非是心，以工夫相求，则此无非是个工夫；若以圣贤格言相求，则此亦可以说'动静不失其时，而其道光明也。'"②

身心合一，自然而然的言行举止，人生之"乐"就会瓜熟蒂落地流露出来。在泰州学派中，早从王艮开始就强调"乐"，以简易方式说"乐"，并指点学人"乐是心之本体"。在罗汝芳看来，在简易自然的人伦世界极高明而道中庸的生活中，处处可流露出乐。他从赤子之心的自然流露中指点乐，从孝弟慈处指点乐。对孟子著名的"君子三乐"，罗汝芳是这样理解的："其实，三乐最先一著，只是乐孝乐弟，乐孝乐弟，到浑化

① 罗汝芳：《近溪罗先生一贯编》，《罗汝芳集》，凤凰出版社 2007 年版。
② 罗汝芳：《近溪子续集》，《罗汝芳集》，凤凰出版社 2007 年版。

时，便天壤之间，更无可代，以此反之于身，便自然无愧无怍，而为学不厌矣；以此通之于人，便自然尽得英才，而为教不倦矣。到得不厌不倦去处，则前日良知良能，浑然成个不思而得、不勉而中一段滋味，其过不容以不化，其存不容以不神，其天地不容以不合德矣。”①在这段对君子之乐的阐发中，罗汝芳把父母兄弟的孝弟之乐，经俯仰天地之间的无愧无怍之乐，到得天下英才而育之的大乐，看作一个内在贯通的逐步展开的乐之又乐的过程。

在罗汝芳有关赤子之心的学说中，修行者首先要做自信而自见良知本体的工夫，才能自然体现出赤子之心。因此，学者要通过“复以自知”体仁。罗汝芳为此指出：“易，所以求仁也。盖非易无以见天地之仁，故曰：‘生生之谓易’，而非复无以见天地之易，故又曰：复其见天地之心。……孔子浑然是易，颜子庶几乎复，而孟子庶几乎乾。若求仁而不于易，学《易》而不于乾且复焉，乃欲妄意以同归于孔、颜、孟也，亦误矣哉，亦难矣哉！”②在这里，乾是体，复为用，两者为体用关系，所谓“乾之善，神妙不可见，而机见于复”。乾落实于具体的个人身上，就是“赤子之心”。“复”就是要学者逆觉体证，就是要致良知，是要“复”“乾体”。罗汝芳因此强调：“谓之复者，正是原日已是如此而今始见得如此，便天地不在天地而在吾心，所以又说：复以自知。自知云者，知得自家原日的心也。”③就乾与复的关系，罗汝芳还说过：“乾曰：元亨利贞，复则是元之初，初起头处，融合温熙，天下万事万物，最可喜可爱，而为卦之善者也。然孟子形容这个善，却云：可欲之谓善，而孔子指点这个乾元，则又云：元者善之长。是复在六十四卦，岂不是第一最善者哉？今要解得复卦的确，须说：复是个善也。”④复是元之初，起头处温熙融洽，万物可喜可爱，故为善。孟子称：可欲之谓善；孔子称乾元：元者善之长。故复是个善。

罗汝芳富有圆教意味的一体观，充分体现于临终绝笔对“一切放

---

① 罗汝芳：《近溪子集·卷御》，《罗汝芳集》，凤凰出版社 2007 年版。

② 罗汝芳：《近溪子集·卷礼》，《罗汝芳集》，凤凰出版社 2007 年版，第 28—29 页。

③ 罗汝芳：《近溪子集·卷射》，《罗汝芳集》，凤凰出版社 2007 年版。

④ 罗汝芳：《近溪子续集》，《罗汝芳集》，凤凰出版社 2007 年版。

下”的谆谆教诲之中。他强调：“此道炳然宇宙，原不隔乎分尘，故人己相通，形神相入，不待言说，古今自直达也。后来见之不到，往往执诸言诠。善求者，一切放下，放下胸目中，更有何物可有耶？愿同志共无感无感焉！盱江七十四翁罗汝芳顿首书。”[①]显然，在罗汝芳看来，惟有一切放下，才能回归纯然而自然的良知心体。所谓“一切放下”，不仅最后的工夫要放下，连“放下”这个念头也得放下，一切思虑都得放下。正所谓：“无功之功，其真功乎；无体之体，其真体乎。无思无虑者，良知之体，傥以有思虑致之，犹方底而圆盖，必不合矣。”[②]惟有真正做到一切放下，良知心体方能神感神应而神妙莫测。

罗汝芳生命学问最终臻于何种化境，我们从他临终之时的表现可以体会得到。罗汝芳对生命学问的追求始于少年时对“不叹气”学问的追求，也就是对能够安顿生死学问的追求。据《罗近溪师行实》记载，罗汝芳仙逝之时心中坦然，神色安详：“九月初一日，师自梳洗，端坐堂中，命诸孙第次进酒，各各微饮，仍对众称谢，随拱手别诸门人曰：‘我行矣，珍重，珍重。’诸门人哭留，师愉色许曰：‘为诸君且再盘桓一日。’初二午刻，整冠更衣而逝。从午至申，坐不少偏。越日乃敛，颜色红活，手足绵软如生。”[③]罗汝芳如何能做到视死如归？如何能做到神色自若？那当然是因为真正找到了可以安顿生死的真学问，追寻到了生命的终极意义。

罗汝芳反对将觉悟之前的尘垢与觉悟之后的光明看作判然有别的两面。在他看来，心体虽有从迷到觉的转变，但心体应当看作一个。他说：“镜面光明，与尘垢原是两个，吾心先迷后觉，却是一个，当其觉时，即迷心为觉，则当其迷时，亦即觉心为迷也。夫除觉之外，更无所谓迷，而除迷之外，亦更无所谓觉也。……若必欲寻个譬喻，莫如即个冰之与水，犹为相近也。”[④]在其中，罗汝芳区分觉悟之光明与镜面之光明。镜面之光明往往与尘垢相对，由此就会造成两分，即光明与尘垢。就觉悟

① 罗汝芳：《罗近溪先生语录汇集》308条。

② 罗汝芒：《罗近溪先生语录汇集》519条。

③ 曹胤儒：《罗近溪师行实》，《罗汝芳集》，凤凰出版社2007年版。

④ 罗汝芳：《罗近溪先生语录汇集》。

之光明而言，虽有由迷到悟的转变，但心体却总是同一个。对心体迷与觉的关系，罗汝芳以水与冰喻之，“若吾人闲居放肆，一切利欲愁苦，即是心迷，譬则水之遇寒冻，而凝结成冰，固滞蒙昧，势所必至。有时共师友讲论，胸次潇洒，即是心开朗，譬则冰之遇暖气，消融而解释成水，清莹活动，亦势所必至也。”

揆诸思想史，罗汝芳的水冰同体之喻，当与佛学尤其与禅学有关。六祖在《坛经》“疑问品第三”中，以波浪比喻烦恼：“自性迷即是众生，自性觉即是佛。……烦恼是波浪……烦恼无，波浪灭。”波浪并不凭空出现，而来源于作为佛性的海水。不管是佛，还是众生，都来源于自性。自性若迷，即是众生；自性若觉，即是佛。因此，我们完全可以说，在罗汝芳思想中存在祖师禅的影响。黄宗羲在《明儒学案》中认为罗汝芳得到祖师禅精华，钱穆也指认罗汝芳为儒学中的禅者。罗汝芳主张道在日用常行之中，主张将形上之理与形下世界打成一片，要求当下即是而当下受用。在这样的主张中，显然闪动着祖师禅佛法现成的教诲，令人不禁联想到六祖著名的偈颂：“菩提本无树，明镜亦非台，本来无一物，何处惹尘埃。”当然，平心而论，在罗汝芳的水冰同体之喻中，更多体现的还是儒家万物一体观念的影响。这从罗汝芳极力倡导生生之仁的言行中，可以明确看出来。

罗汝芳推崇从无入有之悟，把良知心体看作虚明圆通的存在，即使经纶家国的大业也只是良知心体神感神应的展开。“于是，反对从有入无之悟而推崇从无入有之悟的近溪，便把心体视为就像所谓‘心如空谷，呼之则响’（《明道录》卷七）那样的虚明圆通的存在。这就是他揭示阳明所说的‘欲识浑沦无斧凿’之诗句，而提倡良知现成，以为经纶大业也是由良知浑融明通之妙用而自然展开的缘由。”①作为现成良知学说的忠实传承人，罗汝芳强调工夫要做于本体，要当下即是，而切勿执持。“由此可见，近溪是排除一切心的守持即用上工夫，而强调必须在本体上用工夫的。所以他与龙溪一样，提倡无拟议、无安排的当下识取、当下承当，并以一切放下为要。他认为，若持守心而不放下，则执着处或

① ［日］冈田武彦：《王阳明与明末儒学》，重庆出版社 2016 年版，第 161—162 页。

成为意念之端倪，或堕于闻见之知觉。因此，若守持愈坚固，则离本心也愈远。"①

但是，由于见证现成良知学说导致的诸多弊端，罗汝芳不认为做工夫当下即是就可，同时也应当时时敬畏天命，刻刻警醒，以免沦于肆无忌惮之境。"他反对把当下承当当作一了百当，而只认为任当下顺适畅快是无工夫的工夫。针对恣私意而不用工夫的做法，他指出由于良知之灵明彻于天命，故知随时随处存天命之鉴临昭察。他主张常常畏惧警醒，兢兢业业，收敛凝结，顷刻也不放逸，否则就会不知不觉地陷于猖狂无忌惮。所以他说：'君子畏天命之严，小人任天命之便。'"②（《明道录》卷五）不特如此，罗汝芳虽然早年亲近佛学，甚至以《楞严经》为宗，但自确立孝弟慈宗旨之后，就有意与佛老保持距离。"据耿天台说，近溪起初以《楞严经》为宗，鼓吹虚无，直指当下，倡导反身默识，并广泛探讨佛典，卖弄博识，论辩道理，与缁流羽客交往甚密；尔后则专门提缀生机（参见《耿天台全书》卷三《与邹汝光》三；同书卷十二《近溪子集序》）；晚年又以孝、悌、慈为学之宗旨，绝口不提佛老，甚至谢遣所有僧道，禁止家族门徒学禅（参见《近溪子集·明德夫子临行别言》）。"③

众所周知，在泰州后学中，邓豁渠是异出者，一生追求绝对超越的性命之道。在泰州学派修正者如耿定向等人看来，他是阳明后学流弊的深重受害者。"一旦弃家出游，遍访知学者，以为性命甚重，非拖泥带水可以成就，遂落发为僧。……与大洲不相闻者数十年，大洲起官过卫辉，渠适在焉，出迎郊外。大洲望见，惊异下车，执手徒行十数里，彼此潸然流涕。大洲曰：'误子者，余也。往余言学过高，致子为死，罪恶莫赎，今尚在，急归庐而父墓侧终身可也。吾割田租百石赡子。'……（大洲）嘱宦蜀者携之归，至涿州，死野寺中。"④对于邓豁渠这样沉溺于心性空谈的受害者，罗汝芳自然了解，对其中况味有痛切领会。因此，他才会在修正现成良知时，着重于人伦世界中的孝弟慈实践，努力将良知本

① [日]冈田武彦：《王阳明与明末儒学》，重庆出版社 2016 年版，第 162 页。

② [日]冈田武彦：《王阳明与明末儒学》，重庆出版社 2016 年版，第 163—164 页。

③ [日]冈田武彦：《王阳明与明末儒学》，重庆出版社 2016 年版，第 169—170 页。

④ 黄宗羲：《明儒学案》，《泰州学案卷三》。

体从一味向上超越的路径转向日用常行的道德实践。

要而言之，在泰州学派中，罗汝芳是杰出的修正者，转现成良知的激进而高亢为赤子之心即超越而人伦的圆融。他因此贯通良知的超越与遍在，是极为高明的调适上遂者。牟宗三评价罗汝芳说："阳明后，惟王畿与罗近溪是王学之调适而上遂者，此可说是真正属于王学者。"[①]唐君毅甚至认为，罗汝芳学说的颖悟精深有进于王畿："近溪之言心知也，亦言心知之空寂义，此其与王畿同者。上已论之。惟王畿特重此心知空寂之义，以之为其思想之第一义。而心知之空寂，于近溪则为第二义，惟即生即身言仁，乃其第一义。然近溪之以仁为第一义，今亦可顺王畿所重之心知空寂义，以引出之，以见近溪言说之有进于王畿者。"[②]

罗汝芳与王艮一样，亦言悟良知有乐，但他更进一步，把良知之乐贯通于仁体。罗汝芳对万物一体之仁的追求，与王畿着重于求心体灵明有所不同。"近溪之悟性地，或良知本体为工夫，既不同心斋之悟良知之觉有乐，而未畅言此乐之依于仁者，亦不同龙溪之只在心之灵明上参究者。然其于日用常行处，当下提撕，以见'当下本体'，谓此中无往非道，并谓念庵之'不信当下本体，则无下手处'，则近龙溪。"[③]

王艮为学以安身为宗旨，又喜言为学体道之乐。罗汝芳继承这一传统，并使这一传统成为他倡导即身言仁而以生生言心的思想依据。但不仅于此，罗汝芳之学自有其独特的伟大光辉所在。他直截了当地点出求仁宗旨，句句不离仁体之觉悟即为良知心体的精神。因此，在罗汝芳思想中，跃动着程颢的识仁宗旨、阳明的大学问与王艮的安身之教等精神。"近溪直接标出求仁为宗，本'仁者人也'之言，而语语不离良知为仁体之觉悟。此乃近承心斋安身之教，就阳明言及大学问之言，以涵程明道'学者须先识仁'之旨，而远接孔门之意。其指点此仁体之真实，则或在孩提赤子之心，或在百姓日用而不知之良知良能，家家户户同赖以过日子之孝弟慈上，或在不待思虑安排之一言一动上。简易直

---

① 牟宗三：《从陆象山到刘蕺山》，上海古籍出版社 2001 年版，第 211 页。

② 唐君毅：《中国哲学原论・原教篇》，中国社会科学出版社 2006 年版，第 271 页。

③ 唐君毅：《中国哲学原论・原教篇》，中国社会科学出版社 2006 年版，第 252 页。

截，宛若宗门手段；不离践履，依然儒者家风。”①

总的来说，罗汝芳为学继承程颢识仁宗旨，热衷于在日常人伦的孝弟慈、赤子之心的良知良能等之中当下指点仁体。罗汝芳讲学和为学的当下点拨与当下即是，近于陆九渊、杨简与王畿的高明简捷风格。但是，他与后三位思想家的区别在于，他不仅重良知心体，亦重点化仁体。王阳明立致良知之说，王畿继之而起，重知却轻仁，有失孔子仁智合一之教诲。惟罗汝芳又恢复仁智合一传统，境界复归于圆融。“阳明言良知，固即仁者之好恶；然阳明既以致良知标宗，即不免下启龙溪重知而忽仁之失。近溪直下以仁智合一，语意乃复归圆足。其言人之良知良能，即乾坤知能，本于阳明人之良知即天地万物之良知之义，亦颇同龙溪一念灵明从混沌里立根基之语。皆阳明学之向上一著之推扩。既识良知良能原是乾坤知能，乃本‘复以自知’‘时时中出’之义，以言人之迎迓天机，而大顺天用，则周程张朱之本天道以言人道，亦皆可以立。”②

在将阳明致良知向上推进的同时，罗汝芳更为难得的是，他尚能百尺竿头更进一步，善于点破现成良知派对光景之留恋、执持与玩弄，将良知觉悟与求仁贯通起来。他更将孝弟慈之教与敬畏天命联系起来，以表明戒惧工夫之不可或缺。但是，罗汝芳之学的美中不足在于，“然近溪之言，多当机立说，又或意存鼓舞。后学之士，既无其坚苦求道之精神，又无其高明上达之智慧，徒即此形色之视听言动，即仁体之彰露之论；或将一任情欲之鼓荡，而自以为天机之不息，则末流之弊，非近溪所及料也。”③

① 唐君毅：《中国哲学原论・原教篇》，中国社会科学出版社 2006 年版，第 270 页。
② 唐君毅：《中国哲学原论・原教篇》，中国社会科学出版社 2006 年版，第 285 页。
③ 唐君毅：《中国哲学原论・原教篇》，中国社会科学出版社 2006 年版，第 285 页。

第四章 庸德庸行之学

嘉靖三十七年(1558 年),耿定向与罗汝芳相识。耿定向在南京督学任上期间,恰逢罗汝芳担任附近的宁国知府,因此两人会面论学颇多。对于罗汝芳良知当下本体的观点,耿定向有所批评,强调这种观点可能引发“当下即是”的流弊。他说:“罗近溪常谓当下承当便是了,细细勘来,觉他还有疏脱时在。”[①]对罗汝芳指点诸生“当下本体”的灵活教学之方,耿定向一方面有所赞赏,另一方面又有所警惕。罗汝芳曾偕道友同游南京,因在桥上目睹行人来来往往,指点诸位道友:“试观此千百万人者,同此步趋,同此来往,细细观之,人人一步一趋,无少差失,个个分分明明,未见确撞。性体如此广大,又如此精微。可默识矣。”其中所谓“性体”即良知,表达良知人人当下具足的观点。对此,耿定向虽然有所肯定,认为它阐发了“满街皆圣人”的意思,但同时又意有所指地强调“亡者东走,追者亦东走,而所以走则异也”。由此表明,各人脚步虽然“一步一趋,无少差失,个个分分明明”,但心中目的并不相同。请看耿定向的猜测和分析:“虽然,亡者东走,追者亦东走,走者同而所以走则异也。即兹来往桥上者,或访友亲师,或贸迁交易,或傍花随柳,或至淫荡邪僻者,亦漫谓一切皆是,混然无别,此则默识之未真也。学先辨乎此矣。辨此,而后可与论孔孟血脉、孔孟路径也。”[②]其中,耿定向毫不客气地表明对罗汝芳现成良知说和当下即是说的批评和修正,展现出强

---

① 王畿:《王畿集》卷四,《留都会记》,凤凰出版社 2007 年版。

② 耿定向:《与同志》(四),《耿天台先生文集》卷六,第 198、251—252 页。

烈的现实道德关怀和社会责任感。

嘉靖四十三年(1564年),耿定向与罗汝芳在明道书院会讲。请看《盱坛直诠》对此次会讲的记载:

> 耿师举酒,属坐上诸公曰:"仆昨游天界寺,问寺僧行有实修者否,住持以无对。仆时回顾此寺若空。前按陕时,至一县,县官皆不法,仆时看此县亦若空。今茫茫宇宙,若无一人焉担当,则天下后世必有秦无人焉之叹。仆今日请诸公对天发一大誓愿,将天地万物担当一担当,待至捐馆时,满得此愿,方才是一个人。"诸公皆曰:"然,然。"罗师曰:"孟子当时急务,只是要正人心。仆今日只要诸公讲学。"诸公又曰:"然,然。"……罗师曰:"只是讲学,只是聚朋友便了。予今觐回,不见于(案,指吴礼卿)家座上,常有二三十客,便是予学不长进矣。"①

在其中,我们可以领会到耿定向和罗汝芳为学的关注点和宗旨的差异。耿定向在问答中流露了热烈深沉的卫道和救世情怀,罗汝芳在意的则是个人安身立命和朋友聚会的其乐融融之情。

因为与罗汝芳相与论学,耿定向接近了泰州之学。在就任南京督学期间,耿定向与泰州学派中人交往和论学颇密。在南京,耿定向与王襞有过两次会面问学。耿定向推崇王艮学说,对王襞恭敬地执弟子礼。在巡校泰州时,耿定向专程拜谒王艮祠,表达对泰州学派开创者的崇敬。晚年,耿定向撰写《王心斋先生传》,表彰王艮及其弟子。指出:"仲子襞,尤能述其学,余徒白下李士龙、杨道南、焦弱侯、吴伯恒俱与莫逆,余亦因之私淑先生云。"②所谓"私淑",其实就是以王襞为师。不过,作为泰州学派修正者,耿定向对泰州学派思想并非毫无保留地肯定与赞赏,而是有所保留。他特地指出:"余往在留都,间举心斋王先生语,以开示学人,冀有悟入。公(指刘应峰)闻之,寓书规余,大略谓:'世之学者,多喜高简疏旷,其流将猖狂而不知检。愿公(指天台)为流弊预防

① 罗汝芒:《盱坛直诠》,方祖猷等整理:《罗汝芳集》,凤凰出版社2007年版。

② 耿定向:《王心斋先生传》,《耿天台先生文集》卷十四,第428页。

云。'余深颔之。"①

由此可见，以罗汝芳学说为坐标，耿定向将汝芳学说中精微玄妙的一面加以平实化、实践化修正，在所谓"真机不容已"中贯通本体与工夫。在泰州学派内部，耿定向表现为对良知现成化所导致的玄虚和猖狂弊病的自觉修正。他注重为学次第，注重工夫操持，自觉提防玄虚思辨难以避免的轻慢弊端，是泰州学派晚期相当重要的修正人物。

第一节 真机不容已

耿定向出生于嘉靖三年(1524 年)，自小成长于洋溢人伦亲情的家庭氛围之中。因此，他成年后针对心学后学玄虚放纵的流弊而强调人伦实践的重要，并不令人感到奇怪。嘉靖三十五年(1556 年)，耿定向进士及第之后，因为在为学上强调人伦实践，与当时讲会中盛行的良知、心性等主题未能契合。因此，"时都下有讲学会，同志或要之赴。余执前见以尽伦实践，聆诸谈说无当也。"②过后，耿定向深切反省，终于意识到自己的孤陋寡闻，为此撰《盲喻》，进行了无情的自我解剖：

> 昔有孺子自襁褓盲者，随人嬉曝于春园中，闻人言天有日，亟归，周诸父兄曰："日何形?"其父兄曰："圆也。"又问曰："圆何似?"父兄无以应，第取镜示之。孺子执而旋探焉，乃解。复问曰："日何色?"父兄谓之曰："赤也。"又周曰："赤何似?"父兄无以应。孺子顾问不已，其父兄展转念虑，百计求所以譬晓之而不得也。孺子竟惘然。
>
> 夫余学夙主修行云云者，犹辨日之形也。虽心无所见，而古先圣哲遗有成规，犹得模拟而冥行尔矣。若所谓道，犹辨日之色也，斯心之盲也久矣。即有道者披裂肠腹、多方晓告，顾安能顿开锢迷，而令即睹天日也？余自束发，与朋友矢志以尽伦修行为学；既

① 耿定向:《明提督云南学校按察司副使刘公墓志铭》,《耿天台先生文集》卷十二,第 381 页;卷二十。
② 耿定向:《观生纪》嘉靖三十六年条 799。

壮，游四方，闻先生长者言“学贵闻道”，始爽然自失矣。乃作《盲喻》以自省云。①

痛切反思之下，耿定向意识到，自己早年为学以道德修行为主，与心学良知的道学相比，还是显得浅陋了一些。他清醒地认识到，道德修行可以效仿古圣先哲，求道即使有得道者的点拨，却终究只能靠自己内心觉悟。爽然自失之余，耿定向内心不禁迷茫不已。

嘉靖四十年夏初，耿定向前往当时偏远的甘肃，作巡按御史，名义上代天子出巡，但说到底毕竟是桩人人避之惟恐不及的苦差事。这个差事有多苦呢？他后来对友人说：“向岁甘肃之差，远抵张掖、酒泉等处，乃昔人所云天尽头者。而南即蕃，北即虏，烽火之警，一夕几至。又入无习使之童，出无商心之友。只影单形，寓此境界，较之兄时所值，更有难状者。”人生得做大官，世人以为荣耀，却不知宦海沉浮，几多艰辛。种种钩心斗角，令人苦心焦志而不堪忍耐。耿定向认为，为了在宦海中坚持下来，就得有些让人能坚持下来的东西。俗人或为利，或为求做更大的官，或许也能坚持下来。但是最靠得牢的上品灵丹，还是良知。为此，耿定向赞美王阳明说：“昔阳明先生乃大宰子，又自少登科第，擅才名，及谪居贵州龙场官驿丞时，权奸又谋刺之，夷人又谋蛊之，土官又凌辱之，去时浮海遇飓风，一日万里。……而此老良知两字却从此处得来。只此一丹，且能照耀万古矣。”②九死一生中，阳明悟得良知二字，方才支撑过来，且复有豪迈的洒落气概。龙场之前，阳明自负坚贞气节，有绝世文章，自信可以名显于世。但一到龙场，面临死境，方知外在的一切只是梦幻泡影，都无法倚靠。惟有良知才是做人一生的上品灵丹。

嘉靖四十一年（1562 年），耿定向任南京督学。据《观生纪》记载，耿定向每年都到南直隶下属各府州县巡校，指点士子向学，几乎马不停蹄。耿定向辗转各地学校，与诸生讲论孔孟之学，也撰作多篇论说文字以阐释儒学义理。耿定向以“识仁”为宗，将儒家学统贯穿统一，令诸生反身体认，证诸事行，力求实有诸己。他的高足焦竑指出：“向来论学，

① 耿定向：《盲喻》，《耿天台先生文集》卷十九，《儒藏》本 593 页。

② 耿定向：《与陶左山二首之一》，《耿定向集》卷五，华东师范大学出版社 2015 年版，第 184 页。

都无头脑。吾师耿先生至金陵，首倡识仁之宗，其时参求讨论，皆于仁上用力。久之，领会者渐多。吾辈至今稍知向方者，皆吾师之功也。”[①]可见，在耿定向积极引导和悉心宣教之下，南直隶一带的众多学子都确立了以“识仁”为宗旨的学问方向。

对耿定向救正王门后学流弊、捍卫儒学正统宗旨之功，焦竑极为推崇：“盖国朝理学开于白沙，大明于文成。文成之后一再传，而遂失之。承学后进，窃其管窥筐举，寄径而穴焉，以致发硪抉樊，受衍于荒淫之陂，而失其大宗。先生（指天台）重忧之，为防甚力。海内游道餐风之侣，悉咨觏而求是正。”[②]

在阳明心学大行海内冉冉上升之际，程朱之学遂遭到冷落，发自内心的信从者越来越少。“宗守仁者曰姚江之学，别立宗旨，显与朱子背驰，门徒遍天下，流传逾百年，其教大行，其弊滋甚。嘉、隆而后，笃信程、朱，不迁异说者，无复几人矣。”[③]耿定向亲自见证了这一转变过程。以卫道为一生治学使命的他，对此颇为不满。在耿定向看来，没有几个士子有资格批评朱子的为学或者人格。朱子为人可质诸青天白日，有泰山乔岳之气概，有继往开来的济世之志。朱子即使在格物穷理上有支离之嫌，但他自己真心循此而行。这样的真诚，世间有几个士子具有。他沉痛地指出：“盖自阳明致良知之说一出，近世但是谈学者，都知驳刺朱子即物穷理之说之为支矣。今考其青天白日之履，泰山乔岳之气，继往开来之心，如此豪杰，顾曾见几人哉？仆重为此惧矣。夫朱子即物穷理，其说虽若支离，然此老所穷者如此，其率而循之者便亦如此。……仆今反之于心，实自知愧负于晦老处多多，而不敢讼言驳异其学者，正是尊信阳明先生教旨，而思以自致其知也。”[④]对朱子的崇敬之情，溢于言表。

对程朱理学的代代传承，耿定向如数家珍，娓娓道来，可谓语重心

---

① 焦竑：《崇正堂答问》，《澹园集》卷四十七，第 711 页。

② 焦竑：《资德大夫正治上卿总督仓场户部尚书赠太子少保谥恭简天台耿先生行状》，《澹园集》卷三十三，中华书局 1999 年版，第 532 页。

③《明史》卷二百八十二，列传第一百七十，儒林一。

④ 耿定向：《与赵汝泉》之三，《耿天台先生文集》卷六，第 32—33 页。

长。他说："孔孟相传血脉，归于求仁。千载之下，惟周、程独臻此理。两程之门，英杰瑰玮，如云如林。顾实识仁，能领宗脉者，止三人：杨龟山、谢上蔡、尹和靖，而杨更为最。当时程子云'吾道已南'，非虚语也。即今考谢、尹之门，未见数数。龟山以后，罗、李相承，以至晦庵，益大光显。历元至我国朝，施及夷貊，咸知尊信。其羽翼皇序，参赞化育，世盖由之而不知者众矣。人恒言濂洛关闽，由此言之，闽学之光显，视它更甚盛也。窃详闽学所以光显若斯者，当时统承诸儒，如杨、如罗、如李，安贫甚苦，励节坚贞，不似世儒败阙；世务国体，通达精炼，不似世儒迂疏。又朴实笃修，不事表暴，中有聩然如田夫野老者。积之厚，故其发之远；蕴之久，故其衍之大也。"[①]孔孟求仁宗旨得以传承不绝，杨、谢、尹三位大儒的功劳甚大。及至明代，程朱理学成为官方儒学，对维护政治秩序与道德秩序，羽翼世道人心极有作用。但这样的作用往往潜移默化，吾人由之却不知。杨时一系诸大儒的坚贞安贫品节，为空谈心性的世儒们望尘莫及。因此，对程朱大儒的坚贞安贫，耿定向发自内心地推崇。

终其一生，耿定向都是一个道德责任感极为强烈的人。少年时希冀化民成俗，27 岁立志"康济天下"。[②] 南京督学任上，更"毅然以斯文为任，奖名检，黜浮华，随机立教，贤愚佥受其益。"[③]晚年病中，尚且衷心苦思以卫道为念。他说：予病居深山，时闻庙堂议者諰諰然北忧虏市之縻于财也，东忧倭横之惫于兵也，中忧议论之棼呶而国是之靡定也。予叨从大夫后矣，能不怀乎！尝窃闻之，昔贤有言，不在边境而在朝廷，不在兵食而在纪纲，不在言论而在人心。人心之不淑，忧厥有在矣：盖学术之贸乱，道术之棼裂也。惟我皇祖，开天锡极，绥猷首诏，天下学术，惟宗孔孟。……病中为此，惫而惛者数四，良苦矣。里叟曰："奈何忘生若此！"余盖慨异学之喧豗，伤吾道之晦蚀，哀余生之无几，念有道之难逢，乃勉为此，藉手代面就正也。[④]

① 耿定向：《与管延平》，《耿天台先生文集》卷五，第 55—56 页。
② 参见《观生纪》嘉靖三十年辛亥条。
③ 李维桢：《耿恭简家传》，《大泌山房集》卷六十三。
④ 耿定向：《学象》，《耿定向集》卷九，华东师范大学出版社 2015 年版，第 345—346 页。

耿定向在修正泰州学派现成良知的情识之弊时，提出的一个重要学说就是"真机不容已"。他认为"真机不容已"，是形而上性体在人心中沛然莫之能御的显现。"'生生''生生不容已''不容已'在字面上，是表现阳明以后明代思想界基调的最具有特征的语言。……'生生不容已'成为时代思想激情所在的原因，从思想根源的渊源来说，则可以从'良知'和'万物一体之仁'结合之处找到。"[①]孟子说尽心知天，耿定向承接这一说法，并进而指出，尽心即真机不容已，即知晓己性乃天命的开显。他说："学者须从心体尽头处了彻，使知性之真体，原是无思无为，便知上天之载，原是无声无臭，浑然一贯也。所谓心体尽头处者，盖昔人所谓思虑未起，鬼神不知，不睹不闻处也。近来自省与人伦日用，多少不尽分处，乃语学者云：吾人能于子臣弟子，不轻放过，务世尽其心者，是其性真不容自已也。性真不容自已，原自天命之放穆不已，非情缘也。故实能尽心，而知性知天一齐了彻。"真机之所以为真机，因为不出于世俗情缘，而直接缘于天命。在《寄白下友》中，耿定向强调"除却孝悌无道，除却言行无德，除却师友无仁，除却涵泳道德而辅仁者，非吾孔氏之所谓艺"。[②] 针对李贽认为自己的学问只不过专注于孝悌等人伦小事，而没有强调大人明明德之事，耿定向针锋相对地自我辩护："公谓余之不容自已者，乃《弟子职》诸篇入孝出悌等事；公所不容已者，乃大人明明德于天下事。此则非余所知也。除却孝悌等，更明何德哉？窃意公所云明德者，从寂灭灭已处观得无生妙理，便谓明了。余所谓不容已者，即子臣弟友根心处识取有生常道耳。"[③]

真机不容已中的"真机"源自天命之性，源自良知心体。真机通过道德冲创性，直接表现为知善知恶的良知，直接在生活世界中表现为名教。相较而言，李贽的真机源自童心，不能直接贯通于先验道德意识或者名教。在耿定向与李贽有关真机的观点对峙中，核心问题在于是否应当承认道德性是人的本质属性。

真机不容已通向万物一体之仁，通向平常心即道，是谓极高明而道

---

① [日]岛田虔次：《中国思想史研究》，邓红译，上海古籍出版社2009年版，第30页。

② 耿定向：《耿定向集》卷五，《寄白下友》，华东师范大学出版社2015年版，第195页。

③ 耿定向：《耿天台先生文集》卷四，《与李卓吾》。

中庸。在耿定向看来,为学贵在与百姓日用同然:“夫与百姓同然处,吾党何能加得些子?惟是百姓日用不知耳。日用处,圣人原与百姓同,其所用处,圣人自与百姓异。区区所谓择术者,非能有效于百姓日用之外也,意于百姓日用者,而辨所用耳。”①圣人与百姓的区别仅仅在于,圣人日用而知,百姓则往往日用而不知。因此为学在于,求与百姓日用同者,而非求于百姓日用之外。良知原本平易自然:“不作好,不作恶,平平荡荡,触目皆是,此吾人原来本体,与百姓日用同然者也。”②

为学体道之难,在处处有陷阱,处处可能生出弊端。如以管窥天者,可能无法领会触处皆是天的道理。能领会触处皆是天道理的学子,有可能耽于虚空之见,而不懂得视听言动处皆是天的道理。懂得平常心即道的学子,却又可能鲁莽放任,无法领会礼为天则的微言大义。“世之言道,譬之以管窥天者,第知一隙之为天,不知触处皆天也。亦有知触处之皆天者,而耽虚执见,不自反身理会视听言动之皆天也。或有知视听言动之皆天者,而乃卤莽恣睢,不知视听言动之礼之为天则也。”③

在耿定向看来,佛学以寂灭无我为宗,孔孟儒学则以不容已之仁根为宗。圣人经纶天下,日常践履,无不源自不容已之仁根。根本言之,不容已之仁根亦源自神妙莫测的心体之无,因此不容执持。正所谓天机不可轻泄。“窃详彼教,大端以寂灭灭己处为宗。若吾孔孟之教,惟以此不容已之仁根为宗耳。试观自古圣帝明王、哲宰硕辅,所以开物成务,经世宰物,俾尔我见在受享于覆载间者,种种作用,孰非此不容已之仁根为之乎?然即此不容已之仁根,原自虚无中来,顾此虚无何可以言诠哉!侈言之者,由有这见在也,着见便自是两截矣。圣人第于不容已处立教,使人由之,不使知之。如宰我欲短丧,夫子第即其不安处省之;墨氏贵薄葬,孟子第原其颡有泚处省之。至其所以不安处,其颡所以有泚处,非不欲使知,不可加知也。”④由此可见,耿定向亦认可本体上做

① 黄宗羲:《明儒学案》卷三十五,《泰州学案四·恭简耿天台先生定向·天台论学语》。
② 黄宗羲:《明儒学案》卷三十五,《泰州学案四·恭简耿天台先生定向·天台论学语》,《刘调父述言》。
③ 黄宗羲:《明儒学案》卷三十五,《泰州学案四·恭简耿天台先生定向·天台论学语》。
④ 耿定向:《与焦弱侯》,《耿定向集》卷之三,华东师范大学出版社 2015 年版,第 105—106 页。

工夫。

学子当体认万物一体，但亦当知万物一体之中有礼。礼虽有所分别，却实无分别。这是因为，礼之分别源出于自然之真机。横渠曰："聚亦吾体，散亦吾体。"生死无分别也。明道曰："万物为一体。"人我无分别也。然夫子曰："亲亲之杀，尊贤之等，礼所生也。"又曰："非礼勿视听言动。"孟子曰："亲其兄之子，为若邻之赤子乎？"此则分别而实则不分别也。何者？此则自然之真机，非缘名义道理而生分别者。[①] 人倘若好放逸，就当对治以礼；倘若为抑郁所苦，就当对治以体道之真乐。"人为习气所移，多好放逸，时一自警策，便是礼。人为情欲所梏，多致抑郁，时一自舒畅，便是乐。"

在耿定向看来，由于本心之不容已，人在世上必当有所作为。由于本心之不自安，人在世亦当有所忌惮，有所敬畏。"余惟反之本心不容已者，虽欲坚忍无为，若有所使而不能；反之本心不自安者，虽欲任放敢为，若有所制而不敢。是则肤浅之纲领，惟求其不失本心而已矣。"[②]耿定向认为，先天后天、心事、体用与内外当一体，而不可两分。如若两分，即是歪门邪道。学问弊端，大率由此。他因此严厉批评邓豁渠，指出：邓豁渠言："常住真心，与后天不相联属。"此极邪之说。近日谈禅者，百般病症，皆由此。盖心事判，内外岐，孟子所云"离"，明道所云"两截"者是也。[③]

有趣的是，耿定向的真机不容已学说是在耿定理启发之下产生和提炼出来的。耿定向在《耿子庸言》中坦承了这一思想奇缘。他说：

> 嘉靖辛酉秋，余偕仲子（指耿定理）晤胡正甫于汉江之浒，相与订学宗旨。余时笃信文成良知之学，以常知为学。正甫则曰："吾学以无念为宗。"仲子曰："吾学以不容已为宗。"正甫首肯数四。余懼然失已，盖讶仲子忽立此新论。胸中蓄积十余年，密考显征，远稽近质，然后恍然有省。窃服正甫之知言，嗟叹仲子之天启也。比

① 耿定向：《与杨复所》，《耿定向集》。

② 耿定向：《与李卓吾》，《耿定向集》。

③ 黄宗羲：《明儒学案》卷三十五，《泰州学案四・恭简耿天台先生定向・天台论学语》。

年来益笃信此为尧舜周孔仁脉，虽圣人复起不能易矣。何者？盖仲子所谓不容已者，从无声无臭发根，高之不虚玄；从庸德庸行证果，卑之不落情念。天命之性如此，故曰“维天之命，於穆不已”。非此不容已者为之血脉，则捧土揭木为偶而已。①

更有意思的是，耿定理虽然启发其兄耿定向提出了不容已学说，自身却未以此作为讲学和为学宗旨。反倒是耿定向，在提揭这一宗旨后，即以此贯通自己的学问，并以此教授子弟。

真机不容已的真机，即在人伦日常中显发并与性命道德浑化一体的生机之心。在真机中，上下古今贯通为一体。真机不容已之说不仅受到耿定理的直接影响，而且罗汝芳和王时槐的影响也不容小视。“天台并不认为近溪之学堕于见解，反而称赞近溪晚年能把得自传统的《楞严经》的‘无’放下而提掇生机(参见同上书卷三《与邹汝生》)。此外，他对以‘敦伦体物’、生生不已的生之理的真机为宗而阐明心体的塘南之学，也是推崇备至的(参见同上书卷十六《读塘南王先生语录》)。”②

在真机不容已之中，洋溢着万物一体之仁的精神。“天台在说明心之生机时，如同他所说的‘万物一体之真机，原不该已也’(同上书卷4，《与张阳和》)那样，特别强调彼我相通的共同的热血之爱，即‘万物一体之仁’。他认为，孟子所谓‘求放心’之说，无非是求爱心而已(参见同上书卷1，《庸言·五经大旨》)。所以他在赞赏阳明事功的同时，还赞赏了阳明吐露万物一体之诚心的‘拔本塞源’论，这大概是理所当然的(参见同上书卷9，《应明诏乞褒殊勋以光圣治疏》)。”③

为学趋于笃实平易的耿定向，着重强调对天命的敬畏，无足为奇。在这一点上，他继承了宋儒的主敬精神。“重视实地工夫的天台，如同朱子晚年重视‘礼’那样，把理和敬归于‘礼’，并认为亲亲之教的‘仁’和尊贤之笃的‘义’也是由‘礼’所生的。他说：宋儒所提掇的‘主敬’，即是‘礼’，即是‘集义存仁处’。就是说，‘礼’是仁义之母。故而他把周、程、

① 耿定向：《耿子庸言》，《耿天台先生全书》卷一。

② [日]冈田武彦：《王阳明与明末儒学》，重庆出版社2016年版，第183页。

③ [日]冈田武彦：《王阳明与明末儒学》，重庆出版社2016年版，第184页。

张、朱之学全都归于‘礼’。他还认为，阳明提倡‘致良知’是时节因缘，这与宋儒提倡‘礼’的精神并无二致（参见同上书卷一《庸言·诽言》；卷四《示应试生》）。”[①]

由于实地工夫必须表现于日常言行，因此耿定向自然就会以“庸德庸行”或者“庸言庸行”作为学问宗旨。与此同时，他在平常言行中贯注形而上精神，强调庸言庸行即是妙道。庸德庸行具体指笃伦尽分与为官尽职。“归根结底，前者不过是亲亲长长之道，即孝悌忠信。在天台看来，只有这些才是天命心性之不已处，也才是识取真机的根由（参见同上书卷三《与王相公》二，《与胡杞泉》二）。而后者则是‘为天地立心，为生民立命’之道，亦是显‘万物一体’之真机、尽性命之精微的根由。他认为，讲‘万物一体’之真机而不做‘为官尽职’那样的实事，就必然会趋于空谈。于是，‘为官尽职’便成了天台验证学问之成败的根据（参见同上书卷六《牧事末议》；卷十五《武泾宁国二县学》）。”[②]

在耿定向对庸德庸行的强调中，有着邹守益笃实的戒惧学说的影响。在阳明后学中，耿定向终生敬佩不已的就是邹守益。他在致邹守益之子邹颖泉的信中，热烈地推崇邹守益之学：“来日绎思，君家庸德庸行宗旨，诚正法眼藏，活人良剂也。”（同上书卷三《与邹颖泉》）因此可以说，“在天台学说中，明显有修证派的影子。如前所述，他在提倡‘良知’时，有重视‘天理’，或者有比本体更重视工夫的倾向。这大概也可以作为其受修证派影响的一条证据吧！正因为如此，他对李卓吾、王龙溪持批判态度是很自然的（参见同上，《读念庵先生冬夏二游记》；同上，《与王龙溪》；卷二《遇聂赘言》；卷四《答友人问》）。”[③]

但是，从根本精神上来说，耿定向仍然是泰州学派传人，仍然肯定本体上做工夫主张。“当然，天台仍属于泰州学派的学者，所以他即使以实修实事为学之要，也依然认为若不基于心性之真机，就会拘于行检格式而成支离逐物；若不基于当下体认就会涉于虚见，陷于光景。因此，他仍主张信任当下即本体说（参见同上书卷二《纪言·心斋语记》），

---

① [日]冈田武彦：《王阳明与明末儒学》，重庆出版社 2016 年版，第 185 页。

② [日]冈田武彦：《王阳明与明末儒学》，重庆出版社 2016 年版，第 186 页。

③ [日]冈田武彦：《王阳明与明末儒学》，重庆出版社 2016 年版，第 187 页。

而且还高度评价了心斋、近溪的体悟说。”①

由此可见，在耿定向的不容已学说中，接纳了王阳明与王艮的良知、格物学说，受到《易传》生生的影响，同时又受到朱子学甚至佛学影响。他的真机即良知心体的动静合一，即良知运行不息的冲创显发。真机不容已，以万物一体之仁体为根据。正由于此，真机源于自然，为先天本体在人心中无时或息的显发。耿定向的不容已显然继承了孟子尽心知性知天的思想。他在致周柳塘的信中指出：“学者须从心体尽头处了彻，使知性之真体，原是无思无为；使知上天之载，原是无声无臭，浑然一贯矣。所谓心体尽头处者，盖昔人所谓思虑未起，鬼神不知，不睹不闻处也。吾人能于子臣弟友不轻放过，务实尽其心者，是其性真之不容自已也。性真之不容自已，原是天命之于穆不已，非情缘也。”②在其中，心、性与天贯通为一。学者当知性原无思无为，上天之载原无声无臭，此亦为独体，为未发之中。能尽心于人伦日用处，即真机不容已处，即天命之不息处。

在致王畿的信中，耿定向自信地指出，真机不容已笃实可行，既不会向上一着误落于虚空之境，也不会沉沦于功利机械。他强调：“孟子只从其颡有泚处、乍见怵惕处识取，阳明良知之旨，亦是从此讨求消息，原自彻上彻下，彻始彻终。既不落向高层虚寂窠臼，又不掺和下层功利机械。知至至之，则不识不知、无声无臭者，此其显现；知终终之，则开物成务，日用云为者，此其真宰。愚尊信之无疑者，盖反求之本心而有契，非倚傍人口吻也。”③由此可见，真机不容已极高明而道中庸，统合高明与平常。真机既是性体的显发，又是言行的主宰，贯通天人，联通形上形下。

相比于罗汝芳的开阔清新、别出手眼，耿定向的真机不容已学说显得更为笃实、沉稳而质朴。近溪之实学，到了耿天台那里又有了更加切实的发展。天台把本体之生机全都归于“庸言庸行”“敦伦尽分”或者“当官尽职”等日常实事，并以此为道之精微，甚至批评龙溪的本体之工

① [日]冈田武彦：《王阳明与明末儒学》，重庆出版社2016年版，第189页。
② 耿定向：《与周柳塘》，《耿天台先生全书》卷三。
③ 耿定向：《与王龙溪先生》，《耿天台先生全书》卷三。

夫即顿悟法，未免流于空虚。另一方面，他还承认修证派学风，指出伦理的重要性，并根据伦理之有无来区别儒佛。但最后他却把儒佛之别归于伦理的实践与否，即“尽”与“不尽”之别，以至于将两者的精微处当作相通处，从而赞赏了佛学的精微处。①

第二节　即事即心

万历十五年（1587 年），耿定向作《慎术解（赠邹汝光）》，在其中，耿定向针对当时学者通病，在真机不容已与百姓日用即道基础上，对“学有三关”进行了阐发，以切实理解心与道、心与事的关系。耿定向认为当时学者存在种种弊病，如穷究闻见之识以为知，如亦步亦趋于陈年老套以为行，而知即心即道者少；偶有有得于心性者，大多耽于玄虚之见，而知即事即心者少；即使有懂得即事即心者，又无法辨别做事之道，是因未能领悟慎术。正是鉴于种种弊病，耿定向才提出学有三关。

> 忆往岁刘调父访余山中，余与语云：“学有三关，初解即心即道，已解即事即心，其究须慎术”云。盖近世以学自命者，或在闻识上研究以为知，或在格式上修检以为行，知即心即道者少矣。间知反观近里者，则又多耽虚执见，知即事即心者尤少。抑有直下承当，信即事即心者，顾漫然无辨，悍然不顾，日趋于下达异流，卒不可与共学适道者，则不知慎术之故也。何者？离事言心，幻妄其心者也，固非学；混事言心，汗漫其心者也，尤非学。惟孟子慎术一章，参透吾人心髓。即心择术，因术了心，发千古事心之秘诀矣，岂不直截，岂不简易哉！②

在这段有关学有三关的解说中，耿定向表明他之所以提出学有三关的缘故。三关即即心即道、即事即心与慎术。真机不容已，在学有三关中体现为即心即道。“自心自性实源于天，维天之命，于穆不已，自心

① ［日］冈田武彦：《王阳明与明末儒学》，重庆出版社 2016 年版，第 156—157 页。

② 耿定向：《慎术》，《耿天台先生全书》卷一。

自性之真机，自亦不容已也。”[1]百姓日用即道在三关中展现为即心即事。耿定向之所以主张合于事言心，是因为他极其不满学者脱离实际生活世界而清谈心性的情形。他抨击近世学术：“无论虚浮者流，即负真志称有得者，类拾伯阳之余唾；称妙悟者，类剿《楞》《坛》之半解；笃修者，类宗先儒之格式。于尧舜周孔真学脉已辽邈。于是高明一行多疏脱，愿谨一行多迂执，将焉赖之！”[2]与此相对，耿定向倡导心事合一，学用结合，性命之学与经世之学相结合。

如何依据正确的心术规范日常言行，即为三关中的慎术。“何谓慎术？曰：事故皆心也。顾有大人之事，有小人之事。学为大人乎？抑为小人乎？心剖判于此，事亦剖判于此，人亦剖判于此矣。学孔子之学，犹业巫函之术者也，不必别为制心之功，未有不仁者矣。舍孔子之术以为学，虽均之为仁，有不容不堕于矢匠之术者也。故其究也慎术。”[3]心主宰言行。是作大人还是小人，端赖于依据何种心术。要作大人，则当以孔子之学为自己言行的主宰。

耿定向强调，儒者生活和学问应当与日用常行中的人伦实践紧密结合起来，将极高明与道中庸结合起来。他认为大道就在日用人伦之中，凡人之所以为凡人，只是他们日用不知而已。“孔氏之学，常人见以为无奇而厌之；孔子之学淡，人间以为无味而厌之；孔氏之学易简，人见之以为无文而厌之矣。自非默识此无奇之奇，无味之味，无文之文，恶能以不厌？既自厌矣，又恶能诲人之不倦哉？”[4]耿定向指出，真正的大道应当是在表面的粗浅之中洞见精微，专意追求超越性的精微而不可对人伦世界中人语的，都只是邪门歪道：“凡道之不可与愚夫愚妇知能，不可以对造化通民物者，皆邪说乱道也。此理盖自孟子灭后即无人勘破，诸多贤智之过矣。然此又止可向醒眼人说，便煞有意味。与一种浅机俗学人说，口虽信然曰我能是能是，不知终是不著不察，又却麻木可悯。至向高明人前陈道，则又呀然骇咤，以为不若是之浅粗矣。盖费中

① 耿定向：《学象》，《耿天台先生全书》卷二。

② 耿定向：《与张阳和》，《耿天台先生全书》卷四。

③ 耿定向：《慎术》，《耿天台先生全书》卷一。

④ 耿定向：《耿天台先生文集》卷十九，《与内翰杨复所》。

隐，常中妙，粗浅中之精微，本是孔孟万古不易正脉。”[①]“百姓日用之道是显，其中所包含的天道是隐；百姓日用不过是市井细事，但其中道理自是精微。”[②]

关于人性极易堕落的倾向，耿定向指出：“夫人当下忽缘违忤，愤怒暴发，裂眦焦中时，便堕火坑汤镬狱矣。忽缘声色嗜欲萌起，波动横流时，便堕沉渊幽井狱矣。失荣割爱，蒙毁被谗，丧气销魂时，便堕剑树刀山狱矣。即牵绊世情，拘恋俗礼，亦便堕枷扭桎梏狱矣。狱而不省，则为禽为兽不远也。如使天良不泯，悠然易虑改行，是故复登天堂，轮回为人矣。夫悠而地狱，悠而天堂，悠而人天，悠而禽兽，一日之间，众生不知轮回几道而不自觉者，着念故也。念无常，故轮回亦无常耳。”[③]也就是说，世间俗人束缚于贪嗔痴等负面情感的纠缠之中，情绪常处于天人交战之中，处于从地狱到天堂的来回震荡之中。正是基于对人性阴暗面的痛切了解，耿定向虽然认可“无善无恶心之体”的说法，但强调更多的是，人倘若要恢复无善无恶的心体，那么就必须兢兢业业地做为善去恶的工夫操持。他也因此严厉批评阳明后学中误认现成良知为情识或玄虚的种种弊端。

由于良知学说存在肤浅化而流于各种弊病的可能性，耿定向要求在向人传授致良知时，要按照学人根性或者悟性深浅，以不同方式传授。他痛切地指出：“良知二字本起死回生决也。遇其人当其机，则蹄涔一滴为继命灵丹。苟不先辩其志之所归，审其质根之所享，而即授之而冒承之，诚恐上味醒醐翻成毒药也。”[④]利根之人一闻良知，当下就可以悟入。但是，对绝大多数的中下根之人来说，必须努力做为善去恶工夫，否则良药就会摇身变为毒药。

对于泰州学派的“百姓日用即道”，耿定向做了承接，并以“即事即心”之说做了进一步阐发。他认为，儒家历代典籍与为学方式，无不体现“即事即心”：

---

① 耿定向：《耿天台先生文集》卷五，《复乔户部》。

② 张学智：《明代哲学史》十八章，《耿定向的“不容已”之学》，第273页。

③ 耿定向：《耿天台先生文集》卷十六，《六道译》，齐鲁书社。

④ 耿定向：《耿天台先生文集》卷三，《与胡庐山第六首》，齐鲁书社。

尝惟自有书契以来，降及周末，诸如典坟、丘索、史籍棼然烦芜矣。夫子实是未作，取而芟夷剪截，迹为“六经”。所谓多闻而择，多见而识耳。夫圣人之道，由无达有；圣人之教，因粗显精。仲子尝言：“《易》，初特今神祠之签谶耳；《书》，特今诏疏之集稿耳；《诗》，特今鼓吹之韵谱耳；《春秋》，特今之邸报耳；三《礼》，特今之仪注耳。”孔子从而赞之修之删定之，便垂为万世成宪。吾人遵之则得，违之则失；天下国家由之则治，戾之则乱。若食饮之于饥渴，若规矩准绳之于方圆平直，未之能违者。此其何故哉？是可绎思矣。①

他由此认为，儒学区别于释道二教的根本特点在于“即事即心”，而“圣人之道，由无达有；圣人之教，因粗显精”就是对“即事即心”简洁而精当的表述。显而易见，学有三关是以即事即心为中心的。

关于“学有三关，有四证”，耿定向在《观生记》中指出：“三关者，大旨谓须解即心即道，进之解即事即心，要之择术云。四证者，盖曰学为圣人也，即异教家亦有证果说，吾侪志学圣人，可弗反身自证耶？夫‘行一不义，杀一不辜，虽得天下不为’，此圣人本根；‘闻一善言，见一善行，若决江河莫御’，此圣人虚灵；‘江汉以濯，秋阳以暴’，此圣人心体；‘为法天下，可传后世’，此圣人事行。吾侪试自反躬证之如是四者若何？”②经由四证，可反观学者为学达于何种阶段。四证者，分别为圣人本根、圣人虚灵、圣人心体与圣人事行。

在弟子刘元卿看来，耿定向之所以提出“学有三关”，与其为学经历有关。他把耿定向的“入悟次第”描述为：

吾师始以尽伦为志，犹探盘而求日之形也。既举簟有悟，盖从有入无，如盲子霅然见日色矣。俾世颖慧者觌斯光景，非玩弄狂恣，则耽无溺妙，其不为张皇天日者几希。乃先生不自已也，而求友资切方殷殷焉。故慎独楼之证，又从无入有，如堕桥践实地矣。而先生犹未已矣，审伯夷、伊尹、尧舜、孔子之途，究可仕可止、可久

① 耿定向：《与周柳塘》之九，《耿天台先生文集》卷三，第43—44页；卷三，第115页。

② 耿定向：《观生纪》万历五年条811—812。

可速之故，于是灼信渊渊浩浩为孔子之邦畿，而立人达人乃学孔之路径。盖自此若亡若虚，不厌不倦，以游乎无穷。斯则践实地，而尤能辨于所践者乎？其及益远大矣！[①]

刘元卿认为，可以把耿定向的“入悟次第”看作“学有三关”的注脚。“从有入无”相当于“初解即心即道”。“从无入有，如堕桥践实地”相当于“已解即事即心”，也就是从将本体与天下国家民物区分为二的“离事言心”，回归到极高明而道中庸的孔孟之道，在人伦世界中安伦尽分。

关于“慎术”，耿定向在隆庆三年（1569 年）致湖广督学胡直的信中做过阐发：“顾弟近少有所省，因以质之：大要曰慎术。夫近日号称知学者，高明一行多疏脱，愿谨一行多迂滞，天下可倚靠者少。其学术病症，居然可见矣。大端学术之弊，无论近日，即宋学似亦少失孔孟宗本。宋儒终日辟佛，辟仙，实落未脱二家蹊径。如何成德，如何达材，所谓议论多，成功少，无怪也。试看孔门人物，多有用成材，便知当时教术矣。窃谓孔孟之学，真实费而隐。宋学未脱二氏蹊径者，以其隐而隐也。”[②]以孔孟之道为依归，“慎术”说将有与无、下学与上达、费与隐等结合在一起，在两端之间中道而行，正所谓：“盖费中隐，常中妙，粗浅中之精微，本是孔孟万古不易正脉。”[③]

《明儒学案》对耿定向学说总的评价如下：“先生之学，不尚玄远，谓‘道之不可与愚夫愚妇知能，不可以对造化、通民物者，不可以为道，故费之即隐也，常之即妙也，粗浅之即精微也’。其说未尝不是，而不见本体，不免打入世情队中。……先生因李卓吾鼓倡狂禅，学者靡然从风，故每每以实地为主，苦口医救。”[④]在其中，黄宗羲首先对耿定向的为学宗旨进行总体评价，认为耿定向为学不追求玄远，虽然不能说不恰当，但却“不见本体，不免打入世情队中”。由此可见，他对耿定向的学说有所批评。黄宗羲同时又指出，耿定向“学有三关”之说，一为即心即道，一为即事即心，一为慎术。

---

① 刘元卿：《耿天台先生文集序》，《耿天台先生文集》卷首，附编五 889 页。

② 耿定向：《与胡庐山书》（一），《耿天台先生文集》卷三，第 65—66 页；卷三，第 83 页。

③ 耿定向：《复乔户部》，《耿天台先生文集》卷五，第 182 页。

④ 黄宗羲：《明儒学案》卷三十五，《泰州学案四·恭简耿天台先生定向》。

第三节 耿定向与王畿之辩

对王畿倡顿悟而非议宋人之学，耿定向颇为不满，予以严厉反驳。他说："近者龙溪诸人讥刺宋学，议论甚是混障。自对证此心，不过明道云大公顺应，亦只是不自私用智耳。今世学者所谓悟，只增得一番虚知见，添得一种浮气耳，于此学全无干涉。"[①]在他看来，宋儒言论上也许支离，但精神是笃实真诚。与此相对，王畿诸人的顿悟却无踏实精神，根本上只是一番空虚浮泛的知见而已。

耿定向与倡导见在良知的王畿进行过长期论学与辩论。两位心学健将之间的论学与辩论，始于嘉靖四十三年(1564 年)，终于王畿过世10 年之后的万历二十一年(1593 年)。大致而言，两者的论学与辩论可以分为两个阶段。第一个阶段是嘉靖四十三年(1564 年)至嘉靖四十四年(1565 年)。在此阶段中，耿定向正在南京督学任上，与热衷于讲学的王畿有过两次晤面。第二个阶段始于万历五年(1577 年)，两人主要通过书信进行辩论。总的来说，两人之间长达几十年的辩论，主要关注"四句教"和教学方式这两个内在相关的问题。与此同时，耿定向借此辩论，阐发了"学有三关"学说。

嘉靖四十三年(1564 年)，耿定向与王畿初次会面。就耿定向的为学演变而言，此时他经历了"汉浒订宗"的洗礼，加上得到悟性极高的耿定理启发，在学问上完成了"有—无—若无若虚"的转变，在为学上已经认信"体用一源，显微无间"的宗旨。因此，他在工夫上更强调从日用常行的人伦实践入手以证成良知本体。由此我们可以理解，在接下来耿定向向王畿的请教中，更多隐含的是前者向后者试探学问究竟的意味。

作为心学门下的晚辈，耿定向首先向心学元老王畿请教虚无与儒学之间的关系。王畿回答："圣人微言，见于《大易》。学者多从阴阳造化上抹过，未之深究。'夫乾，其静也专，其动也直，是以大生焉。夫坤，

① 耿定向：《与霍丘田生》，《耿天台先生全书》卷四。

其静也翕，其动也辟，是以广生焉’，便是吾儒说虚的精髓。‘无思也，无为也，寂然不动，感而遂通天下之故’，便是吾儒说无的精髓。……无思无为，故其心常寂，常寂故常感。”[①]王畿认为，儒释道三教都认为虚无是本体的特性。儒家与其他二教的区别在于，其他二教“于本体上加了些子”，也就是说，它们讲虚无另有动机。儒家说虚无，意在从工夫论上强调虚无，也就是要“无思无为”，要“如鉴之照物，我无容心焉”。王畿的这些说法，其实阐发的正是即本体而工夫的先天正心之学。

既然讲到工夫，耿定向顺势就工夫问题请教王畿。为此，两人首先探讨易经中的“蒙卦”问题。耿定向讨教养正之义，王畿指出：“蒙之时，混沌未分，只是一团纯气，无知识技能掺次其中。默默充养，纯气日足，混沌日开，日长日化而圣功生焉，故曰‘童蒙，吉’。……吾人欲觅圣功，会须复还蒙体，种种知识技能外诱，尽行摒绝，从混沌立根，不为七窍之所凿。充养纯气，待其自化，方是入圣真脉络，蒙之所由以亨也。”[②]在王畿看来，蒙有亨道，并非不好。这是因为，方蒙之时，一团纯粹之气，无知识技能之染污。如能徐徐充养，则能诞育圣功。如若对儿童强行灌输知识技能，不仅徒劳无益，而且有害。如要克成圣功，就应当摒弃知识技能等外诱，立基于混沌，逐日充养纯气，如此方能由蒙入亨。

接着，耿定向就“如何用力，方可通昼夜而知”的问题请教王畿。在王畿看来，吾辈日间应酬做工夫，以良知做主，未免有气魄承当处，因此未能一任自然。惟有得个悟入处，洞见良知心体，方能通乎昼夜。他说：“吾人日间做得主，未免气魄承当。临睡时神思恍惚，气魄全靠不著，故无可用力处。古人云‘德修罔觉，乐则生矣’。不知手舞足蹈，此时不犯手入微公案。罔觉之觉，始为真觉；不知之知，始为真知。是岂气魄所能支撑？此中须得个悟入处，始能通乎昼夜。”[③]由此可见，对于耿定向提的问题，王畿的回答在于强调即本体而工夫，强调要存养心体。

在王畿生前刊行的《王畿会语》中，还有一段“东游问答”，记述两人

---

① 王畿：《东游会语》，《王畿集》卷四，凤凰出版社 2007 年版，第 84—85 页。
② 王畿：《东游会语》，《王畿集》卷四，凤凰出版社 2007 年版，第 87 页。
③ 王畿：《东游会语》，《王畿集》卷四，凤凰出版社 2007 年版，第 87—88 页。

会面的情形。耿定向请教四句教中有关无善无恶与有善有恶的问题，王畿认为人分上根之人与下根之人两种：

> 上根之人悟得无善无恶心体，使从无处立根基，意与知物皆从无生，无意之意是为诚意，无知之知是为致知，无物之物是为格物，即本体便是功夫，只从无处一了百当，易简直截，更无剩欠，顿悟之学也。下根之人未曾悟得心体，未免在有善有恶上立根基，心与知物皆从有生，一切是有，未免随处对治，须用为善去恶的工夫，使之渐渐入悟，从有以归于无，以求复本体，及其成功一也。上根之人绝少，此等悟处，颜子、明道所不敢言，先师亦未尝轻以语人。楚侗子既已悟见心体，工夫自是省力。只缘吾人凡心未了，不妨时时用渐修工夫，不如此不足以超凡入圣，所谓上乘兼修中下也。其接引人亦须量人根器，有此二法，不使从心体上悟入则上根无从而接，不使从意念上修省则下根无从而接。成己成物，原非两事，此圣门教法也。①

在王畿看来，上根之人从无处立根基，悟得无善无恶心体，进而悟得意、知与物俱从无生，可即本体即工夫，正所谓顿悟之学。下根之人在有善有恶上立根基，必须用为善去恶的渐修工夫，从有归无以复本体。上根之人寥若晨星，因此一般人修行当注重渐修。

此次会面之后，在写给胡直的书信中，耿定向记述了对王畿学说的初次印象。他说："时在宜兴，得与王畿会，相与再宿。细叩其所得，本末大彻，其不能光显此学，无怪也。然细观渠受用处，亦从微处窥些止光景。故时觉有一种轻脱，此亦足取益者。何如，何如？"②可见，对于这位心学元老，耿定向的评价毫不客气。耿定向之所以对王畿做如此评价，是因为在他的学说中，根本就没有先天正心之学的容身之处。或者说，他们两人有关学者成德之方的观点，恰恰构成了对照两极。详细一点说，"真机不容已"学说，在于强调良知本体具有道德创生的能动性，强调良知本体必然会体现于人伦实践之中。为了证成良知本体，必须

① 王畿：《龙溪会语》，《王畿集》附录二，凤凰出版社 2007 年版，第 721 页。

② 耿定向：《与胡庐山》之十一，《耿天台先生文集》卷三，第 18 页。

做为善去恶的工夫。

嘉靖四十四年(1565年),耿定向与王畿在南京再次会面,探讨“明德”问题,进一步展示出工夫论上的分歧。耿定向认为,良知之学的确是真药方,但应当有个引子,即“欲明明德于天下”。有了这个引子,工夫才不至于狭隘。王畿答复说:“这一个引子是良知药物中原有的,不从外得。良知是性之灵,原是以万物为一体,明明德于天下,原是一体不容已之生机,非以虚意见承当得来。古之欲明明德于天下,不是使天下之人各诚意正心以修身、各亲亲长长以齐家之谓也,是将此灵性发挥昭揭于天下,欲使物物皆在我光明普照之中,无些子昏昧间隔,即仁覆天下之谓也。”①王畿明确肯定“明明德于天下”出于“不容已”之生机,目的在于将良知性灵发扬于天下,将天地万物都置于良知光明的普照之中。

总的来说,在这两次会面中,耿定向虽然私下里对王畿不无微词,但对心学元老王畿还算尊重,气氛也算友好。但是,在十余年后的会面和书信往来中,耿定向却对王畿学说进行了严厉批判和清算,甚至认为王畿学说已经丧失根基。追究耿定向态度之所以变得激烈的原因,是因为万历五年发生的两件事。

第一件事,是万历五年(1577年)秋,为庆贺徐阶七十五寿辰,王畿特意作《原寿篇赠存斋徐公》,以示庆贺。第二件事是同年闰八月,王畿与张元汴、邓以赞会讲于龙南山居。为此次会讲,张元汴和邓以赞分别撰写《秋游记》,王畿撰写《龙南山居会语》。耿定向正是在阅读这几篇文章之后,对王畿态度发生了剧烈转变,甚至几乎把王畿看作异端而进行严厉清算。

让我们首先记住耿定向即事即心、真机不容已和学有三关学说与王畿先天正心之学之间的根本性矛盾,再来细心阅读和解读这几篇文章。我们先来看王畿的《原寿篇赠存斋徐公》,其中说:“心体粹然,意者有善有恶,良知浑然,识则有是有非。善恶则好恶形,是非则取舍见。万病皆起于意,万缘皆生于识。心之良知,本无善恶,本无是非。譬之

① 王畿:《留都会纪》,《王畿集》卷四,凤凰出版社2007年版,第89—90页。

明镜之鉴物，妍媸黑白，皆其所照之影，应而无迹，过而不留。意与识，即所谓照也。真心无动，而意有往来；真知无变，而识有生灭。以照为明，奚啻千里！”[①]也就是说，良知心体本无善恶，本无是非。心如明镜，而意与识为照。心体无动无变，而意有往来而识有生灭。

邓以赞的《秋游记》是这样记载龙南山居会面的。王畿询问以赞工夫进境如何，以赞答以无止为知止；问良知，答阳明以知是知非为良知，仅为权宜之论，因知者仅为心之照，当为人指月与镜。邓以赞说：“阳明先生自称万死得来，予岂敢疑！直意其以知是知非谓良知，犹权论耳。夫良知何是何非，知者其照也。今不直指人月与镜，而使观其光，愈求愈远矣。且及其是非并处而后致，是大不致也。”[②]此中颇多禅学色彩。

张元忭的《秋游记》如此记载龙南山居会面。王畿、邓以赞与张元忭等夜话禅堂，王畿纵论良知宗旨。王畿声称：“良知无知而无不知。良知无是无非，良知知是知非，如镜之于物，镜体本空，而妍媸自无不照。若以照为明，何异执指为月？种种分别，去道远矣。”在王畿看来，良知无知而又无不知。良知如镜，本体自然，无所不照，而不可以照为明。诸人唯唯称是，但张元忭颇疑悟修两途。王畿回答：“狂者志大而行不掩，乃是直心而动，无所掩饰，无所窝藏，时时有过可改，此是入圣真路头。世人总说修持，终有掩饰窝藏意思在，此去学圣路径，何啻千里？”[③]也就是说，狂者直心而动，有过即改，可谓入圣真路径。世人所谓修持，毕竟有掩饰窝藏意思。次日元忭与定宇促膝晤谈。元忭称定宇之学颇有出世色彩，不赞同以天地为心之幻相，而力主天地万物为实有，力主一切所谓幻相俱是真如。

总的来说，这三段文字都以照与明关系说明本体与工夫关系。王畿等人认为，明镜或月光是照之所以为照的根源，因此应该从作为根源的明镜或月光入手，而不应该以照求明。相应地，“意”与“识”并非良知心体本有，因此最简易的工夫应该是不生起“意”“识”，而直接在良知本体上做。基于此，王畿等人强调，先天正心之学或立根于本体的工夫是

---

① 王畿：《原寿篇赠存斋徐公》，《王畿集》卷十四，凤凰出版社 2007 年版，第 386—387 页。

② 邓以赞：《秋游记》，《邓定宇先生文史》卷三，《四库全书存目丛书》影印明周文光刻本，第 23 页。

③ 张元忭：《秋游记》，《不二斋文集》卷四，第 23—25 页；《张元忭集》，第 188—189 页。

惟一的真工夫，因而认为诚意之学不具有合法性。正所谓“若以照为明，何异执指为月，种种分别，去道远矣”。对于坚持从日用常行的人伦世界中做工夫的耿定向来说，如此表述自然会激起他激烈的批评。

在《与王畿先生》中，耿定向批评王畿为修行可以不顾毁誉的主张：“不宁如是，即是毁誉之心亦原于羞恶，羞恶之心生于是非，圣人贵名教亦是权法。往闻丈教，欲人破除毁誉，此第可与高明好修者道，令之逼真入微可也。若以为讯，恐将使天下胥入于顽钝无耻、不可振励然且不可。今并是非之心看做标末，不将使天下胥至昏昏憧憧耶？”[①]就根本而言，王畿鼓励破除毁誉对人心灵的束缚，是为利根之人大胆追求犹如太虚的良知本体。但是，世间利根之人毕竟寥若晨星，多如过江之鲫的还是中下根之人。因此，在耿定向看来，王畿倡导完全去除毁誉对人的束缚，绝对不可允许。这是因为，对世间多数人而言，毁誉不失为对人性纵欲倾向的有力约束，不失为防火墙。凡夫俗子一旦失去毁誉约束，在特定情形下就会沦入肆无忌惮的小人境地。废除毁誉之心对人的约束，势必会解构与毁誉之心紧密联系在一起的是非之心，如此一来，没有毁誉，没有是非，就会导致中下根之人两不着落的局面，也就是既悟不入先天正心之学，又看不上脚踏实地的诚意工夫，从而凌空踏虚，致使人生修行终成水中花、镜中月。

面对耿定向的激烈批评，王畿撰写《答耿楚侗》，对质疑做出答复。关于对良知与工夫论的质疑，王畿的答复是：

> 夫未发之中是太虚本体，随处充满，无有内外，发而中节处，即是未发之中。若有在中之中另为本体，与已发相对，则诚二本矣。良知知是知非，原是无是无非，正发真是真非之义。非以为从无是无非中来，以标末视之，使天下胥至于昏昏憧憧也。不肖之意，亦非欲人极深一步领会。不识不知，良知之体本来如是，非可以深浅、高卑、抑扬而论也。不达此一关，终落见解分疏，终未归一。在定宇亦未脱此窠臼。山堂夜话、明镜之喻已是太煞分明，譬诸日月之往来，自然往来，即是无往无来。若谓有个无往无来之体，则日

---

① 耿定向：《与王龙溪先生》之一，《耿天台先生文集》卷四。

月有停轮，非往来生明之旨矣。若此义明，则公所示种种分解引证又为剩语，可无辩也！①

在王畿看来，未发之中即太虚本体，无有内外，发而中节处亦未发之中。倘若另立本体，而与已发相对，那么就会出现两个本体。良知不识不知，亦知是知非。如未能领悟于此，就难达归一之境，而落入分解。明镜之喻确有泄露天机之嫌，因天地万物自然往来即无往无来，而不可另立一无往无来之体。

事实上，不仅耿定向质疑王畿教人之方，而且参与龙南山居会讲的张元汴，也对王畿的教人之方颇有微词。他说："孔子教人每每以孝悌忠信，而罕言命与仁。盖'中人以下不可以语上'，故但以规矩示之，使有所执持，然后可以入道。大匠教人，必以规矩，若夫得心应手之妙，在乎能者从之而已。一贯之传，自曾、赐而下无闻也。今良知之旨，不择其人而语之，吾道不几于亵乎？且使学者弃规矩而谈妙悟，深为可忧也。"②在张元汴看来，在学人修行中，规矩必不可少。"弃规矩而谈妙悟"，实在令人忧虑。不考虑受教学生资质，专谈精妙的良知学说，确实容易误人子弟。

总的来说，在王阳明"四句教"所指示的正心之学与诚意之学这两种工夫中，王畿与耿定向各取其一而坚执不让。耿定向认为先天正心之学只适合上上根之人，甚至为"颜子伯淳所不可承当者"，王畿则批评诚意之学并非究竟之学。

阳明"四句教"强调成德之方有两种，即正心之学与诚意之学，二者只有适用范围的差别，并无本质不同。相反，耿定向与王畿虽然都立足于万物一体之论，都承认良知学彻上彻下，然而在涉及具体工夫问题时，却都不约而同地仅仅肯定自己的方法。故而王畿将诚意之学视作"终非究竟之论"，耿定向则片面强调正心之学为"颜子伯淳所不可承当者"。应该说，从修正心学流弊的角度来看，耿定向的批评不无道理。

万历八年（1580 年），耿定向与王畿有过一次会面。在此问答中，

① 王畿：《答耿楚侗》，《王畿集》卷十，凤凰出版社 2007 年版，第 241—242 页。

② 王畿：《与阳和张子问答》，《王畿集》卷五，凤凰出版社 2007 年版，第 125 页。

耿定向对王畿先天正心之学有所冷嘲热讽。耿定向质疑王畿对良知是否真信得及,因为他曾拜胡清虚学住世法。王畿认为胡清虚的修持工夫亦有些可取之处。对王畿尚无法自信良知而"别求住世法"的行为,耿定向颇不以为然。他认为这些修持工夫儒家中亦有,不必别求。他说:"吾家亦自有之。夫子曰:'即乐而学可知',云始作须精神凝聚收摄,所谓'学以聚之',亦'敌'意也。继则从之,未可拘迫把捉,所谓'宽以居之',然须纯如、绎如,而后皦如。盖须绵密保任,而乃可缉熙光明也。实信良知者,自能如是。何须持钵向彼门乞耶。"[①]在耿定向看来,作为利根之人的王畿都无法当下认信良知,又何况其他资质略输的学者呢!因此,从教人之方角度来看,王畿的先天正心之学绝不可行。

同样在万历八年(1580年),耿定向致书王畿,指出后者问题所在。简单地说,王畿存在两个问题,一是对良知与工夫的理解,二是教人之方。关于前一个如何理解良知与工夫的问题,耿定向指出:"余尝窃谓孔子之学原是一贯,孟子之后宗传似失,不免着见,着见则二矣。……孟子只从其颡有泚处,乍见怵惕处识取。令师良知之旨亦是从此讨求消息,原是彻上彻下,彻始彻终,既不落向高层虚寂巢臼,又不掺和下层功利机械。知至至之,则不识不知,无声无臭者,此其显现;知终终之,则开物成务,日用云为者,此其真宰。"[②]在耿定向看来,孔子之学原本体用一贯,孟子之后渐失一贯宗旨而着于二见,墨子与杨子莫非如此。阳明良知原本也是体用一如,极高明而道中庸。因此,他反对王畿将明照截然两分的说法,而认为明照原本一贯,批评王畿"以照为明,相去千里"提掇太重,过犹不及。由此可见,耿定向肯定致良知中本末一贯,体用一源宗旨。关于教人之方的问题,耿定向强调体道传道之人当以天下万世为计,不可过分追求高明之境。他质疑王畿言道有不为天下万世考虑之嫌。与王畿不顾毁誉的倾向相反,耿定向强调"是非之心"的重要性。

万历二十一年(1593年),王畿已然过世十年。在这一年,耿定向

① 耿定向:《观生纪》,《宋明理学家年谱续编》,北京图书馆出版社2006年版,第304—305页。

② 耿定向:《与王龙溪先生》之一,《耿天台先生文集》卷四。

撰写《遇聂赘言》，总结他与王畿之间长达几十年的论学与辩论。在其中，他开门见山地指出“无善无恶心之体”的正当性：“惟文成所谓无善无恶，非谓善恶混，亦非谓本无善，如槁灭而生机断也。盖人生而静，乃起意发知之，原本无物而体物不遗者，是集道凝德之舍，而吾人生身立命之都。达此而后，知善知恶为真知，为善去恶为真修。在《大学》命之曰‘至善’，在《中庸》命之曰‘未发之中’，周子图之曰‘无极’，程子定之曰‘廓然’。前古圣哲，立言虽殊，总之明此。”①在耿定向看来，阳明之无善无恶并非善恶相混，亦非心体本无所谓善，而是指超越具体的善善恶恶，因为心体“原本无物而体物不遗者，是集道凝德之舍，而吾人生身立命之都”。耿定向更进一步将心体的“无善无恶”与“至善”“未发之中”“无极”“廓然”看作是在殊途同归地描述良知本体超越性的无待特征。当然，虽然领会到心体根源性的无善无恶特征，但耿定向更强调知得善恶方为真知，作为善去恶的工夫方是真正的道德修行。

在承认心体本源的无善无恶特征之后，耿定向话锋一转，严厉批评当时思想界的诸多弊病，如沉溺于玄虚空无，背弃人伦而谈论心性，不谴是非和放纵情识等。他认为，这一切弊病的源头，都在于王畿倡导的“四无说”。可见，他之所以对心学元老王畿的态度变得如此严厉，原因正在于此。他批评王畿的“四无说”不仅不是对王阳明“四句教”的承接和发展，而且恰恰是对“四句教”内在宗旨的背离。他说：

> 顾近承学者，第觑此些子光景，便自侈得最上乘法。高者耽虚归寂，至于遗物离伦；卑者任性恣情，至谓一切皆是，淫纵恣睢，以讼诲为轮回，以迁改为粘缀，以尽伦为情缘。至谓见景即动，既动即为者为见性，而以羞恶是非之本心为尘障，尽欲抹杀，伤风败化，戕人蛰物，蔑不至已。乃劣质下根，乐其便于情欲，一倡百和，从之如流水。而且借口谓文成宗旨原是如此。吁！岂非斯道一大厄哉！……无善无恶，性体也，人人所同，故曰“性相近”也；顾“习相远”矣，为善去恶，虽圣人有不能尽者。且斯体也，言下一契即了耶，抑须本诸身而实能止之也。颜子择中得善，固悟斯体者，而何

① 耿定向：《遇聂赘言》，《耿天台先生文集》卷八。

有不善，不善又何加知乃不行也。盖上一语是所谓诚者天之道，下二句乃诚之者也。近世横骛决裂者第任上一语为口实，是将此本体为集垢稔慝之薮，长傲遂非之囷矣。[①]

在这段话中，耿定向根据“即事即心”，肯定良知本体具有是非之心这一含义，借此批评当世学者“高者耽虚归寂，至于遗物离伦；卑者任性恣情，至谓一切皆是，淫纵恣睢，以讼悔为轮回，以迁改为粘缀，以尽伦为情缘”的弊病。他将“高者”与“卑者”的弊病都追溯于王畿，认为正是王畿误导他们，从而使他们把“四句教”错误地领会为“四无说”。

罗洪先和王畿是耿定向所处时代的两位学界大佬。两位心学传人之间有着亲密友谊和长期论学往来，在罗洪先所作的《冬游记》和《夏游记》中，较为详尽地记述了两人的论学之语。王畿认为罗洪先为学尚未脱知见，没有真为性命。罗洪先问如何才叫真为性命，王畿认为要真正追求性命之道，就要敢于“弃得性命”，敢于“弃世界”。罗洪先继续追问如何叫真为性命，王畿进一步答复说：“为性命不真，总是弃世界不下。如今说著为善不是真善，却是要好心肠随人口吻，毁誉得失之关不破。若是真打破，人被恶名埋没一世，更无出头，亦无分毫挂带，此便是真为性命。真为性命，时时刻刻只有这里著到，何暇陪奉他人，如此方是造化把柄在我，横斜曲直、好丑高低，无往不可。”[②]也就是说，为了做到真为性命，还得敢于破除“毁誉得失之关”。

在戊申《夏游记》中，罗洪先批评王畿的良知信仰说和良知见在说。在罗洪先看来，人欲当遏止，顺从知之所发以为心体万万不可；血气当收敛，不可任意之所行以为工夫。鼓吹顿悟，将导致畏难苟安之徒与见小欲速之徒悟而不修，长此以往，后果不堪设想。他指出：“夫利欲之盘固，遏之犹恐弗止，而欲从其知之所发，以为心体；以血气之浮扬，敛之犹恐弗定，而欲任其意之所行，以为工夫。畏难苟安者，取便于易从；见小欲速者，坚主于自信。……而其灭裂恣肆者，又从而诪张簧鼓之，使

---

① 耿定向：《遇聂赘言》，《耿天台先生文集》卷八。

② 黄宗羲：《明儒学案》卷十八，《江右王门学案三·文恭罗念庵先生洪先》。

天下之人遂至于荡然而无归，则其陷溺之浅深，吾不知于俗学何如也！”[①]

在拜读《冬游记》和《夏游记》之后，耿定向赞赏罗洪先，对王畿则有所批评。他指出：“按《冬游记》中载先生与王畿相质辨语。于时先生抑抑兢兢，肫肫恳恳，其虑以下人意思，真若无若虚，宛然一颜子，令人浮浅气自消。当时王畿答语，亦语语玲珑，想时亦为先生精诚逼感，神情归一，比后来泛泛不同也。再玩《夏游记》中述王畿诸语，似无可驳异者，乃先生驳之甚费词说。想先生时闻王畿事行，或不得于心，故借其言而箴之如此。……余窃逆其意指，却不糊涂。何者？王畿但解衍说良知，未见一反省自己事行，可证得良知否？”[②]从《冬游记》中可以看出，罗洪先与王畿相互辩难。当时罗洪先谦虚真诚，肫肫恳恳，心胸高洁敞亮，宛若颜子再生。王畿答复之语也诚恳圆融，似为罗洪先精诚所感。罗洪先志在规劝王畿，故以王畿自己之言劝诫于王畿。但是在耿定向看来，王畿只是解证推衍良知，却未充分自我反省。

作为泰州学派后人，耿定向在《王心斋先生传》中极为推崇王艮。他说：“先生韦布士，乃其传浸广且远，何哉？盖学惟本诸身，可征诸庶民者，乃可法天下，传后世。先生为学，其发志初根，本于诚孝，以悟性为宗，以孝悌为实，以九二见龙为家舍，得孔氏家法矣。综其旨归，以格物知本为要，以迁善改过、反躬责己为勉仁。廓披圣途，至易至简，固超然妙悟，不滞形器。而亦确然修正，不全玄虚，褒然孔氏正脉。”[③]在耿定向看来，王艮之学得孔子真传，为儒学正脉。又推崇王艮的淮南格物：“先生尝谓立身以为天下国家之本，则位育有不袭时为者。其所以语立身甚详，而所以自立者盖甚严。”[④]又热烈地为王艮辩护，指认王艮之学就是百姓日用之学：“先生之德至矣，世迹一二末学之狂诞而病先生学，是惩噎而废食也。先生之学，故民生日用之食也。”[⑤]耿定向在自己的学

① 黄宗羲：《明儒学案》卷十八，《江右王门学案三·文恭罗念庵先生洪先》。

② 耿定向：《读念庵先生冬夏二游记》，见《耿天台先生文集》卷十九，第564—565页；卷十二，第475页。

③ 耿定向：《王心斋先生传》，《耿天台先生文集》卷十四，第8页。

④ 耿定向：《王心斋先生传》，《耿天台先生文集》卷十四，第9页。

⑤ 耿定向：《王心斋先生传》，《耿天台先生文集》卷十四，第9页。

说中继承了百姓日用这一维度，强调“凡道不可与愚夫愚妇知能，不可以对造化、通民物者，皆邪说乱道也”。[①]

第四节　淹贯经史的高足焦竑

焦竑对耿定向在南京督学任上的立教功德极为推崇。他强调耿定向能够接续儒学正脉，以仁学施行教化，门下人才之盛，为近世所罕见：“先生至，毅然以斯文为任，举简书所云崇正学、迪正道者，稟为功令，直挈仁体以示人。案吏则先风化而抑掊击，校士则奖名检而黜浮华，桑阴未移，而下自化。自属吏诸生日为汲引，随机立教，不强所未至。由其内者，先生为之推离还源，相与踊跃，如寐得觉；由其外者，先生为之易辟就衷，相与浣濯，如病或差。致尊中衢过者斟酌之，多少不同，而各得其宜，以故从游之徒，或弹冠登朝，为世羽仪；或重席谈经，为士杓的，襁嘱蔓引，于今不绝，作人之盛，近世未有也。”[②]

耿定向立教，首先倡导识仁体，懂孔孟血脉。这是他立教的根基所在。在南京督学任上，耿定向的学问尚未定型，当时受到罗汝芳与其弟耿定理的影响，讲学较为崇尚启悟学人而随机指点。正所谓“先生间一临，相率持所疑难问，启以机钥，靡不心开目明，欢喜踊跃，或不待词说而目击意悟”。[③] 对尚在问学而思想未成形的焦竑来说，有恩于自己而自己又衷心崇敬的耿定向的启悟式讲学，感召力是相当大的。他后来感慨地回忆说：“忆是时，世争言性命之学，然而剿略于语言，滞涸于形迹，率茫昧影响而已。自先生开示学之津筏，士始知以悟为宗，日用之间，悬解朝彻，如静中震霆，冥外朗日，无不洗然自以为得也。”[④]在耿定向孜孜不倦地引导之下，焦竑终于找到问学方向，奠定了一生为学的基础。对这样的师生恩情，焦竑终生未曾忘怀，甚至以为耿定向立教之功

① 耿定向：《复乔户部》，《耿定向先生文集》卷五，第 9 页。

② 焦竑：《澹园集》卷三十三《天台耿先生行状》，第 527 页。

③ 焦竑：《澹园集》卷二十《先师天台耿先生祠堂记》，第 243 页。

④ 焦竑：《澹园集》卷二十七《邹君汝海墓表》，第 391 页。

可媲美于陈献章与王阳明。他说:“明兴,陈王两公考古圣贤微言,自得于心,以警醒学者。及其久也,流风寖微,至余师耿先生复大振。”①

耿定向对焦竑有知遇与提携之恩,而焦竑也对耿定向充满敬慕与感恩之情。耿定向病逝后,焦竑屡次撰文以示怀念。他推崇耿定向对阳明心学发扬光大的功绩:“圣远学废,障蔽支离。爰及姚江,乃剖其篱。我师崛起,阐发靡遗。仁风义雨,霑洒一时。翳我留都,首被其教。如仆而兴,在寐斯觉。雾尽天开,云披日耀。”②他表达对耿定向知遇之恩的感激:“某也何知,师顾不鄙。匪于携之,言提其耳。诲我则师,视寔犹子。负笈从游,三及师里。戊子一别,匏系靡趋。”③极力表彰耿定向的教化之功:“天台先生崛起楚之黄安,推明孔、颜、周、陆之学,与乡人肄习之,从游者履恒满户外。已,宦辙所至,又自其乡达诸四方。今去之数十年,而其教如存,先生所风动,抑亦远矣。”④耿定向崛起于黄安,探究孔、颜、周、陆之学。居乡,则乡人受其教化;居官,则教化达及四方。

在早年的求学过程中,王樵对焦竑影响颇为重要。王樵,字明逸,别号方麓,是著名经学家。焦竑虽然没有机会直接受教于王樵,但他从小读王樵的书,因而深受影响。“明兴,雍熙庞硕之化垂三百年,士大夫通经学古者项背望于朝,而莫盛于方麓王公。盖杨公文懿鲤(案,杨守陈,字维新)、蔡公虚斋(蔡清,号虚斋)、吕公文简(吕柟,号泾野)辈皆覃思大道,错综经学,至公则牛毛茧丝,贯穿精博,由经术以通于事务,醇如也。余往在史局,被命撰艺文新志,悉取公书著于编录,且请藏诸秘阁。”⑤有意思的是,焦竑后来与王樵次子王肯堂一同中举,又共同入职翰林院,后来还干脆成为亲家。王肯堂亦是明代传奇人物,医术极为高明,博学通经,佛学造诣还颇为精深。

由于有乃师耿定向的从中引荐,焦竑得以结识王学诸大儒。焦竑

① 焦竑:《澹园集》卷二十九《毕君一衡墓志铭》,第 435 页。

② 焦竑:《祭耿天台尊师》,《澹园集》,第 566 页。

③ 焦竑:《祭耿天台尊师》,《澹园集》,第 566 页。

④ 焦竑:《天台先生书院记》,《澹园集》,第 828 页。

⑤ 焦竑:《澹园集》卷三十三《方麓王公行状》,第 541 页。

颇为崇敬罗汝芳，明确表示："盖当支离困敝之余，(罗先生)直指本心以示之，学者霍然如梏得脱，客得归，始信圣人之必可为，而阳明非欺我也。"[①]罗汝芳直指良知本心的教学方式，使诸多士子得以开悟，坚定追随阳明而学为圣人之志。罗汝芳也很欣赏焦竑，认为他"具大力，异日必弘斯道也"。[②]

嘉靖四十四年秋，王襞接受耿定向邀请，来到南京讲学。焦竑与之论学，彼此颇为投缘。他在临别赠诗中赞美王襞："君屈(崛)起东海，高论戛琳球。陈义狎六籍，浩气吞九牛。片言一指顾，四座皆回头。"后来两人彼此过往论学甚多，终生情谊甚笃。他赞颂王襞说："国朝以道术著者不少，至能世其学者，心斋之子东崖、萝石(董澐)之子两湖二家而已。"[③]后来在为王襞所定的墓志铭中，焦竑坦承自己从王襞处"受益为深"。[④]

在祝贺焦竑父亲八十大寿的祝寿文中，李贽曾回顾与焦竑的交往。他声称隆庆二年在北京时就听说焦竑其人，3 年后在南京终于开始了亲密论学。他说："余至京师，即闻白下有焦弱侯其人矣；又三年，始识侯。既而徙官留都，始与侯朝夕促膝穷诣彼此实际。夫不诣则已，诣则必尔，乃为冥契也。故宏甫之学虽无所授，其得之弱侯者亦甚有力。夫侯千古人也，故世之为不朽故以交于侯者，非一宏甫也，然惟宏甫为深知侯，故弱侯亦自以宏甫为知己。"[⑤]在开始与李贽论学时，焦竑刚过而立之后，虽然才 31 岁，却学问渊博，器识恢宏，豪爽脱俗。焦竑出身军籍，身上有着军人世家豪迈爽快的气概，自幼颖悟非常，自然怀有睥睨天下的豪情。李贽虽然年长 14 岁，自己也是不可一世的狂放不羁之士，志在做个千古圣贤，却对焦竑有着发自内心的崇敬之情，有次甚至半认真半开玩笑地要做焦竑弟子，以便能附之成名。

直至南京时期，因为生存所迫，李贽读书尚且不博，学问尚未成形，

① 焦竑：《澹园集》卷二十，《罗杨二先生祠堂记》，第 245 页。
② 佘永宁：《明德堂答问序》，《澹园集》卷四十九，第 739 页。
③ 焦竑：《澹园集》卷四十九，《明德堂答问》，第 746 页。
④《王东崖先生墓志铭》，第 495 页。
⑤ 李贽：《续焚书》卷二，《寿焦太史尊翁后渠公八秩华诞序》，第 55 页。

对性命之学也还未有切实体悟。对焦竑的博学多闻，李贽相当敬佩。读书与思考中的种种疑问，往往一问焦竑，就能得到满意答复。对读书中焦竑给予的助益，李贽后来一再表白感谢与怀念之情。“古人言语多有来历，或可通于古未必可通于今者，时时对书，则时时想兄，愿得伺兄之侧也，此弟之不可少兄者一也。学问一事，至今未了，此弟之不可少兄者二也。老虽无用，而时时疑着三圣人经纶大用，判若黑白，不含千里万里，但均为至圣，未可轻议之，此又弟之不可少兄者三也。若夫目击在道，晤言消忧，则片刻离兄不得。”①

焦竑既是耿定向高足，对耿定向终生怀有感恩之情，而李贽又是一生论学挚友，因此在耿李之争开始时，焦竑无奈地沉默以对。或许同时也由于父亲刚刚驾鹤西去而内心沉浸于哀伤的缘故，焦竑居然有十个月没有致信李贽。李贽为此屡屡去信催讨，虽然心中不无悲凉之感，但依然珍视与焦竑的情谊。他不断去信，倾吐心中的苦闷与委屈，寻求情感与论学上的慰藉。对《藏书》，李贽颇为敝帚自珍，书成后即请焦竑作序。焦竑欣然应允，作序后推荐于友人。李贽在时势逼迫的情形之下，时有狂放怪诞、惊世骇俗之举，但焦竑依然坚信李贽内心的品质是高洁的。他为李贽辩护说：“李君持论不无过激，要其胸臆间语，故自足存，若其行如冰雪，尤弟所服膺。吾兄异日当自得之，悠悠之论，殊未足凭耳。”②对李贽的为人与为学，他都衷心感佩：“或谓先生之为人与其所为书，疑信者往往相半，何居？余谓此两者皆遥闻声而相思，未见形而吠影者耳。先生高迈肃洁，如泰华崇严，不可昵近，听其言泠泠然，尘土俱尽，而实本人情，切物理，一一当实不虚。盖一被其容接，未有不爽然自失者也。”③

与李贽一样，焦竑对佛学发自内心地亲近，每每以佛理阐释儒家经典。例如有学生问何谓“喜怒哀乐之未发谓之中”，焦竑回答：“程门自明道至延平，以此传为学脉。此处信得及，所谓但得本，莫愁末，何事不了！古人言：不思善，不思恶，恁么时是本来面目。即此意也。”学生进

① 李贽：《续焚书》卷一，《与焦漪园》，第 23 页；《焚书增补一・又与从吾》，第 256 页。

② 焦竑：《澹园续集》卷五，《答许绳斋》，第 857—858 页。

③ 焦竑：《李氏藏书序》，《澹园集》附编一，第 1180 页。

一步问不思善不思恶情形，焦竑进一步答复说："此本命元辰，能不失此，即谓之执中。余尝言：意、必、固、我既无之后，喜、怒、哀、乐未发之前，最当理会。"[①]在此问答中，焦竑无所顾忌地以禅学公案阐发儒学道德修行，以不思善不思恶之本来面目阐释儒家的未发之中。在焦竑看来，三教之教虽然彼此有异，但所求所悟的道为一。因此，不必刻意辨别三教之异，而当以博大胸怀求三教之同。

焦竑科考迭遭挫折，中举颇晚，中举后仕途又相当短暂。因此，他得以将大量时间倾注于学问。他的多方涉猎，会通三教，淹贯经史之学，使他兼具深邃洞察力与开阔眼界，加上勤奋为学，遂使他崛起为晚明学界的一颗璀璨巨星。他虽然有幸亲炙耿定向，又受到罗汝芳与王畿教诲，但与热衷讲学的二溪不同，焦竑一生很少参与讲会。焦竑是李贽一生挚友，相知 35 年，彼此坦率地切磋学问，情谊深厚，相互书信往来频密。焦竑性好著书，一生大部分精力倾注于著述与编书。他并不像多数现成良知派那样以证悟为满足，而自觉地出经入史，浸润于经史世界之中。在他看来，经学为百学之祖："经之于学，譬之法家之条例，医家之《难经》，字字皆法，言言皆理，有欲益损之而不能者。孔子以绝类离伦之圣，亦不能释经以言学，他可知已。汉世经术盛行而无当于身心，守陋保残，道以寖晦。近世谈玄课虚，争自为方，而徐考其行：我之所崇重，经所诎也；我之所简斥，经所与也。向道之谓何？而卒与遗经相剌谬。此如法不禀宪令，术不本轩、岐，而欲以臆决为工，岂不悖哉！"[②]焦竑认为，儒家经典字字是法，一言一句皆理，不可任意损益。可惜汉代经术盛行却无能受用于身心，近世学者好为己说而近于玄虚，无不与经典相违背。因此，若要为学，经学诚不可或缺。在阳明后学重义理的思潮中，焦竑对经学的重视颇为难得，也展示出他的独立思考。

在义理之学上，焦竑继承泰州学派格物知本的宗旨。在众说纷纭的格物学说中，他最为推崇王艮的淮南格物。在他看来，物就是"物有本末"之物，格物就是知所先后。在他看来，淮南格物可以对治阳明后

---

① 焦竑：《古城答问》，《澹园集》，第 735 页。

② 焦竑：《邓潜谷先生经绎序》，《澹园集》，第 759 页。

学中的猖狂自恣之弊端："心斋先生以修身为格物，故其学独重立本。是时谈良知，间有猖狂自恣者。得此一提掇，为功甚大。故阳明门人，先生最得力。其后徐波石、赵大洲、罗近溪、杨复所诸公，皆自此出，至今流播海内，火传而无尽。盖其人不由文字，超悟于鱼盐之中，可谓旷代之伟人。"①焦竑强调，王艮以修身作为格物，因此为学重本体。在阳明后学中，王艮最为杰出，因其不由文字而顿悟。

对程朱理学的两位元老级大儒程颐与朱熹，焦竑明确表示批评。他反对程朱格物穷理以求豁然贯通的支离烦琐的悟道之法，认为不直接在心体上操持工夫，有可能使学问沉沦于乡愿境地。他说："宋儒如周元公、程伯子、邵尧夫、陆子静诸公，皆于道有得，仆所深服。至伊川、晦庵之学，不从性中悟入，而以依仿形似为工，则未得孔孟为之依归故耳。藉令学者不知学之宗趋，而以此为法，窃恐其入于乡愿而不自知也。"②

在《国朝从祀四先生要语序》中，焦竑对陈白沙与王阳明极为推崇。在他看来，学术长久以来处于晦暗之中，直到陈白沙与王阳明横空出世，方才将孔孟宗旨提揭出来，使儒学精神大白于天下。他说："汉、唐、宋以来，学术有明若晦，而莫盛于国朝。河东薛先生寔始倡之，虽学主复性，而倡于久晦之余，其说犹郁而未畅。至白沙、阳明两先生，横发直指，孔孟之宗豁然若揭日月而行诸天，弗可尚已。不察者犹病其言静也邻于寂，言知也疑于偏，则未深考于孔孟之学故也。"③与此同时，焦竑对阳明后学中诸种弊端忧心忡忡。他批评说："先生既没，传者渐失其真。或以知解自多，而实际未诣；或以放旷自恣，而检柙不修；或以良知为未尽，而言寂言修，画蛇添足。呜呼！未实致其力，而藉为争名挟胜之资者，比比皆是！今《传习录》具在，学者试虚心读之，于今之学者为异为同，居可见矣。"④其中批判锋芒所及既有现成良知信徒，有不修小节的狂儒，也有归寂派学者。

---

① 焦竑：《明德堂答问》，《澹园集》，第 746 页。

② 焦竑：《答钱侍御》，《澹园集》，第 84 页。

③ 焦竑：《澹园集》，第 131 页。

④ 焦竑：《刻传习录序》，《澹园集》，第 132 页。

在工夫操持上，焦竑既受到耿定向及其他阳明心学的影响，也受到佛学的一定影响。他主张知性复性，声称："向来论学，都无头脑，吾师耿先生至金陵，首倡识仁之宗。其时参求讨论，皆于仁上用力。久之，领会者渐多。吾辈至今稍知向方者，皆吾师之功也。"①在焦竑看来，所谓识仁，即是知性。他在《原学》中开门见山地强调，为学当以复性为目的："夫学何为者也？所以复其性也。人之为性，无舜跖，无古今，一也。而奚事乎学以复之也？曰：性自明也，自足也，而不学则不能有诸己。故明也而妄以为昏也，足也而妄以为歉也，于是美恶横生而情见立焉，情立而性真始牿。故性不能以无情，情不能以无妄，妄不能以无学。学也者，冥其妄以归于无妄者也。无妄而性斯复矣。"②焦竑认为，人性无分圣凡、无分古今，甚至无分善恶，只是惟一。因为性不得不发乎为情，情难以避免无妄。为了息妄想而归于无妄，为了无妄而复性，就必须为学。

为学是为了复良知心体的本来面目："余谓学非他，以还其良心之谓也。后世论学非不工，名誉非不盛，而心之柄失，则偏党诐淫以市于世，至尽丧其常而不顾。……诚自信其心，不以害惕利疚为秋毫顾虑，虚圆不测之神以宰制万有可也。而非笃于道者孰能之？君子所以贵夫学也。"③要想复良知心体，为学当自信其心，不以利害为虑，当以未发之中虚圆之神主宰有形之万有。为学是工夫，是达到知性复性的途径，是登山之梯。在阳明后学盛行清谈心性而束书不观的大环境中，焦竑坚定不移地强调为学重要性，极其难能可贵，可谓发空谷之足音。也因此，对阳明后学轻忽学问之风气，有规正之效。

对于王门后学束书不观而清谈心性的情形，焦竑相当不满。他主张士子博学多识，而不可沉溺于空寂的道。他说："昔圣人虑人溺于物而莫之寤也，故以上下为道器之别，然离器而语道，舍下而言上，又支离之见，而道所不载矣。故制器备物，多识于鸟兽草木之名，往往为学者

① 焦竑：《崇正堂答问》，《澹园集》，第711页。

② 焦竑：《澹园集》，第18页。

③ 焦竑：《天目书院记》，《澹园集》，第832页。

言之。岂非通其理则器即为道，溺于数则道亦为器，顾人所心契谓何耳。"[①]圣人当初之所以区别道器，是忧虑世人沉溺于物而不可自拔。但是，离器而言道，舍下学而一味求上达，那么道就会落空。焦竑强调，惟有道器结合才是正道。领悟了道器一贯的道理，那么博学于器也就同时是为道。脱离了心性觉悟的博学多识，是支离的溺物之学，因此在博学多闻时一定要保持心性觉悟。

在焦竑的知性复性说之中，仍然洋溢着现成良知说，表明他确实继承了心学致良知传统，包括阳明的致良知、罗汝芳的赤子之心之良知与耿定向的真机不容已。他主张："君子之学，知性而已。性无不备，知其性而率之以动，斯仁义出焉。"[②]知性是为率性，一率性，则仁义显发而出。在根本上，率性依然是率本有的现成良知，是从心性的生命直觉中发扬出来："今人劳劳攘攘似件件都欠缺的一般，岂知性中无所不有。所以孟子说'万物皆备于我'，我实备之。我不能受用，却逐逐然向外寻求，此所谓'抛却自家无尽藏，沿门持钵效贫儿'也。果能回光返照，瞥地一下，见得现现成成，原无亏欠，是大小快活！"[③]焦竑反对向外格物穷理，强调回光返照，逆觉体证以自我觉悟。

有鉴于阳明后学凌空蹈虚、清谈心性的流弊，焦竑倡导礼以矫正之。在他看来，知性即明礼，礼即理，是天地万物流行中表现出来的法则。他强调，礼为万事万物之枢纽："吾人应事虽属纷纭，乃其枢纽之者却是一物。所谓随时体验云者，于纷纭中识取此一物而已。得此入手，如马有衔勒，即纵横千里，无不如意。此颜子之所谓礼也。颜子功夫只是复礼。能约于礼，则视听言动头头是道，奚繁且劳之虑焉！"[④]礼作为枢纽，又是先天心体，是人视听言行的依据："礼也者，体也，天则也。是礼也，能视听、能言动，能孝悌、能贤贤，能事君、能交友，可以为尧舜，可以通天地，可以育万物。人人具足，人人浑成。所谓与天地万物为一体者，乃其体自如是，非强与之一也。盖孔颜之学只是礼之为体认得精。

① 焦竑：《澹园续集》卷二《天都载序》，第 793 页。

② 焦竑：《国朝从祀四先生要语序》，《澹园集》卷十四。

③ 焦竑：《明德堂问答》，《澹园集》卷四十九。

④ 焦竑：《答陈景湖》，《澹园集》卷十二。

认得既精，则真礼在我，一有非礼之礼自无所容留参杂其间。”[①]因此，能够领会何谓礼，也就领悟了何为万物一体。

《明史·焦竑传》如是评价焦竑：“竑博极群书，自经史至稗官杂说，无不淹贯。善为古文，典正顺雅，卓然名家。讲学以罗汝芳为宗，而善定向兄弟及李贽，时颇以禅学讥之。”颇为中肯。焦竑博览群书，通贯经史以致诸种杂说。作文则为古文名家，讲学则遵从罗汝芳。与耿定向兄弟、李贽友善。时人也有讥刺其学有禅学色彩的。高足徐光启对焦竑学问极为推崇：“吾师澹园先生，粤自早岁，则以道德经术标表海内，巨儒宿学，北面人宗；余言绪论，流传人间，亡不视为冠冕舟航矣。洎登朝列，珥笔承明著作之庭，高文大篇，奇丽雄富。暂卧东山，休息乎道林艺圃，远近宗挹，履满限穿，答问更繁，述作尤盛。”[②]焦竑早年以道德经术享誉海内，终成一代巨儒。著作流传人间，可谓学海巨舟。在朝时为文奇丽雄富，归乡后笔耕不辍，著作等身。弟子陈懿指出焦竑一生德业与文章并重，深邃与博大兼备：“先生之学，以知性为要领，而不废博综。为诸生以迨上公车、入词林，无日不蒐猎于古人之载籍，闻有异本秘册，必为购写。又日与海内名流讨析微言，订正谬误。坟索遗义，朝家故实，无不如指掌。虽其精神所注在大道与经世而不在于为文，乃感触酬应，发为诗文，积久益多。”[③]

焦竑继承泰州学派会通三教的传统，是晚明三教合一思潮重镇。他为学开阔，经史通贯。虽然会通三教，不过又以儒学为依归。在研治儒学时，兼重义理与文章。在传承泰州精神的同时，焦竑乐此不疲地求为学贯经史与三教的通人。

作为泰州学派后人，焦竑却极为强调博学多识的重要性，因而痛斥束书不观的不良学风：“今子弟饱食安坐，典籍满前，乃束书不观，游谈无根。”[④]焦竑要求将博学多识与心性觉悟结合起来，既反对束书不观的清谈心性，也反对没有觉悟心性的死读书。他说：“先儒言，才学便有著

---

① 焦竑：《答友人问》，《澹园集》卷十二。

② 焦竑：《尊师澹园焦先生续集序》，《澹园集》附编二，第1219页。

③ 焦竑：《尊师澹园先生集序》，《澹园集》附编二，第1214页。

④ 焦竑：《焦氏笔乘续集》卷四“韩忠献”条。

力处，既学便有得力处。不是说了便休。如学书者必执笔临池，伸纸行墨，然后为学书学匠者必操斧运斤，中钩应绳，然后学匠。如何学道只是口说。口说不济事，要须实践。”[①]在博学多识的同时，还应当学会由博返约。

焦竑将考证古今史事的著述收于《焦氏笔乘》，主要是焦竑在读书与讲学中所作的笔记。在正集与续集总共十四卷的《焦氏笔乘》中，经史子集无所不包，涉及范围包括儒家经典阐释、佛老教义阐发、古史记载正误、名物制度考订、文章辞赋品评、师友言行记录、文字音韵考证、目录版本研究、地方文献辑证等等，真可谓无所不包。由此可见，焦竑一生读书涉猎之广，用功之勤，心思之密。不过，焦竑不是为读书而读书，更不是为炫耀博学而读书，而是为明心见性与通经致用。在这一点上，焦竑可谓同时是明末清初以后考据学与经世之学的先驱。

① 焦竑：《澹园续集》卷四十七。

第五章　名教与真机

宋儒大都追求醇儒的圣人气象，津津乐道孔颜乐处，而不会将圣与狂联系在一起。正德、嘉靖以后，由于君主日益独裁和荒唐，朝政日益紊乱，遂激发士人扶危济困的强烈救世意识，因此就顺理成章将圣与狂联系在一起，以为惟具有慷慨激昂的狂狷人格的人才能成圣。王阳明指出，面对陷于水深火热的天下，士子当像援救父子兄弟那样"呼号匍匐，裸跣颠顿，扳悬崖壁而下拯之"。[①] 倘能救治万民，那么即使被人苛责为丧心病狂之人，也无所谓。

时人往往以狷介难近、狂诞怪异和孤高耿介等来形容李贽的性格。就内心而言，李贽自视极高，甚至有点目中无人。世上他衷心佩服的人，没有几个。他曾放言："我从来不见有一人果然真正豪杰难得，纵有也不是彻骨的好汉。"[②]他狂放不羁的才情令明人惊叹："独处独游，独行独语，目如辰曦，胆如悬瓠，口如震霆，笔如风雨。"[③]但与此同时，在李贽狂放的外表下面，却掩藏着极其强烈的圣人情结。他极其崇敬孔子，欣羡孔子千古不朽的名望："以今观吾夫子，夫孰不亲，夫孰不尊。从今以后，以至万亿年载，其尊且亲，但见其有加而不替矣，岂若当时之王，见在则尊，过则已；见在则亲，过则已者所可比耶！"[④]有时也略略流露出对孔子的不恭，那恐怕是因为他自己也想跻身千古圣贤的行列。

---

① 王阳明：《传习录》中《答聂文蔚书》。

② 李贽：《李温陵外纪》卷二《柞林纪谭》。

③ 李贽：《李温陵外纪》卷一，陶望龄：《吊李卓吾文》。

④ 李贽：《道古录》卷下第十八章。

李贽继承了阳明心学赞赏狂狷人格的传统，坚信狂狷可以通向成圣。他之所以甘居狂狷而不辞，正由于相信狂狷与圣贤之间存着必然联系，因为“盖论好人极好相处，则乡愿为第一；论载道而承千圣绝学，则舍狂狷将何止乎……有狂狷而不闻道者有之，未有非狂狷而能闻道者也”。[①] 为了追求成圣，为了得享千古不朽之名，在强烈的圣人情结与不朽渴望的驱使下，李贽在人生后半程不断做出惊世骇俗之举。李贽的狂狷人格，远承王阳明，近承王畿与王艮。但是，作为睥睨千古的一代狂士，李贽志向比王畿更高，胆魄比王艮更大，在狂放不羁上更亲近何心隐等。

万历十二年之前，李贽忙于操劳家事，忙于为家族尽人伦责任，在学问方面重在寻求解脱的性命之学，表现于外则是与世无争而奉行自然无为之道。在仕途生涯中，李贽虽因倔强性格而与上司多有摩擦，但大都能以忍耐化解，以不影响自己的一心求道。他曾夫子自道，声称为官的前十年“拜揖公堂之外，固闭户自若也”。[②] 在北京做官时，更是“五载春官，潜心道妙”。[③] 尽量做到两耳不闻窗外事，一心只读圣贤书。等到耿李之争发生后，我们熟悉的李贽形象方才展现出来，开始显得狂放不羁，孤高耿介而愤世嫉俗。

李贽毅然辞官，从宦海生涯急流勇退之后，因为忧虑回泉州老家后为家事纠缠而影响一心向道，在黄安依道友耿定理而居。有意思的是，李贽与耿氏虽然一是泉州人，一是湖北黄安人，但他们祖籍却都是河南光州。对于尤其注重籍贯的古人来说，这不能不说也是一个微妙的因素。耿定向素来慷慨好客，在距离黄安城十五里的五云山，特意为李贽修葺天窝书院。李贽为此颇感满意，认为此地“绝世嚣，怡野逸”，适合潜心内典，而耿定向也关爱有加，“且侗老亦知爱之，不以方外生憎也”。[④]

如果耿定理没有英年早逝，李贽很有可能长期栖居黄安，陶然于与定理论道，潜心内典，一心修道，与世无争而生命日趋圆满，最终大概可

① 李贽：《焚书》卷一《与耿司寇告别》，中华书局 2009 年版，第 28 页。
② 李贽：《阳明先生年谱后语》
③ 李贽：《焚书》卷三《卓吾论略》。
④ 李贽：《续焚书》卷一《复焦漪园》。

以得享天年。不过如此一来，我们熟悉的李贽就不会在思想史上出台，而仅仅是一个默默无闻的小人物，最多只会出现于焦竑等人的书信中。耿李之争在使李贽后半生动荡不定且充满苍凉愤激之情的同时，却也使他赢得身前身后的不朽名声。事实上，李贽平心静气的时候也能意识到这一点。他为此曾感慨万千地说："平生所贵者无事，而所不避者多事。贵无事，故辞官辞家，避地避世，孤孤独独，穷卧山谷也。不避多事，故宁义而饿，不肯苟饱；宁屈而死，不肯倖生。此其志颇与人殊。盖世人爱多事，便以无事为孤寂；乐无事，便以多事为桎梏。唯我能随寓而安，无事固其本心，多事亦好度日。使我苟不值多事，安得声名满世间乎？"①

第一节　天台重名教，卓吾识真机

耿定向与李贽在科考和仕途上的命运恰成对照。两人都在嘉靖三十一年（1552 年）中举，都于次年会试时名落孙山。嘉靖三十五年（1556 年），两人第二次参加会试。这次会试产生的结果，使两人命运从此踏上升腾与沉沦两条判然有别的轨迹。耿定向在进士及第之后，官场之路青云直上；李贽却长期沉沦下僚，因而郁郁寡欢。

隆庆六年（1572 年），耿定理在游历南京期间与李贽相识相知，进而促成耿定向与李贽相交论学。万历五年（1577 年），李贽在赴任姚安知府途中，于黄安拜访耿定理，并得以与耿定向初次见面论学。万历八年（1580 年），李贽辞官，前往黄安投靠耿定理。自此以后，李贽的人生和为学之命运，紧紧地与耿定向交织在一起，无论是恩，还是怨。

隆庆元年（1567 年）至万历十二年（1584 年），李贽从不惑之年走向知天命之年，从 40 岁至 56 岁，正处于人生最复杂多思的中年。在这个阶段，李贽对阳明心学、对佛学、对老庄都做了深刻思考，生命体悟和学问得到迅速进展，生命体悟日益激进和学问声誉日益卓著。

---

① 李贽：《续焚书》卷一《与城老》，第 19 页。

耿定向与李贽的争论开始于万历十二年(1584 年),直至万历二十三年(1595 年)和解,历时 12 年,对彼此为学都产生了重大影响。某种意义上,这一场旷日持久的争论成就了李贽的学问和声名。在争论中,李贽的生命体悟日益激进,思想阐述日益个性化,而人格中的所谓“异端”和“狂狷”色彩日益旗帜鲜明地展示了出来。与此相对,面对越来越剑走偏锋的为追求性命之道而日益无所顾忌的李贽,耿定向的卫道情怀和社会责任感也越发强烈,在为学上更加有意强调人伦实践。正如时人所评价的:“天台重名教,卓吾识真机。”(语出《明儒学案》的相关记载:卓吾寓周柳塘湖上,一日论学,柳塘谓:“天台重名教,卓吾识真机。”楚倥诮柳塘曰:“拆篱放犬。”)①

李贽后半生竭尽全力追求的是能安顿生死的性命之道,是能为生命提供终极意义的超越性大道。在《答马历山》中,李贽强调解决生死问题与追求性命之道的重要性。他说:“凡为学皆为穷究自己生死根因,探讨自家性命下落。是故有弃官不顾者,有弃家不顾者,又有视其身若无有,至一麻一麦,雀巢其顶而不知者。无他故焉,爱性命至极也。”②为学当穷究生死根由,反省自家性命之道。为此自然有弃官不顾的,有弃家不顾的,有不顾小我生命的。说到底,是由于极其热爱性命的缘故。

正由于对性命之道如饥似渴的上穷碧落下黄泉的竭力追求,使得李贽的追求有意无意中逾越了主流儒学,旁涉于释道。他为学目的在于真正受用于身心,在于解决生死问题。与此形成鲜明对照的是,耿定向具有强烈的卫道意识和社会责任感。他因此坚定地站在主流儒学立场之上,维护孔孟之道,力辟释道二教。他指出:“六经、《语》《孟》具在,孔孟宗旨灿然,如日中天,第恨智者过之,愚者不及,致令二氏之学充塞流衍,许大豪杰亦自沉困颠迷于中,而不自觉也。弟年来潦倒甚甚,颠毛且种种矣,自矢更不敢以虚知见诳己诳人,谨守孔孟门户,待后而已。”③儒家六经、《论语》与《孟子》宗旨灿如白昼,只可惜高明者过之,愚

① 黄宗羲:《明儒学案》卷三五《耿楚倥先生定理》。

② 李贽:《续焚书》卷一《答马历山》。

③ 耿定向:《与胡庐山书》第四书,见《耿天台先生文集》卷三《儒藏》本,第 68 页;卷三,第 86—87 页。

钝者不及，释老之学盛行天地间，以致又有几多豪杰丈夫沉迷于其中而难以自拔。

在耿氏家族，李贽担任私塾教师，教育耿氏子弟。万历十二年(1584 年)，耿定向赴北京，耿定力前往四川任官，与李贽交情最为亲密的耿定理却又不幸中年早逝。如此一来，教育耿氏子弟的任务就顺理成章地落到李贽一人身上。但是，恰恰在耿定向看来，李贽一意追求可以安顿生死的性命之道，难免有脱离人伦实践之嫌。正如袁中道《李温陵传》所说："子庸死，子庸之兄天台公惜其超脱，恐子侄效之，有遗弃之病，数至箴切。"①把耿氏子弟留给李贽一人教育，耿定向心中颇为忐忑不安。正因为如此，他通过种种方式不断规劝李贽，甚至批评李贽。

对于耿定向的屡次规劝，对于耿定向学必宗于孔孟之道的说法，李贽在《答耿中丞》中做了自我辩护。他强调孔子之学并非天下惟一的学问正途："'学其可无术欤'，此公至言也，此公所得于孔子而深信之以为家法者也。仆又何言之哉！然此乃孔氏之言也，非我也。夫天生一人，自有一人之用，不待取给于孔子而后足也。若必待取足于孔子，则千古以前无孔子，终不得为人乎？故为愿学孔子之说者，乃孟子之所以止于孟子，仆方痛憾其非夫，而公谓我愿之欤？"②李贽在其中强调，天生一人必有一人之用，不必亦步亦趋于孔子之学。

万历十三年(1585 年)，耿定向在《汉浒订宗》中阐发真机"不容已"之说。其中"不容已"的实质，实乃孔孟阐发的道德情感。他指出："盖仲子之所揭不容已者，从无声无臭发根，高之不涉虚玄；从庸言庸行证果，卑之不落情念。禹、稷之犹饥犹溺，伊尹之若挞若沟，它若视亲骸而泚颡，遇呼嘑之食而不屑，见入井之孺子而怵惕，原不知何来，委不知何止，天命之性如此也，故曰'惟天之命，于穆不已'。"道德情感的激荡，源于天命之性之不容已的显发。因此，不容已之真机立根于无声无臭，却不落入玄虚；于日用人伦处发用，却不沦于情念。

在阐发了何谓"不容已"之后，耿定向旋即批评何心隐和邓豁渠，认

---

① 袁中道：《李温陵传》，见《续焚书》附录，第 131 页。

② 李贽：《答耿中丞》，见《李贽文集》第一卷《焚书》卷一，第 16 页。

为他们的言行不符合“不容已”宗旨。其中，耿定向批评何心隐仅仅效仿孔子聚友讲学的外在形式，未能领会其中的精髓。他说：“往有模拟孔氏之匡廓者，曰‘如此方成家风。’似矣。不知此等作用犹模人形躯也，非此不容已者为之血脉，则捧土揭木为偶而已。”同时，耿定向又批评邓豁渠对人伦名教的背离，批评以出离人伦世界为超生死的做法，认为：“非此不容已者为之真宰，则搏影系风为幻而已。不特为幻，溺而蔽，蔽而逃，伦乱教，将有不可言者。”[①]

对于耿定向对邓豁渠“蔽而逃，伦乱教，将有不可言者”的批评，李贽不以为然。他在《又答耿中丞》中规劝耿定向，认为耿定向与邓豁渠，入世与出世，人生旨趣彼此相异，立身行事不必相同，因此不必过于苛责。李贽指出：“夫渠欲与公相从于形骸之外，而公乃索之于形骸之内，哓哓焉欲以口舌辩说渠之是非，以为足以厚相知，而答责望于我者之深意，则大谬矣！夫世人之是非，其不足为渠之轻重也审矣。且渠初未尝以世人之是非为一己之是非也。若以是非为是非，渠之行事，断必不如此矣。此尤其至易明焉者也。盖渠之学主乎出世，故每每直行而无讳；今公之学既主于用世，则尤宜韬藏固闭而深居。迹相反而意相成，以此厚之，不亦可乎？因公言之，故尔及之。”[②]

万历十三年(1585年)，在闰九月十六夜里，耿定向夜梦与王锡爵论学。他在其中指出：“窃读昙阳遗教中常揭‘淡’之一字，此大道之真诠也。”并强调：“惟淡，知乃良，不淡，知弗良矣。淡固良知之宗祖也。”[③]这真是奇特的梦，耿定向梦中尚在争论为学宗旨，可见卫道情怀之热忱。对于耿定向对“淡”的解释，李贽针锋相对地指出，只有“见大故心泰，心泰故无不足”，才能达到“淡”的境界。他语带讽刺地说，耿定向之前对何心隐、邓豁渠包括自己的批评，是因为见识不大而有分别心造成的。有这种分别心，自然做不到“淡”。他说：“见大故心泰，心泰故无不足。既无不足矣，而又何羡耶。若只以平日之所饫闻习见者为平常，而以其罕闻骤见者为怪异，则怪异平常便是两事，经世出世便是两心。

① 耿定向：《汉浒订宗》，《耿天台先生文集》卷八，第247—248页；卷八，第305页。

② 李贽：《又答耿中丞》，《焚书》卷一，第18页。

③ 耿定向：《纪梦》，见《耿天台先生文集》卷十九，第581页。

勋、华之盛，揖逊之隆，比之三家村里瓮牖酒人，真不啻几千万里矣。虽欲淡，得欤？虽欲'无然歆羡'，又将能欤？此无他，其见小也。"[①]

关于"不容已"，耿定向与李贽也有所争论。耿定向在致李贽的信中指出，自己虽然想要"坚忍无为"，虽然也知道李贽有出世之心和出世之学无可厚非，但卫道之热忱有"不容自已处"。他说："余惟反之本心不容已者，虽欲坚忍无为，若有所使而不能；反之本心不自安者，虽欲任放敢为，若有所制而不敢。是则浅肤之纲领，惟求不失本心而已矣，岂是束于其教，不达公上乘之宗耶？"[②]针对耿定向的说法，李贽提出："惟公之所不容已者，在于泛爱人，而不欲其择人；我之所不容已者，在于为吾道得人，而不欲轻以与人，微觉不同耳。公之所不容已者，乃人生十五岁以《弟子职》诸篇入孝出弟等事，我之所不容已者，乃十五成人以后为大人明《大学》，欲去明明德于天下等事。……虽各各手段不同，然其为不容已之本心一也。心苟一矣，则公不容已之论，固可以相忘于无言矣。若谓公之不容已者为足，我之不容已者为非；公之不容已者是圣学，我之不容已者是异学，则吾不能知之矣。"在李贽看来，自己与耿定向一样也有不容已之说，只是耿定向的不容已仅仅是泛爱人，自己的不容已却有所择，目的在于求志同道合者。耿定向的不容已关注平平常常的孝弟之事，李贽的不容已却关注大人明明德于天下等事。在语气中，李贽对耿定向似有不屑之意。

耿定向与李贽长达十余年的争论，始于在教育耿氏子弟宗旨上所产生的分歧。耿定向希望李贽教耿氏子弟以"孝悌忠信"，期望耿氏子弟努力读书做个好人，努力科考求取功名。与此相对，李贽专门教人以性命之道，认为"孝悌忠信等岂待教之而能乎？古人即孝弟等指点出良知良能以示人"。也就是说，要教的应该是更深层的良知本源。

对于耿定向苦口婆心的屡次规劝，李贽在致耿定向弟子焦竑的信中不无微辞："克明初七日已入京去。世间豪士不多得，得一豪士又只如是过日，此临济门下所以毕竟无临济儿也。三圣兴化，亦仅仅当门户

---

① 李贽：《答耿中丞论淡》，见《焚书》卷一，第24页。

② 耿定向：《与李卓吾》(三)，见《耿天台先生文集》卷四，第128页；卷四，163。

耳。夫所贵乎讲学者，谓讲此学耳。今不讲此学，而但教人学好，学孝学弟，学为忠信，夫孝弟忠信等岂待教之而能乎？古人即孝弟等指点出良知良能以示人，今者舍良知而专教人以学孝学弟，苟不如此，便指为害人，为误后生小子，不知何者为误害人乎？则自古圣人皆误害人之王矣，可胜叹哉！”[①]对耿定向讲学当讲孝弟忠信的规劝，李贽不以为然。他认为古人之所以讲孝弟，在于就孝弟处提揭良知良能，耿定向舍良知而要求专门教子弟以孝弟，是谓大谬。

在阐发“三圣兴化”之后，李贽强调，应当基于对现实的洞察而反思人性，要“就此百姓日用处提撕一番”，凡是世间一切治生产业方面的事情都应该思考一番。倘若面对人性现实表现而“果能反而求之”，那么就能识得人性的本来面目。李贽在《答邓明府》中指出：“间或见一二同参从入无门，不免生菩提心，就此百姓日用处提撕一番。如好货，如好色，如勤学，如进取，如多积金宝，如多买田宅为子孙谋，博求风水为儿孙福荫，凡世间一切治生产业等事，皆其所共好而共习，共知而共言者，是真迩言也。于此果能反而求之，顿得此心，顿见一切贤圣佛祖大机大用，识得本来面目，则无始旷劫未明大事，当下了毕。此予之实证实得处也，而皆自于好察迩言得之。故不识讳忌，时时提唱此语。”[②]但是，这种只适合利根之人的教育方式，在耿定向看来，却容易误导子弟。

关于对邹守益的评价，是耿定向与李贽争论的话题之一。在阳明后学中，耿定向极为推崇邹守益。他热烈地赞颂邹守益：“盖自文成没，而承学者或宗乐体以为自得，乃先生谆谆言戒惧；承学者或耽虚寂以为精深，而先生则曰洋洋发育峻极，不是玄虚，即寓之三千三百；承学者又或矜知见以为玄妙，而先生则曰庸言庸行，有余不敢尽，有所不足，不敢不勉。诸如绪论。余早年闻之未之深省，以为名理常谈耳。今行年六十外，涉世之久，目击承学之弊之众，始惕然深识先生之苦心。恒诵诸语，以为确然孔孟之嫡脉，圣人复起不能易者。第恨下能起先生于九原

① 李贽：《与焦弱侯太史》，《续焚书》卷一，第14页。

② 李贽：《答邓明府》，《焚书》卷一，第40页。

而禀学也。”[①]在耿定向看来，邹守益鉴于学者乐道以自得，而主张戒惧；鉴于学者耽于虚寂玄虚，而主张人伦礼仪；鉴于学者以知见为玄妙，而提倡庸言庸行。对于邹守益的学问，耿定向年轻时以为平淡无奇，如今年过六十，方才切身体会其中良苦用心，认定其为孔孟正传。针对耿定向对邹守益几达五体投地的推崇，李贽却予以冷嘲热讽：“公继东廓先生，终不得也。何也？名心太重也，回护太多也。实多恶也，而专谈志仁无恶；实偏私所好也，而专谈泛爱博爱；实执定己见也，而专谈不可自是。”

万历十四年（1586 年），耿定向为引导倾心佛学的学者回归儒学，特地撰写《译异编》，以儒学解释佛学思想，坚持认为儒学优越于释道二教。为此，焦竑苦口婆心地规劝他：“学者诚有志于道，窃以为儒释之短长可置勿论，而第反诸我之心性。苟得其性，谓之梵学可也，谓之孔孟之学可也。即谓非梵学、非孔孟学，而自为一家之学亦可也。盖谋道如谋食，藉令为真饱，即人目其馁，而吾腹则果然矣。不然，终日论人之品味，而未或一哜其胾，不至枵腹立毙者几希。”[②]焦竑本就主张三教会通，因此劝说耿定向不必争论儒释之谁长谁短，重要的在于是否能反证于吾之心性。在当时佛学造诣已达深湛之境的李贽看来，耿定向的《译异编》等同于班门弄斧，因此含讥带讽地指出：“公第用起工夫耳，儒家书尽足参详，不必别观释典也。解释文字，终难契入；执定己见，终难空空；耘人之田，终荒家穰。”[③]

第二节　干脆做了异端

李贽最初脱离官场，赴黄安隐居，原本想与道行高深的友人共与论学，共同追求性命之道。但是，自定居黄安之后，心中却颇为失望。他与耿定理本来在学问上最为相契，对耿定理的悟性和学问本来也最为

---

① 耿定向：《广德州祠碑》，见《耿天台先生文集》卷十二，第 385 页；卷二十，第 743 页。
② 焦竑：《答耿师》，见《澹园集》卷十二，第 82—83 页。
③ 李贽：《答耿司寇（五）》，《焚书》卷一，第 35 页。

佩服。不过遗憾的是，到黄安后，他却伤感不已地发现，耿定理由于身体虚弱已无法全力追求性命之道。他因此叹息说："楚倥极聪明，极有力量，惜歇手太早。"[①]耿定向与李贽为学南辕北辙，一个入世，一个出世，恰成强烈对照，因此难以默契融洽地论学。学问上气味相投的焦竑，却汲汲于科考，仅仅在万历九年（1581 年）来黄安与李贽相与论学十日。因此在黄安，李贽的心境颇为寂寞。

在弃官隐居黄安的前几年，李贽与家眷共居。由于家人乡愁难遏，万历十五年（1587 年）秋，李贽把家眷送回泉州，自己却只身居住于黄安和麻城。失去仕途牵挂和家族责任的约束，李贽行事愈加无所顾忌，愈加我行我素。在与耿定向争论的刺激之下，他的人格和为学愈加展现出异端色彩。李贽出行不避酒楼歌肆而不顾毁誉的行事，招致时人不满和批评。此类行事，一传十、十传百，通过好事之徒不断添油加醋，传到耿定向耳中，就不免使李贽行事染上好色甚至好淫的色彩。因此，在致周柳塘的信中，耿定向抨击李贽："往见说卓吾狎妓事，其书尚存，而顷书来乃谓弟不能参会卓吾禅机。昔颜山农于讲学会中忽起就地打滚，曰：'试看我良知！'士友至今传为笑柄。卓吾种种作用，无非打滚意也。第惜其发之无当，机锋不妙耳。"又批评说："鲁桥诸公之会宴邓令君也，卓吾将优旦调弄，此亦禅机也，打滚意也。盖彼谓鲁桥之学，随身规矩太严，欲解其枷锁耳。然鲁桥之学，原以恭敬求仁，已成章矣。今见其举动如是，第益重其狎主辱客之憾耳。未信先横，安能悟之令解脱哉！"批评李贽曾强迫其弟狎妓的举动："卓吾曾强其弟狎妓，此亦禅机也。"最后批评李贽率众僧入寡妇之室的举动："卓吾曾率众僧入一嫠妇之室乞斋，卒令此妇冒帷簿之羞，士绅多憾之，此亦禅机也。"[②]在耿定向看来，李贽此类行事充满放纵情欲的危险。对朱熹"世上无如人欲险，几人到此误平生"的说法，耿定向深表赞同，强调对人世情欲应该倍加警惕，应该以"命"率"性"。他说："卓吾云，佛以情欲为性命。此非杜撰语。孟子原说口之于味，目之于色，等性也。但曰有命焉，君子不谓性

① 袁中道：《珂雪斋集》外集卷十五《拾遗》，明万历四十六年刻本。

② 李贽：《答周柳塘》，《焚书》增补一，第 260—261 页。

也。不知卓吾亦然否？愚尝谓，《中庸》不言性之为道，而曰'率性之谓道'，学人误以任情为率性，而不知率性之率，盖犹将领统率之率也。目之于色，口之于味等，若一任其性而无以统率之，如溃兵乱卒，四出掳掠，其害可胜言哉曰！有命焉，所以率之也。"①

针对时人的道德鞭挞与耿定向的步步进逼，李贽的态度越来越愤世嫉俗，为人处事越来越放纵无忌，在与耿定向的争论中也越来越针锋相对地冷嘲热讽。万历十六年（1588 年）初，李贽撰写《寄答留都》，剖析与耿定向产生争论的原因。李贽坦率而不无反讽地指出，自己确以自私自利之心求自私自利之学，以求身心安乐。所谓自私自利，当然与万物一体者有别。他说："我以自私自利之心，为自私自利之学，直取自己快当，不顾他人非刺。故虽屡承诸公之爱，诲渝之勤，而卒不能改者，惧其有碍于晚年快乐故也。自私自利则与一体万物者别矣；纵狂自恣则与谨言慎行者殊矣。万千丑态，其原皆从此出。彼之责我是也。"但李贽随即话锋一转，以为自己既然已被问罪，那就已然是化外之民，耿定向若再责之过甚，就体现不出万物一体的仁者胸怀。倘若没有万物一体的仁者胸怀，那又如何能做世之道德楷模，如何能做百世之师。他尖刻地指出：

> 吾之所少者，万物一体之仁也，作恶也。今彼于我一人尚不能体，安能体万物乎？于我一人尚恶之如是，安在其无作恶也？屡反责之而不知痛，安在其有恻隐之仁心也？彼责我者，我件件皆有，我反而责彼者亦件件皆有，而彼便断然以为妄，故我更不敢说耳。虽然，纵我所言未必有当于彼心，然中间岂无一二之几乎道者？而皆目之为狂与妄，则以作恶在心，固结而难遽解，是以虽有中听之言，亦并弃置不理。则其病与我均也，其为不虚与我若也，其为有物与我类也；其为捷捷辩言，惟务己胜，欲以成全师道，则又我之所不屑矣。而乃以责我，故我不服之。使建昌先生以此责我，我敢不受责乎？何也？彼真无作恶也，彼真万物一体也。②

---

① 耿定向：《与周柳塘》第二十一书，《耿天台先生文集》卷三，第 101 页；卷三，第 129 页。

② 李贽：《寄答留都》，见《焚书》增补一，第 257 页。

在李贽看来，耿定向如果把自己的一切言行都视之为狂妄，那么无非是出于一己之私怨的诛心之论，其狂妄当与己同。在如此的冷嘲热讽中，李贽正是在以彼之矛而攻彼之盾。

万历十六年(1588年)夏，李贽终于走到以剃发表明追求性命之道之决绝的地步。在《与曾继泉》中，他解释剃发原因，在于家人时时催迫归家，在于无所见识之俗人往往视其为异端，加上年老活日无多。他痛陈："其所以落发者，则因家中闲杂人等时时望我归去，又时时不远千里来迫我，以俗事强我，故我剃发以示不归，俗事亦决然不肯与理也。又此间无见识人多以异端目我，故我遂为异端以成彼竖子之名。兼此数者，陡然去发，非其心也。实则以年纪老大，不多时居人世故耳。"①

作为四品离任官员，一位标准的士大夫，李贽中年落发以明志，在时人看来自然是惊世骇俗的异端举动。李贽以伤感语调记述这次落发过程说："噫！我在此落发，犹必设尽计校，而后刀得临头。邓鼎石见我落发，泣涕甚哀，又述其母之言曰：'尔若说我乍闻之整一日不吃饭，饭来亦不下咽，李老伯决定留发也。且汝若能劝得李老伯蓄发，我便说尔是个真孝子，是个第一好官。'呜呼！余之落发，岂容易哉！余唯以不肯受人管束之故，然后落发，又岂容易哉！写至此，我自酸鼻，尔等切勿以落发为好事，而轻易受人布施也！"②落发之后，邓鼎石与其母苦劝李贽留发。李贽则表白自己落发是为不肯受人管束。李贽于落发明志后，在本年秋天迁居麻城县东30里的龙潭芝佛院。在芝佛院，他与僧人无念相伴而居，过着寂寞的隐居生活。

在《答周二鲁》中，李贽以愤世嫉俗之心，甚至带着玩世不恭的口气，强调学者当"贵为己，务自适"，即使为众人所恶也不可动心。在李贽看来，人当为己自适，若随波逐尘而向世俗唯唯诺诺，那么即使伯夷、叔齐、尧、舜等也不可与语。他说："士贵为己，务自适。如不自适而适人之适，虽伯夷、叔齐同为淫僻；不知为己，惟务为人，虽尧、舜同为尘垢秕糠。"他为自己在麻城的怪诞言行辩护，认为这是在行佛教的游戏三

① 李贽：《与曾继泉》，《焚书》卷一，第53页。

② 李贽：《豫约·感慨平生》，见《焚书》卷四，第186页。

昧之举，其中有和光同尘的深意在。他强调："到麻城，然后游戏三昧，出入于花街柳市之间，始能与众同尘矣，而又未能和光也。……且游戏玩耍者，众人之所同，而儒者之所恶；若落发毁貌，则非但儒生恶之，虽众人亦恶之矣。和光之道，莫甚于此，仆又何惜此几茎毛而不处于众人之所恶耶？"①

李贽悍然自视为出世圣人，孤高耿介之性愈发显现。愤激之下，他干脆以异端自居，日益流于狂禅。他无视世人的毁誉，时常做出骇人听闻之举，并以游戏三昧自我辩护。对心性之学的体悟，在此时期也日益精进。"既无家累，又断俗缘，参求理乘，极其超悟，剔肤见骨，迥绝理路，出为议论，皆为刀剑上事，狮子迸乳，香象绝流，发咏孤高，少有酬其机者。"②

在落发并隐居龙湖之后，李贽为人和为文中的异端色彩愈加浓烈。他在《三教归儒说》中对假道学进行猛烈抨击，认为假道学家表面上推崇超尘出世的道学，暗地里却追求大富大贵，实为道貌岸然之徒。他说："夫世之不讲道学而致荣华富贵者不少也，何必讲道学而后为富贵之资也？此无他，不待讲道学而自富贵者，其人盖有学有才，有为有守，虽欲不与之富贵，不可得也。夫唯无才无学，若不以讲圣人道学之名要之，则终身贫且贱焉，耻矣，此所以必讲道学以为取富贵之资也。然则今之无才无学，无为无识，而欲致大富贵者，断断乎不可以不讲道学矣。今之欲真实讲道学以求儒、道、释出世之旨，免富贵之苦者，断断乎不可以不剃头做和尚矣。"③在李贽看来，人若志在荣华富贵，又何必讲道学。有学有才者，不必讲道学，自有取富贵之道；无才无学者，方才想到以讲道学来赢取富贵。因此在假道学盛行的当今之世，要真正追求道学而免于富贵，就必须落发为僧。"由此观之，今之所谓圣人者，其与今之所谓山人者一也，特有幸不幸之异耳。幸而能诗，则自称曰山人；不幸而不能诗，则辞却山人而以圣人名。幸而能讲良知，则自称曰圣人；不幸而不能讲良知，则谢却圣人而以山人称。展转反复，以欺世获利。名为

① 李贽：《答周二鲁》，《焚书》增补一，第258—259页。
② 袁中道：《李温陵传》。
③ 李贽：《三教归儒说》，《续焚书》卷二，第76页。

山人而心同商贾，口谈道德而志在穿窬。夫名山人而心商贾，既已可鄙矣，乃反掩抽丰而显嵩、少，谓人可得而欺焉，尤可鄙也！”[①]对当今所谓假圣人与假山人，李贽认为能吟诗者可称为山人，不能吟诗者才不得已称为圣人。能谈论良知者，可自称为圣人，不能谈论良知者，可称为山人。无论是假圣人，还是假山人，都意在欺世盗名而获利，心同商贾而更为可鄙。

《焚书》对假道学的抨击，往往就是在影射耿定向，由此也埋下了李贽与耿定向决裂的伏笔。如李贽的以下言论：“不论其败而论其成，不追其迹而原其心，不责其过而赏其功，则二老（指何心隐和张江陵）者，皆吾师也。非与世之局琐取容，埋头顾影，窃取圣人之名以自盖其贪位固宠之私者比也。然何公布衣之杰也，故有杀身之祸，江陵宰相之杰也，故有身后之辱。”[②]不以世俗成败相论，李贽认为何心隐与张居正皆可为己师，而远胜于那些打着圣人幌子而希宠贪位之假道学。“彼其含怒称冤者，皆其未尝识面之夫；其坐视公之死，反从而下石者，则尽其聚徒讲学之人。然则匹夫无假，故不能掩其本心；谈道无真，故必欲划其出类：又可知矣。”[③]其中坐视何心隐之死甚且落井下石者，李贽影射的正是耿定向。在《焚书自序》中，李贽表白为何撰写《焚书》的心声：“一曰《焚书》，则答知己书问，所言颇切近世学者膏肓，既中其痼疾，则必欲杀之，言当焚而弃之，不可留也。……夫欲焚者，谓其逆人之耳也；欲刻者，谓其入人之心也。逆耳者必杀，是可惧也。然余年六十四矣，倘一入人之心，则知我者或庶几乎！余幸其庶几也，故刻之。”[④]李贽自信《焚书》切中近世学者病根，因此将招来一片喊打喊杀之声，必将引来焚书之祸。

《焚书》刊行之后，立刻在李贽友人中引发热烈回应。如杨起元，就在致周柳塘书信中极其热情地推崇此书，声称：“近读《李氏焚书》，益觉此老是真休歇汉，世上难觅。此老我能与之相朝夕，岂非大眼界大缘分

---

① 李贽：《又与焦弱侯》，《焚书》卷二，第49页。

② 李贽：《答邓明府》，见《焚书》卷一，第16页。

③ 李贽：《何心隐论》，《焚书》卷三。

④ 李贽：《焚书》卷首。

哉！……起闻之：大开眼人，一咳一唾皆是神解，乃至所居一茎一块皆是丹头，今老师倘有所闻于此老，愿不惜示。幸甚，幸甚！”[①]梅国桢推崇《焚书》甚至达到五体投地的地步：“目病一月，未大愈，急索《焚书》读之，笑语人曰：‘如此老者，若与之有隙，只宜捧之莲花座上，朝夕率大众礼拜以消折其福；不宜妄意挫抑，反增其声价也！’”[②]

耿定向读到《焚书》之后，义愤填膺。他在《观生纪》中说：“万历十八年庚寅，我生六十七岁。……六月闻谤，作《求儆书》，蔡弘甫序梓之，以告同志。”也就是说，为了反击和自我辩护，耿定向作《求儆书》以示友人。在《求儆书》中，耿定向沉痛地指出：“惟卫武年九十犹求儆于国人，余犬马齿几古稀矣，相知者忍耄余，弃予不为儆耶？昔夫子得子路，恶声不至于耳。非子路奋于勇，遏绝天下之恶声不至也，意必有以救夫子之失而补其缺，恶声无自至也。予兹不免恶声至，是亦同心耻也！何以振我而刷浣我者？余初省致诟之由，茫然不得其端，近检笥牍稿，始解所自云。惟伊学术已大发洩于此。顾念予年七十尚不免集诟，耻矣！诸所诬诋，羞置一喙，谨以牍稿数草，录寄相知者一览。高贤按此，谂予之缺而箴儆之。是望。”[③]耿定向的反击立竿见影，导致麻城随即出现驱逐李贽事件，从而对李贽命运产生了重大影响。

在《求儆书》中，耿定向之所以将《焚书》定性为诽谤之书，是因为李贽在书中对耿定向的批评已经从思想争论变异为人格攻击，从而有损个人声誉。李贽在有些文章中，不仅指责耿定向的个人道德，而且还对耿定向的家事冷嘲热讽。如在《答耿司寇》中，李贽就以讥讽语气谈到耿定向家事：

> 每思公之所以执迷不返者，其病在多欲。古人无他巧妙，直以寡欲为养心之功，诚有味也。公今既宗孔子矣，又欲兼通诸圣之长：又欲清，又欲任，又欲和。既于圣人之所以继往开来者. 无日夜而不发挥，又于世人之所以光前裕后者，无时刻而不系念。又以世

① 杨起元：《周柳师（二）》，《杨太史家藏文集》卷六，转引自厦门大学历史系编《李贽研究参考文献》第二辑，第 39 页。

② 李贽：《焚书》卷二《与梅衡湘》所附，第 66 页。

③ 耿定向：《耿天台先生文集》卷六《求儆书》，《四库全书存目丛书》第 131 册，第 172—173 页。

人之念为俗念，又欲时时盖覆，只单显出继往开来不容已本心以示于人。分明贪高官厚禄之足以尊显也，三品二品之足以褒宠父祖二亲也，此公之真不容已处也，是正念也，却回护之曰："我为尧舜君民而出也，吾以先知先觉自任而出也。"是又欲盖覆此欲也，非公不容已之真本心也。且此又是伊尹志，非孔子志也。……

不特是也。分明憾克明好超脱，不肯注意生孙，却回护之曰："吾家子侄好超脱，不以嗣续为念。"……

又不特是也。分明憾克明好超脱，不肯注意举子业，却回护之曰："吾家子侄好超脱，不肯著实尽平常分内事。"……①

在李贽看来，耿定向的病根在于多欲。耿定向既然口口声声以孔子之学为宗，就当寡欲以养心。耿定向所谓真机不容已，实质只是贪高官厚禄，贪三品二品官位可以光宗耀祖而已。贪则贪矣，却不应当以孔子之学掩饰之。此所谓欲盖弥彰，反不若坦然公开伊尹之志。自家子侄未有子嗣，不能专注于科举，耿定向却回护以超脱，可见其遮掩虚伪处。

李贽语言尖刻辛辣，句句诛心之论，如利刃般直击耿定向痛处。这些话，由于涉及耿定向的个人声誉和隐私，按照世间常情，理应私下交流，不可堂而皇之地公之于众，更不可一点不留情面地大加挞伐。如此指责，让以卫道自居的耿定向情何以堪！因此毫不奇怪，耿定向反应极其强烈，甚至可说狂怒不已。耿定向为了自我辩护，更加严厉指责李贽，而耿定向的众多弟子为了维护恩师声誉，也群起抨击李贽，由此导致耿定向与李贽之间争论发展到难以收拾的地步。麻城地方官因此驱逐李贽。在《李温陵传》中，袁中道指出："公气既激昂，行复诡异，斥异端者日益侧目。与耿公往复辩论，每一札，累累万言，发道学之隐情，风雨江波，读之者高其议，钦其才，畏其笔，始有以幻语闻当事，当事者逐之。"②在《卓吾先生李贽》中，钱谦益也就此事件指出："卓吾所著书，于上下数千年之间，别出手眼，而其掊击道学，抉摘情伪，与耿天台往复

① 李贽：《答耿司寇》，见《焚书》卷一，第36—37页。

② 袁中道：《李温陵传》，见《李贽研究参考资料》第一辑，第12页。原载《珂雪斋集》。

书，累累万言，胥天下之为伪学者，莫不胆张心动，恶其害己，于是咸以为妖为幻，噪而逐之。”①由此可见，李贽之放言高论，李贽之肆无忌惮，引得道学先生们深恶而痛绝，以致出现驱逐事件。

第三节　士人气节与百姓生计

李贽刚到黄安，就开始披阅史书，指出《货殖传》的重要性。通过对相关史书和现实人性的思考，李贽肯定人性中私欲的合理性，据此指责耿定向由于疏离真实人性而无法真正做到“扶世立教”。在《答邓明府》中，李贽对假道学进行了一番剖析：“凡今之人，自生至老，自一家以至万家，自一国以至天下，凡迩言中事，孰待教而后行乎？趋利避害，人人同心。是谓天成，是谓众巧，迩言之所以为妙也。大舜之所以好察而为古今之大智也。今令师之所以自为者，未尝有一厘自背于迩言；而所以诏学者，则必曰专志道德，无求功名，不可贪位慕禄也，不可患得患失也，不可贪货贪色，多买宠妾田宅为子孙业也。视一切迩言，皆如毒药利刃，非但不好察之矣。审如是，其谁听之？”②对趋利避害的心态，李贽认为人同此心，亦四海皆同，无可非议。大舜正是好察迩言方才成为大智者。如今耿定向自身所作所为未尝有一丝一毫背离于迩言，但是在教育学者时，却一味宣扬不可求功名利禄等道德口号。如此表里不一，又如何能服众人之心。

在《与邓令君》中，耿定向批评李贽言论为邪门歪道。他阐述自己对“迩言”的理解，重申对“以食色为性”的批评，把李贽相关言论严厉指责为“见境即动，动即为人，至极无廉耻”。他说：“窃谓善察迩言者莫如舜，舜察迩言已，隐恶而扬其善；即善矣，又且择而用其中。其审也如此。如父子有亲，君臣有义，此迩言也。舜察之而用以命契，敷教如是耳；不闻曰君臣父子是假合，而以忠孝为剩谈也。夫妇有别，长幼有序，

---

①《李贽研究参考资料》第一辑，第24页。原载《列朝诗集小传》闰三。

② 李贽：《答邓明府》，见《焚书》卷一，第41—42页。

此迩言也。舜察之而用以命契，敷教如是耳；不闻惟以食色为性，谓见境即动，动即为人，至极无廉耻，乃性真也。舜不惟察迩言，且明庶物矣。如豺虎之暴有父子，蜂蚁之细有君臣，鸿雁鸥鹗之有序有别，牛羊鱼鸟之乐群，是皆天机之不容已者。舜明此机以尽性尽伦，万世为天下道，为法为则；不闻以是为情缘浅事，而别有明明德之无上玄道也。"①在耿定向看来，大舜好察迩言是为隐恶而扬善。父子有亲，君臣有义，夫妇有别，长幼有序，这些俱是迩言，皆为天机之不容已。耿定向最后强调："世真有一人开眼，的的确确寻着孔孟血脉，明明白白走着孔孟路径，诸种种邪见罔谈，直如枭鸣狐号，安敢纷纷呶呶，横逞如此哉！余为是仰屋而叹，抚膺而嗟，伏枕而流涕者，不知几矣。"②世间倘若真有一人开眼觉悟，寻到孔孟真血脉，依循孔孟路径而行，那么邪说歪道又如何敢如此横行天下。其中表现了耿定向深切的忧道之心。

在山居的寂寞之中，李贽沉溺于批阅史书。他说："山中寂寞无侣，时时取史册披阅，得与其人会觌，亦自快乐，非谓有志于博学宏词科也。尝谓载籍所称，不但赫然可纪述于后者是大圣人；纵遗臭万年，绝无足录，其精神巧思亦能令人心羡。况真正圣贤，不免被人细摘；或以浮名传颂，而其实索然。自古至今多少冤屈，谁与辨雪！故读史时真如与百千万人作对敌，一经对垒，自然献俘授首，殊有绝致，未易告语。近有《读史》数十篇上，颇多发明。"③李贽的史书解读充满反传统的激烈色彩。他解读史书的宗旨在于，为历史上他心目中的冤案申冤昭雪，恢复遭到苛责的真英雄、真圣贤的本来面目，暴露那些假道学的丑陋嘴脸。

万历十五年（1587 年），李贽开始撰写《藏书》。次年夏，他把《藏书》初稿寄给焦竑。在《答焦漪园》中，李贽对前人对魏晋诸人的评价颇为不满，以致风流标致之士变得虚假丑陋，英雄汉反为疲软汉，名士反为俗士，名不副实却反作冠冕堂皇相。对《后汉书》，李贽则有所好评。他说："窃以魏、晋诸人标致殊甚，一经秽笔，反不标致。真英雄子，画作疲软汉矣；真风流名世者，画作俗士；真啖名不济事客，画作褒衣大冠，

① 耿定向：《与邓令君》，《耿天台先生全集》卷六，第 194 页；卷六，第 247 页。
② 耿定向：《与邓令君》，《耿天台先生全集》卷六，第 195 页；卷六，第 248 页。
③ 李贽：《与焦弱侯》，《续焚书》卷一，第 41 页。

以堂堂巍巍自负。岂不真可笑！因知范晔尚为人杰，《后汉》尚有可观。今不敢谓此书诸传皆已妥当，但以其是非堪为前人出气而已，断断然不宜使俗士见之。望兄细阅一过，如以为无害，则题数句于前，发出编次本意可矣，不愿他人作半句文字于其间也。何也？今世想未有知卓吾子者也。然此亦惟兄斟酌行之。弟既处远，势难遥度，但不至取怒于人，又不至污辱此书，即为爱我。中间差讹甚多惟须细细一番乃可。若论著则不可改易，此吾精神心术所系，法家传爰之书，未易言也。”[①]在《藏书》总序即《世纪列传总目前论》中，李贽无所顾忌地阐发与众不同的是非观：

> 人之是非，初无定质；人之是非人也，亦无定论。无定质，则此是彼非并育而不相害；无定论，则是此非彼亦并行而不相悖矣。然则，今日之是非，谓予李卓吾一人之是非，可也；谓为千万世大贤大人之公是非，亦可也；谓予颠倒千万世之是非，而复非是予之所非是焉，亦可也。则予之是非，信乎其可矣。前三代，吾无论矣。后三代汉唐宋是也。中间千百余年，而独无是非者，岂其人无是非哉？咸以孔子之是非为是非，故未尝有是非耳！然则，予之是非人也，又安能已？夫是非之争也，如岁时然，昼夜更迭，不相一也。昨日是而今日非矣，今日非而后日又是矣。虽使孔子复生于今，又不知作如何非是也，而可遽以定本行罚赏哉！[②]

在此序中，李贽喊出了惊世骇俗的口号：“咸以孔子之是非为是非，故未尝有是非耳！”在李贽看来，人世间的是非并无定论，可谓此亦一是非，彼亦一是非。因此，此是非与彼是非可并行于世。是非之争，如时光之流转，往往昨日是而今日非，又今日非而后日是，何能定于一。

关于对冯道的评价，历史上向来聚讼纷纭，也是耿定向与李贽争论的一个主题。冯道，字可道，生活于动荡不宁的五代时期，是瀛洲景城（今河北沧州西）人。冯道在仕途上经历四朝十君，为相长达20余年，

---

① 李贽：《答焦漪园》，《焚书》卷一，第8页。

② 李贽：《藏书·世纪列传总目前论》，《李贽文集》第二卷《藏书（上）》卷首，社会科学文献出版社2000年版。

因此自号“长乐老”。欧阳修在《新五代史》中严厉指责冯道：“予读冯道《长乐老叙》，见其自述以为荣，其可谓无廉耻者矣，则天下国家可从而知也。”[①]与此相对，李贽却在《藏书》卷六十八《吏隐外臣》中对冯道大表赞赏之情：“夫社者所以安民也，稷者所以养民也；民得安养而后君臣之责始塞。君不能安养斯民，而后臣独为之安养斯民，而后冯道之责始尽。今观五季相禅，潜移黜夺，纵有兵革，不闻争城。五十年间，虽经历四姓，事一十二君并耶律契丹等，而百姓卒免锋镝之苦者，道务安养之力也。”[②]在冯道评价问题上，是指责还是赞赏，事实上表现出评价者是以士人气节为重，还是以百姓实际生计为重。一般而言，历代的主流士大夫无不推崇士人不计生死以保持气节的言行，对气节有亏的所谓“贰臣”往往予以激烈的道德谴责。李贽对冯道表达赞赏之情，说明在气节与百姓实际生计的考量上，他更偏重于百姓的实际生计。

李贽学说继承现成良知说，进一步显现出更为浓郁的民间色彩。“他虽然基于现成论，但就像众所周知的夫妇论那样，他的现成论甚至越发显现出民众化的形态。据《李温陵传》(《李氏焚书》)所载，卓吾排斥虚文而求实用，去浮理而揣人情。就是说，在卓吾看来，民众素朴的要求及其自然的心情，就是本原的道。”[③]

与重人伦而笃实的耿定向学说相比，李贽学说重实用轻节义，甚至还带有智谋色彩。“重视实用和功利的卓吾，还具有贵智谋之士而轻节义之士的倾向。他认为，由于国家败亡才能使正直节义之士获得名声，贵显后世，但这不能带来任何利益。‘节义’毋宁说是‘败亡之征’。在他看来，惇厚清谨之士并不是在天下缓急之际使用的。相反，他倒把历来为儒者所忌嫌的苏秦、张仪、吕不韦等人物当作智谋之臣而给予了高度评价(参见《李氏藏书》卷十四)。”[④]

在李贽所说的道中，三教会通，又连通于百姓生活。在李贽看来，道学有违自然性情而应当予以批判。“卓吾所说的虚空之道，由于加入

---

① 欧阳修：《新五代史》卷五四，《杂传第四十二》。

② 李贽：《李贽文集》第三卷《藏书》(下)，社会科学文献出版社2000年版，第1299页。

③ [日]冈田武彦：《王阳明与明末儒学》，重庆出版社2016年版，第199页。

④ [日]冈田武彦：《王阳明与明末儒学》，重庆出版社2016年版，第200页。

了现成思想的成分，所以便产生了批判儒家人伦主义的直情径行之倾向。因此，卓吾把道学家的严肃的伦理主义和教条主义，或者道统意识，当作束缚人的自然性情的东西而加以批判，并且对道学家饰虚文而欠实用，利用道学作为荣身之资、虚伪之具的行径，进行了尖锐的批判，剥去了他们伪善的画皮，揭露了他们的本质。”①

与李贽不同，耿定向更崇尚忠直气节之士，他在《与焦弱侯》中指出：“惟昔苏子由援管、晏恕之，已为邪说，乃至以为有道，何乱道亦至此耶？此种议论，起于矜异炫博，自侈为新特高奇，能超出流俗之见，而不知其拂经乱道，实邪慝之极也！贤闻此，毋亦狃余寡闻固陋，溺于迂腐之常谈云耳耶？此实关世教不小。总之，是学术不明。”对于南中诸子盛传自己称赞冯道，耿定向颇为不满。在他看来，北宋苏子由以管仲、晏婴故事而宽恕冯道，已是歪门邪说。为冯道翻案的议论，起于以奇谈博名者，却不知如此翻案会导致拂经乱道的后果。有关冯道评价之事，事关世教，不可不重视。耿定向又进一步强调，学者出言不可不慎，当为天下万世立心立命着想。“余兹冀贤，诸凡言论必通于天下万世者，岂故骛为是阔远高谈哉？性原通于天下万世。实知性者，便以其身为天下万世立心立命之身。诸惟言论，岂肯徒矜异炫博，不为天下后世念耶？”②

他继而指出，从“为天下万世立心立命”角度来看，孔孟倡导的道德教化极其重要。同时从这个角度来看，孟子对杨墨的批评并不苛刻，而有不得已之处。他说：“盖尝疑杨朱、墨翟亦古之贤人也，孟子逆其流至于无父无君，比之禽兽，为苛刻。由今以谭孟子，真是能学孔子，非苛也。盖孔孟实是知性知命，以其身为天下万世立心立命之身，故其庸言之信，不敢不谨如此。观孔子一生精神，乾乾兢兢，明大一统；孟子一生精神，哓哓喋喋，要息邪慝而反经。此是何见？可深长思矣。”③孔子与孟子才是真正地知性知命，得万物一体之仁者精神，以其身为天下万世立心立命之身，因此出言不敢不谨慎。孔子一生兢兢业业，志在明大一

① [日]冈田武彦：《王阳明与明末儒学》，重庆出版社2016年版，第201页。

② 耿定向：《与焦弱侯》第二书，《耿天台先生文集》卷三，第78页；卷三，第99页。

③ 耿定向：《与焦弱侯》第二书，《耿天台先生文集》卷三，第99—100页。

统；孟子一生舌战群雄，辩难不休，志在辟邪说而返于儒家经典。

万历十六年（1588 年）夏，刘元卿把两封疏稿寄给乃师耿定向，耿定向看后激赏不已，并在回信中指出："'大舜善与人同'一章，更须理会。学惟舍己从人，乐取诸人，便是与人为善处。此等才是虚无妙用，大开眼孔，彻无上法者。若世谈虚无者，最不虚无。此从见谛入，可为深省。一省，彼亦我师矣。"①在解释"大舜善与人同"时，耿定向主张为学当舍己从人，多看他人长处，以此便是与人为善，便是无上之法。对"舍己从人"的说法，李贽针锋相对地批评："今不知己而但言舍己，不知人而但言从人，毋怪其执吝不舍，坚拒不从，而又日夜言舍己从人以欺人也。人其可欺乎？徒自欺耳。毋他，扶世立教之念为之祟也。扶世立教之念，先知先觉之任为之先也。先知先觉之任，好臣所教之心为之驱也。"②在既不知己又不知人的情形之下，宣扬"舍己从人"，只能导致自欺欺人的可悲后果。李贽认为，耿定向之所以提出这一说法，是由于"扶世立教"之心太重，卫道情怀过于热忱。

第四节　万物并育而不相害

就李贽本意来说，撰写和刊刻《焚书》，既为追求性命之道，又为倾吐积郁心中多年的苦闷。但是，对于和耿定向关系的急剧恶化，李贽多少有点始料未及。从根本上来说，耿定理是知心道友，耿定向本就有恩于他，是交往多年的老友，还是具有天长日久的感情基础的。因此驱逐事件发生后，李贽很快后悔不迭。万历十九年（1591 年）春，李贽得悉耿定力将要回到黄安，于是致信周友山，表达了想与耿定向和解的愿望。他说："无念已往南京，庵中甚清气。楚侗回，虽不得相会，然觉有动移处，所憾不得细细商榷一番。彼此俱老矣，县中一月间报赴阎王之召者遂至四五人，年皆未满五十，令我惊忧，又不免重为楚侗老子忧也。

① 耿定向：《与刘调甫》（六），《耿天台先生全集》卷四，第 122 页；卷四，第 155－156 页。

② 李贽：《寄答耿大中丞》，《焚书》卷一，第 44 页。

盖今之道学，亦未有胜似楚侗老者。叔台想必过家，过家必到旧县，则得相聚也。”[①]在信中，李贽亦真情流露，以为彼此俱已年老，来日无多。静心细思，今日道学确以耿定向为领袖，心中也时有牵挂。

对耿定向来说，由于《焚书》的激烈攻击，致使他悲愤不已，但同时也不妨说是促使他冷静下来从而求解性命之道的机缘。此时，他已致仕家居，以往的一切功名追求俱已成过眼云烟，从而可以专注于生命安顿。

在《大事译》中，耿定向改变了从前一味维护儒家而批判释道二教的保守而僵硬的立场。他坦率地指出，所谓“大事”，并非功业文章，更非功名利禄，而是可以安顿生死的心性之学。对于儒家与佛学的关系，他认识到其中存在颇多共通的地方。如：

> 其（释家）曰明大事，即吾家（儒家）致知求仁之别名也。然则其心与吾孔氏之欲明明德于天下不殊也。或曰：“孔氏之所谓明明德者曰孝曰弟曰慈，由家及国，由国以及天下，言举斯心，实见之行也，故其宗曰仁。彼释氏所云大事，则虚寂已尔。”徐生曰：“否。世岂有明此大事而不孝不弟不慈者乎！抑岂有不孝不弟不慈而能明此大事者乎？……盖所谓明大事者，穷极本原，犹吾孔氏之教，以求仁为宗，志仁则无恶矣。”子喟然曰：“由此以谈释氏大旨，无非欲人同归于为善耳。子舆曰：‘君子莫大乎与人为善。’如此则释之明大事信大矣乎！彼讥其虚寂而已者，其犹堂闼见耶？”[②]

对有学者以儒家宗仁与释家明大事相通的主张，耿定向亦表示首肯。在此时的他看来，佛教宗旨在于使人同归于善，因此不可一味批其虚寂。

面对耿定向与李贽之间的辩难，作为耿氏弟子的管志道，曾在《师门求正牍》中予以委婉调停。在《师门求正牍》中，管志道将自己问学耿

---

① 李贽：《答周友山》，《焚书》卷一，《李贽文集》第一卷，第 24 页。

② 耿定向：《大事译》，《耿天台先生文集》卷八，第 256—259 页；卷九，第 380—381 页。

定向的宗旨标明为“万物并育而不相害，道并行而不相悖”。[①] 既然以此为宗旨，那么面对耿李之间的辩难，管志道自然想要进行调停。在《万历辛卯(1591 年)天台耿先生以〈求儆编〉见示读已有省修书奉复》中，管志道对耿定向遭受李贽《焚书》之谤讪，颇多同情式理解。因此，他苦口婆心地安慰耿定向：“麻城之学自师倡之，今翻成种种异趣，委可伤心，然毕竟非口舌之所能挽也。圣人六龙时乘，固有时而用潜龙惕龙矣……《求儆编》无乃惕意欤？然惕龙与见龙不并乘，乘惕而又乘见，则人但见其见而不见其惕，惕犹未纯也。莫若纯以惕用，而含见龙之章，苟吾道果密圆，群魔不战自伏。”在其中，管志道恳切地劝说耿定向，希望他以潜龙精神反思自处之道。在焦竑看来，麻城地方学风淆乱，确实令人伤心，但一时之间也难以口舌之争挽回，不若暂时沉潜下来，待时而动，方为上策。他说：“岂以一时唇吻胜哉！吾之心，果通于天地鬼神乎？吾之学，果式于天下万世乎？天欲我为潜龙耶？有潜而已。天欲我为见龙耶？则惕于一时，而见于百世之后，何害也？盖师之所处，今日正在惕见之间；而道之所处，今日正在潜惕之间，在圣人则易地皆然。”

在致耿氏同门焦竑的信中，管志道将李贽比作古代隐士，因而认为他无法作为世俗道德实践的楷模。他说：“卓吾，老子乎，古之居尘出世，展禽、虞仲之俦哉，而不可以训俗。”[②]李贽言行不仅不可以“训俗”，而且可能成为“狂荡子之逋逃薮”。[③] 即使意识到李贽学说可能导致严重的流弊，管志道也不希望耿李陷入对立之中。因此，他继续劝告耿定向：“今自姚江一二传后，学者日趋圆通，日入浮浅，流为小人无忌惮之中庸，而文之以二氏之说，可谓积重难返矣。如李丈本有卓行者，而亦岂自知其弊之至于斯也？虽然，以善服人，未有能服人者。”由此可见，与乃师耿定向一样，管志道也洞察到王门后学中形形色色的流弊，因而怀有深切忧虑。管志道显然极为同情乃师的卫道之心。但是在管志道看来，通过辩论而让人信服，其实异常艰难，收效也颇为可疑。正所谓

① 管志道：《答高大行景逸丈书》，《问辨牍》，《四库全书存目丛书》，贞集，子 87－785。

② 管志道：《答焦翰撰漪园丈书》，《问辨牍》，亨集，子 87－681。

③ 管志道：《答焦翰撰漪园丈书》，《问辨牍》，亨集，子 87－681。

"以善服人，未有能服人者"。辩论难以服人，真正能够折服人心的，其实是诚于中而形于外的操守气节。管志道因此语重心长地强调，杨墨未必会在辩论中信服孟子，但他们有可能为孟子的操守气节感动不已，即所谓"杨墨亦自有服孟子处，则以其抱持志养气之学，而着壁立万仞之操，必杨墨之所目击而心让者也"。他因此劝说耿定向，在与李贽关系中，少一些往复辩难，应当更多地反求自己而努力遵循"万物并育而不相害"宗旨。管志道强调："不然，彼以其诐见，而我亦以其未融之见；彼以其诐行，而我亦以其未完之行，相为角抵，纵此是彼非，昭如日月，恐上帝未便以是非之权属我耳。道为此惧，所以不敢硬为道术立标榜也。"

管志道规劝耿定向，不应当由于辟邓豁渠之异端而迁怒李贽，认为邓豁渠的禅学修为与李贽不可同日而语。他说："卓吾之清德苦节，当于古人中求之，且在尘出尘，视天地如逆旅，岂邓老拖泥带水之禅可同日而语！而吾师乃以辟邓老动卓吾之怒，何也?"并以古人"上殿如虎，下殿不失和气"的雅量，劝说耿定向与李贽和解："师与卓吾自处，岂在两公下，而行迹犹有存者，此某之所未解也。窃观吾师之恻然为人处，卓吾之超然自得处，其中有大同者在。"①不过到了论战后期，管志道对李贽有所批评，认为"卓吾子参禅念佛中有雄气，轻世傲物中有道气也"。② 对李贽的纵横习气，管志道提出了直率批评："凡公平日操论，大概如庄生之《齐物论》，扫荡中有纵横，能使人进杨、墨而退仲尼，进韩、彭而退周、召，此风袭人，足以杀佛慧命，幸思之。"③

焦竑认为，耿定向门下弟子最知名的有四位，其中包括潘士藻与祝世禄。潘士藻既入于耿氏门下，同时又以李贽为师。"当是时，自天台教外旁出一枝，则有温陵李宏甫，去华并师而严事之"，"两先生之学，人疑其异指，君独取会心者剂而用之"。④ 与李贽论战一开始，耿定向就将专门为抨击异端而撰写的《里中三异传》寄给潘士藻，意在督促潘士藻

① 管志道：《管子惕若斋集》卷一《奉复天台耿先生笔示排异学书》，叶三一四。

② 管志道：《管子惕若斋集》卷二《闲评李氏焚书寄潘尚宝雪松年兄》，叶六十。

③ 管志道：《续问辨牍》卷一《答李居士卓吾受书》，《四库全书存目丛书》子部，第88册，第44页。

④ 焦竑：《澹园集》卷三十《雪松潘君墓志铭》，第457—458、460页。

表明态度。面对老师，潘士藻没有为李贽进行直接辩护，但也不愿加入耿定向对李贽的批评，而是进行了委婉调停。他说："老师淑世卫道之心至真切矣。比读《里中三异传》，亦具晓意旨。盖能者自得之，不在言辨也。……惟吾师一切刊落，专意默成，是与非听其两行，而休于自止。持此空空皜皜之心，以待来学，所谓不言而信者。"①

万历十四年，耿定向正与李贽进行论战，祝世禄因赴任黄陂教谕，经过麻城时特意拜访李贽，相与论学，情谊甚洽。李贽两年后去黄陂造访祝世禄，畅谈三日，对后者产生了醍醐灌顶般的影响。祝世禄为此致信李贽，表达感激之情："日者承长者不我鄙夷，翩然修山中之约，大言小言，正言反言，或离或合，谑以为规，撤名理之藩篱，露肝胆于耳目。令人左顾右盼，无阶级可循，无把柄可执，而平时一副道理见解，屏息而不敢出，且莫得所为见解。虽挹三日之清辉，寔发十年之隐疾。"②甚至还写信给耿定向为李贽辩护，明确表示对李贽点拨的感激之情，调解两人之间的关系："禄自晤此老，始觉平生不得力处，非直功不到，元来发愿少差耳。平生只从做好人发愿，不从自性自命发愿；于此毫发，于彼千里。……禄信师，又复信此老，不自识其所处。或者谓禄中此老毒，禄自惟非此老毒，断不能淘洗肠胃中夙血晕也。"③祝世禄表示，倘若未能彻悟自家心性，那么做好人倡仁义，终究还是差了一着。在道德践履之余，还得百尺竿头更进一步，在见地上要贯通自家性命。

李贽生前，焦竑一直对他情谊甚笃。但在耿定向与李贽的长期论战中，他的位置确实相当尴尬。意味深长的是，李贽在自己书中收有相当多致焦竑的书信，但在《澹园集》与《澹园续集》中，焦竑却似乎有意没有保存致李贽的信函。为什么？在《天台耿先生行状》中，我们也许可以略窥一二。他在其中只字未提对耿定向一生影响深远的耿李论战事件，却在结尾时意有所指地说："先生之道如日中天，天下莫不知，而有为先生手劾者，至造作谤书以忝其唇吻，虽浮妄不根，众所简斥，而无忌

① 潘士藻：《闇然堂遗集》，上海图书馆藏万历三十八年刻本，卷六《复耿楚侗老师》，叶三十。

② 祝世禄：《环碧斋尺牍》卷一《与李宏父先生》之二，页240。

③ 祝世禄：《环碧斋尺牍》卷一《启耿在伦先生》，页240

惮亦已甚矣。”①其中虽然没有点出李贽名字，但毫无疑问对李贽有所批评。文章千古事。面对将要流传后世的文章，焦竑虽然衷心敬佩李贽为学，但对他无视立教意旨的狂放不羁可能带给后人的误导，对可能谋杀后人慧命的前景，心中不能无所顾忌，心中不能没有一丝战栗。

在经历十余年争论之后，万历二十一年（1593 年），李贽到黄安与耿定向会面，重叙友情。在《李卓吾传》中，沈鈇记载了这次重归于好的经过：“鈇招耿公曰：‘李先生信禅，稍戾圣祖，顾天地间自有一种学问，逃墨归杨，归斯受焉，此圣贤作用也。’于是耿、李再晤黄安，相抱大哭，各叩首百拜，叙旧雅，欢洽数日而别。”②通过这次会面，耿定向与李贽虽然有所和解，但彼此并未放弃各自为学宗旨。李贽声誉日益卓著，信者日众。他的言行在主流士大夫看来，颇有出格之处，如接受女子问道等。

万历二十二年（1594 年），耿定向不顾体弱卧床，作《学彖》和《冯道论》，以一贯的卫道激情，高举孔孟心性之学大旗，对以李贽为代表的异端之学进行激烈批判。他在《学彖》中指出：“今高明贤俊自负为心性学者，吾尤惑焉。盖归宗于芦渡东来之教，沉酣于《楞》《檀》非圣之书……盖不惟败化伤风，亦且伤人蠹物，蔑不至矣。亡论此，即其品骘古昔也，誉冯道，伸秦桧，才章惇与吕惠卿、韩侂胄，而故掊击程、朱，訾议孔孟，其横议若此，岂世运至此，是非不在人心耶！彼下流浅根懵懵然以方便情欲，足恣胸臆，吠声逐块，无足异也。乃高明者亦往往溺焉，何也？盖胡贾衒方物足以钓奇，画工图鬼魅易于为工。彼盖谓非是不足以推倒一世豪雄，凌驾往代儒先也。”③对赋有慧根的某些心性之徒沉迷于佛学，耿定向伤痛不已，以为有伤人伦风俗。对于以一己是非而纵言品评历史人物，以致为冯道、秦桧辈翻案，耿定向愤怒不已。在他看来，作此骇人视听的奇谈怪论的动机在于“推倒一世豪雄，凌驾往代儒先”。“予以性命万派无能异，但尽与不尽，则吾与二氏异耳。吾儒惟尽性，故有礼乐刑政，三千三百，精微中庸。人得其理，物得其所，故谓之裁成辅

---

① 焦竑：《澹园集》卷三十三《天台耿先生行状》。

②《李贽研究参考资料》第一辑，第 21 页，原载何乔远《闽书》卷一百五十二《畜德志》上。

③ 耿定向：《耿天台先生文集》卷九，第 233—234 页；卷九，第 350 页。

相，范围曲成，岂若二氏之弃舍伦物，小道浅学之得其一曲已哉！”①儒学与释老二教的区别在于，儒学志在尽性，故重礼乐刑政，重人伦日用，追求极高明而道中庸。在《冯道论》中，耿定向重申士子知廉耻的重要性，指出：“以冯道为有道，是可指孀妇而谓之曰‘人尽夫也，何以节为’云尔。由此推之，故亦可曰‘人尽君也’。惟荣利之要，朝委质而夕劝进焉，弗恤矣。将亦曰‘人尽父也’，惟势位之急，朝伏膝而夕操戈焉，弗恤矣。子焉而弗父其父，臣焉而弗君其君，妇焉而弗夫其夫，则是天柱蹶而地维裂也。棼乱离溃，竟成何世哉！”②倘若为冯道翻案而以之有道，那么必将严重冲击社会伦理秩序，导致君君臣臣、父父子子等失序的可悲后果。如此一来，世界将不再是清平世界，而陷于万劫不复之境地。

直到万历二十三年（1595 年）底，李贽再次赴黄安与耿定向会面，两人方才重归于好。在《耿楚倥先生传》中，李贽表达了对知心道友耿定理深切的思念之情，记述了与耿定向在为学宗旨上争论的前因后果。他说：岁壬申，楚倥游白下，余时懵然无知，而好谈说。先生默默无言，但问余曰：“学贵自信，故曰‘吾斯之未能信。’又怕自是，故又曰‘自以为是，不可与入尧、舜之道。’试看自信与自是有何分别?”余时骤应之曰：“自以为是，故不可与入尧舜之道；不自以为是，亦不可与入尧舜之道。”楚倥遂大笑而别，盖深喜余之终可入道也。由此可见，李贽与耿定理相识于南京，并在论学中成为知心学友。自此之后，李贽时时思念定理。在赴官云南途中，李贽特经黄安拜访定理，并因之得以结识耿定向。经不住耿氏兄弟的热情挽留，李贽将女儿女婿托付于耿定向，言明任满后定居黄安。情谊不可谓不深。三年后，李贽果然住于耿家。无奈耿定向很快赴任北京，耿定理英年早逝。“嗟嗟！余敢一日而忘天台之恩乎！既三年，余果来归，奈之何聚首未数载，天台即有内召，楚倥亦遂终天也！既已戚戚无欢，而天台先生亦终守定‘人伦之至’一语在心，时时恐余有遗弃之病；余亦守定‘未发之中’一言，恐天台或未窥物始，未察伦物之原。”耿定向惟恐李贽以出世之道教化子弟，因此常叮嘱以“人伦

① 耿定向：《耿天台先生文集》卷九，第 235 页；卷九，第 351—352 页。

② 耿定向：《冯道论》，《耿天台先生文集》卷七，第 216—219 页；卷七，第 273 页。

之至”，而李贽却始终抱定“未发之中”，以至格格不入而争论不已。“今幸天诱我衷，使余舍去‘未发之中’，而天台亦遂顿忘‘人伦之至’。乃知学问之道，两相舍则两相从，两相守则两相病，势固然也。两舍则两忘，两忘则浑然一体，无复事矣。”①李贽如今心有所悟，知学问当两相舍而两相从，斯可期之“人伦之至”与“未发之中”之相合。

万历二十四年初，僧人若无打算离开龙湖远游，其母张氏来信劝阻，语言真切感人。看了若无母亲书信后，李贽非常感动，写《读若无母寄书》，认为“念佛者必修行，孝则百行之先”。

若无母书云：“……世情过得，就是道情。莫说我年老，就你二小孩子亦当看顾他。你师昔日出家，遇荒年也顾儿子，必是他心打不过，才如此做。设使不顾，使他流落不肖，为人耻笑。当此之时，你要修静，果动心邪，不动心邪？若不动心，未有此理；若要动心，又怕人笑，又只隐忍过日。似此不管而不动心，与今管他而动心，孰真孰假，孰优孰劣？如此看来，今时管他，迹若动心，然中心安安妥妥，却是不动心；若不管他，迹若不动，然中心隐隐痛痛，却是动心。……”李贽读若无母亲的信后，大为感慨，也极为感动。他发自肺腑地说：

> 恭喜家有圣母，膝下有真佛，夙夜有心师。所矢皆海潮音，所命皆心髓至言，颠扑不可破。回视我辈傍人隔靴搔痒之言，不中理也。又如说食示人，安能饱人，徒令傍人又笑傍人，而自不知耻也。反思向者与公数纸，皆是虚张声势，恐吓愚人，与真情实意何关乎！乞速投之水火，无令圣母看见，说我平生尽是说道理害人去也。又愿若无张挂尔圣母所示一纸，时时令念佛学道人观看，则人人皆晓然去念真佛，不肯念假佛矣。能念真佛，即是真弥陀，纵然不念一句“弥陀佛”，阿弥陀佛亦必接引。何也？念佛者必修行，孝则百行之先。若念佛名而孝行先缺，岂阿弥陀亦少孝行之佛乎？决无是理也。我以念假佛而求见阿弥陀佛，彼佛当初亦念何佛而成阿弥陀佛乎？必定亦只是寻常孝慈之人而已。言出至情，自然刺心，自然动人，自然令人痛哭，想若无必然与我同也，未有闻母此言而不

① 李贽：《耿楚倥先生传》，《焚书》卷四，第142—143页。

痛哭者也。[1]

读了李贽的信，耿定向极为感动，为若无母亲的念子真情，也为李贽对孝行的称扬。他强调，母慈子孝之心就是圣凡同具的本心，并禁不住举了一连串佛教史上高僧的孝行事迹："母之念子，子之依母，直此本心，圣凡同也。试问天下善知识，除却此类慈孝心，别有本心否？除却本心，更有别股圣学佛法否？……彼家慧能欲远参访，弘忍亦必假贷贾金，顾养其母。弘忍说法终身，黄□不欲远离母也。赵州负母终身，织履以养矣。"耿定向对李贽面对母子真情流露出来的衷心之言，颇为感慨。他强调："惟卓吾生平割恩爱、弃世纷，今年至七旬矣，乃能反本如是。若予今乃弥留待尽之日，所谓人穷反本者，以此闻学者赞叹张媪言，亦大生欢喜如是也。盖即其欣赏张媪言如是，便知其持学已归宗本心矣。学知反求本心，更何说哉？"[2]彼此都已垂垂老矣，自感来日无多，在感天动地的亲子之情面前，两人的确可谓心心相印而惺惺相惜。

第五节　道德之学与性命之学

对于世间中利根之人的寥若晨星，李贽有着深刻而清醒的认识。他说："盖老丈专为上上人说，恐其过高，或有遗弃之病；弟则真为了下人说，恐其沉溺而不能出，如今之所谓出家儿者，只知有持钵糊口事耳。然世间惟下下人最多，所谓滔滔者天下皆是也。若夫上上人，则举世绝少，非直少也，盖绝无之矣。"[3]正因为如此，李贽明确主张"我为下下人说，不为上上人说"。[4] 对于下下人来说，能够听得进和理解的，更多的是贴近人间烟火气的"迩言"。作为多年徘徊于官场底层的中下级官员，李贽深刻意识到大众好利好名的倾向。因此要取得良好的教化效果，不若以名诱之。他说："盖众人之病，病在好利；贤者之病，病在好

① 李贽：《读若无母寄书》，《焚书》卷四，第 130—132 页。
② 耿定向：《读李卓吾与王僧若无书》，《耿天台先生文集》卷十九，第 567—569 页。
③ 李贽：《复邓石阳》，《焚书》卷一，第 10 页。
④ 李贽：《三大士像议》，《焚书》卷四，第 148 页。

名。苟不以名诱之，则其言不入。夫惟渐次导之，使令归实，归实之后，名亦无有，故曰：'夫子善诱。'"①

正是基于对百姓世俗欲望的包容与同情，李贽比较能正视宋明理学视之为负面消极的私利。对热衷卫道的耿定向来说，教化对象显然也主要是下下人。相较于李贽对如何教化下下人的重视，耿定向更看重的是应当教给下下人什么内容。在耿定向看来，惟有名教才应当是教给下下人的内容。倘若欠缺名教规范，那么下下人难免纵情肆欲，甚至会导致物欲像洪水一样泛滥的可悲后果。

但是，面对下下人，不管是教什么，还是如何教，其实都是绝大的难题。在耿定向看来，下下人情识尘染深重，因此深恐他们放纵欲望而冲毁秩序，故应当教化以纲常名教。但是在李贽看来，正因为下下人业障深重，对貌似平常简单的名教规矩，下下人却难以欢喜接受，往往产生逆反心理。

李贽意识到，倘若一味以道德高标准来严厉要求下下人遵守之，但由于他们一时难以理解与实践，那么往往就会适得其反，只会增加内心挫折感与压抑感，进而导致他们厌恶名教，甚至导致自暴自弃与自甘堕落。惟有反过来适当降低标准，因之导之，包容之，劝诱之，才有可能逐渐将下下人引入名教之中。因此对于下下人，"夫尧明知朱之嚚讼也，故不传以位；而心实痛之，故又未尝不封之以国。夫子明知鲤之痴顽也，故不传以道；而心实痛之，故又未尝不教以《礼》与《诗》。又明知《诗》《礼》之言终不可入，然终不以不入而遽已，亦终不以不入而遽强。以此知圣人之真能爱子矣。……养者，养其体肤，饮食衣服宫室之而已也。如尧之于朱，舜之于象，孔之于伯鱼，但使之得所养而已也，此圣人所以为真能爱子与悌弟也。此其一也。""若夫不中不才子弟，只可养，不可弃，只可顺，不可逆。逆则相反，顺则相成。"②

对于李贽如何教化下下人的思考，耿定向并非没有理解。只是过分迁就下下人好名好利等世欲，那么又如何真正教之以名教呢？在耿

① 李贽：《答刘方伯书》，《焚书》卷二，第 54 页。

② 李贽：《与友人书》，《焚书》卷二，第 74—75 页。

定向看来，在现实生活中，名教价值确定不移，不能任意打折扣。但是，李贽的质疑在于：倘若下下人无法自觉地理解与接受名教，同时又僵硬地将名教规矩灌输给他们，那么名教是否有沦为假道学之嫌？是否有沦为压制下下人的道具之嫌？

不过吊诡的是，李贽表面上思考如何为下下人说法，但展示的包容和同情下下人的万物一体精神，却直接来源于至为崇高的圣人境界。这无非是因为，惟有真圣人才能真正对下下人充满慈悲的恻隐之心，才能包容下下人，才能因势利导地因材施教。从这个角度来看，李贽对如何教化下下人的思考，无疑来源于对圣人境界的领会与体悟。惟真圣人，才能圣凡一体，才能舍己从人。李贽因此强调："知圣人之言，则自能知圣人之人；能知圣人之人，则自能知吾心之人，知天下归仁之人，万物一体之人矣。我与圣人、天地、万物本无别也。"①同时，也只有破除对外在种种经典的执着，以自由的慈悲之心，才能领悟"我与圣人、天地、万物本无别"，才能领会孔子的真精神。在李贽看来，孔子本人未尝叫人专学于孔子。学当由己，学当为己。因此，为学首要在于克己，施教在于因人而教。他说："使孔子而教人以学孔子，何以颜渊问仁，而曰'为仁由己'而不由人也欤哉！何以曰'古之学者为己'，又曰'君子求诸己'也欤哉！惟其由己，故诸子自不必问仁于孔子，惟其为己，故孔子自无学术以授门人。是无人无己之学也。无己，故学莫先于克己；无人，故教惟在于因人。"②

李贽晚年虽然倡导三教合一，时常被人讥讽为和尚，但他始终认为自己并未脱离儒者"明明德于天下"的基本立场，没有离开仁者以万物为一体的境界。也许正因为过度聚焦于万物一体境界，李贽对如何落实万物一体境界的工夫操持却鲜少思考。在万物一体的乐观的圣人境界中，似乎人人都是圣人或者是潜在的圣人，而少了对现实生活中千差万别人性的严峻思索。在耿定向看来，我们应当更多思考的是，凡夫为何在现实中成不了圣人？其障碍何在？应当如何对治？应当如何操持

① 李贽：《道古录》卷上第8章，第356页。

② 李贽：《答耿中丞》，《焚书》卷一，第16—17页。

工夫？正由于此，耿定向的学问更多呈现出平实风格。

由此可见，在耿李之争中，虽然存在伦理与超脱、有生常道与无生妙理等的对立，但更加深刻而微妙的，是其中隐藏了儒学在道德实践上所面临的如何教与教什么之间的困境。相较而言，耿定向将真机与名教结合起来，重视下学与上达、工夫与境界的合一，表现出更为质朴平实的风格。李贽从万物一体的圣人境界出发，一味要求包容与同情下下人的世间情欲，对如何达到此境界的工夫却言之寥寥，显得玄虚而疏略，真能领悟李贽苦心的士子却少之又少。难怪张鼐强调李贽思想"惟世上第一机人能信受之；五浊世中那得有奇男子善读卓吾书，别其非是者"。倘若对之只有一知半解的话，那么就会导致"俗子僭其奇诞以自淫放，而甘心于小人之无忌惮"的可怕弊病。[①]

在耿定向与李贽的辩论中，从表面社会地位与人脉资源来看，耿定向似乎是强者，而李贽是弱者。但从辩论双方言词及其中流露出的情绪来看，耿定向倒显得是弱者，而李贽却成了咄咄逼人的强者。在致耿定向的书信中，李贽往往长篇大论、肆无忌惮地进行激烈批评。在回复李贽的信中，耿定向却难得出现火药味十足的言辞。面对李贽那些充满人格攻击意味的多欲、伪道学、说谎等激烈指责，耿定向纵然万般委屈，却也难得动怒而进行暴跳如雷的回击，而是平心静气、就事论事地进行理性探讨。直至李贽将那些充斥人格攻击与诽谤的书信公之于众之后，耿定向才被迫奋起自我辩护。

总的来说，在耿定向与李贽长达十余年的争论中，核心问题在于道德之学与性命之学的关系。在耿定向看来，所谓道德之学即孔孟心性之学，尊崇的典籍为四书五经，宗旨在于维护世道人心，在于个人道德修养的完善与天下秩序的和谐。他盛赞五经说："（五经）孔子从而赞之修之删定之，便垂为万世成宪。吾人遵之则得，违之则失；天下国家由之则治，戾之则乱。若食饮之于饥渴，若规矩准绳之于方圆平直，未之能违者。"[②]

面对阳明后学等导致的学术流弊，耿定向忧虑不已，因此以维护名

---

① 張鼐：《读卓吾老子书述》，《续焚书》，第 2 页。

② 耿定向：《与周柳塘》第九书，见《耿天台先生文集》卷三，《儒藏》本，第 90 页；卷三，第 115 页。

教为当仁不让的使命。他痛切地自我表白:“生比年目击近日学术之弊,每拊膺长吁而继之流涕……今谈学者至有以恣情纵欲为真性,以反身克己为钝下,以顽钝无耻为解脱,以笃伦尽分为情缘。其说盖祖异教而益滋其横议,盖不独掊击周、程,亦且弁髦孔、孟矣。……生庸虚老矣,无能副贤厚望,惟遵闻守道不重得罪于名教,是则所自盟者也。”[①]目睹当世学术弊端丛生,耿定向每每长吁短叹以致流泪。学术之弊不一而足,有以恣情纵欲为真性的,以肆无忌惮为解脱的,也有以反省克己为愚钝的,以安伦尽分为情缘的。如此弊病的缘由在于其深受释老影响,以致不仅抨击周程,而且还对孔孟颇有微词。

关于耿定向与生俱来的强烈卫道意识,管志道感慨地称颂:“师生平多苦心,竞竞卫道,可贯天日。……立人达人一脉,姚江、泰州、盱江俱努力焉,然未必如师之浸浸有味,发挥明尽若此。此有功于世道不浅矣。”[②]与耿定向同时代的王世贞,也对耿定向的卫道意识赞赏不已,指出:“楚老(按,即耿定向)有实见实力,又勇于卫道,确然迴澜之柱也。”[③]耿定向一生用心良苦,捍卫道统之心天日可表。在立人达人上,王阳明、王艮与罗汝芳等都做过努力,但未必如耿定向这样热情投入,这样做彻底发挥。

在某种意义上,耿李二人争辩中回荡着钱德洪与王畿有关“四句教”争辩的回响。在“天泉证道”中,王畿力主四无立场,意在光大圣人道德生命的化境;钱德洪着重于脚踏实地的工夫操持。毫不意外的是,持真机立场的李贽,的确受到王畿的深刻影响;而重名教的耿定向,也的确极重人伦纲常。

耿定向主张以仁契入良知心体:“吾儒之教以仁为宗,正以其得不容已之真机也。彼以寂灭灭己为真,或以一切任情从欲为真,可无辨哉!”[④]他之所以突出富于道德实践意味的仁,以之为真机所在,无疑是

① 耿定向:《与萧给舍》,《耿天台先生文集》卷六,《儒藏》本,第 192 页;卷六,第 245—246 页。

② 管志道:《惕若斋集》卷一《问候先生道体书·乙未》,转引自吴震《阳明后学研究》,上海人民出版社 2003 年版,第 373 页。

③ 王世贞:《弇州山人四部续稿》卷二百一《管佥宪》,清文渊阁四库全书本。

④ 耿定向:《与周柳塘》之十八,《耿天台先生文集》卷三。

为了对治阳明后学中玄虚寂灭与任情放肆之流弊。对耿定向于阳明后学的救治之功，高攀龙给予高度评价。他表白说："平日私心不大服耿先生，不知其秉教铎乃端正如此，少年人漫指先辈，罪孽无量矣，愧悚之甚！今日三教俱失其本，先生指点既真，提防复密，世道之幸。"①

关于万物一体，李贽继承阳明心学对万物一体之仁的强调。他因此主张"无人无己"，强调"舍己从人"。他在致耿定向的信中指出："无我相，故能舍己；无人相，故能从人。非强之也，以亲见人人之皆佛而善与人同故也。善既与人同，何独于我而有善乎？人与我既同此善，何有一人之善而不可取乎？故曰：'自耕稼陶渔以至为帝，无非取诸人者。'后人推而诵之曰：即此取人为善，便自与人为善矣。舜初未尝有欲与人为善之心也，使舜先存与善之心以取人，则其取善也必不诚。人心至神，亦遂不之与，舜亦必不能以与之矣。舜惟终身知善之在人，吾惟取之而已。耕稼陶渔之人既无不可取，则千圣万贤之善，独不可取乎？又何必专学孔子而后为正脉也。"②由此可见，惟有以万物一体为念，方能无我相无人相。以此落实于名教，就不应当强他人以善，而理应尊重他人。正所谓："善既与人同，何独于我而有善乎？人与我既同此善，何有一人之善而不可取乎？"

对万物一体的思考，耿定向更多的是从仁之真机的体悟入手。他说："乃孔孟之道所以不明者，则卑者溺于欲而高者蔽于见之故也。彼溺于欲犹可言也，蔽于见则难言之矣。往闻近世谭道者，或侈一见即自了，而以笃伦尽分为情缘；或雠礼教为桎梏，而以踰闲裂矩为超脱；或任习心为真机，而以迁改惩窒为钝下。如此横议，反而求之，不得于心……得人心之所同然者，而后谓之从大体，谓之不踰矩也。"③耿定向明确批评当时学界中的种种乱象，有"侈一见即自了，而以笃伦尽分为情缘"，也就是解悟万物一体说或四无说就自以为高明神妙，而把伦常实践看作为世俗工夫的；有"雠礼教为桎梏，而以踰闲裂矩为超脱"，也就是把礼教视之为对身心的束缚，而以逾越礼教为高明、为超脱的；有

① 管志道：《答高大行景逸丈书》引述其书信中语，《问辨牍》贞集，书目文献社1988年版，第152页。
② 李贽：《焚书》卷一。
③ 耿定向：《与杨复所》之一，《耿天台先生文集》卷四。

"任习心为真机，而以迁改惩窒为钝下"的，也就是以世尘情识为真机，而以改过无欲为愚钝工夫的。在耿定向看来，必须将道德实践与良知心体结合起来，如此才能真正地达乎万物一体之境。

众所周知，自古以来，儒家士大夫的理想就是追求内圣外王，就是既追求个人心性自由，又追求社会秩序和谐。本来，两者之间并不存在决然对立的矛盾。但是，在追求社会和谐秩序的耿定向与倾心个人心性自由的李贽之间，产生长达十余年的争论，的确意味深长。这里面既涉及思想史问题，也涉及政治处境问题。

道德之学注重社会和谐有序，性命之学注重个体自由安乐。儒家理想是二者合一，即"内圣外王"，成己成物。然而，二者在耿定向和李贽之间却产生了难以调和的矛盾。为何会出现这种情况？其实，二人之间的矛盾，正反映了社会秩序和个人自由之间的矛盾。这是一个由来已久的问题，也是一直存在于中国哲学和文化中的问题。

就李贽个性来说，天生就存在对自由与解脱的极度渴望。李贽自小就具有倔强的个性和强烈的自尊心。李贽不爱为人管束的倔强性格，大概与自幼丧母有关。小小年纪，欠缺母爱温情，没有任你骄纵任性的安全港湾，过早面对孤独的终有一死的人生，使得少年李贽难以安然地、充满信任感地接受人生必不可少的规范。幼年就窥见死神面目的人，注定一生难以摆脱孤独感。人生的规矩，惟有通过温情的中介，才会为小孩信任地接受。李贽自小缺乏这样温情的中介，生命深处的孤独感并不令人意外。他因此缺乏对包括儒家人伦在内的社会和人生规范发自内心的认同感。这一点，恰恰与耿定向、罗汝芳等从小在父母家族温情中成长的儒者形成了鲜明对照。

在回忆文章中，他不厌其烦地记述宦游生涯是如何使自己遭受身心之苦的。他痛切地坦承：

> 余唯以不受管束之故，受尽磨难，一生坎坷，将大地为墨，难尽写也。为县博士，即与县令、提学触；为太学博士，即与祭酒、司业触。如秦，如陈，如潘，如吕，不一而足矣。司礼曹务，即与高尚书、殷尚书、王侍郎、万侍郎尽触也。高、殷皆入阁，潘、陈、吕皆入阁，高之扫除少年英俊名进士无数矣，独我以触迕得全，高亦人杰哉！

最苦者，为员外郎，不得尚书谢、大理卿董并汪意。谢无足言矣，汪与董皆正人，不宜与余抵。然彼二人者皆急功名，清白未能过人，而自贤则十倍矣，余安得免触耶？又最苦而遇尚书赵。赵于道学有名。孰知道学益有名，而我之触益又甚也？最后为郡守，即与巡抚王触，与守道骆触。王本下流，不必道矣，骆最相知，其人最号有能有守，有文学，有实行，而终不免与之触，何耶？渠过于刻厉，故遂不免成触也。……此余平生之大略也。①

这种痛切的感受，加上家庭生活中备尝的辛酸，使得李贽更加不顾一切地追求性命之道，以安顿梦幻朝露般的脆弱生命。李贽在后半生上穷碧落下黄泉般地到处寻求性命之学，出入三教，最终意在寻求生命解脱，同时亦求此生自我身心的受用。他曾明确表示："凡为学皆为穷究自己生死根因，探讨自家性命下落。"②不管心学之良知、佛学之空无，还是老庄之无心，李贽探求的目的，都在于求性命之学，在于对个人心灵世界的关注。

即使在晚明心学信徒中，李贽亦可堪称特立独行之辈，是集中诸多矛盾于一身的思想人物。在他身上，浓墨重彩地体现了传统知识分子入世与出世、担当与隐逸、儒学与释老、伦理与自由等之间的矛盾。

李贽的是非之论，呈一时痛快而放言高论，呈一己巧慧而断论天下古今人物，即已为时人与后学批评，顾宪成、顾炎武与王夫之等辈更是深恶痛绝。真正为人痛心疾首的，并非全然是李贽一时之是非并非真正是非，而是李贽的是非之说，"导天下人于貌似独立不惧，而实皆肆无忌惮，同归狂放，以学圣贤为便宜。诸贤者之恶卓吾，盖有其故矣。卓吾之狂放，则初由其嫉伪道学而来。唯嫉伪道学，故以任己一时是非之事为率真，而不知此只求率真，即归于狂肆。出乎伪，入乎狂；出乎狂，又入乎伪。此晚明王学之所以弊也。若狂若伪，皆可使人所谓良知之是非，更与其一时意气之激、恩怨之情、利害之便、习气之使、嗜欲之流，互相夹杂。依此是非而有之好恶，乃皆不得其正矣。"③

① 李贽：《豫约·感慨平生》，《焚书》卷四。

② 李贽：《答马历山》，《续焚书》卷一。

③ 唐君毅：《中国哲学原论·原教篇》，中国社会科学出版社 2006 年版，第 289 页。

第六章　作为经世津梁的气学

儒学本质上入世而追求经世。两宋时期，由于在思想上面临佛老在本体一宇宙论上的巨大挑战和压力，儒家学者不得不以最大热情，全力以赴地投入儒学本体性的心性学说建构。但是，随着理学最终建构起博大精深的心性学说，随着儒家形上本体的挺立，随着佛老理论压力的弱化，儒学重新将目光转向经世向度，其实也是顺理成章之事。从这个角度来看，我们就能更好地理解明代儒学中宇宙根源意识的日益高涨，理解理气学说中的以气摄理，理解气学中日益鲜明而自觉的历史意识。

与西方哲学相比，中国古代哲学的一个根本特点，就是存在与价值、宇宙根源与价值根源的同一。宇宙根源与价值根源的同一，表露了中国古人对存在的信任，对生命的热爱，表明了中国古人根子上的入世精神和乐观态度。

第一节　气一元论的兴起

为了达到对佛老与汉唐儒学的双向纠偏，张载在气本论基础上提出双重人性论，从而同时揭示出人性中的现实与超越两个面相。问题的关键在于如何达成双重人性的统一。二程兄弟分别形成程颢尊德性的道德实践路径，与程颐偏重道问学的格物穷理路径。这两种理学路径，到了南宋就演化出朱熹与陆九渊之争。明代接续这种路径之争，又进一步产生强调道德实践的心学与强调知识一存在之理的气学。心学之弊端在于轻忽客观世界,气学之弊端则在于弱化道德理性。

与宋明理学相比,汉唐儒学的严重缺失在于超越维度之缺乏。由于超越维度之缺乏,因此汉唐儒学在天道观上就习惯于建构气化宇宙论,在人性论上则体现为气性或实然生性说。董仲舒有关于性与善关系的"禾""米"[1]之喻,扬雄有关于"修其善者则为善人,修其恶者则为恶人"[2]的说明,鲜明表现出汉儒以实然气质作为人性,并且以人世间生活层面的"善"作为道德修养方向的主张。正因为缺失超越维度,所以一旦面对玄学和佛学冲击,就只能无奈地产生"儒门淡泊,收拾不住"的尴尬局面。从思想史角度来看,张载在人性论上既继承孟子性善论,又深刻总结了实然生性论。因此,朱熹弟子黄勉斋评价说:"自孟子言性善,而荀卿言性恶,杨雄言善恶混,韩文公言三品,及至横渠分为天地之性、气质之性,然后诸子之说始定。"[3]

宋明理学挺立了人极。《太极图说》建构理学本体论、心性论与工夫论,开创之功,无出其右。与此同时,《太极图说》阐发的本体—宇宙论,重新恢复并传承佛教大规模传入中国之前的宇宙论。在古代中国,宇宙乃连续性存有,是生生不息大化流行的存在。在宇宙生成模式上,气始终扮演至关重要的角色,充分表现出中国古人心目中宇宙的实在性。在《易传》中,宇宙生成表现为"气(阴阳)—天地—四时—万物";在阴阳五行学说中,宇宙生成表现为"气(阴阳)—天地—五行—四时—万物";汉代的宇宙生成则表现为"气(阴阳)—天地—(阴阳)五行—万物"。

在对宇宙实在性的论证上,张载之功最盛。张载深切意识到,面对佛学的世界空寂观与道家的世界虚无观,要有力而彻底地奠定儒学,就得充分证明存在实在性,就得"先识造化","既识造化然后其理可穷"。(《横渠易说·系辞上》)为此,张载旗帜鲜明地主张:"太虚即气则无无","太虚无形,气之本体,其聚其散,变化之客形尔"(《正蒙·太和》)。

---

① 董仲舒:《实性》。

② 扬雄:《修身》。

③ 黄宗羲:《宋元学案》卷十七《横渠学案》上。

在肯定宇宙为实在之后，再肯定存在的道德性。张载对宇宙实在性的肯定，得到后人高度评价："横渠先生勇于造道，其门户虽微有殊于伊洛，而大本则一也。"①

与张载"先识造化"主张不同，程颢与程颐主张"须先识仁"。正由于此，他们对张载热衷谈论"太虚"等颇有微词。在他们看来，"学者不必远求，近取诸身，只明人理，敬而已矣，便是约处"（《程氏遗书》卷二上）。"须先识仁"，意味着要先肯定世界为理，然后再肯定世界实有，即先理后气，理在气先。与程朱理学肯定理先气后相对，心学倾向于理在气中。在"无极"与"太极"问题上，陆九渊与朱熹有过针锋相对的辩论。陆九渊强调，在"一阴一阳"之外，不必再提"无极""太极"，因为"一阴一阳已是形而上者，况太极乎""易之为道，一阴一阳而已……今顾以阴阳为非道而直谓之形器，其孰为昧于道器之分哉"。②

朱熹以人马之喻解释理气关系，认为太极为理而动静为气，太极犹如人而动静犹如马，如人骑马，太极亦应气之动而动，应气之静而静。所谓"太极，理也。动静，气也"。如此解释，无疑颇为生硬，并不融贯，有理气二元之嫌。因此，在朱熹之后，理气关系上的一个重要倾向，就是如何克服二元倾向，而转向一元论。从宋明理学的后续发展来看，这种一元论当为气一元论。早在元代的吴澄，就在理气关系上提出理气一元论阐释。他主张："自未有天地之前，至既有天地之后，只是阴阳二气而已。本只是一气，分而言之则曰阴阳；又就阴阳中细分之，则为五行。五行即二气，二气即一气。"③理并非气之外的另一实体，只是气之主宰。"气之所以能如此者，何也？以理为之主宰也。理者，非别有一物在气中，只是为气之主宰者即是。无理外之气，亦无气外之理。"④"太极"并非气之外的一个实体，只是气的主宰，是气的至极之理。"太极与此气非有两物，只是主宰此气者便是，非别有一物在气中而主宰之

① 黄宗羲：《宋元学案・序录》。

② 陆九渊：《与朱元晦》，见《陆九渊集》卷二。

③ 吴澄：《答人问性理》，《吴文正集》卷三。

④ 吴澄：《答人问性理》，《吴文正集》卷三。

也。”①“开物之前，混沌太始，混元之如此者，太极为之也。开物之后，有天地人物，如此者，太极为之也。闭物之后，人物销尽，天地又合为混沌者，亦太极为之也。”②太极只是主宰此气者，并非气之外的别有一物。混沌之所以为混沌，是太极为之；开天辟地产生天地人物，是太极为之；天地复为混沌，也是太极为之。一切都是太极的作为。

对理学中著名的人马之喻，明初曹端进行了深入思考而颇为不满。他指出：“周子谓‘太极动而生阳，静而生阴’，则阴阳之生，由乎太极之动静。而朱子之解极明备矣。其曰‘有太极，则一动一静而两仪分有阴阳，则一变一合而五行具’，尤不异焉。及观《语录》，却谓‘太极不自会动静，乘阴阳之动静而动静’耳，遂谓‘理之乘气，犹人之乘马，马之一出一入，而人亦一出一入’，以喻气之一动一静，而理亦与之一动一静。若然，则人为死人，而不足以为万物之灵，理为死理，而不足以为万化之原，理何足尚而人何足贵哉。今使活人骑马，则其出入、行止、疾徐，一由乎人驭之何如耳。活理亦然。”③朱熹在《语录》中声称太极自己不会动静，是乘阴阳之动静而动静，以致声称理乘气犹如人乘马，理自身不动而仅仅随马动而动。对这样的解说，曹端不以为然，认为如此一来，则理成死理而不值一尊，更何谈为万化之源泉。他强调，理当为活理，即理自能动静。

在理气关系上，薛瑄直截了当地以气作为天地本源，声称：“一气流行，一本也。”④“充满天地皆元气流行。”⑤“天地间只一气。”⑥理气实为一体，而产生天地万物：“凡大小有形之物，皆自理气至微至妙中生出来，以至于成形而著。”⑦“天地万物浑是一团理气。”⑧“阴阳中有理，理不外乎阴阳，精粗本末无二致，观《太极图》可见矣。理气，物物皆然。

① 吴澄：《答王参政仪伯问》，《吴文正集》卷二。
② 吴澄：《答田副使第三书》，《吴文正集》卷三。
③ 曹端：《太极图说述解・辨戾》，《曹端集》，第 23—24 页。
④ 薛瑄：《读书录卷三》，《薛瑄全集》，三晋出版社 2015 年版，第 1077 页。
⑤ 薛瑄：《读书续录卷一》，《薛瑄全集》，三晋出版社 2015 年版，第 1036 页。
⑥ 薛瑄：《读书续录卷一》，《薛瑄全集》，三晋出版社 2015 年版，第 1301 页。
⑦ 薛瑄：《读书录卷一》，《薛瑄全集》，三晋出版社 2015 年版，第 1049 页。
⑧ 薛瑄：《读书录卷三》，《薛琅全集》，三晋出版社 2015 年版，第 1081 页。

理气之外无一物。”[①]理气之间相融为一，不可分而为二：“理气密匝匝地，真无毫发之缝隙。”[②]“太极，性也；阴阳，气也。……太极即在阴阳之中，阴阳不在太极之外，理气浑然而无间，若截理气为二则非矣。”[③]“四方上下，往来古今，实理实气，无丝毫之空隙，无一息之间断。”[④]理气之间相即不离：“无极而太极，乃周子指出阴阳中之理以示人，实未尝离乎阴阳也。若误认阴阳别有一物为太极，则非矣。”[⑤]周敦颐之所以说无极而太极，是为了就阴阳中之理指点于人，并未离开阴阳而言理。倘若以为阴阳之外别有太极，则大谬。

从气一元论立场出发，薛瑄批评理先气后观。他就“未有天地之先，毕竟先有此理，有此理便有此气”指出，理气不可分为先后：“盖未有天地之先，天地之形虽未成，而所以为天地之气，则浑浑乎未尝间断止息，而理涵乎气之中也。及动而生阳，而天始分，则乘是气之动而具于天之中；静而生阴，而地始分，则理乘是气之静而具于地之中。分天分地，而理无不在一动一静，而理无不存以至‘化生万物，万物生生而变化无穷’，理气二者，盖无须臾之相离也，又安可分孰先孰后哉。”[⑥]无论在天地未形成之先，还是在天地形成之后，理都存在于气之中，密不可分。在薛瑄看来，理气相融为一，同时理为气之主宰，为气之条理：“理气虽不可分先后，然气之所以如是者，则理之所为也。只是合当如，便是理。”[⑦]“天下古今万物万事，皆阴阳之变化，而理为之主。”[⑧]“气有消息，理无穷尽。”[⑨]

在宋明理学的理气关系上，有两个著名比喻，一个是朱熹的人马之喻，另一个就是薛瑄的日光飞鸟之喻。借日光飞鸟之喻，薛瑄表达了气有聚有散而理永远存在的意思：“理如日光，气如飞鸟，理乘气机而动，

① 薛瑄：《读书续录卷四》，《薛瑄全集》，三晋出版社 2015 年版，第 1386 页。
② 薛瑄：《读书录卷八》，《薛瑄全集》，三晋出版社 2015 年版，第 1228 页。
③ 薛瑄：《读书续录卷一》，《薛瑄全集》，三晋出版社 2015 年版，第 1285 页。
④ 黄宗羲：《明儒学案・卷七・河东学案上》，三晋出版社 2015 年版，第 122 页。
⑤ 薛瑄：《读书录卷二》，《薛瑄全集》，三晋出版社 2015 年版，第 1074 页。
⑥ 薛瑄：《读书录卷三》，《薛瑄全集》，三晋出版社 2015 年版，第 1074 页。
⑦ 薛瑄：《读书录卷四》，《薛瑄全集》，三晋出版社 2015 年版，第 1119 页。
⑧ 薛瑄：《读书续录卷一》，《薛瑄全集》，三晋出版社 2015 年版，第 1301 页。
⑨ 薛瑄：《读书录卷九》，《薛瑄全集》，三晋出版社 2015 年版，第 1251 页。

如日光载鸟背而飞。鸟飞而日光虽不离其背，实未尝与之俱往，而有间断之处，亦犹气动而理虽未尝与之暂离，实未尝与之俱尽，而有灭息之时。'气有聚散，理无聚散'，于此可见。"①

在明代，理气关系在向理气合一或气一元论演化的同时，理在程朱那里具有的超越性本体意味逐渐淡化，作为天地万物条理或法则的意味则不断强化。与此相应，道问学色彩与客观认识意向有所增强。正因为如此，明末清初，在心学逐渐转向经世之学的过程中，气学起到了基础性桥梁作用。

第二节　明代气学的双子星座：王廷相与罗钦顺

一、王廷相：元气为道之本

明代中期思想界的动向最引人注目的无疑是阳明心学的兴起，但少有人知的是，几乎与此同时，在气学领域也大致诞生了两位哲学家——王廷相和罗钦顺，堪称气学界的双子星座。尤其是双子星座中的罗钦顺，通过与王阳明的往复辩难，不仅促进了心学发展，而且也有力促进了气学思考的深入。

作为明代中期与罗钦顺并重的气学代表人物，王廷相旗帜鲜明地提出了气一元论。"阳明思想影响几臻于巅峰状态之际，王廷相乃独树一帜，盛张唯气论及唯物论之说，旨在动摇宋儒之根本，卒亦反及阳明之心学。王廷相实首开自然主义风气之先。"②在王廷相看来，在性气关系上，气决定性。他声称："余以为人物之性无非气质所为者。离气言性，则性无处所，与虚同归；离性言气，则气非生动，与死同途。是性与气相资，而有不得相离者也。……不思性之善者，莫有过于圣人，而其性亦惟具于气质之中。……气有清浊粹驳，则性安得无善恶之杂？故

① 薛瑄：《读书录卷五》，《薛瑄全集》，三晋出版社2015年版，第1145页。

② 方东美：《中国哲学精神及其发展》下，张智燊译，中华书局2012年版，第427页。

曰惟上智与下愚不移。是性也，乃气之生理，一本之道也。”[①]性源于气或者说气质。气质清明，性就善；气质浑浊，性就恶。

王廷相继承张载气一元论，批评理在气先说。在他看来，气可分为“元气”与“生气”，元气是能够产生天地万物的本然之气，生气则是源自元气而产生的有形有象之物。“天地之先，元气而已矣。元气之上无物，故元气为道之本。”（《雅述》）“天地未生，只有元气，元气具，则造化人物之道即此而在。故元气之上，无物，无道，无理。”（《雅述》）元气之上不知其所自，因此称之为太极；不可以形象名之，因此称之为太虚。“元气之上无物，不可知其所自，故曰太极；不可以象明状，故曰太虚耳。”（《雅述》）天地尚未形成前，惟有太虚，浩浩元气。天地万物皆密藏于元气：“天地未形，惟有太空，空即太虚，冲然元气。气不离虚，虚不离气，天地日月万形之种皆备于内，一氤氲萌蘖而万有成质矣。是气也者，乃太虚固有之物，无所有而来，无所从而去者。”（《雅述》）无论是有形，还是无形，俱为气，道则寓于气之中：“有形亦是气，无形亦是气，道寓其中矣。有形，生气也；无形，元气也。元气无息，故道亦无息。是故无形者，道之氐也；有形者，道之显也。”（《慎言》）

王廷相相信宇宙的实在性，从元气角度理解太极与太虚等：“道体不可言无，生有有无。天地未判，元气混涵，清虚无间，造化之元机也。有虚即有气，虚不离气；气不离虚，无所始无所终之妙也。不可知其所至，故曰太极；不可以为象，故曰太虚，非曰阴阳之外有极有虚也。二气感化，群象显设，天地万物所由以生也，非实体乎？是故即其象可称曰有，及其化可称曰无，而造化之元机实未尝泯。故曰道体不可言无，生有有无。”（《慎言》）

在王廷相看来，天地万物为气形成，亦是气的表现形式。“天内外皆气，地中亦气，物虚实皆气，通极上下，造化之实体也。”（《慎言》）理气不可分，理为气之条理。“气，物之原也；理，气之具也；器，气之成也。”（《慎言》）“理根于气，不能独存也。”（《横渠理气辩》）就人而言，性存于生气之中，性不可分离于气：“人有生气则性存，无生气则性灭矣。一贯

① 王廷相：《答薛君采论性书》，《王廷相集》，中华书局2009年版，第518页。

之道，不可离而论者也，如耳之能听，目之能视，心之能思，皆耳目心之固有者，无耳目无心，则视听与思尚能存乎？”（《雅述》）

天地万物源于何处？是如何形成的？王廷相认为，天地万物源于气，气的聚散决定天地万物的生成毁灭。“气至而滋息，伸乎合一之妙也。气返而游散，归乎太虚之体也。是故气有聚散，无灭息。”（《慎言》）“天地万物不越乎气机聚散而已。是故太虚无形，气之本体，清通而不可为象也；太和氤氲，万物化醇，生生而不容以息也。”（《慎言》）与天地万物一样，人及其纲常名教也产生于气的聚散运行。“有太虚之气而后有天地，有天地而后有气化，有气化而后有牝牡，有牝牡而后有夫妇，有夫妇而后有父子，有父子而后有君臣，有君臣而后名教立焉。是故太虚者，性之本始也；天地者，性之先物也；夫妇、父子、君臣，性之后物也；礼义者，性之善也，治教之中也。”（《慎言》）理为气中之理，不可专言理一而轻忽理万，亦即不可遗漏万殊之理。“天地之间，一气生生，而常而变，万有不齐，故气一则理一，气万则理万。世儒专言理一而遗理万，偏矣。天有天之理，地有地之理，人有人之理。物有物之理，幽有幽之理，明有明之理，各各差别。统而言之，皆气之化，‘大德敦厚’，本始一元也。”（《雅述》）

二、朱学后劲罗钦顺

在儒学学者中，罗钦顺属于困而知之、困而后悟的典型代表。具有这种气质的学者，悟前艰难备尝，一旦自我觉悟，则坚定不移而用心甚苦。罗钦顺一生求道，极为勤奋专注。早年识禅宗妙悟滋味，后肯认儒学性理宗旨。他在《困知记》中自承一生为学的艰苦历程：“及官京师，偶逢一老僧，漫问何由成佛，渠亦漫举禅语为答云：‘佛在庭前柏树子。’愚意其必有所谓，为之精思达旦。揽衣将起，则恍然而悟，不觉流汗通体。……后官南雍，则圣贤之书，未尝一日去手。潜玩久之，渐觉就实，始知前所见者，乃此心虚灵之妙，而非性之理也。”[1]年近六十，罗钦顺方才自信有得于性命之真。由此可见，在罗钦顺一生为学中，绝无顿悟影

① 罗钦顺：《困知记》，中华书局2013年版，第34页。

子，学问宗旨的体悟源自艰苦的生命体验与对经典的涵泳再三。

《明史·儒林传序》尝言："时天下言学者，不归王守仁则归湛若水，独守程朱不变者，惟柟与罗钦顺云。"①在明代中叶心学日益复兴与崛起的同时，罗钦顺却笃信程朱理学，由此被赞叹为朱学后劲与宋学中坚。

罗钦顺与王阳明是多年学友，曾经在南京一同为官，交往颇密。正是在与王阳明的往复辩难中，罗钦顺的学说日益彻底与系统，逐渐成为继承并发扬朱学的"紫阳功臣"。意味深长的是，罗钦顺虽然以朱学传人自居，但对朱熹颇有二分倾向的理气观却有所批评："朱子终身认理与气为二物……愚也积数十年潜玩之功，至今未敢以为然也。气聚而生，形而为有，有此物即有此理。气散而死，终归于无，无此物即无此理。理须就气上认取，然认气为理便不是。"他自己的理气观继承元明理气观上一元论的追求，将理气合于气而建构气一元论。他在《困知记》中指出："通天地，亘古今，无非一气而已。气本一也，而一动一静，一往一来，一阖一辟，一升一降，循环而已，积微而著，由著复微，为四时之温凉寒暑，为万物之生长收藏，为斯民之日用彝伦，为人事之成败得失，千条万绪，纷纭胶轕，而卒不可乱，有莫知其所以然而然，是即所谓理也；初非别有一物，依于气而立，附于气以行也。"天地万物之本源为气。气本一元，而生天生地生万物，生人物人伦。理即气之所以然，依于气而行。气运行不息，其中之条理即理。理并非气之外另一物，而是气中之理。如此一来，理学依然理学乎？抑或已悄悄转变为气学？当然，即使张载气学，亦属于广义的宋明理学。

明初大儒曹端与薛瑄继承元代吴澄在理气关系上的气一元论倾向，追求理气合一，并着重将理气合一于气。在理气合一于气的语境中，罗钦顺心目中的天理与朱熹相较，发生了本质性改变。在批评朱熹理气观中二分倾向的同时，罗钦顺也对杨简与王阳明等心学思想家将天地万物视为心之变化的观点提出了直率批评："若谓天地人物之变化皆吾心之变化，而以发育万物归之吾心，是不知有分之殊矣。既不知分之殊，又恶可语夫理之一哉？盖发育万物自是造化之功用，人何与

①《明史·儒林传序》。

焉？……况天地之变化万古自如，人心之变化与生俱生，则亦与生俱尽。谓其常住不灭，无是理也。慈湖误矣！藐然数尺之躯，乃欲私造化以为己物，何其不知量哉！”

关于理，罗钦顺指出：“盖此理之在心目间，由本而之末，万象纷纭而不乱；自末而归本，一真湛寂而无余。惟其无余，是以至约，乃知圣经所谓‘道心惟微’者，其本体诚如是也。”由本至末，理使万象有条有理；自末归本，理使万象寂然肃穆。天地万物，万象森然，惟知道者洞察理存于事物之间，存于心体之中，不能说自外而来，亦不能说自内而出。“上天之载，无声无臭。又安有形体可觅邪？然自知道者观之，即事即物，此理便昭昭然在心目之间，非自外来，非由内出，自然一定而不可易。”

罗钦顺强调其理气合一观并非毫无渊源，而是源自程颢的理气观。程颢说：“形而上为道，形而下为器，须着如此说。器亦道，道亦器。”又说：“阴阳亦形而下者，而曰道者，惟此语截得上下最分明。原来只此是道，要在人默而识之也。”罗钦顺继承了程颢器亦道而道亦器的思想。为明此理，必须说个形而上与形而下，但毕竟要领悟道器并非二物。“盖以上天之载无声无臭，不说个形而上下，则此理无自而明，非溺于空虚，即胶于形器，故曰‘须着如此说。’名虽有道器之别，然实非二物，故曰‘器亦道，道亦器’也。至于‘原来只此是道’一语，则理气浑然，更无隙缝，虽欲二之，自不容于二之，正欲学者就形而下者之中，悟形而上者之妙，二之则不是也。”①由此可见，理气为一，学者应当善于从形而下中领悟形而上之妙理。“理须就气上认取，然认气为理便不是。此处间不容发，最为难言，要在人善观而默识之。‘只就气认理’与‘认气为理’，两言明有分别，若于此看不透，多说亦无用也。”②理应当从气上领悟，但反过来以气为理则不对。

“愚尝遍取程朱之书，潜玩精思，反复不置，惟于伯子之说，了无所疑。叔子（即程颐）与朱子论著、答问不为不多，往往穷深极微，两端皆

① 罗钦顺：《困知记》附录，第394页。

② 罗钦顺：《困知记》卷下，第271页。

竭，所可疑者，独未见其定于一尔。”[1]在理气论上，罗钦顺之所以对小程子即程颐与朱熹有所不满，是因为他们对理气关系的探究未能定于一，尚未达理气浑然为一之境。程颢则认为性气浑然为一，易道神性相合。罗钦顺为此在《困知记》中指出：“程伯子之言有云：‘上天之载，无声无臭，其体则谓之易，其理则谓之道，其用则谓之神，其命于人则谓之性。’只将数字剔拨出来，何等明白！学者若于此处无所领悟，吾恐其终身乱于多说，未有归一之期也。”[2]气的聚散流行为易，易之条理为道，气的神妙莫测之作用为神，气禀赋予人则为性。这种理气浑然为一的学说，正合于罗钦顺对理气关系的一元化思考。

在继承张载神化说与程颢易道神学说的基础上，罗钦顺建构了太极阴阳神化性命学说。他称天地的神妙变化为神化，称阴阳变化之条理为太极。罗钦顺指出：

> 神化者，天地之妙用也。天地间非阴阳不化，非太极不神。然遂以太极为神，以阴阳为化则不可。夫化乃阴阳之所为，而阴阳非化也。神乃太极之所为，而太极非神也。“为”之为言，所谓“莫之为而为”者也。张子云：“一故神，两故化”，盖化言其运行者也，神言其存主者也。化虽两而其行也常一，神本一而两之中无弗在焉。合而言之则为神，分而言之则为化。故言化则神在其中矣，言神则化在其中矣；言阴阳则太极在其中矣，言太极则阴阳在其中矣。一而二，二而一者也。学者于此，须认教体用分明。[3]

其中表明，阴阳变化莫测为化，太极妙用为神。值得注意的是，阴阳非化而太极非神。太极并非阴阳之外的别一物，而是表明阴阳变化的神妙莫测之理。因此，“合而言之则为神，分而言之则为化”。化与神，阴阳与太极密不可分，是一而二二而一关系，都意在描述宇宙大化生生不息的运行。

理一分殊、理同气异在朱熹理论体系中自成系统，但他视万物中的

---

① 罗钦顺：《困知记》，第 6 页。

② 罗钦顺：《困知记》，第 30 页。

③ 罗钦顺：《困知记》，第 14 页。

理为同一的、绝对的“理一”的不同表现，这就难以避免理、太极独立于气、阴阳而别为一物的嫌疑。罗钦顺在理气论上主张“就气认理”，在心性上却又同于朱熹理一分殊，承认分殊之前有理一。这在罗钦顺理论体系中是非常突出的矛盾。这个矛盾在他阐释程颢“人生而静以上不容说”一段时表现得相当明确，罗钦顺说：“人生而静，即未发之中，一性之真，湛然而已。”①就明显认性理为一物而有离于形气独立之时，和他就气上认理的原则已无法归一。

罗钦顺理气论和心性论之间的矛盾，刘宗周早已洞察。他在关于罗钦顺的评论中说：

> 心性之名，其不可混者，犹之理与气；而其终不可得而分者，亦犹之乎理与气也。先生既不与宋儒天命、气质之说，而蔽以“理一分殊”之一言，谓“理即是气之理”，是矣，独不曰“性即是心之性乎”？心即气之聚于人者，而性即理之聚于人者，理气是一，则心性不得是二。心性是一，性情又不得是二。使三者于一分一合之间终有二焉，则理气是何物？心与性情又是何物？天地间既有个合气之理，又有个离气之理；既有个离心之性，又有个离性之情，又乌在其为一本也乎？②

心性犹如理气，不可相混亦不可相分。罗钦顺已然不赞同天命之性与气质之性二分，却因为蒙蔽于理一分殊之说，未能认识到性即是心之性，心性当为一体，性情当为一体。如若心性为二，则理气又当为二。罗钦顺的自相矛盾就表现在，既有合气之理，又有离气之理；既有离心之性，又似乎有合心之性。

黄宗羲承乃师之义，在《明儒学案》关于罗钦顺的按语中，对罗钦顺也有意思大致相近的批评：“先生之论理气最为精确。……第先生之论心性，颇与其论理气相矛盾。夫在天为气者，在人为心；在天为理者，在人为性。理气如是，则心性亦如是，决无异也。人受天之气以生，只有一心而已，而一动一静，喜怒哀乐，循环无已。当恻隐处自恻隐，当羞恶

---

① 罗钦顺：《困知记》，第20页。

② 黄宗羲：《明儒学案·师说》。

处自羞恶，当恭敬处自恭敬，当是非处自是非，千头万绪，感应纷纭，历然不能昧者，是即所谓性也。初非别有一物，立于心之先，附于心之中也。”[①]在黄宗羲看来，罗钦顺的理气学说最为精当，心性说却与理气说相矛盾。在天为气则在人为心，在天为理则在人为性。人禀受在天之气而生，惟有一心，心之纷纭感应中历历不能昧的即性。心性当合为一。“先生以为‘天性正于受气之初，明觉发于既生之后，明觉是心而非性。’信如斯言，则性体也，心用也。性自人生以上，静也。心是感物而动，动也。性是天地万物之理，公也。心是一己所有，私也。明明先立一性，以为此心之主，与‘理能生气’之说无异，于先生理气之论，无乃大悖乎！岂理气是理气，心性是心性？二者分，天人遂不可相通乎！”[②]倘若理气与心性二分，那么天人将不可相通。罗钦顺之所以出现这一矛盾，是因为他试图把大程和小程、朱熹和陆象山这两种性质和趋向根本不同的学说统合起来。他试图克服朱熹以理为根本范畴而以理统气的具有二元倾向的学说，但在心性论上又沿用《礼记·乐记》《中庸》及朱熹学说。他在理气论上试图返回张载，但心性论却又无法逃避朱熹的影响。

对朱熹关于心的学说，罗钦顺做了批判性继承。他有选择地继承朱熹有关心为虚灵与知觉的主张，批判心为主宰与心主性情的主张。罗钦顺认为心并不具有实体义，只是表征性体神妙莫测功能的概念，因而只具有虚灵知觉的功能义。正由于此，罗钦顺认为知觉和良知同一，“不容有二”。就知的功能义，罗钦顺在致欧阳德的书信中指出：“孔子尝言‘知道’‘知德’矣，曾子尝言‘知止’矣，子思尝言‘知天’‘知人’矣，孟子尝言‘知性’‘知天’矣。凡言知字皆虚，下一字皆实。虚实既别，体用自明，以用为体，未之前闻也。况明道先生尝释知觉二字之义云：‘知是知此事，觉是觉此理。’尤为明白易见。”[③]

欧阳德不同意罗钦顺将知只作功能义来看，认为知是体用合一，良知之知更是体用合一。罗钦顺认为“良知恐难作实体看”，明确强调这

① 黄宗羲：《明儒学案》卷四十七《诸儒学案中一·文庄罗整庵先生钦顺》。

② 黄宗羲：《明儒学案》卷四十七《诸儒学案中一·文庄罗整庵先生钦顺》。

③ 罗钦顺：《答欧阳少司成崇》，《困知记》，第118页。

是朱学和王学的根本分歧所在。他说:“但以理言,即恐良知难作实体看。果认为实体,即与道、德、性、天字无异。若曰‘知此良知’。是成何等说话耶?明道‘学者须先识仁’一章,首尾甚是分明,未尝指良知为实体也……盖虽识得此理,若欠缺存养工夫,‘则犹是二物有对,以己合彼,终未有之’。惟是存养深厚,自然良知日明,良能日充,旧习日消,此理与心渐次打成一片,便为己有,夫是之谓‘有得’。”①只要学者先领悟到仁体,然后久久涵养,那么良知就会日益澄明,良能就会日益充实。如果把虚灵知觉之良知良能误认为实体,那么就会冒认良知为天理,就会玩弄己心之虚灵光景,从而遮蔽天理。

就心之虚灵特质,罗钦顺指出:“盖虚灵知觉,心之妙也。精微纯一,性之真也。释氏之学,大抵有见于心,无见于性。故其为教,始则欲人尽离诸相,而求所谓空,空即虚也。既则欲其即相即空,而契即所谓觉,即知觉也。觉性既得,则空相洞彻,神用无方,神即灵也。凡释氏之言性,穷其本末,要不出此三者,然此三者皆心之妙,而岂性之谓哉。”②在罗钦顺看来,心之特质在于虚灵知觉,性之真义在于精微纯一。佛学见心而不见性,因此为空虚知觉之学。在性与气关系上,罗钦顺强调性即气而气即性,指出:“孟子以‘勿忘勿助’为养气之法。气与性一物,但有形上形下之分尔。养性即养气,养气即养性。”③

总的来说,作为朱学后劲,同时又是明代气学杰出代表,罗钦顺承接理气合一的思想趋向,以化理于气方式实现了理气合一于气。在人性论上,他实现了天命之性与气质之性的合一,也就是通过气学基础上的理一分殊达到一元性的气质之性。

在明代思想史上,罗钦顺的重要贡献在于:批判性地继承程朱理学;有力地复兴气学;对心学做出深刻批判。在心性关系上,阳明心学将心性合一,弱化了性体对心体、道德规范对主体自由的约束,从而大大张扬了主体自由向度。由于性体与心体之间此消彼长的关系,心体向度上的过分自由,使阳明后学中产生以虚灵光景为良知、冒认情识为

① 罗钦顺:《又答欧阳少司成崇》,《困知记》,第122页。

② 罗钦顺:《困知记》,第2页。

③ 罗钦顺:《困知记》,第10页。

良知、误认人心为道心的弊端。诸如此类的弊端，鲜明表现于王畿的“虚玄而荡”与罗汝芳的“情识而肆”。此可谓“师心自用”之弊病。在心性学说上，阳明心学达到登峰造极之境，同时也由于过分陶醉于心性清谈，从而轻忽道问学的知识理性。用罗钦顺的话来说，就是“有见于心，无见于性”。针对这种弊病，罗钦顺提出性体心用，挺立性体对心体的规范作用。针对心学清谈心性之弊，他又提出格物穷理说以对治。

对罗钦顺的思想定位，陈来做出了中肯评价，指出：“从哲学史的角度看，罗钦顺与朱熹理气观有很大的差异。明显地从‘理学’向‘气学’发展。但从理学史的观点看，决定一个思想家的学派属性，主要决定于他的心性论和工夫论。即他对心性的看法和对修养方法的看法，这是我们研究理学史的一个基本原则。否则，我们就难以理解罗钦顺这一类思想家对朱学的明确认同，难以理解当时及后来学者视罗钦顺为‘朱学后劲’的普遍提法。”①

第三节　明清易代之际的气学思想

在理气关系上，刘宗周很大程度上接受了气学思想影响。他认为气乃天地万物本源，理则是第二位的：“盈天地间一气而已矣，有气斯有数，有数斯有象，有象斯有名，有名斯有物，有物斯有性，有性斯有道，故道其后起也。而求道者，辄求之未始有气之先，以为道生气，则道亦何物也，而遂能生气乎？”②“吾溯之未始有气之先，亦无往而非气也。当其屈也，自无而之有，有而未始有，及其伸也，自有而之无，无而未始无也。”③他还说：“理即气之理，断然不在气先，不在气外。”④理是气的理，“离气无理”⑤。

① 陈来：《宋明理学》，辽宁教育出版社 1991 年版，第 297—298 页。

② 黄宗羲：《蕺山学案·语录》，《明儒学案》卷六十二。

③ 黄宗羲：《蕺山学案·语录》，《明儒学案》卷六十二。

④ 黄宗羲：《蕺山学案·语录》，《明儒学案》卷六十二。

⑤ 黄宗羲：《蕺山学案·语录》，《明儒学案》卷六十二。

关于理气、道器、形神关系，王夫之认为它们密不可分，而气则是其中统一的基础。理气合一，通一无二："理在气中，气无非理；气在空中，空无非气，通一而无二者也。"[1]形神合一，形凭神而运动，神必定凭于形："形非神不运，神非形不凭。……车者，形也。所载者，神也。车载神游。"[2]"理者，天之所必然者也。"[3]天下惟器，道乃气之道，道必定寓于器："天下惟器而已矣。道者气之道，器者不可谓之道之器也。……无其器则无其道。"[4]"据器而道存，离器而道毁。"[5]

有关形而上和形而下的关系，王夫之认为它们统一于"形"。换言之，道和器统一于"形"。有形才有形而上："形而上者，非无形之谓。既有形矣，有形而后有形而上。无形之上，亘古今，通万变，穷天穷地，穷人穷物，皆所未有者也。"[6]有器而后有形，有形而后有上："器而后有形，形而后有上。无形无下，人所言也。无形无上，显然易见之理。"[7]"'形而上者谓之道，形而下者谓之器'，统之乎一形，非以相致，而何容相舍乎？"道寓于象，天下没有离象之道："天下无象外之道。……不曰道生象，而各自为体，道逝而象留。然则象外无道。"[8]

絪缊之气不息的运动是天地万物不断变化而日新的根据，气的聚散则决定具体事物的成住坏空。气的聚散变化，物的成住坏空，都是理的不可遏止的必然所导致的："气之聚散，物之死生，出而来，入而往，皆理势之自然，不能已止者也。"[9]阴阳充盈地布满于虚空，因此不断变化："阴阳一太极之实体，唯其富有充满于虚空，故变化日新。"[10]"天地之化日新。今日之风雷非昨日之风雷，是以知今日之日月非昨日之日月。"[11]

---

① 王夫之：《张子正蒙注·太和篇》。
② 王夫之：《周易外传》卷二。
③ 王夫之：《张子正蒙注·神化篇》。
④ 王夫之：《周易外传》卷五。
⑤ 王夫之：《周易外传》卷二。
⑥ 王夫之：《周易外传》卷五。
⑦ 王夫之：《周易外传》卷五。
⑧ 王夫之：《周易外传》卷六。
⑨ 王夫之：《张子正蒙注·太和篇》。
⑩ 王夫之：《张子正蒙注·太和篇》。
⑪ 王夫之：《思问录外篇》。

太虚是能动的："太虚者，本动者也。"[①]"一气之中，二端既肇，摩之荡之而变化无穷。"[②]"动静互涵，以为万变之宗。"[③]"絪缊不息，为敦化之本。"[④]

在气论上，黄宗羲提出"盈天地间皆气"命题，以探讨理气、性气关系。他主张气有两种含义，一是流行义，二是主宰义。流行义与主宰义之间的关系为：气在流行之中自为主宰。正是从坚定的气一元论立场出发，黄宗羲批评程朱理本论中的理气之二分。在黄宗羲学说中，所谓理气合一，并非如程朱那样是理的形上世界与气的形下世界的相互凑泊。真正的理气合一，是气在一元化世界中如枢纽开关门一样地对形而上与形而下两个层面的调整，也就是气在流行中自为主宰，使气的实然状态逐步向应然状态趋近。关于性气关系，黄宗羲认为性不能离开气质存在，气质之外无性。性是气质的形上之性，是气的中正之体，主宰着气质之流行。

由此可见，在"盈天地间皆气"命题中，理气合一于气，性气亦合一于气。性体相通于心体。气即流行即主宰，心亦即流行即主宰。以心气合一为中介，理气转变为心性，天人贯通，理气心性亦合一。是谓心学中的气本论。

黄宗羲在提出"盈天地间皆气也"命题的同时，又提出"盈天地间皆心也"命题。在解读《孟子》"浩然章"时，黄宗羲探讨心气关系，提出"心即气"命题。正是以"心即气"为枢纽，黄宗羲调和了内圣与外王、心与事、仁义与事功。通过"心即气"，黄宗羲一方面阐明理气心性的合一，另一方面又完成了气本论向心本论的转化。

从某种意义上来说，明代心学与气学都可谓朱子学说继承者。差别在于，心学通过对朱熹格物致知说的批判继承，回溯于心性本体；气学则通过理气关系上的宇宙根源意识，向下贯注于格物致知说。气学虽然以朱子学继承者面貌出现，如罗钦顺就被称颂为"朱学后劲"，但是

① 王夫之：《周易外传》卷六。

② 王夫之：《张子正蒙注·太和篇》。

③ 王夫之：《周易外传》卷四。

④ 王夫之：《张子正蒙注·神化篇》。

由于气学把超越的本体意识转变为实然的宇宙根源意识，也就将尊德性转变为了道问学。从这个角度来说，气学对朱学可谓一场革命。

如果说心学体现出强烈主体性而较为忽视客观性，那么气学正好相反，它强烈体现出客观性。在罗钦顺与王阳明就《朱子晚年定论》展开的著名辩论中，在罗钦顺一再据理抗辩之下，王阳明最终无奈地直承《朱子晚年定论》“中间年岁早晚诚有所未考”①。在这一场论战中，王阳明在为学风格上暴露出客观文献求证上的不足，罗钦顺在这类客观性问题上却表现出扎实学风，对心学奔腾的飞扬之主体起到某种纠偏驳正作用。

正是在明代心学代表人物王阳明与气学代表人物罗钦顺的论战中，心学与气学在相互对峙中实现了相互塑造，并各自表现出彻底的理论风格。在理学、心学与气学的三角关系中，气学既对理学进行革命性改造，又对心学展开激烈批判。对于理学，它以彻底的宇宙根源意识转换本体性的超越意识。对于心学，它以气质之性转化天命之性或者说义理之性，以实然性的血气心知或者说践履性的见闻之知转换理学超越性的德性之知。

从根本上来说，朱熹在理气关系上所持的双重性，隐秘预设了实然宇宙与本体世界的双重性，或者说宇宙根源意识与世界本体意识的双重性。在继承朱子学时，气学有选择地接受理气不离的实然宇宙或者宇宙根源意识，而拒绝世界本体意识。沿着这个方向再往前一步，就顺理成章地出现以朱熹的宇宙根源意识批驳其世界本体意识的气学思路。

明代气学发展到王廷相，完全为宇宙根源意识主宰，气质之性取代义理之性，而超越性的道德也转变为气机生化根底上演化着的历史约定。气学的这种持续不断弱化本体超越意识而强调根源意识和客观求知的特点，使得它在本质上与清代汉学保持了一贯性，从而成为明清学术转型的最大内在动力与桥梁。

① 王守仁:《王阳明全集·传习录中》。

第四节　从惟性善论走向气质之性

孟子性善论是宋明理学“存天理去人欲”观的理论支撑。由于人性问题的至关重要，又加上理学家出入佛老而磨炼得来的高超的心性思辨能力，使得宋明理学中的人性论论述达到深邃、缜密而博大的思想境界。

宋代理学在人性论上的论述路径，是同时从性本善与气禀两个方面阐述人性。气质之性亦即气禀，应当说，是对孟子性善论的补充说明。气质所起到的是消极的遮蔽作用。但是在明儒这里，气质之性逐渐获得积极意义。明儒有的反对天命之性。有的主张气质之性即义理之性，主张天命与气质的合一，认为人性善，例如罗钦顺与刘宗周。

一、人物之性乃气质所为

朱熹在人性论上继承张载人性二分为天命之性与气质之性思想，提出“性与气合”命题。具体而言，性出于天理而形成天命之性，气主于气质而形成气质之性。王廷相从气一元论出发，认为天命之性就在气质之性之中，因此批评“性与气合”命题：“人具形气而后性出焉，今曰‘性与气合’，是性别是一物，不从气出，人有生之后各相来附和耳，此理然乎？人有生气则性存，无生气则性灭矣，一贯之道，不可离而论者也。如耳之能听，目之能视，心之能思，皆耳目心之固有者，无耳目，无心，则视听与思尚能存乎？又谓主理故公而无不善，有质故私而或不善。”在王廷相看来，人惟有了形气之后方才有性，无生气则性亦不能存在。圣人性无不善，是因为形气纯粹；众人性多不善，是由于形气驳杂。“且以圣人之性亦自形气而出，其所发未尝有人欲之私，但以圣人之形气纯粹，故其性无不善耳，众人形气驳杂，故其性多不善耳，此性之大体如此。万世之下，有圣人生焉，亦不易此论矣。而先生乃以本然、气质分而二之，殊不可晓。”①因此，天命或本然之性不可分离于气质之性。

① 王廷相：《雅述》上篇，《王廷相选集》，中华书局 1965 年版，第 103 页。

王廷相对朱熹"性与气合"命题颇为不满。在他看来,宋儒之所以区分天命之性与气质之性,是由于强行证成孟子性善论而离气言性的缘故。他说:"性生于气,万物皆然。宋儒只为强成孟子性善之说,故离气而论性,使性之实不明于后世,而起诸儒之纷辩,谁之过哉?"①在人性论上,王廷相主张回到孔子性论,认为孔子人性论更为周全完备,而孟子舍孔子性论而专言性善,以致宋儒在气质之性上复论本然之性,实为叠床架屋之举。他强调:"昔者仲尼论性,固已备至而无遗矣,乃孟子则舍之而言善,宋儒参伍人性而不合,乃复标本然之论于气质之上,遂使孔子之言视孟子反为疏漏,岂不畔于圣人之中正乎?"②

从气一元论立场出发,王廷相提出性出于气而人性惟气质之性的主张,认为人性善恶兼有:"天之气有善有恶,观四时风雨、霾雾、霜雹之会,与夫寒暑、毒疠。瘴疫之偏,可睹矣。况认知生于父母精血之辏,与天地之气又隔一层。世儒曰人禀天气,故有善而无恶,近于不知本始。"③"余以为人物之性无非气质所为者……主于气质,则性必有恶,而孟子性善之说不通矣。……气有清浊粹驳,则性安得无善恶之杂?故曰'惟上智与下愚不移'。是性也者,乃气之生理,一本之道也。"④倡导性善论的世儒可谓不知性之原始。人性既然主于气质,气质有清有浊,则性必定有善有恶,因此孟子性善说于理不通。

既然人性并非纯善,因此惟经教化方能将气质转浊为清,将性转进于善。"凡人之性成于习,圣人教以率之,法以治之,天下古今之风以善为归,以恶为禁,久矣。"⑤由此可见,在人性向善中,教化作用至关重要。惟名教立才能裁断善恶。顺乎于名教,人性才能向善。背离于名教,人性则流于恶。人性一任情欲,则会轻而易举地下流于恶。"性者缘乎生者也,道者缘乎性者也,教者缘乎道者也。圣人缘生民而为治,修其性之善者以立教,名教立而善恶准焉。是故敦于教者,人之善者也;戾于

---

① 王廷相:《雅述》上篇,《王廷相选集》,中华书局 1965 年版,第 87 页。

② 王廷相:《王氏家藏集·答薛君采论性书》,《王廷相选集》,中华书局 1965 年版,第 165—166 页。

③ 王廷相:《雅述》上篇,《王廷相选集》,中华书局 1965 年版,第 90 页。

④ 王廷相:《王氏家藏集·答薛君采论性书》,《王廷相选集》,中华书局 1965 年版,第 163 页。

⑤ 王廷相:《王氏家藏集·答薛君采论性书》,《王廷相选集》,中华书局 1965 年版,第 164 页。

教者，人之恶者也。为恶之才能，善者亦具之；为善之才能，恶者亦具之。然而不为者，一习于名教，一循乎情欲也。……圣人恶乎不忧！故取其性之可以相生、相安、相久而有益于治者，以教后世，而仁义礼治定焉。”[①]圣人忧之，立以名教，定以仁义礼治，教化于人，才能使人性渐渐向善，而天下也才能有治。

二、天命之性必表现于气质

在理欲关系上，罗钦顺不赞同严苛的存理去欲主张。他意识到，人欲天生，不可彻底去除，只能加以节制与引导，谨防放纵即可。他为此指出：“‘人心，人欲；道心，天理。’程子此言本之《乐记》，自是分明。后来诸公往往将人欲二字看得过了，故议论间有未归一处。夫性必有欲，非人也，天也；既曰天矣，其可去乎？欲之有节无节，非天也，人也；既曰人矣，其可纵乎？”[②]由此亦可见出，人欲之中自有天理。只要处于中道，人欲亦可视为天理。罗钦顺反对以人欲为恶的简单粗暴的观点，认为先儒在提倡去人欲和遏人欲时，出言未免过重。人欲亦有不容已处，有不可改易的当然之处，只要合乎于理，即为善。他说：“夫人之有欲，固出于天，盖有必然而不容已，且有当然而不可易者。于其所不容已者，而皆合乎当然之则，夫安往而非善乎？惟其恣情纵欲而不知反，斯为恶尔。先儒多以去人欲、遏人欲为言，盖所以防其流者不得不严，但语言似乎偏重。”[③]

在性命论上，罗钦顺以朱熹理一分殊说作为依据。他对理一分殊说颇为推崇：“理一分殊四字，本程子论《西铭》之言，其言至简，而推之天下之理，无所不尽。在天固然，在人亦然，在物亦然；在一身则然，在一家亦然，在天下亦然；在一岁则然，在一日亦然，在万古亦然。”[④]“理一分殊”可以解释古往今来天地人物一切道理，无所不通。他用理一分殊阐发关于性命的主张。在罗钦顺看来，性指宇宙根本之理在人与物之

① 王廷相：《慎言·问成性》，《王廷相选集》，中华书局1965年版，第16—17页。

② 罗钦顺：《困知记》，第90页。

③ 罗钦顺：《困知记》，第28页。

④ 罗钦顺：《困知记》，第9页。

中的体现，命指这种体现的不容选择，莫知其所以然而然与个体因不同遭遇而有的差异的必然性。性多自主体言，命多自客体言。性命之理，概括起来就是理一分殊，可以说明事物的差异性和同一性。罗钦顺说："窃以性命之妙，无出理一分殊四字。……盖人物之生，受气之初，其理性一。成形之后，其分则殊。其分之殊莫非自然之理，其理之一常在分殊之中，此所以为性命之妙也。"①人物禀受相同的理，本有相同的性，在人物形成过程中，受各自所处条件影响，有彼此不同的面貌。这种不同自然而然，非有一物主宰其间，这就是各自的命。理一就在分殊中，性就在命中。从这个意义上说，性善与性有善有恶之说都有根据。性善说自理一言，性有善有恶说自分殊言。人不能不禀受天理，故不能无性；不能不禀气而生，故不能无命。罗钦顺反对把天命之性与气质之性并列，认为人有天命之性和气质之性二种性的说法大错特错。因为天命之性必定表现于气质，天命之性无独立自存的可能。故说天命之性时，就已逻辑地包含气质之性，并非气质之性别为一性。他说："但曰'天命之性'，固已就气质而言之矣；曰'气质之性'，性非天命之谓乎？一性而两名，且以气质与天命对言，语终未莹。"②

三、气质之性即义理之性

在人性论上，刘宗周持一元的气质之性，认为气质之性犹如水之清，水的浊则是习所导致。他指出："要而论之，气质之性即义理之性，义理之性即天命之性，善则俱善。子思曰喜怒哀乐未发谓之中，非气质之粹然者乎？其有不善者，不过只是乐而淫、哀而伤，其间差之毫厘与差之寻丈，同是一个过不及，则皆自善而流者也。惟是既有过不及之分数，则积此以往，容有十百千万，倍蓰而无算者，此则习之为害，而非其性之罪也。"③气质纯粹的表现即喜怒哀乐四气的正常流转。未发之中即四气的有序运行，即四德。喜怒哀乐即气质之性，即仁义礼智，即义理之性。因此不可说在气质之性之外还别有一天命之性。气质之性就

---

① 罗钦顺：《困知记》，第 7 页。

② 罗钦顺：《困知记》，第 7 页。

③ 黄宗羲：《蕺山学案・答门人》，《明儒学案》卷六十二。

是义理之性，而义理之性就是天命之性，俱为善矣。人的喜怒哀乐，都是气的正常流转，就是气质纯粹的表现，从而也是气质之性善的体现。

刘宗周认为，义理之性只是气质之性之所以为性的原因，只是气之条理，而非一实存。倘若做出义理之性与气质之性的区分，那么就会导致性有善与不善的主张。刘宗周说："若说有气质之性，又有义理之性，将使学者任气质而遗义理，则'可以为善，可以为不善'之说信矣。又或遗气质而求义理，则'无善无不善'之说信矣。又或衡气质义理而并重，则'有性善有性不善'之说信矣。"①

四、气质之性即气质中之性

王夫之同样反对性二元论，指出："所谓气质之性，犹言气质中之性也。质是人之形质，范围著者（这）生理在内；形质之内，则气充之。而盈天地间，人身以内、人身以外，无非气者，故亦无非理者。理行乎气之中，而与气为主持分剂者也。故质以函气，而气以函理。……是气质中之性，依然一本然之性也。"②气质之性即气质中之性。人身内外、天地之间，俱是气。气中有理，因此人有性。气质中之性即本然之性。

王夫之主张，气质之性指存在意义上的一定气质的性，而非价值意义上的表现气质作用的人性。他阐述孔子与孟子在人性论上的差异，对孟子性善论做了一番诠释。他说："孟子惟并其相近而不一者，推其所自而见无不一，故曰'性善'。孔子则就其已分而不一者，于质见异而于理见同，同以大始而异以殊生，故曰'相近'。乃若性，则必自主持分剂夫气者而言之，亦必自夫既属之一人之身者而言之。孔子固不舍夫理以言气质，孟子亦不能裂其气质之畛域而以观理于未生之先，则岂孔子所言一性，而孟子所言者别一性哉？"③孟子从实际生活中相近的人性，追根溯源而发现一致性，因此大论性善。孔子关注实际生活中的人性，因此得出人性相近。换言之，孟子关注人性源头而非人性本身，孔子则关注实际生活中的人性。

---

① 刘宗周：《中庸首章说》，《刘蕺山集》卷十一，《四库全书》第1294册，第511页。

② 王夫之：《读四书大全说》，中华书局2018年版，第466页。

③ 王夫之：《读四书大全说》，中华书局2018年版，第470页。

王夫之认为，人性源头即人禀气成形以前的命，命则无不善。他说："孟子之言性，近于命矣。性之善者，命之善也，命无不善也。命善故性善，则因命之善以言性之善可也。若夫性，则随质以分凝矣。一本万殊，而万殊不可复归于一。易言'继之者善也'，言命也；命者，天人之相继者也。'成之者性也'，言质也，既成乎质，而性斯凝也。质中之命谓之性，亦不容以言命者言性也。故惟'性相近也'之言，为大公而至正也。"①

以气质之性作为惟一人性，诚然合乎有明以来对气一元论之彻底性的追求。但是如此一来导致的缺憾在于，人性的理想性与超越性难免遭到弱化。王夫之意识到了这一缺憾，因此在主张气质之性的同时，也不忘强调"日生日成"对人性向善所具有的重要作用："习与性成者，习成而性与成也。使性而无弗义，则不受不义；不受不义，则习成而性终不成也。使性而有不义，则善与不善，性皆实有之；有善与不善而皆性气禀之有，不可谓天命之无。气者天气，禀者禀于天也。故言性者，户异其说。今言习与性成，可以得所折中矣。夫性者生理也，日生则日成也。"②但是，在强调"日生日成"的同时，儒学传统性善论也无形中遭到动摇，天道、天理有意无意地为天地与历史的气化生机所取代，往昔具有超越性与理想性色彩的道逐渐转化为历史沿革之道："洪荒无揖让之道，唐虞无吊伐之道，汉唐无今日之道，则今日无他年之道多矣。未有弓矢而无射道，未有车马而无御道……未有子而无父道，未有弟而无兄道，道之可有而且无者多矣。"③

五、性善乃性向善

但是，作为人类超越性理想价值表征的"道"，它的历史发生与形成，始终是儒学，而不仅仅是理学或气学所必须面对的难题。从张载到王夫之，人性论上双重人性的统一使命，不但没有圆满完成，似乎还出现更深沉的裂痕。张载鉴于佛老与汉唐儒学之弊端，提出双重人性论

① 王夫之：《读四书大全说》，中华书局 2018 年版，第 470—471 页。
② 王夫之：《周易外传 · 太甲二》。
③ 王夫之：《周易外传 · 系辞上》。

的初衷，是在以超越性价值理性主宰知识理性。但是，在理学向心学的演进中，超越价值理性一味高扬，致使知识理性遭到轻忽，超越的道德实践甚至玄妙虚灵为凌空蹈虚之境，从而遗漏了客观世界。在理学向气学的另一路演进中，气学依据存在论角度以"器识之理"阐明超越理性，却同时难以避免地将超越价值理性削融为知识理性与历史理性，从而弱化超越价值理性对人生的引导和规范作用。

但是，从张载到王夫之的理学演进，在某种意义上，其价值正在于指证超越价值理性与实然事实理性之间的巨大张力。人类及其历史永远展开于这个"之间"，亦即超越追求与现实关怀之间。

在清初展开的理学反思和批判思潮中，学者们一方面不满理学对孟子性善论重心性顿悟而轻忽道德修养的阐述，另一方面也不满理学对荀子性恶论的忽视和否定。他们主张回到儒学原典，重新诠释孟子性善论，并重新审视荀子性恶论。他们在人性论上的关注重点，没有放在天命之性和气质之性上，而是放在性善是先天具有还是后天生成的问题上。

刘宗周关注"习"对于人性的重要影响，指出："古人言性，皆主后天，毕竟离气质无所谓性者。……予谓水，心也，而清者，其性也，有时而浊，未离乎清也，相近者也。其终锢于浊，则习之罪也。"[①]黄宗羲继承乃师的这一主张，同样以"习"阐释人性中的恶。他说："'湍水'……言其无善无不善也，东流西流，只是为习所使。晦翁谓其善恶混，亦非东流西流：告子兼善恶以言习，搏之激之。孟子单以不善言习，其善者即从习来，亦是导其性之固有耳。"[②]

关于恶如何形成的问题，清初学者首先否定理学有关"气质之恶"的认识，其次以"后天习染"诠释恶。在对气质的论述中，清初学者解构气质与性恶之间联系，转而强调气质的实的特质。

① 黄宗羲：《蕺山学案・孟子师说》，《明儒学案》卷六十二。

② 黄宗羲：《蕺山学案・孟子师说》，《明儒学案》卷六十二。

第五节　合天下之私以成天下之公

在理欲关系上，王阳明提出“心即理”“心外无理”与“吾心之良知即所谓天理”等，把本体与主体同时收摄于良知，极大地张扬了主体意识，突破了程朱理学中天理笼罩一切的框架，为承认人欲合理存在埋下了伏笔。

在阳明心学中，天理与人欲之间界线的松动与模糊，为泰州学派扩展天理外延以涵摄人欲提供了可能性。例如王艮对天理的独特解释：“天理者，天然自有之理也。”在这种解释中，合理的人欲显然被收摄于“天然自有之理”之中。在“百姓日用即道”中，理欲界线完全模糊，甚至可以说相互融为了一体。

明代中晚期理欲关系的基调性转变，表现为从灭绝人欲的天理到宽容人欲的天理的演进。由此出现了一些新命题，如“欲在理中”“达情遂欲即是理”与“合私以为公”等。

公私之争是儒学重要议题。公私观念演进具有四个重要时期，分别为先秦、两宋、明清之际与清末民初。在先秦时期，诸子百家从不同角度总结公私观念。尤其是到战国晚期，荀子和韩非子等学者对公这一观念进行道德化改造，认为公即善而私为恶，并以此为据确立以公灭私、尚公抑私等价值取向，长久影响了中国传统文化。两宋时期，程朱理学与浙东学派就公私观念展开激烈争论。理学在公私关系上，继承立公灭私传统，视公私为理欲，也就是说，公等同于理而私等同于欲，甚至将公私之辨提升到本体论高度。浙东学派与此针锋相对，驳斥理学将公私绝对两分的观点，主张理欲并非绝对对立，从而对公私持调和态度。明清之际，以李贽、顾炎武、黄宗羲、王夫之和唐甄等为代表的经世学者，突破先秦儒学与程朱理学关于公私关系的既定范式，提出承认合理的私与人欲的主张，如李贽的“人必有私”、顾炎武的“合天下之私以成天下之公”等。

与理学“存天理灭人欲”的无欲主张相对，事功派经世学者敢于直面人性私欲。他们认为人性之私为天性，不可能完全消除。理学存理绝欲的过分主张，要求彻底除去人性中私意私欲的主张，事实上绝不可能，也绝不可行。陈亮甚至认为，即使作为人中之完人的圣人，也不可能彻底消除私意与情伪。

在晚明与清初主张适当承认人性之私的思潮中，有些激进思想家通过正面批判理学而确立人性有私论，如李贽；大多数思想家则委婉而温和地通过重新解读儒家经典而承认人性有私论，如顾炎武。黄宗羲从社会原初状态出发，论证人性有私论。他在《明夷待访录·原君》中明确主张："有生之初，人各自私也，人各自利也……夫以千万倍之勤劳而己又不享其利，必非天下之人情所欲居也。……好逸恶劳，亦犹夫人之情也。"黄宗羲的这种论证方式，不仅让人联想到欧洲启蒙思想家霍布斯、洛克等对人在自然状态下自私性的论证。

在人性有私得到承认之后，那么顺理成章，欲望合理性及适当满足欲望的行为，也应当得到承认。明清之际经世学者因此批评理学家存理去欲主张，提出适当承认欲望合理性，但同时亦须谨防堕入纵欲论。如陈确就主张"人欲即天理""天理中亦有人欲"。王夫之主张"理欲皆性"。颜元认为男女之欲乃"人之真情真性"。《四存编·存人编》卷一称："人为万物之灵，而独无情乎？故男女者，人之大欲也，亦人之真情至性也。"唐甄主张人欲为"人之恒情也"。这些经世学者，不约而同地肯定欲望，为人欲洗涮笼罩于其上的价值之恶的污名。陈确指出，宋明理学在理欲关系上的失足之处就在于，过于严厉地区分理欲以主张存理去欲，甚至导致人欲在道德修养路径中毫无立锥之地。陈确因此提出"寡欲"说，以承认合理欲望，最终将人欲收摄于天理、化小人为有德君子。

顾炎武提出人情常怀其私的主张，如："人之情孰不为其身家者？"[①] 自天下为家后，人怀自私之心为人情所不可免："自天下为家，各亲其亲，各子其子，而人之有私，固情之所不能免矣。"[②]"若乃孔子所谓大道既隐，天下为家，各亲其亲，各子其子者，亦从此而可知之矣。"[③]人生于

① 顾炎武：《亭林文集》卷一《生员论》上。

② 顾炎武：《日知录集释》卷三之"言私其豵"条，上海古籍出版社 2006 年版，第 148 页。

③ 顾炎武：《日知录集释》卷二之"厥弟五人"条，上海古籍出版社 2006 年版，第 77 页。

世，不可避免地关怀六亲，执爱身体，留恋财产："夫人生一世，所怀者六亲也，所爱者身也，所恋者田宅货财也，所与居者姻旧乡曲也。"[①]顾炎武在著述中，屡次明确提出合私为公论述。如："天下之人各怀其家，各私其子，其常情也。为天子为百姓之心，必不如其自为，此在三代以上已然矣。圣人因而用之，用天下之私，以成一人之公而天下治。……于是有效死勿去之守，于是有合从缔交之拒，非为天子也，为其私也。为其私，所以为天子也。故天下之私，天子之公也。"[②]天下之人有私实乃常情，圣人作用就在于顺应人之有私之情而成天下大治。所谓"天下之私，天子之公"，意思是说，天子虽然有私，但在治理天下时，天子应当公心为重，把天下人的公利放在前面。"'雨我公田，遂及我私'，先公而后私也。'言私其豵，献豜于公'，先私而后公也。自天下为家，各亲其亲，各子其子。而人之有私，固情之所不能免矣。故先王弗为之禁，非惟弗禁，且从而恤之，建国亲侯，胙土命氏，画井分田，合天下之私以成天下之公，此所以为王政也。"[③]人之有私不可避免，因此不应当禁止人之有私，而应当因势利导地"合天下之私以成天下之公"。

在顾炎武有关郡县、吏胥、选官、赋税、财用、民田、风俗、清议等著述中，我们处处可以发现合私为公这一主张的存在。例如，顾炎武在论地方守令时就指出："所谓天子者，执天下之大权者也。其执大权奈何？以天下之权寄之天下之人，而权乃归天子。自公卿大夫至于百里之宰、一命之官，莫不分天子之权以各治其事，而天子之权乃益尊。"在其中，合私为公命题体现在，以天下权力寄托于天下之人，如此一来，天子权力反而更加尊贵。在这里，我们可以对合私为公论做一点阐发。这一命题无疑是对私的肯定，以理学"存天理灭人欲"为参照，表现为相当大的进步。对于天下之人的有私，天子不仅不应该禁止，而且更应当允许他们适当追求和满足私利私欲，甚至还应当使用实际措施支持这种恰当的追求，例如寓封建于郡县之中，例如井田制等。倘若在统治者宽容和支持之下，天下之人的适当私利私欲得到满足，那么天下公利或者天

---

① 顾炎武：《顾亭林诗文集·蒋山佣残稿》卷一《答再从兄书》。
② 顾炎武：《亭林文集》卷一《郡县论五》，《顾亭林诗文集》，中华书局 1983 年版，第 14—15 页。
③ 顾炎武：《日知录集释》卷三之"言私其豵"条，上海古籍出版社 2006 年版，第 148 页。

下之公与天子之公也就能水到渠成地得以实现。

在《明夷待访录·原君》的前半部分，黄宗羲指出："有生之初，人各自私也，人各自利也，天下有公利而莫或兴之，有公害而莫或除之。有人者出，不以一己之利为利，而使天下受其利，不以一己之害为害，而使天下释其害。此其人之勤劳必千万于天下之人。夫以千万倍之勤劳而己又不享其利，必非天下之人情所欲居也。"所谓"有生之初"，指文明尚未诞生的社会原初状态。在这种状态中，民众各自私、各自利，生活艰辛，因此那时的君主极其辛苦，不仅在辛勤付出上要千万倍于常人，而且并无报酬。后世君主的情形却为之一变："后之为人君者不然，以为天下利害之权皆出于我，我以天下之利尽归于己，以天下之害尽归于人，亦无不可。使天下之人不敢自私，不敢自利，以我之大私为天下之大公。始而惭焉，久而安焉，视天下为莫大之产业，传之子孙，受享无穷，汉高帝所谓'某业所就，孰与仲多'者，其逐利之情不觉溢之于辞矣。此无他，古者以天下为主，君为客，凡君之所毕世而经营者，为天下也。"文明发展以后的后世君主大为不同，"以为天下利害之权皆出于我，我以天下之利尽归于己，以天下之害尽归于人"，完全将天下看作私产，从而使自己蜕变为天下人追求合理私利的障碍。"今也以君为主，天下为客，凡天下之无地而得安宁者，为君也。是以其未得之也，屠毒天下之肝脑，离散天下之子女，以博我一人之产业，曾不惨然！曰'我固为子孙创业也'。其既得之也，敲剥天下之骨髓，离散天下之子女，以奉我一人之淫乐，视为当然，曰'此我产业之花息也'。然则为天下之大害者，君而已矣。"这样的君主不仅不是理想统治者，而且变成了天下公害。由此可见，在黄宗羲的这几段有关君主由来和作用变化的论述中，我们可以剖析和挖掘出合私为公论的意思。换言之，在黄宗羲看来，理想的君主应当满足天下人适当的私利。

王夫之明确提出天理与人欲皆为人性，同时倡导人欲的适度，反对纵欲以至于堕入禽兽之地步。王夫之认为，欲望只要适度，那么就合乎天理之欲。在《读四书大全》卷四中，王夫之指出："圣人有欲，其欲即天之理。天无欲，其理即人之欲。学者有理有欲，理尽则合人之欲，欲推即合天之理。于此可见，人欲之各得，即天理之大同，天理之大同，无人欲之或异。”只要欲望适度，那么人人遂情达欲的世界就是天理流行的大同世界。这其中的意思，与王夫之的另一个命题“尊性达情”有彼此呼应之处。所谓“尊性达情”，源出于《周易外传》卷三“尊性者必录其才，达情者必养其性”。

王夫之在《读通鉴论》卷十九《隋文帝》中指出：“人则未有不自谋其生者也，上之谋之，不如其自谋；上为谋之，且弛其自谋之心，而后生计愈蹙。故勿忧人之无以自给也，藉其终不可给，抑必将改图而求所以生，其依恋先畴而不舍，则固无自毙之理矣。上唯无以夺其治生之力，宽之于公，而天地之大，山泽之富，有余力以营之，而无不可以养人。”“夫王者之有其土若无其土也，而后疆圉以不荒；有其民若无其民也，而后御众而不乱；夫岂患京辅、三河地少而人贫哉?”在这里，民众的“自谋之心”，实质上类似于顾炎武和黄宗羲所说的自私自利之心。王夫之在这里指出，人人都有谋生渴望，君主要做的就是让民众有谋生权利和空间，而不必自作聪明，越俎代庖地替他们去谋生。君主要追求的应当是“疆圉不荒”“御众不乱”。如果我们把王夫之所说的君主追求看作顾炎武所谓的“天子之私”，那么也可以把王夫之所说的民众自谋看作顾炎武所谓天下之人的自私自利之举。

在政治层面与经济层面，明清之际追求经世的大儒，都深入探讨与阐释了合私为公这一命题。政治层面对合私为公的探讨，当以顾炎武为杰出代表。他从县令本有的私心出发，步步为营，逻辑严密地推导出天下大公而天下大治的结论。他说：

> 夫使县令得私其百里之地，则县之人民皆其子姓，县之土地皆其土畴，县之城郭皆其藩垣，县之仓廪皆其囷窌。为子姓，则必爱之而勿伤；为田畴，则必治之而勿弃；为藩垣囷窌，则必缮之而勿损。自令言之，私也，自天子言之，所求乎治天下者，如是为止矣。一旦有不虞之变，必不如刘渊、石勒、王仙芝、黄巢之辈，横行千里，如入无人之境也。于是有效死勿去之守，于是有合从缔交之拒，非为天子也，为其私也。为其私，所以为天子也。故天下之私，天子之公也。[1]

---

[1] 顾炎武：《郡县论（五）》。

县令如果视治下土地与百姓为私产，那么出于人类与生俱来的自私自爱之心，他势必会全力以赴地关爱土地与百姓。倘若遭遇外敌入侵，县令就不得不与百姓同生共死，就不得不出生入死地保卫土地与百姓。倘若天下每个郡县都按照如此逻辑去做，那么天下就必定会水到渠成地得到大治。

在经济层面上，倡导经世之学的大儒们，基于合私为公论，要求适当满足百姓私欲。在他们看来，在适当满足百姓私欲的过程中，天子之公与天下为公也会自然而然地得到实现。因此，在经济层面上实现合私为公，重要的在于如何恰如其分地满足百姓私欲。

明清之际，经世学者们在批判理学有关公私二分观点的同时，不约而同地返回先秦儒学，以便从中寻找并阐发从私通向公、从私欲通向天理的观念。作为刘宗周高足，陈确从君子有私观点出发，阐释从私欲通向天理的逻辑。对《大学》"自天子以至于庶人，壹是皆以修身为本"，他进行了别出心裁的创造性阐释。在这种奇妙的阐释中，君子有私论成为出发点。在陈确看来，君子的"私"一方面表现为君子的自私自利之心，另一方面也表现为差等之爱。他说："夫君子之于人，无不敬也，然敬其兄与敬乡人必有间矣。君子之于人无弗爱也，然爱其兄之子与邻之赤子亦必有间矣。如是，则虽曰爱己之子又愈于兄之子，奚为不可！故君子之爱天下也，必不如其爱国也；爱国必不如其爱家与身也，可知也。惟君子知爱其身也，惟君子知爱其身而爱之无不至也。曰：焉有吾之身而不能齐家者乎！不能治国者乎！不能平天下者乎！君子欲以齐、治、平之道私诸其身，而必不能以不德之身而齐之治之平之也。则虽欲不正心以修身，得乎？故曰：'自天子以至于庶人，壹是皆以修身为本。'此非忘私之言，深于私之言也。"在这种阐释模式中，君子从公心走向公天下的传统形象，被默默而合乎逻辑地转换为君子从私心走向公天下的形象。陈确主张，根据差等之爱，君子可以齐家、治国和平天下。对于人欲，陈确颇多包容之心，甚至公然宣称："人欲不必过为遏绝，人欲正当处，即天理也。……学者只时从人欲中体验天理，则人欲即天理矣，不将天理人欲判然分作两件也。"天理人欲不可断然分作两截，人欲正当之处就是天理。同时又进一步声称："君子中亦有小人，秉政者不可不知；天理中亦有人欲，学道者不可不知。”[1]

在私欲与天理关系上，王夫之持有相似观点。他在《四书训义》卷二十六中声称：“王道本乎人情，人情者，君子与小人同有之情也。……孟子既深达乎天理人情合一之原，而知王道之可即见端以推广。私欲之中，天理所寓。”意思是说，可以寓天理于人欲之中。这种微言大义，孟子早就洞察到了。王夫之认为，真正的王道应当是“以我自爱之心，而为爱人之理，我与人同乎其情也，则亦同乎其道也。人欲之大功，即天理之至正矣。”王者实现天下人的私欲，也就同时实现了天理。

---

① 陈确：《别集卷二·瞽言一·近言集》，《陈确集》，中华书局 1979 年版，第 425 页。

第七章　以经世道德践履救治现成良知

在从泰州学派向经世之学的演变中，一个重要的思想推动力乃是格物观的变迁。龙场大悟之后，王阳明从重新解释“格物”和“致知”入手，开始了建构阳明心学的进程。某种意义上，从王阳明“良知”说到刘宗周“慎独”说的整个阳明心学演变过程，也是对《大学》格物和致知不断重新解释的结果。在心学建构过程中，王阳明提出了“心外无理”“心外无物”与“心外无事”的命题。王阳明由于注意到“物”总是紧密关联于意识活动，因而提出“意之所在即是物”。在泰州学派格物学说的发展上，从王艮淮南格物直至李贽童心说，乃是一个不断消化先天性“良知”的过程，也是一个不断把“良知”从先天预设向后天实践不断演进的过程。淮南格物特别强调身的地位，使得物更倾向于吾身，从而为现成良知当下即是的实践奠定了基础。

第一节　阳明及后学格物工夫的演变

早在 11 岁时，王阳明就作过“若有人眼大如天，还见山小月更阔”等富有哲理性的诗句，流露出豪放不羁的狂者精神。与很多具有伟大抱负的儒家士子一样，王阳明从小立志要作贤成圣。还在少年意气的 15 岁，他就几次三番打算向朝廷建言献策。由于被父亲批评为少年狂妄，他才没有上书。

按照《大学》的传统教导，如果要作圣贤，就得从格物开始。作为信奉朱子学的少年士子，王阳明按照传统格物穷理的方式格竹。他以顽强意志坚持了7天，却最终无法从竹子中格出圣贤道理。经此格竹事件，王阳明作圣志向遭到沉重打击。他在后来与弟子问答时，就如此回忆格竹事件：

> 众人只说“格物”要依晦翁，何曾把他的说去用！我著实曾用来。初年与钱友同论做圣贤要格天下之物，如今安得这等大的力量？因指亭前竹子，令去格看。钱子早夜去穷格竹子的道理，竭其心思，至于三日，便致劳神成疾。当初说他这是精力不足，某因自去穷格，早夜不得其理，到七日，亦以劳思致疾。遂相与叹圣贤是做不得的，无他大力量去格物了。①

七日格竹的功败垂成，严重打击了王阳明希贤成圣的信心，使他对朱子格物观产生了怀疑。王阳明深感困惑的是，倘若根据朱子格物法追求成圣的话，那么由于在向外的格物穷理上消耗如此之多的时间和精力，一般的凡夫俗子恐怕望尘莫及。毫无疑问，在青年王阳明憨直的格竹事件中，王阳明苦涩地意识到，草木之理与人之性理之间并不能当下沟通。朱熹所谓今日格一物、明日格一物以期待最终豁然贯通的支离烦琐的格物方法，过分艰难，常人难以企及。

众所周知，王阳明之所以成为思想史上彪炳千古的思想家，是由于家喻户晓的龙场大悟。据《明史》记载：“谪龙场，穷荒无书，日绎旧闻。忽悟格物致知，当自求诸心，不当求诸事物，喟然曰：‘道在是矣。’遂笃信不疑。……世遂有‘阳明学’云。”②刘宗周就龙场大悟及其在思想史中的深远影响指出：“先生命世人豪，龙场一悟，亦是从《五经》印证过来，其为廓然圣路无疑。特其急于明道，往往将向上一几轻于指点，启后学躐等之弊则有之。天假其年，尽融其高明卓绝之见，而底于实地，安知不更有晚年定论出于其间？而先生且遂以优入圣域，则范围朱陆

---

① 王阳明：《王阳明全集》上卷，上海古籍出版社1992年版，第120页。

② 张廷玉等：《明史》（列传第八十三　王守仁），中华书局1974年版，第5168页。

而进退之，又不待言矣。”[①]在刘宗周看来，王阳明龙场彻悟后，又印证于《五经》，确然为圣学无疑。略有遗憾的是，阳明在教化弟子时，往往轻于向上指点，以致开启后学躐等之弊。倘若阳明得享高寿，学问必将进于更高明圆融之境。

龙场大悟之后，王阳明从重新阐释《大学》格物致知入手，开始了建构阳明心学艰难而荣耀的进程。龙场大悟不仅对阳明心学创立产生了决定性影响，而且也对整个明代中晚期思想产生了深刻影响。阳明心学从“良知”说到刘宗周“慎独”说的漫长演变过程，思想原动力正是对《大学》格物致知所作的持续不断的重新解释。

经由龙场大悟，王阳明欣喜万分地找到了不同于朱子的成圣路径，从而开启了从程朱理学转向阳明心学的革命性转变。这种革命性转变表现在，由于通过格物穷理而期待有朝一日豁然贯通地使心趋近于天理的做法过分艰难，因此王阳明就在大彻大悟中断然将天理含摄于良知心体，从而使在朱子那里原本二分的理与心、本体与主体、本体与工夫，收摄于良知心体。良知在阳明心学中具有至关重要的意义：“在心物关系上，它是意义世界存在的根据；从成圣过程看，它构成了德性的本原；就心之条理而言，它展示为先天的理性原则，从而，良知的本体意义即表现为存在的根据、德性的本质、先天的理性原则等方面的统一。”[②]

在阳明心学中，格物之“物”具有焕然一新的含义，也就是说，“物”不仅是外在之“物”，而且更是心灵意向之“物”。在阳明看来，格物重心在于觉悟性理，而非格外在物理。在《大学问》中，王阳明对致知进行了别出心裁的阐释：

> “致知”云者，非若后儒所谓充广其知识之谓也，致吾心之良知焉耳。良知者，孟子所谓“是非之心，人皆有之”者也。是非之心，不待虑而知，不待学而能，是故谓之良知。是乃天命之性，吾心之

① 黄宗羲：《明儒学案·师说》，沈善洪主编：《黄宗羲全集》第7册，浙江古籍出版社1992年版，第15页。

② 杨国荣，《王学通论》，华东师范大学出版社2003年版，第290页。

本体，自然灵昭明觉者也。凡意念之发，吾心之良知无有不自知者。……格者，正也，正其不正以归于正之谓也。正其不正者，去恶之谓也。归于正者，为善之谓也。夫是之谓格。①

在这种阐释中，本体、修身与认识交融在一起。致知并非后儒所谓追逐知识，而是致良知。良知即是非之心，不学不虑，为天命之性，又为心之本体。格物之格，当释之以正，谓正其不正而归于正，归于正就是为善。

龙场大悟之后，王阳明明确主张，格物并非向外格物理，而是转向内在心性领悟性理。在他看来，朱熹析心与理为二的格物穷理并非格物正途，因此转而提出"心外无理""心外无物"与"心外无事"等命题。王阳明主张，心物不可二分，物乃心灵意向之物，也就是"意之所在即是物"。由此可见，在心物关系上，心为物之根源，物乃意义世界之物。他在《答顾东桥书》中，不仅以心统摄物，而且将心、知、意与物贯通为一。他说："有知而后有意，无知则无意矣。知非意之体乎？意之所用，必有其物，物即事也。如意用于事亲，即事亲为一物；意用于治民，即治民为一物；意用于读书，即读书为一物；意用于听讼，即听讼为一物。凡意之所用，无有无物者。有是意即有是物；无是意即无是物矣。"②

王阳明格物观不仅影响阳明后学，而且同样也影响气学。与王阳明进行过长期辩难的罗钦顺，用"通彻无间"阐释"格"。在如此解释中，格物工夫既不至于被推向外物，也不至于被收缩于内心，而是突出了心物交融。对心物交融的强调，显然受到王阳明格物观的影响。当然，在另一方面，也与罗钦顺的气论立场有关。明代气学的另一位代表人物王廷相，在格物观上并不赞同朱熹以"至"训"格"的做法，而出乎意料地接近王阳明立场，即以"正"训"格"。他指出："格物之解，程朱皆训'至'字。程子曰'格物而至于物'，此重叠不成文义；朱子则曰'穷至事物之理，是'至'字上又添出一'穷'字。圣人之言直截，决不如此，不如训以

① 王阳明：《王阳明全集》上卷，上海古籍出版社1992年版，第971—972页。

② 王守仁著，吴光等编校：《王阳明全集》卷35，上海古籍出版社1992年版，第1295页。

‘正’字。”①

与朱熹主张通过穷理以明明德不同，王阳明主张明德就是人心灵中本就具有的一体之仁。正由于此，人只需克服私欲，就可以明明德。朱熹认为，君子明明德之后，应当以先觉去觉他人，即教化民众，即“新民”。与此不同，王阳明认为亲民与明明德之间存在内在关系，也就是君子当通过亲民来明明德，因此偏重内圣工夫。在明德与亲民关系中，亲民成为明明德工夫，因而有意无意地弱化了新民在朱熹那里所具有的外王倾向。

泰州学派格物学说的演变，在根本上是一个持续消化阳明先天性良知的过程，是将良知推向后天实践的过程。在王艮这位泰州学派鼻祖这里，淮南格物突出身的地位，并使“物”突出“吾身”的地位。重身和尊身的淮南格物，为泰州学派现成良知强调百姓日用的实践奠定了基础。

总的来说，通过从不同角度对《大学》八条目所作的各有侧重的解释，王阳明及阳明后学提出了诸多富有创造性的格物学说。例如，王阳明主张《大学》主旨在于致知，因而倡导良知学说。王艮主张《大学》主旨在于格物，因而提出淮南格物说。罗汝芳主张《大学》主旨在于孝弟慈，因而格外强调赤子之心。

在明代中晚期流派纷呈的格物学说中，我们可以观察到格物观的两种不同取向。一种取向是将格物收缩进自我意识即心的领域，无形中弱化乃至消解了面对客观事物致思的倾向，以聂豹、王艮和刘宗周等为代表。另一种取向则把物理解为意向性中的对象或实际生活世界中的事，使格物展开为主体与外界事物的互动过程，以王畿、周汝登、欧阳德等为代表。在后一种取向的格物观看来，朱子格物不免有“逐物”之嫌，而前一种取向的格物观则不免有“绝物”之嫌。以王畿、周汝登和欧阳德为代表的格物观，既不逐物，也不绝物，表现为合内外的工夫。格物之辩不仅表现对《大学》主旨的不同解释，而且也反映不同的工夫观，从而构成明代中晚期工夫之辩的一项重要内容。

① 王廷相：《王廷相集》，中华书局 1989 年版，第 838 页。

明代中晚期工夫论的重要特征，在于不断向主体意识内部做深度挖掘，直至与本体实在贯通起来。在做内部挖掘的同时，还必须避免将工夫操持封闭于主体内部。这不仅是儒佛之辩的需要，也是儒家万物一体观的必然要求。早在王阳明开创王学时期，湛甘泉、罗钦顺就与他展开了格物论战。在湛、罗两位看来，王阳明以正念头释格物的说法，与《大学》中正心、诚意的说法有所重复，而且还难以与释老画清界线，有"局于内而遗其外"之嫌。

在王艮的淮南格物学说中，自我与天地万物都是物，但有本末之别。他指出："身与天下国家一物也，惟一物而有本末之谓。"[①]"身也者，天地万物之本也，天地万物，末也。"[②]由此，格物宗旨成为正身，身正则天下国家正。其中的"身"诚然包含感性向度，但主要还是指向主体自我意识。

聂豹在与王畿的格物论辩中，提出"格物无工夫"说。他在《答王龙溪》第一书中指出："愚夫愚妇之知，未动于意欲之时，与圣人同，是也。则夫致知之功，要在于意欲之不动，非以'周乎物而不过'之为致也。镜悬于此而物自照，则所照者广。若执镜随物以鉴其形，所照几何？延平此喻未为无见。致知如磨镜，格物如镜之照。谬谓格物无工夫，以此。"[③]在聂豹看来，工夫如果落实于格物，那么就会如同"执镜随物以鉴其形"那样，所照自然有限。如果工夫以致知为基础，也就是落实于良知心体，那么就如同"镜悬于此而物自照"那样，可以达到"所照者广"的良好效果。聂豹独特的工夫论，实际是归寂说的自然推导，由此导致格物失去独立的工夫论意义，也是顺理成章之事。

针对聂豹的格物观，王畿在《答聂双江》中，既批评格物中的绝物倾向，又批评逐物倾向，认为格物与致知之间应当是相互融摄的关系。他说："所谓致知在格物，格物正是致知实用力之地，不可以内外分者也。若谓工夫只是致知，而谓格物无工夫，其流之弊，便至于绝物，便是仙佛之学。徒知致知在格物，而不悟格物正是致其未发之知，其流之弊，便

① 王艮：《心斋语录》，《明儒学案》卷三十二《泰州学案一》。

② 王栋：《一庵王先生遗集》卷。

③ 聂豹：《双江聂先生文集》。

至于逐物，便是支离之学。争若毫厘，然千里之谬，实始于此，不可不察也。”[①]在《与聂双江》中，王畿进一步强调格物的工夫论意义：“然欲立定命根，不是悬空做得。格物正是致知下手实地，故曰‘在格物’。格是天则，良知所本有，犹所谓天然格式也。若不在感应上参勘得过，打叠得下，终落悬空，对境终有动处。良知本虚，格物乃实，虚实相生，天则常见，方是真立本也。”[②]由此可见，王畿继承了王阳明在《答聂文蔚》中关于工夫“必有事焉”的劝诫，提出了致良知工夫应当落实于不离伦物感应的格物。格物并非脱离外界外物的纯粹自我意识活动，而必须关联于伦物感应之事，由此展开于身、家、国与天下。

在阳明后学中，李材是王阳明再传弟子。在他生活的时代，王畿及泰州学派后学正日益玄虚空疏化。因此，他的止修学说明显是因补救阳明后学流弊，而通过解释《大学》逐步建构起来的。在解释《大学》时，李材否定王阳明以“知”为本的“致知”说，经“复为性觉之说”，最终提出“止修”说。他说：“从古立教，未有以知为体者，余二十年前，即不信之矣，故有‘致知者，致其知体’之说。良知者，发而不加其本体之知者也，非知体也。辛酉之岁，又觉其非，复为性觉之说。今思之，总之鼠迁穴中，未离窠臼。……盖在致知，则以知为体，在知本，则以知为用。以致知为宗，则所吃紧者，要在求知；以知本为宗，则所吃紧者，又当明本矣。肯信此学，直截从止上求窍，本地归宗。”[③]“儒者之论学，事事归实，释氏之论学，事事归空。事事归实，盖直从立教开宗，合下见性处便实，直说到无声无臭、不睹不闻、至隐至微处，亦无往而非实也。故善所必有，岂可言无？恶所本无，又不待说。无善，则仁义礼智从何植种？恻隐羞恶、辞让是非从何发苗？无善无恶既均，则作善作恶亦等，盖总之非吾性之固有也。见性一差，弊盖至此。推原其故，以其只就用上看体……即此而观，则知知觉运动不可言性，儒者之学断须本天。”[④]究其实质，“止修”说是《大学》中“止至善”与“修身”的结合。李材之所以强调“止

① 王畿：《王龙溪先生全集》。

② 王畿：《王龙溪先生全集》。

③ 黄宗羲：《明儒学案》卷三十一《止修学案李材》。

④ 黄宗羲：《明儒学案》卷三十一《止修学案李材》。

于至善”，正是为了补救“四无说”所导致的弊病。

所谓格物致知诚意正心，只是要人随事随物而实止之与实修之。心若有不正即修之，就是止之；意若有不诚而修之，就是止之；知有不致而修之，就是止之；物有不格而修之，就是止之。“只实实落落与他挈出知本为归宗，知止为入窍，使人随事随物而实止之，实修之，即所云格致诚正者，一切并是实事实功，岂不痛快简易？心无不正，不必更动正的手脚，有不正焉而修之，即止之矣。意无不诚，不必更动诚的手脚，有不诚焉而修之，即止之矣。知无不致，不必更动致的手脚，有不致焉而修之，即止之矣。物无不格，不必更动格的手脚，有不格焉而修之，即止之矣。是皆所谓格物也，致知也。”①

李材批评王畿，指出“致知”以“知”为本，容易滑向玄虚路数；批评聂豹，指出“致知”以“止”为本，容易偏于空寂。他说：“才说知本，便将本涉虚玄；才说知止，便尔止归空寂；才说修身为本，却又不免守局拘方、徇生执有。此学所以悟之难也。”②“止为主意，修为工夫。”③

李材受业于邹守益，《明儒学案》特别为其立“止修学案”。李材不满于王阳明以良知为宗，主张“摄知归止”。心知之体为性，因此当止于至善之性。因此大学当为知止知本之学，学士当随心知灵明发用处而止于性根。李材止修之学接近于同为江右王门的聂豹与罗洪先的归寂说，都高标性之地位，而与以知为宗如王畿者相抗衡。李材止修说以性为体，而以心知为用，可称为性学。其抗辩对象实为高扬无善无恶论而重良知灵明的王畿。李材对体用、性心有二分倾向，正如聂豹的寂感二分，因此未达浑化一体之境。“其以止修标宗，以与王学之以知为宗者相抗，并自视为得圣学千载不传之秘，而自信甚笃。然其学之入路，实正同聂双江之归寂，与罗念庵言主静知止之旨。见罗亦固尝称双江之论也。见罗之论，必严分性与心、体与用，亦正如念庵之谓双江之将寂感分本末者，其言之尚未至于浑融。念庵之进于双江，亦即其进于见罗

① 黄宗羲：《明儒学案》卷三十一《止修学案李材》。

② 黄宗羲：《明儒学案》卷三十一《止修学案李材》。

③ 黄宗羲：《明儒学案》卷三十一《止修学案李材》。

者也。”[①]虽然如此，李材止修说对王畿四无说毕竟有矫正作用。李材高标性之地位，对晚明大儒高攀龙与刘宗周颇有影响。“然见罗特标性学，言性之至善之义，于龙溪之学之弊既著之时，则亦不为无见。为时稍晚之东林高攀龙之言‘圣人之学，性也’，刘蕺山之言‘性宗’，与东林及刘蕺山言之斥无善无恶之说，皆受李见罗之影响。”[②]

第二节　调和朱子学与阳明学

当晚明之时，心学流弊呈现的空疏无用，并不仅仅限于思想界。由于学而优则仕的缘故，中国传统社会中思想的变化会直接影响政教事业。隆庆、万历时期，由地方向中央呈递的奏疏可谓浩如烟海。不过尴尬的是，地方官员通常以为递交奏疏就已尽到为官职责，对朝廷批复往往敷衍塞责，从而无形中养成了只管提问题却不尽力解决问题的慵懒空疏之风。政令湮没于案牍游戏之中。追究此种慵懒政风的缘由，与心学末流不无关系。盖晚明心学末流往往倡导顿悟，流于狂禅，心性易入于空疏玄虚，遂厌恶儒家传统的主敬工夫操持。当人人以顿悟与清谈心性为高明时，顿悟背后必不可少的艰难困苦的心路历程业已遭到重重遮蔽，如此所谓顿悟也就容易流为话头，流入语言游戏。这种表面高明而实际浅薄的思想风气，一旦侵入政教事业，自然就会造成普遍的慵懒推诿之风。

张居正曾经出入心学，与王门后学中诸大儒亦不乏交往与论学，深切洞察到其中弊端对政教事业所可能导致的危害。为了救治时弊，他一方面禁书院与讲学，另一方面在官场中推出强硬的考成法，上《请稽查章奏随事考成以修实政疏》。张居正希图通过考成法，强化中央集权以提高行政效率。

与此同时，张居正与泰州学派耿定向、罗汝芳等人颇有交往，对其

① 唐君毅：《中国哲学原论・原教篇》，中国社会科学出版社2006年版，第268—269页。

② 唐君毅：《中国哲学原论・原教篇》，中国社会科学出版社2006年版，第269页。

中平实的淮南格物传统较为赞赏。王艮倡导的百姓日用之学，一反精英儒学扫荡见闻以复性的修持传统，始终牢牢立足于生活世界，呈现出朴实、简易的风貌。淮南格物以絜矩解释格物，给人留下纲举目张的解释空间，与张居正考成法有暗合之处。

王阳明的三不朽事业，自然为张居正所推崇。阳明具有狂者精神的良知主体，使得士子在继承宋儒以天理制衡君权的同时，尚能进一步依据良知心体而自信自立地致良知于政教事业之中。也就是说，心学士子可以将主体性发扬到极致，而不必沉溺于与君权的纠缠。历史为张居正提供了主宰朝政的机缘。万历朝前十年，皇帝年幼，国家大政方针实际握于张居正手中。君权与相权某种程度上叠合为一，理论上可致政令畅通如人使臂般自如。张居正因此自信地认为，自己的一己之心可通于君王与士大夫之心："仆一念为国家为士大夫之心，自省肫诚专一，其作用处或有不合于流俗者，要之欲成吾为国家士大夫之心耳。"[1]居正之心与国家、与士大夫既然心心相印，那么士大夫就不应当以妄议朝政为荣，而应当自觉配合，以使政令畅达无碍。他要求官员们"以遵守成宪为准，以诚心顺上为忠"。[2] 张居正对言官的压制与对书院的禁毁，与此不无关系。

遗憾的是，张居正新政仅仅维持了 9 年。万历皇帝新政后，就遭到相当程度的废除。张居正毫无疑问是治世能臣，以强硬独断方式革新朝政，一扫官场空疏慵懒之风。不过，在玄虚空疏之风遭到扫荡的同时，狂荡之弊端却反而加重了。

张居正新政不言而喻的前提在于，假定一己之心可相通于天下士大夫之心，士大夫们理当自觉配合朝廷政令。如此一来，言路与书院清议的重要性自然大打折扣。但是，在张居正强硬的主体性下面，却欠缺道德践履的支撑。因此，张居正往往为言官们攻击为有违祖制，有违教化，这在夺情之议中表现得尤为明显。对施政手段上往往借鉴法家的张居正来说，施政下面的道德基础确实较为薄弱。

---

① 张居正：《答奉常陆五台论治体用刚》，《张太岳集》卷二十八

② 张居正：《答南司成屠平石论为学》，《张太岳集》卷二十九。

更让人痛心的是，张居正在新政推行中鼓荡起来的狂荡之弊，为其后的万历皇帝所利用，致使朝政变得更加独裁。内阁与六部相互倾轧，奏疏往往留中不发。也就是说，一旦在张居正新政的下面将道德基础彻底抽空，那么新政就极易蜕变为独裁。万历年间的种种弊政，如打击言路、矿税、国本争议等，都与此有关。

从张居正的政治实践中，我们可以窥见，纯粹立足于心学语境中以救治流弊，往往容易导致一弊治而另一弊却变本加厉的情形。心学末流的两大流弊即空疏与狂荡。张居正以铁腕手段在政教事业中扫荡空疏之弊，却在另一边使得狂荡之弊更趋严重。以顾宪成与高攀龙为代表的东林学派，敏锐地意识到，在心学视域内救治心学末流流弊是一条死路，因此开始有意识地挖掘朱子学中的资源。朱子学在万历年间重新焕发生机，与此大有关系。

三王并封事起后，顾宪成上疏万历皇帝，强调皇帝亦当以天下为心，亦当尊重人心之公，明确暗示君权应当接受人心之公的制约。也就是说，君权在根本上源于对人心之公的顺应。他说："夫为天下之主者，未有不以天下为心。自并封之命下，一日之间，扣阍而上封事者不可胜数，至于里巷小民，亦怅然若失，愕然若惊，聚族而议也。是孰使之然也？人心之公也。而皇上犹责元辅王锡爵担当，锡爵夙夜趋召而来，正欲为皇上定此大事，排群议而顺上旨，岂所谓担当？惟是矢志积诚，必欲纳皇上于无过之地，乃真担当耳。不然，皇上不能如天下何，而况锡爵哉？"[①]那么，人心之公在朝廷中的代表是谁？自然是言官。在这样的逻辑中，言官代表人心之公，也就是代表理学中所谓的天理，以制约君权。以言官制约君权，那么，言官是否需要制约呢？随着言官实际权力与影响的扩大，朝廷往往为鸡毛蒜皮的琐屑小事吵闹不休。言官甚至有为批评而批评的情形，争个不休实际是为彰显一己权力。为此，顾宪成与高攀龙等敏锐地意识到，当务之急是为言官立规矩。那么，他们从何处寻找规矩？就是从理学中。以理学为言官立规矩，与明末以高攀龙和刘宗周为代表的大儒为心学之心立一矩度，其实存在内在的呼应

① 张居正：《建储重点典国本攸关不宜有待疏》，《万历疏钞》卷三。

关系。

顾宪成以颇具道德色彩的人心之公制约君权，意在将君权规训于天理场域之中。在他看来，万历应当接纳依据天下之公铨选出来的官员，以展现君权对天理的顺应。由此可见，在顾宪成对天理的强调中，在引进朱子学以救心学之弊端的举动中，对政教事业的考虑是一大动因。

顾宪成为学有转向朱子学倾向，同时也接纳阳明致良知说影响。概而言之，他是朱王调和论者，既肯认良知，又主张切实做工夫。在他看来，朱子学与阳明心学可相资相用，因此提倡悟修并重。正由于此，在晚明心学如日中天的情形之下，顾宪成意识到治经学的重要性，因而主张尊经。他说："尊经云何？经，常道也。孔子表章六籍，程子表章四书，凡以昭往示来，维世教，觉人心，为天下留此常道也。……学者诚能读一字便体一字，读一句便体一句，心与之神明，身与之印证，日就月将，循循不已。其为才高意广之流欤，必有以抑其飞扬之气，俾敛然思俯而就，不淫于荡矣；其为笃信谨守之流欤，必有以开其拘曲之见，俾耸然思仰而企，不局于支矣。"①不特如此，尊经还可以对治心学所导致的诸种弊病，如飞扬放荡、拘曲僵化、穿凿附会、矫诬自欺、食而不化以玩物丧志、拘泥而不知通变、目空一切而不知读书、视道统之庄严崇高为无物而空疏自大等。顾宪成重视经学，正是因为经学乃士子为学的坚实基础。

在《东林会约》中，顾宪成表明以本体工夫兼重的儒学之全对治阳明心学之偏的意向，表明为学当经学理学并重。面对阳明后学重重流弊，顾宪成意识到返回理学开创之初义理深邃而为学朴厚笃实传统的重要性。正基于此，他极力推崇周敦颐，表彰《太极图说》与《通书》的高明与中庸兼具、平实与深邃兼备、精微与易简共存的品质。他甚至认为周敦颐地位直追孔子："卓哉其元公乎！吾始以为元公也，而今乃知其宛然一孔子也。《太极图说》推明天地万物之原，直与《河图》《洛书》相表里。《通书》四十章又与《太极图说》相表里。其言约，其旨远，其辞

① 顾宪成：《东林会约》。

文；其为道易简而精微，博大而亲切。……至矣，尽矣，诚足以考前圣而不谬，俟后圣而不惑矣。”①

相较而言，王阳明开发过于周敦颐，而收敛平实不及周敦颐。当长期束缚于训诂辞章而昏昏然的士子，一旦听闻阳明良知之说，心目俱从沉沉酣睡中惊醒过来，颇有拨开云雾而见白日的酣畅爽快之感。然而天机不可轻泄，一旦高明境界得以口口相传，沦为口耳之学，就会犹如混沌被凿而几于沦亡。“阳明先生开发有余，收束不足，当士人桎梏于训诂辞章间，骤而闻良知之说，一时心目俱醒，恍若拨云雾而见白日，岂不大快。然而此窍一凿，混沌几亡，往往凭虚见而弄精魂，任自然而藐兢业，陵夷至今，议论益玄，习尚益下，高之放诞而不经，卑之顽钝而无耻，仁人君子又相顾徘徊，喟然太息，以为倡始者殆亦不能无遗虑焉而追惜之。此其所以逊元公也。”为学宗朱子，易受拘束；以阳明为宗，易流于荡而无所不为。“然则朱子何如？曰：以考亭为宗，其弊也拘；以姚江为宗，其弊也荡。拘者有所不为，荡者无所不为；拘者人情所厌，顺而决之为易；荡者人情所便，逆而挽之为难。昔孔子论礼之弊而曰：‘与其奢也，宁俭。’然则论学之弊，亦应曰：与其荡也，宁拘。此其所以逊朱子也。”②考顾宪成隐衷，在树立周敦颐为本体工夫兼备、天人贯通一体的理学典范，以对治心学之荡与朱子学之拘。拘者易解，而荡者难返，故由此来看，阳明心学又逊于朱子学。

叶裕仁指出：“明正、嘉之际，王学炽行，洎于隆、万，至倡为三教合一之说，猖狂恣肆，无所忌惮，学术之裂极矣。公与顾端文公起而拯之，辟阳儒阴释之害，辩姚江格物致知之谈，其言深切明著，由是绝学复明。”③由此可见，顾宪成与高攀龙都致力于救治王学末流流弊，都强调通过道德实践工夫以弥补本体之虚。究其实质，两人思想都意味着对朱子学与阳明学进行调和，都指明了晚明思想演变的主要方向。

关于朱子学与阳明学的调和，顾宪成说过一段相当精辟的话：

① 顾宪成：《小心斋札记》卷三，第 4 页。

② 顾宪成：《小心斋札记》卷三，第 4 页。

③ 高攀龙：《高子遗书・跋》，《高子遗书》卷末。

> 至朱王二子，始见异同。遂于儒门开两大局，成一重大公案。故不得不拈出也，尝试观之。弘、正以前，天下之尊朱子也，甚于尊孔子。究也率流而拘，而人厌之，于是乎激而为王子。正、嘉以后，天下之尊王子，甚于尊孔子。究也率流而狂，而人亦厌之，于是乎转而思朱子。其激而为王子也，朱子诎矣；其转而思朱子也，王子诎也。则由不审同中之异，异中之同，而各执己见，过为抑扬也。其如之何而可夫？亦曰祖述孔子宪章朱王乎。盖《中庸》之赞孔子也，蔽以小德川流、大德敦化两言，而标至圣至诚为证。予窃谓朱子由修入悟，王子由悟入修，川流也，孔子之分身也，一而二者也。由修入悟，善用实其脉，通于天下之至诚；由悟入修，善用虚其脉，通于天下之至圣，敦化也，又即孔子之全身也，二而一者也。然则千百世学术之变尽于此，千百世道术之衡亦定于此。……当士习之浮诞，方之以朱子可也；当士习之胶固，圆之王子可也。何也？能法二子，便是能襄孔子，所以救弊也。[①]

在这一大段话中，顾宪成明确指出，朱子学与阳明学同中有异而异中有同，都是极为重要的儒家学说，可相资为用。与此同时，顾宪成强调，在当时阳明后学流弊四处泛滥之际，有必要援朱子学入阳明学。顾宪成兼重朱子学与阳明学的相当包容的学术立场，事实上代表了晚明工夫派学者的立场。

在对理的理解上，顾宪成立场与程朱一样，主张理是天地万物之源，同时也是天地万物的法则。“曰衷曰则，非理而何？”因此，理既是本体，又是主宰。他说：“伊川曰：性即理也，此一语极说得直截分明，亘古亘今，颠扑不破，却亦有个来历。《书》云：惟皇上帝降衷于下民。《诗》云：天生蒸民，有物有则。曰衷曰则，非理而何？但不如拈出理字，尤觉易晓耳。……惟性即理也之说出，而后诸子更无所置其喙耳。”[②]鉴于心学在工夫论上存在难以解决的矛盾，顾宪成因此转向朱子学，重新奠定理的本体地位。正由于此，顾宪成重新举起了“性即理也”旗帜。

① 顾宪成：《日新书院记》，《泾皋藏稿》卷十一。
② 顾宪成：《性》，《小心斋札记》。

从学术传承来说，顾宪成属于阳明后学中的南中王门。但是，他鉴于王学末流的深重弊病，为了对治这些弊病，因而在思想上亲近朱子学。与此同时，顾宪成始终保持对王阳明及其学说的尊重。在阳明及其学说遭到过分诟病时，他也敢于挺身而出为之辩护。他曾感慨地自我表白对王阳明所深怀的崇敬之情："少尝受阳明先生《传习录》而悦之，朝夕佩习，不敢忘。"①

对于层出不穷的朱陆之争，顾宪成倾向于调和。在他看来，朱学与陆学都是传承孔孟血脉的圣学："朱子之言，孔子教人之法也；陆子之言，孟子教人之法也。"②因为两者都是圣学，顾宪成因此主张两者应当相资相成："朱子揭格物，不善用者，流而拘矣；阳明以良知破之，所以虚其实也。阳明揭致知，不善用之，流而荡焉，见罗以修身收之，所以实其虚也，皆大功于世教。……是故以之相发明则可，以之相补救则可，以之相排摈则不可。"③他甚至为朱熹未能真正理解陆九渊学说而深感遗憾。他说，朱熹"独于象山先生，似乎交一臂而失之，以致纷纷之疑，迄今未已"。④ 并进一步指出："朱子之辟象山，自今人看来，委似乎过当。"⑤他说："性即理也，言不得气质之性为性也。心即理也，言不得认血肉之心为心也。皆吃紧为人语。"⑥前者为朱子学辩护，后者为陆王心学辩护。因此，他一方面肯定朱子学的"性即理""性善"，另一方面又肯定陆王的"心即理""良知说"。

顾宪成既依据《周易》，同时又根据朱熹"理生气"观点诠释《太极图易说》。在他看来，太极或者说理，是超形气的作为道的本体，是创生天地万物乃至人之精神的根源。顾宪成指出：周子曰："太极动而生阳，动极而静，静而生阴，静极复动。一动一静，互为其根。"愚谓知天地之所以生万物，则知太极之所以生天地。周子此数语模写絪缊情状，宛然如画，真造物传神乎也。乾之《象》曰："大哉乾元，万物资始。"坤之《象》

① 顾宪成：《泾皋藏稿》卷四。
② 顾宪成：《泾皋藏稿》卷七。
③ 顾宪成：《泾皋藏稿》卷十一。
④ 顾宪成：《小心斋札记》卷七。
⑤ 顾宪成：《小心斋札记》卷八。
⑥ 黄宗羲：《明儒学案・东林学案一》。

曰："至哉坤元，万物资生。"这是太极两个大总管，千变万化，皆由此出。人心之有知能，亦犹是也。①

第三节 以小心工夫救治良知流弊

从本体至善角度出发，顾宪成对阳明心学的无善无恶说展开了激烈批判。他认为无善无恶观陷入相对主义的自相矛盾，最后恐怕会沦为道德虚无主义，从而让小人君子皆可以之为自己行为辩解。顾宪成从社会现实出发，通过清醒而严峻地考察，强调正是无善无恶学说造成了伪道学与真小人等问题。因此，顾宪成并不仅仅从思想史的内在逻辑来考察无善无恶学说，而更侧重于从社会问题角度指责无善无恶。

在顾宪成看来，力辨无善无恶之非，只是确立了为善去恶的基础。基础确立后，还必须继之以切实工夫实践。这种脚踏实地的工夫实践，顾宪成以"小心"二字命名。顾宪成将自己的书斋称之为"小心斋"，平时所做的读书札记称之为《小心斋札记》。那么，他为何如此命名呢？顾宪成对此的解释如下：

> 曰：吾所言无非此二字，只是不曾牵名道姓耳。试体之便见，今试为我举所疑。曰："无可无不可，是孔子小心处。"作何解？曰：可者，因而可之，圣人未尝敢自有其可也；不可者，因而不可之，圣人未尝敢自有其不可也。这是甚么样小心！若不闻之乎？"君子之中庸也，君子而时中；小人之中庸也，小人而无忌惮也。"时中与无忌惮，只在几微间耳。予尝谓，《乡党》一篇，章章是个小心图。末条拈个"时"字，正所谓无可无不可也。《吾十有五》章却是个小心诀。曰：何也？曰：此章要看第一句"学"字，末一句"矩"字。两字首尾呼应，最可味。是故谓之学，生平虽圣人亦不敢一毫自家主张，知有矩而已矣。谓之矩，便见虽圣人亦不敢一毫违他主张，知有学而已矣。岂不是个小心诀？

---

① 顾宪成：《小心斋札记》。

由文中可见，当时有人对《小心斋札记》中“小心”仅仅出现过一次，而对以小心命名书斋颇有疑惑。顾宪成强调，札记中所言宗旨无非小心二字。在他看来，“君子之中庸也，君子而时中”是小心，《论语》中《乡章》一篇处处体现出小心，《吾十有五》章是个小心诀。在为学上，即使圣人也不敢自作主张，而当知规矩。此亦体现出圣人之小心。“小心翼翼，昭事上帝”；“小心是个敬”。“主一无适”，“常惺惺法”。“其心收敛，不容一物”。林林总总，所体现的精神无一不是小心。之所以专门提揭小心，是因为小心二字最易知、易能，又最无穷尽。“世儒放胆多矣，提出这二字，正对病之药。曰：这是百草中一粒灵丹，不论有病无病都少他不得。而今须要实实调服，莫只把来做个好方子，随口说过，随手抄过，却将自家死生放在一边也。”[①]可见，世儒多有放胆之病，小心二字正是治病良方。这是顾宪成对“小心”工夫所做的为数不多的直接论述，其中几乎包含了顾宪成“小心”工夫的全部内涵。因此，我们完全可以把《小心斋札记》视为小心工夫的注脚。

针对当时良知现成论者径任本体、取消为善去恶工夫的现实，顾宪成援朱入王，致力于以朱学工夫彰显阳明学本体，以促使学风返于笃实。他强调：“心不逾矩，孔子之小心也；心不违仁，颜子之小心也。语本体，只是‘性善’二字；语功夫，只是‘小心’二字。”[②]从思想渊源来说，“小心”工夫显然来自朱学。“小心”工夫即“敬”的工夫。小心工夫的直接意义就在治病，就在对治当时良知现成论者的“放胆”之病。“东坡讥伊川曰：‘何时打破这敬字？’愚谓近世如王泰州门下颜、何一派，直打破这敬字矣。”[③]顾宪成认为，“小心”工夫并不是他凭空捏造出来的，而是从孔子那时起即为儒家修养工夫的正途。“小心”是对程朱理学修养工夫“敬”的另一种说法。对于程朱理学体系中修养工夫“敬”的理解，顾宪成认为，无论是程子“主一无适”，谢上蔡“常惺惺法”，还是尹和靖“其心收敛，不容一物”，其实都是“小心”工夫。“小心”二字可以涵盖儒家的所有修养工夫，是儒者平时进行道德修养不可或缺的工夫。提倡“小

① 顾宪成：《小心斋札记》卷十二。
② 顾宪成：《小心斋札记》卷十八。
③ 顾宪成：《小心斋札记》卷十五。

心”工夫，主要就是为了救治王学流弊。这突出地表现在以下引文中：“曰：然则王泰州一派非欤？曰：予不敢概以为非也。只是泥不得耳，当知昔之患，多患在构，于法应用解脱；今之患，多患在荡，于法应用防检。此补偏救弊，共时操纵之微权也。夫惟齐之以‘从心所欲不逾矩’案，而后防检非构，解脱非荡，两下各有取裁，一切颠扑不破矣。”[①]从中可以看出，顾宪成认为当时的学术问题和社会弊病“多患在荡”。因此，他相应提出以“小心”为代表的“敬”的精神，以此来约束、防检放荡不羁的风气。

顾宪成的“小心”工夫，首先从近处来说，对东林学派重视工夫实践、重视道德修养特点的形成，起到了直接引导和促进作用。从远处来看，顾宪成的“小心”工夫和东林学派重工夫、重实践的思想倾向，对晚明思想由虚返实起到了直接推动作用。顾宪成及东林学派这种以工夫实践救正良知本体流于虚、空的思路，后经刘宗周以及黄宗羲、顾炎武等人的继承和发扬，终于使得学术风气由虚转实，从而开启了明清之际的经世之学思潮。

以许孚远、顾宪成、高攀龙与刘宗周为代表的工夫派学者，着力破斥的乃是王阳明晚年提出的“四句教”和王畿由此而阐发的“四无说”。在他们看来，四句教与四无说正是导致王学流弊的根本原因。由于四句教主要涉及本体—工夫问题，因此对本体—工夫问题的反思，就相应成为晚明王学的主题。

在强调工夫修持的工夫派学者看来，良知现成论者一味着眼本体而放纵自然，势必不可避免地弱化道德操守，甚至导致以本体取消道德修持工夫的后果。正是由于良知现成论者沉溺于无善无恶学说，才会导致这样的弊病。在工夫派看来，性善论乃儒学基石，是儒学的定海神针。倘若性善论这一基石被抽走，那么势必引发种种弊端。顾宪成强调，由于无善无恶说取消判断是非的道德标准，由此才导致“埋藏君子，出脱小人”的可悲后果。他说：“无善无恶”四字最险、最巧，君子一生兢兢业业，择善固执，只著此四字，便枉了为君子；小人一生猖狂放肆，纵

① 顾宪成：《虞山商语》卷中。

意妄行，只著此四字，便乐得做小人。《语》云："埋藏君子，出脱小人。"此八字乃"无善无恶"四字膏肓之病也。[①]

无善无恶之辨涉及的根本问题，就是本体—工夫问题。顾宪成为此指出："本体与工夫原来合一，是故儒者以性善为宗，则曰为善去恶。释氏以无善无恶为宗，则曰不思善不思恶。若曰：'无善无恶心之体，有善有恶意之动，知善知恶是良知，为善去恶是格物。'愚窃疑其二之也。"[②]有鉴于此，顾宪成坚决主张将性善论与为善去恶工夫结合起来，坚决主张本体与工夫合一。在他看来，倘若肯定无善无恶，那么为善去恶工夫就会沦为多余，同时也会导致本体与工夫分离。他为此强调："本体功夫，原来合一。夫既无善无恶矣，且得为善去恶乎？夫既为善去恶，且得无善无恶乎？然则本体功夫一乎，二乎？是故无善无恶之说伸，则为善去恶之说必屈。"[③]高攀龙同样坚持本体与工夫的合一："无本体无工夫，无工夫无本体也。"[④]并进一步声称："窃以为，于今之世，不患本体不明，惟患工夫不密。不患理一处不合，惟患分殊处有差。必做处十分酸涩，得处方能十分通透。天下事大抵皆然，得之易，失之亦易也。"[⑤]当今之世的忧虑不在于本体不明，而在于工夫不密，在于分殊处有差池。惟有工夫做得深，操持得透彻，觉悟方能通透。

从学术传承来说，顾宪成属于王门后学。因此，他在亲近朱子学的同时，不可避免地受到阳明良知学影响。他同样相信，人人本具天赋良知。从人人本具的天赋角度，他承认良知现成。因此对罗洪先的质疑"世间哪有现成良知"他并不赞成。他说："良知不是现成的，哪个是现成的？且良知不是现成的，难道是做成的？此个道理稍知学者类能言之。"[⑥]与此同时，高攀龙也提醒，意识到良知现成，并不足恃，还得做工夫。他为此指出："就良知说，非特尧舜是现成的，即桀纣亦是现成的。然而一边做了尧舜，一边做了桀纣，何也？吾人须于尧舜之所以为尧

① 顾宪成：《还经录》。

② 顾宪成：《罪言上》，《证性篇》，《顾端文公遗书》第八册。

③ 顾宪成：《东林会约》，《顾端文公遗书》第五册。

④ 顾宪成：《冯少墟先生集序》，《高子遗书》卷九上。

⑤ 高攀龙：《复钱渐庵》，《高子遗书》卷八上。

⑥ 顾宪成：《小心斋札记》卷十一。

舜,桀纣之所以为桀纣处一查方有省发。然则现成足恃乎,不足恃乎?可以观矣。"[1]在承认良知现成的同时,不可遗忘工夫操持的重要性:"世人往往喜承本体,语及工夫,辄视为第二义。孔子当时,却只任功夫。""然则孔子之所谓工夫,恰是本体。而世人之所谓本体,高者只一段光景,次者只一副意见,下者只一场议论而已矣。"[2]孔子不喜言性与天道,而只讲究工夫。但孔子所谓工夫,正是本体呈现处。世人所谓良知本体,高明者只是光景玩弄,平庸者只是一团意见,卑下者只是一场空虚的议论。

本体工夫思想是儒学发展到宋明时期,在充分吸收佛教和道教资源,并成功建构自身本体论的情形下产生的。宋明理学与之前儒学最根本的不同之处在于,它构建了一个超越的本体世界,用以区别于现实经验世界,并通过本体工夫思维方式将二者贯通,以实现天人合一境界。这种思维方式在儒学心性论领域的应用,形成了儒家独特的心性修养理论。在这种理论中,所谓本体指性,即人天赋的道德本体,是人生修养实践成圣的依据;工夫指道德实践,即为了把握道德本体、实现或成就人性而采取的修养手段和方法。在顾宪成思想体系中,本体和工夫主要指后者而言,即儒家的道德心性修养理论。

在宋明理学内部,围绕道德心性修养的本体和工夫,一直存在着较大的争论,争论焦点在于,究竟通过何种工夫才能把握和实现本体。围绕对这个问题的不同回答,形成了两个主要派别,即通常所讲的理学和心学,前者以朱熹为代表,后者则以陆九渊和王阳明为代表。理学家的工夫理论,有一个向外求索的过程,即只有通过对外在事物格的过程,才能获得事物之理,而居敬涵养只不过是对此所获之理以及本心所具善端的涵养和操存。离开格物致知这个即物穷理过程,便无法实现对本体的认识和把握。在心学家看来,要把握本体,只需内求于心,而无须外逐于物。正是在此意义上,他们强调自己的修养工夫为易简工夫(或简易工夫),而将理学的修养工夫斥之为支离之学。

---

① 顾宪成:《小心斋札记》卷十一。

② 顾宪成:《小心斋札记》卷十五。

理学和心学之间在工夫论上的差异，根本上与各自本体论的显著差异有关。理学和心学虽然都以理为最高本体，所谓天道即为天理，但在心与理关系上却存在明显分歧。概括起来，理学家认为性即理，在天为理，在人为性，天理在人身上的直接体现是性而不是心。要成圣成贤，实现与天道合一，就要穷理尽性，格物致知，克制心中物欲，直至通过对外在天理的体认以把握绝对本体。要体认天理，光靠反观内心并不足够，还必须结合向外的穷理过程。心学家则不同，他们虽然赞同性即理，但认为以朱熹为代表的理学家有“析心与理为二”的倾向，因为如此一来，就会降低人们修养成圣的自我期许，无法确保人们自觉地追求作圣成贤，严格自律。在他们看来，心、性、理三者理应同一，因此主张心即性即理。

理学家主张性即理，心不等同于性，所以要把握本体，便需通过格外物来致知；心学家则主张心即性、心即理，所以主张体认天理无须向外求索，只需体悟本心以致吾心良知。理学和心学虽然在本体论和工夫论上存在上述差异，但这种差异只是为学思路和方法的不同，或者说是入手处的不同。如果从根本上来看，二者殊途同归，都强调通过工夫实践实现本体复归，都主张本体和工夫统一。

阳明后学围绕阳明思想中的本体与工夫之争，早在阳明在世的时候就已经开始。这种争论，集中体现于“天泉证道”。良知现成派纯任本体而否定工夫的特点，偏离之前宋明儒者本体工夫合一的思想路向，从而造成晚明儒学中“喜承本体，语及工夫，辄视为第二义”，“终日谈本体不说工夫，才拈工夫便以为外道”等现象的流行和泛滥。良知现成派重本体而轻工夫的致思倾向，对晚明儒学和思想界产生重大冲击，同时也对社会道德伦理秩序造成严重破坏。鉴于良知现成派思想对当时社会秩序的冲击和破坏，顾宪成因此重提以工夫救治本体流弊的为学方法，主张重新恢复本体工夫合一的思想传统。

当时有人就《中庸》中“道也者，不可须臾离也，可离非道也”一句向他请教，问：“有言道是不该离的，人定要不离他方可；有言道原不离人，人即欲离之，不可得也。孰当?”顾宪成从本体与工夫角度给予解答：“拜前一说，岂不鞭着功夫？但觉多了一个转念，恐未能贴得本体。拼后一说，岂不点着本体？但觉说得太见成了，恐未免松却功夫。子尝反而验之，此心与道合，即安。与道离，即不安。窃意中庸所谓可不可，正指此心安不安处而言也。”①从中我们可以看出，在顾宪成看来，本体与工夫不可偏废，只重工夫、不求本体容易流于拘；只重本体、不谈工夫容易流于荡。只有即工夫即本体，才能“发而皆中节”，才能“不离于道”，才能“心与道合”。

针对当时儒者动辄讲“仁者浑然与物同体”，顾宪成说：“愚惟近世儒者，莫不以明道识仁说，为第一义，徐而察之，大率要洒脱、要自在、要享用，有以工夫言者，辄曰不须防检、不须穷索，未尝致纤毫之力，此其存之之道，恐明道复生亦当攒眉也。”②在顾宪成看来，近世儒家学子之所以纷纷以程颢识仁说为第一义，为的是要洒脱自在，为的是脱略工夫而走捷径。但是，从根本上来说，程颢《识仁篇》全从心体中自然流出，谓仁者与物同体，而义礼智信俱为仁，是谓全提。如今的学子却只是断章取义地半提，着意强调仁者浑然与物同体，却略过义礼智信俱仁之说，以此为脱略工夫张目。“程子此一篇，字字从赤心中流出。迩来儒者，既已家尸而户祝之矣。只是程子全提，今也似乎半提。曰：何也？曰：仁者浑然与物同体，义礼智信皆仁也，此全提也。今也于仁者浑然与物同体，则悉意举扬，于义礼智信皆仁也，则草草放过。识得仁体，以诚敬存之而已，不须防检，不须穷索，此全提也。今也于‘不须防检，不须穷索’则悉意举扬，于诚敬存之，则草草放过。若是者非半提而何？”③

良知现成派极力主张良知当下现成、当下即是，以此取消后天修养工夫的必要性，顾宪成为此专门作《当下绎》予以驳斥。顾宪成提出“合下”一词，以区别于良知现成派所说的“当下”，认为“当下”不等于“合下”，“合下”是从本体言，贯通过去、现在和未来；“当下”是对境而言，仅指现在。所以，由于人人都具性善本体，因此“合下即是”可以实现，并无问题；但如果说人人良知现成、当下即是，则不准确。“近世率好言当下矣，所谓当下何也？即当时也。此是各人日用间坦坦平平一条大路，

① 顾宪成：《虞山商语》卷上。

② 顾宪成：《小心斋札记》卷一。

③ 顾宪成：《小心斋札记》卷七。

相应信受。但要知尚有个源头在，何也？吾性合下具足，所以当下即是。合下，以本体言，通摄见在过去未来，最为圆满；当下，以对境言，论见在不论过去未来，最为的切。究而言之，所谓本体，原非于对境之外另有一物；而所谓过去未来，要亦不离于见在也。特具足者，委是人人具足；而即是者，尚未必一一皆是耳。是故认得合下明白，乃能识得当下；认得当下明白，乃能了得合下。此须细细参求，未可率尔也。"①顾宪成认为，本体只是潜能和保障，说人人具有良知本体，是说良知良能赋予人以后天学习、向善的能力和基础，赋予人以成圣的可能，此即"吾性合下具足"。但是，"吾性合下具足"并不等于"当下即是"，"合下具足"并不意味着良知本体的当下完满呈现，更不是说人人当下都是圣人。

顾宪成从以工夫为基础的本体工夫合一论立场出发，主张悟修并重，强调渐修在工夫论中的重要地位："窃谓朱子平，阳明高；朱子精实，阳明开大；朱子即修即悟，阳明即悟即修。以此言之，两先生所以考之事为之著、察之念虑之微、求之文字之中、索之讲论之际者，委有不同处，要其至于道则均焉，固不害其为同耳。"②"重修所以重悟也，夫悟未有不由修而入者也。语不云乎'下学而上达'，下学，修也，上达，悟也。舍下学而言上达，无有是处。"③将修与悟理解为下学与上达关系，实际是针对时弊而发。

在宋明理学中，无论是程朱理学的"性即理"，还是陆王心学的"心即理"，都将理本体规定为超验或先验存在，是天赋于人心的，因此后天工夫相对于先天本体来说就仅仅具有呈现作用，却不具有创生性意义。作为宋明理学中的一员，顾宪成当然也不例外，无论他如何反对良知现成理论，却始终承认先天良知本体的存在。但是，在顾宪成的本体工夫之辨中，已经透显出后天工夫的积极意义。在他看来，只有借助后天工夫，本体才有实现可能，因此从某种意义上来说，工夫对于本体具有创生意义。这种思想进路后经东林学派的进一步传承，到黄宗羲那里最终发展成为"心无本体，工夫所至，即其本体"的思想，彻底扬弃心性本

① 顾宪成：《当下绎·源头关头》，中国基本古籍库清康熙年间所刻《顾端文公遗书》本。
② 顾宪成：《小心斋札记》卷七。
③ 顾宪成：《虎林书院记》，《泾皋藏稿》卷十一。

体的先验特征，赋予后天工夫以创造性意义，把人生修养历程和人生生命本体的呈现过程合二为一，进而将人性实现落实到现实社会生活之中。

因为概念运用的不对等性，顾宪成的性善论与“无善无恶”思想之间并不存在截然对立，在某种意义上，顾宪成对“无善无恶”学说的批评和指摘，本质上歪曲了王阳明本意，是对“四句教”中所蕴含思想的误读。当然，我们不能因为东林学派没有在理论层面上真正瓦解“无善无恶”学说，便据此妄下结论，认为东林学派力辨“无善无恶”学说的努力注定失败。我们应该从东林学派力辨无善无恶学说的社会影响方面，对其进行评价和定位。以此来看，东林学派的努力无疑是成功的。

从根本上来说，顾宪成、高攀龙等人以朱学工夫对治良知现成论者径任本体、不着工夫的流弊，只是头痛医头、脚痛医脚的治标之方，并未从心性本体的根源处开出治本之方，因此对王学流弊只是外部矫正。不特如此，对朱学工夫本身的弊病亦并未彻底解决，可谓一病尚未根除，一病又起。

刘宗周上疏为顾宪成辩诬，在评论顾宪成思想时指出：“宪成学朱子者也。其言朱子也，世日尚奇，朱子以平，平则一毫播弄不得；世日尚圆，朱子以方，方则一毫假借不得。无有假借，方之至也；无有播弄，平之至也。合方与平，和之至也。……呜呼，学术之难也！王守仁之言良知也，无善无恶，其弊也必为老、庄，顽钝而无耻。顾宪成之学朱子也，善善而恶恶，其弊也必为申、商，惨刻而不情。佛、老之害，得宪成而救，臣恐一变复为申、商，自今日始。”①以朱学纠王学之弊，虽然克治了王学末流中不重工夫而流于佛老的倾向，但依然尚未解决朱学自己的局限性。这无疑意味着尚未真正将朱学与王学熔为一炉，尚未能够成功建立统合程朱陆王的心性新体系。

---

① 刘宗周：《修正学疏》，《刘子全书》卷十四；《子刘子行状》，《刘子全书》卷三十九。

第四节 格物中天理

高攀龙万历十七年(1589 年)中进士,之后任职行人司行人。当时四川佥事张世则著《大学初义》,抨击朱子之学,甚至将南宋亡国归因于朱学。为此,高攀龙特上《崇正学辟异说疏》,为朱子辩护,认为程朱之学穷理与居敬齐头并进,确为孔子之教。他自我表白尊崇程朱之学的一番苦心:"臣有深忧焉。自世庙以前,虽有训诂词章之习,而天下多实学。自穆庙以来,率多玲珑虚幻之谈,而弊不知所终。笑宋儒之拙,而规矩绳墨脱落无存。以顿悟为工,而巧变圆融不可方物。故今日对病之药,正在扶持程朱之学,深严二氏之防,而后孔孟之学明。"①为对治心学末流虚幻放肆之弊端,程朱之学不可不尊重,亦不可不读。此封上疏可谓高攀龙为挽救明末士风而表彰程朱之学的最初宣言。

万历三十二年(1604 年),高攀龙协助顾宪成修葺东林书院,开始东林讲学活动。有感于政教事业中观察到的空疏与狂荡流弊,他们在学术上着意强调道德践履的重要性。他们与管志道就无善无恶展开的激烈辩论,促使他们在为学上倾注于"性",意识到性的重要性。朱子突出天理,以为人性求得本体性根基。王阳明强调良知心体,彰显了主体性的发越。性居于理与心之间,一方面能够使人心之明觉从天理处得到绝对根据,另一方面能够使天理最终贯注于人心之中。

对于万历年间言官在朝政上的纷争不休,贵州道御史黄彦士进行了颇为严厉的批评。他说:"国家之设言官何为也?我主德有旷阕则争之,政事有得失则争之,人才有邪正则争之,则昌言日闻而国受其利也。今舍道德而争牙禄,诎是非而伸门户,置国是而护私人,东挑西激,此倡彼和,甚至宜争者争,不宜争者亦争,局内者争,局外者亦争。但系门户之人,即肆雌黄之口,以都俞吁咈之地,成风波诟詈之场。国家负官,官负国家耶!则言路变矣。"②言路原为制约君权而设,代表天理格君心之

① 高攀龙:《高子遗书》卷七,第 6 页。

② 周念祖:《万历辛亥纪事始末》卷七,万历癸丑九月初一日。

非，以规训君主德行。因此，言官本质上应当代天而言，以彰显天理良知。但众多言官在实际情形中又如何呢？他们往往丧失道德而争权夺利，好议是非，分立门户以成朋党，弃大是大非不顾而护私情，最后造成朝廷与言官彼此亏负的可悲局面。众多言官之所以舍道德，是因为他们原就因为心性之虚见而未领悟何为真正的道德心性。未真正领悟道德而讲道德，就是假道学，就难免假道德之名而行私欲之实。

有鉴于此，高攀龙甚至认为学术比政事更为重要，因为学术正才会人心正，最终政事才会正。他因此说："天下不患无政事，但患无学术。何者？政事者，存乎其人；人者，存乎其心。学术正，则心术正。心术正，则生于其心发于政事者，岂有不正乎？故学术者，天下之大本末。世不但不明学，且欲禁学，若之何而天下治安也？"[①]在这里，体现了高攀龙由政治至人心，进而至于学术的不断向后追溯的思路。由此亦可见，东林之学与当时政教事业之间存在密切的内在联系。

东林会约把朱熹《白鹿洞书院揭示》确立为读书与讲学宗旨。东林讲学内容亦多与程朱之学有关，如居敬、穷理、性善等。高攀龙与顾宪成虽为时人称颂为"顾高"，但高攀龙学问实际上较顾宪成更为深邃博大。其中原因耐人寻味，盖因顾宪成在政治领域影响巨大，投入精力多，卷入政治斗争深，一生好与人辩论无善无恶之是非，故在学问上从容涵泳、回味再三的工夫较为欠缺。高攀龙天性善悟沉潜，悟修并重，为学勇猛精进。加上为官时间较短，得以有大量时间悠游于家乡，而从容不迫地读书、讲学与著述。因此，他在晚明不仅与顾宪成并称"顾高"，而且与刘宗周并称为当世两大儒。

高攀龙强调悟修并重："悟修二者，并无轻重。即如仁义礼智四字，言仁智处皆是悟，言礼义处皆是修。悟则四字皆是修，修则四字皆是悟，真是半斤八两。"[②]在高攀龙看来，若以仁义礼智为例，那么仁智为悟，礼义为修。如果大彻大悟，仁义礼智俱是悟；如果小心翼翼地做修行工夫，那么仁义礼智俱是修。他以乾知与坤能解释悟修关系："凡了

---

① 高攀龙：《高子遗书》卷二。

② 高攀龙：《会语》，《高子遗书》卷五。

悟者皆乾也，修持者皆坤也。人从迷中忽觉其非，此属乾知。一觉之后，尊道而行，此属坤能。……必至用力之久，一旦豁然，如《大畜》之上九，畜极而通，曰'何天之衢，乃如是乎'，心境都忘，宇宙始辟，方是乾知。知之既真，故守之必力，细行克矜，小物克谨，视听言动，防如关津，镇如山岳，方是坤能。……故学者了悟在片时，修持在毕世。"[①]高攀龙在此着重强调"了悟在片时，修持在毕世"，表明终生修行的重要性。若要开悟，必定得下长久的苦工夫，只有在用心操持工夫下产生的觉悟，方才谓之乾知。觉悟彻底，方能沉下心来做脚踏实地的工夫修持。觉悟后继之以修持，方能成物。

在这里，高攀龙明确指出，了悟是对宇宙人生的觉解，是学问工夫中的关键步骤，修持则是对了悟的巩固。"默而识之曰悟，循而体之曰修。修之则彝伦日用也，悟之则神化性命也。圣人所以下学而上达，与天地同流，如此而已矣。"[②]高攀龙因此批评割裂悟修关系的两种错误倾向："修而不悟者，徇末而迷本；悟而不彻者，认物以为则。故善言工夫者，惟恐言本体者之妨其修。善言本体者，惟恐言工夫者之妨其悟。不知欲修者正须求之本体，欲悟者正须求之功夫。无本体无功夫，无功夫无本体也。"[③]在高攀龙看来，世上好言工夫的学子往往惟恐言本体而妨碍其修持，世上好言本体的则往往惟恐言工夫而妨碍其觉悟。但是，本体与工夫的恰当关系应当是，意欲修持工夫者当求本体，意欲觉悟本体者当求工夫。本体与工夫当相辅相成。

在本体论上，高攀龙将气与心统合为一，主张即心即物，即气即心。对心物一体的洞察，高攀龙是通过两次开悟而最终达到的。在《困学记》中，他表明自己 25 岁时闻李复阳与顾宪成讲学，而开始立志为学。因思程颐"心要在腔子里"与《小学》"腔子犹言身子耳"而开悟，悟到"心不专在方寸，浑身是心也"，身心顿时轻松快活。"看《大学或问》，见朱子说：'入道之要莫如敬'，故专用力于肃恭收敛。持心方寸间，但觉气郁身拘，大不自在。及放下，又散漫如故，无可奈何。久之，忽思程子谓

① 高攀龙：《乾坤说》，《高子遗书》卷三。
② 高攀龙：《近思录序》，《高子遗书》卷九上。
③ 高攀龙：《冯少墟先生集序》，《高子遗书》卷九上。

'心要在腔子里',不知腔子何所指,果在方寸间否耶?觅注释不得。忽于《小学》中见其解曰:'腔子犹言身子耳。'大喜,以为心不专在方寸,浑身是心也,顿自轻松快活。"在第一次开悟中,"浑身是心"表明,心不再是与客观物相对的主体之心,而是通贯吾身、天地万物的大心;身不只是天地中一物,而是与心为一体的虚灵之体。其后过福建汀州在一旅舍开悟,悟得"六合皆心"。"过汀州,陆行至一旅舍,舍有小楼,前对山,后临涧,登楼甚乐。手持二程书,偶见明道先生曰:'百官万务,兵革百万之众,饮水曲肱,乐在其中。万变俱在人,其实无一事。'猛省曰:'原来如此,实无一事也。'一念缠绵,斩然遂绝。忽如百斤担子,顿尔落地,又如电光一闪,透体通明。遂与大化融合无际,更无天人内外之隔。至此见六合皆心,腔子是其区宇,方寸亦其本体,神而明之,总无方所可言也。"①由此可见,在汀州旅舍的开悟中,高攀龙更进一步,不仅浑身是心,而且"六合皆心"。此时即心即物,心物一体,心与天地万物为一,与大化流行交融。天地万物不仅仅是天地万物,进而也成了生命觉悟之天地境界的直觉的审美的象征符号。可谓万象皆是法身。由此可见,所谓心物交融,于本体可谓即心即物,于境界可谓真善美合一。天地之心显发于人,即为恻隐之心;人心推而充塞天地,即为天地之心。天地与心亦浑然一体,天地是为一大心,而人心是为一小天地。

高攀龙在心性关系上,将明心知性与工夫层次结合了起来。他说:

> 人心一片太虚,是广运处,此体一显即显,无渐次可待。彻此则为明心。一点至善,是真宰处,此体愈穷愈微,有层级可言。彻此方为知性。或曰:"知善是现成天则,有何层级?"攀龙曰:"所谓层级,就人见处言,身到此处,见到此处,进一层又一层。见到天然停停当当处,方是天则,此即穷理之谓也。"或曰:"虚到极处,便见至善。岂虚是虚,善是善?"曰:"只看人入处何如。从穷理入者,即虚是理,虚灵知觉,便是仁义礼智;不从穷理入者,即气是虚,仁义礼智只是虚灵知觉。缘心性非一非二,只在毫芒眇忽间故也。"②

---

① 高攀龙:《高子遗书》卷三。

② 高攀龙:《复钱渐庵》二,《高子遗书》卷八上。

心如太虚，可当即显现全体。但若要穷尽心至于至善，则有层次可言，不可妄想一蹴而就。可见在此，高攀龙并不赞同现成良知当下即是的做派。因此，渐修工夫必不可少。惟通过有层次的渐修，方能达到“天然停停当当处”，达到天则。由此亦可看出，高攀龙强调渐修以见性，强调工夫重要性。在心与理的关系上，高攀龙不赞同轻松爽快的心即理，而强调由心达理过程中工夫的重要性。他指出：“理者，心也，穷之者亦心也。但未穷之心，不可谓理；未穷之理，不可谓心，此处非穷参妙悟不可。悟则物物有天然之则，日用之间，物还其则，而已无与焉，如是而已。”[1]工夫未到时，心不可谓之理，理亦不可谓之心。惟工夫到而达妙悟时，才能实现心即理。由此亦可见出，高攀龙在本体上以阳明良知为宗旨，在工夫上却倾向于朱子。

高攀龙为学既有悟性，又勤奋刻苦，因此学问方能精进不已。壬子(1612年)五十，在知天命之年，他悟得中庸宗旨，感慨地说：“壬子(1612年)，方实信《中庸》之旨。此道绝非名言可形，程子名之曰‘天理’，阳明名之曰‘良知’，总不若‘中庸’二字为尽。中者停停当当，庸者平平常常，有一毫走作，便不停当；有一毫造作，便非平常。本体如是，工夫如是。天地圣人不能究竟，况于吾人，岂有涯际。”[2]在高攀龙看来，程颐的天理与王阳明的良知，都不如中庸那么停停当当而平平常常，不如中庸那么无有造作。对中庸宗旨的信奉，无疑表明高攀龙对天命的敬畏，对人之有限的肯认。

高攀龙在格物观上受到王阳明影响，注重心物之间的相互交融。由于高攀龙预设心与理同一，因此对格草木之理的肯定，并不同于朱子。他预先将草木之理涵摄于心体，因此对草木之理所做的格物工夫，其实仍相当于反观自得。

高攀龙引入格物穷理工夫，以改造王学致良知工夫。“格物者，穷究到天理极至处，即至善也。此处见得透时，更有何事。即如台教寻春寻乐，皆由一旦豁然后，自有此风景耳！阳明先生于朱子格物若未尝涉

① 高攀龙：《复刘念台》二，《高子遗书》卷八上。

② 高攀龙：《困学记》，《高子遗书》卷三。

其藩也者，其致良知乃明明德也，然而不本于格物，遂认明德为无善无恶。故明德一也，由格物而入者，其学实，其明也即心即性；不由格物入者，其学虚，其明也是心非性。心性岂有二哉？则所从入者，有毫厘之辨也。”[①]高攀龙认为，致良知工夫只有落实到格物，才能使良知获得现实性，否则良知仅仅是虚灵知觉之用，致使知不得其良。高攀龙所谓格物并非朱子学格物穷理说的简单翻版，而是融合心学与理学的格物工夫。他说：“至于谈良知者，致知不在格物，故虚灵之用多为情识，而非天则之自然，去至善远矣！吾辈格物，格至善也，以善为宗，不以知为宗也。故致知在格物一语，而儒禅判矣！”[②]“穷理者，格物也；知本者，物格也。穷理，一本而万殊；知本，万殊而一本。”[③]这就是说，格物并不需要像朱子学那样在穷究众多物理后再经过豁然贯通才能将物理转换为性理，而是由于“一本而万殊”“万殊而一本”，所以在每格一物时就能体悟性理。如此一来，就可以避免朱子学传统的支离烦琐之弊。高攀龙所谓格物并非格具体事物之理，而是格体现在事物中的天理。如此一来，格物即修身，而不只是知识性活动。

高攀龙学说的建构，同样从解释《大学》格物开始。他说：“天地间触目皆物，日用间动念皆格。一部《大学》皆格物也，六经皆格物也。《孟子》七篇更可作《大学》注疏。何者？以皆穷至其极，见天理真面目也。”[④]他在其中把“物”训为“天地间触目皆物”，把“格”训为“日用间动念皆格”。相对而言，高攀龙在训“格”上接近朱子，“格”的目的在于“见天理真面目”。在训“物”上，高攀龙则接近王阳明。在心物关系上，高攀龙同意“心外无物”：“天下岂有心外之物哉！当其寂也，心为在物之理，义之藏于无朕也。当其感也，心为处物之义，理之呈于各当也。心为在物之理，故万象森罗，心皆与物为体；心为处物之义，故一灵变化，物皆与心为用。体用一源，不可得而二也。物显乎心，心妙乎物。妙物

---

① 高攀龙：《答方本庵》(一)，《高子遗书》卷八下。

② 高攀龙：《答王仪寰》，《高子遗书》卷八上。

③ 高攀龙：《语》，《高子遗书》卷一。

④ 高攀龙：《高子遗书》卷九，文渊阁四库全书影印本。

之心，无物于心。无物于心，而后能物物。”[①]天下没有心外之物。寂然时，心为物中之理，藏之中无形无象；感发时，心为处物之义，呈现于中节处。万象森然时，心物俱为体；变化流行时，心物俱为用。体用本为一源。

高攀龙对“知”进行了详尽诠释：“知之所及，即仁即庄即礼，一以贯之。自圣人以下，便要处处着力。仁不能守，是知及上带来的病，见不透也。莅之不庄，是仁守上带来的病，守不固也。动之不以礼，是庄敬上带来的病，养不熟也。而统宗会元，则在知之一字。此处透一分，以下病痛便轻一分。所以谓知之一字，关系最大。”除却圣人之外，致知分为两路，一路注重平实的人伦道德践履，一路注重灵明觉知。“一者在人伦、庶物、实知、实践去，一者在灵明、觉知、默识、默成去。此两者之分，孟子于夫子微见朕兆，陆子与朱子遂成异同。本朝文清与文成便是两样。宇内之学，百年前是前一路，百年来是后一路，两者递传之后，各有利弊。毕竟实病易消，虚病难补。今日虚症见矣，吾辈当相与稽弊而反之于实。”[②]在对“知”的理解上，朱子为“实”路，王阳明为“虚”路。两相权衡之下，高攀龙意识到“实病易消，虚病难补”，因此倾向于朱子一系的“实”路。

就王阳明及其后学的弊病，高攀龙指出：“圣人之学，所以与佛氏异者，以格物而致知也。儒者之学，每入于禅者，以致知不在格物也。致知而不在格物者，自以为知之真，而不知非物之则，于是从心踰矩，生心害政，去至善远矣。所系岂其微哉！”[③]高攀龙意识到，儒学滑向禅学的原因在于，忘失格物工夫，最终就会导致“生心害政，去至善远矣”。

在格物观上，高攀龙颇为赞赏朱子格物穷理。他说：“有物必有则，则者至善也。穷至事物之理，穷至于至善处也。”[④]何谓格物？曰：“程朱之言至矣。所谓穷至事物之理者，穷究到极处，即本之所在也，即至善

① 高攀龙：《理义说》，《高子遗书》卷三。

② 高攀龙：《高子遗书》卷四，文渊阁四库全书影印本。

③ 高攀龙：《高子遗书》卷九，文渊阁四库全书影印本。

④ 高攀龙：《语》，《高子遗书》卷一。

之所在也。"[①]圣学正脉，只以穷理为先，不穷理便有破绽。[②] 格物是为穷至事物之理。穷究到极处，就能见本体而达乎至善。但高攀龙格物亦有不同于程朱之处，因他将格物与反求诸身结合起来，格物即格物中性理，格物即修身。先生之学，一本程朱，故以格物为要。但程朱之格物，以心主乎一身，理散在万物，存心穷理，相须并进。先生谓"才知反求诸身，是真能格物者也"。颇与杨中立所说"反身而诚，则天下之物无不在我"为相近，是与程朱之旨异矣。[③] 格物并不仅格物中之理，而是格映现于物中的性理，格至善。"吾辈格物，格至善也；以善为宗，不以知为宗也。"[④]在高攀龙的格物中，格天理、性理与至善，重于格具体事物之理。换言之，格物的修身色彩、道德色彩重于客观求知色彩。

高攀龙反对不经过格物的致知，批评现成良知派以悟本体为工夫的倾向。他指出："谈良知者，致知不在格物。故虚灵之用，多为情识，而非天则之自然，去至善远矣。"[⑤]未经格物的良知，只是虚灵知觉，而非道德天则。王阳明反对朱子的格物穷理，以为有逐外与逐物之嫌。高攀龙批评阳明致良知由于不奠基于格物，因此冒认明德为无善无恶。明德必须有格物之助，方能即心即性；倘若没有格物之助，则会引发只认心而遗落性的可悲后果。他说："阳明于朱子格物，若未尝涉其藩焉。其致良知，乃明明德也。然而不本于格物，遂认明德为无善无恶。故明德一也，由格物而入者，其学实，其明也即心即性；不由格物而入者，其学虚，其明也是心非性。心性岂有二哉？则所从入者，有毫厘之辨也。"[⑥]圣学不从格物进入，那么致知就会沦落为虚灵知觉，而无法达乎天理之本然。"二先生（即陆九渊、王阳明）学问，俱是从致知入，圣学须从格物入。致知不在格物，虚灵知觉虽妙，不察于天理之精微矣。岂知有二哉？有不致之知也。毫厘之差在此。"[⑦]

---

① 高攀龙：《大学首章广义》，《高子遗书》卷三。
② 高攀龙：《会语》，《高子遗书》卷五。
③ 黄宗羲：《明儒学案》卷五十八，《东林学案一》。
④ 高攀龙：《答王仪寰二守》，《高子遗书》卷八上。
⑤ 高攀龙：《答王仪寰二守》，《高子遗书》卷八上。
⑥ 高攀龙：《答方本庵》，《高子遗书》卷八下。
⑦ 高攀龙：《会语》，《高子遗书》卷五。

第五节 为千秋万世立教

鉴于心学末流玄虚与狂荡之弊，东林学派有意识地接受了朱子学的影响。有些学者甚至认为东林学是新朱子学。“东林学是经由王学而产生的新朱子学。其原因之一，就在于东林学发源于王门。……东林学就是通过方山而溯源到朱子学，并以此为根本而建立起来的学说。但是，以顾泾阳、高景逸为中心的东林学，虽大致上信奉的是朱子学，批判的是陆王学，然而归根到底秉持的是折中朱陆、取长舍短的立场。”①东林学术有渊源于朱子学的地方，“以静深的体认自得之学为要，并重视气节清议。”所谓“静深的体认自得”，得力于阳明良知之学，是谓对悟的重视。这种体悟的深沉博大，毫无心学末流放纵自大而肆无忌惮气息，当与顾高身处国家内忧外患之际对民生苦难的深刻体验有关。“尤其是景逸之学，对体认自得体悟最深，在这一点上，即便说朱子学系统中没有能与他相匹敌的儒家，也不为过。”②正由于体认自得之深，在顾宪成和高攀龙那里，清议与节义显然多出于性体渊深之自然显发。但与此同时，由于极力批判无善无恶说，严于君子小人之辨，东林学派又染上道德严格主义。到了东林后学中，道德严格主义愈演愈烈，不可避免地招致世人非议与驳难。

东林学派为学的根本宗旨在于明辨是非善恶，“而且他们以求是非的内在过程为要，把重点放在求得深深沉潜于‘理之静’这一点上。”基于此，他们理所当然地遵从在性中追求理的朱子学，以维持人伦纲常的庄严崇高，挽救沦于危亡之境的国家命运。出于对治心学末流弊病的目的，东林学派通过阳明良知学而迂回于程朱性学，悟与修、自得与躬行并重，内圣与外王兼备。这无非是因为性是心之本源，是天地万物之根源，“所以若经常致力于体认自得的话，那就犹如‘瓜熟蒂落，水到渠

① [日]冈田武彦:《王阳明与明末儒学》，重庆出版社 2016 年版，第 346 页。

② [日]冈田武彦:《王阳明与明末儒学》，重庆出版社 2016 年版，第 347 页。

成'那样，经世大道可根据超越人力的自然法则施行，世之元气浩气也能由此而自然得到维持，宇宙的伟大目的也能自然达成。"①

士子为学当为什么？当为性，为性善。性源于天道或者说天理。倘若领悟了天道，那么即使刑名钱谷也是实事；领悟不了天道，那么即使礼乐刑政，也仅仅是虚饰文章。因此，心的觉悟至关重要。重要的是即事为学，而不应该倒过来以学而废事："夫学者，何也？人之性也。性者，何也？天之道也。知道，则刑名钱谷，皆实事也。不知道，则礼乐刑政，皆虚文也。在此心迷悟间耳。诸老从迷得悟，不忍人之觌面而迷，故讲以明之，正使之即事为学，非以学废事也。"②高攀龙强调为学在于复性，进而以之通于天理，以天理规约主体之心。简言之，即复性以通天理，通天理以尽心，尽心然后政教事业庶几可成也。

> 天之所与人而人之所受于天，惟有仁义礼智四者。人君为天之子，必克完天之赋予，而后永膺天之眷命。一念之发，一事之动，审其果合于仁合于义合于礼合于智，则务扩而充之，力而行之；审其有不合者，则务遏而勿思，禁而勿行。如是日新又新，纯为天德，则万化之源清，万几次第毕举，圣主之精神，一奋天下之意气维新矣。于是体二祖之意，振正学于陵夷废坠之余，明诏中外，非四书五经不读，而不得浸淫于佛老之说，非濂洛关闽之学不讲，而不得淆乱以新奇之谈，学无分门，士无异习，人心贞一，教化大同，如是而人才不出，政治不隆者，从古以来未之有也。③

上天赋予人的是仁义礼智。士君子惟有尽仁义礼智，方可说不负天之所托，方可说达于天德流行之境。学术当以孔孟四书五经为主，而不应当沉溺于佛老之学。就孔孟之道而论，则当以濂洛关闽之学为主，而不当趋新骛奇。惟有做到这些，才能作育人才，政通人和。可见，高攀龙将天理请回来，有着明确的政治目的，出自现实的政治忧虑。

高攀龙最为忧虑的是，学术立教上差之毫厘，收效上则会失之千

---

① [日]冈田武彦：《王阳明与明末儒学》，重庆出版社 2016 年版，第 356 页。

② 高攀龙：《论学揭》，《高子遗书》卷七。

③ 高攀龙：《崇正学辟异说疏》，《高子遗书》卷七。

里。为学乃正心必由之径，倘若为学上出了差错，弱化甚至欠缺天理的超越性保证，那么人心由于好逸恶劳之习性，难免滑向歧路。因此，“夫圣人之忧患天下后世远矣。故不难于自尽其心，而难于尽众人之心，不难于开一世人之心，而难于稽万世人之心。圣人知不学之害小，而学术之害尤大。不学之害，害其身；而学术之害，害万世。”[①]为学，自尽其心不难，难在尽众人之心；为当世人点拨人心不难，难在为千万世人开悟人心。对学术来说，立教至关重要，影响及于千秋万世。不难想象，高攀龙之所以如此强调学术与立教重要性，是有感于心学流弊之严重危害。因此，作为自得之学，作为身心自我受用之学，为学也许可以注重顿悟，强调顿入天机。但是倘若要为天下万世立教的话，那么为学就绝对不能以自得之顿悟为中心，而当如朱子般一步一个脚印地格物致知，步步为营，仁智并进，读书主敬并进，以期豁然贯通，从而既为自己的性命之学，也为立教济世之学打下坚实根基。

针对心学末流清谈心性的空疏学风，高攀龙沉痛地指出，为学不是为了直接轻轻松松地得到一个悟境，而是要经过艰苦的身心操持而自悟其境，真实地入于悟境。他说：“夫道，人所自道也。譬之适长安者，圣人第示以至之之途，示以至之之具尔。涂不辨不可得而至，用不具不可得而至。及其至，则长安自见，不以言而见也。后之教者不然。每侈言长安，而学者亦宛若身亲其地，然而心游千里，身不越跬步也。彼其侈言长安者，夫岂非身至之者乎？以为言涂与具非长安也，乃不知徒言长安者之非真长安也。”[②]人要得道，总得自己上路方能得道。但心学末流在立教上却大谬不然，只是一味清谈所谓高明玄虚的悟境，然后在真切的工夫操持上却不作要求，只是追求所谓无工夫的工夫。因此儒者立教，绝对不应该将悟境轻易地告诉求道之人，所谓天机不可轻泄也。如果没有切实的身心工夫操持，而侈谈高明悟境，就只会养成虚见。悟要真悟，修要实修。为师者要循循善诱，要因材施教；求学者要做切实的工夫操持，要认真地格物致知。如果做坚实工夫，一旦得悟就是真实

① 高攀龙：《重刻诸儒语要序》，《高子遗书》卷九上。

② 高攀龙：《重刻诸孺语要序》，《高子遗书》卷九上。

的彻悟，就能知性尽心。士子通过实修真悟得到的学术，才是通于天下万世的学术。如此一来，天下之心才能通于天理。

在高攀龙看来，从立教角度来说，心学的严重流弊就在于错将空疏之虚见当作真实的高明悟境，错将任性的主观性当作良知主体性。那么当如何救治这一弊端？高攀龙认为应当重新请回天理，以为心立一矩度。惟有在天理掌舵下，心才能恰当地契矩。

对心的思考，王阳明强调心的主体性，将良知心体作为体，而天理实际上成为心的条理。因此，阳明的心超越了朱子以心为虚涵明觉的意思。在阳明处，因以良知解释心体，遂使存在本体与道德本体交融为一。高攀龙认为，心是本体与发用的整体，对本体与发用必须进行分疏。发用过程容易遭受习气等干扰，故真切的工夫操持极为重要。惟有通过工夫操持，才能正发用之心。晚明心学的问题在于，由于在良知心体中交融道德本体与主体意识，那么一旦遭遇习气困扰，为了致良知，就得在发用中荡涤习气。此中的逻辑困局在于，良知发用本身就需要荡涤。因此就存在一个工夫论循环问题。倘若士子在实际日用常行中，惟有知觉起意，而无真实的本体呈现，那么就会导致狂荡之弊。

晚明心学流弊既然如此严重，那么心学中的诸大儒难道就没觉察？非也！罗洪先、耿定向、罗汝芳、焦竑，甚至激进派的王畿等人，也意识到心学之流弊。他们都以自己的方式力图救治流弊，只是在心学框架内，往往徘徊于玄虚与狂荡两种流弊之间，救治了此弊，彼弊则更趋严重。高攀龙虽然深受心学影响，但正由于洞察到这一困局，因此才越出心学框架，将天理请回来，以为心安一矩度。在他看来，人心并不绝对可靠。因为人心往往为物欲牵引而在左冲右突的鼓荡之中。具体地说，发用之心上还当立一矩度，以此才可以确保发用之心在切实工夫操持中契合于心体。因此，仅仅从心之条理的角度看待天理，就缺乏对心的规约，应当时时以敬畏之心面对天理，在自我道德主体挺立的同时，也让天理挺立起来。

高攀龙对复性与立教的强调，针对的是心学末流。对王阳明本人，他始终极为崇敬，认为阳明之学得孔孟真传。就高攀龙本人学问而言，事实上接受了阳明心学的深刻影响。阳明工夫确实较朱子工夫更能简易直率地契入心体。阳明心学原就从朱子学转折出来。阳明之所以要突破朱子学格物工夫而提出致良知,是由于洞察到朱子学格事物之理之所以最终被看作可能通于天理,是由于有豁然贯通。但是所谓豁然贯通,难道不是超越知性思维的直觉的开悟吗?从逻辑上来说,朱子绝不能否认这一点。也就是说,格物工夫在豁然贯通那一刻遭遇了性体的开显,从而得以直接契入性体。从这个角度来讲,不妨说格物在豁然贯通那一刻与主敬工夫殊途同归。由此可见,朱子强调认知外物的格物工夫,最终还是需要超越知性思维的那一跃,以贯通于天理。万物之理,究极而言,亦是由此主体之心方才得以彰显。对朱子的格物而言,天理毕竟是逻辑上的虚设,真正在豁然贯通那一刻可以契入的理,其实是天理映照于心的心中之理。惟其如此,工夫才可以彻天彻地,才可打通内外,才可最终收拢于德性涵养,才可通达万物一体之仁的境界。

高攀龙明确指认阳明之学是孔门真传。他对阳明的不满在于立教不当。高攀龙认为,悟道只能士子自悟,就如吃饭只能自己吃一样。阳明龙场千古一悟,毕竟只是阳明的觉悟,与他人又有何相干。他人可以得阳明点拨,可以接受来自阳明的启示,但切实的工夫还是得自己踏踏实实地去做,万万不可沉溺于悟境而不自拔。从立教角度来说,阳明致良知的直契悟境的工夫,并不具有普遍意义,尤其不可直承于初学者。如若不然,会导致学者或流于狂荡,或流于玄虚的可悲情境。在立教上,毕竟还是朱子平实,可循序渐进地以臻于高明之境。惟实修,方能得真悟。就阳明本人来说,虽然天纵颖悟之资,但事实上他九死一生的人生就是一个工夫实修的过程。正因为有实修,他方才能彻悟。东林学术毕竟不同于程朱之学,它从后者那里借鉴来的,主要是立教,是平实的实修工夫。因此高攀龙明确地指出:“东林非程朱,而习程朱之教者也。”①

与此同时,高攀龙对朱子也有所批评。在朱子的工夫视域中,天理是外在的、超越性的。对朱子的工夫来说,天理由外向内的落实与主体由内向外超越的交契处,就在于性体。天理赋命于人之处,即性体。因

① 高攀龙:《论学揭》,《高子遗书》卷七。

为性体，道德主体与天理的贯通方才得以可能。但是，在朱子格事物之理与主敬并进的工夫体系中，性体主要出于思想体系需要而逻辑地建构起来。在这样的性体观念中，实际缺乏滚烫生命的激荡奋发。性体的出场，并非出于道德实践的深切需要，而主要出于理论前设，是为了在道德主体与庄严超越的天理之间建构贯通之处。高攀龙洞察到朱子学的此一流弊，因而在为学中着重将性体落实于工夫操持。

从立教角度出发，高攀龙对朱子的推崇可谓无以复加。他强调："孔子之学，惟朱子为得其宗，传之万世而不弊。孔子集群圣之大成，朱子集诸儒之大成，圣人复起，不易斯言。"[①]惟立教正，才能传诸千秋万世而不产生弊端。注重立教，意味着为学不仅仅关注性命之学与自身解脱，而需要有一种历史责任感，有为天下万世之心，有思想史的恢宏视野，能够将道学血脉不断传承下去。相较于朱子，陆九渊与王阳明毕竟在立教上有瑕疵。此一瑕疵对陆九渊与王阳明本人虽然微小，无损于大儒形象，但于立教而言却差之毫厘、失之千里，产生的流弊相当严重。正可谓："言满天下无口过，其惟紫阳乎。六经皆我注脚，是陆子之口过。满街都是圣人，是文成之口过。"[②]就其本身而言，陆九渊豪迈地声称："六经皆我注脚。"王阳明满怀道学，热情地宣称："满街都是圣人。"这都没有错。某种意义上，他们说得非常高明，充满了思想语言的魅力。高攀龙之所以指责其为口过，是由于在这样的言语中欠缺了一些思想史视野与历史责任感，欠缺了一点传承道学的庄严肃穆感。这种高明的语言，只可对利根之人讲，而不可轻易地对天下万世之人讲。天机轻泄，天其无罚乎?!

第六节　从性理转向事功伦理

在儒学内圣外王传统中，作为内圣的德性修养并非归宿。儒学的

---

① 高攀龙:《圣贤论赞·晦庵先生》,《高子遗书》卷三。

②《东林书院会语》,李顒:《二曲集》卷十一。

真正归宿和最高目标，在于经世济民而治国平天下。孔子无疑重视事功，否则他不会高度评价齐桓公和管仲，也不会栖栖惶惶奔走于列国之间。两汉以后，伴随心性之学的日益兴盛，事功之学逐渐遭到内圣心性之学遮蔽。但是，即使在心性之学臻于登峰造极之境的宋明，事功之学仍然或明或暗地顽强存在着，其中的两个杰出代表，就是南宋以陈亮和叶适为代表的浙东学派，与明清之际以顾炎武为代表的经世之学。

孔子在提出仁的同时，并未忽视事功。因此，孔子在提倡“修己以敬”的同时，特别强调“修己以安人”“修己以安百姓”。在修己安人中，如果说“修己”偏重内圣之学的道德修养，那么“安人”则属于经世济民的外王事功。在这个结构中，作为内圣的“修己”只是起点，作为外王的“安人”才是儒学旨趣与目标。在孔子看来，“己欲立而立人，己欲达而达人”[①]属于仁的境界，惟有“博施于民而能济众”才能达到圣的境界。

但是，在孟子阐发和强调性善论和四端说之后，儒学就出现偏向内圣的端倪。到了两汉，时人以通经之人作为儒学学者，业已与兼重内圣外王而能经世济民的先秦儒学精神相去甚远。《大学》八条目的提出，与以修身为本的成德路径，铺就了从内圣成德至外王经世的儒家道路。在八条目及其诠释中，内圣愈发得到强调，而外王事功无形中却遭到弱化。强调德性修养而弱化外王事功追求的结果，是使后儒们逐渐丧失先秦儒者在经世济民的伟大事业追求中展现出来的担当、进取和慷慨豪迈的精神气概。有宋以降，儒家学者主要把修身理解为道德修养和心性修炼，却忽视有关经世济民才能的学习，从而不可避免地丧失在外王事功上的进取和开拓。

揆诸思想史，在宋代初期，儒家学者们在通经的同时，亦不忘研究经邦济世之学。他们大多主张通经达用，关注事功之学。如被称颂为“宋初三先生”之一的胡瑗，就在教学实践中创立了“苏湖教法”，在教学中设立“经义斋”与“治事斋”，表明对通经与致用一视同仁。在义利关系上，李觏和王安石要求统一义利，重视事功。如王安石就特别重视在治国平天下过程中理财的重要性，并阐发《周礼》的理财思想，认为理财

①《论语·雍也》。

就是所谓义。不幸的是，王安石变法最终功败垂成。变法的流产，导致儒学中外王事功追求遭到严重挫折，进而影响事功之学的传承和演进，致使儒学发展日益转向内圣，转向心性之学。

有宋以降，虽然心性之学独占鳌头，但经世之学脉络始终存在。如南宋永嘉学派，对朱子内圣道统颇不以为然，对其贬斥汉唐事功而专颂三代之政大为不满，故转而重经世之学。即使阳明心学如日中天之时，黄绾与唐伯元等辈就直言心学信徒未必俱为君子，也未必能达用经世于天下。因此，"自梨洲、亭林、船山以降之学者，其疑宋明儒之学，足以修己立德，不足以治人成事功者，其源亦甚远。"①阳明后学，"如王龙溪一生，几唯以讲学为事；罗近溪为宰令，人或议其脱略事为；李卓吾乃以著书放言高论为事，而开晚明'无事袖手谈心性'之风。王学乃为亭林船山所深恶痛绝。"②当然，公允而论，心学信徒也有成事功者，如王阳明本人，就被称颂为三不朽圣人，建功立业而为海内盛赞。但就本质而言，理学尤其心学，的确偏重于内圣。

在心性之学如日中天的情形之下，以陈亮和叶适等为代表的浙东学派，以豪迈气概扛起事功学派大旗，继承通经达用的学风。相对于理学以理为中心建构学说，陈亮事功之学的基本范畴则是"事物"。在王霸事功等问题上，陈亮与朱熹展开了深入而激烈的辩论。陈亮心目中的理想人格，是具有"推倒一世之智勇""开拓万古之心胸"的英雄，对热衷于道德性命的醇儒则颇不以为然。

明清之际，经世之学与南宋事功学派之间遥相呼应，它们都重视外王事功，重视经世济民。在评价陈亮与朱熹王霸义利之辨时，黄宗羲站在陈亮立场上，肯定了事功价值。他指出，汉唐与三代都有事功，只是随着时代变迁，事功亦须随之而变，并因此批评朱熹汉唐不如三代的说法。站在经世之学立场上，黄宗羲强调儒学本质上乃经世济民之学。

据宋元学案所记，永嘉学派继承宋初三先生义理与事功兼重之精神，与二程学派也颇有渊源。对儒学仁义之教，永嘉学派亦顶礼膜拜，

---

① 唐君毅：《中国哲学原论·原教篇》，中国社会科学出版社 2006 年版，第 442 页。

② 唐君毅：《中国哲学原论·原教篇》，中国社会科学出版社 2006 年版，第 443 页。

只是处内忧外患之境，念念不离家国天下。“唯意谓欲立事功、移国运、变时势，除程朱所倡之心性义理之学外，当另有一经国济民之事功之学而已。”[①]永嘉学派以叶适为代表，永康学派以陈亮为代表，无不重视古今天下之事势。叶适称古今法度在于维持天下之势，赞颂能洞察天下大势者为英雄豪杰，天下治乱盛衰必有其势。

根本而言，叶适与陈亮等，对程朱无不恭敬。林栗抨击朱熹讲学时，叶适尚且上疏为朱熹辩护。陈亮为人豪爽直言，坦言在义理性理之学上，自己愧不如程朱诸公。但他们之所以对程朱之学颇有微词，而开事功之学，是由于他们别有所见。在叶适看来，孔门之学有内心自修之曾子一脉，亦有子贡博施济众一脉；有思孟一脉，亦有尧舜禹相传利用厚生的洪范皇极一脉。程朱重心性之学，有不得不然一面，因其要与佛老抗争。但导致的后果却是轻忽外王经世之学。“今程朱只重在心性之学之精微，乃意在明儒家亦自有足与佛老之论相抗者。而不知其讲学偏在内心，遂不将事功之学，放在学术之内，其学即势有同于佛老之重内遗外，明体而不能达于用者。故叶适之论儒学，必讲官制、财赋、兵法……之种种经国济民之学。”[②]

浙东学派批评理学那些热衷于心性的迂阔空疏的说教，转而主张事功之学，并以经制阐释义理。在黄宗羲看来：“永嘉之学，教人就事上理会，步步着实，言之必使可行。足以开物成务，盖亦鉴一种闭眉合目，朦胧精神，自附道学者，于古今事物之变，不知以为何等也。”[③]以叶适为代表的永嘉学派、以陈亮为代表的永康学派与以吕祖谦为代表的金华学派，通常被统称为浙东学派。

永嘉学派主要出于两个源头。叶适在《温州新修学记》中指出：“昔周恭叔（周行己）首闻程（程颐）、吕（吕大临）氏微言，始放新经，黜旧疏，挈其俦伦，退而自求，视千载之已绝，俨然如醉忽醒，梦方觉也。颇益衰歇，而郑景望（郑伯熊）出，明见天理，神畅气怡，笃信固守，言与行应，而后知今人之心可即于古人之心矣。故永嘉之学，必兢省以御物欲者，周

① 唐君毅：《中国哲学原论・原教篇》，中国社会科学出版社2006年版，第448页。
② 唐君毅：《中国哲学原论・原教篇》，中国社会科学出版社2006年版，第449页。
③ 黄宗羲：《宋元学案》51卷，《水心学案》。

年于前而郑承于后也。”可见，永嘉学派的其中一个来源，是周行己传授给郑伯熊的性理之学，即洛学。早年在开封时，周行己求学于吕大临，之后又在洛阳受学于程颐。从吕大临那里，周行己无疑接受了张载关学的经世精神。从这样的师承关系来看，郑伯熊应当也接纳了张载关学经世济民精神的影响。“薛士隆愤发昭旷，独究体统，兴王远大之制，叔末寡陋之术，不随毁誉，必摭故实，如有用我，疗复之方安在！至陈君举尤号精密，民密某政，国厌某法，铢称镒数，各到根穴，而后知古人之治可措于今人之治也，故永嘉之学，必弥纶以通世变者，薛经其始而陈纬其终矣。”[①]永嘉学派的另一个来源是薛季宣的事功之学。

郑伯熊与郑伯英兄弟对薛季宣的学问极为敬服。郑伯英在《祭薛季宣文》中，感慨地推崇薛季宣的事功之学：“圣贤不作，道丧文弊。问学事功，歧而为二。事功维何！惟材与力。问学维何！书痴传癖。学不适用，用者无学。为己为人，在在乖错，公之探讨，专用律身。推而放之，于以及人。纵论今古，衮衮忘疲。旁及制度，援笔而图。虽则云然，匪曰公长。公之员员，诸葛子房。治官训农，理财练兵。厥有成算，其可行。”[②]同时代的吕祖谦相当佩服薛季宣的为人为学，在致朱熹的信中称赞薛季宣：“薛士龙归途道此，留半月。向来喜事功之意颇锐，今经历一番，却甚知难。虽尚多当讲画处，然胸中坦易无机械，勇于为善，于世务二三条，如田赋、兵制、地形、水利，甚曾下工夫，眼前殊少见其比。士龙坦平坚决，所学确实有用。”[③]可见，薛季宣所为确为有用之学，为事功之学。

在为学上，薛季宣与郑伯熊都强调经史并重，强调由经入史。在考证古代经制时，他们往往通过史事论证其中的得与失。有关道与器的关系，薛季宣主张寓道于器。他在《答陈同父亮书》中指出：“上形下形曰道曰器，道无形埒，舍器将安适哉？且道非器可名，然不远物，则常存乎形器之内。昧者离器于道，以为非道遗之，非但不能知器，亦不知

① 叶适：《叶适集》卷十，中华书局 1961 年版。

② 薛季宣：《薛季宣集》附录一。

③ 吕祖谦：《吕太史别集》卷十，《尺牍》。

道矣。”[1]

揆诸中国上古史，可称作圣人者，无不有功于经世，有功于利用厚生，而内心反省之学实乃后出。“盖自历史而观，中国文化之初成，固原在治历、明时、平水土、建制设官之利用厚生之事，对内心之反省之学，乃为后出。尚书开始之人心道心四句，亦出伪古文尚书，尧舜禹亦原未尝以此心法相传也。今叶适之言二帝三王之道，表现于立皇极，亦更合于历史之真。”[2]

陈亮对朱熹声称汉唐政治纯粹为牵补过日的苛刻之论，颇为不满。在他看来，汉唐千余年历史，如何可能人人俱有眼无珠，有功业自然亦有德行。“故不可于汉唐之政功，只存卑视之心。今欲建功立业，亦当有正心诚意以外，如‘堂堂之阵、正正之旗’，以鼓舞群伦之学。”[3]

明末清初，学者注意力逐渐从性理、天理和义理转向事功之理，转向事理、物理等。在此之前，宋明理学侧重于追求理想人格的内圣之学，而对化成天下的外王之学颇为忽视。有清三百年学术，重考据而轻义理，重客观文献而轻主观义理，令人有平常、平淡甚至有平庸之感，不如性命之学那样启人神智，令人常常生发豁然觉悟之深层感奋。但在内圣之学走到极致而穷尽可能性之后，也不能不有一客观转向，不能不有以事功、经世之学补宋明理学及心学之偏的转向。

但从另一面我们也看到，有清三百年学术，在详于经世与考据，在详于事理、物理的同时，也难以避免弱化对性理、天理与义理的关注，忽视了对内圣之学的关注。这也可谓从一偏转向另一偏，而仍然未能尽儒学内圣外王之道。“大率此三百年之学，乃在求补宋明儒学之偏向。如以一语，言此偏向，则在宋明儒之偏详于天理、性理、义理之当然之理，以成其尽人性成人格之内圣之学；而忽于事理、势理、物理，以成‘人文化成于天下’之外王之事功之学。”[4]“然吾人依此对全之向往，以观其

① 薛季宣：《薛季宣集》卷二十三。

② 唐君毅：《中国哲学原论·原教篇》，中国社会科学出版社 2006 年版，第 449 页。

③ 唐君毅：《中国哲学原论·原教篇》，中国社会科学出版社 2006 年版，第 450 页。

④ 唐君毅：《中国哲学原论·原教篇》，中国社会科学出版社 2006 年版，第 441 页。

偏，而纳此三百年学术于宋明儒学，自周濂溪以降本太极而立人极、皇极之思想大流以观，则亦仍当谓其有意无意向在此一全，并见中国哲学慧命未尝不流行于其中也。"[①]由此可见，在有清三百年经世与考据之学中，依然跃动着儒学内圣外王大全之学的慧命。

① 唐君毅：《中国哲学原论·原教篇》，中国社会科学出版社 2006 年版，第 441 页。

第八章　从心学批判走向行己有耻

在梁启超看来，阳明心学在中国学术史上无疑具有相当重要的价值，绝不可由于末流弊病而一概抹杀。但是，在积弊丛生之下，转而呼唤新的学术也是顺理成章之事。“但末流积弊，既已如此，举国人心对于他既已由厌倦而变成憎恶，那么这种学术，如何能久存？反动之起，当然是新时代一种迫切的要求了。”①活跃于明末清初的学者，虽然年轻时生活于阳明心学的影响之下，但由于经历亡国的天崩地裂之惨变，在深创剧痛之下，思想都经历了深刻而痛苦的蜕变，艰难地成长出新的思想生命。他们因此“抛弃明心见性的空谈，专讲经世致用的实务。他们不是为学问而做学问，是为政治而做学问。他们许多人都是把半生涯送在悲惨困苦的政治活动中，所做学问，原想用来做新政治建设的准备，到政治完全绝望，不得已才做学者生活。”②他们严于夷夏之分，即使辛苦建构经世之学，也不愿当即与清朝合作，而宁愿“待后王”。

明代晚期，心学末流已几乎与禅宗合流，束书不观而弃置经世实务的情形愈加严重。“东林领袖顾泾阳宪成、高景逸攀龙提倡格物，以救空谈之弊，算是第一次修正。刘蕺山宗周晚出，提倡慎独，以救放纵之弊，算是第二次修正。明清嬗代之际，王门下唯蕺山一派独盛，学风已渐趋健实。”③黄尊素就捕入狱时，告知儿子黄宗羲治学要知史事。“所以梨洲自少时即致力史学。他家里藏书本甚多，同乡钮氏世学楼、祁氏

① 梁启超：《中国近三百年学术史》，上海三联书店2006年版，第6页。

② 梁启超：《中国近三百年学术史》，上海三联书店2006年版，第12页。

③ 梁启超：《中国近三百年学术史》，上海三联书店2006年版，第36页。

澹生堂、范氏天一阁的书，都到处借抄借读，所以他记诵极博，各门学问都有所探索。”①

李颙为学虽然以阳明致良知为宗，但对于心学末流重本体而轻工夫的情形也不以为然。他强调：“先觉倡道，皆随时补救，如人患病不同，投药亦异。晦庵之后，堕于支离葛藤，故阳明出而救之以致良知，令人当下有得。及其久也易，至于谈本体而略工夫……今日吾人通病，在于昧义命，鲜羞恶。苟有大君子，志切拯救，惟宜力扶廉耻……”②因此在讲学上，李颙并不热衷于性命天理等玄谈，而着重从切身体证处入手，因此能够深刻地感发学子。“他绝对不作性命理气等等哲理谈，一力从切身处逼拶，所以他的感化力入人甚深。他自己拔自疏微，所以他的学风，带有平民的色彩。”③

李塨批评宋明理学，高明者好谈性理天理，忙于撰写语录；平庸者则疲于奔命于科举。因此不管是高明者还是平庸者，都弃经世之学于高阁。一旦强敌入侵，则束手无策。“……高者谈性天，撰语录；卑者疲精死神于举业，不唯圣道之礼乐兵农不务，即当世之刑名钱谷，亦懵然罔识，而搦管呻吟，自矜有学。……中国嚼笔吮毫之一日，即外夷秣马厉兵之一日，卒之盗贼蜂起，大命遂倾，而天乃以二帝三王相传之天下授之塞外……”④有宋以降，儒者深受释道二教影响，好静坐，好谈论性命天理之学，却有违孔子的原本精神。以至明末，高明儒者只知著书立说，而置经世事功于不顾。以为惟著书为万世之业，而建功立业只是一时琐事。“宋后，二氏学兴，儒者浸淫其说，静坐内视，论性谈天，与夫子之言，一一乖反，而至于扶危定倾大经大法，则拱手张目，授其柄于武人俗士。当明季世，朝庙无一可倚之臣。坐大司马堂批点《左传》，敌兵临城，赋诗进讲，觉建功立名，俱属琐屑，日夜喘息著书，曰此传世业也。

---

① 梁启超：《中国近三百年学术史》，上海三联书店 2006 年版，第 40 页。

② 李颙：《二曲集》卷十《南行述》。

③ 梁启超：《中国近三百年学术史》，上海三联书店 2006 年版，第 39 页。

④ 李塨：《恕谷集 · 书明刘户部墓表后》，转引自梁启超《中国近三百年学术史》，上海三联书店 2006 年版，第 4 页。

卒至天下鱼烂河决，生民涂炭。呜呼，谁生厉阶哉！”①

由此可见，在清儒看来，宋明理学的研究对象只是所谓绍绍灵灵不可捉摸之物。悟性高明者，诚然可以循此而身心安顿。但效应之糟糕在于导致狂禅与狂儒的泛滥。以悟代学之路径终于走到尽头，客观之经世学问安能不抬头而起。进入清初以后，遗民大儒痛定思痛，反对清谈心性，对心学进行了彻底清算。正由于此，阳明心学在清初地位急剧衰落，以致一蹶不振，学术大端遂转向朱子学。与心学没落相应，则是经世之学地位迅速上升。清初大儒治学的重心纷纷转向经世方向，例如陆世仪、孙奇逢与顾炎武等。

陆世仪尊重朱学，但并无门户之见，反对朱陆异同之论：“鹅湖之会，朱陆异同之辨，古今聚讼，不必更扬其波。”②在他看来，无论是朱学的“居敬穷理”，还是王学的“致良知”，只要切实去做，都可以入道。相对而言，鉴于心学末流弊端，陆世仪为学的确更偏于朱学。许舜光认为朱子的格物致知似乎有支离之嫌，不如阳明工夫直截。陆世仪回答：“朱注说格物只是穷理二字，阳明说格物便多端。今《传习录》所载，有以格其非心为说者，有乃朱子之旧者；至于致知则增一良字，以为一贯之道，尽在是矣。缘阳明把致知二字竟作明明德三字看，不知明明德工夫，合格致诚正修俱在里面。致知只是明德一端。如何可混，且说个致良知虽是直截，终不赅括，不如穷理稳当。”他批评阳明将致知冒认为明明德。因为致知仅仅是明德一端，而明明德工夫当包括格物致知诚意正心在内。致良知虽然直截了当，但终究不如穷理平实稳妥。穷理可包括致良知在内，而致良知则无法包括穷理在内。“天下事有可以不虑而知者，心性道德是也，有必待学而知者，名物度数是也。假如只天文一事，亦儒者所当知，然其星辰次舍，七政运行，必观书考图，然后明白，纯靠良知，致得去否？故穷理二字赅得致良知，致良知三字赅不得穷理。”③

① 李塨：《恕谷集·与方灵皋书》，转引自梁启超《中国近三百年学术史》，上海三联书店 2006 年版，第 4 页。

② 陆世仪：《思辨录辑要》后集卷八，《诸儒类》，《陆子遗书》，第 11 页。

③ 陆世仪：《思辨录辑要》卷三，《格致类》，第 33—34 页。

孙奇逢为学志在“通人事以致用”。他诚然也谈论心性，但谈心性必定与道德、政治联系起来。例如，他在探讨《论语》时指出：“论学是希贤希圣之事，论孝是为子立身之事，论仁是尽心知性之事，论政是致君泽民之事，论言行是与世酬酢之事，论富贵贫贱是境缘顺逆之事，论交道是亲师取友之事，论生死是生顺殁宁之事。”①

众所周知，清代学术表现为对宋明理学的反动，体现为“复古”，即通过考据而返回原本儒家经典。在这其中，顾炎武的作用可称巨大。与宋明儒者不同，清儒学问的价值不在理学，而在经学。顾炎武在有清三百年学术史之所以享有崇高地位，被称颂为清学之祖，是因为他是一个承上启下的人物，一方面有力地批判阳明后学，另一方面也开辟出许多学问途径。“要之清初大师，如夏峰、梨洲、二曲辈，纯为明学余波。如船山、舜水辈虽有反明学的倾向，而未有所新建设，或所建设未能影响社会。亭林一面指斥纯主观的王学不足为学问，一面指点出客观方面许多学问途径来。于是学界空气一变，二三百年间跟着他所带的路走去。亭林在清代学术史所以有特殊地位者在此。”②

为对治好谈心性而束书不观的空疏学风，顾炎武专门标举“博学于文”。他在《日知录》卷七《夫子之言性与天道》中强调“夫子之文章，无非夫子之言性与天道”，意在表明人生哲学与宇宙原理“都散寄于事物条理（文章）之中。我们做学问，最要紧是用客观工夫，讲求事物条理，愈详博愈好，这便是‘博学于文’。若厌他琐碎，嫌他粗浅，而专用主观的冥想去求‘性与天道’，那却失之远了”。③ 顾炎武为学刻苦专注，是博学于文的生动体现。他几十年如一日地读书，即使在事情烦乱时与旅行时，亦是如此。他做学问不屑于走终南捷径，而是下苦功夫搜集浩如烟海的资料，并做广泛整理与读书札记。“须知凡用客观方法研究学问的人，最要紧是先彻底了解一事件之真相，然后下判断。能否得真相，全视所凭藉之资料如何。资料，从量的方面看，要求丰备；从质的方面看，要求确实。所以资料之搜罗和别择，实占全工作十分之七八。明白

① 孙奇逢：《夏峰先生集》卷十三，《语录》，第554页。

② 梁启超：《中国近三百年学术史》，上海三联书店2006年版，第52页。

③ 梁启超：《中国近三百年学术史》，上海三联书店2006年版，第54页。

这个意思，便可以懂得亭林所谓采山之铜与铜之分别何如。”①

顾炎武的著述，就精致完整而言，可能比不上后继学者。但是，“若论方面之多，气象规模之大，则乾嘉诸老，恐无人能出其右。要而论之，清代许多学术，都由亭林发其端，而后人衍其绪。”②顾炎武在学风、治学方法与开创学术门类上做出了重大贡献。“一曰开学风，排斥理气性命之玄谈，专从客观方面研察事务条理。二曰开治学方法，如勤搜资料，综合研究，如参验耳目闻见以求实证，如力戒雷同剿说，如虚心改订不护前失之类皆是。三曰开学术门类，如参证经训史迹，如讲求音韵，如说述地理，如研精金石之类皆是。”③

第一节　心学批判

对于清代学术的转型，梁启超强调顾炎武之功最大。因为凡事不破不立，为了确立新的经世与考据之学，就必须对心学及理学末流施以沉重打击。在这方面，顾炎武对晚明心学及学风的抨击显然最为严厉。顾炎武为学少有门户之见，即使惩于亡国之痛而痛批王学，也主要是鉴于王学末流之猖狂无忌而已。对于工夫切实之王学中人，他依然交好如故。章太炎为此指出：顾宁人深惩王学，然南交太冲，北则尤善中孚。太冲固主王学者，中孚且称“一念万年”，其语尤奇，且谓宁人“抛却自心无尽藏”，然交好固不替也。则知宁人所恶于王学者，在其末流昌狂浮伪而已。太冲傲倪，中孚醇朴，则不论其学之异同。④ 由此可见，顾炎武之所以能成为清儒之祖，开创经世风，与他开阔的治学风格不无关系。

从晚明思想史来看，正是阳明“四句教法”中存在的含混之处，引起了王学分化。其中，良知现成派迅速滑向狂禅，造成晚明思潮的轻佻与浮躁。顾炎武认为泰州学派与龙溪之学罪恶深重，以致将阳明心学的

---

① 梁启超：《中国近三百年学术史》，上海三联书店 2006 年版，第 56 页。

② 梁启超：《中国近三百年学术史》，上海三联书店 2006 年版，第 58 页。

③ 梁启超：《中国近三百年学术史》，上海三联书店 2006 年版，第 59 页。

④ 章太炎：《中国近三百年学术史》“蓟汉昌言·连语”（节选）。

危害与魏晋清谈相提并论。在他看来，当世儒者只会束书不观而高谈心性。顾炎武解构天理，从经世立场出发，重新解释致知格物。他要求士子杜绝清谈心性的蹈空习性，遵从孔子教诲以“博学于文”。

在《日知录》卷十八“举业”条中，顾炎武引用《福州府志》指出：“近日讲学之辈，弥近理而大乱真，士附其门者皆取荣名。于是一唱百和，如伐木者呼‘邪许’，然徐而叩之，不过徼捷径于终南，而其中实莫之能省也。”其中，他以嘲讽语调描绘了晚明的讲学情形。

顾炎武尖锐指责道学、理学之害，“孔门弟子不过四科，自宋以下之为学者则有五科，曰‘语录科’。”认为今日清谈的危害甚于魏晋清谈。因为“昔之清谈谈老庄，今之清谈谈孔孟，未得其精而已遗其粗，未究其本而先辞其末”。他抨击今世儒者只会束书束手高谈心性，而“不习六艺之文，不考百王之典，不综当代之务，举夫子论学论政之大端一切不问，而曰‘一贯’，曰‘无言’”。士大夫们“以明心见性之空言，代修己治人之实学”的严重后果就是：“股肱惰而万事荒，爪牙亡而四国乱，神州荡覆，宗社丘墟。”①

清初大儒虽然纷纷批判阳明心学，但像顾炎武这样，如此明确地将明亡原因归于清谈阳明良知的，却颇为罕见。后世学者大多认为，在批判阳明心学的大儒中，言论最激烈、态度最严厉而产生影响最深远的，当属顾炎武。

晚明士人热衷谈论心性，致使孔孟圣人之道堕于沟壑；沉溺游谈，致使人心日渐虚浮，最终使得廉耻渐丧而诈伪日生。他旗帜鲜明地指出，圣人学问平易可循，并非常人想象中高深莫测的样子。孔子说：“下学而上达。”②意思是说，只有一步一个脚印努力学习，才能通晓高深的天道。颜渊几乎可称得上圣人，但是他还要说“博我以文”。③ 孔子劝诫鲁哀公，想要明辨善恶，首先就得博学。子夏也说：“博学而笃志，切问

① 顾炎武：《日知录集释》(全校本)上册卷七之“夫子之言性与天道”条，上海古籍出版社2006年版，第402页。

②《论语·宪问》。

③《论语·子罕》。

而近思，仁在其中矣。”[①]

至于晚明士子热衷的心性之学，顾炎武认为孟子早就探讨过了。真正的心性表现在出处、去就、辞受、取与之间。例如，像商代初年伊尹这样的大圣人，拥有使国君商汤成为尧舜之君、使臣民成为尧舜时代那样言行醇正的臣民的盛大德行和巨大功绩，他言行的根本准则却也只是在于：“非其义也，非其道也，禄之以天下，弗顾也；系马千驷，弗视也。非其义也，非其道也，一介不以与人，一介不以取诸人。”[②]为此，顾炎武批评清谈心性的士子说：“性也、命也、天也，夫子之所罕言，而今之君子之所恒言也；出处、去就、辞受、取与之辨，孔子、孟子之所恒言，而今之君子所罕言也。”[③]

顾炎武引用东乡艾南英《皇明今文待序》中批评心学的话说，禅学、心学侵入举业的原因在于：“一二聪明才辩之徒，厌先儒敬义诚明、穷理格物之说，乐简便而畏绳束。”[④]又称嘉靖年间，阳明心学虽然盛行于世，但是士子举业尚且谨守程朱家法，而不敢以禅学侵入圣学。“自兴化（李春芳）、华亭（徐阶）两执政尊王氏学，于是隆庆戊辰《论语程义》首开宗门，此后浸淫，无所底止。科试文字大半剽窃王氏门人之言，阴诋程、朱。”

对晚明的李贽，顾炎武持严厉批评态度。他斥责说：“自古以来，小人之无忌惮而敢于叛圣人者，莫甚于李贽。然虽奉严旨，而其书之行于人间自若也。昔晋虞预论阮籍，比之伊川被发，所以胡虏遍于中国，以为过衰周之时。试观今日之事，髡头也，手持数珠也，男妇宾旅同土床而宿也，有一非贽之所为者乎？盖天将使斯人有裂冠左衽之祸，而豫见其形者乎？殆亦《五行志》所谓‘人痾’者矣。”[⑤]在顾炎武看来，李贽是有史以来最为肆无忌惮地叛离圣学之徒。李贽的毁弃人伦之言行，骇人听闻，是谓天将沦于夷狄之预兆。顾炎武进而特别指出，李贽学说的渊源在

①《论语・子张》。

②《孟子・万章上》。

③ 顾炎武：《亭林文集》卷三《与友人论学书》。

④ 顾炎武：《日知录集释》中册卷十八之“举业”条，上海古籍出版社2006年版，第1054页。

⑤ 顾炎武：《日知录集释》中册卷十八之“李贽”条，上海古籍出版社2006年版，第1070—1071页。

于王阳明与王畿充满禅学色彩的心学："然推其作俑之繇，所以敢于诋毁圣贤而自标宗旨者，皆出于阳明、龙溪禅悟之学。"并由此怒斥心学："后之君子悲神州之陆沉，愤五胡之窃据，而不能不追求于王、何也。"

在《日知录》卷十八《李贽》条中，顾炎武引《神宗实录》中张问达的《劾李贽疏》，其中充斥着对李贽纵情放任言行的极其严厉的抨击。李贽"以吕不韦、李园为智谋，以李斯为才力，以冯道为吏隐，以卓文君为善择佳偶，以秦始皇为千古一帝，以孔子之是非为不足据，狂诞悖戾，不可不毁。尤可恨者，寄居麻城，肆行不简，与无良辈游庵院，挟妓女，白昼同浴，勾引士人妻女入庵讲法，至有携衾枕而宿者，一境如狂。"在《科场禁约》中，顾炎武又引冯琦上疏说："自人文向盛，士习寖漓，始而厌薄平常，稍趋纤靡；纤靡不已，渐鹜新奇；新奇不已，渐趋诡僻。始犹附诸子以立帜，今且尊二氏以操戈。背弃孔、孟，非毁程、朱，惟南华、天竺之语，是宗是竞。以实为空，以空为实；以名教为桎梏，以纪纲为赘疣；以放言高论为神奇，以荡轶规矩、扫灭是非廉耻为广大。取佛书言心言性略相近者窜入圣言，取圣经有空字无字者强同于禅教。"晚明时期士风与学风每况愈下，由平常趋于纤靡，由纤靡趋于新奇，由新奇以致趋于诡僻。士子从释老之学而背弃孔孟之学，诋毁程朱之学。空实淆乱，以名教纪纲为束缚，以纵言高论为高明神奇，甚至模糊儒释界线。"语道既为踳驳，论文又不成章。世道溃于狂澜，经学几为榛莽。……自南宋以来，于吾道之中自分两歧。又其后，则取释氏之精蕴，而阴附于吾道之内。（如陈白沙、王阳明）又其后则尊释氏之名法，而显出于吾道之外。（如李贽之徒）非圣主执中建极，群工一德同风，世运之流，未知所届。"

在明遗民中，对清谈误国的谴责随处皆是。一方面，明遗民在追究明亡原因与批判君主专制、宦官专权和吏治腐败的同时，也将明亡与理学、心学弊端联系起来；明代中期后，理学、心学本身就出现了分裂和内在的危机；到明代末年时，"言心学者则无事乎读书穷理"，程朱派则沉溺于"经生之章句"，最终都坠落为"游谈无根"之学。① 越到明代晚期，

① 黄宗羲：《南雷文定》卷二《留别海昌同学序》。

阳明心学越是禅学化，将国家实务束之高阁，而沉湎于清谈心性。在椎心的亡国之痛中，明遗民对明末士风的浇漓轻薄和学风的玄虚浅薄都进行了无情批判。

王夫之父亲为学传承于邹守益，但对心学的抨击，他却毫不留情："王氏之学，一传而为王畿，再传而为李贽，无忌惮之教立而廉耻丧，盗贼兴。皆唯怠于明伦察物而求逸获，故君父可以不恤，名义可以不顾，陆子静出而宋亡，其流祸一也。"①黄宗羲在学脉上直承阳明心学，更遑论他与王阳明为同乡，但他对心学学风及清谈误国也进行了尖锐批评："治财赋者则目为聚敛，开阃捍边者则目为粗材，读书作为者则目为玩物丧志，留心政事者则目为俗吏，徒以'生民立极，天地立心，万世开太平'阔论钤束天下。一旦有大夫之忧，当报国之日，则蒙然张口，如坐云雾。世道以是潦倒泥腐，遂使尚论者以为建功立业别是法门，而非儒者之所与也。"②

即使比较平和的理学家，也主张修正阳明心学学风，而转向经世实学。孙奇逢早年属于阳明心学，后来转向调和朱王，并最终将学问统一于"躬行实践"。孙奇逢对阳明心学弊病洞若观火，尤其着力批判四无说和顿悟说。与此同时，他对朱熹也有所批判，认为朱熹一系理学的缺点，在于将全部心血"奔在册子上"，"沉溺于故纸堆中"。③ 对朱王两派，孙奇逢的态度比较客观："门宗分裂，使人知反而求之事务之际，晦翁之功也。然晦翁殁，而天下之实病不可不泄。词章繁兴，使人知反而求之心性之中，阳明之功也。然阳明殁，而天下之虚病不可不补。"④补虚之妙方莫过于"躬行实践"，因此孙奇逢最终倡导"学问皆从躬行出，而不从口出"。⑤ 陆世仪被顾炎武称颂为"当世真儒"。他以"居敬"进行严格的道德修养，以纠正心学的凌空蹈虚倾向；又以"穷理"为旗帜，追求经世致用之学。

---

① 王夫之：《张子正蒙注》卷九《乾称篇下》。
② 黄宗羲：《南雷文定后集》卷三《赠编修弁玉吴君墓志铭》。
③ 孙奇逢：《理学宗传》卷六《朱熹》。
④ 孙奇逢：《夏峰集》卷一《年谱》。
⑤ 孙奇逢：《理学宗传》卷二五《金铉》。

明末清初的三大儒顾炎武、黄宗羲和王夫之，之所以与李贽之间存在根本性矛盾，之所以对李贽展开激烈批判，指责他为晚明风气败坏的根源之一，是因为他们思考的出发点和依据是天理，是公，而李贽思考的出发点和依据却是私，是自我。在异族入主中原的天崩地裂的动荡时代，三大儒深切忧虑的是民族文化的保存与传承，而非心性的解脱与人性的解放。在这种情形之下，他们自然而然地就会批判导致王纲松动甚至解纽的阳明后学，尤其是批评其中激进派的代表人物李贽。保存与传承民族文化的当务之急，完全压倒了对心性之学及其自由取向的关注。

第二节　下学方能上达

顾炎武对神化为“孔门传授心法”的“十六字诀”和“天理”进行了深入解构。在《与友人论学书》中，他声称：

> 窃叹夫百余年来之为学者，往往言心言性，而茫乎不得其解也。命与仁，夫子之所罕言也；性与天道，子贡之所未得闻也。性命之理，著之《易传》，未尝数以语人。其答问士也，则曰“行己有耻”；其为学，则曰“好古敏求”。其与门弟子言，举尧舜相传所谓危微精一之言一切不道，而但曰“允执厥中，四海困穷，天禄永终”。呜呼，古人之所以为学者，何其平易而可循也……今之君子则不然，聚宾客门人之学者数十百人，“譬诸草木，区以别矣”；而一皆与之言心言性，舍多学而识以求一贯之方；置四海困穷不言，而终日讲危微精一之说，是必其道之高于夫子，而其门弟子贤于子贡，祧东鲁而直接二帝之心传者也。我弗敢知也。①

顾炎武的意思是说，古人并不高谈阔论命与仁、性与天道，为学平易可循，只是特别指出“行己有耻”与“好古敏求”。今日学者却一味追

---

① 顾炎武：《顾亭林诗文集》。

求高远玄虚的东西，动辄言心言性以求一贯之方，终日讲论危微精一之说。这种德性之知似乎颇为高明，究其实却往往是无用的空言。孔子从不抽象地侈口高谈“道”，而要求多多关心苍生福祉，这与当今理学家们“置四海困穷不言，而终日讲危微精一之说”，形成了鲜明对照。通过形象的对照，顾炎武揭示出古今对“危微精一”说理解的相互对立，证明宋明理学背离圣学，并非原初的孔孟之道，从而消解作为理学家支柱的道心和人心说，为士子回归经典和走向实际生活本身提供了坚实依据。

明朝何以覆亡的沉痛问题，是清初士大夫反思的焦点。在这种反思的大背景下，晚明学风的蹈虚凿空成为严厉批判的众矢之的，从而使得清初学风由玄虚转变为健实，使得经世致用的为学态度深入人心。怀抱禾黍之悲的明遗民，更是彼此以经世致用相标榜，借以寄托“待后王”的远大志向。由于特殊的时代背景，儒家经世传统在明遗民那里具有别样风景。在愧疚交加的对明亡反思的沉重拷问中，明遗民根据内圣外王的政治教化逻辑，自然而然地从世运人心追究到学风。晚明学风的清谈心性、师心自用与凌空蹈虚，因此成了批判的靶子。经世致用的价值取向，在清初由晚明致力于内圣之学转为强调外王之道。在明遗民当中，外王之道经历了两个阶段，即武装抗清以保国复国，继而转为著述经世以保天下。包括经济、军事、水利、民生等在内的外王经世层面，在作为明遗民的清初大儒那里，得到了全面而深刻的探索。为经世而追求博学，因此成为清初大儒为学的显著特点。

针对心学末流一味以心性解释儒家经典的不良倾向，顾炎武从经世立场出发，重新解释《大学》致知格物。他对“致知”的解释是：“致知者，知止也。知止者何？为人君止于仁，为人臣止于敬，为人子止于孝，为人父止于慈，与国人交止于信，是之谓‘止’。”对“物”的解释是：“君臣、父子、国人之交，以至于‘礼仪三百、威仪三千’，是之谓‘物’。”《诗·大雅·烝民》中的“天生烝民，有物有则”，《孟子·离娄下》中的“舜明于庶物，察于人伦”，《尚书·洪范》中武王拜访箕子、和箕子向武王阐发天地之道，《礼记·曾子问》中曾子、子游和孔子之间的问答，顾炎武认为这一切都是物。“故曰：万物皆备于我矣。”“以格物为‘多识于鸟兽草木之名'，则末矣。知者无不知也，当务之为急。"①

顾炎武要求士子杜绝清谈心性的蹈空习性，要求他们遵从孔子教诲以"博学于文"。他指出："自身而至于家、国、天下，制之为度数，发之为音容，莫非文也。"②他为学极其讲究经世致用，时刻关怀天下苍生福祉，而不屑于沉溺清谈的心性之学。他指出："孔子之删述六经，即伊尹、太公救民于水火之心，而今之注虫鱼、命草木者，皆不足以语此也。"③他表明为学心迹说："凡文之不关于六经之指、当世之务者，一切不为。而既以明道救人，则于当今之所通患，而未尝专指其人者，亦遂不敢以辟也。"④在《与人书(二十五)》中，他表露自己的为学宗旨："君子之为学，以明道也，以救世也。徒以诗文而已，所谓'雕虫篆刻'，亦何益哉！"⑤君子为学当志在明道救世，如若沉溺于诗文，则无益于世。

明代儒学士子与圣人之道和实际世界之间的关系已经相当疏远。他们主要通过经史典籍理解实际世界的空间，而很少进行实地考察。在心学影响下，他们甚至束书不观，仅仅根据道听途说就任意断言。如此一来，就导致对实际世界的想象秩序替代圣人之道和真实秩序，从而使圣人之道和实际世界落入了暗影之中，也就是顾炎武所谓"经生之寡术"，士子对心性清谈的沉溺。对这种败坏的士风和学风，顾炎武深为忧虑。他在《天下郡国利病书·序》中，讲述为学心路历程时说："崇祯己卯，秋闱被摈，退而读书。感四国之多虞，耻经生之寡术，于是历览二十一史以及天下郡县志书，一代名公文集及章奏文册之类，有得即录，共成四十余帙。一为舆地之记，一为利病之书。"在这其中，无疑表明了博览群书即博学于文的重要性。

当反清复明希望逐渐破灭的时候，作为遗民大儒，顾炎武还能矢志以求的，就是重建道统。在漫长的北游中，北方辽阔苍凉的河山渐渐变得清晰，心学末流导致的阴影逐渐消散，返归儒家经典与经世致用的重

① 顾炎武：《日知录集释》卷六之"致知"条，上海古籍出版社2006年版，第376—377页。
② 顾炎武：《日知录集释》卷七之"博学于文"条，上海古籍出版社2006年版，第403页。
③ 顾炎武：《亭林文集》卷四《与人书三》。
④ 顾炎武：《亭林文集》卷四《与人书三》。
⑤ 顾炎武：《亭林文集》卷四。

建道统方向变得日益明朗。在风尘仆仆的万里壮游中，顾炎武始终没有遗忘经世之学。“凡先生之游，以二马二骡载书自随，所至厄塞，即呼老兵退卒，询其曲折，或与平日所闻不合，则即坊肆中发书而对勘之。或径行平原大野，无足留意，则于鞍上，默诵诸经注疏，偶有遗忘，则即坊肆中发书而熟复之。”[①]通过实地考察，经由对老兵的不耻下问与大量研读经史方志，顾炎武日益深入实际生活世界，从而开创了经世实学。

明朝覆亡之后，异族入主中原，使绝大多数汉人士子遭受剧烈的亡国之痛。在漫长的痛苦与抗争、愤激与逃隐之中，他们深刻反思明亡原因。他们之所以严厉抨击王阳明及其后学清谈误国，是因为其一以贯之的反思路径：学术败坏则人心败坏，人心败坏则天下乱，天下乱则国家亡。这种反思逻辑无疑来源于儒家内圣外王的伦理一政治路径：格物，致知，正心，诚意，修身，齐家，治国，平天下。因此，在天下丧失而故国覆亡的情形之下，为了民族重光与天下太平，就得返回到读经、修身、齐家、治国与平天下的正统路径，也就是说，要明经尊儒，要走经世之学道路。

第三节　行己有耻

在程朱理学中，道德形上学发展到了极致。顾炎武批判性地继承了宋儒的道德理想主义，但同时也清醒地认识到，仅仅运用道德理想主义，难以有效地治国平天下。在社会的普遍教化层面上，他没有满足于单纯的道德理想主义，而着重提出了“行己有耻”的道德底线。这是因为，顾炎武认识到现实人性的复杂性，肯定民生有欲而人怀自私之性。他认为道德对现实中的人性，只能“顺之、养之、给之、恤之”，过高的道德标准往往只会导致人格作伪与人格分裂现象的泛滥。

知耻是儒家伦理的基础性规范，是士民德性和人格所要求的。耻，从心从耳，顾名思义，就是耳闻过而心愧，是因言行过失而引起的羞愧

① 全祖望:《亭林先生神道表》,《鲒埼亭集》。

之情。顾炎武强调耻德的重要性，将“行己有耻”与“博学于文”并举，认为知耻乃为人做事之本。耻德主要指低限度的德性。儒家先贤认为耻德是是非善恶的道德底线，而把仁义和天理等看作极高的道德理想。顾炎武之所以很少谈论仁义天理，是因为目睹晚明王学末流大谈仁义天道天理却导致纵情任性的严重流弊。晚明士子热衷谈论仁义天道天理，却往往无法落实于实际生活，甚至连最低限度的道德准则都无法坚守。

在顾炎武看来，礼义廉耻对王政来说必不可少，而耻尤其具有根本意义。孔子要求士人“克己复礼”以恢复西周礼乐制度，要求把耻与儒家理想的政治社会联系在一起。他指出：“道之以政，齐之以刑，民免而无耻；道之以德，齐之以礼，有耻且格。”大意是说，倘若仅仅用刑罚治民，那么民众虽能免于犯罪，但却不会懂得犯罪行为是羞耻的；倘若以德治教化民众，那么民众就会产生羞耻之心，从而自觉地避免犯罪。显然，道德底线的坚守有赖于耻感的形成。

周敦颐认为“必有耻，则可教”，[①]明确主张知耻乃教化前提。有了知耻之心，人们就会因为恶的可耻而由衷产生愧悔之心，从而及时予以改正。有了知耻之心，民众才会自觉向善，主动接受教化。所谓风俗之美，重要的正在于养民知耻。陆九渊认为“人唯知所贵，然后知所耻”，[②]而明善方能知耻。知耻应以勇气为后盾。由自愧而自谴、自责需要有解剖自己、否定自己的勇气。《中庸》因此说“知耻近乎勇”。

顾炎武认为：“廉耻者，士人之美节；风俗者，天下之大事。朝廷有教化，则士人有廉耻；士人有廉耻，则天下有风俗。”[③]士人知不知耻，关乎天下风俗是否淳美。倘若士人不知耻，就会造成恶劣影响，败坏社会风气。晚清的龚自珍同样指出士人知耻的重要性：“士皆知有耻，则国家永无耻矣；士不知耻，为国之大耻。”[④]

《礼记·杂记》认为君子有五耻：“居其位，无其言，君子耻之；有其

① 周敦颐：《通书·幸》。
② 陆九渊：《陆九渊集》卷三十二《人不可以无耻》。
③ 顾炎武：《日知录集释》卷十三之“廉耻”条，上海古籍出版社2006年版，第773页。
④ 龚自珍：《明良论》二。

言，无其行，君子耻之；既得之而又失之，君子耻之；地有余而民不足，君子耻之；众寡均而倍焉，君子耻之。”荀子认为：“自耻者本也，耻诸神明其次也，耻诸人外矣。夫唯外则慝于内矣，故君子审乎自耻。”[①]黄震认为宋末存在四种危亡之机，其中之一就是士大夫之无耻。

李顒关于耻的观点与顾炎武较为近似，将知耻之心看作做事为学的根本。他说：“论士于今日，勿先言才，且先言守，盖有耻方有守也。论学于今日，不专在穷深极微，高谈性命，只要全其羞恶之良，不失此一点耻心耳。不失此耻心，斯心为真心，人为真人，学为真学。道德经济，咸于本心，一真自无所不真，犹水有源，木有根。”[②]在李顒看来，知耻方能有操守。论学不必汲汲于性命，而在于保持良知的羞恶感，不失去知耻之心。惟不失知耻感，心方为真心，道德经济之学也才会具有真正的根基。

知耻之心与孔子的修己之学联系在一起。孔子把违仁和违礼视作耻，进而把耻与国家兴亡联系起来。《论语·宪问》记载：“宪问耻。子曰：‘邦有道，谷；邦无道，谷，耻也。’”《论语·泰伯》记载孔子的话说：“邦有道，贫且贱焉，耻也；邦无道，富且贵焉，耻也。”也就是说，在国家有道时自己却贫穷卑贱是耻辱，在国家无道时自己却大富大贵也是耻辱。孟子进一步把“羞恶之心”作为与生俱来的内在规定性，认为“无羞恶之心，非人也”。[③]

关于知耻而后勇并创造出光辉成就的例子，司马迁曾经指出：“昔西伯拘羑里，演《周易》；孔子厄陈蔡作《春秋》；屈原放逐，著《离骚》；左丘失明，厥有《国语》；孙子膑脚，而论兵法；不韦迁蜀，世传《吕览》；韩非囚秦，《说难》《孤愤》；《诗》三百篇，大抵贤圣发愤之所为作也。”[④]

“观夫孔子之见阳货，而后知逾垣闭门为贤者之过，未合于中道也。”顾炎武不为圣人讳过，直率地认为孔子见阳货的行为并不合于中道。他忧虑的是，后世之人以此为借口而行无耻之事：“然后世之人必

① 荀子：《荀子·申鉴》。
② 李顒：《四书反身录》，清康熙二十五年刻本。
③《孟子·公孙丑上》。
④ 司马迁：《史记·太史公自序》。

有如胡广被中庸之名，冯道托仲尼之迹者矣。”一旦走上邪路，就会愈滑愈远而不可收拾，正所谓：“其始也屈己以见诸侯，一见诸侯而怀其禄利，于是望尘而拜贵人，希旨以投时好，此其所必至者。”“后世之于士人，许之以自媒，劝之以干禄，而责其有耻，难矣。”①

在传统儒家看来，耻是四种善端之一。知耻是一个人立身行世的底线与根本。耻感意识与气节操守之间存在密切关系。在评论《五代史·冯道传论》中的“礼义，治人之大法；廉耻，立人之大节。盖不廉则无所不取，不耻则无所不为”时，顾炎武认为，礼义廉耻“四者之中，耻尤为要。故夫子之论士，曰：‘行己有耻。’孟子曰：‘人不可以无耻，无耻之耻，无耻矣。’又曰：‘耻之于人大矣，为机变之巧者，无所用耻焉。’所以然者，人之不廉而至于悖礼犯义，其原皆生于无耻也。故士大夫之无耻，是谓国耻。”②顾炎武在此强调，士大夫之无耻可称之为国耻。

在经济与廉耻的关系上，顾炎武主张“衣食既足，廉耻乃知”，无疑继承了管仲“仓廪足，乃知礼节”的传统。他认为，为了使士大夫阶层讲道德，有必要满足他们对名和利的追求。也就是说，用名教来克制对利的赤裸裸追求。顾炎武引邹南皋论述诉穷与贪欲关系的话说：“世人相见诉穷，便是贪欲影幌。这穷字断送多少豪杰！试看先辈赫赫者，大段穷人。如何他便耐得，别人便不耐？此处不可不思。”③

“‘国奢示之以俭’，君子之行宰相之事也。”顾炎武认为，君子以身作则，以俭约垂范天下百姓，对政事和人心颇为重要。“夫惟君子之能以身率物者如此，是以居官而化一邦，在朝廷而化天下。魏武帝时，毛玠为东曹掾，典选举，以俭率人，‘天下之士莫不以廉节自励，虽贵宠之臣，舆服不敢过度’。”④

顾炎武认为大臣身负治理政事的重任，持身廉洁必不可少。“夫廉不过人臣之一节，而《左氏》称之为忠，孔明以为无负者，诚以人臣之欺

① 顾炎武：《日知录集释》卷七之“古者不为臣不见”条，上海古籍出版社 2006 年版，第 430 页。

② 顾炎武：《日知录集释》卷十三之“廉耻”条，上海古籍出版社 2006 年版，第 772 页。

③ 顾炎武：《菰中随笔》（三卷本）卷二。

④ 顾炎武：《日知录集释》卷十三之“俭约”条，上海古籍出版社 2006 年版，第 781—782 页。

君误国，必自其贪于货赂也。”[①]华屋丽服，养尊处优，乃人情之常，为大多数人所追求，但是，大臣如果不知自律而这样做的话，产生的后果就可能是“高后降之弗祥，民人生其怨诅，其究也，乃与国而同败邪”。因此，大臣的自律廉洁与政事清明之间的关系重大，一定得谨慎：“诚知夫大臣家事之丰约，关于政化之隆污，则可以审择相之方，而亦得富民之道矣。”

“晋、宋以来，尤重流品，故虽葺尔一方，而犹能立国。”[②]当时的君王对士大夫比较尊重。《宋书》中的《张敷传》记载：“迁江夏王义恭抚军记室参军。时义恭就文帝求一学义沙门，会敷赴假还江陵，入辞，文帝令以后艑载沙门。敷不奉诏，曰：‘臣性不耐杂。’”《世说新语》中齐世祖甚至说：“士大夫故非天子所命。”《梁书·羊侃传》记载：“有宦者张僧胤候侃，侃竟不前之，曰：‘我床非阉人所坐’。”回顾当时士大夫的自尊自爱和得到的尊重，比较万历之后士大夫的卑劣情形，顾炎武不由愤慨地说：“自万历季年，缙绅之士不知以礼饬躬，而声气及于宵人，诗字颁于舆皂，至于公卿上寿，宰执称儿。而神州陆沉，中原左衽，夫有以致之矣。”[③]

西汉孝文皇帝时，贵廉洁而贱贪污，官吏贪赃者都禁锢而不得为吏。不徇私枉法，没有赎罪之法。因此令行禁止，海内教化大行，天下断狱只有400件，与搁置刑法不用没有两样。汉武帝好大喜功，到处开疆拓土，因为财政用度不足，“乃行一切之变，使犯法者赎罪，入谷者补吏，是以天下奢侈，官乱民贫，盗贼并起，亡命者众”。当时风俗为之一变，“亡义而有财者显于世，欺谩而善书者尊于朝，悖逆而勇猛者贵于官。故俗皆曰：‘何以孝弟为，财多而光荣。何以礼义为，史书而仕宦。何以谨慎为，勇猛而临官。’”之所以导致这样败坏的结果，顾炎武认为：“皆以犯法得赎罪，求士不得真贤，相守崇财利，诛不行之所致也。”要消除这一切危害国家和百姓的弊病，就得废除赎罪之法。只有贵孝悌，贱贾人，进用廉洁贤达之人，天下才能得到正确治理。顾炎武认为明朝晚

① 顾炎武：《日知录集释》卷十三之“大臣”条，上海古籍出版社2006年版，第784页。
② 顾炎武：《日知录集释》卷十三之“流品”条，上海古籍出版社2006年版，第775页。
③ 顾炎武：《日知录集释》卷十三之“流品”条，上海古籍出版社2006年版，第775—776页。

期的贪赃好货之风甚于汉武帝时，“自神宗以来，黩货之风，日甚一日，国维不张，而人心大坏，数十年于此矣。”①

在《菰中随笔》中，顾炎武引《上元志》关于明代官员操守变迁的记载说：“闻之长老，弘、正间，居官者大率以廉俭自守，虽至极品，家无余货。此如胡之弓，越之剑，夫人而能之也。嘉靖间，始有一二稍营囊橐为子孙计者，人犹共非笑之。至迩年来，则大异矣。初试为县令，即已买田宅，盛舆服，金玉玩好，种种毕具。甚且以此被谴责，犹恬不知怪。此其人与白昼攫金何异？”②由此文中可见，弘治、正德年间，为官者大多能够廉俭自守，嘉靖年间则开始有官员为子孙谋财者，到了近年却日趋于良田美宅之好。

清人江敖英《东谷赘言》中谈到守廉时说：“士大夫处官之廉，犹处子守身之洁，皆分内事也。若处子自多其洁，恒自矜曰：‘我于庶士也，绝无桑中之约。’则人将贱之矣。”③顾炎武指出海瑞的廉洁与其直言之间的关系：“海忠介（海瑞）惟有一袍一仆之风，始能建言世庙；陆文定惟有焚香啜茗之致，始能不谢分宜。”④

对降臣，顾炎武认为应该在道德上严厉谴责他们，而不应该轻易宽容。春秋战国时，人们对降臣一直颇为鄙视。到汉朝和曹魏时，“马日磾、于禁之流，至于呕血而终，不敢腼于人世，时之风尚从可知矣。”后世之人不知严厉对待降臣的大义所在，致使无廉耻之人日益增多：“后世不知此义，而文章之士多护李陵，智计之家或称谯叟。此说一行，则国无守臣，人无植节，反颜事雠、行若狗彘而不之愧也。何怪乎五代之长乐老，序平生以为荣，灭廉耻而不顾者乎！”⑤

由此可见，针对程朱理学和阳明心学在道德修养上陈意过高而引发工夫操持上的荒疏无着落，顾炎武通过考证与重新诠释理学核心概念，转而倡导平实可行的“行己有耻”主张：

① 顾炎武：《日知录集释》卷十三之“贵廉”条，上海古籍出版社2006年版，第790—791页。

② 顾炎武：《菰中随笔》（三卷本）卷二。

③ 顾炎武：《菰中随笔》（三）。

④ 顾炎武：《菰中随笔》（一卷本）。

⑤ 顾炎武：《日知录集释》卷十三之“降臣”条，上海古籍出版社2006年版，第816—817页。

窃叹夫百余年以来之为学者，往往言心言性，而茫乎不得其解也。命与仁，夫子之所罕言也；性与天道，子贡之所未得闻也。性命之理，著之《易传》，未尝数以语人。其答问士也，则曰“行己有耻”；其为学，则曰“好古敏求”；其与门弟子言，举尧、舜相传所谓危微精一之说一切不道，而但曰：“允执其中，四海困穷，天禄永终。”呜呼！圣人之所以为学者，何其平易而可循也，故曰：“下学而上达。”颜子之几乎圣也，犹曰：“博我以文。”其告哀公也，明善之功，先之以博学。自曾子而下，笃实无若子夏，而其言仁也，则曰：“博学而笃志，切问而近思。”……是故性也，命也，天也，夫子之所罕言，而今之君子之所恒言也；出处、去就、辞受、取与之辨，孔子、孟子之所恒言，而今之君子所罕言也。[①]

在其中，顾炎武征引先儒典籍，批判理学惟知“用心于内”而沉溺于心性探求的错误。他以严密考证和推理，表明理学的“危微精一”“性”“理”和“命”等陷入心性清谈歧路，从而脱离了日用常行的生活世界。与此相对，古君子的德性修养，具体体现于日常人伦实践中的“出处”“去就”“辞受”“取与”等之中，从而在具体言行中体现出“行己有耻”的道德底线。

① 顾炎武：《亭林文集·与友人论学书》，《顾亭林诗文集》。

第九章　生活本体论

在椎心的亡国之痛中，明遗民对明末士风的浇漓轻薄和学风的玄虚浅薄进行了无情批判。顾炎武抨击了当世儒者只会束书束手高谈心性，而真正的心性其实就表现在日用常行的出处、去就、辞受、取与之间。顾炎武解构了“天理”，从经世立场出发，重新解释致知格物。他要求士子杜绝清谈心性的蹈空习性，遵从孔子教诲以“博学于文”。

第一节　天地之气流行不息

顾炎武认为，宇宙本体是气。在对心的解释上，顾炎武祛除神秘主义色彩，而强调心乃气之心。心并非先验本体，而是气化流行的产物。天地之气流行不息，而人得之以为心，心自然也因此不可能虚寂不动，而是要具理于万事万物之中并不断行动。在顾炎武看来，天地自然莫不在表明实际教化，从而将天道性命与实际世界贯通了起来。

在中国古代思想的诸多核心范畴中，“气”最为丰富多变，又最贯彻于始终。中国古代哲学的特点在于“天人合一”，在于“推天道以明人事”。对儒学来说，气论表达了世界之有或者说实在性，而仁学宗旨就在于要在这个“有”的世界中倡导人伦纲常与道德理想。《中庸》云：“诚者，天之道也；诚之者，人之道也。”“诚”即真实无妄，意味着天地万物的实在性。

在儒家和道家思想中，即使在本体—宇宙论上存在道本论、理本论和气本论的不同，但是，它们都对天地万物与人类生活世界的实在性予以肯定。这与西方宗教和哲学认世界为上帝创造，或与印度宗教和哲学认世界为虚幻不实，都是大相径庭的。正因为肯定世界的实在性，所以中国人的理想境界并不需要到彼岸世界或涅槃境界中寻找，而只需要在这个连续存有的世界中开展和发扬就足矣。

气论的这一普遍架构，倘若与佛学做一比较，就可以看得更加清楚。宗密是华严宗五祖，撰有《原人论》，强调儒、道二教都存在"元气生天地，天地生万物""万物与人，皆气为本"的思想。与之相对，佛教则认为真实的终极存在是"真一之灵心"，"究实言之，心外的无别法，元气亦从心之所变"。[①] 他又进而指出："元亨利贞，乾之德也，始于一气；常乐我净，佛之德也，本乎一心。"[②]其中的"始于一气"与"本乎一心"，充分表明儒道思想与佛教万法"唯心"思想之间的显著区别。

张载明确肯定气乃宇宙本体，并以气之聚散来解释万物与太虚，解释天地万物的生成、变化与转化。"凡可状，皆有也；凡有，皆象也；凡象，皆气也。"(《正蒙・乾称》)"太虚无形，气之本体；其聚其散，变化之客形尔。"(《正蒙・太和》)"太虚不能无气，气不能不聚而为万物，万物不能不散而为太虚。"(《正蒙・太和》)"气之聚散于太虚，犹冰凝释于水，知太虚即气，则无无。……诸子浅妄，有有无之分，非穷理之学也。"(《正蒙・太和》)

宋明理学进入明代以后，理气关系逐步由理本论走向气本论，也就是由理气合一于理走向理气合一于气。这一段思想变化过程肇端于曹端、薛瑄，中经罗钦顺、湛若水，最后演化为两系：一系可称之为气学派气本论，以王廷相和王夫之为代表；另一系可称之为心学派气本论，以刘宗周和黄宗羲为代表。

从人伦纲常角度来看，理学注重从本体论上论证伦理纲常的绝对性和永恒性，从工夫论上注重对伦理纲常价值的认识和内化。心学突出阐发了道德践履的内在根据，强调道德主体性，在工夫论上强调道德

① 宗密：《原人论・会通本末》。

② 宗密：《圆觉经略疏・序》。

实践。相对而言,气学立场更接近理学。从性即气出发,明儒对义理之性与气质之性之间的关系进行了反思和调整,主张气外无性,而气质即性。

如果说心学体现出强烈的主体性而较为忽视客观性,那么气学正好相反,体现出鲜明的客观性。在罗钦顺与王阳明就《朱子晚年定论》展开的著名辩论中,在罗钦顺的一再据理抗辩之下,王阳明最终无奈地直承《朱子晚年定论》"中间年岁早晚诚有所未考"①。在这场论战中,王阳明在为学风格上暴露出客观性文献求证上的不足,而罗钦顺在这类客观性问题上却表现出扎实的学风,对心学奔腾飞扬的主体性起到了某种纠偏驳正的作用。

正是在明代心学代表人物王阳明与气学代表人物罗钦顺的论战中,心学与气学在对峙中实现了相互塑造,并各自表现出彻底的系统化风格。在理学、心学与气学的三角关系中,气学既对理学做了革命性改造,又对心学展开了激烈批判。对于理学,它以彻底的宇宙根源意识转换了本体性的超越意识。对于心学,它以气质之性转化了天命之性或者说义理之性,以实然性的血气心知或者说践履性的见闻之知转换了理学超越性的德性之知。

明代气学发展到王廷相,完全为宇宙根源意识所主宰,气质之性取代义理之性,而超越性道德也转变为气机生化根底上演化着的历史约定。气学的这种持续不断弱化本体超越意识而强调根源意识和客观求知的特点,使得它在本质上与清代汉学保持了一贯性,从而成为明清学术转型的最大内在动力与桥梁。

儒学本质上是入世和经世的。两宋时期,由于在思想上面临佛老在本体一宇宙论上的巨大挑战和压力,儒家学者不得不以最大热情投入儒学本体性的心性学说建构。但是,随着理学最终建构起博大精深的心性学说,随着儒家形上本体的挺立,随着佛老理论压力的弱化,儒学重新将目光转向经世向度,根本上乃是顺理成章之事。从这个角度来看,我们就能更好地理解明代儒学中宇宙根源意识的日益高涨,理解

---

① 王守仁:《王阳明全集·传习录中》。

理气学说中的以气摄理，理解王夫之气学中鲜明而自觉的历史意识。

王夫之以“絪缊生生”（《周易外传》卷六）阐明气化健动不息的情形。他以絪缊（意指阴阳未分的混沌状态）之气作为万物本体。王夫之认为，天地万物无不源出絪缊生化，而又复归于絪缊。他说：“阴阳二气充满太虚，此外更无他物，亦无间隙，天之象，地之形，皆其所范围也。散入无形而适得气之体，聚为有形而不失气之常。”（《张子正蒙注·太和篇》）“聚而成形，散而归于太虚，气犹是气也。”（《张子正蒙注·太和篇》）“（气）散而归于太虚，复其絪缊之本体，非消灭也。聚而为庶物之生，自絪缊之常性，非幻成也。”（《张子正蒙注·太和篇》）“太虚即气，絪缊之本体。”（《张子正蒙注·太和篇》）

在气论上，黄宗羲提出“盈天地间皆气”，以探讨理气、性气关系。他主张气有两种含义，一是流行义，二是主宰义。流行义与主宰义之间的关系为：气在流行之中自为主宰。关于性气关系，黄宗羲认为性不能离开气质存在，气质之外无性。性是气质的形上之性，是气的中正之体，主宰气质之流行。由此可见，在“盈天地间皆气”命题中，理气合一于气，性气亦合一于气。性体相通于心体。气即流行而即主宰，心亦即流行而即主宰。以心气合一为中介，理气就转变为心性。天人贯通，而理气心性亦合一。

顾炎武从生活世界角度，将宋明理学的先验本体落实于现实世界。在他看来，不管是程朱理学，还是陆王心学，都存在束书不观而清谈孔孟的弊端。正由于此，顾炎武从考证角度，对理学的一些核心概念进行了批判。对于程朱理学标举的理本体，顾炎武指出它是宋儒自造，并非孔孟儒家的真传，顾炎武说：“理学之传，自是君家弓冶。然愚独以为理学之名，自宋人始有之。古之所谓理学，经学也，非数十年不能通也。故曰：‘君子之于《春秋》，没身而已矣。’今之所谓理学，禅学也，不取之五经而但资之语录，校诸帖括之文而尤易也。”①顾炎武直接提出：“理学”之名至宋代始有。在此以前的“古之所谓理学”，即是“经学”。

为什么这么说呢？顾炎武从文字训诂与思想史分析入手，进行了

---

① 顾炎武：《亭林文集·与施愚山书》，《顾亭林诗文集》。

条理清晰的回答。首先来看文字训诂方面，顾炎武考察道：

> 五经无“真”字，始见于老、庄之书。《老子》曰：“其中有精，其精甚真。”《庄子·渔父篇》：“孔子愀然曰：‘敢问何谓真？’客曰：‘真者，精诚之至也。’”《大宗师篇》曰：“而已反其真，而我犹为人猗。”《列子》曰：“精神离形，各归其真，故谓之鬼。鬼，归也，归其真宅。”《汉书·杨王孙传》曰：“死者，终生之化，而物之归者也。归者得至，化者得变，是物各反其真也。”《说文》曰：“真，仙人变形登天也。”徐氏《系传》曰：“真者，仙也，化也。从匕，匕即化也。反人为亡，从目从乚，八，其所乘也。”以生为寄，以死为归，于是有“真人”“真君”“真宰”之名。秦始皇曰：“吾慕真人。”自谓真人，不称朕；魏太武改元太平真君；而唐玄宗诏以四子之书谓之“真经”，皆本乎此也。后世相传，乃遂与“假”为对。李斯《上秦王书》：“夫击瓮叩缶，弹筝搏髀，而歌呼呜呜快耳目者，真秦之声也。”韩信请为假王，高帝曰：“大丈夫定诸侯，即为真王耳，何以假为！”又更东垣曰真定。窦融《上光武书》曰：“岂可背真旧之主，事奸伪之人。”而与老、庄之言真亦微异其指矣。宋讳“玄”，以“真”代之，故庙号曰真宗，玄武七宿改为真武，玄冥改为真冥，玄枵改为真枵，《崇文总目》谓《太玄经》为《太真》，则犹未离其本也。隆庆二年会试，为主考者厌《五经》而喜老庄，黜旧闻而崇新学，首题《论语》“子曰：由，诲汝知之乎？”一节，其程文破云：“圣人教贤者以真知，在不昧其心而已。”始明以《庄子》之言入之文字。自此五十年间，举业所用，无非释老之书。①

通过扎实的文献梳理，顾炎武令人信服地证实程朱理学“无极之真”的“真”字，竟然是货真价实的道家学说。在他看来，道家所说的“真”，并非真假之“真”，而是神秘的精神修炼，与“精诚之至”“仙人变形登天”等有关。周敦颐所谓的“无极之真”，通过考证，可明确认定为源于道家。因此，在“真”的问题上，后世儒者实为阳儒阴老，以《庄子》之

---

① 顾炎武：《日知录集释》中册卷十八之“破题用庄子”条，上海古籍出版社2006年版，第1056—1057页。

"真知"替换《孟子》之"良知",以道家精神修炼替换儒学经世致用,由此甚至导致科举考试中释老之学的泛滥。

顾炎武还进一步从思想源流出发,揭示程朱理学表面上运用儒家之学,暗地里却以道家学说偷换的伎俩。因此他指出,程朱理学所惯用的语录,并不切合先秦儒家修齐治平的宗旨。他为此批评:"今之言学者必求诸语录,语录之书始于二程,前此未有也。今之语录几于充栋矣。而淫于禅学者实多,然其说盖出于程门。……夫学程子而涉于禅者,上蔡也,横浦则以禅而入于儒。"①"《论语》,圣人之语录也。舍圣人之语录,而从事于后儒,此之谓不知本也。"②

顾炎武认为,心学实质乃禅学。心学信徒所热衷的性、命与天等,孔孟鲜少触及。与此相对,孔孟频频言及的出处、去就、义利之辨等,心学信徒却很少谈及。"是故性也,命也,天也,夫子之所罕言,而今之君子之所恒言也;出处、去就、辞受、取与之辨,孔子、孟子之所恒言,而今之君子所罕言也。"③在顾炎武看来,性、命与天等恰恰具有浓烈的禅学色彩。"古有学道,不闻学心;古有好学,不闻好心。心学二字,六经、孔、孟所不道。"④顾炎武由此否定了心的本体地位。

那么心学又是如何产生的呢?顾炎武认为,这是陆九渊伪托曾子之学建构出来的,并非传承孔子血脉的真儒学。他援引《黄氏日钞》指出:"象山陆氏因谓'曾子之学是里面出来,其学不传。诸子是外面入去。今传于世者,皆外入之学,非孔子之真',遂于《论语》之外,自谓得不传之学。凡皆源于谢氏之说也。"⑤

由于秉持气学立场,顾炎武因此并不承认先验自足的神圣心体的存在。在对《为政》的解释中:"子曰:'吾十有五而志于学……七十而从心所欲,不踰矩。'"我们可以看到这一点。让我们首先引用朱熹《四书集注》中的解释:"胡氏曰:'圣人之教亦多术,然其要使人不失

---

① 顾炎武:《亭林文集·下学指南序》,《顾亭林诗文集》。
② 顾炎武:《亭林文集·与施愚山书》,《顾亭林诗文集》。
③ 顾炎武:《亭林文集·与友人论学书》,《顾亭林诗文集》。
④ 顾炎武:《亭林文集·与友人论学书》,《顾亭林诗文集》。
⑤ 顾炎武:《日知录集释》中册卷十八之"内典",上海古籍出版社 2006 年版,第 1047 页。

其本心而已。欲得此心者，惟志乎圣人所示之学，循其序而进焉，至于一疵不存、万理明尽之后，则其日用之间，本心莹然，随所意欲，莫非至理。盖心即体，欲即用；体即道，用即义……’”在其中，朱熹主要引用胡寅的话来表明，圣人的教诲在于使人不失本心。一旦穷尽万理，自能得着本心。本心发用于日用常行中，自然而然就是至理。但是在顾炎武看来：

> 《论语》一书言“心”者三，曰“七十而从心所欲，不踰矩”，曰“回也，其心三月不违仁”，曰“饱食终日，无所用心”。乃“操则存，舍则亡”之训，门人未之记，而独见于《孟子》。夫未学圣人之操心，而骤语夫从心，此即所谓“饱食终日，无所用心”，而旦昼之所为，有牿亡之者矣。……《论语》“仁者安仁”，《集注》谢氏曰：“仁者心无内外、远近、精粗之间，非有所存而自不亡，非有所理而自不乱。”此皆庄列之言，非吾儒之学。《太甲》曰：“顾諟天之明命。”子曰：“回之为人也，择乎中庸，得一善，则拳拳服膺而弗失之矣。”故曰：“操则存，舍则亡。”不待存而自不亡者，何人哉？①

显然，与朱熹解释相对，顾炎武对《论语》中三处心的解释，都从心的相对活动义出发。在他看来，必须通过不断操持，不断锤炼，才能趋向“从心所欲，不踰矩”，才能逐渐做到“三月不违仁”。在其中，必须做艰苦的工夫操持。在另一段话中，顾炎武同样强调了这一点。他说：“古之圣人所以教人之说，其行在孝、弟、忠、信，其职在洒扫、应对、进退，其文在《诗》《书》《礼》《易》《春秋》，其用之身在出处、去就、交际，其施之天下在政令、教化、刑罚。虽其‘和顺积中而英华发外’，亦有体用之分，然并无用心于内之说。”他进而引用黄氏《日抄》中的相关话语：“《论语》‘曾子三省章’……夫心，所以具众理而应万事，正其心者，正欲施之治国平天下。孔门未有专用心于内之说也……”②其中的意思显而易见，即并不存在先天的圆满自足的心体，惟有通过吾日三省的持续锤炼，才能产生成熟的身心之学。

① 顾炎武：《日知录集释》中册卷十八之“心学”，上海古籍出版社2006年版，第1051—1053页。
② 顾炎武：《日知录集释》中册卷十八之“内典”，上海古籍出版社2006年版，第1047页。

顾炎武认为，宇宙本体既非程朱理学所说的理，亦非陆王心学所说的心，而是“气”。通过对《易经·系辞传》“游魂为变”深入缜密的考证与阐发，顾炎武表明“气”乃宇宙本体。他说：“‘精气为物’，自无而之有也；‘游魂为变’，自有而之无也。夫子之答宰我曰：‘骨肉毙于下，阴为野土。其气发扬于上，为昭明，焄蒿凄怆。’所谓‘游魂为变’者，情状具于是矣。延陵季子之葬其子也，曰：‘骨肉归复于土，命也。若魂气则无不之也，无不之也。’”他又进一步引张载的话指出：“张子《正蒙》有云：‘太虚不能无气，气不能不聚而为万物，万物不能不散而为太虚。循是出入，是皆不得已而然也。然则圣人尽道其间兼体而不累者，存神其至矣。’其精矣乎！”[①]意思是说，气是天地万物本源，气的聚散决定万物生灭变化。

在对“心”的解释上，顾炎武祛除了神秘主义色彩，而强调“心”乃气之“心”。他阐述说：“夫心之说有二，古人之所谓存心者，存此心于当用之地也。后世之所谓存心者，摄此心于空寂之境也。造化流行，无一息不运，人得之以为心，亦不容一息不运，心岂空寂无用之物哉！……’此皆足以发明‘厉，熏心’之义，乃周公已先系之于《易》矣。”[②]也就是说，“心”并非先验本体，而是气化流行产物。天地之气流行不息，因此人得之以为“心”，“心”并非虚寂不动，而涵理于万事之中，并且永恒不息地行动着。

“盈天地之间者，气也。气之盛者为神。神者，天地之气而人之心也。故曰：‘视之而弗见，听之而弗闻，体物而不可遗，使天下之人齐明盛服以承祭祀，洋洋乎如在其上，如在其左右。’圣人所以知鬼神之情状者如此。”[③]天地之间到处弥漫着气，“心”乃“气之盛者”，“心”从来源说就与天地相贯通。因此，“心”作为气之“心”，自然倾向于行动，倾向于实践。

① 顾炎武：《日知录集释》上册卷一之“游魂为变”条，上海古籍出版社 2006 年版，第 38—39 页。
② 顾炎武：《日知录集释》上册卷一之“艮其限”条，上海古籍出版社 2006 年版，第 31—32 页。
③ 顾炎武：《日知录集释》上册卷一之“游魂为变”条，上海古籍出版社 2006 年版，第 40 页。

第二节 文章即性与天道

宋明学术通常被划分为程朱理学与陆王心学两系，但不容忽视的是，在有宋以降的思想版图中，气学势力向来不容小视。前有张载，后有王夫之，俱为公认的气学大家。但是在气学谱系中，对清儒尤其是乾嘉考据学产生深刻影响的，却是顾炎武。

在对《论语》的解释中，与持理学立场的朱熹相对，顾炎武明显是从气学立场展开具体阐释的。《论语》“里仁”的“朝闻道，夕死可矣”。[朱注]“道者，事物当然之理。苟得闻之，则生顺死安，无复遗恨矣。”[①]在其中，朱熹把“道”解释为“事物当然之理”，亦即神圣、圆满自足的天理。对于天理的知，具有全知的意味。对天理一旦彻知于心，那么就死而无憾。但是，从气学立场来看，“道”意味着始终运行不息的气，意味着天地万物中的气化流行。气化流行日新月异，从而对道的知与闻并非一朝一夕之功，而是日新日日新。因此，顾炎武在解释“朝闻道，夕死可矣”时，指出“有弗学，学之弗能，弗措也；有弗问，问之弗知，弗措也……”“不知年数之不足也，俛焉日有孳孳，毙而后已。”故曰：“朝闻道夕死可矣。”“吾见其进也，未见其止也。”“有一日未死之身，则有一日未闻之道。”[②]在其中，我们可以看到，顾炎武强调“有一日未死之身，则有一日未闻之道”，表明对道的闻与知绝非一朝一夕之功，而是永无止境的、不断向前的过程。

在《日知录》中，顾炎武是这样阐发“性”的：“‘维天之命，于穆不已’，继之者善也。‘天下雷行，物与无妄’，成之者性也。是故‘天有四时，春秋冬夏，风雨霜露，无非教也。地载神气，神气风霆，风霆流形，庶物露生，无非教也。’‘天地絪缊，万物化醇。’善之为言，犹醇也。曰：何

① 朱熹：《四书章句集注》。

② 顾炎武：《日知录集释》上册卷七之“朝闻道夕死可矣”条，上海古籍出版社 2006 年版，第 395—396 页。

以谓之善也？曰：‘诚者，天之道也。’岂非善乎？”[1]其中引证的“维天之命，于穆不已”，出自《诗经·周颂·维天之命》，原意是颂扬文王之德，表明天道的庄严崇高。“天下雷行，物与无妄”，出自《周易·象辞》，阐发的是天地生化的道理。因此，天地自然莫不是在表明实际的教化，从而将天道性命与实际世界贯通了起来。

关于“性与天道”，顾炎武还专门做过比较详尽的阐发。他说：

> 夫子之教人“文、行、忠、信”，而性与天道在其中矣，故曰“不可得而闻”。子曰：“二三子以我为隐乎？吾无隐乎尔。吾无行而不与二三子者，是丘也。”谓夫子之言性与天道不可得而闻，是疑其有隐者也。不知夫子之文章，无非夫子之言性与天道，所谓“吾无行而不与二三子者，是丘也。”子贡之意，犹以文章与性与天道为二，故曰：“子如不言，则小子何述焉？”子曰：“天何言哉，四时行焉，百物生焉。天何言哉！”是故可仕可止，可久可速，无一而非天也；恂恂便便，侃侃誾誾，无一而非天也。[2]

顾炎武认为言行文章和“性与天道”之间，并非现象与本体关系，并非器与道关系。根据“非器则道无所寓”命题，倒应该说言行文章即是“性与天道”。

由此可见，面对理学清谈心性的弊端，顾炎武在《日知录》“夫子之言性与天道”中，通过考证澄清了后儒的诸多误解。关于“夫子之言性与天道不可得而闻”这一问题，顾炎武认为，孔子所讲的性与人道，就体现于实际生活的文行忠信之中，孔子弟子一时没有理解，因此才会说“不可得而闻”。倘若与文行忠信等生活实践相隔离，那么当然就找不到性与天道。关于孔子是否回避或隐瞒性与天道的问题，顾炎武主张孔子并没有隐瞒，因为孔子文章所讲的本质上就是性与天道的道理。

至于文章和“性与天道”，顾炎武并不赞同将它们区分为二，而认为

---

① 顾炎武：《日知录集释》上册卷一之“继之者善也成之者性也”条，上海古籍出版社 2006 年版，第 41—42 页。

② 顾炎武：《日知录集释》上册卷七之“夫子之言性与天道”条，上海古籍出版社 2006 年版，第 399—400 页。

它们之间本为一体。孔子认为天道就表现于四季转换、万物生长之中，因此“无一而非天也”。同样，性与天道就具体表现于日常人事，体现于出处言行。因此，对待性与天道的态度，绝非神秘思辨，而是在实际生活中去体察和领悟。因此，顾炎武指出：

今人但以《系辞》为夫子言性与天道之书。愚尝三复其文，如“鸣鹤在阴”七爻，“自天佑之”一爻，“憧憧往来”十一爻，“履德之基也”九卦，所以教人学《易》者，无不在于言行之间矣。故曰：“初率其辞而揆其方，既有典常，苟非其人，道不虚行。”樊迟问仁，子曰：“居处恭，执事敬，与人忠。”司马牛问仁，子曰：“仁者，其言也讱。”由是而充之，“一日克己复礼”，有异道乎？今之君子学未及乎樊迟、司马牛，而欲其说之高于颜、曾二子，是以终日言性与天道，而不自知其堕于禅学也。[①]

面对《公冶长》中子贡所说的“夫子之文章，可得而闻也；夫子之言性与天道，不可得而闻也”，朱熹在《四书集注》中指出：“文章，德之见乎外者，威仪文辞皆是也。性者，人所受之天理；天道者，天理自然之本体；其实一理也。言夫子之文章日见乎外，固学者所共闻；至于性与天道，则夫子罕言之，而学者有不得闻者。盖圣门教不躐等，子贡至是始得闻之而叹其美也。”在其中，朱熹把“性”解释为天理，而“天道”则被视为“天理自然之本体”。总之，性与天道都被视为天理。天理固然可以表现于文章，但它本身却是神秘而超越的圆满存在，可以通过证悟而“闻”之。依此逻辑，对天理或者说天道的证悟乃是儒学最为高深莫测的学问，不可轻易为人所闻。

但是在顾炎武看来，性与天道并不那么神秘玄乎，而是体现于日用常行的文行忠信。他说：

典谟、爻象，此二帝三王之言也。《论语》《孝经》，此夫子之言也。文章在是，性与天道亦不外乎是……后之君子，于下学之初即

---

① 顾炎武：《日知录集释》上册卷七之“夫子之言性与天道”条，上海古籍出版社2006年版，第400—401页。

> 谈性道，乃以文章为小技而不必用力……尝见今讲学之先生从语录入门者，多不善于修辞，或乃反子贡之言以讥之曰："夫子之言性与天道，可得而闻，夫子之文章，不可得而闻也。"①

由此可见，性与天道就体现于生活实践之中，后之君子好高骛远地沉溺于对性与天道的清谈，而忽视文章，实可谓捡了芝麻而丢了西瓜。

第三节 性相近

沟口雄三指出，公私观念，"进入宋代以后，与天理、人欲的概念相结合，迎来了新的阶段。概括地说，公原本仅指君主一人的政治道德，现在飞跃式地横向扩大到普通的一般人（实际上以士大夫阶层为中心），内部从个人的精神世界，外部到与社会生活相关的伦理规范，即宋学所谓天理之公、人欲之私的普遍之命题。"②

明清时期，人性论演变的一个重要特点，就是从天地之性和气质之性的二元论转向先秦的性一元论。宋明理学演变至明代中叶，王阳明以性善论作为基础，提出"无善无恶"说，提出心即理，从而促使性由外在天理转变为内在人心。与王阳明同时代的罗钦顺和王廷相，从气本论立场出发，解构理的超越性和实体性，将理拉回到气质流行的实际世界中，从而提出了气质一元论。由此可见，理气论上由理气二分向理气合一的转变，特别是明代中期气本论的崛起，使得气质之性成了人性论论述的主流。

王阳明对良知圣凡同具的强调，对人性平等的主张，对其后主张气质之性的学者产生了重要影响与启迪。明代晚期，主张气质之性为平等与至善的主张成了主流。在江右王门中，邹守益对气质之性有所强调。他声称：天性与气质，更无二件。入此身都是气质用事，目之能视，耳之能听，口之能言，手足之能持行，皆是气质，天性从此处流行。先师

① 顾炎武：《日知录集释》中册卷十九之"修辞"条，上海古籍出版社 2006 年版，第 1095—1096 页。

② [日]沟口雄三：《中国公私概念的发展》，汪婉译，《国外社会科学》1998 年第 1 期，第 60 页。

有曰："恻隐之心，气质之性也。"正与孟子形色天性同旨。其谓"浩然之气，塞天地，配道义"，气质与天性，一滚出来，如何说得"论性不论气"。后儒说两件，反更不明。除却气质，何处求天地之性？[1] 在其中，邹守益批评程朱理学将性判分为天命之性与气质之性的做法，主张二者合一，认为天命之性当求之于气质之性。

作为泰州学派激进派的典型代表，李贽肯定人有私心，并进一步认为私心有益于社会演化。他说："夫私者人之心也，人必有私而后其心乃见，若无私则无心矣。如服田者，私有秋之获而后治田必力；居家者，私积仓之获而后治家必力；为学者，私进取之获而后举业之治也必力。故官人而不私以禄，则虽召之，必不来矣；苟无高爵，则虽劝之，必不至矣。虽有孔子之圣，苟无司寇之任，相事之摄，必不能一日安其身于鲁也决矣。此自然之理，必至之符，非可以架空而臆说也。然则为无私之说者，皆画饼之谈，观场之见。但令隔壁好听，不管脚跟虚实，无益于事。只乱聪耳，不足采也。"[2]在李贽看来，人必定有私而后其心才能显现出来。人有自私之心，是自然之理。所谓无私之说，仅仅为画饼充饥之清谈，无补于实事。

心学殿军刘宗周，注意到"习"对人性所产生的深远影响。他说："古人言性，皆主后天，毕竟离气质无所谓性者。……予谓水，心也，而清者，其性也，有时而浊，未离乎清也，相近者也。其终锢于浊，则习之罪也。"[3]性与气质不可相分，离开气质则无所谓性。性虽然有时而浊，毕竟没有离开清之本质。倘若长久入于混浊状态，那必定是"习"所造成的。黄宗羲继承了这一主张，同样从"习"的角度解释人性中的恶。他指出："'湍水'……言其无善无不善也，东流西流，只是为习所使。晦翁谓其善恶混，亦非东流西流：告子兼善恶以言习，抟之激之。孟子单以不善言习，其善者即从习来，亦是导其性之固有耳。"[4]

---

① 黄宗羲：《明儒学案》卷十六，中华书局 1985 年版，第 343 页。

② 李贽：《藏书·德业儒臣后论》，王建业主编：《李贽文集》第 2 卷，社会科学文献出版社 2000 年版，第 626 页。

③ 黄宗羲：《孟子师说》，第 77—78 页。

④ 黄宗羲：《孟子师说》，第 133 页。

清初儒家学者大多认为性善并非先天，而是展现为从善端出发持续向善的过程，由此颇为强调后天善性积累的重要性。他们并不认为气质之性是恶的，转而从“后天习染”的角度来解释恶。

顾炎武在人性论问题上，毫无疑问也受到这股潮流的影响，而转向具有生活本体色彩的经验人性论。他指出：

> “性”之一字，始见于《商书》，曰：“惟皇上帝，降衷于下民，若有恒性”，“恒”即相近之义。相近，近于善也；相远，远于善也。故夫子曰：“人之生也直，罔之生也幸而免。”人亦有生而不善者，如楚子良生子越椒，子文知其必灭若敖氏是也。然此千万中之一耳，故公都子所述之三说，孟子不斥其非，而但曰：“乃若其情，则可以为善矣，乃所谓善也。”盖凡人之所大同，而不论其变也。若纣为炮烙之刑，盗跖日杀不辜，肝人之肉，此则生而性与人殊，亦如五官百骸人之所同，然亦有生而不具者，岂可以一而概万乎？故终谓之性善也。①

在其中，顾炎武以考证方式，委婉批评理学人性论，而主张回归孔子人性论。他明确表彰孔子“性相近也，习相远也”的人性论命题。对亚圣孟子的性善论，他并未全盘接受，而认为性善论事实上是一个总括性说法，因为毕竟还是有个别人天生不善。从这种接近人间烟火气的经验人性论出发，顾炎武明确反对宋明理学在道心与人心之间所做的判分。他为此声称：“孳孳为善者，心，孳孳为利者，亦未必非心。危哉，心乎！判吉凶，别人禽，虽大圣犹必防乎其防，而敢言心学乎？心学者，以心为学也。以心为学，是以心为性也。心能具性，而不能使心即性也。是故求放心则是，求心则非；求心则非，求于心则是。我所病乎心学者，为其求心也。心果待求，必非与我同类。心果可学，则‘以礼制心，以仁存心’之言，毋乃为心障与！”②在顾炎武看来，努力为善的是心，汲汲为利的也未必不是心。因此心具有莫测的不确定性，防不胜防，绝不应该言心学。所谓心学是以心为学，是以心为性。心与性不可轻易

① 顾炎武：《日知录集释》，上册卷七之“性相近也”条，上海古籍出版社 2006 年版，第 415—416 页。

② 顾炎武：《日知录集释》，中册卷十八之“心学”条，上海古籍出版社 2006 年版，第 1052 页。

为一,因为心虽然能具性,但毕竟不可说心即性。

在《日知录》中,顾炎武多次征引黄震观点。黄震认为,将心分疏为人心与道心,甚至提出"即心是道"命题,实质是陷溺于禅学而不自知。顾炎武对此说法深表赞同。对人性中合理适当的欲望,顾炎武持明确肯定态度,并且提出"养人之欲""给人之求"。他说:

> 民之所以不安,以其有贫有富。贫者至于不能自存,而富者常恐人之有求,而多为吝啬之计,于是乎有争心矣。夫子有言:"不患贫而患不均。"夫惟"收族"之法行,而岁时有"合食"之恩,吉凶有"通财"之义。"本俗六安万民,三曰联兄弟",而"乡三物"之所兴者,"六行"之条,曰睦曰恤,不待王政之施,而矜寡、孤独、废疾者皆有所养矣。此所谓均无贫者,而财用有不足乎? 至于《葛藟》之刺兴,《角弓》之赋作,九族乃离,一方相怨,而瓶罍交耻,泉池并竭,然后知先王宗法之立,其所以养人之欲而给人之求,为周且豫矣。①

在其中,通过重新诠释古代典章制度,顾炎武在礼制中为人欲安排了合理位置。

程朱理学基于存理去欲的理欲观,以至主张"饿死事小,失节事大"的极端观点。对此,顾炎武借翔实考证,提出了含蓄批评。他指出:"夫物之不齐,物之情也。虽三王之世,不能使天下无孤寡之人,亦不能使天下无再适人之妇,且有前后家东西家而为丧主者矣。假令妇年尚少,夫死,而有三五岁之子,则其本宗大功之亲自当为之收恤。又无大功之亲,而不许之从其嫁母,则转于沟壑而已。于是其母所嫁之夫,视之如子而抚之,以至于成人。此子之于若人也名之为何,不得不称为继父张。长而同居,则为之服齐衰期。先同居而后别居,则齐衰三月,以其抚育之恩次于生我也。为此制者,所以寓恤孤之仁,而劝天下之人不独子其子也。若曰'以其货财为之筑宫庙',此后儒不得其说而为之辞。"②顾炎武通过对相关礼制的缜密考证,令人信服地指出,古代礼制允许寡妇再嫁、丧妻续娶。所谓"后儒不得其说而为之辞"的"辞",实际上指的

---

① 顾炎武:《日知录集释》上册卷六之"庶民安故财用足"条,上海古籍出版社 2006 年版,第 367 页。

② 顾炎武:《日知录集释》上册卷五之"继父同居者"条,上海古籍出版社 2006 年版,第 323 页。

正是“饿死事小，失节事大”的理学观点，从而表明了他对理学理欲观的批判。

第四节 天下之理殊途同归

在对“一贯之道”的解释中，顾炎武与朱熹出于气学与理学立场，出现了重大分歧。“一贯之道”见于《里仁》篇：“子曰：‘参乎！吾道一以贯之。’曾子曰：‘唯。’子出。门人曰：‘何谓也？’曾子曰：‘夫子之道，忠恕而已矣。’”面对这一文本，朱熹是如何解释的呢？他说：“圣人之心，浑然一理，而泛应曲当，用各不同。曾子于其用处，盖已随事精察而力行之，但未知其体之一尔。夫子知其真积力久，将有所得，是以呼而告之……夫子之一理浑然而泛应曲当，譬则天地之至诚无息而万物各得其所也。自此之外，固无余法，而亦无待于推矣。曾子有见于此而难言之，故借学者尽己、推己之目以着明之，欲人之易晓也。盖至诚无息者，道之体也，万殊之所以一本也；万物各得其所者，道之用也，一本之所以万殊也。以此观之，一以贯之之实可见矣。”

朱熹从理学角度将“一”解释为圣人体悟到的心体的“浑然一理”，进而把“一以贯之”解释为圣人秉持天理而来的处事无碍。圣人之心源于神圣而自足的天理，是“一”的体现。《延平先生答问》曰：“……若以为夫子‘一以贯之’之旨甚精微，非门人所可告，姑以‘忠恕’答之，恐圣贤之心不若是之支也。”相对于忠恕，朱熹更强调“一”，竭力突出神圣天理及其发用。与此相对，顾炎武则指出：“此说甚明，而《集注》乃谓借学者‘尽己推己’之目以著明之，是疑忠恕为下学之事，不足以言圣人之道也。然则是二之，非一之也……子贡问曰：‘有一言而可以终身行之者乎？’子曰：‘其恕乎！夫圣人者何以异于人哉？知终身可行，则知一以贯之之义矣。”[①]在这段解释中，顾炎武以李侗观点及朱熹另一个较为朴实的阐释，表明朱熹的解释并不妥当。在顾炎武看来，忠恕才是需要终

① 顾炎武：《日知录集释》上册卷七之“忠恕”条，上海古籍出版社 2006 年版，第 396—398 页。

身持续践行的一贯之道。

在对《卫灵公》“子曰：‘赐也，女以予为多学而识之者与？’对曰：‘然，非与？’曰：‘非也，予一以贯之’”的解释中，同样体现出朱熹与顾炎武的本质性区别。朱熹对此的解释是：“子贡之学，多而能识矣。夫子欲其知所本也，故问以发之……说见第四篇。然彼以行言，而此以知言也。”在这段解释中，朱熹仍然从天理本体立场出发，认为在“多学而识”的背后，理应有个作为本体的天理或者说天道。在这样的解释进路中，不管是忠恕，还是多学而识的重要性，都被有意无意地做了淡化处理。一旦对天理的领悟达到豁然贯通的程度，那么不管是多学而识，还是忠恕，都只能成为“过河拆桥”中的那座桥。

与朱熹相对，顾炎武对《卫灵公》中的“一以贯之”的解释则是：“‘好古敏求，多见而识’，夫子之所自道也。然有进乎是者。六爻之义，至赜也，而曰‘知者观其彖辞，则思过半矣’。三百之诗，至泛矣，而曰‘一言以蔽之，曰思无邪’。三千三百之仪，至多也，而曰‘礼，与其奢也，宁俭’……此所谓‘予一以贯之’者也。”顾炎武从认识论角度，把“一以贯之”解释为“举本以该末”“观其会通”。所谓“本”，并非神秘而自足的天理，而是天下万理殊途同归的总汇。与此同时，顾炎武批评拘守于训诂章句的俗儒“不足以观其会通”，批评那些所谓高明君子沉溺于语德性却遗忘了道问学。“其教门人也，必先叩其两端，而使之以三隅反。故颜子则闻一以知十，而子贡切磋之言，子夏礼后之问，则皆善其可与言《诗》，岂非天下之理，殊途而同归，大人之学，举本以该末乎？彼章句之士，既不足以观其会通，而高明之君子，又或语德性而遗问学，均失圣人之指矣。”①

顾炎武甚至认为，日常生活中的种种纲常人伦，都是待格之“物”，从而将宋明理学热衷探讨的格物之“物”的范围加以意义非凡的扩展。“子之孝，臣之忠，夫之贞，妇之信，此天之所命，而人受之为性者也，故曰‘天命之谓性’。求命于冥冥之表，则离而二之矣。‘予迓续乃命于天’，人事也。理之所至，气亦至焉。是以含章中正，而‘有陨自天’。匪

① 顾炎武：《日知录集释》上册卷七之“予一以贯之”条，上海古籍出版社 2006 年版，第 413—414 页。

正之行，而'天命不佑'。"[①]在其中，顾炎武通过对"顾諟天之明命"的阐发，表明处理君臣、父子等关系的纲常伦理实乃人事规定，并不玄虚而神秘，认为这是由于"理之所至，气亦至焉"。

与顾炎武相似，王夫之在本体论建构方面，也以《周易》阐发作为起点和依据。他指出："太极之所以出生万物、成万理而起万事者也，资始资生之本体也，是故谓之'道'，亘古今，统天人，摄人物，皆受成于此。"[②]"阴阳之本体，絪缊相得，和同而化，充塞于两间，此所谓太极也。"[③]意思是说，"太极"为成物成理之本体，在根本上是阴阳二气。

第五节　天人感应

一、天道与人道

对儒学中屡见不鲜的"天人感应"，顾炎武有所肯定，主张天道与历史盛衰之间存在联系。在《日食》中，他指出："刘向言：'春秋二百四十二年，日食三十六。今连三年比食，自建始以来，二十岁间而八食，率二岁六月而一发，古今罕见有异有大小稀稠，占有舒疾缓急。'余所见崇祯之世十七年而八食，与汉成略同，而稠急过之矣。然则谓日食为一定之数，无关于人事者，岂非溺于畴人之术，而不觉其自蹈于邪臣之说乎?""非也。夫日月之在于天，莫非一定之数。然天象见于上，而人事应于下矣。为此言者，殆于后世以'天变不足畏'之说进其君者也。"[④]意思是说，天象能够影响历史盛衰，春秋、西汉末、明末天象与当时的乱世之间存在神秘联系。

顾炎武思想是在继承与批判宋明理学中发展和建构起来的。儒学强调"天人合一"，将作为天道的"理"与作为人道的"性"融为一体，也就

---

① 顾炎武：《日知录集释》上册卷六之"顾諟天之明命"条，上海古籍出版社2006年版，第378页。

② 王夫之：《周易内传》卷五上，《船山全书》，第1册，岳麓书社2011年版，第525页。

③ 王夫之：《周易内传》卷五上，《船山全书》，第1册，岳麓书社2011年版，第561页。

④ 顾炎武：《日知录集释》下册卷三十之"日食"条，上海古籍出版社2006年版，第1677—1678页。

是所谓“性即理”。在理学发展过程中,理学家更将天道与人事关系转换成“天理”与“人欲”关系,提出“去人欲,存天理”主张。这种主张的实质,就是要求人事绝对顺从天道。心学家进一步把天道融于人道而变成“本心”。顾炎武对理学颇多批评,致力于将儒学从天国拉回到实际生活本身,倡导“修己治人之实学”。

顾炎武提出“圣人南面而治,必自人道始矣”的主张。① 其中所谓“人道”,并非理学家所说的人心之“道”,而更多的是客观人事之“道”。顾炎武在为学上“好古敏求”,重视五经,特别关注《易》。他自 9 岁开始学《易》,终身不辍。在研究《易》时,他尤其注重把天道与人事联系起来。他认为《易》“六十四卦三百八十四爻,皆所以告人行事”。② “《易》于天道之消息,人事之得失,切实示人”。③ 在《杨氏祠堂记》中,顾炎武主张“天下之事,盛衰之形,众寡之数,不可以一定,而君子则有以待之”,并且提出“人定能胜天”,其中无疑表明了天道人事思想。

顾炎武认为,继天者为善,成物者为性。顾炎武认为应该把天所命之性落实于日用人伦,反对离开日用人伦而求诸杳冥之境。顾炎武认为春秋时期的天文五行之学,“愈疏则多中,愈密则愈多不中”。当时,探讨天象的学问,“不过本之分星,合之五行,验之日食、星孛之类而已。五纬之中但言岁星,而余四星占不之及,何其简也。”与之相反,关于表现在人事方面的天文五行之学的探讨,却很详尽:“而其所详者,往往在于君、卿、大夫言语动作威仪之间,及人事之治乱敬怠,故其说也易知,而其验也不爽。”天象毕竟邈远难测,“六合之外,可存而不论”,重要的是人事,是百姓福祉。顾炎武探讨一切学问的着眼点和归宿点,总是人伦日用,是经世致用,而对莫测高深的玄虚之谈却保持着清醒距离。他因此赞赏东汉扬雄《法言》中所说的:“史以天占人,圣人以人占天。”④尽人之性亦可以知天,又何必远人而溺于天呢?上天有好生之德,尽人之生之性,那也的确就是恰当的敬天方式了。

---

① 顾炎武:《日知录集释》上册卷七之“子张问十世”条,上海古籍出版社 2006 年版,第 393 页。

② 顾炎武:《亭林文集》卷四,《与人书(二)》。

③ 顾炎武:《亭林余集》,《与任钧衡》。

④ 顾炎武:《日知录集释》上册卷四之“春秋言天之学”条,上海古籍出版社 2006 年版,第 252—253 页。

《中庸》言“诚者，天之道也”。因此，“天下雷行，物与无妄，而‘先王以茂对时育万物’。”[①]《尚书·皋陶谟》中说：“天叙有典，敕我五典五惇哉。天秩有礼，自我五礼有庸哉。天命有德，五服五章哉。天讨有罪，五刑五用哉。”顾炎武认为这一切“莫非诚也”。

二、以气论释鬼神

顾炎武继承宋明理学中气学思想，认为“盈天地之间者，气也”。[②]气变化不息，基本形式为聚与散：“聚而有体谓之物，散而无形谓之变。唯物也，故散必于其所聚。唯变也，故聚不必于其所散。是故聚以气聚，散以气散。”[③]气在不断地聚散中表现为无与有两种基本形态。

在顾炎武看来，气的聚散变化是天地间的普遍规律，正所谓“有聚有散，乃理之常”。[④] 从气学观念出发，他批判佛教和道教的形而上学观念：“‘昧’于散者，其说也佛；荒于聚者，其说也仙。”[⑤]认为这些观念都是因为昧于气的聚散而引起。顾炎武认为，“灵魂”即“神”，本质上也是“气”：“气之盛者为神。神者，天地之气而人之心也。”[⑥]所谓“荒于聚者”，是批评道教不懂“聚以气聚”和“聚而有体”的道理。在他看来，人的肉体是气聚而成，因为气有聚有散，故聚而不散的肉体绝无可能。

“‘精气为物’，自无而之有也；‘游魂为变’，自有而之无也。夫子之答宰我曰：‘骨肉毙于下阴，为野土。其气发扬于上，为昭明，焄蒿凄怆。’”[⑦]顾炎武显然认为宇宙本体为气，为精气，精气聚而为物，为人。人之死矣，骨肉在地下腐烂为泥土，精气则飞升于太虚。延陵季子埋葬其子时说：“骨肉归复于土，命也。若魂气则无不之也，无不之也。”《礼记·檀弓下》意思是说，人死骨肉回归为泥土，是命。但是人的精气魂魄却无所不至，是自由的精神。

① 顾炎武：《日知录集释》上册卷六之“诚者天之道也”条，上海古籍出版社2006年版，第389—390页。
② 顾炎武：《日知录集释》上册卷一之“游魂为变”条，上海古籍出版社2006年版，第40页。
③ 顾炎武：《日知录集释》上册卷一之“游魂为变”条，上海古籍出版社2006年版，第40页。
④ 顾炎武：《日知录集释》中册卷二十一之“古器”条，上海古籍出版社2006年版，第1228页。
⑤ 顾炎武：《日知录集释》上册卷一之“游魂为变”条，上海古籍出版社2006年版，第40页。
⑥ 顾炎武：《日知录集释》上册卷一之“游魂为变”条，上海古籍出版社2006年版，第40页。
⑦ 顾炎武：《日知录集释》上册卷一之“游魂为变”条，上海古籍出版社2006年版，第38页。

顾炎武推崇张载《正蒙》中关于气、太虚和万物的论述："太虚不能无气，气不能不聚而为万物，万物不能不散而为太虚。循是出入，是皆不得已而然也。"圣人生活于其中尽道尽性而不累，是因为"存神其至矣"。他认为张载的论述非常精辟。

顾炎武运用气论观点对"鬼"做了新解释。他把"鬼"解释为"归"，并以张载的"气之为物，散入无形，适得吾体"①来说明。"鬼者，归也。张子曰：气之为物，散入无形，适得吾体，此之谓归。"②他进而以这种形式的说明来反对佛仙之说："邵氏《简端录》曰：'聚而有体谓之物，散而无形谓之变。唯物也，故散必于其所聚。唯变也，故聚不必于其所散。是故聚以气聚，散以气散。'"③他认为宇宙天地的本源为气，气之盛明者为神。圣人心目中的鬼神情状，即《中庸》中所描述的："视之而弗见，听之而弗闻，体物而不可遗，使天下之人齐明盛服以承祭祀，洋洋乎如在其上，如在其左右。"关于"轮回之说"，顾炎武征引吕柟的话予以辩驳："长生而不化，则人多，世何以容？长死而不化，则鬼亦多矣。夫灯熄而然，非前灯也；云霓而雨，非前雨也。死复有生，岂前生邪？"对精神存在，顾炎武同样做了气论诠释。他指出："盈天地之间者，气也；气之盛者为神。神者，天地之气而人之心也。"④"'文王在上，于昭于天'，非有所乘而去也。此鬼神之实而诚不可掩也。"⑤顾炎武认为程子的"鬼神，天地之功用"，"造化之迹也"；张载的"鬼神者，二气之良能也"，用来解释《易》"神也者，妙万物而为言"一章，极为妥当贴切。⑥

三、善与不善，一气之相感

关于善恶报应之说，顾炎武做过详尽探讨。他指出："善恶报应之说，圣人尝言之矣。"他分别引用大禹、商汤、伊尹和孔子的话，令人信服

---

① 张载：《正蒙》。
② 顾炎武：《日知录集释》上册卷一之"游魂为变"条，上海古籍出版社 2006 年版，第 39 页。
③ 顾炎武：《日知录集释》上册卷一之"游魂为变"条，上海古籍出版社 2006 年版，第 40 页。
④ 顾炎武：《日知录集释》上册卷一之"游魂为变"条，上海古籍出版社 2006 年版，第 39—40 页。
⑤ 顾炎武：《日知录集释》上册卷一之"游魂为变"条，上海古籍出版社 2006 年版，第 40 页。
⑥ 顾炎武：《日知录集释》上册卷六之"鬼神"条，上海古籍出版社 2006 年版，第 385 页。

地表明圣人表达过相似意思的话语。大禹说："惠迪吉，从逆凶，惟影响。"①顺从道就吉利，屈从恶就凶险不吉，善恶与吉凶，就像形体与影子、声音与回声一样，报应立竿见影。商汤说："天道福善祸淫。"②天道法则就是降福予善人，降祸给恶人。伊尹说："惟上帝不常，作善降之百祥，作不善降之百殃。"③意谓上帝降福降灾没有不变的常规，对积德行善的赐予各种吉祥，对作恶多端的就降下各种灾祸。伊尹又说："惟吉凶不僭在人，惟天降灾祥在德。"④表现在人身上的吉祥凶险之所以没有偏差，是由于苍天根据人的德行而降灾或赐吉祥的缘故。孔子声称："积善之家必有余庆，积不善之家必有余殃。"⑤直截了当地表达善有善报、恶有恶报的朴素道理。

顾炎武引用这些圣人的话，意在驳斥道教和佛教的相关说法，指出"岂真有上帝司其祸福，如道家所谓天神察人善恶，释氏所谓地狱果报者哉！"他主张用儒家观念来解释善恶报应，强调"善与不善，一气之相感，如水之流湿，火之就燥，不期然而然，无不感也，无不应也"。就是孟子所说的"志壹则动气"；就是《诗经》所说的："天之牖民，如壎如篪，如璋如圭，如取如携。""牖"即诱导。上天有好生之德，也有斥恶之灵应。上天真诚无欺，故曰"诚者天之道"。⑥ "若曰有鬼神司之，屑屑焉如人间官长之为，则报应之至近者，反推而之远矣。"顾炎武实际上在天与人间善恶报应之间取消了鬼神中介，而由天直接作用于善恶报应，以使报应达到更加灵验直接的地步。

顾炎武不仅反对根据鬼神解释人事，而且主张根据人事解释鬼神。他深刻揭示出百姓迷信鬼神的社会原因，指出天下混乱、民情不伸的时代，鬼神之说就会四处泛滥。"国乱无政，小民有情而不得申，有冤而不见理，于是不得不诉之于神，而诅盟之事起矣。"⑦屈原遭受子兰谗言的

①《尚书·大禹谟》。

②《尚书·汤诰》。

③《尚书·伊训》。

④《尚书·咸有一德》。

⑤《易·文言》。

⑥《中庸》。

⑦ 顾炎武：《日知录集释》上册卷二之"罔中于信以覆诅盟"条，上海古籍出版社 2006 年版，第 108 页。

诬陷时，曾“告五帝以折中，命咎繇而听直”。无权无势的小民遭受冤情时，就更是如此。“而鬼神之往来于人间者，亦或著其灵爽，于是赏罚之柄乃移之冥漠之中，而蚩蚩之氓，其畏王鈇常不如其畏鬼责矣。”因为小民畏惧鬼神甚于君王，所以君子也就借鬼神之威以辅助王政：“乃世之君子犹有所取焉，以辅王政之穷。”①顾炎武认为民间地狱之说等来自小民对鬼神之威的畏惧：“今日所传地狱之说，《感应》之书，皆苗民诅盟之余习也。”如果人间行王政，民情得以伸展，那么，“人自不复有求于神。故曰：有道之世，‘其鬼不神’。”②

春秋时，世人尚知淫祀之非。《左传》“哀公六年”记载：楚昭王有疾，占卜的卜辞说“河为祟”。昭王不祭，说：“三代命祀，祭不越望。江、汉、睢、漳，楚之望也。不谷虽不德，河非所获罪也。”到了屈原时代，沅水、湘江之间已在祭祀河伯。顾炎武指出：“夫以昭王之所弗祭者而屈子歌之，可以知风俗之所从变矣。”③

据《明太祖实录》记载，洪武三年，太祖诏令：“夫岳、镇、海、渎皆高山广水，自天地开辟以至于今，英灵之气萃而为神，必皆受命于上帝，幽微莫测，岂国家封号之所可加？渎礼不经，莫此为甚。至如忠臣烈士，虽可加以封号，亦惟当时为宜。夫礼所以明神人，正名分，不可以僭差。今宜依古定制，凡岳、镇、海、渎，并去其前代所封名号，止以山水本名称其神。郡县城隍神号一体改正。历代忠臣烈士亦依当时初封以为实号，后世溢美之称皆与革去。庶几神人之际，名正言顺，于礼为当，用称朕以礼事神之意。”文中指出，礼的宗旨在于明神人、正名分，因此礼不可僭差。基于此，岳、镇、海、渎俱废除前代所封的溢美之名号，郡县城隍神号亦复如是。如此方能使神人之际名正而言顺。顾炎武对此颇为赞赏，认为“可谓卓绝千古之见”。

顾炎武曾经考证仙论鬼论的起源，称：“尝考泰山之故，仙论起于周末，鬼论起于汉末。《左氏》《国语》未有封禅之文，是三代以上无仙论

---

① 顾炎武：《日知录集释》上册卷二之“罔中于信以覆诅盟”条，上海古籍出版社 2006 年版，第 108—109 页。

② 顾炎武：《日知录集释》上册卷二之“罔中于信以覆诅盟”条，上海古籍出版社 2006 年版，第 109 页。

③ 顾炎武：《日知录集释》下册卷三十之“古今神祠”条，上海古籍出版社 2006 年版，第 1714 页。

也。《史记》《汉书》未有考鬼之说，是元、成以上无鬼论也。”[①]西汉时仙论开始出现。“自哀、平之际，而谶纬之书出，然后有如《遁甲开山图》所云‘泰山在左，亢父在右，亢父知生，梁父主死’，《博物志》所云‘泰山一曰天孙，言为天帝之孙，主召人魂魄，知生命之长短’者。”顾炎武指出，鬼论兴盛于东汉。

人们对鬼神的崇敬与对父母的孝敬有关。“人之有父母也，鸡鸣问寝，左右就养无方，何其近也？”是对父母的孝敬。等到父母逝世，音容笑貌再也不能耳闻目睹，“于是或求之阴，或求之阳，然后僾然必有见乎其位，然后乃凭工祝之传而致赉于孝孙。”顾炎武指出，这就是所谓“生而为父母，殁而为鬼神”。敬神时“洋洋乎如在其上，如在其左右”，[②]这是“由顺父母而推之也”。因此孔子说：“未能事人，焉能事鬼？”[③]“是故庸德之行，莫先于父母之顺，而郊社之礼，禘尝之义，缘之以起。明此而天下国家可得而治矣。”孝与治理天下的关系重大，所以“在上位者能顺乎亲，而后可以事天享帝。在下位者能顺乎亲，而后可以获上治民。”[④]

《论语·先进》中，季路向孔子请教事鬼神之事，孔子回答：“未能事人，焉能事鬼？”季路再问：“敢问死。”孔子回答：“未知生，焉知死？”顾炎武认为，“未能事人，焉能事鬼”的内在指向依然是对父母的孝敬，即所谓“左右就养无方，故其祭也，洋洋乎如在其上，如在其左右”。[⑤]“未知生，焉知死”的内在指向是仁，因此“‘人之生也直’，故其死也，‘无求生以害仁，有杀身以成仁’”。他指出：“‘天地有正气，杂然赋流形。下则为河岳，上则为日星。’可以谓之知生矣。‘孔曰成仁，孟曰取义，而今而后，庶几无愧。’可以谓之知死矣。”[⑥]

四、“天运未可亿，天心未可量”

顾炎武在强调能动性的同时，也继承儒家“天运”“天道”的观念。

① 顾炎武：《日知录集释》下册卷三十之“泰山治鬼”条，上海古籍出版社2006年版，第1718—1719页。
② 《中庸》。
③ 《论语·先进》。
④ 顾炎武：《日知录集释》上册卷六之“鬼神”条，上海古籍出版社2006年版，第407页。
⑤ 《礼记·檀弓上》。
⑥ 顾炎武：《日知录集释》上册卷七之“季路问事鬼神”条，上海古籍出版社2006年版，第407页。

这在他的诗中尤为多见，如《江上》："天运何时开，干戈良可哀。"《恭谒天寿山十三陵》："天运未可亿，天心未可量。"其中所谓的"天运"，显然是指上天为人无法把握却又对人事起决定作用的神秘力量。在明朝覆亡，矢志图谋恢复故国却前途日益渺茫之际，顾炎武自然倾向于相信"天运"，把国家命运寄托于上天。这种"天运"信仰与气学观存在内在联系。所谓的"一气相感"论，使他深深相信日月星辰的运行与人事变化之间存在内在感应关系，即"天象见于上，而人事应于下"；[①]"人事动于下，而天象变于上"。[②] 在《日知录》卷三十《岁星》中，他还举例证明这种感应关系："吴伐越，岁在越，故卒受其凶。苻秦灭燕，岁在燕，故燕之复建，不过一纪。""天运"一词最初见于《庄子・天运篇》，本义为日月运转。顾炎武相信天象与人事之间存在内在感应关系，因此赋予"天运"以浓郁的神秘色彩，又称"天运未可亿，天心未可量"，把"天运"与"天心"看作同类观念，隐含着把"天运"视作"天心"之体现的神秘思想。

毫无疑问，顾炎武的思想存在着神秘主义因素，从源头来说，与儒家推崇的天命观有关，与儒家对天的敬畏和信仰有关。他认为，有些人事史事无法确切地予以解释。在追问历代王朝的兴衰情形时，他曾迷惘地悲诉："君不见天道幽且深，败亡未必皆荒淫。"[③]对于明朝覆亡的原因，他主要把它归之于神秘莫测的天道。因为在他看来，崇祯帝不仅不是荒淫之主，而且还是勤劳王政的英主，正所谓："亦有英君御区宇，终日忧勤思下士。贤妃助内咏鸡鸣，节俭躬行迈往古。"但是历史事实却是，崇祯帝虽然宵衣旰食地励精图治，明朝却还是在内忧外患中倾覆了。对此，顾炎武只能徒唤奈何地把倾覆原因归之于"大运"："一朝大运合崩颓，三宫九市横豺虎。"虽然如此，顾炎武最终还是认为，天运对人事的作用是暂时而可以变化的，正所谓"天道好还"。因此，他对国家和个人命运本质上依然较为豁达和乐观："太息复何言，此身随所遭。"[④]

顾炎武认为，事物合乎秩序之变化的内在根据是"诚"："'诚者，天

---

① 顾炎武：《日知录集释》下册卷三十之"日食"条，上海古籍出版社 2006 年版，第 1678 页。

② 顾炎武：《日知录集释》下册卷三十之"人事感天"条，上海古籍出版社 2006 年版，第 1684 页。

③ 顾炎武：《亭林诗集》卷四，《骊山行》。

④ 顾炎武：《亭林诗集》卷四，《邯郸》。

之道也’，故天下雷行，物与无妄。”[①]其中的“诚者，天之道也”，来源于孟子：“诚者，天之道也。思诚者，人之道也。至诚而不动者，未之有也。不诚，未有能动者也。”[②]“诚”是天之所以能感动万物，使万物运行的内在根据，万物之所以遵从天道运行，是由于天以“诚”感动天下的缘故。他进一步把天以“诚”感动天下的观念与善恶报应结合起来，指出：

> 善与不善，一气之相感，如水之流湿，火之就燥，不期然而然，无不感也，无不应也。此孟子所谓“志壹则动气”，而《诗》所云“天之牖民，如埙如篪，如璋如圭，如取如携”者也。其有不齐，则如夏之寒，冬之燠，得于一日之偶逢，而非四时之正气也。故曰“诚者天之道”也。若曰有鬼神司之，屑屑焉如人间官长之为，则报应之至近者，反推而之远矣。[③]

善恶报应是天道决定、体现天道感应内容的必然结果。至于善不得善报、恶不得恶报的例外情形，只不过是天道运行中偶然性的表现。总的来说，天道的至诚最终决定万物运行的无妄。在至诚天道的感应之下，万物运行以“无妄”予以回应。所谓“无妄”，就是万物顺应天道而不妄作。从根本上来说，在顾炎武看来，万物运行的秩序来源于天道，“诚”是万物运行之所以合乎秩序的根源。明乎于此，就能理解天下陷入混乱的原因在于人们的背天妄行。如果要在乱世中恢复秩序，那么就得顺从天道而行，就得正人心淳风俗，就得倡导经世致用之学。

第六节　体用与释老

在与李颙的多封往来书信中，顾炎武集中探讨了“体用”的来源，同时也表达了对佛教的严厉看法。他不同意李颙主张体用源于佛经的观点，而认为古书中早有体用二字。他说：“《易》曰：‘阴阳合德而刚柔有

① 顾炎武：《日知录集释》上册卷六之“诚者天之道”条，上海古籍出版社 2006 年版，第 389 页。
②《孟子·离娄上》。
③ 顾炎武：《日知录集释》上册卷二之“惠迪吉从逆凶”条，上海古籍出版社 2006 年版，第 66—67 页。

体。'又曰：'显诸仁，藏诸用。'此天地之体用也。""《记》曰：'礼，时为大，顺次之，体次之。'又曰：'降兴上下之神，而凝是精粗之体。'又曰：'无体之礼，上下和同。'有子曰：'礼之用，和为贵。'此人事之体用也。"①顾炎武指出，古代经传中谈到体用的地方很多，只是没有对举而已。佛经中却未尝有体用二字。"晋、宋以下演之为论，始有此字。"他强调，这是由于佛经佛书窃取于古经传，而非相反。

李颙在回信中指出："《系辞》暨《礼记》'礼者，体也'等语，言体言用者固多，然皆就事言事，拈体或不及用，语用则遗夫体，初未尝兼举并称，如内外、本末、形影之不相离。有之，实自佛书始。"他认为西来佛经中虽然没有体用二字，"而中国佛书，卢惠能实始标此二字"。惠能即禅宗六祖，解《金刚经》时指出"金者性之体，刚者性之用"。"又见于所说《法宝坛经》，敷衍阐扬，谆恳详备。"其后，禅宗临济、曹洞、法眼、云门和沩仰五宗传播惠能宗旨。体用一说流播日广，士子往往引作谈柄，久而久之就成为定本。既为学者喜闻乐见，时间一长，也就不再考察它的渊源所自。

李颙本着客观而中肯的态度说："然天地间道理，有前圣之所未言而后贤始言之者，吾儒之所未言而异学偶言之者，但取其益身心、便修证斯已耳。"相较于顾炎武严峻尖锐的态度，李颙对待佛学等非儒学的思想，显然要开放、包容一些。他指出："今无论出于佛书儒书，但论其何体何用，如'明道存心以为体，经世宰物以为用'，则体为真体，用为实用，此二字出于儒书固可，即出于佛书亦无不可。苟内不足以明道存心，外不足以经世宰物，则体为虚体，用为无用，此二字出于佛书固不可，出于儒书岂可乎？"②

在次一封去信中，顾炎武表示体用二字既然古代经传早已有之，那么自然用之无妨。但是，他认为如"活泼泼地""鞭辟近里"之类用语不够雅驯，应该避免使用它们。顾炎武对"内典"二字颇为不满，指出它"始见于《宋史·李沆传》，疑唐末五代始有此语，岂可出于学士大夫之

① 顾炎武：《亭林佚文辑补》。

② 李颙：《二曲集》卷十六，《答顾宁人先生（一）》。

口？推其立言之旨，盖将内释而外吾儒，犹告子之外义也；犹东汉之人，以七纬为内学，以六经为外学也。”他批评庄子所谓外物、外生和外天下者，不过是驰心虚寂而已。

李颙在回信中表示：“‘体用’二字相连并称，不但六经之所未有，即《十三经注疏》亦未有也。以之解经作传，始于朱子，一见于‘未发’节，再见于‘费隐’暨‘一贯忠恕’章。其《文集》《语类》二编所载，尤不一而足。”在他看来，不仅六经，而且《十三经注疏》都未出现过“体用”二字连用的情形。以“体用”解经作传，始于朱熹。至于“活泼泼地”“鞭辟近里”之类用语，李颙认为“似无甚害”。

说到内典，他基本同意顾炎武的观点。李颙指出“内典”二字出于南朝萧梁。当时，梁武帝崇信佛教，于是一时之间士大夫纷纷响应，以儒书为“外尽人事”，佛书则“内了心性”。“历隋、唐、宋、元以至于明，凡言及佛书，多以是呼之，视汉人以《元命苞》《援神契》等七纬为内，尤不啻内之内矣。”但这种“内”与儒家所说的“内”大相径庭。因为，“彼之所谓内，可内而不可外；吾儒之所谓内，内焉而圣，外焉而王，纲常藉以维持，乾坤恃以不毁，又岂可同年而语。”因此，士君子称呼“内典”并不适当，应当引以为戒。

谈到《庄子》的“外物”“外生”和“外天地”，李颙认为是“忘形脱累之谓，似非虚寂之谓也”。他强调老庄之虚与佛教之虚寂有所不同。“盖老、庄之虚，是虚其心，而犹未虚其理；佛氏之虚寂，则虚其心而并欲虚其理。舍其昭昭而返其冥冥，虽则寂然不动，而究不足以开物成务，以通天下之故。”[①]老庄之虚虽然虚心，却没有虚理。佛教的虚寂，则不仅虚心，还虚理。虚寂之学，毕竟无法开物成务而经世济民。

在第三封致李颙的信中，顾炎武表示自己终生不读佛书，表明了对佛教敬而远之的严厉态度。但是，他认为体用二字并举的情形并不出于《金刚经解》，东汉时就已经出现：“魏伯阳《参同契》首章云：‘春夏据内体，秋冬当外用。’伯阳，东汉人也，在惠能之前。是则并举体用始于

① 李颙：《二曲集》卷十六，《答顾宁人先生（二）》。

伯阳，而惠能用之，朱子亦用之耳。”①

李颙在回信中并不赞同顾炎武终生不读佛书的严峻态度，指出：“不读佛书固善，然吾人只为一己之进修，则六经、四子及濂、洛、关、闽遗编，备足受用；若欲研学术同异，折衷二氏似是之非，以一道德而砥狂澜，释典、玄藏亦不可不一寓目。”

李颙不同意顾炎武主张惠能用“体用”源于《参同契》的说法，指出惠能生平不识字，“其所从入不繇语言文字，解经演法，直抒胸臆，而谓用之《参同》，窃所未安。”朱熹年轻时追随高僧开谦，因此早就从开谦处熟悉“体用”用法。他晚年方才注《参同契》，因此可以明确认为朱熹对“体用”说法的运用并不来自《参同契》。李颙进而委婉地批评顾炎武：“假令辩尽古今疑误之句，究与自己身心有何干涉？程子有言：‘学也者，使人求于本也，不求于本而求于末，非圣人之学也。’何谓求于末？考详略、采异同是也。而《淮南子》亦谓‘精神越于外，而事复反之’，是失之于本而索之于末，蔽其玄光而求知于耳目也。”②在李颙看来，为学当求身心受用之学，求有本之学，而考证详略、采辑异同之学终究只是无补于身心之心，是谓求之于末。

顾炎武认为古代圣人教人，并无用心于内的说法。他批评说，自从战国时代老庄学说盛行之后，“而外义者，《告子》也，外天下、外物、外生者，《庄子》也。于是高明之士厌薄《诗》《书》，以为此先王所以治天下之糟粕。”佛教传入中国之后，以清净慈悲之说劝导世人，诱使六朝君子纷纷追随景从。顾炎武以为，其“由清净自在之说而极之，以至于不生不死，入于涅槃，则杨氏之‘为我’也；由慈悲利物之说而极之，以至于普度众生，超拔苦海，则墨氏之‘兼爱’也”。③ 佛教传播日广之后，后继学者称誉其书为“内典”，言外之意不外乎内释而外儒。考诸历史，顾炎武令人信服地指出所谓“内学”之非。他说：“褚少孙补《滑稽传》，以传记、杂说为外家，是以六经为内也。东汉儒者则以七纬为内学，六经为外学。举图谶之文，一归之‘性与天道不可得闻’。而今百世之下，晓然皆悟其

① 顾炎武：《亭林佚文辑补》。

② 李颙：《二曲集》卷十六，《答顾宁人先生（三）》。

③ 顾炎武：《日知录集释》中册卷十八之“内典”条，上海古籍出版社 2006 年版，第 1046 页。

非。今之所谓内学，则又不在图谶之书，而移之释氏矣。”[①]

第七节　易学乃“圣人寡过反身之学”

顾炎武在易学研究方面，据考证著有《易解》一书，可惜现已亡佚。如今可见的顾炎武易学研究文字，主要见于《日知录》《音学五书》中的《易音》三卷，其他的则散见于他与友人论学的信札之中。愈是步入晚年，顾炎武研究《周易》的兴趣愈是浓烈。年近花甲之年，他还专门去山东德州讲《易》三月之久。

有关《周易》文本的来源，顾炎武认可《汉书·艺文志》“人更三世，事历三古”等说法，并进而强调伏羲、文王、周公和孔子在易学发生史上的重要地位。他阐述说：“夫子言包羲氏始画八卦，不言作《易》，而曰：‘《易》之兴也，其于中古乎？’又曰：‘《易》之兴也，其当殷之末世，周之圣德邪？当文王与纣之事邪？’是文王所作之辞，始名为《易》。”[②]在《日知录·朱子周易本义》中，他甚至不容置疑地指出：“《周易》自伏羲画卦，文王作彖辞，周公作爻辞，谓之经。经分上下二篇。孔子作十翼，谓之传。”[③]

依据《周官》大卜“掌三易之法，一曰《连山》，二曰《归藏》，三曰《周易》”[④]的说法，《连山》《归藏》和《周易》在易学史上经常被并称为“三易”。顾炎武反对这种说法，认为“《连山》《归藏》非《易》也，而云‘三易’者，后人因《易》之名以名之也”。[⑤] 他的理由，除孔子在《易传》中称文王作《易》，而称伏羲画八卦而不言作易之外，还以《左传》中众多筮例为证，考证出《左传》中凡称引《周易》卦辞及爻辞者，是《易》，而称引未见于《周易》爻辞的则不是《易》。例如：“《左传》僖十五年：战于韩。卜徒

① 顾炎武：《日知录集释》中册卷十八之“内典”条，上海古籍出版社 2006 年版，第 1047 页。
② 顾炎武：《日知录集释》卷一之“三易”条，上海古籍出版社 2006 年版，第 1 页。
③ 顾炎武：《日知录集释》卷一之“朱子周易本义”条，上海古籍出版社 2006 年版，第 1 页。
④ 顾炎武：《日知录集释》卷一之“三易”条，上海古籍出版社 2006 年版，第 1 页。
⑤ 顾炎武：《日知录集释》卷一之“三易”条，上海古籍出版社 2006 年版，第 3—4 页。

父筮之曰吉，其卦遇《蛊》，曰：‘千乘三去，三去之余，获其雄狐。’成十六年：战于鄢陵。公筮之，史曰吉。其卦遇《复》，曰：‘南国蹙，射其元王，中厥目。’此皆不用《周易》，而别有引据之辞，即所谓‘三易之法’也，而《传》不言《易》。”①他认为后人之所以称“三易”，是“后人因《易》之名以名之也。犹之《墨子》书言‘周之《春秋》’，‘燕之《春秋》’，‘宋之《春秋》’，‘齐之《春秋》’。周、燕、齐、宋之史非必皆《春秋》也，而云‘春秋’者，因鲁史之名以名之也。”②意思是说，《连山》和《归藏》并不是易，只是后人随《周易》而称呼为《易》罢了。

顾炎武紧接着考证《周易》版本的流传，批评经与传之间安排上的混乱情形：

> 传分十篇，《彖传》上下二篇，《象传》上下二篇，《系辞传》上下二篇，《文言》《说卦传》《序卦传》《杂卦传》各一篇。自汉以来，为费直、郑玄、王弼所乱，取孔子之言逐条附于卦爻之下。程正叔《传》因之，及朱元晦《本义》，始依古文，故于《周易上经》条下云：“中间颇为诸儒所乱，近世晁氏始正其失，而未能尽合古文。吕氏又更定，著为经二卷，传十卷，乃复孔氏之旧云。”③

西汉时，经传分开。到了东汉，经传才合为一体。在顾炎武看来，取孔子之言逐条附于卦爻之下的做法并不妥当，反而会导致经与传淆乱，丧失《易》的原貌，进而破坏经学发展。

顾炎武的这些考证和思考，是与他对明代经学衰敝的反思联系在一起的。他指出：“洪武初，颁五经天下儒学，而《易》兼用程、朱二氏，亦各自为书。永乐中修《大全》，乃取朱子卷次割裂，附之程《传》之后，而朱子所定之古文仍复淆乱。”“而《大全》之本乃朝廷所颁，不敢辄改，遂即监版《传》《义》之本刊去程《传》，而以程之次序为朱之次序，相传且二百年矣。”④“秦以焚书而五经亡，本朝以取士而五经亡。今之为科举之

---

① 顾炎武：《日知录集释》卷一之“三易”条，上海古籍出版社 2006 年版，第 2—3 页。
② 顾炎武：《日知录集释》卷一之“三易”条，上海古籍出版社 2006 年版，第 1 页。
③ 顾炎武：《日知录集释》卷一之“朱子周易本义”条，上海古籍出版社 2006 年版，第 4 页。
④ 顾炎武：《日知录集释》卷一之“朱子周易本义”条，上海古籍出版社 2006 年版，第 4—5 页。

学者，大率皆帖括熟烂之言，不能通知大义者也。而《易》《春秋》尤为缪盭。”①秦朝因为焚书坑儒而毁弃五经，明代则因为科举取士而导致五经衰亡，导致经学衰蔽已极。对科举八股对学风造成的严重败坏，顾炎武深恶痛绝，不禁感叹“惜乎朱子定正之书竟不得见于世，岂非此经之不幸也夫”。显而易见，他对《易》学的忧虑，与他对经学复兴和“穷经待后王”的盼望密切联系在一起。

我们在《左传》中可以观察到，卜筮在春秋战国时代相当流行。顾炎武在《日知录》中就此阐释卜筮说：“问卜筮，曰：‘义与志与？义则可问，志则否。’子孝臣忠，义也；违害就利，志也。卜筮者，先王所以教人去利怀仁义也。”②并进而指出：“子之必孝，臣之必忠，此不待卜而可知也。其所当为，虽凶而不可避也。”③也就是说，无论占卜结果吉凶与否，君子一言一行都应当遵循圣人之道，这是因为，卜筮的宗旨在于“《易》以前民用也，非以为人前知也”。④ 他在德州讲《易》之后，曾经借诗歌表达了类似观点：“在昔尼父圣，韦编尚三绝；况于章句儒，未晓八卦列。……微言讵可寻，斯理庶不灭。寡过殊未能，岂厌丁宁说。”⑤也就是说，顾炎武并不赞同把《周易》看作卜筮、方术之书，而坚持认为《周易》阐述圣人之道，易学是“圣人寡过反身之学”，研治《周易》是为了应用于人伦日用。

在顾炎武看来，《周易》绝不止于象数方术之学，而包含了深沉博大的道德教化含义。他说：“故其作《系辞传》，于‘悔吝无咎’之旨特谆谆焉。而大象所言，凡其体之于身、施之于政者，无非用《易》之事。然辞本乎象，故曰‘君子居则观其象而玩其辞’，观之者浅，玩之者深矣。其所以与民同患者，必于辞焉著之，故曰‘圣人之情见乎辞’。若‘天一地二’‘易有太极’二章，皆言数之所起，亦赞《易》之所不可遗，而未尝专以象数教人为学也。”⑥

① 顾炎武：《日知录集释》卷一之“朱子周易本义”条，上海古籍出版社2006年版，第9页。

② 顾炎武：《日知录集释》卷一之“卜筮”条，上海古籍出版社2006年版，第55页。

③ 顾炎武：《日知录集释》卷一之“卜筮”条，上海古籍出版社2006年版，第54页。

④ 顾炎武：《日知录集释》卷一之“卜筮”条，上海古籍出版社2006年版，第56页。

⑤ 顾炎武：《亭林诗集》卷四，《德州讲易毕奉柬诸君》。

⑥ 顾炎武：《日知录集释》卷一之“孔子论易”条，上海古籍出版社2006年版，第50—51页。

出于对明代空疏学风的批判，也出于对理学的反思与批判，顾炎武对“图”“书”之学进行了考证与批判。在《日知录》卷一里，顾炎武专门撰写一条“孔子论《易》”，对“孔子论《易》”与“希夷之图，康节之书”之间的关系做了深入考证与剖析。他说：

> 是则圣人之所以学《易》者，不过“庸言庸行”之间，而不在乎图书象数也。今之穿凿图象以自为能者，畔也。……是故出入以度，无有师保，如临父母，文王、周公、孔子之《易》也。希夷之图，康节之书，道家之《易》也。自二子之学兴，而空疏之人、迂怪之士举窜迹于其中以为《易》，而其《易》为方术之书，于圣人寡过反身之学去之远矣。“《诗》三百，一言以蔽之，曰思无邪。”《易》六十四卦，三百八十四爻，一言以蔽之，曰“不恒其德，或承之羞”。夫子所以思，得见夫有恒也；有恒然后可以无大过。①

顾炎武在其中指出，图书和象数受到释老二教影响，淆乱了儒家之易。他强调，以文王、周公和孔子为代表的儒家之易，与道家之易存在云泥之别。他坚持儒家之易体现于人伦日常的言行之中，而以崇德广业和反身寡过为宗旨。

对于《周易・系辞下》对《易》之宗旨高度概括的一段话：“《易》之为书也不可远，为道也屡迁。变动不居，周流六虚；上下无常，刚柔相易，不可为典要，唯变所适。”顾炎武将它进一步浓缩为“《易》不可为典要。唯变所适”。② 这种“唯变所适”观，正是顾炎武历史思想的核心观点。他认为一切都在变化，“天地则已易矣，四时则已变矣。其在天地之中着莫不更始焉”。③ 历史发展“日新而无穷”④，“天下之变无穷，举而措之，天下之民者亦无穷”。⑤

对于汉代象数易学中由于拘泥卦象和杂入术数而导致支离破碎的流弊，顾炎武进行了较为中肯的分析和批判。他批评虞翻的卦象之说，

---

① 顾炎武：《日知录集释》卷一之“孔子论易”条，上海古籍出版社 2006 年版，第 50—51 页。

② 顾炎武：《亭林文集》卷三，《与友人论学书》。

③ 顾炎武：《日知录集释》卷五之“三年之丧”条，上海古籍出版社 2006 年版，第 302 页。

④ 顾炎武：《日知录集释》卷一之“易逆数也”条，上海古籍出版社 2006 年版，第 45 页。

⑤ 顾炎武：《亭林文集》卷三，《与友人论学书》。

认为文王、周公只是设卦观象而系之以辞，孔子作《传》，《传》中更别无他象。孔子所说的卦之本象，除天、地、雷、风、水、火、山、泽之外，惟独“颐中有物”，本之于卦名；“有飞鸟之象”，本之于卦辞。孔子此外并没有凭空增设一象。荀爽和虞翻等人却“以同声相应为《震》《巽》，同气相求为《艮》《兑》，水流湿、火就燥为《坎》《离》，云从龙则曰《乾》为龙，风从虎则曰《坤》为虎。《十翼》之中，无语不求其象”。① 顾炎武批评他们如此这般对《易》的解读是穿凿附会，以致“《易》之大指荒矣”。② 他强调正确解读是舍象而言卦，不必孜孜以求于象。

虞翻解《易》还有“旁通”与“反卦”之说。所谓“旁通”，是指两卦相比，爻体阴阳互异，两两旁交相通。所谓“反卦”，是指卦中的六爻反转颠倒之后形成另外一卦。明代易学家来知德著有《周易集注》，其中的“综卦”说来源于虞翻的“反卦”，被当时的人称颂为绝学。顾炎武经过考证之后，认为所谓“旁通”与“反卦”之说并无殊胜之处，他说：

> 《序卦》《杂卦》皆旁通之说，先儒疑以为非夫子之言。然《否》之“大往小来”，承《泰》之“小往大来”也。《解》之“利西南”，承《蹇》之“利西南不利东北”也。是文王已有相受之义也。《益》之“六二”即《损》之“六五”也，其辞皆曰“十朋之龟”。《姤》之“九三”即《夬》之“九四”也，其辞皆曰“臀”。《未济》之“九四”即《即济》之“九三”也，其辞皆曰“伐鬼方”。是周公已有反对之义也。必谓六十四卦皆然，则非《易》书之本意。或者夫子尝言之，而门人广之，如《春秋》哀十四年“西狩获麟”以后续经之作耳。③

“相受”和“反对”之义早就存在于《易》经中，并无殊异之处，因此时人所谓“绝学”就是无稽之谈。

虞翻解《易》还有“互体”之说。顾炎武根据孔子和程传的解易体例，揭示了象数易学“互体”和“卦变”说的荒诞不经。他说：“凡卦爻二至四、三至五，两体交互，各成一卦，先儒谓之‘互体’。其说已见于《左

① 顾炎武：《日知录集释》卷一之“卦爻外无别象”条，上海古籍出版社 2006 年版，第 10 页。

② 顾炎武：《日知录集释》卷一之“卦爻外无别象”条，上海古籍出版社 2006 年版，第 10 页。

③ 顾炎武：《日知录集释》卷一之“序卦杂卦”条，上海古籍出版社 2006 年版，第 48—49 页。

氏》庄公二十二年:'陈侯筮,遇《观》之《否》,曰:风为天,于土上山也。'注:'自二至四有艮象,艮为山是也。'然夫子未尝及之,后人以'杂物撰德'之语当之,非也。其所论二与四、三与五'同功而异位',特就两爻相较言之,初何尝有互体之说。"[①]"卦变之说,不始于孔子,周公系《损》之'六三'已言之矣,曰:'三人行则损一人,一人行则得其友'。是六子之变,皆出于《乾》《坤》,无所谓自《复》《姤》《临》《遁》而来者。当从程《传》。"[②]

在易学史上,汉代京房、虞翻和荀爽等以象数解《易》,致使穿凿附会之说盛行。王弼易学在批判这种象数易学中出现,而北宋程颐《易传》则继承了王弼开创的以义理解《易》的传统。顾炎武认为:"王弼之注虽涉于玄虚,然已一扫《易》学之榛芜,而开之大路矣。"[③]明确肯定了王弼破除象数和开启新路的贡献。

宋代以降,研治易学的路径发生重大变化,由象数之学衍生出来的"图""书"之学日益兴盛。明末清初,由于批判理学思潮的兴起,以黄宗羲和黄宗炎兄弟等为代表的学者,对"图""书"之学进行了深刻揭露和抨击。

顾炎武指出,《论语》中孔子讨论《易》的地方只有二章。其一曰:"加我数年,五十以学《易》,可以无大过矣。"[④]其二曰:"南人有言曰:'人而无恒,不可以作巫医'。善夫!不恒其德,或承之羞。子曰:'不占而已矣'。"[⑤]从孔子对待《易》经的态度可以看出,圣人学《易》的目的不在于图书象数之学,而在于把《易》活学活用于"庸言庸行之间"。顾炎武认为:"夫子平日不言《易》,而其言《诗》《书》、执礼者,皆言《易》也。人苟循乎《诗》《书》、执礼之常而不越焉,则自天佑之,吉无不利矣。"

在《与人书(二)》中,顾炎武指出:"圣人所闻所见,无非易也。若曰扫除闻见,并心学易,是易在闻见之外也。"[⑥]他的意思实际上就是说:易

① 顾炎武:《日知录集释》卷一之"互体"条,上海古籍出版社 2006 年版,第 12 页。

② 顾炎武:《日知录集释》卷一之"卦变"条,上海古籍出版社 2006 年版,第 11 页。

③ 顾炎武:《日知录集释》卷一之"卦爻外别无象"条,上海古籍出版社 2006 年版,第 10 页。

④《论语·述而》。

⑤《论语·子路》。

⑥ 顾炎武:《亭林文集》卷四。

就在闻见之中，易不离闻见。离闻见而谈易，就是犯了庄子和列子的错误。“六十四卦三百八十四爻，皆所以告人行事，所谓‘拟之而后言，议之而后动’者也。”

后世儒者大都把《易·系辞》看作夫子言性与天道之书。顾炎武认为这是错误看法，因为“所以教人学《易》者，无不在于言行之间矣”。樊迟问仁，孔子回答说：“居处恭，执事敬，与人忠。”[①]司马牛问仁，孔子回答说：“仁者，其言也讱。”[②]意谓仁者慎重，不轻易说话。夫子对仁的阐释都很平易。而“今之君子学未及乎樊迟、司马牛，而欲其说之高于颜、曾二子，是以终日言性与天道，而不自知其堕于禅学也”。儒者若脱离人伦日用常行语境而高谈阔论性与天道，那么就会逐渐陷溺于追求出世的禅学而不自知，导致既非儒学亦非真禅学的尴尬处境。

顾炎武也引用朱熹的话来表明类似意思。朱熹认为圣人所教导的孝弟忠信是下学之本，而“今之学者以为钝根，不足留意，其平居道说，无非子贡所谓‘不可得而闻’者”。[③] 朱熹指责近世学者的病患在于好高骛远。“《论语》未问‘学而时习’，便说‘一贯’。《孟子》未言‘梁惠王问利’，便说‘尽心’。《易》未看六十四卦，便读《系辞》。”[④]黄震指责道学的危害说：“夫子述六经，后来者溺于训诂，未害也。濂洛言道学，后来者借以谈禅，则其害深矣。”[⑤]

关于《周易》研究，顾炎武指出：“昔之说《易》者，无虑数千百家，如仆之孤陋，而所见及写录唐宋人之书亦有十数家，有明之人之书不与焉。然未见有过于程传者。且夫《易》之为书，广大悉备，一爻之中，具有天下古今之大，而注解之文，岂能该尽。”[⑥]他认为天下书籍都可以用来注解《易》，而“尽天下注《易》之书，不能以尽《易》，此圣人所以立象以尽意，而夫子作大象，多于卦爻之辞之外，别起一义以示学者，使之触类而通，此即举隅之说也”。“《诗》《书》、执《礼》之文，无一而非《易》也。

① 《论语·子路》。
② 《论语·颜渊》。
③ 朱熹：《晦庵集》卷三八，《答林谦之》。
④ 朱熹：《朱子语类》卷一九。
⑤ 黄震：《黄氏日钞》。
⑥ 顾炎武：《亭林文集》卷三，《与友人论易书》。

下而至于《春秋》二百四十二年之行事，秦、汉以下史书百代存亡之迹”，同样都可以用来注解《易》，同样都表现了《易》的微言大义。顾炎武曾经“劝人以学《易》之方，必先之以《诗》《书》、执《礼》，而《易》之为用存乎其中，然后观其象而玩其辞，则道不虚行，而圣人之意可识矣”。

顾炎武治学极为勤奋，也极为珍惜光阴。他认为日月往来是一日之昼夜，寒暑往来是一岁之昼夜，大小往来是一世之昼夜。“‘通乎昼夜之道而知’，则‘终日乾乾，与时偕行’，而有以尽乎《易》之用矣。”①

在《日知录》中，顾炎武通过对《周易》阐发，论述了“数往”与“知来”之间的辩证关系。他指出：

> 象者，体也，象其已然者也。占者，用也，占其未然者也。已然者为往，往则有顺之之义焉。未然者为来，来则有逆之之义焉。如象天而画为《乾》，象地而画为《坤》……不谓之“数往者顺”乎？如筮得《乾》而知“乾，元亨利贞”，筮得《坤》而知“坤，元亨，利牝马之贞”……不谓之“知来者逆”乎？夫其顺数已往，正所以逆推将来也。孔子曰：“殷因于夏礼，所损益可知也；周因于殷礼，所损益可知也。”数往者顺也；“其或继周者，虽百世可知也”，知来者逆也。故曰：“易，逆数也。”②

“‘数往者顺’，造化人事之迹有常而可验，顺以考之于前也。‘知来者逆’，变化云为之动日新而无穷，逆以推之于后也。圣人神以知来，知以藏往，作为《易》书，以前民用。所设者未然之占，所期者未至之事，是以谓之逆数。”③顾炎武认为，“数往者顺”是说天地造化和人事变迁有迹可验，顺其迹就可以考察已发生之事。“知来者逆”，世事变迁日新，至于无穷无尽，由现在占《易》就可以推论未来发生的事。④《易》注重在变之中见微言大义，因此顾炎武指出：“物之不齐，物之情也。六十四卦岂得一一齐同。《易》不可为典要，唯变所适。”⑤

---

① 顾炎武：《日知录集释》卷一之“通乎昼夜之道而知”条，上海古籍出版社2006年版，第41页。

② 顾炎武：《日知录集释》卷一之“易逆数也”条，上海古籍出版社2006年版，第45—46页。

③ 顾炎武：《日知录集释》卷一之“易逆数也”条，上海古籍出版社2006年版，第45页。

④ 顾炎武：《日知录集释》卷一之“易逆数也”条，上海古籍出版社2006年版，第45页。

⑤ 顾炎武：《亭林文集》卷三，《与友人论易书（二）》。

在挚友李因笃为清廷博学鸿儒科强行征召之后，顾炎武去信提出规劝和警醒之语，并要求因笃从此好好学《易》："昔朱子谓陆放翁能太高，迹太近，恐为有力者所牵挽，不得全其志节，正老弟今日之谓矣。但与时消息，自今以往，别有机权，公事之余，尤望学《易》。"[①]在《与任钧衡》中，顾炎武表达了对钧衡数十年潜心于易学的赞赏之情，声称："近世号为通经者，大都皆口耳之学，无得于心，既无心得，尚安望其致用哉？《易》于天道之消息，人事之得失，切实示人，学者玩索其义，处世自有主张。兄至今日而能孑孑不随流俗，竟作羲皇上人，知所得实深。"[②]于天道消息和人事得失，《周易》俱能切切实实地启迪于人。任钧衡能够不随顺流俗，得力于《周易》处甚多。在《与王山史》中，顾炎武谈到研究易学的著述计划："弟冬来读《易》，手录苏、杨二传，待驾归，得共山中之约，将《大全》谬并之本，重加厘正。程、朱各自为书，附以诸家异同之说，此则必传之书也。"[③]

在《周易》音韵研究方面，顾炎武著有《易音》三卷，体例大略类似于《诗本音》，两者的区别在于：《易音》并不像《诗本音》那样原原本本地抄录原文，而是仅仅节录《易》中用韵的文句。凡是与今韵不和的，就证以他书以表明古音；凡是与今韵相同的，就注明出现于《广韵》的哪一部。在清初程朱易学占据主流的时代背景下，顾炎武就敢于以严密考证倡导易学的古音古义而反对图书之学，无疑表现出极大的思想勇气，并为清代易学考据之风的形成与汉易的复兴做出了重大贡献。

① 顾炎武：《亭林文集》卷四，《答子德书》。

② 顾炎武：《亭林余集》。

③ 顾炎武：《蒋山佣残稿》卷三。

第十章 君子为学以明道救世

明中叶至晚明，一些敏感的思想家业已开始由形而上的义理之学转向形而下的考据之学，其中开风气之先的当属杨慎、陈第和焦竑等。顾炎武认为，古代所谓理学，实质上是经学。“经学即理学”，是全祖望在对顾炎武命题进行修改和提炼后提出来的。顾炎武对宋代理学比较肯定，而对明末理学即阳明后学持批判态度。他主张平易说经，考究五经，洞悉古今通变之由，最终目的在于正人心、明治要和兴太平。顾炎武以经学为理据，批判和解构宋明理学的思想根基，而以经世实学代之，为清代学术带来了解放性的深远影响。他的思想路径是，通过音韵研究和文字训诂着手解读儒家的原始经典，从而通晓圣道，以便经世济民。

理学为宋代大儒创立。宋儒自认为复兴了失传已久的道统，故又将理学称为道学。所谓“两汉而下，儒者之论大道，察焉而弗详，异端邪说起而乘之，几至大坏”。[①] 直至周敦颐、张载、二程和朱熹出来，才接续道统。理学既为王朝统治提供合法性解释，又具有超越世俗权力的倾向，两者之间存在内在的紧张关系。理学由于吸纳佛教和道家思想后产生的内倾品格，具有倾向内心直觉和体验的特点，从而隐藏着冲破儒家纲常伦理和冲击社会秩序的倾向。这种倾向在晚明日益严重地表现了出来。

无论是魏晋时代扬弃汉代“由辞以通道”而倡言玄学，还是中唐以

①《宋史》卷四二七，《道学传序》。

后学者突破“五经正义”“疏不破注”的束缚而阐发经书义理，甚至宋代以后经学走向理学化，无不与当时的社会文化环境息息相关。清代经学之所以发达，原因可以追溯到明清之际的“五经应社”。

明清之际及清代儒学流变大致滥觞于明中叶。明中叶至晚明，一些思想家已开始由形而上的义理之学转向形而下的考据之学。其中，开风气之先的当属杨慎(1488—1559)。杨慎对理学一味追求“高远”的思想路径深为不满，他曾毫不客气地批评说：“故高远之弊，其究也；以六经为注脚，以空索为一贯，谓形器法度皆刍狗之余，视听言动非性命之理，所谓其高过于大，学而无实。”①也就是说，理学以高明玄虚为进路，以莫测高深的性命之理为追求对象，结果往往流于空索无实。鉴于这种流弊，杨慎转而要求士子从训诂入手把握儒家经典的经义，而训诂则必须知晓古人之法。紧随杨慎之后，福建人陈第进而提出“读经不读传注”②的主张。其中隐含的意思就是，超越对经典的随意诠释，返回原始经典本身。在经典研究方面，陈第首先将音韵考证提高到重要地位。他要求士子通过知晓文字古音，以便最终理解古义。陈第同代人焦竑对小学尤其重视，认为经学应当以小学工夫作为根基。宋儒主要将小学理解为“洒扫、应对、进退之节，礼乐、射御、数书之文”③。这种意义上的小学，显然与日常生活中的伦理实践交织在一起。与此不同，焦竑旗帜鲜明地将小学界定为文字之学：“小学，谓文字之学也。”④其中包括训诂、音韵、文字等。嘉靖和隆庆年间，苏州归有光也提出过类似观点：“天下学者，欲明道德性命之精微，亦未有舍六艺而可以空言讲论者也。”⑤

但是，从解释学的效果历史来看，这些先驱者的观点虽然为经学复兴提供了历史前导，然而在当时，他们的声音却空谷足音，仅仅是处于边缘地带的曲高和寡之声。只是到了明末清初，在时代的风云际会之

---

① 杨慎：《禅学俗学》，《升庵全集》卷七十五。
② 陈第：《尚书疏衍·自序》。
③ 朱熹：《大学章句·序》。
④ 焦竑：《笔乘》。
⑤ 归有光：《送计博士序》。

下，他们的观点才得到越来越多的响应。在当时，顾炎武以沉痛的历史反省为前提，发出从理学返归经学的呼声，才终于获得普遍认同。理学到经学的转变，无疑是一次范型转变，包含着重要的问题域和方法域的转换。理学以心性之学作为主题，表现出显而易见的思辨趋向。在其后复兴的经学，则以字义训释和文献考证等作为入手工夫，从而由形而上学化的理学，返归原始的经学。

第一节　古之所谓理学，经学也

顾炎武提出"经学，理学也"的观点。那么何谓"经学"呢？春秋战国时，开始以"经"称书。汉武帝"罢黜百家，独尊儒术"之后，"经"就专指儒家经典。从《汉书・艺文志》开始，儒家著作就独占"经部"。经学开始于汉代，从汉元帝、成帝至东汉，达乎极盛。原因在于，从汉武帝开始，宰相必须读书人来做；武帝开始，又为博士官置弟子，此后日益增加，成帝时增加为 3000 人，东汉末年甚至达到 3 万人。西汉元帝、成帝以后，儒家独尊地位才真正确立起来。"皇帝诏书，群臣奏议，莫不援引经义，以为据依。国有大疑，辄引《春秋》为断。一时循吏多能推明经意，移易风化，号为以经术饰吏事。"[①]西汉时"经学近古可信，十四博士今文家说，远有师承"。

到了东汉末年，读书人逐渐疏于章句，而崇尚浮华。东汉亡后，经学趋于衰微。"经学自唐以至宋初，已陵夷衰微矣。然笃守古义，无取新奇；各承师传，不凭胸臆；犹汉、唐注疏之遗也。"[②]宋代初年，学风尚称笃实，到了庆历年间开始发生变化。宋人此后逐渐疏离注疏，以至于疑经、改经、删经，甚至改动经文以合乎己说。

汉代以后的取士之法，一代不如一代。原因在于"汉以经术造士，上自公卿，下逮掾吏，莫不通经"。[③] 唐代重视诗赋、时策，而非经术。宋

① 皮锡瑞：《经学历史》"四　经学极盛时代"。
② 皮锡瑞：《经学历史》"八　经学变古时代"。
③ 皮锡瑞：《经学历史》"九　经学极衰时代"。

神宗时变帖经为墨义。“帖经之记诵属实，非数年不为功；墨义之文字蹈空，即一时可猝办。”用经义取士的严重后果是，在无形中鼓励了求新骛奇倾向：“科举取士之文而用经义，则必务求新异，以歆动试官；用科举经义之法而成说经之书，则必创为新奇，以煽惑后学。经学宜述古而不宜标新；以经学文字取人，人必标新以别异于古。”

宋代以后，经学每况愈下。“宋儒学有根底，故虽拨弃古义，犹能自成一家。若元人则株守宋儒之书，而于注疏所得甚浅。”“明人又株守元人之书，于宋儒亦少研究。”①

那么何谓理学呢？东汉儒法合流形成外儒内法的政治文化之后，皇权治统实际上就凌驾于道统之上，儒家在实际政治运作中变得日益世俗化。至周敦颐、张载、二程和朱熹出来，道统才得到接续：“凡《诗》《书》、六艺之文，与夫孔孟之遗言，颠错于秦火，支离于汉儒，幽尘于魏晋六朝者，至是焕然而大明，秩然而各得其所。”②

明末清初，提出与顾炎武类似观点的学者大有人在。归庄曾祖归有光就曾经说过：“圣人之道，其载迹于六经。其本具于吾心，本于主之，迹于征之。”③钱谦益提出“儒林与道学”，相当于顾炎武的“经学与理学”。他说：“世谓之讲道，汉儒谓之讲经，而今圣人之经，即圣人之道也，离经而讲道，贤者高自标目，务胜于前人，而不肖者汪洋自恣，莫可穷诘，儒林与道学分，而古人传注、笺解、义疏之学转相讲述者，无复遗种。”④顾炎武挚友李因笃认为理学必须依托于经学：“因笃窃观当世儒者，亦有留心斯道，高谈朱孔，如某某其人，然采拾语录，妄称性命之旨，而绝不知从事经学，自因笃论之，断未有不深于经学而能以理学名世者也。”⑤

顾炎武认为，理学之名是从宋代才开始有的。古代所谓理学，实质上是经学，需要学者倾注几十年心血才能融会贯通，而宋明理学却与经

① 皮锡瑞：《经学历史》“九　经学极衰时代”。

②《宋史》卷四二七，《道学传序》。

③ 归有光：《震川集》卷七，《示徐生书》。

④ 钱谦益：《初学集》卷二八，《新刻十三经注疏序》，四部丛刊本。

⑤ 李因笃：《续刻受祺堂文集》卷三，《与孙少宰》。

学下学上达宗旨背道而驰。顾炎武批评说:“今之所谓理学,禅学也,不取之五经而但资之语录,校诸帖括之文而尤易也。”①

在《华阴朱子祠堂上梁文》中,顾炎武高度推崇二程、朱熹对经学的伟大贡献:“两汉而下,虽多保残守缺之人;六经所传,未有继往开来之哲。惟绝学首明于伊洛,而微言大阐于考亭,不徒羽翼圣功,亦乃发挥王道,启百世之先觉,集诸儒之大成。”②

《旧唐书》记载,太宗贞观二十一年,下诏以左丘明、卜子夏、公羊高、谷梁赤、伏胜、高堂生、戴圣、毛苌、孔安国、刘向、郑众、杜子春、马融、卢植、郑玄、服虔、贾逵、何休、王肃、王弼、杜预、范宁等22人从祀孔庙,以报传注圣学之功。顾炎武赞赏太宗此举,认为颇得古人敬学尊师之意。明代时,在从祀行列中去除戴圣、刘向、马融、贾逵、何休、王肃、王弼、杜预,又改郑众、卢植、郑玄、服虔和范宁祀于其乡。22人只剩下9人。顾炎武为此批评说:“逞私妄议,辄为出入,殊乖古人之旨。夫以一事之瑕,而废传经之祀,则宰我之短丧,冉有之聚敛,亦不当列于十哲乎?弃汉儒保残守缺之功,而奖末流论性谈天之学,于是语录之书日增月益,而五经之义委之榛芜,自明人之议从祀始也。”③他进而直言不讳地指出:“嘉靖之从祀进欧阳修者,为大礼也,出于在上之私意也。进陆九渊者,为王守仁也,出于在下之私意也。”

万历末年,吴中赵宧光撰《说文长笺》。顾炎武对此作极为鄙夷愤慨,指出他“将自古相传之五经肆意刊改,好行小慧,以求异于先儒。乃以‘青青子衿’为淫奔之诗,而谓‘衿’即‘衾’字”。④ 此书谬误之处甚多,“而适当喜新尚异之时,此书乃盛行于世”。顾野王为南朝陈代人,此书却误以为晋代虎头将军。陆龟蒙为唐代人,而此书误以为宋代陆象山。中国称夏由来已久,而此书竟以为起于唐代夏州,因夏州邻接于夷,而华夷对称为华夏。顾炎武对此种无知复无耻的说法甚为鄙薄,指出:

---

① 顾炎武:《亭林文集》卷三,《与施愚山书》。

② 顾炎武:《亭林文集》卷五。

③ 顾炎武:《日知录集释》中册卷十四之“嘉靖更定从祀”条,上海古籍出版社2006年版,第854—855页。

④ 顾炎武:《日知录集释》下册卷二十一之“说文长笺”条,上海古籍出版社2006年版,第1208页。

"然则《书》言'蛮夷猾夏',《语》云'夷狄之有君,不如诸夏之亡也',其时已有夏州乎? 又按夏州本朔方郡,赫连勃勃建都于此,自号曰夏,后魏灭之,而置夏州,亦不始于唐也。"

近代以来的学者大多认为"经学即理学"命题为顾炎武所提,真相却是,该命题是全祖望在对顾炎武命题进行修改后提出来的。在《与施愚山书》中,顾炎武声称:"理学之名,自宋人始有之。古之所谓理学,经学也,非数十年不能通也。故曰:君子之于《春秋》,没身而已矣。今之所谓理学,禅学也。不取之五经,而但资之语录,校诸帖括之文而尤易也。"顾炎武认为,"理学"名称从宋代才有。"古之所谓理学,经学也",意思是说,宋代理学是从经学中提炼出来的。宋代的理学研究同样不能脱离经典,需要终身学习。与此形成鲜明对照的是,今天的理学却非如此:"今之所谓理学,禅学也。""今之所谓理学",指的无疑就是明末王学。顾炎武认为,当时的王学已经流入禅学。王学中人根本不通读经书,致使他们的学问只是清谈之学、无根之学。总的来说,顾炎武对宋代理学比较肯定,而对明末理学即阳明后学持批判态度。

全祖望在《亭林先生神道表》中,把《与施愚山书》中的那段著名的话改写成:"古今安得别有所谓理学者,经学即理学也。自有舍经学而言理学者,而邪说以起,不知舍经学,则其所谓理学者,禅学也。"全祖望的这段话,把顾炎武的"古之所谓理学,经学也"改变为"经学即理学"命题,从而为后人理解顾炎武思想造成了一定混乱。"经学即理学"命题,显然掩盖了程朱理学与陆王心学之间的重大区别。全祖望站在清学立场上,以"古今安得别有所谓理学者"的说法,否定了理学的独立存在,否定了理学家通过"下学"而上达"天理"的致思方向。"经学即理学"并非顾炎武本意,它在全祖望手中,实际上成了乾嘉汉学反对宋学的一面旗帜。全祖望称赞"(顾炎武)最精韵学,能据遗经以正六朝唐人之失,据唐人以正宋人之失……晚益笃志六经"。在全祖望看来,顾炎武治经宗旨可概括为经学即理学。倘若舍弃经学而谈论理学,就会导致邪说横行。这是因为,舍弃经学,理学就会流入禅学。顾炎武因此推崇朱子之学,而对陆九渊等辈抨击甚为严厉。"故其本朱子之说,参之以黄东发日抄,所以归咎于上蔡、横浦、象山者甚峻。于同时诸公,虽以苦节推百泉、二曲，以经世之学推梨洲，而论学则皆不合。其书曰《下学指南》。或疑其言太过，是固非吾辈所敢遽定。然其谓经学即理学，则名言也。”①

从根本上来说，顾炎武和全祖望都要求改变宋明理学具有凌空蹈虚倾向的学风，而倡导两汉经学的务实学风。但是，全祖望借顾炎武之口所表达的观点，却与顾炎武实际思想主张具有不可忽视的差别。二者批评的对象和目的不同：在《与施愚山书》中，顾炎武把“古之理学”与“今之理学”进行明确对比，意在批评“今之理学”，即阳明“心学”的空疏学风，而倡导“古之理学”，即“经学”的务实学风。全祖望在《亭林先生神道表》中掩饰“古之理学”与“今之理学”的对立，而以“经学即理学”粗略概括顾炎武学术主张，使得批评对象实际上包括整个理学，其目的是以经学取代理学。全祖望的表述实际上混淆了理学与心学的区别。这种含混立场，显然与全祖望来自心学学统而不愿明确批评心学有关。

第二节　明道淑人以拨乱反正

顾炎武反对以臆说空衍义理，倡导以经学实证理学。他的经学会通今古，兼采汉宋，毫无后来清学壁垒森严的门户之见。他对于历代经说，都很重视，并进行了深入研究。他认为：“经学自有源流，自汉而六朝而唐而宋，必一一考究，而后及于近儒之所著，然后可以知其异同离合之指。”②因此，他的经学研究，惟以通经为目的，既不讲究师法和家法之异，也不突出今文和古文之别。就研究经典来说，顾炎武对今文经典和古文经典一视同仁。例如，对于《春秋》，他在《日知录》卷四《左氏不必尽信》《楚吴书君书大夫》《纳公孙宁仪行父于陈》《杀或不称大夫》《五伯》《王子虎卒》《卿不书族》《陨石于宋五》等条以及卷五《莫挚见于君》

① 全祖望：《鲒埼亭集》，商务印书馆 1936 年版，第 144 页。

② 顾炎武：《亭林文集》卷四，《与人书四》。

条中，对古文《左传》、今文《公羊传》《谷梁传》，都怀着毫无门户之见的开阔胸怀，进行了实事求是的考订。误者进行批评，正者予以表彰。在《文集》卷三《答俞右吉书》中，他声称："若鄙著《日知录·春秋》一卷，且有一二百条，如'君氏卒''谛于太庙，用致夫人'当从左氏；'夫人子氏莞'当从《谷梁》；'仲婴齐卒'，当从《公羊》；而'三国来媵'，则愚自为之说。"这样的例子，不胜枚举。关于聚讼纷纭的《尚书》今古文问题，他指出："汉时《尚书》今文与古文为二，而古文又自有二。……今之《尚书》，其今文、古文皆有之，三十三篇固杂取伏生、安国之文，而二十五篇之出于梅赜，《舜典》二十八字之出于姚方兴，又合而一之。"[①]同样，对《诗》《礼》和《易》诸经，顾炎武都能不囿于今古门户，而能得出公允之论。

所谓汉学，指两汉学术思想的主流，包括西汉今文学和东汉古文学，特点是强调经典的注释和训诂。所谓宋学，指宋元明时期学术思想的主流，即所谓宋明理学或"性命义理"之学，包括程朱学派和陆王学派。与汉学不同，宋学显然更加注重义理的阐释和发挥。有的学者认为顾氏之学是汉学。但是，就对汉学的真实态度来说，顾炎武无论对西汉今文学，还是对东汉古文学，都从实事求是出发，既有赞同，也不乏批评。有的学者又认为顾氏之学是宋学。就顾炎武对宋学的实际态度来说，他对宋明诸儒虽然各有褒贬扬抑，却能破除门户偏见，而秉持就事论事的客观态度。由于亡国之痛，他尤其深恶痛绝宋学空疏不实的学风，在《日知录》和《文集》等著作中，提出了许多尖锐批评。例如，在《日知录》卷一《孔子论易》条中，他批评陈抟和邵雍；在卷一《鸿渐于陆》条、卷三《大原》条中，批评朱熹；在卷十八《朱子晚年定论》中，严厉批评王安石和王阳明；在《文集》卷六《下学指南序》中，批评二程和陆九渊等。但在批评的同时，顾炎武对其中经说言之有理的地方，也并不着意加以遮掩，而是实事求是地予以称引。例如，他在《日知录》卷四《春秋言天之学》条中，引邵雍之言以证己说；在卷一《七八九六》条中，称述欧阳修；在卷六《鬼神》条中，表彰程颐和张载；在卷一《朱子周易本义》条、卷十四《从祀》条、《文集》卷五《华阴县朱子祠堂上梁文》中，大力表彰程朱

① 顾炎武：《日知录集释》上册卷二之"古文尚书"条，上海古籍出版社2006年版，第112—115页。

之学等。特别可以佐证顾炎武学术胸襟宽广的是，他虽然屡屡大加挞伐陆王心学，但是在《日知录》卷十七《通经为吏》条中，却对陆九渊予以褒奖。

针对宋明儒者以己意说经、强改经文以从义理的空疏骄狂学风，顾炎武主张遵从经文，而不要妄改经文。他指出，不通经义却妄自改经，实质上是侮圣人之言。他说："钱氏谓：'古人之于经传，敬之如神明，尊之如师保，谁敢僭而加之评骘？评骘之多，自近代始，而莫甚于越之孙氏、楚之钟氏。……句读之不析，文理之不通，俨然丹黄甲乙，衡加于经传，是之谓非圣者无法，是之谓侮圣人之言，而世方奉为金科玉条，递相师述。学术日颇而人心日坏，其祸有不可胜言者。"①古人视经传如神明，尊之犹如师保，近世学者却非圣侮圣。学术因此日益偏驳空疏，人心日益败坏。顾炎武认为，不考古而妄意改经，严重败坏了学风，影响极为糟糕。"余因叹夫昔之君子，遵守经文，虽章句先后之间犹不敢辄改……乃近代之人，其于读经卤莽灭裂，不及昔人远甚，又无先儒为之据依，而师心妄作，刊传记未已也，进而议圣经矣，更章句未已也，进而改文字矣。此陆游所致慨于宋人，而今且弥甚。"②古代君子尊重经文，即使章句的先后次序也不敢任意改动。近代学者不如先儒远甚，却自高自大，议圣经而更改章句，以至改动文字。

顾炎武批评宋明儒者标新立异、放言高论以博取名利的不良学风，而主张平易说经。"近世之说经者，莫病乎好异。以其说之异于人而不足以取信，于是舍本经之训诂，而求之诸子百家之书。犹未足也，则舍近代之文，而求之远古。又不足，则舍中国之文，而求之四海之外。……夫天子失官，学在四夷，使果有残编断简，可以裨经文而助圣道，固君子之所求之而惟恐不得者也。若乃无益于经，而徒为异以惑人，则其于学也，亦谓之异端而已。"③在顾炎武看来，近世治经学者的弊病在于好异求异，又从立异于人而求诸子百家之书，求远古之文，以致求文于四海之外。倘若所求之文无所实益于经，而仅仅以奇异蛊惑人心，则实为

① 顾炎武：《日知录集释》中册卷十八之"钟惺"条，上海古籍出版社 2006 年版，第 1072 页。

② 顾炎武：《日知录集释》上册卷二之"丰熙伪尚书"条，上海古籍出版社 2006 年版，第 124—125 页。

③ 顾炎武：《日知录集释》上册卷二之"丰熙伪尚书"条，上海古籍出版社 2006 年版，第 123—124 页。

异端。

顾炎武研究经学，志在明道救世。他认为，"经"为礼乐德刑之本，乃文治教化源头，因此，通经可以明道，经术可以经世。在顾炎武看来，为学当先稽于古人，而后稽于天。倘若不兢兢业业地学于古人，而想走终南捷径地稽于天，那就形同于不劳而获。他说：

> 傅说之告高宗曰："学于古训，乃有获。"武王之诰康叔，既"祗遹乃文考"，而又求之"殷先哲王"，又求之"商耇者人"，又别求之"古先哲王"。大保之戒成王，先之以"稽我古人之德"，而后进之以"稽谋自天"。及成王之作《周官》，亦曰："学古人官。"曰："不学墙面。"子曰："述而不作，信而好古。"又曰："好古敏以求之。"又曰："君子以多识前言往行，以畜其德。"先圣后圣，其揆一也。不学古而欲稽天，岂非不耕而求获乎！①

由此亦可见出，顾炎武对历史教训与历史文献极其重视，而对形而上思辨并不那么重视。反映在经史关系上，亦可见出顾炎武经史并重的为学风格。

正因为如此，顾炎武考究五经，无不从究名物、辨史事、明经义入手，以便寻求先民制作之原，体察往圣开成之道，洞悉古今通变之由，最终目的在于正人心、明治要和兴太平。在顾炎武看来，《易》的目的在于道化。顾炎武相信《周易》广大悉备，藏往知来。学者如果探究其中深义，对于天道人事，必定大有裨益。他在致任钧衡的信中指出："《易》于天道之消息，人事之得失，切实示人，学者玩索其义，处事自有主张。"②《易》天道消息与人事得失切切实实启示人，学者深玩《易》之微言大义，对于处事主张定有助益。"圣人神以知来，知以藏往，作为《易》书，以前民用。"③《诗》的目的在于道志。顾炎武论《诗》，强调它教化敦民、淳厚人心的作用。"舜曰：'《诗》言志。'此《诗》之本也。《王制》：'命太师陈诗以观民风。'此诗之用也。《荀子》论《小雅》曰：'疾今之政以思往者，

① 顾炎武：《日知录集释》卷二之"其稽我古人之德"条，上海古籍出版社2006年版，第96—97页。
② 顾炎武：《与任钧衡》，《亭林余集》。
③ 顾炎武：《日知录集释》卷一之"易逆数也"条，上海古籍出版社2006年版，第45页。

其言有文焉，其声有哀焉。’此诗之情也。故诗者王者之迹也。”①《诗》之根本在于言志，《诗》之用在于体察风俗，《诗》之情在于切身深察政情民情。《书》志在道事。顾炎武认为《尚书》是记载古代政事之书，因此侧重于联系史事来说明经义，以显明经世济用之志。他读《盘庚》《微子》诸篇，就说："自古国家承平日久，法制废弛，而上之令不能行于下，未有不亡者也。纣以不仁而亡，天下人人知之。吾谓不尽然。……然则论纣之亡，武之兴，而谓以至仁伐至不仁者，偏辞也，未得为穷源之论也。"②国家长处太平之世，倘若法制废弛而法令不行，就难免走向亡国。只以不仁与仁解释商亡周兴，可谓偏驳之辞，并非究极之论。《礼》志在道行。顾炎武相信礼是天地之序和人伦之常，因此特别强调其移风易俗与维护纲纪的作用。他赞颂礼说："郊社之礼，所以仁鬼神也；射乡之礼，所以仁乡党也；食飨之礼，所以仁宾客也。亲亲而仁民，仁民而爱物，而天下之大经毕举而无遗矣。"③郊社之礼在于亲善鬼神，射乡之礼在于亲善乡人，食飨之礼在于亲善宾客。依礼而亲亲、仁民而爱物，则能纲举目张。《春秋》的目的在于道义。顾炎武研究《春秋》，尤其善于考往鉴来，借古讽今。他认为《春秋》是圣人性命之文："夫子之文章莫大乎《春秋》，《春秋》之义，尊天王，攘夷狄，诛乱臣贼子，皆性也，皆天道也。故胡氏以《春秋》为圣人性命之文。"④《春秋》大义在于尊王攘夷、诛乱臣贼子，无一不是性与天道。《春秋》是天下后世治人之书："夫《春秋》之作，言焉而已，而谓之行事者，天下后世用以治人之书，将欲谓之空言而不可也。"⑤

对宋明理学，顾炎武基本上持批判态度，但也并非一概排斥。他区分"古之理学"与"今之理学"。所谓"古之理学"，其实就是经学，是儒家本原之学即孔孟儒学；所谓"今之理学"，大致指宋明理学。顾炎武的经学，力矫宋明理学流弊，下开清人汉学。因此，乾嘉学派多以他为清代

---

① 顾炎武：《日知录集释》下册卷二十一之"作诗之旨"条，上海古籍出版社 2006 年版，第 1167 页。
② 顾炎武：《日知录集释》卷二之"殷纣之所以亡"条，上海古籍出版社 2006 年版，第 82 页。
③ 顾炎武：《日知录集释》卷六之"肫肫其仁"条，上海古籍出版社 2006 年版，第 391 页。
④ 顾炎武：《日知录集释》卷七之"夫子之言性与天道"条，上海古籍出版社 2006 年版，第 400 页。
⑤ 顾炎武：《亭林文集》卷四，《与人书四》。

经学之祖。《四库提要》对他倍加推崇，声称："国初称学有根柢者，以顾炎武为最。"[①]汉学学术渊源虽然可以远溯至明中叶杨慎和陈第诸人，但是，明人考证之学带有刻意"求博"的特点，致使实事求是之意不足，而哗众取宠之心有余。进入清代之后，考证之学方才由"求博"转向"求真"。在这个意义上，顾炎武堪称精审考据第一人。

对于程朱的经学成就，顾炎武相当肯定。他说："两汉而下，虽多保全守缺之人；六经所传，未有继往开来之哲。惟绝学首明于伊洛，而微言大阐于考亭，不徒羽翼圣功，亦乃发挥王道，启百世之先觉，集诸儒之大成。"[②]两汉之后经学衰微，二程首倡绝学，而朱熹深入阐发儒学中的微言大义，功莫大焉。"神宗元丰七年，始进荀况、扬雄、韩愈三人。此三人之书虽有合于圣人，而无传注之功，不当祀也。……理宗宝庆三年，进朱熹。淳祐元年，进周敦颐、张载、程颢、程颐。景定二年，进张栻、吕祖谦。度宗咸淳三年，进邵雍、司马光。以今论之，唯程子之《易传》，朱子之《四书章句集注》《易本义》《诗传》及蔡氏之《尚书集传》，胡氏之《春秋传》，陈氏之《礼记集说》，是所谓'代用其书，垂于国胄'者尔。"[③]

程朱要求通过"格物"以"穷理"，彰显出浓厚的形而上关怀，顾炎武则由于天崩地裂的时代原因而更加关心经世致用，他主张："君子之为学，以明道也，以救世也。徒以诗文而已，所谓雕虫篆刻，亦何益哉！"[④]"君子之为学也，非利己而已也，有明道淑人之心，有拨乱反正之事，矫天下之势何以流极而至于此，则思起而有以救之。"[⑤]顾炎武诚然推崇朱熹，但是，时代与旨趣的不同，却使得他们在形而上领域中产生相当重大的分歧。例如在"忠恕"与"一贯"关系上，顾炎武主张忠恕即一贯，忠恕之外别无"一贯"；朱熹则认为"忠恕"与"一贯"关系属于"理一分殊"问题，"一贯"即"一本"即道之体，"忠恕"是分殊，"一贯"体现在忠恕中，

---

① 顾炎武：《左传杜解补正》，《四库全书·经部五》。

② 顾炎武：《顾亭林诗文集》，中华书局 1983 年版，第 121 页。

③ 顾炎武：《日知录集释》中册卷十四之"嘉靖更定从祀"条，上海古籍出版社 2006 年版，第 855 页。

④ 顾炎武：《顾亭林诗文集》，中华书局 1959 年版，第 98 页。

⑤ 顾炎武：《顾亭林诗文集》，中华书局 1959 年版，第 166 页。

而“忠恕”外另有“一贯”。

顾炎武以经学为理据，批判和解构宋明理学的思想根基，代之以经世实学，为清代学术带来解放性的深远影响。他的思想路径：通过音韵研究和文字训诂以解读儒家的原始经典，从而通晓圣道，以便经世济民。顾炎武对宋明理学神化为“孔门传授心法”的“十六字诀”和“天理”进行了解构。他声称：窃叹夫百余年来之为学者，往往言心言性，而茫乎不得其解也。命与仁，夫子之所罕言也；性与天道，子贡之所未得闻也。性命之理，著之《易传》，未尝数以语人。其答问士也，则曰“行己有耻”；其为学，则曰“好古敏求”。[①] 顾炎武的意思是说，古人并不高谈阔论命与仁、性与天道，为学平易可循，只是特别指出“行己有耻”与“好古敏求”。今天的学者却一味追求高远玄虚的东西，动辄言心言性以求一贯之方，终日讲论危微精一之说。这种德性之知似乎颇为高明，实际上却往往是无用空言。孔子从不抽象地侈口高谈“道”，而要求多关心苍生福祉，这与当今理学家们“置四海困穷不言，而终日讲危微精一之说”形成了鲜明对照。通过形象的对照，顾炎武揭示出古今对“危微精一”说的相互对立的理解，证明宋明理学背离圣学，并非原初的孔孟之道，从而消解了作为理学家支柱的道心和人心说，为士子回归经典和走向实际生活本身提供了坚实依据。

夷夏之辨是顾炎武批判王阳明的重要原因。在他看来，承续经学就是承续儒家道统。顾炎武对待经传的态度，与王阳明颇为不同。他指出，“不习六艺之文，不考百王之典”会导致空疏之学流行，以致人心败坏，“于是机诈之变日深，而廉耻道尽。其不至于率兽食人而人相食者几希矣”。[②] 也就是说，会导致所谓“亡天下”的惨重后果：“易姓改号，谓之亡国；仁义充塞而至于率兽食人，人将相食，谓之亡天下。”[③]在顾炎武看来，“亡天下”显然是抛弃儒家经典的结果。因此，为了保国家，就必须懂得首先保天下的道理。保国家乃君臣之事，而保天下却“匹夫之贱，与有责焉耳矣”。也就是说，每个人都当仁不让地具有维护圣人之

① 顾炎武：《与友人论学书》，《顾亭林诗文集》。

② 顾炎武：《顾亭林诗文集》，中华书局，1983 年，第 109 页。

③ 顾炎武：《日知录集释》中册卷十三之“正始”，上海古籍出版社 2006 年版，第 756 页。

教的义务。由于圣人之教"其文在《诗》《书》《礼》《易》《春秋》",因此,经学就直接关系到保天下之事。也正是在这种意义上,顾炎武才急迫地声称:"愚以为今日之务,正人心急于抑洪水也。"①在他看来,惟有经学才能正人心。

顾炎武认为,周敦颐、二程和朱熹借道教《太极图》而发挥先验本体论,是对圣人之道的背叛。与之相反,他反复声称性与天道就在具体的社会现象之中、在士人的出入进退之中。可以说,顾炎武推崇生活本体论,推崇现实生活世界中的"性与天道"。他倡言自强不息精神:"造化流行,无一息不运,人得之以为心,亦不容一息不运。"②"子在川上曰:'逝者如斯夫,不舍昼夜!''通乎昼夜之道而知',则'终日乾乾,与时偕行',而有以尽乎《易》之用矣。"③

第三节 从科举八股转向务本之学

因为暴虐的秦朝曾经焚书坑儒,所以经历秦火之后的五经难免出现错谬。顾炎武认为:"五经得于秦火之余,其中固不能无错误。学者不幸而生乎二千余载之后,信古而阙疑,乃其分也。"④他批评近世讲经之人病于好异求奇,距离经典本义越来越远,不啻南辕北辙。顾炎武认为,儒家经典在历代传承中遭受过三次严重损害,即王安石废《仪礼》、陆九渊和陆九龄以心学解经、明初编撰《四书五经大全》。他说:"自熙宁中,王安石变乱旧制,始罢《仪礼》,不立学官,而此经遂废,此新法之为经害者一也。南渡以后,二陆起于金溪,其说以德性为宗。学者便其简易,群然趋之,而为制度文为一切鄙为末事。……此新说之为经害者二也。"⑤"自永乐中命儒臣纂修《四书大全》,颁之学官。……经学之废,

① 顾炎武:《日知录集释》中册卷十二之"河渠"条,上海古籍出版社2006年版,第742页。
② 顾炎武:《日知录集释》卷一之"艮其限"条,上海古籍出版社2006年版,第32页。
③ 顾炎武:《日知录集释》卷一之"通乎昼夜之道而知"条,上海古籍出版社2006年版,第41页。
④ 顾炎武:《日知录集释》上册卷二之"丰熙伪尚书"条,上海古籍出版社2006年版,第123页。
⑤ 顾炎武:《亭林文集》卷二,《仪礼郑注句读序》。

实自此始。”[①]

唐朝和宋朝开科取士，俱用九经。“今制定为五经，而《周礼》《仪礼》《公羊》《谷梁》二传并不列于学官。”东晋元帝时，天下遭逢大乱，《仪礼》《公羊》《谷梁》及郑注《易》俱遭搁置。当时，“太常荀崧上疏言：‘博士旧员十有九人，今五经合九人。准古计今，犹未中半。《周易》有郑氏注，其书根源，诚可深惜。《仪礼》一经，所谓《曲礼》，郑玄于礼特明，皆有证据。昔周之衰，孔子作《春秋》，左丘明、子夏造膝亲受。孔子殁，丘明撰其所闻为之传，微辞妙旨，无不精究。公羊高亲受子夏，立于汉朝，多可采用。谷梁赤师徒相传，诸所发明，或是《左氏》《公羊》不载，亦足有所订正。臣以为三《传》虽同曰《春秋》，而发端异趣，宜各置一人以传其学。’遇王敦难，不行。”[②]“《唐书》：开元十六年十二月，杨玚为国子祭酒，奏言：‘今之明经，习《左氏》者十无二三。又《周礼》《仪礼》及《公羊》《谷梁》殆将废绝，请量加优奖。’”顾炎武指出：“古人抱遗经、扶微学之心，如此其急，而今乃一切废之，盖必当时之士子苦四经之难习，而主议之臣徇其私意，遂举历代相传之经典弃之而不学也。”[③]

面对废经典而不学的颓败情形，顾炎武不禁痛心疾首：“自汉以来，岂不知经之为五，而义有并存，不容执一，故三家之学并列《春秋》，至于三《礼》，各自为书。今乃去经习传，尤为乖理。苟便己私，用之干禄，率天下而欺君负国，莫甚于此。经学日衰，人材日下，非职此之由乎？”[④]朱熹《乞修三礼札子》中说：“遭秦灭学，礼乐先坏，其颇存者，《三礼》而已……熙宁以来，王安石变乱旧制，废罢《仪礼》，而独存《礼记》之科。弃经任传，遗本宗末，其失已甚。”顾炎武因此指出：“是则《仪礼》之废，乃自安石始之。至于今朝，此学遂绝。”[⑤]自王安石始，《仪礼》遭到废弃。到了明代，《仪礼》甚至无人问津。

汉朝之后，儒者每称诗书礼易春秋五经。唐代设立学宫，因三《礼》

---

① 顾炎武：《日知录集释》中册卷十八之“四书五经大全”条，上海古籍出版社 2006 年版，第 1041—1043 页。

② 顾炎武：《日知录集释》卷七之“九经”条，上海古籍出版社 2006 年版，第 452—453 页。

③ 顾炎武：《日知录集释》卷七之“九经”条，上海古籍出版社 2006 年版，第 453 页。

④ 顾炎武：《日知录集释》上册卷七之“九经”条，上海古籍出版社 2006 年版，第 453 页。

⑤ 顾炎武：《日知录集释》上册卷七之“九经”条，上海古籍出版社 2006 年版，第 454 页。

即《仪礼》《周礼》和《礼记》与三《传》即《左传》《公羊传》和《谷梁传》分而习之，于是称为九经。“五经何以为九？《公羊》《谷梁》皆‘传’，何以谓之‘经’？曰五经者，孔氏相传之定名；九经者，历代设科之别目。”[1]宋朝程颢、程颐和朱熹等大儒辈出，取《礼记》中的《大学》《中庸》与《论语》和《孟子》，合称为四书。明朝继承这种传统，将九经加上《孝经》《尔雅》《论语》和《孟子》，合称为十三经。“其先儒释经之书，或曰传，或曰笺，或曰解，或曰学，今通谓之注。”“其后儒辨释之书，名曰正义，今通谓之疏。”[2]唐太宗时，因儒学多门、章句繁杂，诏孔颖达等撰写五经义疏，称之为《五经正义》。

汉代设有五经博士，各自以家法教授弟子，并不专于一家。“晋、宋已下，乃有博学之士会粹贯通。”唐代立九经于学官，孔颖达和贾公彦为之作《正义》，“即今所云疏者是也。排斥众说，以申一家之论，而通经之路狭矣。”明代永乐年间，编纂《五经大全》，“并本义于程传，去《春秋》之张传及四经之古注疏，前人小注之文稍异于大注者不录，欲道术之归于一，使博士弟子无不以《大全》为业，而通经之路愈狭矣。”[3]

“左氏解经，多不得圣人之意。元凯注传，必曲为之疏通，殆非也。郑康成则不然，其于二《礼》之经及子夏之《传》，往往驳正。”顾炎武认为，郑康成的驳正虽然并不全然正当，但是，“视杜氏之专阿传文则不同矣，经注之中可谓卓然者乎！”[4]

明朝永乐年间，成祖诏命儒臣纂修《四书大全》，颁于学官。顾炎武批评此举说：儒臣奉旨修《四书五经大全》，“将谓此书既成，可以章一代教学之功，启百世儒林之绪，而仅取已成之书抄誊一过，上欺朝廷，下诳士子……而制义初行，一时人士尽弃宋、元以来所传之实学，上下相蒙，以饕禄利，而莫之问也？呜呼！经学之废，实自此始。”[5]《四书五经大全》抄袭已成之书，上欺骗于朝廷，下忽悠士子。大全出，致使士子搁置

① 顾炎武：《菰中随笔》（三卷本）卷一。

② 顾炎武：《菰中随笔》（三卷本）卷一。

③ 顾炎武：《亭林文集》卷三，《与友人论易书》。

④ 顾炎武：《日知录集释》下册卷二十七之“汉人注经”条，上海古籍出版社 2006 年版，第 1487—1489 页。

⑤ 顾炎武：《日知录集释》中册卷十八之“四书五经大全”条，上海古籍出版社 2006 年版，第 1043 页。

宋元相传之经世实学，上下欺蒙，惟图利禄。明代经学衰微，自此开始。

洪武二十七年，诏命儒臣修订宋儒蔡氏的《书传》，书成后赐名《书传会选》。顾炎武对此书颇为赞赏，认为“每传之下系以经文及传，音释于字音、字体、字义辩之甚详。……盖宋、元以来，诸儒之规模犹在，而其为此书者皆自幼为务本之学，非由八股发身之人，故所著之书虽不及先儒，而尚有功于后学。”永乐年间纂修的《尚书大全》，不仅删去异说，而且音释亦无保存。顾炎武因此批评说：“自八股行而古学弃，《大全》出而经说亡，十族诛而臣节变，洪武、永乐之间，亦世道升降之一会矣。”①

八股举业固然无益于实际的世道经济，但是，陶醉于诗文和讲学的文人，也只不过比汲汲于举业的士子稍进一层而已。明末清初矢志于经史实学的学者，大都经历了从吟诗作文到吟经诵史的心灵成长的蜕变过程。顾炎武亦不例外。他少年时“不过从诸文士之后，注虫鱼，吟风月而已”。② 相继遭逢家难和国变之后，在复社影响之下，他方才弃诗文，而笃志于经史之学。顾炎武友人朱鹤龄，同样“始而黾滥诗赋，既而黾勉古文，后因老友顾宁人以本原之学相勖，始湛思覃力于注疏诸经解，以及儒先理学诸书”。③ 黄宗羲要求弟子兼读经史，以明经世之业。万斯同在他言传身教的感化之下，也有弃诗文而改从经史的转向：“弱冠时为古文词诗歌，欲与当世知名士角逐于翰墨之场，既乃薄其所为，无益之言以惑世盗名胜，国之季可监矣，已乃攻经国有用之学。”④万斯同进而又教化桐城方苞切勿沉溺于诗文，使得方苞“弃古文之学而求经义”。

沉溺于八股举业，使得读书人只知程朱理学，而不复知还有六经和二十一史。由此导致令人啼笑皆非的后果：时文充斥坊间，而经史之学居然成为绝学。明代中后期出现坊刻时文，至明末清初，“满目皆坊刻

---

① 顾炎武：《日知录集释》中册卷十八之“书传会选”条，上海古籍出版社 2006 年版，第 1044—1045 页。
② 顾炎武：《与黄太冲书》，《顾亭林诗文集》，第 238 页。
③ 朱鹤龄：《与吴汉槎书》，《愚庵小集》卷一，上海古籍出版社 1979 年版，第 497 页。
④ 刘坊：《万季野先生行状》，《碑传集补》卷四四，上海书店 1988 年版，第 23 页。

矣"。[①] 甚至积极倡导经世致用之学的东林党人，也不免"手袖一卷时文，遍谒名贵"。[②]

顾炎武屡次提到"务本之学"，一是与宋儒之学相对而言，二是与科举八股相对而言。"《论语》，圣人之语录也，舍圣人之语录，而以事于后儒，此之谓不知本矣。"[③]《日知录》卷十八"书传会通"指出："为此书者，皆自幼为务本之学，非由八股发身之人。"《与周籀书书》要求"鄙俗学而求六经"[④]，以表彰务本原之学。顾炎武所谓的"本"，指经书中孔孟之学的本旨，指先秦典籍中的孔孟儒学，是活生生的实际历史情境中的孔孟儒学。由于清初大儒身怀国破家亡之痛，所以对科举时文的排斥尤为严厉，对程朱理学的痛恨尤其深重，并导致对先秦儒学的追寻和返归更加自觉。

第四节　以经世经学为万世开太平

总的来说，顾炎武把儒学精髓概括为"经世之经学"，对儒学道统做出了独特的经学化分析和诠释。在当时"朱陆之争"的大讨论中，顾炎武旗帜鲜明地反对陆王心学，尊崇经学意义上的程朱儒学，提出"经学即理学"的口号，以经典考据为治学方法，以经世致用为治学目的，建构了通经致用的经学道统观。

顾炎武之所以反对陆王心学，是因为他认为以"内修"为特征的学说与以"经世致用"为主旨的孔孟学说相违背。孔孟学说虽有"体用之分，然并无用心于内之说"[⑤]，何况孔子很少论及性命之理，"性也，命也，天也，夫子之所罕言"。[⑥] 同样，"心学"以心为学，将善恶不定的"心"作为研究对象，与孟子以性善的心作为研究对象相比较，前者的教化功用

① 顾炎武：《日知录集释》中册卷十六之"十八房"条，上海古籍出版社 2006 年版，第 936 页。
② 汪绂：《再与江慎修书》，《双池文集》卷三，转引自陈祖武《乾嘉学术编年》，第 25 页。
③ 顾炎武：《与施愚山书》，《顾亭林诗文集·亭林文集》卷三。
④ 顾炎武：《顾亭林诗文集·亭林文集》卷四。
⑤ 顾炎武：《日知录集释》中册卷十八之"内典"条，上海古籍出版社 2006 年版，第 1045—1046 页。
⑥ 顾炎武：《亭林文集》卷三，《与友人论学书》。

颇为可疑，所以顾炎武才忧虑地说："危哉心乎，判吉凶，别人禽，虽大圣犹必防乎？"[①]

被陆王心学奉为圣贤相传的大道之内涵的"十六字心传"，即"人心惟危，道心惟微，惟精惟一，允执厥中"。顾炎武认为这十六字的重点不在讲人心和道心，而在讲治道。《论语·尧曰》载尧对舜说："咨尔舜，天之历数在尔躬，允执厥中，四海困穷，天禄永终。"《尚书·大禹谟》载舜对禹说："天之历数在汝躬，汝终陟元后。人心惟危，道心惟微，惟精惟一，允执厥中。无稽之言勿听，弗询之谋勿庸……慎乃有位，敬修其可愿，四海困穷，天禄永终。"尧在嘱咐舜时强调"允执其中"，即在处理事物矛盾时应以"时中"为原则，因时把握矛盾的主要方面。舜嘱咐禹时，不但把尧告诫他的为君"执中"原则转告于禹，而且还把自己平时的治理心得也倾囊相授于禹：民心惟甚危险，道心惟甚幽微，危险则难安，幽微则难明，所以你当精心致治，谨守执中之道，使四海困穷之民皆有衣食之养，如此则天之禄籍长终汝身。由此可看出，尧舜禹相传之道乃"执中"之治国方略，而非"人心道心之精微"主旨。

顾炎武追溯心学的思想源头在"宋之三家"，即谢良佐、张九成和陆象山，他说："夫学程子而涉于禅者，上蔡也，横浦则以禅而入于儒，象山则自立一说，以排千五百年之学者，其所谓'收拾精神，扫其阶级'，亦无非禅之宗旨矣。后之说者第相演述，大抵不出乎此。"[②]心学在谢良佐、张九成等人的思想中已初露端倪，但并未形成体系。陆象山继而吸收了他们的心学思想，以"吾心即宇宙"为核心命题，建立了较为完整的心学体系，并且公然与朱子理学相抗衡。这一点最令顾炎武痛心疾首。他说："始为禅之说者，谁与原其始？盖由一二聪明才辩之徒，厌先儒敬义诚明、穷理格物之说，乐简便而畏绳束，其端肇于宋南渡之季，而慈湖杨氏之书为最著。……吾姑为隐其姓名，而又详乙注其文，使学者知以宗门之糟粕为举业之俑者，自斯人始。"[③]在顾炎武看来，禅学掺入儒学的缘由在于，有个别自恃才高机辩之徒，厌恶敬诚、穷理格物之说，越出

---

① 顾炎武：《日知录集释》中册卷十八之"心学"条，上海古籍出版社 2006 年版，第 1052 页。

② 顾炎武：《亭林文集》卷六，《下学指南序》。

③ 顾炎武：《日知录集释》中册卷十八之"举业"条，上海古籍出版社 2006 年版，第 1054—1055 页。

儒学轨范而追求简便的顿悟之学。

顾炎武在明末清初儒释道并存的多元文化局势下，表现出了异常保守的学术态度。他外排佛老，内摒陆王，独尊程朱理学，力主“崇正辟邪”，主张“自《五经》《四书》《二十一史》《通鉴》、性理诸书而外，不列于学官”，[①]“一切新说曲议，令地方官杂烧之”，[②]希望维持“道德一、风俗同”的治世稳定状态。他的这一保守态度，在与李颙争论“体用”来源时表现得最为淋漓尽致。他屡次三番致信李颙，详辩“体用”二字并非源于佛经，而出自中国古代典籍。李颙说：“天地间道理……吾儒之所未言，而异学偶言之者。但取其益身心、便修证斯已耳。……此二字出于儒书固可，即出于佛书亦无不可。”[③]

顾炎武这种保守学术态度的形成，归因于“专攻儒家经典”的治学方法。与王夫之的儒佛道兼治、黄宗羲的百家博通相比，顾炎武在文化视野上显得相对狭隘。其中原因在于，顾炎武身处朝代更替的战乱之世，内心怀有深切的忧患意识和热忱的治世情怀。他说：“今日者拯斯人于涂炭，为万世开太平，此吾辈之任也。仁以为己任，死而后已。”[④]顾炎武灵魂深处的救世意识，决定了经世取向，他说：“君子之为学，以明道也，以救世也。”[⑤]在“明道”中追求“治世”，正是顾炎武为学的基本思路。

儒家倡导“古之欲明明德于天下者，先治其国，欲治其国者，先齐其家；欲齐其家者，先修其身……身修而后家齐，家齐而后国治，国治而后天下平”，[⑥]推崇人的积极主动作用，“人能弘道，非道弘人”。[⑦] 儒家主张优入圣域的士子理当“为天地立心，为生命立道，为往事继绝学，为万世开太平”。[⑧] 顾炎武继承这一优良而崇高的传统，从中汲取了经世思想。纪昀认为：“顾炎武生于明末，喜谈经世之务，激于时事，慨然以复

① 顾炎武：《日知录集释》中册卷十八之“科场禁约”条，上海古籍出版社 2006 年版，第 1058 页。
② 顾炎武：《日知录集释》中册卷十八之“科场禁约”条，上海古籍出版社 2006 年版，第 1059 页。
③ 李颙：《二曲集》卷十六，《答顾宁人先生》。
④ 顾炎武：《亭林文集》卷三，《病起与蓟门当事书》。
⑤ 顾炎武：《亭林文集》卷四，《与人书二十五》。
⑥《礼记·大学》。
⑦《论语·卫灵公》。
⑧ 张载：《张子全书》卷十四，《近思录拾遗》，景印四库全书，697 册，第 75 页。

古为志。”①

明朝覆亡之后，顾炎武遭受了剧烈的亡国之痛。他之所以严厉抨击王阳明及其后学清谈误国，是因为他的反思路径是，学术败坏则人心败坏，人心败坏则天下乱，天下乱则国家亡。这种反思逻辑无疑来源于儒家内圣外王的伦理一政治路径：格物，致知，正心，诚意，修身，齐家，治国，平天下。因此，在天下丧失、故国覆亡的情形之下，为了民族重光与天下太平，就得返回到读经、修身、齐家、治国与平天下的正统路径，也就是说，要明经尊儒。

第五节　博赡而通贯的经史考证

何谓汉学？汉学是两汉学术思想主流，一般指两汉经学，包括今文经学和古文经学，注重对儒学经典的注释和训诂。何谓宋学？宋学主要指宋明时期的性命义理之学，包括程朱理学和陆王心学。由于宋明以科举取士，读书人往往因为读章句经说而放弃经典本身，致使经学沦落为帖括之学。宋学由于重义理而轻训诂，又使得经学不再尊经述古而变得荒疏与狂妄。到了晚明，与心学日益盛行相对，则是经学的极度衰落。面对这种令人痛心不已的情形，经世学者如顾炎武，为矫正宋学空疏之弊，转而主张尊崇儒学经典本文，而倡导考订经文与稽查古史相结合的治学方法。

顾炎武认为，不通经义而妄自改经，是侮辱圣人之言，也为严谨的学者所不齿。古人对于经传，敬之如神明，尊之如师保。后代学者不考古史而妄自改经，不仅造成古书内容和文字的错讹，致使业已消失的历史陈迹更加混乱不清，而且败坏学风，误导后学，影响极坏。顾炎武主张为六经正本清源，还六经以史籍的本来面目。在他看来，六经原本不过是圣人作的史籍，并无玄远高邈之处。因此，他进一步倡导平易说经，反对历代经解的种种怪异之论。

---

① 纪昀：《钦定四库全书总目》上册，中华书局 1997 年整理本，第 1596 页。

顾炎武坚持经与史同源、经与史同归，并自觉地以经史互训。他考订历史以阐明经文，进而以经文考证历史，在《日知录》中可谓俯拾皆是。例如，在卷二十二《都》条中顾炎武指出，一般人都想当然地认为古时的“都”指国都，然而他却举出《诗》《书》《左传》《孟子》等经典中的史料，证明三代以上之国都不言“都”，三代时之“都”皆系下邑之称谓，自秦汉以后，才“以古者下邑之名为今京师之号”。

在顾炎武看来，“保天下”的含义在于保存“吾道”即儒家仁义之道。那么如何保存“吾道”呢？顾炎武认为，“文”与“道”原本一致，倘若没有儒学文典或者说经典，就不会存在“吾道”。因此，如果想要“明道”，就必须“博学于文”。反之，如果抛弃“博学于文”，想要走终南捷径以直通于道，比如“未问学而时习，便说一贯”，那么就会导致“终日言性与天道，而不自知其堕于禅学也”①的后果。根据顾炎武文道不可分的命题，保存“道”的主张，必须具体地归结为保存儒学经典的主张。因此，顾炎武之所以在为学上与心学“束书不观”的态度截然相反，而大力提倡“博学于文”，在根本上源出于保存儒学道统的文化保守主义情怀。

明代中晚期，考证之学逐渐兴起。但其时，考证之学缺乏实事求是的求真精神，而颇有夸耀性“求博”的特点，也就是以博学古奥炫耀于世。《四库全书总目》为此批评说：“明人著书，好夸博奥，一核其实，多属子虚，万历以后风气类然。”②

到了清代，考证之学逐渐由“求博”转向“求真”，治经之风也逐渐由玄虚清谈转为征实。在这方面，顾炎武堪称求真务实的杰出代表，也因此被称颂为清代经学之祖。《四库全书总目》卷一一九“日知录”条称赞顾炎武的治学方法说：“炎武学有本原，博赡而能通贯，每一事必详其始末，参其证佐，而后笔之书，故引据浩繁，而抵牾者少，非如杨慎、焦竑诸人，偶然涉猎，得一义之异同，知其一而不知其二。”顾炎武为学据有本原，博大开阔而能通贯始终，每一事必定详尽地考证其始末，参考其佐证，而后方才笔之于书，因此即使引经据典浩无际涯，亦鲜有矛盾之处。

① 顾炎武：《日知录集释》上册卷七之“夫子之言性与天道”条，上海古籍出版社 2006 年版，第 40 页。
②《四库全书总目》卷一四六，子部，道家类《庄子翼》。

同书卷四十二《经部·小学类三》于《诗本音》条下盛赞顾炎武在音韵学上的贡献："即本经所用之音，互相参看，证以他书，明古音原作是读。……南宋以来随意叶读之谬论，至此始一一廓清，厥功甚巨。"

在《徐甥公肃书》中，顾炎武声称自己"五十以后，笃志经史"。也就是50岁以后，他开始关注以经学为中心的史学研究。他提出"六经皆史"的命题，以尊经为中心。他的代表作《日知录》，具有强烈的经世致用精神。但不幸的是，由于顾炎武往往以缜密翔实的考证作为表述形式，致使后世学者往往将它看作考据学著作。这是顾炎武的遗憾，也是时代的悲哀。

就顾炎武治学的实质而言，他极为擅长寓经世致用于典礼制度的考证之中，在不厌其烦地、缜密地考证中，隐秘而明确地洋溢着担当天下的救世情怀与贯通古今的闳通深识，表露出为学的宏大气象和开阔格局。

顾炎武批心学而重理学，尤其敬重朱熹。但是，他的为学却没有束缚于理学，而是在经学即理学命题的指引下，突破理学藩篱而返回原初儒学经典。顾炎武强调，可以把圣人之道浓缩为"博学于文"与"行己有耻"[①]。由此可见，他对"文"极其重视，恢复了先秦儒学中"文"的本来意思。他在《日知录》卷七"博学于文"条中，对"文"做了详尽阐发：

> "君子博学于文。"自身而至于家国天下，制之为度数，发之为音容，莫非文也。"品节斯，斯之为礼。"孔子曰："伯母、叔母疏衰，踊不绝地。姑姊妹之大功，踊绝于地。知此者，由文矣哉，由文矣哉！"《记》曰："三年之丧，人道之至文者也。"又曰："礼减而进，以进为文。乐盈而反，以反为文。"《传》曰："文明以止，人文也。观乎人文，以化成天下。"故曰："文王既没，文不在兹乎！"而《谥法》"经天纬地曰文"，与弟子之学《诗》《书》六艺之文，有深浅之不同矣。[②]

顾炎武在这段考证中，以宗经征圣方式，对原初儒学中的"文"与当世语境中狭义的文学之"文"进行了区分。

---

① 顾炎武：《与友人论学书》，《顾亭林诗文集》。

② 顾炎武：《日知录集释》卷七之"博学于文"条，上海古籍出版社2006年版，第403—404页。

在顾炎武看来，“文”意味着文化，具体体现于伦常礼乐之中。相对而言，狭义的文学之“文”实乃“文”的末流。顾炎武也因此颇为鄙夷文人。在《日知录》和书信中，他两次举宋代刘挚训子孙语，对世人发出警告：“士当以器识为先，一命为文人，无足观矣。”①同时代的遗民魏禧，在《答李又元》中也指出：“吾辈寝食诗文，欲以文章接寿命，使身死而名存，自是本念。然士生今日，所可为当为者，正非一端。虽文驾班马，诗驱李杜，尚是第二层三层事。”②

鉴于“彼章句之士，既不足以观其会通，而高明之君子，又或语德性而遗问学”③，顾炎武选择了问学以求治道、明道以经世的为学之路。他在文集卷六《答徐甥公肃书》中强调：“夫史书之作，鉴往所以训今。”“鉴往训今”正是他的为学之道的鲜明品格。

在《日知录》中，顾炎武对经传的详尽缜密的训释，往往归结于礼教。如卷六释“君有馈焉曰献”：“‘仕而未有禄者，君有馈焉曰献，使焉曰寡君’，示不纯臣之道也。故哀公执挚以见周丰，而老莱子之于楚王自称曰仆。盖古之人君有所不臣，故九经之序，先尊贤而后敬大臣。尊贤，其所不臣者也。至若武王之访于箕子，变年称祀，不敢以维新之号临之，恪旧之心，师臣之礼，又不可以寻常论矣。”④在其中，顾炎武通过不厌其烦地辨正旧注解馈字之误，揭示出上古之时君臣关系的真实面目，寄托了对理想君臣关系的热切向往。

第六节 《春秋》经传考证

顾炎武考论《春秋》经传的著述，除了《左传杜解补正》之外，主要见于《日知录》卷四。他无论对于三传，还是对于历代注疏，都能秉持较为客观公正的实事求是态度。

① 顾炎武：《顾亭林诗文集》卷四《与人书十八》，又见《日知录》卷一九“文人之多”条。
② 魏禧：《魏书子文集》卷七，道光二十五年谢若庭绂园书塾重刊宁都三魏文集本。
③ 顾炎武：《日知录集释》卷七之“予一以贯之”条，上海古籍出版社 2006 年版，第 414 页。
④ 顾炎武：《日知录集释》卷六之“君有馈焉曰献”条，上海古籍出版社 2006 年版，第 355 页。

他没有今文或古文的门户偏见，而是既肯定三家所长，又辨析和批评三家偏失。他引用宋人黄震《黄氏日抄》的评论说："《左氏》艳而富，其失也诬；《谷梁》清而婉，其失也短；《公羊》辩而裁，其失也俗。"[①]顾炎武指出："《公》《谷》二传，相传受之子夏，其宏纲大指得圣人之深意者凡数十条。然而齐鲁之间，人自为师，穷乡多异，曲学多辩，其穿凿以误后人者亦不少矣。"[②]他引用黄震批评今古文学派独主一家、各自为师的偏颇做法时说："杜预注《左氏》独主《左氏》，何休注《公羊》独主《公羊》，惟范宁不私于《谷梁》，而公言三家之失。"[③]他在《左传杜解补正序》中指出："若经文大义，左氏不能尽得，而公、谷得之；公、谷不能尽得，而啖、赵及宋儒得之者，则别记之于书而此不具也。"

顾炎武考证说，《春秋》与《左传》成书年代有先有后，依据史料来源有所不同。《春秋》依据鲁国之史纂修，《左传》则采辑列国之史而纂修。客观而言，《左传》后出，搜集史料相对丰富一些，因此在以史解经时，思想上难免出现偏差。由于《春秋》记载史事极其简略，倘若缺乏具体史实依据，读者就难以理解其中的微言大义。《左传》凭借据史解经的功绩，奠定了其作为儒家经典的崇高地位。

由于经历了亡国之痛，顾炎武尤其关注《春秋》书法中的夷夏之辨，关注其中的尊王、正名思想与对史事和人物的褒贬，并注意从中考察"圣人之心"，以通晓《春秋》大义。顾炎武评论《春秋》的一个特点，是不始于隐公，其中无疑表明了他对理想政治时代标准的思考。[④] 他首先提出"自惠公以上之《春秋》，固夫子所善而从之者也"。鲁惠公以上的时代，正是西周盛世，是孔子倍加推崇的理想政治时代。顾炎武的这种独特思考，显然出于为学以明道救世的良苦用心。在探讨吴、楚书君和书大夫的《春秋》书法时，他得出了《春秋》强调夷夏之辨的结论。[⑤]

杜预认为孔宁、仪行父二人"功足以补过"，顾炎武不同意这种观

---

① 顾炎武：《日知录集释》下册卷二十七之"汉人注经"条，上海古籍出版社2006年版，第1490页。
② 顾炎武：《日知录集释》卷四之"陨石于宋五"条，上海古籍出版社2006年版，第269页。
③ 顾炎武：《日知录集释》下册卷二十七之"汉人注经"条，上海古籍出版社2006年版，第1490页。
④ 顾炎武：《日知录集释》卷四之"鲁之春秋"条，上海古籍出版社2006年版，第180页。
⑤ 顾炎武：《日知录集释》卷四之"楚吴书君书大夫"条，上海古籍出版社2006年版，第211—212页。

点。他列举《左传》中记载的史实，指斥此二人正是“《春秋》之所谓乱臣贼子者”。

> 孔宁、仪行父，从灵公宣淫于国，杀忠谏之泄冶，君弑不能死，从楚子而入陈，《春秋》之罪人也。故书曰：“纳公孙宁、仪行父于陈。”杜预乃谓二子托楚以报君之仇，灵公成丧，贼讨国复，功足以补过。呜呼！使无申叔时之言，陈为楚县矣。二子者，楚之臣仆矣，尚何功之有？幸而楚子复封，成公反国。二子无秋毫之力，而杜氏为之曲说，使后世诈谖不忠之臣得援以自解。呜呼！其亦愈于今之已为他人郡县而犹言报仇者与？
>
> 有盗于此，将劫一富室，至中途，而其主为仆所弑，盗遂入其家，杀其仆，曰：“吾报尔仇矣。”遂有其田宅货财，子其子，孙其孙，子孙亦遂奉之为祖父。呜呼，有是理乎！《春秋》之所谓乱臣贼子者，非此而谁邪！
>
> 与楚子之存陈，不与楚子之纳二臣也。公羊子固已言之，曰：“存陈，悕矣。”①

由此文中显然可以看出，顾炎武是在借讥刺孔宁、仪行父为乱臣贼子，而讥讽吴三桂之卖国投敌，嘲讽清朝打着为明朝复仇旗号而夺汉家江山之实。究其实，字里行间充满了国仇家恨的无限悲愤。

晋代经学大家杜预的《春秋左传集解》对后世影响颇为深远，他因此被后人尊称为《左氏》功臣。顾炎武一方面充分认识到《左传》杜注的价值，另一方面也毫不客气地批评说：“《左氏》解经，多不得圣人之义。元凯注《传》，必曲为之疏通，殆非也。”②在《左传杜解补正》中，他以严密的考证方法，从各个方面补正了杜注的阙失。例如，顾炎武在《左传杜解补正序》中指出：“《北史》言周乐逊著《春秋序义》，通贾、服说，发杜氏违。今杜氏单行，而贾、服之书不传矣。吴之先达邵氏宝有《左觿》百五十余条，又陆氏粲有《左传附注》，傅氏逊本之为《辨误》一书，今多取之，

① 顾炎武：《日知录集释》卷四之“纳公孙宁仪行父于陈”条，上海古籍出版社2006年版，第219—220页。

② 顾炎武：《日知录集释》下册卷二十七之“汉人注经”条，上海古籍出版社2006年版，第1487页。

参以鄙见，名曰《补正》，凡三卷。”

清代经学家多重视汉儒之说，顾炎武实乃开此风气的先驱者。他在《左传杜解补正》中多次引用贾（逵）、服（虔）的说法。例如：“僖三十年：行李之往来。古者谓行人为行李，亦曰行理。此与襄八年亦不使一介‘行李告于寡君’，并作李。昭十三年‘行理之命’，无日不至，作理。《国语》：‘周之秩官有之，曰：敌国宾至，关尹以告行理，以节逆之。贾逵曰‘理，吏也’，小行人也。汉李翕《析里桥郙阁颂》‘行理咨嗟’。”①顾炎武对“行李（理）”一词的训释，将《左传》前后三处出现的语例合乎逻辑地联系起来，相较于杜注“行李，使人”，无疑显得更加严谨贯通。在《日知录》卷三十二中，顾炎武专门列出“行李”条，其中的考证和论述更加详尽严密。清代汉学惠栋等学宗汉儒研究《左传》时推崇古注，以搜辑汉儒旧说为主，贾逵、服虔之注更是被崇奉为圭臬，渊源就在于顾炎武的《左传杜解补正》。

经史考证在顾炎武的手中之所以达到如此精审细密的地步，不仅与渊博的学识有关，而且更与他的卓越见识有关。例如，顾炎武通过合观不同时期发生的史事，一方面考证出子元是郑厉公姬突的字，另一方面又洞见厉公的才略和篡国的必然：

> 隐五年：使曼伯与子元潜军，军其后。无解。子元，疑即厉公之字。昭十一年，申无宇之言曰：“郑庄公城栎，而寘子元焉，使昭公不立。”杜以为别是一人，厉公因之以杀曼伯而取栎。非也。盖庄公在时，即以栎为子元之邑，如重耳之蒲、夷吾之屈，故厉公于出奔之后，取之特易。曼伯，则为昭公守栎者也。九年，公子突请为三覆以败戎，桓五年，子元请为二拒以败王师，固即厉公一人，而或称名或称字耳。合三事观之，可以知厉公之才略。而又资以岩邑，能无篡国乎？②

清代汉学家对杜预《左传集解》的商榷考证，无论是内容还是方法，都始自顾炎武的《左传杜解补正》。阮元编纂《皇清经解》，将《左传杜解

① 顾炎武：《左传杜解补正》卷上。

② 顾炎武：《左传杜解补正》卷上。

补正》堂皇地列于卷首，明确以顾炎武为开创清代经学的先河。

总的来说，顾炎武对《春秋》经传的严密考证，不仅注重历代经说，而且更加注重精研儒家经典本身，关注它们之间的内在联系与相互证明。例如，《日知录》卷四《春秋阙疑之书》，以《论语》记载的孔子言论作为依据，考证《春秋》记事有所阙疑。同卷《春秋时月并书》中，他令人惊叹地连续举出《尚书》"言时则不言月""言月则不言时"的 11 个例子，令人信服地考证出《春秋》时月并书只不过是编年体史书的通常义例，并非含有微言大义的夫子特笔。在经学考证中，顾炎武还娴熟运用深厚的史学造诣和见识，合观《左传》对某件史事的前后记载，最终水到渠成地得出结论。

第十一章　拨乱反正，舍礼其谁

先秦时期，中国的政治传统来源有两个，即礼乐诗教和文法吏治。东汉之后，在独尊儒术的大背景下，它们被整合为儒家政治文化。在实质上，财赋、兵农和河漕等学问更接近文法吏治传统，礼学则更加契合原始儒家的礼乐诗教传统。“礼”的作用在于“经国家，定社稷，序民人，利后嗣”，[①]也就是说，礼既可以为治国安邦提供必不可少的知识，又可以为教化百姓提供思想资源。通过礼学，可以打通政治与教化，而政治与教化之间的贯通正是儒家政治的特点。

因此，明清易代之际，礼学受到当时大儒普遍重视，实乃顺理成章之事。当时，富有见识和责任感的士大夫所深切感受的忧心之事，主要有两件：一是北方异族的入侵和征服，此为亡国之忧；二是在晚明心学的冲击之下，儒家纲常伦理所遭到的怀疑和动摇，此为亡天下之忧。对礼学的重视，有助于稳固儒家社会秩序，恢复纲常伦理。不特如此，在明亡之后，礼学尚有助于存续道统。

第一节　以礼存心

终其一生，孔子都对“郁郁乎文哉”的周礼充满感情。他不仅深刻地理解礼，而且以巨大的责任感，为挽救周礼进行不懈斗争。他督促弟

① 《春秋左传注疏》卷三“隐公十一年”。

子们“学礼”，“不学礼，无以立”，（《论语·季氏》）“不知礼，无以立”。（《论语·尧曰》）他教导子贡：“尔爱其羊，我爱其礼。”（《论语·八佾》）他晓谕樊迟：“生，事之以礼；死，葬之以礼，祭之以礼。”（《论语·为政》）由此可见，孔子不厌其烦地要求弟子们学礼学诗。到了战国时代，孟子心目中的礼，不再如孔子心目中的礼那么神圣完美。在孟子看来，我们对礼要有独立判断，必须有取有舍。他声称：“非礼之礼，非义之义，大人弗为也。”（《孟子·离娄下》）其中的原因在于，在《孟子》中，礼更多地不再指周礼，而指礼仪、礼节，甚至礼貌之类。如果说孔子倡导外学于周礼而内合乎仁心，那么孟子则主张反求诸己而合乎本心。正由于孟子在治学上大幅度地内转，因此将学说支撑点放在了人人皆有的恻隐之心、不忍之心上，而非如孔子那样放在克己复礼上。

孔子对周礼发自内心的崇敬与遵循，从《乡党篇》对他进退言行的生动描写中可见一斑。其中说孔子，“入公门，鞠躬如也，如不容。立不中门，行不履阈。过位，色勃如也，足继如也，其言似不足者。摄齐升堂，鞠躬如也，屏气似不息者。出，降一等，逞颜色，怡怡如也。没阶，趋进，翼如也。复其位，椒踖如也。”《礼记》继承孔子与荀子对礼的强调，其中的《曲礼上》指出：“鹦鹉能言，不离飞鸟。猩猩能言，不离禽兽。今人而无礼，虽能言，不亦禽兽之心乎？夫唯禽兽无礼，故父子聚麀。是故圣人作，为礼以教人，使人以有礼，知自别于禽兽。”也就是说，惟有礼，才能把人与禽兽区分开来。《孝经·广要道章》强调礼的本质在于敬：“礼者，敬而已矣。”《礼记·曲礼上》的第一句话就是“毋不敬”。为何强调敬？因为礼要求以敬陶冶性情，使之达乎合情合理的状态。《毛诗序》主张：“发乎情，止乎礼义。发乎情，民之性也。止乎礼义，先王之泽也。”因此礼应当节制情感：“礼者，因人之情而为之节文，以为民坊者也。”（《礼记·坊记》）社会中的大情小事都离不开礼，故《礼记·曲礼上》指出：“道德仁义，非礼不成。教训正俗，非礼不备。分争辨讼，非礼不决。君臣上下，父子兄弟，非礼不定。宦学事师，非礼不亲。班朝治军，莅官行法，非礼威严不行。祷祠祭祀，供给鬼神，非礼不诚不庄。”

顾炎武继承儒学对礼的强调。他以匡时、救世作为著书立说的目的，因此自然重视礼制。礼制包括礼乐、刑政和典章制度等，礼本身又是五经之一。顾炎武认为礼义与廉耻之间的关系甚大:“今日所以变化人心、荡涤污俗者,莫急于劝学、奖廉二事。”①“劝学”的目的在于使人返之于“古之圣人所以教人之说,其行在孝、弟、忠、信,其职在洒扫、应对、进退,其文在《诗》《书》《礼》《易》《春秋》,其用之身在出处、去就、交际,其施之天下在政令、教化、刑罚。”②关于“奖廉”,顾炎武引用《五代史·冯道传论》中的话说:“‘礼义廉耻,国之四维。四维不张,国乃灭亡。’”并指出:“礼义,治人之大法;廉耻,立人之大节。”他认为“博学于文”与“行己有耻”合而为一的关键在于“求其放心”,并指出:“他日又曰‘君子以仁存心,以礼存心’,是所存者非空虚之心也。夫仁与礼,未有不学问而能明者也。”③

关于礼的作用,顾炎武认为在于“自治治人之具”。他说:“礼者,本于人心之节文,以为自治治人之具,是以孔子之圣,犹问礼于老聃,而其与弟子答问之言,虽节目之微,无不备悉。语其子伯鱼曰:‘不学礼,无以立。’《乡党》一篇,皆动容周旋中礼之效。然则周公之所以为治、孔子之所以为教,舍礼其何以焉。”④在《日知录》卷七《未有义而后其君者也》中,顾炎武引用晏子的话阐释礼:“君令臣共,父慈子孝,兄爱弟敬,夫和妻柔,姑慈妇听,礼也。君令而不违,臣共而不贰;父慈而教,子孝而箴;兄爱而友,弟敬而顺;夫和而义,妻柔而正;姑慈而从,妇听而婉:礼之善物也。”⑤如果不依礼而行,就会造成严重后果。

关于礼与法的关系。司马迁认为:“夫礼禁未然之前,法施已然之后;法之所为用者易见,而礼之所为禁者难知。”⑥贾谊认为:“夫礼者,禁于将然之前;而法者,禁于已然之后。……以礼义治之者积礼义,以刑罚治之者积刑罚。刑罚积而民怨背,礼义积而民和亲。”⑦顾炎武继承了这些关于礼法关系的观点,在明清之际的特殊时代背景之下尤其重视

① 顾炎武:《日知录集释》卷十三之“名教”条,上海古籍出版社 2006 年版,第 770 页。
② 顾炎武:《日知录集释》中册卷十八之“内典”条,上海古籍出版社 2006 年版,第 1045 页。
③ 顾炎武:《日知录集释》卷七之“求其放心”条,上海古籍出版社 2006 年版,第 437—438 页。
④ 顾炎武:《亭林文集》卷二,《仪礼郑注句读序》。
⑤ 顾炎武:《日知录集释》卷七之“未有义而后其君者也”条,上海古籍出版社 2006 年版,第 421—422 页。
⑥《史记·太史公自序》。
⑦《汉书·贾谊传》。

礼制建设，指出："法制禁令，王者之所不废，而非所以为治也。其本在正人心、厚风俗而已。"[①]与法相比，他显然更重视礼的作用，说："变鲁而至于道者，'道之以德，齐之以礼'。变齐而至于鲁者，'道之以政，齐之以刑'。"[②]

顾炎武研究礼学，特别推崇郑康成。他在《述古》诗中说："六经之所传，训诂为之祖。仲尼贵多闻，汉人犹近古。礼器与声容，习之疑可睹。大哉郑康成，探赜靡不举。六艺既该通，百家亦兼取。至今三《礼》存，其学非小补。后代尚清谈，土苴斥邹鲁。哆口论性道，扪籥同矇瞽。"

宋代以后，礼学衰微，"至宋儒潜心理学，不暇深究名物制度，所以于《礼经》无可置喙"。[③] 直到明末清初，在经世之学兴起的大背景下，礼学才得以逐渐复苏。当时最著名的礼学大家，正是为顾炎武敬佩不已的张尔岐。在《广师篇》中，顾炎武称颂他"独精三礼，卓然经师，吾不如张稷若"。张尔岐中年后研究《仪礼》："年三十，读《仪礼》，叹曰：'……十三家独《小戴》大显，近代列于经以取士，而二《礼》反日微。盖先儒于《周官》疑信各半，而《仪礼》则苦其难读故也。夫疑《周官》者，尚以新莽、荆国为口实。《仪礼》则周公之所定，孔子之所述，当时圣君贤相士君子之所遵行，可断然不疑者，而以难读废，可乎？'"[④]张尔岐虽然坚守程朱理学门户，但他的礼学研究却没有沾染理学好讲性命的空疏学风，而是显得笃实严谨，重在发掘三礼之学中的制度性知识和日常生活仪节所要遵守的依据。他研究礼学，看重礼学对当下社会的经世作用，认为："在昔，周公制礼，用致太平。据当时施于朝廷乡国者，勒为典籍，与天下共守之。其大体为《周官》，其详节备文则为《仪礼》。"[⑤]商亡周兴，周公制礼，以为治平天下之用，将当时施行于世的礼仪记录整理为典籍，与天下共同遵循。

① 顾炎武：《日知录集释》上册卷八之"法制"条，上海古籍出版社 2006 年版，第 488 页。

② 顾炎武：《日知录集释》上册卷七之"变齐变鲁"条，上海古籍出版社 2006 年版，第 403 页。

③ 江藩：《汉学师承记》附《国朝经师经义目录》，第 142 页。

④ 江藩《汉学师承记》卷一，《张尔岐》，第 16 页。

⑤ 张尔岐：《仪礼郑注句读·原序》。

顾炎武对万斯大的礼学研究颇为推崇。万斯大是黄宗羲门生，为万斯同兄长。斯大精通三礼，著有“经学五书”:《周官辨非》《学礼质疑》《仪礼商》《礼记偶笺》和《学春秋随笔》。《清史稿》评价万斯大的礼学说:“于三礼，则有论社、论禘、论祖宗、论明堂泰坛、论丧服诸义;其辨正商、周改月改时，周诗周正及兄弟同昭穆，皆极确实。宗法十余篇，亦颇见推衍。答应撝谦书，辨治朝无堂，尤为精核。根柢三礼，以释三传，较宋、元以后空谈书法者殊。”[①]黄宗羲本人对礼学颇有研究，著有《深衣考》。顾炎武虽然没有撰写专门的礼学著作，但是对礼学也有精深研究。顾炎武的礼学研究和思想主要见于《日知录》卷十四和卷十五，同时散见于其他著作之中。

顾炎武说:“先王治天下之具，五典、五礼、五服、五刑，其出乎身、加乎民者，莫不本之于心，以为之裁制。亲亲之杀，尊贤之等，礼所生也。故孟子答公都子言义，而举‘酌乡人’‘敬尸’二事，皆礼之用也，而莫非义之所宜。”[②]亲亲尊尊为礼所规定，而礼又合乎于义。自从这样平易的道理湮没不彰之后，“二氏空虚之教，至于搥提仁义，绝灭礼乐，从此起矣”。顾炎武为此抨击说:“自宋以下，一二贤智之徒，病汉人训诂之学得其粗迹，务矫之以归于内，而达道、达德、九经、三重之事置之不论，此真所谓‘告子未尝知义’者也，其不流于异端而害吾道者几希。”[③]有宋以降，有学者认汉代训诂为粗陋之学，而转向所谓心性之学，置外王经世之事于不顾。如此为学，很少有不流于异端的。

圣人治理天下，必定从人道着手。可以承时代而改变的是“立权度量，考文章，改正朔，易服色，殊徽号，异器械，别衣服”;不可以改变的是“亲亲也，尊尊也，长长也，男女有别”。[④] 顾炎武指出，自春秋诸国互相兼并为战国时代的七国，七国又合并于秦，先王之礼遂迭遭重大改变。但是，“所以辨上下，别亲疏，决嫌疑，定是非，则固未尝有异乎三王也。

---

①《清史稿》卷四八一，《万斯大传》。

② 顾炎武:《日知录集释》上册卷七之“行吾敬故谓之内也”条，上海古籍出版社 2006 年版，第 435 页。

③ 顾炎武:《日知录集释》上册卷七之“行吾敬故谓之内也”条，上海古籍出版社 2006 年版，第 435—436 页。

④《礼记·大传》。

故曰:'其或继周者,虽百世可知也'。"[①]

顾炎武的礼学研究,特别重视风俗教化,这无非是因为他主张:"有人伦,然后有风俗,有风俗,然后有政事,有政事,然后有国家。先王之于民,其生也,为之九族之纪,大宗小宗之属以联之;其死也,为之疏衰之服,哭泣殡葬虞附之节以送之;其远也,为之庙室之制,尝之礼,鼎俎笾豆之物以荐之;其施之朝廷,用之乡党,讲之庠序,无非此之为务也。故民德厚而礼俗成,上下安而暴慝不作。"[②]在顾炎武看来,在人伦、风俗、政事与国家之间存在环环递进的关系。惟有民德归厚而礼俗大成,才能达于治平之境。

孟子对梁惠王说:"未有仁而遗其亲者也,未有义而后其君者也。"[③]顾炎武认为仁的效用就体现在"不遗亲,不后君"。那么何谓义?"义者,礼之所从生也"。齐景公忧虑国家将为陈氏篡夺,晏子认为惟有礼才可以防止这种情形的发生:"君令臣共,父慈子孝,兄爱弟敬,夫和妻柔,姑慈妇听,礼也。"[④]

孔子说:"君子之道,辟则坊与!坊民之所以不足者也。大为之坊,民犹逾之,故君子礼以坊德,刑以坊淫,命以坊欲。""坊"即"防止"。意思是说,君子治民就好比防止河水溢出堤防,是为了防止百姓出现过失。君子虽然周密地设防,但百姓中还是有人犯法。因此,君子制定礼仪以防止百姓道德上的过失,制定刑法以防止邪恶行为,颁布教令以防止贪婪的欲望。顾炎武认为,君子制礼作法自有道理:"古之明王所以禁邪于未形,使民日迁善远罪而不自知者,是必有其道矣。"[⑤]

第二节　行礼之道

君王和士子为人处事,理应依礼而行。而"亲亲之道,赖贤人而明

① 顾炎武:《日知录集释》卷七之"子张问十世"条,上海古籍出版社2006年版,第393页。

② 顾炎武:《亭林文集》卷五,《华阴王氏宗祠记》。

③《孟子·梁惠王上》。

④《左传》"昭公二十六年"。

⑤ 顾炎武:《日知录集释》卷七之"未有义而后其君者也"条,上海古籍出版社2006年版,第422页。

者多矣”。人伦之中最重要的莫过于君父,“而子夏先之以‘贤贤易色’,何也?思事亲,不可以不知人也。”体察长者的心情必不可少。“父子之亲,长幼之序,男女之别,非师不明。教人以礼者,师之功也。”[①]

顾炎武读屈原《离骚》,“乃知尧、舜所以行出乎人者,以其耿介。同乎流俗,合乎汙世,则不可与入尧、舜之道矣。”耿介的行为正是合乎礼的行为,“‘非礼勿视,非礼勿听,非礼勿言,非礼勿动’,是则谓之耿介,反是谓之昌披。夫道若大路,然尧、桀之分,必在乎此。”[②]

在探讨“君子而时中”时,顾炎武指出:“古之圣人内之为尊,外之为乐,少之为贵,多之为美,是故先王之制礼也,不可多也,不可寡也,惟其称也。此所谓‘君子而时中’者也。故《易》曰:‘二簋应有时,损刚益柔有时’。”[③]先王制礼的标准在于称时,亦即在于合乎时宜。

顾炎武认为《礼记·曲礼上》中的“毋不敬,俨若思,安定辞”,表达了“修己以敬也”的意思;“安民哉”,表达了“修己以安人也”的意思。为什么说君子做到“俨若思,安定辞”就可以安民?在顾炎武看来,可以用两段话来解释:一段是《易·系辞下》的“危以动,则民不与也。惧以语,则民不应也”,另一段是《诗经》中的“彼都人士,狐裘黄黄。其容不改,出言有章。行归于周,万民所望”。[④]

儒家极为重视丧礼。顾炎武认为孝子在丧礼中要做到发乎情而中节于礼,正所谓:“君子之所贵乎丧者,以其内心者也。居处不安,然后为之居倚庐以致其慕;食旨不甘,然后为之疏食水饮以致其菲;去饰之甚,然后为之袒括、衰麻、练葛之制以致其无文。”[⑤]顾炎武批评当时关中士大夫把三年之丧增加为三十六月的举动,认为先王规定的丧礼,不可任意增加。如果增加,恐怕内心的真实情感并不会与之合拍。他指责说:“今关中之士大夫,其服官赴举,犹夫人也,而独以冠布之加数月者为孝,吾不知其为情乎?为文乎?”这是发自肺腑的真情,还是仅仅做给

---

① 顾炎武:《日知录集释》卷六之“思事亲不可以不知人”条,上海古籍出版社 2006 年版,第 389 页。
② 顾炎武:《日知录集释》中册卷十三之“耿介”条,上海古籍出版社 2006 年版,第 779 页。
③ 顾炎武:《日知录集释》卷六之“君子而时中”条,上海古籍出版社 2006 年版,第 381 页。
④ 顾炎武:《日知录集释》卷六之“毋不敬”条,上海古籍出版社 2006 年版,第 341 页。
⑤ 顾炎武:《亭林文集》卷二,《仪礼郑注句读序》。

别人看的表面文章？顾炎武的真实意思，显然是讽刺他们在做表面文章。

关于古人的稽首之礼，顾炎武指出："古人席地而坐，引身而起，则为长跪；首至手则为拜手；手至地则为拜；首至地则为稽首，此礼之等也。君父之尊必用稽首。拜而后稽首，此礼之渐也。必以稽首终，此礼之成也。""古人以稽首为敬之至。"[①]古人以头触地之稽首为最尊敬的礼节，意谓对君父衷心敬服。

"百拜"一词出于《乐记》。古人席地而坐，因此"古人之拜，如今之鞠躬，故通计一席之间，宾主交拜近至于百"。[②] 以"百拜"言拜之多，并非特指百次。"若平礼止是一拜、再拜，即人臣于君亦止再拜，《孟子》'以君命将之，再拜稽首而受'是也。"礼节越到后来越趋于烦琐，顾炎武为此批评说："礼至末世而繁，自唐以下即有四拜。……今人书状，动称'百拜'，何也？"[③]

古人座位以东向为尊。"故宗庙之祭，太祖之位东向。即交际之礼，亦宾东向而主人西向。"[④]"古者祭以继养，孝子之事也。"祭祀皆有礼制。"近乃羊豕煮煠，列桌数十，过于享天子、享元侯。死者敢凭几受之耶？至于服有隆杀，古者人各自制。今乃孝子代亲姻而制服，亲姻代孝子以奠享，皆与古反。……谄甚！僭甚！无知妄作，此其极矣！"[⑤]礼不可谄媚，亦不可僭越。

第三节 "不学礼，无以立"

顾炎武指出礼学对君主治国的重要性，说："礼者，君之大柄，可听其颓弛而不问乎？"[⑥]在康熙十七年致同乡学友汪琬的书信中，顾炎武表

① 顾炎武：《日知录集释》下册卷二十八之"拜稽首"条，上海古籍出版社 2006 年版，第 1574 页。
② 顾炎武：《日知录集释》下册卷二十八之"百拜"条，上海古籍出版社 2006 年版，第 1579 页。
③ 顾炎武：《日知录集释》下册卷二十八之"百拜"条，上海古籍出版社 2006 年版，第 1579 页。
④ 顾炎武：《日知录集释》下册卷二十八之"东向坐"条，上海古籍出版社 2006 年版，第 1581—1582 页。
⑤ 顾炎武：《燕中随笔》（三卷本）卷二。
⑥ 顾炎武：《日知录集释》中册卷十五之"国恤宴饮"条，上海古籍出版社 2006 年版，第 919 页。

露出对礼学的高度重视。他说:“弟少习举业,多用力于四经,而三《礼》未之考究。年过五十,乃知‘不学礼,无以立’之旨。”年过五十而渐入老境之后,方才切身知晓“不学礼,无以立”之微言大义。顾炎武又指出:“窃意出处升沉,自有定见,如得殚数年之精力,以三《礼》为经,而取古今之变附于其下,为之论断,以待后王,以惠来学,岂非今日之大幸乎?”[①]倘若天假其年,以三《礼》作为经,将历史变化事迹加于其中,并作褒贬论断,以待未来执政者采用,以启迪后来学子,那么将功莫大焉。在这其中,似乎隐含了如孔子作《春秋》寓褒贬于其中的宏伟志向。

他将礼学主张运用于社会实践。在致毛锦衔的信中,顾炎武曾说:“比在关中,略仿横渠、蓝田之意,以礼为教。夫子尝言:‘博学于文,约之以礼。’而刘康公云:‘民受天地之中以生,所谓命也。是以有动作礼义威仪之则,以定命也。’然则君子之为学,将以修身,将以立命,舍礼其何由哉?”[②]由此信可见,顾炎武曾在关中仿效张载,而以礼教化学子。在他看来,君子为学、修身与立命,当依循于礼。顾炎武之所以这么做,诚然有感于此地曾有礼教传统,同时也正是他“自今以往,以著书传后学,以勤俭率子弟,以礼俗化乡人,数年之后,叔度、彦方之名,翕然于关右,岂玉堂诸子之所敢望哉”[③]思想的实践。

顾炎武认为:“礼者,本于人心之节文,以为自治治人之具。”所谓礼,本于人心合乎中节之情感,而作为自治与治人之依据。因此,像孔子这样的大圣人,尚且问礼老聃。孔子教诲儿子伯鱼说:“不学礼,无以立。”[④]更是围绕动容周旋中礼而展开。顾炎武因此感慨地指出:“然则周公之所以为治、孔子之所以为教,舍礼其何以焉。”周公治平天下与孔子教化弟子,依据的无不是礼。

三代之礼,完整留存于后世的,惟有《仪礼》。“汉郑康成为之注,魏、晋已下至唐、宋通经之士,无不讲求于此。”北宋王安石变法之后,才开始罢《仪礼》。于是《仪礼》逐渐遭到废弃,“此新法之为经害者一也”。

---

① 顾炎武:《亭林文集》卷三,《答汪苕文书》。

② 顾炎武:《亭林文集》卷六,《与毛锦衔》。

③ 顾炎武:《蒋山佣残稿》卷二,《答汪苕文》《与王山史》。

④《论语·乡党》。

南宋时，二陆心学以德性为宗，天下学子群起响应，而视制度文为鄙事末事。虽有朱熹起而相抗，欲修三礼之书，但终究胜不过空虚妙悟之学。"此新说之为经害者二也"。山东济阳张尔岐著《仪礼郑注句读》，功莫大焉。"后之君子，因句读以辨其文，因文以识其义，因其义以通制作之原，则夫子所谓以承天之道而治人之情者，可以追三代之英。"①

清代是《仪礼》研究的极盛时期。据统计，西汉至明代，《仪礼》研究专著加起来大约280种，而有清一代却多达220种。其中原因，大概是为了加强礼教而导致对《仪礼》研究的重视。

在《日知录》"博学于文"条中，顾炎武考证"文"字古义，证明了"文"与"礼"之间的密切关系。在先秦儒家的思想系统中，"文"极其重要。孔子说："文王既没，文不在兹乎？"②其中的"文"指周代文明，而周代文明的本质即礼乐文明，也就是说，"文"的核心内涵就是礼。孔子主张："君子博学于文。"③其中的"文"指礼，而非文辞。顾炎武同样主张："自身而至于家国天下，制之为度数，发之为音容，莫非文也。"显然，礼与文成教化之间存在极其密切的关系。

在《答汪苕文》中，顾炎武甚为推崇计甫草关于礼学的著作，认为"深得圣人言学之指，而五服异同之录，当与天壤并存，斯道之传，将赖之而不坠矣"。同时，又高度称誉张尔岐《仪礼郑注句读》一书，认为立言皆有原本。关中在宋朝时，张载曾以礼学教诲弟子。"今之讲学者甚多，而平居雅言无及之者。值此人心陷溺之秋，苟不以礼，其何以拨乱而返之正乎？"④当此天下板荡而人心丧乱之际，惟有依从礼，才能拨乱而反正。在顾炎武看来，中原礼乐文明正处于存亡绝续关口，为了坚持以夏变夷传统，抵制以夷变夏倾向，不能不捍卫《仪礼》的经典地位。显然，他把振兴《仪礼》学看成维系民族文化命脉的千秋大业。

在《与陈介眉》中，顾炎武就万斯同所著书大发感慨："当此世道横流之日，不有一二君子，何以挽颓风而存绝学？所示万君《学礼质疑》二

① 顾炎武：《亭林文集》卷二，《仪礼郑注句读序》。

②《论语·子罕》。

③《论语·雍也》。

④ 顾炎武：《蒋山佣残稿》卷二。

卷，疏壅释滞，诚近代所未见，读之神往，知浙东有人。”[①]在世道每况愈下之日，惟有富有责任感的君子出来，才能继往开来。万斯同著《学礼质疑》，确为近代难得的礼学著作，当有功于世。

顾炎武引用陆世仪《思辨录》中关于在祭礼之中寓立宗之意的观点说：“古人最重宗子，然宗子欲统一族众，无如祭法。……愚意欲仿古族食世降一等之意，定为宗祭法。”岁始祭始祖，仲春祭四代，仲夏祭三代，仲秋祭二代，仲冬祭一代。“皆宗子主祭，而其余子则献物以助祭。不惟爱敬各尽，而祖、考、高、曾，隆杀有等，一从再从，远近有别，似于古礼初无所倍。”他颇为赞赏陆世仪的这种建议，以为能够有益于宗族礼仪制度的恢复和发展。

顾炎武对礼学详尽精审的梳理考证，为其后的清代礼学提供了治学门径。重视礼学的风气形成之后，礼学研究日益精熟深入。潘耒称颂顾炎武的礼学研究说：“至于叹礼教之衰迟，伤风俗之颓败，则古称先，规切时弊，尤为深切著明。学博而识精，理到而辞达。”[②]由此可见，顾炎武是鉴于礼教的衰微与风俗的颓败而投入礼学研究的。他的礼学研究继承古圣先贤，克治时代弊病，深邃明澈，博大精深，说理清楚而辞气畅达。黄汝成也称赞说：“其言经史之微文大义、良法善政，务推礼乐德刑之本，以达质文否泰之迁嬗，错综其理，会通其旨。”[③]

潘耒给《日知录》作序，特别提到顾炎武慨叹礼教的衰落，感伤风俗的颓败。钱穆也指出：“凡亭林论学，举其尤要者，曰人才，曰教化，曰风俗，而尤致谨于《礼》，此皆其论经学之要端深旨所在也。厥后乾嘉汉学家治三《礼》，乃专专于名物考据，而风俗教化作育人才之大，则懵焉无知。”[④]顾炎武治学，着重关注的乃是人才、教化与风俗，并尤其致力于礼学研究。以顾炎武为始祖的乾嘉汉学治礼学，却轻忽了风俗教化以养育人才的至关重要的作用，而一味投入名物考据之中。在顾炎武心目中，礼是“圣人之道”的体现，因“圣人之道，未有不始于洒扫应对进退者

---

① 顾炎武：《蒋山佣残稿》卷三。

② 潘耒：《遂初堂集》卷六，《日知录序》。

③ 黄汝成：《日知录集释序》，上海古籍出版社 2006 年版。

④ 钱穆：《中国学术思想史论丛》卷 8，《顾亭林学述》，安徽教育出版社 2004 年版，第 73 页。

也。故曰‘约之以礼’。又曰‘知崇礼卑’”[①]。礼是维系太平治世的重要工具。由此可见，顾炎武秉承了儒家对礼的一贯认识：齐家、治国、平天下，所凭借的正是礼。

顾炎武对风俗的研究分为两个方面：一是将风俗变迁与历史治乱联系起来。从《日知录》卷十三来看，他对清以前的风俗有一个通贯考察。二是将教化与风俗结合起来考察，强调教化对于保持风俗淳厚的重要性。顾炎武从意识形态和经济发展两个方面考察了明末风俗败坏的原因。

许多学者由于受宋明理学濡染，主要从性理之学寻求加强礼教的路径。例如，孙奇逢提出，推行礼教关键在于保持“敬”的心态。历代礼制不断变更，而表“敬”的要求始终不变。在清初礼学探讨的热潮中，顾炎武的思考最为深刻，成就尤其突出。他虽然深受理学影响，却不为之所囿。他主张，强化礼教必须以礼学传统为根基，必须重视《仪礼》研究。他抨击王安石罢《仪礼》，谓之“新法之为经害”；责备陆王心学以德性为宗，学者便其简易，“于制度文为一切鄙为末事”，谓之“新说之为经害”。他认为，“朱子正言力辨，欲修三《礼》之书，而卒不能胜夫空虚妙悟之学”，至为可惜。抚今追昔，倍感振兴礼学的重要。

朱熹的认识体现出理学宗师的鲜明特点。他认为，礼有精粗，仪节为粗、义理为精。朱熹进而主张把礼仪作为探讨天理的工具，此之谓“借经通理”。这种见解，已经隐含对古礼的轻视。顾炎武的古礼本质论，与前述诸家不同。他在《日知录》“博学于文”条中寻绎“文”之古义，论证“礼”乃一代文明。他指出，在先秦儒家话语系统中，“文”极其重要。《论语·子罕》载孔子语：“文王既没，文不在兹乎？”这里的“文”，即周代文明。“文王”之“文”，作为谥号取义如《谥法》所谓“经天纬地曰文”。《易·贲卦·彖传》：“文明以止，人文也。观乎人文，以化成天下。”其说可与《谥法》相印证。“文”的核心内涵即“礼”。《论语·雍也》载孔子所谓“君子博学于文”之“文”，指“礼”，而非文辞。

① 顾炎武：《日知录集释》上册卷七之“有始有卒者其惟圣人乎”条，上海古籍出版社 2006 年版，第 418 页。

顾炎武在《仪礼郑注句读序》中断言："三代之礼，其存于后世而无疵者，独有《仪礼》一经。"其依据是，《仪礼》所载礼仪最为丰富完备。《记》曰："优优大哉！礼仪三百，威仪三千。"礼仪最为系统，"虽节目之微，无不悉备"。顾炎武明确尊崇《仪礼》，为裁断古今与制订当代礼制确立了经典根据。如此一来，无疑有助于改变行礼实践中的纷乱情形。

顾炎武对郑玄礼学最为重视。他认为，两汉距离古代不远，其时儒者颇有可能传承古礼，所谓"礼器与声容，习之疑可睹"。他高度评价郑《注》成就，所谓"大哉郑康成，探赜靡不举。六艺既该通，百家亦兼取"。[①] 顾炎武论治经，重考证，轻议论。他指出，治经，最要紧的是功底深厚、融会贯通，仅凭悟性无法得其要领。《述古》之二："六经之所传，训诂为之祖。"[②]他以一个"祖"字，指明训诂为经学研究的基础功夫，为体认大道的必由之路。

康熙十七年冬，著名学者、文学家汪琬致书顾炎武，建议他依据《仪礼》，斟酌今古，撰为专著，以规范礼制。顾炎武给予积极回应。他说："至于悯礼教之废坏，而望之斟酌今古，以成一书，返百王之季俗，而跻之三代，此仁人君子之用心也。然斯事之难，朱子尝欲为之而未就矣，况又在四五百年之后乎？……如得殚数年之精力，以三《礼》为经，而取古今之变附于其下，为之论断，以待后王，以惠来学，岂非今日之大幸乎？……仍以望之君子也。"[③]这篇信札清楚表明，顾炎武在晚年十分重视会通古今礼学，以满足当代礼制建设的需要。

以经学济理学之穷的为学路向应时而起，知识界将研究重心转向经学文献整理。在此为学路向引导之下，经学家开始舍理言礼，"以礼代理"思想逐渐萌芽。至清中叶以后，潮流遂成，"以礼代理"风行于世。顾炎武此一为学致思路径，建立于潘耒所概括的"通儒之学"的认识前提之下。何谓"通儒之学"？潘耒说："学者将以明体适用也，综贯百家，上下千载，详考其得失之故，而断之于心，笔之于书，朝章、国典、民风、

① 王冀民：《顾亭林诗笺释》卷四，《述古》之二，第 763 页。

② 王冀民：《顾亭林诗笺释》卷四，第 763 页。

③ 顾炎武：《答汪苕文书》，《顾亭林诗文集》。

士俗，元元本本，无不洞悉。其术足以匡时，其言足以救世，是谓通儒之学。”①

顾炎武既然以“匡时”“救世”作为治经研学之目的，那么，他对礼制的重视就不难理解。因为礼制中既有中国古代社会的礼乐、刑政、典章制度，而礼本身又属于《五经》之一。因此可以说，对礼的研究是顾炎武治学宗旨的归宿和落脚点。

今之学者，“生于草野之中，当礼坏乐崩之后，于古人之遗文一切不为之讨究，而曰：‘礼吾知其敬而已，丧吾知其哀而已。’以空学而议朝章，以清淡而干王政，是尚不足以窥汉儒之里，而何以升孔子之堂哉！”这些人不仅“并注疏而不观，殆于本末俱丧”。对此，顾炎武颇为不满，强调病症在于好新求异，在于夸博炫奇。

顾炎武遂将“博学于文”与“行已有耻”合而为一，使之上升到“圣人之道”高度，并为之大声疾呼。他指出：“愚所谓圣人之道如之何？曰‘博学于文’，曰‘行己有耻’。自一身以至于天下国家，皆学之事也；自子臣弟友以至出处、往来、辞受、取与之间，皆有耻之事也。耻之于人大矣！不耻恶衣恶食，而耻匹夫匹妇之不被其泽。”在顾炎武看来，小至一身，大至天下国家，无一不是可学之事；忠孝弟友，出处、往来、辞受、取与，无一不是有耻之事。对于为人来说，知耻至关重要。学子不当以自己贫困为耻，而当以天下人不受其润泽为耻，以自己没有担当天下的精神与作为为耻。因而，他感慨万分：“呜呼！士而不先言耻，则为无本之人；非好古而多闻，则为空虚之学。以无本之人而讲空虚之学，吾见其日从事于圣人而去之弥远也。”②士子不懂得行已有耻，就只能堕落无根基之人；为学不好古多闻，就只能沦落为空虚无实之学。倘若是做不到行己有耻的士子去治空虚无实之学，那么他将背离圣学，而日至于卑鄙。由此可见，顾炎武“以礼存心”思想，正是在目睹晚明清初世风人心浇漓之后为力矫其弊而提出来的。其中的关节点在于“博学于文”与“行已有耻”合而为一，从而使人们皈依“圣人之道”，去其虚浮，反之《六

① 潘耒：《遂初堂集》卷六，《日知录序》。
② 顾炎武：《亭林文集》卷三，《与友人论学书》。

经》,以期达到社会风气淳厚和国治民安。

顾炎武认为,礼之功用在于"自治治人之具"。他引用晏子回答齐景公的话来阐发礼之精义,指出:"君令、臣共、父慈、子孝、兄爱、弟敬、夫和、妻柔、姑慈、妇听,礼也。"[①]这是就积极方面而言。但是倘若失去礼,则"人君无礼,无以怡其邦;大夫无礼,官吏不恭;父子无礼,其家必凶;兄弟无礼,不能久同"。[②] 从这一角度来说,礼须臾不可相离。

顾炎武捍卫《仪礼》经典地位,率先确认了清代礼制建设的纲领;在《仪礼》考释方面归宗郑学,指明了以朴学为主的经学发展方向;在礼学应用方面弘扬朱学,开辟出融汇古今的礼制建设通途。顾炎武以富有独创性的礼学思想,成为清代《仪礼》学的主要奠基者。顾炎武的礼学思想与清廷积极而明智的文化选择多有契合之处,主要思想观点在清代学术史上产生了深远而显著的影响。

清代会通古今礼制的第一部著作,出自顾炎武外甥徐乾学之手。康熙年间产生的《仪礼》学著作,多与顾炎武礼学思想存在联系。俞樾在谈到徐乾学传承顾炎武之学时说:"健庵徐公,先生之甥也。其所学一出于先生。"[③]徐乾学于康熙十六年春丁母忧期间,邀万斯大合撰《读礼通考》,并在十余年间三易其稿。徐乾学说:"昔朱子尝以《仪礼》为经,《礼记》为传,编为《通解》之书。诸礼次第告成,独丧祭未竟,勉斋黄氏续成之,信斋杨氏又附图焉。予取两家之章次,益以后世之制,荟萃成篇,其说大约相同。"[④]

清代早期钦定《三礼义疏》与《大清通礼》的刊行,徐乾学《读礼通考》与秦蕙田《五礼通考》的结撰等等,无疑表明了对日益壮大的礼学研究思潮的积极回应。清代中期凌廷堪、阮元倡导"以礼代理",将礼学思潮推向了新阶段。直至黄以周提出"礼学即理学"的观念,终于将顾炎武以降的礼学思想推向了高峰。

---

① 顾炎武:《日知录集释》卷七之"未有义而后其君者也"条,上海古籍出版社2006年版,第421页。

②《晏子春秋·外篇》卷七。

③ 俞樾:《重刻憺园集序》,徐乾学《憺园集》,光绪九年版。

④ 徐乾学:《读礼通考》卷三十八,"丧仪节"。

第十二章　天下国家即至理之流行

从根本上来说，儒学核心旨趣就在于秩序建构，无论是人心还是世道，无论是内圣还是外王。即使是理学和心学的尊德性，最终依然指向经世之用。这是历代以来尊崇孔子的士子的终极理想，也是推动儒学不断演进的内在生命动力。士子的所谓“学而优则仕”，就是要把“学”与“仕”贯通起来。在这里，“学”不仅是学见闻之知，学技艺知识，更是指道德修养的圆融，并最终指向内圣；而“仕”即外王事功。

儒家文化并不刻意追求彼岸世界，而热衷于在现世生活中达到人生的圆满与不朽，因此积极提倡“立德，立功，立言”的“三不朽”境界。正是由于清醒的现世精神，使中国文化表现为非宗教的伦理型文化，在漫长的历史上得以避免欧洲中世纪那样的憨直而残酷的宗教迷狂。

“子不语怪，力，乱，神。”①季路问事鬼神。子曰：“未能事人，焉能事鬼？”曰：“敢问死。”曰：“未知生，焉知死？”②樊迟问知。子曰：“务民之义，敬鬼神而远之，可谓知矣。”③由此可见，孔子对人死后世界及鬼神一律存而不论，而强烈关注现实生活世界中的事务。“子所雅言：诗、书、执礼，皆雅言也。”④朱熹注曰：“雅，常也；执，守也。诗以理情性，书以道政事，礼以谨节文，皆切于日用之实，故常言之。”⑤在与当政者讨论问题

---

①《论语·述而》。
②《论语·先进》。
③《论语·雍也》。
④《论语·述而》。
⑤ 朱熹：《论语集注》。

时，孔子主要关注治理之道，而很少关注天道人性。孔子的言行事迹，鲜活地体现了中国文化精神的基本特点，即“广大高明不离乎日用”，或者说“极高明而道中庸”。

揆诸孔子一生行事，战战兢兢，如履薄冰，志在恢复周礼，以救世、经世。孔子之后，儒家经世路径分化为两条：一是以孟子为代表的内圣，二是以荀子为代表的外王。但不管是内圣，还是外王，无不洋溢着经世致用的入世精神。

为后世尊称为亚圣的孟子，思想传承可上溯于曾参、子思。他“治儒术之道通五经，尤长于诗、书”，[①]入世精神毫不逊色于孔子，而豪迈的担当精神更是彪炳千古。他当仁不让地宣告：“如欲平治天下，当今之世，舍我其谁也?”[②]在孟子看来，要想平治天下，就必须“正人心”，以达到“息邪说，距詖行，放淫辞”[③]的目的。

在儒学内圣外王的传统中，孟子着重发扬作为内圣的仁学，并把作为道德修养的仁引申于政治领域，而倡导仁政说。他豪迈而自信地宣告：“仁义礼智，非由外铄我也。我固有之也。……故曰：‘求则得之，舍则失之。’”[④]他相信，只要将心之四端即仁义礼智发扬出来，就“足以保四海”[⑤]。《大学》对贯通伦理—政治的偏于内圣的经世路径进行了详尽阐发：“古之欲明明德于天下者，先治其国。欲治其国者，先齐其家。欲齐其家者，先修其身……自天子以至于庶人，壹是皆以修身为本。”

相较对仁的重视和充分发扬，孟子对礼不够重视。他坦率地承认：“诸侯之礼，吾未之学也。”[⑥]对于齐桓公、管仲这些事功型历史人物，他没有崇敬之感，而是声称：“仲尼之徒，无道桓文之事者。”[⑦]

与孟子恰成对照，荀子重视礼，学说主要围绕礼而建构，并指向外在事功。他热切地关注外部世界，倡导“物畜而制之”，“制天命而用

---

① 赵岐：《孟子题辞》。
②《孟子・公孙丑下》。
③《孟子・滕文公下》。
④《孟子・告子上》。
⑤《孟子・公孙丑上》。
⑥《孟子・滕文公上》。
⑦《孟子・梁惠王上》。

之”。[1]《四库全书总目·经部·礼说提要》指出:“古圣王经世之道,莫切于礼。”荀子的经世学说着重于对礼的阐发。荀子认为,礼源自对人类欲望的节制,正所谓:“制礼义以分之,以养人之欲。”荀子阐述说:“礼起于何也?曰:人生而有欲,欲而不得,则不能无求,求而无度量分界,则不能不争。争则乱,乱则穷。先王恶其乱也,故制礼义以分之,以养人之欲,给人之求。使欲必不穷乎物,物必不屈于欲,两者相持而长,是礼之所起也。”[2]

荀子往往从政治治理角度阐发礼的功能:“人无礼则不生,事无礼则不成,国家无礼则不宁。”[3]“规矩者方圆之至,礼者人道之极也。”[4]他也每每从事功角度诠释儒家经典,如:“故《书》者,政事之纪也;《诗》者,中声之所止也;《礼》者,法之大分,类之纲纪也。”[5]他提倡指向礼的为学路径,如:“始乎诵经,终乎读礼。”[6]荀子心目中的理想世界,是在礼的范导之下秩序井然和事功成就斐然的世界:“一天下,财万物,兼利天下,通达之属,莫不从服。”[7]

对于秦汉以降儒学沿着内圣与外王两个路径而分道扬镳的历史,康有为做过比较详尽的阐述。他说:“孔子之学,有义理,有经世。宋学本于《论语》,而小戴之《大学》《中庸》及《孟子》佐之,朱子为之嫡嗣,凡宋明以来之学,皆其所统,宋元明及国朝学案,其众子孙也。多于义理者也。汉学则本于《春秋》之《公羊》《谷梁》,而小戴之《王制》及《荀子》辅之,而以董仲舒为《公羊》嫡嗣,刘向为《谷梁》嫡嗣,凡汉学皆其所统,《史记》、两汉君臣政议,其支脉也,近于经世者也。”[8]在康有为看来,孔子之学本就存在义理与经世两条路径。宋明儒之学继承《论语》宗旨,佐之以《大学》《中庸》与《孟子》,走的乃是义理路径。汉儒之学以《公羊》和《谷梁》为宗旨,辅之以《王制》与《荀子》,走的乃是经世路径。

---

①《荀子·天论》。
②《荀子·礼论》。
③《荀子·修身》。
④《荀子·礼论》。
⑤《荀子·劝学》。
⑥《荀子·劝学》。
⑦《荀子·非十二子》。
⑧ 康有为:《长兴学记》。

儒学天然地具有入世和经世指向，否则就不成其为儒学，而成为佛老二教了。因此，儒学两条路径之间的区分，关键不在于是否志在经世，而在于如何经世。也就是说，是依据内圣路径经世呢？还是直接致力于外在世界的事功。到了理学演进的晚期，尤其在王学末流那里，经世倾向几乎遭到消解，学者热衷于清谈心性而几乎逾越经世轨道。他们“平居高言性命，临事茫无措手足，彼求空虚之理，而于当世之事未尝亲历而明试之”。[①]

宋明理学之中诚然贯注着经世精神，但思想重心却实实在在地转向了内圣化的心性之学，外王经世之学遭到不可忽视的弱化。有鉴于此，南宋针对程朱理学，兴起了以叶适和陈亮为代表的浙东事功学派。明清之际针对王学末流的清谈之弊，则有顾炎武和黄宗羲诸大儒应运而生，高擎经世致用大旗，而致力于经世之学。

在南宋，为了与内圣路径的朱陆抗衡，以叶适和陈亮为代表的浙东事功学派逐渐兴起。全祖望在《宋元学案》中指出：“乾淳之际，婺学最盛，东莱兄弟（吕祖谦、吕祖俭）以性命之学起，同甫（陈亮）以事功之学起，而说斋（唐仲文）则为经制之学。”[②]叶适和陈亮注重经世，反对空谈心性，热切关注政治、军事和经济等实际问题。叶适、陈亮不仅批判朱陆，而且还在追溯问题时批评了思孟学派。叶适指出：“曾子之学，以身为本，容色辞气之外，不暇问。大道多遗略，未可谓圣。子思作《中庸》，高者极高，深者极深，非上世所传。世以孟子传孔子，殆或庶几。然开德广，语治骤，处己过，涉世疏，学者趋新逐奇，忽亡本统，使道不完而有迹。”[③]其中无疑表明了对以孟子为代表的内圣路径的不满，隐含了对外王路径的肯定。

第一节　好谈性命而束书不观批判

在关于读书问题的探讨上，由于朱熹重格物致知，因而顺理成章地

---

① 《皇朝经世文编》卷一，陈仙鹤：《储功篇下》。

② 黄宗羲：《宋元学案·说斋学案》。

③ 黄宗羲：《宋元学案·水心学案》。

在治学上强调读书。在治学风格上，朱熹重小学和训诂，重儒学经典中名物典制的考证。王阳明在治学与修身关系上主张“先立其大”，因此仅仅将读书视作明心的辅助手段。在“拔本塞源论”中，王阳明指出：“有训诂之学，而传之以为名；有记诵之学，而言之以为博；有词章之学，而侈之以为丽。若是者纷纷藉藉，群起角立于天下，又不知其几家。万径千蹊，莫知所适。记诵之广，适以长其傲也；知识之多，适以行其恶也；闻见之博，适以肆其辨也；辞章之富，适以饰其伪也。”可见，训诂、记诵与辞章之学无益于身心，却往往导致学子之傲慢、之好辨、之诈伪。在这段话之前，王阳明还严厉批评了功利之习对人心的侵蚀：“盖至于今，功利之毒，沦浃于人心之髓，而习已成性也几千年矣。相矜以知，相轧以势，相争以利，相高以技能，相取以声誉。其出而仕也，理钱谷者则欲兼夫兵刑；典礼乐者又欲与以铨轴；处郡县则思藩臬之高，居台谏则望宰执之要。”

从根本上来说，王阳明是为了剖析和批判科举制而发表《拔本塞源论》的。在他看来，科举制导致士子纷纷以读书求取功名利禄，使得读书与修身脱节，产生了“知识愈广，而人欲愈滋，才力愈多，而天理愈蔽”的荒诞现象。王阳明因此并非反对任何读书活动，而是反对志在私欲而与修身了不相关的读书。正确的读书为学应当与养心、明心联系在一起。王阳明指出：“杀人须就咽喉上著刀，吾人为学当从心髓入微处用力，自然笃实光辉。虽私欲之萌，真是红炉点雪，天下之大本立矣！”①

宋明理学主干为心性之学。理学逐渐演化，分化出阳明心学，超越而玄虚的心性探讨愈发深邃细密，形而上的思辨愈发热烈。其中，对理、性、心和气的内涵及其相互关系的探讨，越来越精致、严密、玄虚和高妙。对于良知心性之学的探究，在真正深入良知奥区的王阳明及其后学那里，不可谓不艰辛备尝，不可谓不全力以赴，不可谓不呕心沥血，甚至不可谓不九死一生。在这样真诚的探讨之下，心性之学也确实达到了登峰造极的地步。

但是，万历之后，明王朝不断遭遇内忧外患，社会危机重重，一味沉

---

① 黄宗羲：《明儒学案》卷十《姚江学案》。

浸于心性之学的超越性探讨，难免不合时宜，甚至难免显得奢侈。由于沉溺心性之学的探讨，阳明后学不可避免地弱化了对外王事功的关注，偏离了正统儒学关注资治的轨道。正由于此，越来越多忧虑于天下之事的学者，站在经纶天下的资治立场上，站在人伦日用的立场上，站在纲常名教的立场上，纷纷加入了对阳明后学的挞伐。

对于明代学者玄虚空疏的学风，《明史·儒林传》批评："有明诸儒，衍伊、雒之绪言，探性命之奥旨，锱铢或爽，遂启岐趋，袭谬承讹，指归弥远。至专门经训授受源流，则二百七十余年间，未闻以此名家者。经学非汉、唐之精专，性理袭宋、元之糟粕。"①明代儒者承程朱之学，好探究性命，却与圣学日益相违。经学未有专精之作，衰败至极。性理之学亦只沿袭宋元之学的糟粕。

就明代学风问题，杨慎毫不留情地予以指责："本朝以经学取人，士子自一经之外，罕所通贯。近日稍知务博，以哗名苟进，而不究本原，徒事末节。五经诸子，则割取其碎语而诵之，谓之蠡测；历代诸史，则抄节其碎事而缀制，谓之策套。其割取抄节之人，已不通涉经史，而章句血脉皆失，其真有以汉人为唐人，唐事为宋事者，又一人析为两人，二事合为一事者。"②明代以经学取士，但士子专意于科举，于一经之外，博通五经者寥若晨星。稍稍博学的，却往往舍本求末。经史不相通贯，失其真精神而沦于琐屑。有明一代，学者往往对宋儒之学亦步亦趋，甚至顶礼膜拜。杨慎为此发出了严厉批评："予尝言，宋世儒者失之专，今世儒者失之陋。失之专者，一聘意见，扫灭前贤，失之陋者，惟从宋人，不知有汉唐前说也。宋人曰：'是'。今亦曰：'是'。宋人曰：'非'，今人亦曰：'非'。高谈性命，祖宋人语录，卑者习之，抄宋人之策论。"③宋儒为学失之于专精，以至高言六经注我而一任主观臆想；明儒为学失之于鄙陋，亦步亦趋于宋人，而不复知汉唐注疏。高明者好谈性命之学，以宋人语录为尊；卑下者拘于格套，抄袭于宋人策论。

在对心学的批判方面，何良俊早就发出过警世之言。从为学而言，

---

① 张廷玉：《明史》卷282，《儒林传一》。

② [明]杨慎：《升庵集》卷五十二《举业之陋》，文渊阁四库全书。

③ [明]杨慎：《升庵集》卷五十二《文学之衰》，文渊阁四库全书。

他早年私淑王阳明而倾心心学，20 岁时“杖策渡浙江，欲走见阳明先生”。[①] 他赞颂王阳明“拈出良知以示人，真可谓扩前圣所未发”。[②] 但是，随着年岁渐长，随着阅历日益丰富，何良俊逐渐意识到阳明后学尤其是泰州学派的讲学不仅达不到教化民众目的，而且还会导致“处士横议，惑世诬民”的可悲后果。对于当时士子中日益盛行的空谈心性现象，何良俊认为空谈心性不仅无法产生教化天下的美好结果，反而会使人茫然不知如何为学，严重的话甚至会祸害国家。他因此对恩师聂豹也进行了反思和批评：“壬子冬到都，首谒双江先生。先生问别来二十年做得甚么功夫，余对以二十年惟闭门读书，虽二十一代全史亦皆涉猎两遍。先生云：汝吴下士人，凡有资质者，皆把精神费在这个上。盖先生方谈心性而黜记诵之学故也。余口虽不言，心甚不然之。盖经术所以经世务，而诸史以载历代行事之迹。故六经如医家素难，而诸史则其药案也。”对聂豹重心性之学而轻史学，何良俊颇不以为然。何良俊对史学颇为重视，认为史学记载历史事迹，对当代人的事功有借鉴作用。“夫自三代而下以至于今，越历既久，凡古人已行之事何所不有。若遇事变，取古人成迹斟酌损益，庶有依据。苟师心自用，纵养得虚静，何能事事曲当哉？寻常应务犹可，至于典章仪式名物度数，其亦可以意见处之哉？故一经变故棼集，则茫无所措。遂至于率意定方，误投药剂，非但无救于病，其人遂成沉痼矣。可无惧哉？”[③]在阐述心性空谈的危害方面，何良俊还举了西晋和南宋的清谈例子。他指出：“晋人喜谈玄虚，南宋诸公好言理性，卒之典午终于不竞。宋自理宗之后，国势日蹙，而胡虏乘兴，得以肆其窃据之谋。故当时有识者云：遂使神州陆沉，王夷甫诸人不得不任其咎。宋人亦言不讲防秋讲春秋，盖深以为失计也。此非所谓游谈妨务祸及家国者耶。”[④]

对于士大夫空谈心性之学却毫无治国平天下才干的现象，李贽讥讽他们只知“冒引圣言”，以掩饰实际为学上的无能，“不许称引古语，则

① 何良俊：《何翰林集》卷十九《书王槐野先生书》，第 152 页。

② 何良俊：《四友斋丛说》卷四《经四》，第 311 页。

③ 何良俊：《四友斋丛说》卷五《史一》，第 321 页。

④ 何良俊：《四友斋丛说》卷四《经四》，第 312 页。

其道学之术穷矣”。[①] 对这些只知清谈的无能之辈，李贽做过入木三分的讽刺性描述：“平居无事，只能打躬作揖，终日匡坐同于泥塑，以为杂念不起，便是真实大圣大贤人矣。其稍学奸诈者，又搀入‘良知’讲席，以阴博高官。一旦有警，则面面相觑，绝无人色，甚至互相推委，以为能明哲。”[②]

在明末清初对理学的反思与批判思潮中，奉行士大夫与君主共治天下的两宋，也难免遭到批判。如王世贞，就从宋儒缺乏积极事功追求方面寻找宋代国势不振的原因。他指出：“昔宋之南压于金若卵矣，而濂闽之徒日谆谆以正心诚意之说告其君，至于用略焉。万一不幸而君任之，井吾田，车吾兵，不逾时而社稷饱敌矣。呜呼！今安得起（管）仲而将相其才，使之南治岛，北却敌，徐而置濂、洛诸儒于庠序间，雅步高论，藻饰其所不足邪！”[③]在其中，已然隐约出现空谈误国的批判性调子。

对有明一代道学盛行的情形，王世贞进行过深刻反思与批判。他声称，明代道学门户林立，所谓“‘尊德性’也，‘主静’也，‘致良知’也，‘随处体认天理’也，‘体仁’也，其欲标名而自尊一也。善用之皆可以成君子，不善用之皆可以成小人。”[④]并进一步毫不客气地指出：“今之谈道者，吾惑焉：有鲜于学而逃者；有拙于辞而逃者；有败于政而逃者；有骛于名而趣者；有縻于爵而趣者；欲有所为而趣者；是陋儒之粉饰而贪夫之渊薮也。”[⑤]也就是说，在明代士大夫阶层中，与“逃禅”并行不悖的，还有“逃道学”的特殊现象。他又同时指出道学成就之变化与对人才养成的影响：“由濂洛而前，其学博而粗，其诣浅，然其人材大，其就实；由濂洛而后，其学精而纯，其诣深，然其人材纤，其就虚。”[⑥]

明代空疏学风的形成，一方面自然与心学好谈性命而束书不观的为学之方有关，另一方面也与僵化的科举制度和粗鄙的教育制度有关。

---

① 李贽：《初潭集》卷十九《笃义》，明刻三十卷本。

② 李贽：《焚书》卷四，中华书局 1961 年版。

③ 王世贞：《读书后》卷五，文渊阁四库全书本。

④ 王世贞：《读书后》，《札记》（内篇）卷一三九，文渊阁四库全书本。

⑤ 王世贞：《读书后》，《札记》（内篇）卷一三九，文渊阁四库全书本。

⑥ 王世贞：《读书后》，《札记》（内篇）卷一三九，文渊阁四库全书本。

科举教育的僵化，在明代士子对宋儒传注的执守中可见一斑。“自有宋儒传注，遂执一定之说，学者始泥而不通，不能引伸触类。夫不能引伸触类，亦何取于读经哉？”①一般读书人自然不敢越雷池一步，更加可悲的是，甚至博学深思之人也“摭拾宋人之绪言，不究古昔之妙论。始则尽扫百家而归之宋人，又尽扫宋人而归之朱子”。②

在科举考试的指挥棒之下，士子只要熟读四书五经及朱子注疏就可以进士及第，甚至只要熟读前人所作八股文就可以中举，“今读旧文字之人，一用，则躁竞之徒一切苟且以就功名之会，而体认经传之人，终无可进之阶。”③如此一来，士子自然无须皓首穷经，而科举考试也就随之逐渐丧失了选拔人才的作用。“自程朱学说出，将圣人之言死死说定，学者但据此略加敷演，凑成八股，以此取士，而欲得天下之真才，其可得矣！”④

第二节　士当以器识为先

东林学派对阳明后学“无善无恶”说的批判自不必说，而顾炎武为心学定下“束书不观，空言心性”的批判基调之后，影响及于今而不坠。顾炎武等经世学者站在资治立场上，站在人伦日用立场上，自然就会批评心学的心性清谈之无用，心性清谈之无补于世，以至于指责其要为明朝亡国负责。依据这种逻辑，悠悠万事唯保国保天下为重，心性之学也就当然束之高阁了。因此到了清代，学者为学就纷纷弃思辨而就经世务实。如果说清初大儒顾炎武、黄宗羲和王夫之等还因为受到心学及理学思辨传统的滋养，同时又主张经世之学，恰恰可以收到内外虚实相得益彰之效；那么到了乾嘉时期，考据学就基本上丧失了深邃开阔的伟大格局，而仅仅落得虚实相分而干瘪枯涩的下场，形而上的思辨能力也

① 何良俊：《四友斋丛说》卷一《经一》，第 292 页。
② 何良俊：《四友斋丛说》卷三《经三》，第 305 页。
③ 何良俊：《四友斋丛说》卷三《经三》，第 305 页。
④ 何良俊：《四友斋丛说》卷三《经三》，第 304 页。

随之急剧下降。

明代晚期的东林学派，不管身在朝廷还是厕身民间，无不信奉“居庙堂之上则忧其民，处江湖之远则忧其君”的宗旨。万历年间，面对激荡不已的重重社会危机与弊病百出的王学末流，顾宪成、高攀龙等东林学派士子擎起道德理想主义大旗，在儒学道德修养的阐述上坚决与释老二教画清界线，在价值观上坚决批判“无善无恶”说，在学风上坚决追求经世致用。

高攀龙强调：“居庙堂之上则忧其民，处江湖之远则忧其君，此士大夫实念也。居庙堂之上，无事不为吾君；处江湖之远，随事必为吾民，此士大夫实事也。”[①]士大夫立身朝廷就当忧心民生，处江湖之远就当牵挂君主，如此则念头落于实处。士大夫居庙堂为官，就当事事为君主分忧；身处江湖，就当事事为民生奔走。如此则可谓做事落于实处。“事即是学，学即是事。无事外之学，学外之事也。然学者苟能随事精察，明辨的确，处处事事合理、物物得所，便是尽性之学。若是个腐儒，不通事务，不谙时事，在一身而害一身，在一家而害一家，在一国而害一国，当天下之任而害天下。所以《大学》之道，先致知格物，后必归结于治国平天下，然后始为有用之学也。不然单靠言语说得何用？”[②]事与学当密切结合，无脱离实事之学，亦无脱离学之事。学者倘若能尽心尽力做事，那么就是在为尽性之学。也就是说，高攀龙强调首先要在具体的事与物上下工夫，然后才能成就有用的经世之学。在批评王学末流清谈心性的基础上，东林士子倡导“尊孔”和“读经”。为了“尊孔”，就必须“读经”，而“读经”就必须读汉唐注疏。“读经”必须“识字”，“识字”必须从“小学”入手。这样的致思路径，事实上已经类似于顾炎武发其先声的清代汉学工夫。到清初，它们终于汇聚成洋洋大观的理学清算运动。

清初经世之学具体表现为两个方面：一方面，针对理学的清谈心性，提倡经世致用，关注国计民生；另一方面，针对理学的束书不观，强调回到儒学原始经典，以准确理解经典。在学术研究范围上，经世之学

---

① 高攀龙：《高子遗书》卷八上，《答朱平涵书》。

② 参见《东林书院志》卷五，《东林论学语》上。

研究从儒学经典扩展到有关国计民生的具体领域，如天文、地理、河漕、山岳、风俗、兵革、田赋、历算、典礼和制度等。

从顾炎武先祖顾章志藏书倾向，可见其讲求实用的倾向。顾章志在各地任地方官时颇有政绩，对当时盛行的心学相当不满："生平不好为贡高吊诡之行，而淳淳用意，务以天理人情为致，见世讲良知之学者，常曰：'诸君说则美矣，然是尘羹涂饭之类也。易不讲一恕字？孔子固曰：可以终身行。吾见能言良知而不能为恕者众矣！'"[①]顾章志注重经世的倾向对顾炎武有所影响。顾炎武对顾章志非常尊敬，数次拜谒纪念章志的"侍郎公祠"，在著述中多次提起曾祖，仅诗歌方面就有《金陵杂诗》第五首、《寄弟纾及友人江南》《语溪碑歌》等多首。

对于明代晚期的玄虚文风，顾炎武颇不以为然，转而主张器识论，认为"士当以器识为先"。他不满文人的华而不实，指出：

> 唐宋以下，何文人之多也！固有不识经术，不通古今，而自命为文人者矣。韩文公《符读书城南》诗曰："文章岂不贵，经训乃菑畬，潢潦无根源，朝满夕已除。人不通古今，马牛而襟裾。行身陷不义，况望多名誉。"而宋刘挚之训子孙，每曰："士当以器识为先，一号为文人，无足观矣！"然则以文人名于世，焉足重哉！此扬子云所谓"摭我华而不食我实"者也。黄鲁直言："数十年来，先生君子但用文章提奖后生，故华而不实。"……《宋史》言："欧阳永叔与学者言，未尝及文章，惟谈吏事。谓文章止于润身，政事可以及物。"[②]

在文中，顾炎武特意引用南朝宋刘挚教训子孙之语："士当以器识为先，一号为文人，无足观矣！"其中隐约流露出了对明亡之前自视为文人的悔恨之情。

在贬斥文人之文的同时，顾炎武强调文章宗旨在于明道，在于纪政事，在于察民隐，在于道人之善。他说："文之不可绝于天地间者，曰明道也，纪政事也，察民隐也，乐道人之善也。若此者，有益于天下，有益

① 顾绍芳：《先考嘉议大夫南京兵部右侍郎赠都察院右都御史观海府君行实》，《宝庵集》卷十九，万历刻本。

② 顾炎武：《日知录集释》卷十九之"文人之多"条，上海古籍出版社 2006 年版，第 1089—1090 页。

于将来，多一篇，多一篇之益矣。若夫怪力乱神之事，无稽之言，剿袭之说，谀佞之文，若此者，有损于己，无益于人，多一篇，多一篇之损矣。”①

第三节　采铜于山，经世为用

乾嘉时期的皖派学者程瑶田，在拜读顾炎武的《肇域志》之后，禁不住赞叹：“亭林先生之学，有体有用。观其集中论生员郡县诸篇，洞悉时务，盖通经足用之才也，惜乎以胜国诸生、皤皤遗老，隐居没世已耳。……之言疆域建制、理财治安之道，至纤至悉，详其沿革，陈其利害，亦经世之宝书也。”可见顾炎武治学体用兼备，足以通经而致用。②“论方面之多，气象规模之大，乾嘉诸老，恐无人能出其右。要而论之，清代许多学术，都由亭林发其端，而后人衍其绪。”③顾炎武涉及学问领域之多，为学气象之开阔博大，乾嘉汉学无出于其上者。

儒家在经学研究中诠释“理”。何谓真正的“理”？“流行天地间，贯彻古今而无不同者，理也。理具有吾心，而验于事物。……圣贤之学，自一心而达天下国家之用，无非至理之流行，明白洞达，人人所同，历千载而无间者。”④也就是说，理是客观的，核心在于“达天下国家之用”。

顾炎武在治学上不存门户观念，而好学不已。他认为“人之为学，不日进而日退。独学无友，则孤陋难成；久处一方，则习染而不自觉。不幸而在穷僻之域，无车马之资，犹当博学审问，古人与稽，以求其是非之所在，庶几可得十之五六。若既不出户，又不读书，则是面墙之士，虽子羔、原宪之贤，终无济于天下。”⑤因此，在游历四方的出行中，顾炎武热衷于与各地的鸿儒名士交流。

就明代学者中屡见不鲜的著书剽窃现象，顾炎武曾指出：“汉人好

① 顾炎武：《日知录集释》卷十九之“文须有益于天下”条，上海古籍出版社 2006 年版，第 1079 页。

② 顾炎武：《肇域志》卷首。

③ 梁启超：《中国近三百年学术史》，中国书店 1985 年版，第 53 页。

④ 顾炎武：《日知录集释》卷十八之“心学”条，上海古籍出版社 2006 年版，第 1049 页。

⑤ 顾炎武：《顾亭林诗文集 · 亭林文集》卷四，《与人书一》。

以自作之书而托为古人，张霸《百二尚书》、卫宏《诗序》之类是也。晋以下人则有以他人之书而窃为己作，郭象《庄子注》、何法盛《晋中兴书》之类是也。若有明一代之人，其所著书无非窃盗而已。”又云：“吾读有明弘治以后经解之书，皆隐没古人名字将为己说者也。”[①]汉人不仅不剽窃他人著作，而且往往以自己撰作之书而托名于古人，晋代以下方才出现剽窃现象，明代的剽窃现象则俯拾皆是。学风日下，良可叹息。

顾炎武不仅热衷于学者之间的切磋交流，而且极其重视“下学”，即实地考察，收集第一手资料。他把做学问比喻为“采铜于山”，“尝谓今人纂辑之书，正如今人之铸钱。古人采铜于山，今人则买旧钱，名之曰废铜，以充铸而已。所铸之钱既已粗恶，而又将古人传世之宝，舂挫散碎，不存于后世，岂不两失乎？”[②]

学友王山史作《山志》，其中记述顾炎武每次出游，“必以图书自随，手所抄录，皆蝇头小楷，万字如一。每见予辈或宴饮终日，辄为攒眉。客退必戒曰：‘可惜一日虚度矣。’”[③]难能可贵的是，他居然能做到几十年如一日。

顾炎武的经世思想表现在，他不仅致力于返回先秦儒学经典，而且积极倡导民族大义。在《日知录校正》中，近代学者丁寿昌高度评价顾炎武：“顾氏举康成以示不敢专辄，更可为师法，并推及宋明义之改经亦多可议矣。明人经学承宋元之后，师心自用，家法荡然。自亭林出而知求之注疏，证之史传，可谓卓识。但蹊径初开，说犹未畅，后之儒者知尚实学，不为空言，我朝经学，直接汉唐，先生轫始之功，不可没矣。”明代经学师心自用，衰败至极。顾炎武出而力挽狂澜，求汉唐注疏，悉意考据，证之于史传，于清代经学昌盛居功至伟。清代学者赵翼在《廿史札记小引》中指出：“至古今风云之递变，政事之屡更，有关于治乱兴衰之故者，亦随所见附著之。……或以此比亭林《日知录》，谓身虽不仕，而其言有可用者，则吾岂敢。”[④]这虽然属于赵翼的自谦之词，但从中也可

① 顾炎武：《日知录集释》卷十八之“窃书”条，上海古籍出版社2006年版，第1033—1074页。

② 顾炎武：《顾亭林诗文集·亭林文集》卷四，《与人书十》。

③ 参见张民权编著《顾炎武和王夫之》，海天出版社1999年版，第97页。

④ 参见许苏民《顾炎武思想的历史地位和历史命运》，载《云南大学学报》2006年第5期。

看出顾炎武经世致用思想对当时学者及其学风的深远影响。

到了清末，维新志士谭嗣同、梁启超在宣扬政治主张时，也屡屡援引顾炎武观点以为辅证，对顾炎武经世致用之学予以极高推崇。梁启超指出："炎武之言曰：'孔子之删述六经，即伊尹、太公救民于水火之心，而今之注虫鱼、命草木者，皆不足以语此也。故曰：载之空言，不如见诸行事。愚不揣，有见于此，故凡文之不关于六经之指，当世之务者，一切不为。'彼诚能践其言，其终身所撰者，盖不越此范围。"顾炎武治学继承孔子删述六经以经世的宗旨，力避空言而求诸行事。梁启超认为可以实用主义作为顾炎武之学的内在精神。顾炎武促使学问与社会之间产生密切互动，一洗晚明科举帖括与心性清谈的空疏学风，并开启了清代朴学。"要之其标'实用主义'以为鹄，务使学问与社会增加密度，此实对于晚明之帖括清谈派施一大针砭；清代儒者以朴学自命以告示于文人，实炎武启之；最近数十年以经术而影响政体，亦绍逮炎武之精神也。"①

顾炎武为何著《日知录》？他的动机是什么？《日知录》的宗旨是什么？康熙三十四年，在潘耒多年的奔波之下，《日知录》终于在福建建阳付梓。为此，潘耒感慨地赞颂顾炎武及其《日知录》："先生非一世之人，此书非一世之书也。魏司马朗复井田之议，至易代而后行，元虞集京东水利之策，至异世而见用。立言不为一时，录中固已言之矣。异日有整顿民物之责者，读是书而憬然觉悟，采用其说，见诸施行，于世道人心实非小补。如第以考据之精详，文辞之博辨，叹服而称述焉，则非先生所以著此书之意也。"②这就是说，《日知录》意在经世致用，顾炎武的理想虽然生前没有实现，但日后有人倘采用其说，定当对世道人心大有裨益。假如仅仅以考据精详、文辞博辨来评价这部书，则有违顾炎武本意。

潘耒的这一担心，不幸言中。乾隆年间修《四库全书》，儒臣为《日知录》撰写提要，就提出了同潘耒完全不同的评价。他们声称："炎武生

---

① 梁启超：《清代学术概论》，复旦大学出版社1985年版，第81页。

② 潘耒：《遂初堂集·文集》卷六，《日知录序》。

于明末，喜谈经世之务，激于时事，慨然以复古为志。其说或迂而难行，或愎而过锐。观所作《音学五书后序》，至谓圣人复起，必举今日之音而还之淳古。是岂可行之事乎？潘耒作是书序，乃称其经济，而以考据精详为末务，殆非笃论矣。”①

正因为如此，顾炎武把著《思辨录》的陆世仪和著《明夷待访录》的黄宗羲引为同志。他在致陆世仪的信中说：“廿年以来，东西南北，率彼旷野，未获一觌清光。而昨岁于蓟门得读《思辨录》，乃知当吾世而有真儒如先生者，孟子所谓‘穷则独善其身，达则兼济天下’，具内圣外王之事者也。……近刻《日知录》八卷，特付东堂邮呈，专祈指示。其有不合者，望一一为之批驳，寄至都门以便改正。《思辨录》刻全，仍乞见惠一部。”②由信中可见，20年前，顾炎武与陆世仪曾有过往来。在翻阅《思辨录》之后，顾炎武称颂陆世仪为当世真儒，具内圣外王之真才实学。他自谦地声称自己渐入老境之后，方才得窥学问堂奥。

在给黄宗羲的信中，顾炎武也表达了同样意思：

> 顷过蓟门，见贵门人陈、万两君，具念起居无恙。因出大著《待访录》，读之再三，于是知天下之未尝无人，百王之敝可以复起，而三代之盛可以徐还也。天下之事，有其识者未必遭其时，而当其时者或无其识。古之君子所以著书待后，有王者起，得而师之。然而《易》“穷则变，变则通，通则久”。圣人复起，不易吾言，可预信于今日也。炎武以管见为《日知录》一书，窃自幸其中所论，同于先生者十之六七。③

在遇到黄宗羲门人之后，顾炎武得以阅读《明夷待访录》，盛赞其中蕴含的经世精神。他认为依据其中精神去做，可以振衰起敝，可以复三代之盛。顾炎武认为，处易代之际，君子著书可以待后王之起，以庶几乎力挽狂澜以求治平天下。他欣喜地告知黄宗羲，《日知录》的经世精神大致同于《明夷待访录》。

---

①《四库全书总目》卷一一九，《日知录》。

② 顾炎武：《亭林余集》，《与陆桴亭札》。

③ 顾炎武：《亭林佚文辑补》，《与黄太冲书》。

根据以上材料，足以说明《日知录》确如潘耒所见，是一部讲求经世致用之巨著。顾炎武著此书，志在“拨乱世以兴太平之事”。黄汝成认为，《日知录》“于经术文史，渊微治忽，以及兵刑、赋税、田亩、职官、选举、钱币、盐铁、权量、河渠、漕运，与他事物繁赜者，皆具体要”，[①]是一部讲求经世之学的“资治之书”。[②]

康熙十五年（1676 年），顾炎武为初刻本《日知录》补撰自序，就此书反省道：“历今六七年，老而益进，始悔向日学之不博，见之不卓，其中疏漏往往而有，其书已行于世，不可掩。渐次增改，得二十余卷，欲更刻之，而犹未敢自以为定，故先以旧本质之同志。”由此自序亦可见到，顾炎武在初刻《日知录》之后，为学日益精进。[③] 同年，他在致黄宗羲信中声称：“炎武以管见为《日知录》一书……但鄙著恒自改窜，未刻。”[④]晚年的顾炎武，恪遵“良工不示人以璞”古训，精心雕琢《日知录》。在致潘耒的信中，他说：“著述之家，最不利乎以未定之书传之于人。昔伊川先生不出《易传》，谓是身后之书。……今世之人，速于成书，躁于求名，斯道也将亡矣。前介眉札来索此（即《音学五书》），原一亦索此书，并欲抄《日知录》，我报以《诗》《易》二书今夏可印，其全书再待一年，《日知录》再待十年；如不及年，则以临终绝笔为定。”[⑤]

第四节　拨乱世以兴太平之事

致力于经世致用的学说，无不反对清谈玄虚之学，而要求面对实际生活世界，要求经由训诂考证以返回六经为代表的儒家经典，以便从中找到真理以经世济民。清代初年，经世之学颇为兴盛，经世学者尤其集中于南方的浙江和江苏一带，与北方的河北、陕西和山西一带。南方经

---

① 黄汝成：《袖海楼文录》卷三，《答李先生申耆书》。
② 黄汝成：《袖海楼文录》卷二，《日知录集释序》。
③ 顾炎武：《亭林文集》卷二，《初刻日知录自序》。
④ 顾炎武：《亭林佚文辑补》，《与黄太冲书》。
⑤ 顾炎武：《亭林文集》卷四，《与潘次耕书》。

世学者的佼佼者有顾炎武、黄宗羲和陆世仪等;北方经世学者的杰出代表有孙夏峰、李颙、傅山和颜元等。经世大儒们,无不慨然以天下为己任,对时代充满责任感。如顾炎武:“当明末年,奋欲有所自树,而迄不得试,穷约以老。然忧天悯人之志,未尝少衰。事关民生国命者,必穷源溯本,讨论其所以然。”①悲天悯人与经世济民的情怀跃然于其中。黄宗羲慷慨激昂地声称:“扶危定倾之心,升身一日可以未死,升力一丝有所未尽,不容但已。古今成败利钝有尽。而此‘不容已’者,长留于天地之间。愚公移山,精卫填海,常人藐为说铃,贤圣指为血路也。”②担当天下,当鞠躬尽瘁死而后已。旅日明遗民朱舜水则倡导:“大人君子,包天下以为量,在天下则忧天下,在一邦则忧一邦,惟恐生民之不遂。”③君子当以天下苍生为念。

与心学末流沉溺于束书不观而好清谈性命不同,经世学者强调为学以经世致用,甚至强调实地田野调查。实事求是的田野调查精神,充分体现于地理学者的研究之中。在这方面,最杰出的学者毫无疑问是顾炎武、顾祖禹和刘献庭等。顾炎武“凡国家典制,郡邑掌故,天文仪象,河槽、兵农之属,莫不穷原究委,考正得失。”④顾祖禹“舟车所往,必览城廓,按山川,稽里道,问关津,以及商旅之一子,征戍之夫。或与从容谈论,考核异同”。⑤ 刘献庭“脱身历九州,览其山川形势,访遗佚,交其豪杰,观其土俗,以益广其闻见,而质证其所学”。⑥ 通过运用认真翔实的调查访问办法,刘献庭“于礼乐、象纬、医药、书数、法律、农桑、火攻、器制,旁通博考,浩浩无涯”。⑦

清代初年,不管是传承程朱理学的儒家学者,还是传承陆王心学血脉的儒家学者,都突破心性之学的研究范围,而纷纷投注心血于经世致用之学。与顾炎武同时代的大儒陆世仪,明确强调研究经世之学的重

① 顾炎武:《日知录集释》卷首,上海古籍出版社 2006 年版。
② 黄宗羲:《以共那左侍郎苍水张公墓志铭》,《南雷文约》卷一。
③ 朱舜水:《与冈崎昌纯》,《舜水遗书》卷八。
④《清史稿》卷四百八十一。
⑤ 顾祖禹:《〈读史方典纪妥〉自叙》。
⑥ 王源:《刘处士墓表》,《居业堂文集》卷十八。
⑦ 王源:《刘处士墓表》,《居业堂文集》卷十八。

要性，他说："今所当学者不止六艺，如天文、地理、河渠、兵法之类，皆切于世用，不可不讲。"①黄宗羲研究的领域极为广泛，正所谓"上下古今，穿穴群言，自天官、地志、九流百家之教，无不精研"。② 唐甄虽然师承陆王心学，却清醒地批判阳明后学的心性清谈，有意强调王阳明的事功观念，明确主张："性不尽，非圣；功不见，非性。"③"若儒者不言功，但取自完，何以异于匹夫匹妇乎？"④

作为学友，清初名臣汤斌，深切意识到顾炎武著述中经世主张的伟大意义。他在《答宁人先生书》中高度推崇顾炎武："前岁山史自关中见访，询及交游名贤，即曰顾先生品高学博，国家典制、郡邑掌故、天文历象、河漕兵农之属，无不洞悉原委，坐而言起而可见诸行事，真当今第一有用儒者也。后晤甫草、元礼⑤，往往言与山史同，吾道之衰久矣，得大力阐明，岂非斯人之幸与。"⑥汤斌为顾炎武经世精神所感动，甚至将其尊为当今第一有用儒者，阐明发扬道统之功，无出其右。

顾炎武的经世致用主张之所以往往为后世学者忽视或遗忘，是由于他寓经世主张于考据之中的治学风格。后世学者每每沉浸于顾炎武博学缜密的考据之中而不能自拔，于是在关注考据工夫时，往往埋没了顾炎武用心良苦而隐藏颇深的经世用意。在有生之年，顾炎武自己也意识到这一问题，不无感慨地指出："吾辈学术，世人多所不达，一二稍知文字者，则又自其不如。不达则疑，不如则忌，以故平日所作，不甚传之人间。然老矣，终当删定一本，择友人中可与者付之尔。"⑦

汪中在学术上私淑顾炎武，洞察到顾炎武缜密考据之中所隐藏的经世用意，因此也有意继承了经世之学。他自述为学宗旨说："中尝有志于用世，而耻为无用之学，故于古今制度沿革、民生利病之事，皆博问而切究之，以待一日之遇。下至百工小道，学一术以自托。平日则自食

---

①《清史稿》卷四百八十。

②《清史稿》卷四百八十。

③ 唐甄：《有为》，《潜书》。

④ 唐甄：《辨儒》，《潜书》。

⑤ 计东，字甫草，举人；叶舒崇，字元礼，进士。俱为吴江人。

⑥ 转引自沈嘉荣《顾炎武论考》，江苏人民出版社 1994 年版，第 344 页。

⑦ 顾炎武：《亭林文集・与人书十二》，《顾亭林诗文集》。

其力，而可以养其廉耻，即有饥馑流散之患，亦足以卫其生。何苦耗心劳力，饰虚词以求悦世人哉？”[①]不幸的是，如汪中这样的明白人实在凤毛麟角，而一般的考据学者却都有意无意丢失了顾炎武所倡导的经世致用精神。

对这种捡了芝麻丢了西瓜的现象，钱穆毫不客气地予以批评，认为这些学者只学到了四分之一个顾炎武，而且还并非顾炎武学说中最重要的部分。他说：“盖亭林论学，本悬二的：一曰明道，一曰救世。其为《日知录》，又分三部：曰经术，治道，博闻。……若论亭林本意，则显然以讲治道救世为主。故后之学亭林者，忘其‘行己’之教，而师其‘博文’之训，已为得半而失半。又于其所以为博文者，弃其研治道、论救世，而专趋于讲经术、务博闻，则半之中又失其半焉。且所失者胥其所重，所取胥其所轻。”[②]在钱穆看来，顾炎武为学志在明道与救世。《日知录》主要包括三部分，即经术、治道与博闻。后学却专意持守经学即理学命题，将经术视为明道。但顾炎武探研治道以救世的宗旨却无人继承，以至终成绝响。其缘由在于，后世学者忘却行己有耻之教，而专意于博学于文。可谓失却顾炎武精神的一半。等而又下之的是，为博学于文者，失却探研治道而救世宗旨，而专意于经术与博闻，可谓失去顾炎武精神一半之又一半。

① 汪中：《与朱武曹书》，田汉云点校：《新编汪中集》，文集第五辑，广陵书社2005年版，第442页。
② 钱穆：《中国近三百年学术史》（新校本），九州出版社2011年版，第159页。

第十三章　由崇德性转向道问学

在成就内圣的路径上，宋明理学与清代思想之间的差异就在于，前者以尊德性为主，后者以道问学为主。但是在追求内圣外王上，它们保持一致。也就是说，原始儒学的“内圣外王”、余英时所谓的宋明理学“内圣外王连续体”与清儒的“明道救世”之间，存在着内在的逻辑连贯性。

宋明理学在内圣方向上进一步发展儒学，主要是孟子路径的儒学。他们在道统论中，以孟子为亚圣，着意抬升了孟子的思想地位。程颐就强调：“圣人之学，若非子思、孟子，则几乎息矣。”[①]通过提出和发扬偏于内圣路径的道统说，宋明理学进一步弱化了对外王经世之学的关注。二程突出强调修身重要性，提出内本而外末、修身为本而治平为末的观点，展现出强烈的内向品格。“学莫大于知本末终始。致知格物，所谓本也，始也；治天下国家，所谓末也，终也。治天下国家，必本诸身。其身不正，而能治天下国家者，无之。”[②]在实际生活世界中极为重要的治国平天下，在理学家看来，也只是“末也”，在追求外王经世之学的学者看来，恐怕难免骇人听闻之嫌。

相较于先秦原始儒学，新儒学之所以“新”，是因为注重对宇宙本体的探究，注重对人生理想境界的追求。在新儒学中，本体既是宇宙的终极根据，又是人生价值的源头活水。因此，本体并非外在于人的对象，

---

① 程颐：《河南程氏遗书》卷十七。

② 程颐：《河南程氏粹言》卷一。

而总与人之在世息息相关，是谓心、性、理。人生境界是人生在世的理想化展开与完成，表现了人对本体的觉悟与贯通。在这个意义上，对本体的反思与对人生境界的觉悟并行而进，相互推动。本体最终要通过理想境界绽现出来。

天地万物中人的殊胜之处在于，人能自觉到何谓存在，人能逆觉体证而觉悟天地境界。能觉悟之自己可谓真己，或曰真我。在新儒学中，真我既内在于人，又最终贯通于本体，它是性，是道。人生在世要提升境界，必须做工夫操持。通过工夫操持而升华境界，因境界升华而澄明本体。工夫、境界与本体的相互回环，道问学与尊德性的相互融合，方能充分展开人生在世状态而使之臻于完成。

第一节　义理取证于经典

进入三教会通的宋代之后，范仲淹"先天下之忧而忧，后天下之乐而乐"的天下担当精神，受到后世士子永远的景仰。但在时人眼中，范仲淹于内圣精神建构似有不足。北宋中期名臣、大变法家王安石，不仅着手于轰轰烈烈的大政方针改革，而且还提出道德性命与外王相互支援的新内圣外王系统。但在批评者看来，这套系统在内圣方面过多假借于佛学，因此并非正统儒学。

鉴于北宋前期内圣之学之不足，二程兄弟起而批判王安石之学。理学家一方面继承宋初胡瑗"推明治道"精神，另一方面更以内圣之学彰显于天下。当然，与释道二教不同，儒家内圣不仅致力性命之道追求与个人自由解脱，而且追求得道之后兼济天下，追求得君行道。

理学家追求得君行道以完成外王事业。北宋中期，由于佛学心性之学的刺激，也由于王安石变法的功败垂成，致使理学家得出结论，即必须以内圣作保障，才能实现外王事业。在这个问题上，朱熹和陆九渊主张一致，只是在如何建构内圣的路径上，才产生道问学与尊德性的分歧。朱熹以降，大儒们纷纷在为学上将主要精力倾注于心性辨析，到了王阳明及其后学那里，更是把尊德性的心性辨析阐发到纤毫毕现的极致程度。在晚明王学末流那里，甚至出现道问学精神遭到消解，以致束书不观而一味沉溺心性清谈的奇特现象。

到了明代，君主高度专制愈加严重，致使两宋士大夫与君主共治天下的美好时光一去不复返，留给士大夫的政治空间愈加逼仄。有识之士纷纷意识到，得君行道之途的艰难日甚一日。那么如何摆脱修齐治平道路上的困境呢？王阳明在龙场大悟之后，终于意识到在得君行道之外还存在着另一条平治天下的坦途。"通过唤醒每一个人的'良知'的方式，来达成'治天下'的目的。这可以说是儒家政治观念上一个划时代的转变，我们不妨称之为'觉民行道'，与两千年来'得君行道'的方向恰恰相反。他的眼光不再投向上面的皇帝和朝廷，而是转注于下面的社会和平民。"①另外一条平治天下的道路，正是"觉民行道"。

明代中晚期，王学虽然盛行天下，但对王学持批评态度的也不乏其人。王阳明的同时代大儒，亦是其多年学友的罗钦顺，主张尊德性应当以道问学作为基础，并指出陆九渊"六经皆我注脚"的主张实乃贻误后学的罪魁祸首。紧随着罗钦顺之后，同样持气学立场的王廷相，作《雅述》而强调见闻之知的重要性，讥讽一味讲求德性之知的人，认为他们的无知犹如黑屋子里幽闭的婴儿。即使王学后人与倾向王学的学者中，也不乏重视道问学之人。

也就是说，有明一代诚然是心性之学达乎登峰造极地步的时代，是极其重视尊德性的时代，但道问学传统依然默默而顽强地存在着。即使持尊德性立场的学者，为了阐明"古圣相传只此心"，或在论学中寻求权威依据，也必须求助于原始儒学经典。在这种求助经典的过程中，就不可避免地需要道问学。毫无疑问，这都是因为中国自古以来就有"述而不作"与畏圣人之言的悠久传统，秉持性即理立场的程朱理学与秉持心即理立场的陆王心学，自然都会强调自己的主张源自孔孟，并且是孔孟文本中原本就有的意思。如此一来，就需要道问学路径，以回归各自心目中的原初经典，以便在经典中印证主张。

罗钦顺在《困知记》中，不断征引《孟子》和《易经》等儒学经典作为

① 余英时：《宋明理学与政治文化》，吉林出版集团有限责任公司 2008 年版，第 300 页。

权威依据。他强调指出："故学而不取证于经书，一切师心自用，未有不自误者也。"在明清思想史上，"取证于经书"的召唤，无疑意味着回归儒家原初经典，在明清之际得到愈来愈热烈的响应，而道问学也借此得到越来越蓬勃的发展。

明清之际，儒者们纷纷认识到，王学末流及理学末流在建构内圣过程中愈来愈沉溺于尊德性。对尊德性的过分强调，不仅未能通达内圣的圆融之境，而且导致愈加轻易地流于清谈。为此，顾炎武提出"行己有耻"与"博学于文"命题，声称要尊德性与道问学并重。由于面对当时学风空疏的时代背景，顾炎武更是极力强调道问学，表明志在"明道"和"救世"。某种意义上，在清初特殊的情境之下，传统儒学的内圣外王就表现为"明道救世"。

清初大儒纷纷强调道问学，即使深受陆王心学影响的学者亦不例外。例如顾炎武道友李颙，就是其中的杰出代表。在李颙看来，当时思想界的情形是，阳明心学末流日益空疏，程朱之学章句支离。具体地说，是王学末流走向空疏的"务上达而舍下学"，程朱之学最后变为章句支离的"谈工夫而略本体"。因此在治学上，李颙虽然以心学为本，但同时亦兼采理学之长，以明体适用之学立其大，并在此基础上发展经世事功之学。

李颙中年时曾因得病机缘而"默坐澄心"，并从中领悟到灵明本体及其妙处："夏秋之交，患病静摄，深有感于'默坐澄心'之说，于是一味切己自返，以心观心，久之，觉灵机天趣，流盎满前，彻首彻尾，本自光明。太息曰：'学所以明性而已，性明则见道，道见则心化，心化则物理俱融，跃鱼飞莺，莫非天机；简易广大，本无欠缺；守约博施，无挨外索。若专靠闻见为活计，屏耳目作把柄，犹种树而不培根，枝枝叶叶外头寻，惑也久矣'。自是屏去一切，时时反观默识，涵养本原。"[①]对心体本源的体证与彻悟，在阳明心学中并不罕见。李颙的特别之处在于，他没有沉溺于对心体的觉悟之中，没有一味沉溺于内圣之中，而是于康熙八年提出"体用全学"之学。在其中，"体"即无声无臭之本体，即"道"，即形而

① 李颙：《二曲集》附录三，陈俊民点校，中华书局1996年版，第634页。

上之灵明本体；而“用”即经世致用之学。在《学髓》中，李颙详尽阐发了本体思想，指出：“形骸有少有壮，有老有死，而此一点灵原，无少无壮，无老无死。塞天地，贯古今，无须臾之或息。会得时，天地我立，万化我出，千圣皆比肩，古今一旦暮。”①灵原即人之本原，是形而上的人人与生俱来的。“此天所以与我者也。生时一物不曾带来，惟是此来；死时一物不曾带去，惟是此去。故学人终日孜孜，惟事此为人生第一要务。动作食息，造次颠沛，一注乎此。而深造之以求自得，居安资深，左右逢源。安此谓之安身，立此谓之立命。”②

在李颙的格物学说中，既体现了王学影响，也体现了经世致用宗旨。他阐发“格物”说：“一士问格物。曰：身心意知，家国天下，皆物也，而知为主。炯炯于心目之间，具众理，应万事，与天地合其德，与日月合其明，通乎昼夜而知，即首章所谓明德也。格物，格此而已。”③在其中，“身心意知，家国天下”都属于“物”，而“格”不仅具有知的意思，甚至具有觉悟的意味。觉悟最终要觉悟个本体，在李颙看来，良知即本体。他说：“经纶天下之大经，由于立天下之大本。本者何？即心中一念灵明，固有天良是也。”④与传统王学不同，李颙极为重视经世致用之学。他所谓的“用”，继承儒家先贤所说的“经世宰物”，指向治国平天下的经世事功。因此，他强调行动而反对空谈。他说：“古人尚行，故羞涩其言而不敢轻出；今人尚言，故鼓棹其舌而一味徒言。若果学务躬修，自然沉潜静默，慎而又慎，到呐呐然不能出口时，才是大进；否则纵议论高妙超世，总是顽不知耻，总是没学问，没涵养。”⑤正是基于此，李颙不仅推崇传统儒家经典，而且还在开列的适用之书中包括关乎国计民生的书籍，如《大学术义》《衍义补》《文献通考》《吕氏实政录》《武备志》与《律令》等。

与顾炎武主张回归儒家原初经典一样，李颙也强调回归儒家经典，

---

① 李颙：《二曲集》卷二，陈俊民点校，中华书局1996年版，第19页。
② 李颙：《二曲集》卷二，陈俊民点校，中华书局1996年版，第19页。
③ 李颙：《二曲集》卷十，陈俊民点校，中华书局1996年版，第80页。
④ 李颙：《二曲集》卷三十，陈俊民点校，中华书局1996年版，第424页。
⑤ 李颙：《二曲集》卷三十二，陈俊民点校，中华书局1996年版，第44页。

以确立经世济民宗旨，从原初儒学中汲取儒学真精神。他在《四书反身录》中强调体用不可分，强调体用兼济。他说："明体适用乃吾人性份之所不容已，学而不如此，则失其所以为学，学焉而昧乎此，便失其所以为人矣。"①"明体而不适用，便是腐儒，适用而不本明体，便是霸儒，既不明体，又不适用，徒灭裂于口耳伎俩之末，便是异端。"②只明体而不进于适用，是谓腐儒；只适用而不立本于明体，是谓霸儒；明体与适用俱无，而沦于浅薄琐屑之学，是谓异端。

第二节　由空谈心性转向经世致用

北宋前期，被称颂为宋学先河的胡瑗在苏州和湖州讲学时，就积极提倡"明体达用"之学，以经义为体而以时务为用。总的来说，这段时期的儒学普遍倾向于兼重经义与事功，追求经世之道。在两宋儒学史中，王安石变法堪称分水岭。在此之前，儒学比较重视经世致用，重视事功。在此之后，儒学重心逐渐转向心性之学、义理之学。为了对抗当时禅宗如日中天的影响，儒学被迫在本体追求上与之一较高下。周敦颐、邵雍、张载、程颢、程颐等，纷纷援释入儒，援道入儒，在心照不宣的会通三教基础上建构崭新的儒学体系，亦即后世所称的理学，或者说新儒学。

理学伊始，尚且以经学为基础，与经学互为表里。早期建构理学体系的大儒，大多也同时是经学家，重视对儒家经典的整理与辨伪。他们积极地通过疏、考、解、训、注《五经》，深入而细致地阐发理学思想。更为重要的是，他们在五经之外建构出四书，并使四书逐渐在书院教育与科举中占据主导地位。与此相伴随的是，经学逐渐由重视训诂考据的汉学转向重视心性义理的宋学。理学发展至末流，专注于心性义理之清谈，从而丧失经学根基，以致轻忽经世致用之学。作为理学分支的陆

① 李颙：《二曲集》卷十四，陈俊民点校，中华书局 1996 年版，第 120 页。
② 李颙：《二曲集》卷十四，陈俊民点校，中华书局 1996 年版，第 120 页。

王心学，往往束书不观，追求简易工夫，热衷现成良知，及至末流，更是流于玄虚与情识狂肆之弊。

到了晚明，鉴于理学与心学末流之弊，理学又逐渐从专注于“体”转向对“文”的重视。朱子学出于辨析朱陆异同之故，开始投身训诂考据之学。王门后学发出“尊经”呼声，出现自我修正乃至与朱子学合流的倾向。关于考据学的来龙去脉，《四库全书总目提要》指出：“明之中叶，以博洽著称者杨慎，次则焦，亦喜考证。惟以智崛起崇祯中，考证精核，迥出其上。风气既开，国初顾炎武、阎若璩、朱彝尊沿波而起，始一扫悬揣之空谈。”由此可见，考证学在明代中期缘出于一些学者的倾心，至明清之际而考证风气渐开，随之有大量学者乘风逐浪而投入考证，宗旨在于整理和挖掘出儒学原初经典的本来面目，亦即“义理取证于经典”。

早在明代中期，考证之风就逐渐兴起。归有光倡导辨别“讲经”与“讲道”。学问源于归有光的钱谦益，提出返回儒家经典与正经学的主张。他声称：“诚欲正人心，必自反（返）经始；诚欲反（返）经，必自正经学始。”[①]在一定程度上，清初学者关于经学与理学的辨析，继承了钱谦益的相关思想。阎若璩极为推崇钱谦益，甚至将他与顾炎武、黄宗羲等并称为“十二圣人”。在经学史上，从汉唐的训诂注疏，经宋明的心性义理，到清代的朴学考据，正好构成了一个正反合过程。在这个过程中，明末清初正是心性义理之学向考据之学转变的关键阶段，钱谦益是其中承上启下的人物，对此过程产生了重大影响。钱谦益刚走上学坛，就得到孙承宗、顾宪成等赏识，由此成为东林学派中坚人物。到了崇祯年间，钱谦益积极参加复社活动，重视经世之学，并与复社领袖之一陈子龙等共同编纂《明经世文编》。

“道”是理学的最高追求，在宋明理学与汉唐经学的对峙中，“道”与“经”的关系逐渐成为焦点。鉴于理学离“经”而谈“道”，尊崇《四书》并以朱子《四书集注》代替汉唐五经笺疏，钱谦益着重阐发了“经”与“道”关系。他指出：“汉儒为之讲经，而今人为之讲道。圣人之经，即圣人之道也。离经而讲道，贤者高自标目，务胜于前人，而不肖者汪洋自恣，莫

---

① 钱谦益：《新刻十三经注疏·序》，《牧斋初学集》，《四部丛刊》本，第10—11页。

可穷诘。则亦宋之诸儒扫除章句者，导其先路也。”①今世之儒于经外讲道，却不知圣人之经即圣人之道。离经讲道难免误入歧途，贤者自信自高专意超迈于前人，不肖者则往而不返莫知所以。他批评编纂《宋史》者将“儒林”与“道学”分为两传的做法：“儒林则所谓章句之儒也，道学则其所谓得不传之学者也”，由此导致“古人传注、笺解、义疏之学能转相讲述者，无复而遗种”。② 在《与卓去病论经学书》中，他明确表彰汉唐经学：“六经之学，渊源于两汉，大备于唐、宋之初，其固而失通，繁而寡要，诚亦有之，然其训诂皆原本先民，而微言大义，去圣贤之门犹未远也。学者之治经也，必以汉人为宗主，如杜预所谓原始要终。”③与理学大儒普遍重经而轻史的倾向不同，钱谦益高度评价史学价值。他说：“史者，天地之渊府，运数之勾股，甘臣之元龟，内外之批索，道理之窟宅，智清之伏藏，人才之弊泽，文章之苑圃，以神州函夏为棋局，史为其方。”④

依据钱谦益的相关学说，费经虞与费密父子深入探讨了经学与道学的关系。对脱离经典而清谈心性的玄虚现象，他们毫不客气地予以批评。他们认为，宋明理学由于离开经典而日益空疏，导致心性之学既不合于经典，亦不合于圣人之道。费密说：“后世去圣人日远，欲闻圣人之道，必以经文为准。不合于经，虚僻哓哗，自鸣有得，其谁得信之？经传则道传也。”他指责魏晋清谈为“初变古学”，指责宋明理学为“再变古学”。他从经世致用角度对心性之学进行了严厉批评：“即物穷理、致良知，有何补于救世？”“何补于国？何益于家？何关于政事？何救于民生？”⑤

在经学史上，古文经学追求经典文本的原义，治学严谨，实事求是而无征不信。今文经学热衷于依据经典文本微言而阐发经邦治国大义，为学致力于经世，而视与此无关的学问为迂腐虚诞之学。义理型经

① 钱谦益：《新刻十悦经注疏序》，《牧斋初学集》卷 28。

② 钱谦益：《新刻十悦经注疏序》，《牧斋初学集》卷 28。

③ 钱谦益：《与卓去病论经学序》，《牧斋初学集》卷 79。

④ 钱谦益：《汲古阁毛氏新刻十七史序》，《牧斋有学集》卷 14。

⑤ 费密：《弘道书》卷上，第 17、23—24、15 页；卷中，第 36、39 页；卷下，第 20 页，《丛书菁华·怡兰堂丛书》本。

学以宋明理学为代表，追求形而上的闻道求道。在清儒眼里，程朱理学的“理”与陆王心学的“心”，都有凌空蹈虚倾向，虚而不实。为了使学术黜虚而返实，就必须回归儒家原初经典，也就是回到先秦儒家原典那里去。回归儒家原典的思潮往往表现为复兴经学，或者说表现为复古。清初学问正是以间接曲折的方式，表现了当时学者对宋明理学的批评与对经世致用学问的追求。

在清初学界，顾炎武提出离经学而无理学、经学即理学的学术宗旨，为当时学术从宋明理学向朴学考据之学转变，起到了重要的推动作用。他强调，治学当以经学为本，以经世致用为目的。在批判当今理学的同时，他希望在经学基础上重建理学。正是在顾炎武等大儒推动下，经学逐渐从理学中分离出来，从而成为独立的研究。

梁启超对明清之际的复兴古学浪潮，作过精辟阐述：“综观二百余年之学史，其影响及于全思想界者，一言蔽之，曰：‘以复古为解放’。第一步，复宋之古，对于王学而得解放。第二步，复汉唐之古，对于程朱而得解放。第三步，复西汉之古，对于许郑而得解放。第四步，复先秦之古，对于一切传注而得解放。夫既已复先秦之古，则非至对于孔孟而得解放焉不止矣。”①

第三节　博学于文

尊德性和道问学的关系，在儒学史上是一个聚讼纷纭的问题。它们源出于《中庸》：“大哉圣人之道！洋洋乎！发育万物，峻极于天。优优大哉！礼仪三百，威仪三千，待其人然后行。故曰苟不至德，至道不凝焉。故君子尊德性而道问学，致广大而尽精微，极高明而道中庸，温故而知新，敦厚以崇礼。”在《礼记注》中，郑玄最早对尊德性和道问学做出简要诠释：“德性，谓性之至诚者；道，犹由也；问学，学诚者也。”“德性”即性之至诚；“道问学”即人通过修养途径而达到“诚”的境界。

① 梁启超：《清代学术概论》，上海古籍出版社1998年版。

清代初年，学者们在反思明朝的亡国之痛时，不约而同地将亡国与理学末流和阳明后学的心性清谈联系在一起，并将批判矛头指向释老二教对心学的影响。正由于此，在清初理学清算运动中，“弃虚蹈实”和“辟二氏”成了两个主要方向。在理学清算中，一部分学者在批判义理之学的过程中，进而批判所有义理之学，从而将学术路径折入考据学之中；另一部分学者则对“理”进行深入反思，从而开拓出新义理学。

在清初的学术反思中，持王学立场的学者，大多采取以朱学之实补救王学之虚的路径；持朱学立场的学者，则强调理学中重视格物和工夫的主张；没有门户之见的学者，则倡导朱陆调和。那么如何补晚明学风之空虚呢？有的通过慎独以求心性之实，如刘宗周；有的通过经世济民而追求事功之实；有的通过训诂以追求经典文本之实等。

如果说陆王心学主要从主观与内圣角度继承与发扬孟子学，那么清初大儒的孟子诠释则更多地展现了经世致用色彩，而有意识地挖掘孟子思想与人伦日用之间的联系。以顾炎武为代表的经世学者，鉴于王学末流的空疏弊病，着力将孟子解读为注重道问学的圣贤模样，强调孟子思想中的践履主张。在对《孟子》的诠释中，清初诸儒特别强调孟子重工夫的思想，以此表达对宋明理学以释老二教解读《孟子》的不满。在他们看来，理学的《孟子》解读，突出了“性与天道”，有违孔子重人事的主张，也有违孔孟重人伦日用的主张。

在解读“性与天道”时，顾炎武明确批评“以明心见性之空言，代修己治人之实学”。[①] 他认为孟子“良知”本意为“爱亲敬长”：“孟子言所不虑而知者，其良知也。下文明指是爱亲敬长，若夫因严以教敬、因亲以教爱，则必待学而知之者矣。今之学者，明用孟子之良知，暗用庄子之真知。”[②]意思是说，通过“学而知之”，方能学会“爱亲敬长”。孙奇逢在阐发《孟子》时指出，《孟子》除了“良知良能”之外，也追求“致用”，并将致用贯穿于日用常行。他说：“《易》中说‘精义入神’，致用也，孟子平日

① 顾炎武：《日知录集释》卷七之“夫子之言性与天道”条，上海古籍出版社 2006 年版，第 402 页。

② 顾炎武：《日知录集释》卷十八之“破题用庄子”条，上海古籍出版社 2006 年版，第 1058 页。

受用便是得这个气力，今观其言所行无不是这个物事。”[①]在黄宗羲看来，孟子所说的“性”并非悬空之物，而是脚踏实地的德性修养。他就此指出：“程子曰‘人生而静以上，不容说。才说性时，他已不是性也’，则性是一件悬空之物。其实孟子之言，明白显易，因恻隐、羞恶、恭敬、是非之发，而名之为仁义礼智，离情无以见性，仁义礼智是后起之名，故曰仁义礼智根于心。”[②]

就宋明理学对孟子之理的解释，颜元持明确批评态度。他强调：“前圣鲜有说理者，孟子忽发出，宋人遂一切废弃而倡为明‘理’之学。不知孟子之所谓‘理义悦心’有自己注脚，曰仁义忠信，乐善不倦。仁义又有许多注脚：未有仁遗亲、义后君，居天下广居，立正位，行大道，井田，学校。今一切抹煞，而心头玩弄，曰‘孔颜乐处’，曰‘义理悦心’，使前后贤豪皆笼盖于释氏极乐世界中。”[③]意思是说，孟子说理着眼于“仁义忠信”“立正位，行大道，井田，学校”等实处，因而与理学特别强调心性判然有别。

清代史学大家钱大昕同样注意到道问学的重要性。他在《潜研堂集》的《抱经楼记》中，明确批评宋学：“守残专已者，辄奉一先生之言以为依归，虽心知其不然，而必强为之辞。又有甚者，吐弃一切，自夸心得，笑训诂为俗儒，诃博闻为玩物，于是有不读书而号为治经者，并有不读经而号为讲学者。”由文中可见，钱大昕的批评尤其针对陆王心学。在强调道问学的同时，钱大昕也强调博学的重要性。他说：“圣人删定《六经》以垂教万世，未尝不虑学者之杂而多歧也，而必以博学为先，然则空疏之学，不可以传经也审矣。”也就是说，倘若脱离道问学，那么尊德性就成不了学问。他因此指出孟子有言：“学问之道无他，求其放心而已矣。”求放心者，存心之谓也。能存其心，然后可以知性而明德。礼曰：“君子尊德性而道问学。”德性，天之所以与我者也。知德性之当尊，于是有问学之功。古人之学问，将以明德性。夫以孔子大圣，犹曰“好

---

① 孙奇逢：《四书近指》，《孟子·不见诸侯章》，卷十四至卷二十为《四书近指·孟子》，文渊阁四库全书版。

② 黄宗羲：《黄宗羲全集》第一册，《孟子师说》，浙江古籍出版社 1985 年版，第 136 页。

③ 颜元：《颜元集》，《四书正误》卷六《孟子》，王星贤、张芥尘、郭征点校，中华书局 1987 年版，第237 页。

古敏以求之”，又曰“德之不修，学之不讲，是吾忧也”。天下岂有遗弃学问而别为尊德性之功者？

随着道问学日益得到强调，考据也逐渐受到学者们重视。从根本上来说，考据是学者们普遍使用的共法，作用在于整理历史文献。考据学发源于先秦，初步形成于两汉，兴盛于南宋，随后逐步衰落。直至明代中期，考据方才复兴，并于清代乾嘉时期再创辉煌。如果说宋儒由于强调义理阐释与德性修养，也由于深受“不立文字，直指人心”的禅宗影响，因而不太重视训诂考据的作用，不太重视语言的作用。那么与此相对，汉学则极为强调训诂考据，因而重视语言。在先秦儒学中，语言的重要性得到很大重视。例如，孔子对“正名”的强调，对《春秋》褒贬的神秘力量的强调。作为明清考据学复兴先驱的杨慎，也认识到语言的重要性。他明确强调：“六经所以载道，一字一义皆圣人实理之所寓，实心之所发。以之发言，则言必有物；以之措行，则行必有恒。”①

顾炎武同样意识到语言与明道之间的内在关系。他说：“后之君子，因句读以辨其文，因文以识其义，因其义以通制作之原，则夫子所谓以承天之道而治人之情者，可以追三代之英，而辛有之叹，不发于伊川矣。如稷若者，其不为后世太平之先倡乎？”②也就是说，在返回先秦儒家经典的过程中，句读、辨文与识义等之间形成了严密的语言逻辑关系。正是由于对语言与儒学经典之间的神圣而庄严关系的深刻体认，顾炎武才投入艰苦而漫长的音韵学研究。在对先秦原初经典声音的日益深入而明确的发掘中，顾炎武逐渐敞开了先秦经典中语言的形音义所形成的复杂、立体而丰富的世界，从而进一步开显了经典古老而神秘的文本世界。考据学大家戴震也就此感慨地声称：“训诂明则古经明，古经明则贤人圣人之理义明，我心之所同然者乃因之而明。”③

① 杨慎：《升庵经说》卷十，影印百部丛书集成，(台北)艺文印书馆1970年版，第5页下。

② 顾炎武：《仪礼郑注句读序》，《亭林文集》卷二。

③ 戴震：《戴震全书》第6册，黄山书社1994年版，第505页。

在清代，由于历代考据学家艰苦而缜密的考据工作，儒学经典文本才得以慢慢摆脱历代尤其是宋明理学道统说与心性说等的束缚，作为经典文本载体的语言的历史性源起的面貌也逐渐展现出来，从而使经典文本逐渐展示为活生生的文化有机体。

第十四章　汉宋之争

王阳明在将工夫全力收拢于内圣方向的德性涵养的同时，以仁统率智，以德性之知统率见闻之知，以诚意统率格物，如此一来，就在实际上降低了读书以博学的地位。因此，阳明从纯化德性涵养之学的角度，批评训诂辞章之学，一点都不令人意外。他明确指出："有训诂之学，而传之以为名；有记诵之学，而言之以为博；有辞章之学，而侈之以为丽。……记诵之广，适以长其傲也；知识之多，适以行其恶也；闻见之博，适以肆其辨也；辞章之富，适以饰其伪也。"①受此影响，王门后学始终闪现"不立文字，直指人心"的顿悟之学的影子，对读书博学并不十分在意。

明代考据学的先驱之一陈第，在《谬言》中批评自陈献章起士子始轻视读书，自王阳明起厌弃博学多识。汉学之所以为汉学，正是因为其遵循汉代经师提倡之考据，以考据为学术门径。它主要兴盛于乾隆与嘉庆年间，因此称为乾嘉汉学。由于汉学以考证经史为学术特征，故又可称为考据学，或者朴学。

由明入清之后，着重探讨天理性命等心性之学的理学，大致穷尽了所有可能性，历史巨变的势态与思想发展的内在逻辑，无不要求思想转型，以焕然一新的思想形态以取理学而代之。"随着理学的衰微，儒学领域开始酝酿起与传统理学不同的新思潮。这一思潮肇始于明末以来的实学之风，以朴实考经证史为方法，以经世致用为宗旨，希望达到挽

① 王阳明著，吴光等点校：《王阳明全集》卷三，《传习录》中。

救社会危机的目的。”[①]由此可见，取理学而代之的新思想，以经世致用为宗旨，而以考证经史为方法。清初儒学强烈的经世宗旨，使它一方面判然有别于宋明理学，另一方面也有别于作为专精之学的考据学。但是，由于清初儒学是借着考证经史以回归原初儒学经典而发扬经世精神的，因此，随着清代政权的巩固与文化专制的日甚一日，经世精神逐渐淡化，而考证经史的学问则蔚然主流。迄至清代鼎盛期的乾隆年间，考证经史的学问更是转向对古代学术的全面而彻底的考辨与整理，汉学因而形成。汉学本质上是经学，奉汉人注经为圭臬。

汉学学者治经无不奉行“读九经自考文始，考文自知音始”[②]，以训诂明义理明为治学宗旨。汉学流派纷呈，考其大者有吴派、皖派、扬州派和浙东学派等。乾嘉汉学大致可分为三个阶段，即乾隆早期的奠基阶段、乾隆中后期的发展阶段、嘉庆的总结与衰落阶段。奠基阶段汉学的代表人物有惠栋、江永和沈彤等。乾隆中后期的汉学代表人物有惠栋弟子余萧客和江声等，以及戴震、程瑶田、卢文弨等。在这一阶段中，令人瞩目的汉学家是戴震。戴震自觉将自己的学问与惠栋学问区分开来，认为自己学问的宗旨在求是，惠栋学问的宗旨在求古。在治经的重点上，惠栋及其弟子热衷于治《尚书》与《周易》等，戴震及其弟子则好礼学而精于治三《礼》。汉学总结期的代表人物主要为戴震弟子及其后学，如段玉裁等。从广义上来说，汉学还可包括一些经史兼通的思想人物，如全祖望、钱大昕、王鸣盛、章学诚、邵晋涵等。在他们身上，体现出从经学转向史学的趋势。

与宋明理学诸大儒往往将理视之为本体，往往倡导性即理、心即理不同，清代汉学家热衷于从经世角度诠释理，从具体的经验立场言理。他们把理从高处不胜寒的形而上场所拉回到形而下的世间场域，比如从气、事、物的角度谈论理，从文、象的角度谈论理，从礼的角度谈论理等。例如凌廷堪，就倡导由理返礼，以理代礼。他指出：“考《论语》及《大学》皆未尝有理字，徒因释氏以理事为法界，遂援之而成此新义。是

① 参见陈祖武、汪学群《清代文化志》，上海人民出版社 1998 年版。汪学群、武才娃：《清代思想史论》，中国社会科学出版社 2007 年版。

② 顾炎武：《亭林文集》卷四，《答李子德书》，第 244 页。

以宋儒论学，往往理事并称。”[①]“夫《论语》，圣人之遗书也。说圣人之遗书，必欲舍其所恒言之礼，而事事附会于其未言之理，是果圣人之意邪？后儒之学本出于释氏，故谓其言之弥近理而大乱真。不知圣学礼也，不云理也，其道正相反，何近而乱真之有哉！”[②]《论语》与《大学》中并无理字，理字是因佛学而掺入儒学，以致宋代儒者为学往往以理事并称。在阐释圣人之书时，舍礼而将事事附会于理，确乎有违圣人本意。其缘由在于，宋儒为学受佛学影响甚深，因此往往表面近理而实际乱真。由此可见，之所以要求谈礼而弃理，是由于通过考证，儒学经典基本不谈理，而理学家所大谈特谈的理却深受佛学影响。理学家所谈的理，具有形而上的本体意义，表现为事物的自然、所以然与所当然。理与事相较，则理在事上。

第一节　宋学批判

清代儒家学者普遍重视两汉经学，尤其重视郑玄之学。考据大家戴震，特别推崇郑玄之学，他说：“不见天地之心者，不得己之心；不见圣人之心者，不得天地之心；不求诸前古贤圣之言与事，则无从探其心于千载下。是故由六书、九数、制度、名物能通乎其词，然后以心相遇。是故求之茫茫，空驰以逃难，歧为异端者，振其槁而更之，然后知古人治经有法，此之谓郑学。”[③]在戴震看来，惟考之于古圣先贤的言行与事迹才能感通于圣人之心，惟相通于圣人之心方能领悟天地之心，惟领悟天地之心方能得悟自身心性。要想以心相遇于圣人之心，当求之于六书、九数、制度、名物等以通经典之词。郑玄于此治经之道，功莫大焉。

在《咨请会奏置立伏郑博士稿》中，孙星衍同样称颂郑玄：“郑康成为东州大儒，于《易》《书》《诗》《礼》《论语》《孝经》皆有传注，钦定诸经义疏多引郑注，唐儒正义，推阐其说；宋儒章句，沿袭其词。至乎三代礼

① 凌廷堪：《校礼堂文集》卷十六，《好恶说》下，中华书局 1998 年版，第 142 页。

② 凌廷堪：《校礼堂文集》卷四，《复礼》下，第 32 页。

③ 戴震：《东原文集》卷十一，《戴震全书》第六册，第 407 页。

仪、服物、典章，周、程、张、朱注解不出郑注范围，亦或逊其精密，故范史以'孔书遂明'称之……东晋板荡，经师失传，诸经之义，岂能臆说？赖郑康成集汉儒之大成，经义无康成则渊源中绝，唐、宋诸儒何由复知道统？"[1]郑玄传注遍及于儒家经典，唐儒正义与宋儒章句，莫不受郑注影响。正因为有了郑玄传注，唐儒与宋儒方才得以复兴道统。

从两汉至唐代末年，经学并未发生重大变化。直到宋代尤其是北宋庆历年间，经学才产生根本性变化。也就是说，主要从庆历年间开始，儒家学者不再对经典亦步亦趋，而是有所怀疑，敢于质疑，因而也同时改变了注经方式。陆游就此指出："唐及国初，学者不敢议孔安国、郑康成，况圣人乎？自庆历后，诸儒发明经旨，非前人所及，然排《系辞》、毁《周礼》、疑《孟子》，讥《书》之《胤正》《顾命》，黜《诗》之序，不难于议经，况传注乎？"[2]

江藩在《汉学师承记》中，对经学史进行缜密分期，并给予深刻评价。他说：

> （三代）先王经国之制，井田与学校相维……耕夫余子亦得秉耒横经，渐诗书之化，被教养之泽，济济乎、洋洋乎，三代之隆轨也。（西汉）专门之学兴，命氏之儒起。六经五典，各信师承，嗣守章句，期乎勿失。西都儒士，开横舍、迁学徒，诵先王之书，被儒者之服，彬彬然有洙泗之风焉。爰及东京，硕学大师，贾、服之外，咸推高密郑君。生炎汉之季，守孔子之学，训义优洽，博综群经，故老以为前修，后生未之敢异……宋初承唐之弊，而邪说诡言，乱圣非圣，殆有甚焉。如欧阳修之《诗》，孙明复之《春秋》，王安石之《新义》是已。至于濂、洛、关、闽之学，不究礼乐之源，独标性命之旨，义疏诸书，束置高阁，视如糟粕，弃等舟髦。盖率履则有余，考镜则不足也。元、明之际，以制义取士，古学几绝。而有明三百年，四方秀艾困于帖括，以讲章为经学，以类书为博闻，长夜悠悠，视天梦梦，可悲也夫！在当时岂无明达之人、志识之士哉，然皆滞于所习，以求富贵，

① 孙星衍：《问字堂集·岱南阁集》，中华书局1990年版，第161页。

② 王应麟：《困学纪闻》，辽宁教育出版社1998年版，第190—191页。

此所以儒罕通人，学多鄙俗也。①

在江藩看来，三代之时，井田与学校相得益彰，耕读兼备。西汉时经学兴起，经典各有师承。东汉经学大师首推郑玄。宋承唐之弊，经学领域中乱圣非圣比比皆是。理学高标性命之旨而轻忽礼乐之源，汉唐义疏束之高阁。元明之际，因为以制义取士，经学几乎废绝。明代学子束缚于科举帖括之文，竟以讲章为经学，实在可悲。

在评价经学宗派时，《四库全书总目》指出："自汉京以后垂二千年，儒者沿波，学凡六变……要其归宿，则不过汉学、宋学两家互为胜负。"②汉学重训诂考证，而宋学重义理诠释。汉学之所以重视训诂考证，是由于秦火之后，儒学经籍或者篇章亡佚，或者字句讹脱，因此当务之急自然是恢复经书原貌。正由于此，汉学"征实不诬，及其弊也琐"，③从而不可避免地、有意无意地忽略了经典中所蕴含的圣人之道。

由于汉学忽视对经典中圣人之道的挖掘与阐释，宋儒因此严厉批评汉学浅陋，甚至认为圣人之道至孟子而不传。为此，宋儒慨然以"为往圣继绝学"自居。他们将汉唐注疏束之高阁，着重于对经典作微言大义式的义理阐发。这既是宋儒的高明之处，也是宋儒的失足之处。因为他们往往以六经注我姿态，把自己的心得与思考强加于经典。"大抵宋人之学，失于主张太过而欲尽废古人。说理，则曰汉唐诸人如说梦；说字，则曰自汉以下无人识；解经，尽废毛、郑、服、杜之训，而自谓得圣人之心。"④

在心学与气学冲击下，学者反宋学的意识逐渐增长，汉儒传经的功劳逐渐得到肯定，汉学也逐渐得到表彰。为经学追根溯源，梳理传经统系，证实汉人赓续先秦儒学，道统因而并未断绝的著作逐渐多了起来。在经书注解方面，由一意尊崇宋儒经说转向汉宋兼采，由着重义理阐发转向文字和声韵研究。明代中期，有识之士开始反思和批判宋明理学，重新肯定汉学，强调汉唐注疏的重要性，在儒学经典解读方面开始看重

---

① 江藩：《汉学师承记（外二种）》，三联书店 1995 年版，第 5—6 页。

②《四库全书总目》卷一《经部总叙》，中华书局 1965 年版，第 1 页。

③《四库全书总目》卷一《经部总叙》，中华书局 1965 年版，第 1 页。

④《四库全书总目》卷一七五《明文海》，第 1729 页。

文字、声韵研究与名物制度考证等。王鏊指出汉儒之说“不可不考”:“汉初六经,皆出秦火煨烬之末,孔壁剥蚀之余,然去古未远,尚遗孔门之旧……是时,诸儒掇拾补葺,专门名家,各守其师之说。其后,郑玄之徒笺注训释,不遗余力,虽未尽得圣经微旨,而其功不可诬也。宋儒性理之学行,汉儒之说尽废,然其间有不可得而废者,今犹见于《十三经注疏》,幸闽中尚有其板,好古者不可不考也。使闽板或亡,则汉儒之学几乎熄矣!”①在王鏊看来,汉代去古未远,儒者治经各守师说,郑玄之辈笺注训释,其传承圣学之功不可埋没。

明英宗时,作为“吴中四才子”之一的祝允明,强调汉唐之学“精密弘博”:“凡学术尽变于宋,变辄坏之。经业自汉儒讫于唐,或师弟子授受,或朋友讲习,或闭户穷讨,敷布演绎,难疑订讹,益久益著,宋人都掩废之。或用为己说,或稍援他人,必当时党类,吾不知果无先人一义一理乎?亦可谓厚诬之甚矣。其谋深而力悍,能令学者尽弃祖宗,随其步趋,迄数百年不寤不疑而愈固。我太祖皇帝洞烛千古,令学者治经用古注疏,参以后说,而士不从也。呜呼!试一阅两汉、魏、晋、六代、隋、唐尊圣之学,其义指理致,度数章程,为何等精密弘博,宋人之劳,不见何处及之,况并之,又况以为过之乎?此非空言可强辩解也。”②在祝允明看来,有宋以降,经学日益衰敝。宋儒废弃汉唐注疏,遂使得学者为学背弃祖宗圣学。

嘉靖年间的郑晓,意识到汉学与宋学之间的传承关系:“宋儒有功于吾道甚多,但开口便说汉儒驳杂,又讥讪训诂,恐未足以服汉儒之心。宋儒所资于汉儒者十七八,只今诸经书传注,尽有不及汉儒者。宋儒议汉儒太过,近世又信宋儒太过。要之,古注疏终不可废也。”郑晓认为,宋儒虽然有功于儒学道统,但对汉儒批驳过甚。事实上,宋儒得于汉儒者有十分之七八。汉儒注疏当不可废除。

证实经学传承与道统未曾中断的书,逐渐多了起来。王沂的《道统考》作儒林世系,认为不可轻忽宋代之前的儒者。邓元锡的《学校志》,

---

①《四库全书总目》卷一二二《震泽长语》,第1054页。

②《四库全书总目》卷一七一《怀星堂集》,第1496页。

在涉及经学传授统系时，从孔门七十子一直写到近代。费密认为秦汉以后的传经诸儒都是七十子传人，所作《弘道书》中的《道脉谱》，驳斥宋儒以二程、朱子直承道统的说法，认为儒学传承的道统并未中断。这些对经学源流的探讨，事实上抬升了汉儒与汉学的地位。①

江藩《国朝汉学师承记》就此声称："有明一代，囿于性理，汩于制义，无一人知读古经注疏者。自梨洲起而振其颓波，亭林继之。于是承学之士，知习古经义矣。"②明代中晚期学者逐渐有意表彰汉学，表现在经书注解方面，就是逐渐突破宋儒义理说经的束缚。

对汉学越来越明显的表彰，对考据的重视，对客观性的强调，自明代中期以后，对各领域研究都产生了日益明显的影响。例如在《周易》研究方面，明代中晚期学者就逐步致力于恢复汉人的言"象"，而反对如宋儒那样空疏地谈论玄理。作为嘉靖八才子之一的熊过，"盖初读宋《易》，觉不合，乃去而为汉《易》，故其说以象为主"。他批评义理学派，转而主张汉代取象说，因而成为象数之学的提倡者。"明人之《易》，言数者入道家，言理者入释氏，职是故矣。过作此书，虽未能全复汉学，而义必考古，实胜支离恍惚之谈。"③

在《诗经》研究领域，同样逐渐出现批评宋儒义理诠释的声音。例如朱谟炜就推崇汉学，而撰写《诗故》。《四库全书总目》如此评论《诗故》："是书以《小序》首句为主，略同苏辙《诗传》之例，而参用旧说以考证之，其曰《诗故》者……谟炜是编，盖用汉儒之旧名。故其说《诗》，亦多以汉学为主，与朱子《集传》多所异同。其间自立新义者，如以《小星》为亵御入直，以《斯干》为成王营洛，周公所赋之类，未免失之穿凿。然谟炜博极群书，学有根柢，要异乎剽窃陈言。盖自胡广等《五经大全》一出，应举穷经，久分两事。谟炜深居朱邸，不藉进取于名场，乃得以研究遗文，发挥古义也。经术盛衰之故，此亦可知其大凡矣。"④

作为考据学先驱，杨慎同样批评宋儒荒废汉唐注疏的错误，批评宋

① 《四库全书总目》卷八五《经义考》，第 732 页。
② 江藩：《国朝汉学师承记》卷八，中华书局 1983 年版，第 132 页。
③ 《四库全书总目》卷五《周易象旨决录》，第 29—30 页。
④ 《四库全书总目》卷一六《诗故》，第 129 页。

儒在进行义理诠释时轻用己见的主观任性态度。他强调:“孔子修鲁史,不肯增阙文;汉儒校群经,未尝去本字。宋人《尚书》则考订《武成》,《毛诗》则尽去《序》说,吾未敢以为然也。”[①]同时,他更加严厉地批评陆王心学,认为他们“厌穷理之烦,贪居敬之约,谓六经为注脚,谓训诂为蛆虫”,批评他们“骛于高远,则有躐等凭虚之忧;专于考索,则有遗本溺心之患。故曰:‘君子以尊德性而道问学’。故高远之弊,其究也,以六经为注脚,以空索为一贯,谓形器法度皆刍狗之余,视听言动非性命之理,所谓其高过于大,学而无实,世之禅学以之。考索之弊,其究也,涉猎记诵以杂博相高……所谓其功倍于小,学而无用,世以俗学以之。”[②]在杨慎看来,陆王心学好高骛远,有躐等凌虚之忧。他们以六经为我之注脚,以空寂为一贯,轻忽经世致用,华而不实,形同禅学。

杨慎因此主张,为了回到儒学经典,就应当重新重视汉唐注疏。他说:“古注所以不可轻易也。”[③]“近世学者往往舍传注疏释,便读宋儒之议论,盖不知议论之学自传注疏释出,特更作正大高明之论尔。传注疏释于经十得其六七,宋儒用力之勤,铲伪为真,补其三四而备之也。”[④]由此可见,宋儒议论事实上源出汉唐的传注疏释。在经典阐发方面,汉代学者得之于经典的,往往远高于宋儒,可达十之六七。杨慎因此对明代士子一味沉溺于宋儒之书而忽视汉唐注疏的现象,不以为然。他明确批评宋儒“欲求易晓,反为难知,本欲明经,适以晦道矣”,[⑤]主张“欲训诂章句,求朱子以前六经”。[⑥]

如果在追溯考据学风的兴起时将视野放宽,那么可以发现,考据学风的兴起实际上是明代中叶后复古之风的一部分。这样的复古之风表现于文坛,以前七子与后七子为代表。朱希祖明确肯定当时考据学风与复古之风的内在关系:

---

① 杨慎:《升庵全集》卷六五,商务印书馆 1936 年版,第 829 页。
② 杨慎:《升庵全集》卷七五,商务印书馆 1936 年版,第 992 页。
③ 杨慎:《升庵全集》卷四二,商务印书馆 1936 年版,第 398 页。
④ 杨慎:《升庵全集》卷七五,商务印书馆 1936 年版,第 999 页。
⑤ 杨慎:《升庵全集》卷四五,商务印书馆 1936 年版,第 454 页。
⑥ 杨慎:《升庵全集》卷六,商务印书馆 1936 年版,第 83 页。

窃谓清代考据之学，其渊源实在乎明弘治、嘉靖间前后七子文章之复古。当李梦阳、何景明辈之昌言复古也，规摹秦汉，使学者无读唐以后书非是，则诋为宋学。李攀龙、王世贞辈继之，其风弥甚。然欲作秦汉之文，必先能读古书，欲读古书，必先能识古字，于是《说文》之学兴焉。赵㧑谦著《六书本义》，赵宧光著《六书长笺》《说文长笺》，其最著者。当此之时，承学之士，类能审别字形，至刻书亦多作篆楷，以说文篆字之笔画，造为楷书。如许宗鲁所刻之《尔雅》《国语》《六子》，赵宧光所刻之《说文长笺》《六书长笺》等皆是。清代陈启源之《毛诗稽古编》，吾友钱玄同之《书小学答问》，其字体亦渊源于此。然古书之难读，不仅在字形，而尤在字音，于是音韵之学兴焉。慎著《古音丛目》《古音猎要》《古音余》《古音略例》，陈第又为《毛诗古音考》《屈宋古音考》，列举证据，以明古音；于是顾炎武继之，成《音学五书》。其书刻于明崇祯时，其学实成于明代也。清兴，顾炎武乃以实事求是之学，提倡一世，于是音韵明而训诂明，训诂明而古书不难尽解。加以万历以后，欧洲算数舆地之学，输入中夏，通经之士，类能综贯中西算学，天文地理亦赖以明；于是古经疑悟，豁然贯通，经学昌明，旁通子史：此考据之学发达之正因也。①

整个明代，在儒学上虽然尊崇宋儒，在文坛上倡导宋诗的却寥寥无几。前七子以李梦阳和何景明等为代表，强调赋诗要师法盛唐，作文要效仿秦汉。史称："梦阳才思雄鸷，卓然以复古自命。弘治时，宰相李东阳主文柄，天下翕然宗之，梦阳独讥其萎弱，倡言文必秦、汉，诗必盛唐，非是者弗道。"②在提倡复古的另一面，是批评八股文与台阁体。后七子以李攀龙和王世贞为代表，继续扛起文学复古的旗帜。李攀龙为文崇尚西汉，赋诗崇尚盛唐，声称："谓文自西京，诗自天宝而下，俱无足观。于本朝独推李梦阳，诸子翕然和之，非是则诋为宋学。"③李攀龙之后，王

① 朱希祖：《清代通史初版序》，萧一山：《清代通史》，华东师范大学出版社1996年版。

②《明史·李梦阳传》卷二百八十六。

③《明史·李攀龙传》卷二百八十七。

世贞执文坛牛耳20年，强调“文必西汉，诗必盛唐，大历以后书勿读”。①

与顾炎武一样，傅山同样对宋明理学予以严厉批判。他着重从字义历史还原及理学社会作用角度，对理学之“理”进行批判。从字义的历史还原角度，傅山解构理的神圣性，强调理学之“理”并不符合儒家原初经典中阐发的“理”。在理气关系方面，傅山反对理学“理先气后”观点，主张“气先理后”。傅山反对宋明理学认理为纯善的说法，主张理亦有善恶之分。在对“无理与理”关系的辩证思考中，傅山甚至提出“无理生理”“无理胜理”的思想。

在清初三大儒的理学反思与批判中，如果说黄宗羲和王夫之主要从哲学角度重新诠释理气关系，那么顾炎武从历史追溯角度把理学还原为经学，主张“理学即经学”命题，就有效弱化了理学在道统光环加持下所带来的神圣性，从而把理学玄虚化的心性思考转向严谨具体的经学研究之中。

在三大儒中，傅山理学反思与批判的思路显然接近顾炎武，在理气论的阐发方面着墨不多，而更侧重从历史还原及社会作用角度批判“理”。通过剖析“理”范畴的历史内涵，傅山揭示了理学对“理”的心性化解释并不合乎原初经典中经、史、子中“理”的本意。他通过考证令人信服地指出：“《书》为帝王治世之本，而不言‘理’字，惟《周官》则有‘燮理阴阳’一字。《诗》咏性情，而用‘理’字者，但‘乃疆乃理’之类，三四见，皆不作‘道理’之‘理’用。”《尚书》为帝王治理天下之张本，并无“理”字，惟《周官》中有“燮理阴阳”。《诗经》用“理”字仅三四处，如“乃疆乃理”等。其中的“理”只能解之以“道理”之“理”。

傅山进一步通过对《老子》和《周易》的考证指出：“《老子》八十一章绝无‘理’字，何也？妙哉！无‘理’字，所以为《道经》。即道亦强名之矣，况理乎！……‘理’之一字，在先圣赞《易》初见之：‘君子黄中通理。’‘理’从‘里’；‘里’从‘田’从‘土’。皆属地者。坤卦，地道也，故言理。物之文理之缜密精微者，莫过于玉，故‘理’从‘玉’。玉，几于无理者也，言其细也。”《老子》中无“理”字，因为“道”亦是强名之，又何况“理”。

①《明史·李攀龙传》卷二百八十七。

《周易》中有“君子黄中通理”。理言坤卦。坤卦为地道，方言理。乾卦中无理字，因为乾为天而不可以理言之。因此之故，乾卦不可言理而坤卦可言理。“圣人于坤卦说理，而乾卦中无‘理’字，乾，天也，不可以‘理’字概也。《系辞》‘穷理尽性以至命’，‘下学而上达’之旨耶！韩非曰：‘理者，成物之文也。’解‘理’字最明切矣。‘乾知大始，坤作成物’，故乾不言理而坤言理。黄中，地之德也。《象》曰：‘黄裳元吉，文在中也。’有文而后见理，黄中以通之。”①也就是说，先秦经典中所用的“理”字，多用作动词，而宋明儒者却多用作名词，导致的结果就是为“理”束缚，沉溺于名词化的崇高化的“理”而多用于清谈，却很少用于经世。

对于理学在理气关系上“理先气后”，或者说理为形而上而气为形而下的观点，傅山进行了批评，并针锋相对地提出理形而下而无理形而上的观点。他说：“理，形而下也；无理，形而上也。无理生理，理不知无理……”并详尽地阐发说：“天，一也。阴阳，二。阴有阴理，阳有阳理，阴不欲无阳，阳不欲无阴。分而之人者，阳之人始不欲有阴，阴之人始不欲有阳，而各有其理。……欲独据而有之者，天之疵也，理之疵也。疵阴者嫉阳，疵阳者嫉阴，皆不知分诸天而同诸天也。故阴阳有理，而天无理也。何也？一，二也，分也。无理一而理二，无理单而理争，无理强而理弱，故小人多胜。”②

也就是说，傅山从形而上高度把“无理”等同于“天”。之所以如此，是由于“天”为阴阳混一状态，是为无理。各有其理的阴阳二气，实际上已经是次于天的次一级存在状态。阴阳二理之间有斗争。傅山甚至痛切地认为，阴阳二理斗争的结果往往是“小人多胜”。

第二节　新义理学

戴震的新义理学，是在批评训诂与义理二分转而提出训诂与义理

① 傅山：《理字考》，《傅山全书》（一），第 538、539 页。
② 傅山：《圣人为恶篇》，《傅山全书》（一），第 541 页。

结合的基础上建构出来的。他继承了顾炎武等前辈的考证模式，提出以字通词并以词通道的考据路径。“经之至者道也，所以明道者其词也，所以成词者字也。由字以通其词，由词以通其道，必有渐。”[①]“经之至者，道也；所以明道者，其词也；所以成词者，字也，未有能外小学文字者也。由文字以通乎语言，由语言以通乎古圣贤之心志，譬之适堂坛之必循其阶，而不可以躐等。”[②]考证字词的目的，还是在于通道，在于阐释儒学经典中的微言大义。他在自述为学时，表明了对训诂与文字之学的重视。他说：“仆自十七岁时，有志闻道，谓非求之六经、孔、孟不得，非从事于字义、制度、名物，无由以通其语言。宋儒讥训诂之学，轻语言文字，是欲犹渡江河而弃舟楫，欲登高而无阶梯也。为之三十余年，灼然知古今治乱之源在是。”[③]

在戴震看来，治学有三种途径，即理义、制数与文章：“古今学问之途，其大致有三：或事于理义，或事于制数，或事于文章。事于文章者，等而末者也。然自子长、孟坚、退之、子厚诸君子为之，曰是道也，非艺也。以云道，道固有存焉者矣，如诸君子之文，亦恶睹其非艺欤？夫以艺为末，以道为本。诸君子不愿据其末，毕力以求据其本，本既得矣，然后曰是道也，非艺也。”[④]

戴震之所以能在人才辈出的乾嘉汉学中脱颖而出并领袖群伦，是由于他提出训诂与义理兼顾主张，并身体而力行的缘故。在他看来，义理倘若脱离经典而直抒胸臆地发挥，那就只能是主观臆断。“所谓理义，苟可以舍经而空凭胸臆，将人人凿空得之，奚有于经学之云乎哉？惟空凭胸臆之卒无当于贤人圣人之理义，然后求之古经。求之古经而道文垂绝，今古悬隔也，然后求之训故。训故明则古经明，古经明则贤人圣人之理义明，而我心之所同然者乃因之而明。贤人圣人之理义非它，存乎典章制度者是也。松崖先生之为经也，欲学者事于汉经师之训

---

① 戴震：《戴震文集》卷九，《与是仲明论学书》，《戴震全书》第六册，第 370 页。

② 戴震：《戴震文集》卷十，《古经解钩沉序》，《戴震全书》第六册，第 378 页。

③ 戴震：《与段茂堂等十一札·第九札》，《戴震全书》第六册，第 541 页。

④ 戴震：《戴震文集》卷九，《与方希原书》，《戴震全书》第六册，第 375 页。

故，以博稽三古典章制度，由是推求理义，确有据依。”[1]由此可见，惟有通过训诂文字返回古经，义理才能焕然醒目于世。戴震与宋明理学家一样，都阐发义理。区别在于，戴震是通过艰苦的考证解读典章制度，并进而阐发义理；而宋明理学家则往往以六经注我的豪放派风格主观臆断地谈论与发挥义理。

戴震从气一元论立场出发，提出理在气中的本体论，认为天地万物是通过气化而产生并变化的。理不脱离气而存在，理乃气中之理，意味着事物之必然。“天地、人物、事为，不闻无可言之理者也，《诗》曰‘有物有则’是也。物者，指其实体实事之名；则者，称其纯粹中正之名。实体实事，罔非自然，而归于必然，天地、人物、事为之理得矣。”[2]

从理在气中着眼，戴震批评程朱理学脱离天地、人物与事务而空谈理的情形。他说：“举凡天地、人物、事为，求其必然不可易，理至明显也。从而尊大之，不徒曰天地、人物、事为之理，而转其语曰‘理无不在’，视之‘如有物焉’，将使学者皓首茫然，求其物不得。”[3]

在道器关系上，他对《易传》做了进一步发挥：“以道器区别其形而上形而下耳。形谓已成形质，形而上犹曰形以前，形而下犹曰形以后。阴阳之未成形质，是谓形而上者也，非形而下明矣。器言乎一成而不变，道言乎体物而不可遗。不徒阴阳非形而下，如五行水火木金土，有质可见，固形而下也，器也；其五行之气，人物咸禀受于此，则形而上者也。”[4]道为万物成形之前的形而上的混沌状态，器为万物成形后的形而下状态。道不可独立存在，而寓于器之中。

戴震以气化阐述了天地万物的形成与变化。他说：“阴阳五行，道之实体也。”“道，犹行也。气化流行，生生不息，是故谓之道。《易》曰：‘一阴一阳之谓道。’《洪范》：‘五行：一曰水，二曰火，三曰木，四曰金，五曰土。’行亦道之通称。举阴阳则赅五行，阴阳各具五行也；举五行即赅

① 戴震：《戴氏杂录·题惠定宇先生授经图》，《戴震全书》第六册，第505页。

② 戴震：《孟子字义疏证》卷上，《理》，《戴震全书》第六册，第164页。

③ 戴震：《孟子字义疏证》卷上，《理》，《戴震全书》第六册，第165页。

④ 戴震：《孟子字义疏证》卷中，《天道》，《戴震全书》第六册，第176页。

阴阳，五行各有阴阳也。”[①]道就是气化流行，气化即道。具体的气化过程则是：“阴阳五行之运而不已，天地之气化也，人物之生生本乎是，由其分而有之不齐，是以成性各殊。”“气化生人生物以后，各以类滋生久矣；然类之区别，千古如是也，循其故而已矣。在气化曰阴阳，曰五行，而阴阳五行之成化也，杂糅万变，是以及其流形，不特品物不同，虽一类之中又复不同。凡分形气于父母，即为分于阴阳五行，人物以类滋生，皆气化之自然。”[②]包括人类在内的天地万物，俱是气化产物。

戴震也从气一元论出发论述了人性论，提出“气化人物，分而成性”的命题。他声称：“天道，五行、阴阳而已矣，分而有之以成性。由其所分，限于一曲，惟人得之也全。曲与全之数，判之于生初。人虽得乎全，其间则有明暗厚薄，亦往往限于一曲，而其曲可全。此人性之与物性异也。”[③]由此人在出生之初，所得有明暗厚薄之分，因此人性表现互有差异。因此，人一方面有可能与天地之德相协调，另一方面也有可能伤天害理：“五行、阴阳者，天地之事能也，是以人之事能与天地之德协。事与天地之德协，而其见于动也亦易。与天地之德违，则遂已之欲，伤于仁而为之；从已之欲，伤于礼义而为之。”[④]

在戴震看来，古代圣人所谓的道，就是人伦日用。仁义礼实出于人伦日用，而非别有一理。宋儒以为仁义礼别有一理，以为得于天而具于心，遂将理视为高明之形而上，而将人伦日用视为平庸之形而下。“古贤圣之所谓道，人伦日用而已矣，于是而求其无失，则仁义礼之名因之而生。非仁义礼加于道也，于人伦日用行之无失，如是之谓仁，如是之谓义，如是之谓礼而已矣。宋儒合仁义礼而统谓之理，视之如有物焉，得于天而具于心，因以此为形而上，为冲漠无朕；以人伦日用为形而下，为万象纷罗。盖由老、庄、释氏之舍人伦日用而别有所谓道，遂转之以言夫理。”[⑤]

---

① 戴震：《孟子字义疏证》卷中，《天道》，《戴震全书》第六册，第175页。

② 戴震：《孟子字义疏证》卷中，《性》，《戴震全书》第六册，第182、179—180页。

③ 戴震：《原善》卷上，《戴震全书》第六册，第12页。

④ 戴震：《原善》卷上，第12页。

⑤ 戴震：《孟子字义疏证》卷下，《道》，《戴震全书》第六册，第202页。

第三节 以礼代理

鉴于理学末流与心学末流的空疏，清初大儒们不约而同地代之以经世之学，代之以通向先秦儒学经典的训诂考据，代之以经世史学。例如，“经学即理学”（顾炎武）；“藏理学于经学”（方以智）；“故训明则古经明，古经明则贤人圣人之理义明”（戴震）；“训诂者，义理之所出，非别有义理出乎训话之外”（钱大昕）；“六经皆史”“浙东之学，言性命者必究于史”（章学诚）等。其中所说的“义理”，不再是心性意义上的义理，而是从名物训诂和典章制度考证中挖掘出来的义理。其中，方以智指出：“六经既不尊，则师心无惮者群起；《诗》《书》《礼》《乐》，即圣人正寂灭道场。”“《易》统三才万法，而此秩序、变化具焉。太枯不能，太滥不切。使人虚掠高玄，岂若大泯于薪火？故曰：藏理学于经学。”①如果不遵从六经，那么就会主观臆断而肆无忌惮。究其实，《诗》《书》《礼》《乐》正是圣人体道与达道之场域，理学当寓于经学之中。

相对于热衷谈论性与天道的理学末流或心学末流，顾炎武明确强调经典中的事实性问题。他认为，惟有恢复古代语言的原本音韵，才能返回原初的经典文本世界。他的音韵学研究对乾嘉学派产生了决定性的深远影响。在《答李子德书》中，顾炎武就此指出：“古文之经，自汉以来，不绝于代。天宝初，诏集贤学士卫包改为今文，而古文之传遂泯，此经之一变也。汉人之于经，如先后郑之释《三礼》，或改其音而未尝变其字。《子贡问乐》一章，错简明白，而仍其本文，不敢移也，注之于下而已。及朱子正《大学》《系传》，径以其自定者为本文，而以错简之说注于其下，已大破拘挛之习。后人效之，此经之又一变也。”②

顾炎武认为，还原古音韵的办法在于：“据唐人以正宋人之失，据古经以正沈氏、唐人之失。而三代以之音，部分秩如，至赜而不可乱，自是而《六经》之文乃可读。”③

① 参见张西堂《方以智的生平与思想》，台湾大学历史研究所博士论文，1977年。

② 顾炎武：《顾亭林诗文集》卷四。

③ 顾炎武：《音学五书序》。

在《沈乙庵先生七十寿序》中，王国维就清代学术的演变指出：

> 我朝三百年间，学术三变：国初一变也，乾嘉一变也，道咸以降一变也。顺康之世，天造草昧，学者多胜国遗老，离丧乱之后，志在经世，故多为致用之学。求之经史，得其本原，一扫明代苟且破碎之习，而实学以兴。雍乾以后，纪纲既张，天下大定，士大夫得肆意稽古，不复视为经世之具，而经史小学专门之业兴焉。道咸以降，涂辙稍变，言经者及今文，考史者兼辽、金、元，治地理者逮四裔，务为前人所不为，虽承乾嘉专门之学，然逆睹世变，有国初诸老经世之志。国初之学大，乾嘉之学精，道咸以降之学新。窃于其间得开创者三人焉：曰昆山顾先生，曰休宁戴先生，曰嘉定钱先生。国初之学创于亭林，乾嘉之学创于东原、竹汀。道咸以降之学，乃二派之合而稍偏至者，其开创者仍当于二派中求焉。盖尝论之，亭林之学，经世之学，以经世为体，以经史为用。东原、竹汀之学，经史之学也，以经史为体，而其所得往往裨于经世。盖一为开国时之学，一为全盛时之学，且涂术不同，亦时势使之然也。①

有清三百年，学术有三次大变，一为顺康时期，二为乾嘉时期，三为道光、咸丰以降。顺康时期，学者多为明遗民，天崩地裂之后，为学志在经世致用。经史之学能得本原。乾嘉时期，天下已定，学者专注考证，经世精神遗落，经史小学专门之学兴起。道光咸丰后，内忧外患逐渐出现，经世精神复苏。顾炎武为国初之学开创者，以经世为体，以经史为用。

在《潜邱札记》卷二中，阎若璩就他之前200年的学术史痛心疾首地指出："予尝发愤太息：二百年来，学问文章，不能上追汉唐，下及宋元者，其故有三：一坏于洪武十七年甲子定制，以八股取士，其失也陋；二坏于李梦阳等，提倡古学而不以六经为根本，其失也俗；三坏于王守仁等，讲致知之学，至于以读书为禁，其失也虚。"由此可见，明代学术衰败的原因，在于科举之束缚，在于脱离六经之无根基与阳明心学之空疏。

---

① 王国维：《观堂集林》卷第二十三，河北教育出版社2001年版，第720—721页。

与宋学不同，汉学重考据，重客观性学问。当然，在汉学中间，也存在区别。如以戴震为首的皖派汉学，就与惠派汉学不同。皖派汉学更强调“求是”学风。他们因此批评惠派汉学的“求古”学风：“学者述孔子而持汉人之言，唯汉是求，而不求其是，于是拘于传注，往往扞格于经文。是所述者，汉儒也，非孔子也。而究之，汉人之言亦晦而不能明，亦第持其言而未通其义也，则亦未足为述也。且夫唐、宋以后之人亦述孔子者也，持汉学者或屏之……或知其言之足征而取之，则又必深讳其姓名，以为其为唐、宋以后之人，一若称其名，遂有碍乎其为汉学者也。噫，吾惑矣！”[①]在焦循看来，惠派汉学在治经时一味以汉儒为是，拘泥于汉儒传注，而往往与经文原意相违。可见，他们遵从的是汉儒，而非孔子。

戴震批评汉学一味以汉儒为宗的现象，认为：“今之博雅能文章、善考核者，皆未有志于闻道，徒株守先儒而信之笃，如南北朝所讥‘宁信周、孔误，莫道郑、服非’，亦未志于闻道也。”精详于考据而博洽多闻者，未必志在于闻道，只不过是亦步亦趋于汉儒等先儒而已。与沉溺于好古的汉学家不同，戴震注重从全面而详尽的材料中探究条理。他声称：“凡仆所以寻求遗经，惧圣人之绪言汶于后世也。然寻求而获，有十分之见，有未至十分之见。所谓十分之见，必征之古而靡不条贯，合诸道而不留余议。巨细毕究，本末兼察。若夫依于传闻以拟其是，择于众说以裁其优，出于空言以定其论，据于孤证以信其通，虽溯流可以知源，不目睹渊泉可导；循根可以达杪，不手披枝肆所歧：皆未至十分之见也。以此治经，失不知为不知之意，而徒增一惑，以滋识者之辨之也。”[②]戴震声称，自己考证经典，是为了恢复经典原貌。考证必须达到十分之见，方才谓之有所收获。

颜元对理学的反思和批判，有个人生命体验上的支持。据年谱记载，在为养祖母守丧期间，颜元严格依据朱熹《家礼》而行，结果“少食哀毁几乎病饿致死”，由此逐渐怀疑理学，意识到宋儒的不切实际。他声

① 焦循：《雕菰集》卷七，《述难四》。

② 戴震：《戴东原集》卷十，《郑学斋记》。

称:“予未南游时,尚有将程朱附之圣门支派之意。自一南游,见人人禅子,家家虚文,直与孔门敌对,必破一分程朱,始入一分孔孟。乃定以为孔孟、程朱判然两途,不愿作道统中乡愿矣。”①他因此著《存性编》《存学编》,批驳宋儒心性之说,而倡导“实文、实行、实体、实用”的务实之学,也就是尧舜三事、六府之道,与周公孔子六德、六行、六艺之学。

乾隆皇帝晚年时,颇为厌恶宋学,甚至将理学抨击为“妖孽”。他指出:“历代名臣莫如皋、夔、稷、契、伊、望、萧、曹、房、杜、王、魏、韩、范、富、欧,是皆非讲学者也,而其致君泽民实迹,古今争诵之。即宋之周、程、张、朱,其阐洙泗心传,固不为无功,然其致君泽民之实迹,如向之所举,若而人者,安能并肩齐趋乎?而蜀洛之门户,朱、陆之冰炭,已启相攻之渐。盖讲学必有标榜,有标榜必有门户,尾大不掉,必致国破家亡,汉宋明其殷鉴也。夫至国破家亡,黎民受其涂炭者不可胜数,而方以死节殉难者多为有光于古,收讲学之效。则是效也,徒成其为害,真所谓‘国家将亡,必有妖孽’而已。”②历代名臣俱非讲学之徒,其彪炳千古的功业在于致君泽民。宋代大儒如周程张朱,亦未能与之相提并论。讲学必定导致门户之争,开启朋党之乱,以致国破家亡。也就是说,对宋朝和明朝亡国,理学家们的讲学负有责任,乾隆因此视理学为不祥之物。

在批评宋儒时,汉学家们纷纷拿起考证武器,以解构并批评宋儒的天理论。如乾嘉时期的汉学家凌廷堪,就通过缜密翔实的考证,指出六经中并无理字。他指出:

> 考《论语》及《大学》皆未尝有“理”字,徒因释氏以理学为法界,遂援之而成此新义,是以宋儒论学往往理事并称。其于《大学》说“明德”曰:“以具众理而应万事”,说“至善”曰:“事理当然之极”,说“格物”曰:“究至事物之理”;于《中庸》说“道也者”曰:“道者,日用事物当然之理”。其宗旨所在,自不能掩。又于《论语》说“知者”曰:“达于事理”,说“仁者”曰:“安于义理”。……无端于经文所未

① 李塨:《颜习斋年谱》卷下58岁条。

② 爱新觉罗·弘历:《御制文集·二集》卷十九,文渊阁四库全书本。

有者，尽援释氏以立帜。其他如“性即理也”“天即理也”，尤指不胜屈。故鄙儒遂误以理学为圣学也。

《论语》与《大学》中并未有“理”字，只是由于援佛学以理学为法界，遂导致宋儒理事并称。在阐释“明德”时则解之为“以具众理而应万事”，阐释“至善”时解之为“事理当然之极”等等，不一而足。如此以往，以致儒者以理学为圣学。

他因此转而提倡以礼代理，并尤其推崇礼学。他声称：“夫《论语》，圣人之遗书也。说圣人之遗书，必欲舍其所恒言之理，而事事附会于其未言之理，是果圣人之意耶？后儒之学本出释氏，故谓其之弥近理而大乱真，不知圣学礼也不云理，其道正相反，何近而乱真之有哉？”“圣人之言，浅求之，其义显然，深入于幽深眇微，则为贤知之过，以争胜于异端而已矣。何也？圣人之道本乎礼而言者，实有所见也：异端之道外乎礼而言者，空无所依也。”从以礼代理立场出发，他甚至抨击程朱理学为背弃圣人微言大义的异端之道。他尖刻地解剖程朱理学，认为其中掺杂着很多佛老之学。他说：“宋以来儒者皆力破老、释，不自知杂袭其言而一一傅会于经，遂曰《六经》、孔、孟之言。其惑人也易，而破之也难，数百年于兹矣。”①

阮元同样指出程朱理学与禅学之间存在千丝万缕的关系。他批评“性即理”，批评“存天理，灭人欲”，认为它们源于佛学。他声称：“欲在有节，不可纵，不可穷。若唯以静明属之于性，必使说‘性中本无欲’而后快，则此经文明云‘性之欲也’。欲固不能离性而自成为欲也。……窃释氏之言者，必愿拒六者于性之外，尊性为至静至明至觉、无情无欲，其如与《礼记》《孟子》之言不合何！……而佛书内有言佛以寂静明觉为主者，晋唐人乐从其言，返而索之于儒书之中，得《乐记》斯言及《周易》‘寂然不动’之言，以为相似，遂傅会之，以为孔、孟之道本如此，恐未然也。”②

在考证理学源出于佛老二教之后，汉学家甚至批评理学并非孔学

① 凌廷堪：《孟子私淑录》卷下。

② 阮元：《研经室一集》卷十，《性命古训》。

正传。焦循就此声称："读东原戴氏之书，最心服者，《孟子字义疏证》。学者分别汉学、宋学，以义理归之宋。宋之义理诚详于汉，然故训明乃能识羲、文、周、孔之义理。宋之义理仍当以孔之义理衡之，未容以宋之义理即定为孔学之义理也。"[①]也就是说，程朱理学所传的义理，并非孔学正传的义理。戴震同样批评宋儒，并指出汉学的重要性："士生千载后，求道、求典章制度，而遗文垂绝，今古悬隔，时之相去，殆无异地之相远，仅仅赖夫经师故训乃通，无异译言以为之传导者也。……呜呼！经之至者，道也；所以明道者，其词也；所以成词者，未有能外小学文字者也。由文字以通于语言，由语言以通乎古圣贤之心志，譬之适堂坛之必循其阶，而不可以躐等。"[②]在戴震看来，千年之后的士子要寻求道，要寻求典章制度，由于儒学经典久遭遮蔽，就当依赖训诂以通经文。训诂之法衰亡后，士子治经往往凿空臆断，离经而求理。戴震强调，道深藏于经典中。为了求道，就当由文字通于语言，由语言通于古圣之心，万万不可躐等，而当循序渐进。

以考据学为代表的汉学的日益兴盛，使清儒们逐步通过训诂考据恢复了儒学经典的本来面目，使他们得以逐渐摆脱宋明理学的义理阐释，使他们得以较为彻底而全面地整理历史文献。在这个过程中，产生了乾嘉新义理学。乾嘉新义理学摆脱了宋明理学对心性之学的沉溺，而转向儒学经典，转向现实生活世界。正由于此，他们主张以礼代理，主张以合情之理代替天理。

---

① 焦循：《雕菰集》卷十三，《寄朱休承学士书》。

② 戴震：《戴东原集》卷十，《古经解钩沉序》。

参考文献

一、古籍类

王阳明:《王阳明全集》,吴光等编校,上海古籍出版社1992年版。

王阳明:《传习录》,江苏古籍出版社2001年版。

罗钦顺:《困知记》,中华书局1990年版。

王廷相:《雅述》上篇,《王廷相哲学选集》,中华书局1965年版。

罗汝芳:《罗汝芳集》,方祖猷、梁一群、李庆龙等编校整理,凤凰出版社2007年版。

欧阳德:《欧阳德集》,陈永革编校整理,凤凰出版社2007年版。

聂豹:《聂豹集》,吴可为编校整理,凤凰出版社2007年版。

罗洪先:《罗洪先集》,徐儒宗编校整理,凤凰出版社2007年版。

王畿:《王畿集》,吴震编校整理,凤凰出版社2007年版。

王龙溪:《龙溪王先生全集》,明万历十五年刻本。

王龙溪:《龙溪王先生会语》,明万历四年刻本。

王龙溪:《王龙溪先生全集》,清道光莫晋二年刻本。

黄宗羲:《黄宗羲全集》,浙江古籍出版社1985年版。

王艮:《明儒王心斋先生遗集》,袁承业清宣统二年排印本。

王艮:《王心斋全集》(附《(明儒王一庵先生遗集》《明儒王东厓先生遗集》),江苏教育出版社2001年版。

王畿:《龙溪王先生全集》,明万历十五年萧良幹刻本,《四库全书存目丛书》集部98册,齐鲁书社1997年版。

聂豹:《双江聂先生文集》,明嘉靖四十兰年吴凤瑞刻隆庆六年印本,《四库全书存目丛书》集部第 72 册,齐鲁书社 1997 年版。

罗洪先:《念庵罗先生集》,明嘉靖四十二年刘价刻本,《四库全书存目丛书》集部 89、90 册,齐鲁书社 1997 年版。

罗洪先:《念庵罗先生文集》,清雍正元年刊本,(台北)商务印书馆影印文渊阁四库全书,集部第 1275 册。

罗汝芳:《近溪罗子全集》,明万历刻本,《四库全书存目丛书》集部 129、130 册,齐鲁书社 1997 年版。

罗汝芳:《近溪子明道录》,明万历十三年詹事讲刻本,《四库全书存目丛书》子部 86 册,齐鲁书社 1997 年版。

周汝登:《东越证学录》,明万历刻本,《四库全书存目丛书》集部 165 册,齐鲁书社 1997 年版。

周汝登:《圣学宗传》,明万历三十三年王世稻等刻本,《四库全书存目丛书》史部 98、99 册,齐鲁书社 1997 年版。

耿定向:《耿天台先生文集》,明万历二十六年刘元卿刻本,《四库全书存目丛书》集部 131 册,齐鲁书社 1997 年版。

杨时乔:《杨端洁公文集》,明天启杨闻中刻本,《四库全书存目丛书》集部 139 册,齐鲁书社 1997 年版。

唐伯元:《醉经楼集》,中华书局 2014 年版。

冯从吾:《冯少墟集》。

顾宪成:《顾端文公遗书》,清光绪三年刻本,《四库全书存目丛书》子部 14 册,齐鲁书社 1997 年版。

顾宪成:《泾皋藏稿》。

邹守益:《东郭先生文集》,嘉靖十七年刻本。

欧阳德:《欧阳南野先生文集》,嘉靖三十七年刻本。

聂豹:《双江聂先生文集》,明嘉靖四十三年刻本。

聂豹:《双江聂先生困辨录》,《四库全书存目丛书》。

许孚远:《敬和堂集》,《四库全书存目丛书》。

周汝登:《东越证学录》,《四库全书存目丛书》。

罗汝芳:《近溪子集》,《四库全书存目丛书》。

罗汝芳:《近溪子明道录》,《续修四库全书》。

张居正:《张太岳集》,中国书店2019年版。

颜钧:《颜钧集》,中国社会科学出版社1996年版。

何心隐:《何心隐集》,容肇祖编,中华书局1981年版。

李贽:《李温陵集》,《四库全书存目丛书》集部126册。

李贽:《焚书·续焚书》,岳麓书社1990年版。

刘宗周:《刘宗周全集》,吴光主编,浙江古籍出版社2007年版。

刘宗周:《刘子全书》。

邹守益:《东廓先生文集》,《四库全书存目》集部65—66册。

聂豹:《双江聂先生文集》,《四库全书存目丛书》集部98—99册。

罗洪先:《念庵罗先生全集》《四库全书存目丛书》集部89—90册。

王畿:《龙溪王先生全集》,《四库全书存目丛书》集部98—99册。

王夫之:《读四书大全说》,中华书局2018年版。

王夫之:《周易外传》,中华书局1977年版。

黄宗羲:《宋元学案》,中华书局2013年版。

黄宗羲:《黄宗羲全集》,浙江古籍出版社1985年版。

黄宗羲:《明儒学案》,中华书局1985年版。

焦竑:《澹园集》,李剑雄点校,上海古籍出版社1999年版。

顾炎武:《顾炎武全集》,华东师范大学古籍研究所整理,上海古籍出版社2011年版。

顾炎武:《日知录集释》(全校本),黄汝成集释,栾保群、吴宗力校点,上海古籍出版社2006年版。

顾炎武:《顾亭林诗集汇注》,王蘧常辑注,吴丕绩标校,上海古籍出版社2006年版。

顾炎武:《顾亭林诗文集》,华忱之点校,中华书局1983年版。

顾炎武:《顾亭林诗文选》,张兵选注评析,江苏古籍出版社2002年版。

李颙:《二曲集》,中华书局1996年版。

孙奇逢:《夏峰先生集》,中华书局2004年版。

孙奇逢:《理学宗传》,凤凰出版社2015年版。

江藩:《国朝汉学师承记》,中华书局1983年版。

二、专著类

嵇文甫:《左派王学》,开明书店1934年版。

嵇文甫:《晚明思想史论》,东方出版社1996年版。

容肇祖:《明代思想史》,开明书店1941年版。

杨天石:《泰州学派》,中华书局1980年版。

林子秋等:《王艮与泰州学派》,四川辞书出版社2000年版。

季芳桐:《泰州学派研究》,黑龙江人民出版社2005年版。

陈来:《有无之境》,人民出版社1991年版。

陈来:《宋明理学》,华东师范大学出版社2004年版。

张祥龙:《儒家心学及其意识依据》,商务印书馆2019年版。

唐君毅:《中国哲学原论·原教篇》,中国社会科学出版社2006年版。

杨国荣:《王学通论》,华东师范大学出版社2003年版。

吴震:《聂豹罗洪先评传》,南京大学出版社2001年版。

吴震:《阳明后学研究》,上海人民出版社2003年版。

吴震:《罗汝芳评传》,南京大学出版社2005年版。

吴震:《泰州学派研究》,中国人民大学出版社2009年版。

牟宗三:《从陆象山到刘蕺山》,上海古籍出版社2001年版。

牟宗三:《心体与性体》,上海古籍出版社1999年版。

鲍世斌:《明代王学研究》,巴蜀书社2004年版。

吕妙芬:《阳明学士人社群》,新星出版社2006年版。

余英时:《宋明理学与政治文化》,广西师范大学出版社2006年版。

李煌明:《宋明理学中的"孔颜之乐"问题》,云南人民出版社2006年版。

龚杰:《王艮评传》,南京大学出版社2001年版。

杨国荣:《王学通论——从王阳明到熊十力》,华东师范大学出版社2003年版。

杨国荣:《心学之思:王阳明哲学的阐释》,三联书店1997年版。

钱明:《阳明学的形成与发展》,江苏古籍出版社2002年版。

邓志峰:《王学与晚明的师道复兴运动》,社会科学文献出版社2004

年版。

彭国翔:《良知学的展开》,三联书店 2005 年版。

张卫红:《罗念庵的生命历程与思想世界》,三联书店 2009 年版。

[日]冈田武彦:《王阳明与明末儒学》,重庆出版社 2016 年版。

[日]岛田虔次:《中国近代思维的挫折》,江苏人民出版社 2005 年版。

[日]岛田虔次:《中国思想史研究》,邓红译,上海古籍出版社 2009 年版。

[日]沟口雄三:《中国前近代思想的屈折与展开》,三联书店 2011 年版。

[瑞士]耿宁:《人生第一等事》,倪梁康译,商务印书馆 2014 年版。

沈嘉荣:《顾炎武论考》,江苏人民出版社 1994 年版。

周可真:《顾炎武哲学思想研究》,当代中国出版社 1999 年版。

张显清主编:《明代后期社会转型研究》,中国社会科学出版社 2008 年版。

刘海滨:《焦竑与晚明会通思潮》,华东师范大学出版社 2010 年版。

赖玉芹:《博学鸿儒与清初学术转变》,中国社会科学出版社 2010 年版。

许建平:《李贽思想演变史》,人民出版社 2005 年版。

三、研究论文类

鲍世斌:《明代王学研究》,北京师范大学,2002 年。

陈徽:《性与天道——戴东原哲学研究》,复旦大学,2003 年。

童伟:《论"狂"——泰州学派与明清美学范畴研究》,扬州大学,2006 年。

金奋飞:《明末东林书院多维透视(1604—1626)》,复旦大学,2006 年。

张路园:《王艮思想研究》,山东大学,2007 年。

陈多旭:《教化与工夫》,北京师范大学,2007 年。

郭素红:《明代经学的发展》,山东大学,2008 年。

柴可辅:《高攀龙思想研究:理学与心学之接洽》,浙江大学,

2009 年。

杨华:《由“尊德性”而“道问学”》,华东师范大学,2010 年。

左东岭:《李贽与晚明文学思想》,南开大学,2010 年。

王振华:《见心与践心——罗汝芳哲学思想研究》,陕西师范大学,2011 年。

吴超:《经史视阈下的清初实学学风研究》,华东师范大学,2011 年。

阮春晖:《阳明后学现成良知思想研究》,湖南大学,2012 年。

陈明海:《李贽儒道佛三教思想研究》,安徽大学,2013 年。

周素丽:《耿定向与李贽论争研究》,北京大学,2013 年。

欧阳斐:《顾炎武政治哲学研究》,湖南师范大学,2013 年。

李训昌:《心即气:黄宗羲哲学思想研究》,南开大学,2013 年。

罗高强:《在“欲望”中唤醒“良知”》,陕西师范大学,2014 年。

张斯珉:《卫道之学:耿定向思想研究》,南开大学,2014 年。

王文琦:《从“见在”到“现成”:阳明良知教的演变》,陕西师范大学,2016 年。

后　记

明末清初的时代，似乎离我们很远，远得可以使我们不涉入其中，而超然地进行观审。但究其实，这个时代离我们也并不远。每个人只要清空自己，然后沉浸于历史，追溯历史那幽远的传承，就会深切地觉得，那个时代与我们血脉相承。

在明代中晚期心学中，始终存在天理一人伦与心性一道德之间的争执。王艮强调百姓日用即道，突出良知说的生活化和现实化，在实际践履中产生了弱化甚至取消工夫操持的倾向。是向左走向良知，还是向右回向人伦？这的确是一个令明代中晚期士子大伤脑筋的问题。泰州学派主要围绕这个问题产生了深入而持续的演变。在包括泰州学派在内的心性之学转向经世之学的过程中，气学起到了关键性的桥梁作用。明末清初，由于天下分崩离析，对人伦秩序的关注成为华夏文明是否能延续的生死攸关问题，思想界因此重新将目光投向了先秦六经。经学之所以直接关系到保天下之事，是因为唯有经学才能正人心，继而才能传承华夏文化传统。顾炎武坚持经史同源、经史互训，并且尤其擅长寓经世致用于典礼制度的考证。在博学而缜密的考证中，无疑洋溢着顾炎武担当天下的救世情怀与贯通古今的闳通深识。

本书初稿完成于 2019 年底。2020 年 5 月交稿。由于思路的不断深入与调整，书稿题目一变再变，书稿本身也经历了几番修改。感谢胡传胜主编、王婷编辑与诸位匿名审稿人提出的修改建议，使我下定决心，放下一切，决绝地将对明末清初思想的研究时间延长了近一年。在修改书稿的日日夜夜中，我关于晚明至清初思想演变的思考也得以日益深入，最终形成有关明末清初思想转型的系列思考。于此而言，将近一年的修改时间，对我拓宽并深入明清哲学研究极为重要。在撰写和修改《从良知日用到经世致用》的过程中，有关无善无恶研究的书稿也基本成形，并且产生了对罗汝芳、李贽与高攀龙的浓厚兴趣。在研读相关文献时，我时常激动不已，并心有戚戚焉，产生与古人心心相印的情感交融，特别渴望能够无牵无挂地投入思想对话，享受那亘古未散的思想盛宴。感谢恩师樊和平先生，正是在先生不断督促下，我对书稿的修改才能步步深入，驱使我以思想史传承的责任感，克服种种困难，不断深入，沉浸于古人的思想世界中。感谢王月清院长与江苏社会科学院诸位同事的宽容与支持。

最近几年，由于同时承担中国哲学与西方哲学课题的研究任务，因此读书与写作的任务特别繁重。感谢我的岳父顾建明先生，放下南通的重要工作，来南京照顾小孩。感谢岳母和妻子，承担了很多家务，使我能够将主要精力倾注于学术。感谢我的父亲陆有望，谢谢您的容忍，容忍我没有继承您的事业，而有机会投身于学术事业。感谢我的母亲、姐姐与弟弟，谢谢你们的宽容与爱。感谢我的爱子陆顾铨，给我的生活带来了无穷的喜悦，也使我懂得了何为为人父母的忧虑与爱。正是这样无尽的忧虑与爱，使我能够不断从自由散漫的天性中振作起来，奋力投入于学术研究之中。

陆月宏

2021年8月6日初稿

8月17日改定于南京建邺路